ein Ullstein Buch

ein Ullstein Buch
Nr. 3272
im Verlag Ullstein GmbH,
Frankfurt/M – Berlin – Wien
Titel der Originalausgabe:
»Wheels«
Aus dem Amerikanischen
von Erwin Duncker

Ungekürzte Ausgabe

Umschlagentwurf: Werner Rebhuhn
Deutsche Rechte bei
Verlag Ullstein GmbH,
Frankfurt/M – Berlin – Wien

Printed in Germany 1982
Druck und Verarbeitung:
Hanseatische Druckanstalt GmbH,
Hamburg
ISBN 3 548 03272 9

Januar 1982
113.–127. Tsd.

Vom selben Autor
in der Reihe der
Ullstein Bücher:

Letzte Diagnose (2784)
Hotel (2841)
Airport (3125)
Auf höchster Ebene (3208)
Die Bankiers (20175)

Zusammen mit
John Castle:
Flug in Gefahr (2926)

CIP-Kurztitelaufnahme
der Deutschen Bibliothek

Hailey, Arthur
Räder: Roman – Ungekürzte
Ausg. – Frankfurt/M., Berlin, Wien:
Ullstein, 1976.
(Ullstein-Bücher; Nr. 3272)
Einheitssacht.: Wheels <dt.>
ISBN 3-548-03272-9

Arthur Hailey

Räder

Roman

ein Ullstein Buch

Alle Personen in diesem Buch
sind frei erfunden;
Ähnlichkeiten mit wirklichen Personen,
lebend oder tot, sind zufällig.

Hinfort dürfen Räderfahrzeuge,
gleich welcher Art, von Sonnenaufgang
bis zu der Stunde vor Anbruch
der Nacht nicht mehr im Stadtgebiet
verkehren. . . . Diejenigen, die während
der Nacht eingetroffen sind und die
sich bei Anbruch des Tages noch
in der Stadt befinden, müssen bis
zu der bezeichneten Stunde halten
und leer stehen . . .

– SENATUS CONSULTUM
DES JULIUS CAESAR, 44 V. CHR.

Irgendwo in der Stadt zu schlafen,
ist durchaus unmöglich.
Der unaufhörliche Verkehr der Wagen
in den engen, gewundenen Straßen . . .
reicht aus, um die Toten zu wecken.

– DIE SATIREN DES JUVENAL,
A. D. 117

I

Der Präsident von General Motors war übel gelaunt. Er hatte diese Nacht schlecht geschlafen, weil seine elektrische Heizdecke nur mit Unterbrechungen funktioniert hatte, so daß er mehrere Male frierend erwacht war. In Pyjama und Bademantel war er durch sein Haus geschlurft, und jetzt lag Werkzeug auf seiner Hälfte des übergroßen Bettes ausgebreitet, in dem seine Frau noch schlief. Er war damit beschäftigt, den Reglermechanismus auseinanderzunehmen. Beinahe auf den ersten Blick entdeckte er eine schlecht verlötete Verbindung, die Ursache des nächtlichen Desasters. Bitterböse brummte der GM-Präsident etwas über die miserable Qualitätskontrolle von Heizdeckenproduzenten vor sich hin und nahm den Regler zur Reparatur mit in seine Kellerwerkstatt.

Coralie, seine Frau, bewegte sich. Noch wenige Minuten, dann würde ihr Wecker schrillen, und verschlafen würde sie aufstehen, um das Frühstück für sich und ihren Mann zu machen.

Draußen, im Vorort Bloomfield Hills, zwanzig Kilometer nördlich von Detroit, war es noch dunkel.

Der GM-Präsident – ein hagerer, agiler Mann von normalerweise ausgeglichenem Temperament – hatte, abgesehen von der Decke, neuen Grund für schlechte Laune. Der Grund hieß Emerson Vale. Wenige Minuten vorher hatte der GM-Chef in dem leise eingeschalteten Radio an seinem Bett eine Nachrichtensendung gehört, in der die verhaßte, ätzend scharfe, sattsam bekannte Stimme des Erzkritikers der Autoindustrie ertönte.

Gestern war Emerson Vale auf einer Pressekonferenz in Washington wieder über seine Lieblingsopfer hergefallen – General Motors, Ford und Chrysler. Die Presseagenturen, denen es wahrscheinlich gerade an anderen Nachrichten mangelte, hatten in aller Ausführlichkeit über Vales Attacke berichtet.

Emerson Vale klagte die Großen Drei der Autoindustrie der »Habgier, der kriminellen Verschwörung und des eigennützigen Vertrauensmißbrauchs« an. Die Verschwörung bestehe in ihrer hartnäckigen Weigerung, Alternativen zum Automobil mit Benzinmotor zu entwickeln – nämlich Elektro- und Dampffahrzeuge –, die, wie Vale behauptete, »jetzt zur Verfügung stehen«.

Der Vorwurf war nicht neu. Vale aber – erfahren im Umgang mit der Presse und selbst alter Public-Relations-Routinier – hatte genügend neues Material aufgetischt, um in die Nachrichten zu kommen.

Der Präsident der größten Industriemacht der Welt, Doktor der Ingenieurwissenschaften, brachte den Heizdeckenregler in Ordnung. Er tat es mit dem gleichen Vergnügen, mit dem er auch andere Dinge im Haus selbst in Ordnung brachte, wenn die Zeit es gestattete. Dann duschte er, rasierte sich, zog sich für das Büro an und setzte sich zum Frühstück zu Coralie.

Auf dem Eßzimmertisch lag eine Ausgabe der »Detroit Free Press«. Als er Namen und Gesicht von Emerson Vale in großer Aufmachung auf der ersten Seite sah, fegte er die Zeitung ärgerlich vom Tisch auf den Fußboden.

»Na«, sagte Coralie, »hoffentlich hat dir das gutgetan.« Sie setzte ihm das Frühstück eines cholesterinbewußten Menschen vor – das Weiße von einem Ei auf trockenem Toast, dazu Tomatenscheiben und Quark. Die Frau des GM-Präsidenten bereitete das Frühstück immer selbst zu, und sie frühstückte mit ihm, ganz gleich, wie früh er losging. Sie setzte sich ihm gegenüber, angelte sich die »Free Press« vom Fußboden und schlug sie auf.

Fast im selben Augenblick verkündete sie: »Emerson Vale sagt, wenn wir die technischen Fähigkeiten besitzen, um Menschen auf Mond und Mars abzusetzen, dann sollte die Autoindustrie auch dazu in der Lage sein, ein absolut sicheres und pannenfreies Kraftfahrzeug zu produzieren, das die Umwelt nicht verseucht.«

Ihr Mann legte Messer und Gabel nieder. »Mein Frühstück ist nicht üppig. Mußt du mir auch dieses bißchen noch vermiesen?«

Coralie lächelte. »Ich hatte den Eindruck, daß dir schon eine andere Laus über die Leber gelaufen ist.« Ungerührt fuhr sie fort. »Zum Thema Umweltverschmutzung zitiert Mr. Vale die Bibel.«

»Jesses. Wo steht denn *darüber* was in der Bibel?«

»Jesses bleibt aus dem Spiel, mein Lieber. Es steht im Alten Testament.«

Neugierig geworden brummte er.

»Na los, lies schon vor. Du kannst dich ja sowieso nicht bremsen.«

»Der Prophet Jeremia«, sagte Coralie. »›*Und ich brachte euch in ein gut Land, daß ihr äßet seine Früchte und Güter. Und da ihr hineinkamet, verunreinigtet ihr mein Land und machtet mir mein Erbe zum Greuel.*‹« Sie schenkte ihrem Mann und sich neuen Kaffee ein. »Ganz geschickt von ihm, finde ich.«

»Daß der Kerl ungeschickt ist, hat noch kein Mensch behauptet.«

Coralie las weiter vor. »Die Auto- und die Ölindustrie, sagte Vale, haben gemeinsam den technischen Fortschritt gehemmt, der schon längst zu einem leistungsfähigen und wirtschaftlichen Elektro- oder Dampfwagen hätte führen können. Der Grund ist einfach. Ein solcher Wagen würde ihre gewaltigen Kapitalinvestitionen in den Verbrennungsmotor zunichte machen.« Sie legte die Zeitung hin. »Ist da was dran?«

»Vale jedenfalls hält das alles für bare Münze.«

»Aber du nicht?«

»Natürlich nicht.«

»Ganz und gar nicht?«

Gereizt sagte er: »Ein Körnchen Wahrheit steckt manchmal auch in der größten Verrücktheit. Deshalb bringen Leute wie Emerson Vale es immer wieder fertig, plausibel zu erscheinen.«

»Also wirst du bestreiten, was er sagt?«

»Wahrscheinlich nicht.«

»Warum denn nicht?«

»Darum nicht. Wenn General Motors die Herausforderung dieses Vale annimmt, geht sofort das große Geschrei los, daß ein übermächtiger Monolith ein schwaches Individuum in den Boden trampelt. Halten wir still, bricht man auch den Stab über uns. Aber dann kann man uns wenigstens nicht falsch zitieren.«

»Aber meinst du nicht doch, daß wenigstens einer antworten sollte?«

»Wenn ein heller Reporter zu Henry Ford geht, wird der wohl was sagen.« Der GM-Präsident lächelte. »Aber Henry nimmt kein Blatt vor den Mund, und die Zeitungen werden wohl nicht alles drucken, was er sagt.«

»Wenn ich deinen Posten hätte«, sagte Coralie, »würde ich was sagen, glaube ich. Das heißt, wenn ich ehrlich davon überzeugt wäre, im Recht zu sein.«

»Vielen Dank für den Rat.«

Der GM-Präsident beendete sein Frühstück und ließ keinen Zweifel daran, daß er nicht daran dachte, noch weiter nach dem Köder zu schnappen, den seine Frau ausgelegt hatte. Aber das Gespräch und die Stichelei, die ihm, wie Coralie meinte, von Zeit zu Zeit ganz gut tat, hatten ihm den Ärger von der Seele geschafft.

Durch die Küchentür hörte der GM-Präsident das Tagmädchen kommen. Das bedeutete, daß sein Chauffeur – der das Mädchen jeden Morgen abholte – draußen mit dem Wagen auf ihn wartete. Er stand vom Tisch auf und gab seiner Frau einen Kuß.

Wenige Minuten später, kurz nach sechs Uhr früh, bog sein Cadillac Brougham mit Schwung in die Telegraph Road ein und fuhr in Richtung Lodge Freeway und dem New Center in der Stadtmitte davon. Es war ein frischer Oktobermorgen. Der böige Nordwestwind brachte schon einen Hauch von Winter mit.

Detroit, Michigan, – die Autostadt, die Kraftfahrzeug-Metropole der Welt – begann zu erwachen.

Ebenfalls in Bloomfield Hills, zehn Autominuten entfernt, machte sich ein stellvertretender Generaldirektor von Ford bereit zur Abfahrt nach dem Metropolitan Airport von Detroit. Gefrühstückt hatte er schon. Allein. Eine Haushälterin hatte ihm ein Tablett in sein dämmrig beleuchtetes Arbeitszimmer gebracht, wo er seit fünf Uhr früh abwechselnd Memoranden gelesen (meist auf dem speziellen blauen Briefpapier geschrieben, das Ford-Vizepräsidenten für Grundsatz-Weisungen benutzten) und knapp formulierte Anweisungen in ein Diktiergerät gesprochen hatte. Als die Mahlzeit kam und während des Essens, blickte er kaum auf und leistete so in einer Stunde, wofür die meisten anderen Direktoren einen Tag oder länger gebraucht hätten.

Die meisten der soeben getroffenen Entscheidungen bezogen sich auf neue Fabrikbauten oder Erweiterungen, und es ging dabei um Aufwendungen von mehreren Milliarden Dollar. Zu den Aufgaben des stellvertretenden Generaldirektors gehörte es, Projekte zu genehmigen oder sein Veto einzulegen und über Prioritäten zu entscheiden. Er war einmal gefragt worden, ob solche Entscheidungen über immense Summen ihn belasteten. Er hatte geantwortet: »Nein. Ich denke mir immer die letzten drei Stellen weg. Dann ist das ganze so wie ein Hauskauf.«

Die pragmatische, schnelle Reaktion war bezeichnend für den Mann, der im Raketenstart vom kleinen Autoverkäufer zu einem der zehn, zwölf Leute aufgestiegen war, die in der Autoindustrie die Entscheidungen treffen. Übrigens war er dabei auch zum Multimillionär geworden. Manche Leute mögen sich allerdings fragen, ob es noch vernünftig ist, den mit Erfolg und Reichtum verbundenen Verzicht hinzunehmen.

Der stellvertretende Generaldirektor arbeitete zwölf und manchmal vierzehn Stunden am Tag, unablässig gehetzt vom Terminkalender, und oft genug mußte er sieben Tage in der Woche auf dem Posten sein. Heute zum Beispiel würde er zu einer Zeit, da die meisten Leute noch im Bett lagen, mit einem Werks-Jetstar nach New York unterwegs sein und die Reisezeit nutzen, um die Marktsituation gemeinsam mit Untergebenen zu prüfen. Nach der Landung würde er eine Ford-Bezirksleiterkonferenz über dasselbe Thema leiten. Unmittelbar danach würde er zwanzig Händlern aus New Jersey gegenübersitzen, die sich wegen einiger Garantie- und Service-Dinge schwarzgeärgert hatten. Später dann, in Manhattan, mußte er mit Bankiers zu Mittag essen und eine

Tischrede halten. Nach dieser Rede würden Reporter ihn auf einer allgemeinen Pressekonferenz in die Mangel nehmen.

Am frühen Nachmittag würde dasselbe Werksflugzeug ihn nach Detroit zurücktragen. Dort hatte er in seinem Büro Termine, und die reguläre Arbeit mußte bis zum Abendessen erledigt werden. Irgendwann am Nachmittag würde ein Friseur kommen und ihm bei der Arbeit die Haare schneiden. Das Abendessen im Penthouse, ein Stockwerk über dem Direktionsgeschoß, würde eine kritische Diskussion mit den Abteilungs-Chefs über neue Modelle bringen.

Am späteren Abend würde er dann in der William R. Hamilton Funeral Chapel haltmachen und einem Firmenkollegen die letzte Ehre erweisen, der gestern tot umgefallen war – Koronarokklusion infolge Überanstrengung. (Das Bestattungsunternehmen Hamilton war das einzig in Frage kommende für Automänner der Spitzenklasse. Statusbewußt bis zum Ende passierten sie den Hamiltonschen Salon auf dem Wege zum exklusiven Woodlawn Cemetery, von manchen Leuten auch »Direktoren-Walhalla« genannt.)

Wenn alles erledigt war, würde der stellvertretende Generaldirektor nach Hause fahren, neben sich eine Aktentasche mit Papieren, die bis zum nächsten Morgen bearbeitet sein wollten.

Jetzt schob er sein Frühstückstablett beiseite, raffte Papiere zusammen und stand auf. In seinem privaten Arbeitszimmer war er von Bücherregalen an allen vier Wänden umgeben. Manchmal – an diesem Morgen allerdings nicht – sah er die Bücher sehnsuchtsvoll an; es hatte mal, vor Jahren, eine Zeit gegeben, da las er ziemlich viel, Bücher aus mehreren Gebieten, und er hätte Wissenschaftler werden können, wenn der Zufall sein Leben in andere Bahnen gelenkt hätte. Jetzt hatte er keine Zeit mehr für Bücher. Sogar die Tageszeitung mußte warten, bis er einen Augenblick fand, um die Seiten zu überfliegen. Er nahm die Zeitung, noch zusammengefaltet, wie die Haushälterin sie gebracht hatte, und stopfte sie in seine Aktentasche. Später erst würde er von Emerson Vales neuester Attacke erfahren, und insgeheim würde er ihn verfluchen, wie viele andere Männer aus der

Autoindustrie ihn verfluchen würden, bevor dieser Tag zu Ende ging.

Auf dem Flughafen warteten die Mitarbeiter des stellvertretenden Generaldirektors, die ihn begleiten sollten, schon im Salon des Ford-Flugdienst-Hangars auf ihn. Ohne erst viel Zeit zu vergeuden, sagte er: »Gehen wir.«

Die Triebwerke des Jetstar wurden angelassen, während die acht an Bord gingen, und die Maschine rollte schon an den Start, als die letzten sich noch nicht angeschnallt hatten. Nur wer mit privaten Luftflotten reist weiß, wieviel Zeit er gegenüber dem Flugreisenden spart, der mit fahrplanmäßigen Maschinen fliegt.

Trotz des Tempos waren die Aktentaschen schon auf dem Schoß und geöffnet, bevor das Flugzeug noch die Startbahn erreicht hatte.

Der stellvertretende Generaldirektor eröffnete die Diskussion.

»Die Resultate der Nordost-Region sind in diesem Monat unbefriedigend. Sie kennen die Zahlen ebenso gut wie ich. Ich will die Gründe wissen. Dann, was man dagegen unternimmt.«

Als er ausgeredet hatte, waren sie in der Luft.

Die Sonne war halb über dem Horizont; ein trübes Rot, das rasch an Leuchtkraft gewann. Links und rechts jagten graue Wolken vorbei.

Unter dem steigenden Jetstar wurde im Frühlicht die weit ausgebreitete Stadt mit ihrer Umgebung sichtbar; die Stadtmitte von Detroit, zweieinhalb Quadratkilometer groß, ein Manhattan en miniature; gleich dahinter meilenlang graue Straßen, graue Häuser und Fabriken, Autostraßen – schmutzig, ein Augiasstall von einer Arbeitsstadt ohne Kleingeld für die Sauberkeit. Im Westen, sauberer und grüner, Dearborn, angrenzend an den gewaltigen Werkskomplex von Rouge; im Kontrast dazu im äußersten Osten die Grosse Pointes, baumbestanden, manikürt, Zuflucht der Reichen; das industrielle, rauchige Wyandotte im Süden; Belle Isle, im Detroit River hockend wie eine schwerbeladene graugrüne Schute. Auf der kanadischen Seite, jenseits des Flusses, das verschmierte Windsor, an Häßlichkeit dem ebenbürtig, was sein amerikanischer Seniorpartner zu bieten hatte.

Ringsherum und quer hindurch wirbelte, vom Tageslicht sichtbar gemacht, der Verkehr. Zu Zehntausenden, wie Heerzüge von Ameisen (oder Lemmingen, je nach Gusto des Betrachters) strebten die Schichtarbeiter und die Angestellten, die Direktoren und all die andern der Produktion des neuen Tages in zahllosen großen und kleinen Fabriken entgegen.

Der Tagesausstoß der Nation an Automobilen – kontrolliert und beherrscht in Detroit – hatte schon begonnen. Das Tempo der Produktion verkündete eine monströse Goodyear-Schrifttafel am Zusammenfluß der automobilverstopften Freeways Edsel Ford und Walter Chrysler. In anderthalb Meter hohen Zahlen wurde hier wie auf einem riesigen Kilometerzähler die Automobilproduktion des laufenden Jahres registriert, Minute für Minute. Es geschah mit bemerkenswerter Genauigkeit. Dahinter stand ein Meldesystem, das sich über das ganze Land erstreckte. Die Gesamtsumme wuchs mit den fertigen Autos, die überall im Land von den Fließbändern rollten.

Es arbeiteten jetzt neunundzwanzig Werke in der Eastern Time Zone und lieferten ihre Produktionsziffern. Bald schon würden die Zahlen schneller herumwirbeln, wenn dreizehn Montagewerke im Mittelwesten die Arbeit aufnahmen. Ihnen folgten sechs weitere in Kalifornien.

Die einheimischen Autofahrer lasen die Goodyear-Tafel wie ein Arzt den Blutdruck oder ein Börsenmakler den Dow-Jones-Index. Die Fahrer auf den weiten Parkflächen schlossen täglich Wetten über die Morgen- oder Abendbilanz des Tages ab.

Die der Tafel am nächsten gelegenen Produktionsquellen waren die Chrysler-Werke für die Modelle Dodge und Plymouth in Hamtramck, keine zwei Kilometer von hier entfernt. Mehr als hundert Wagen pro Stunde begannen dort um sechs Uhr früh von den Bändern zu rollen.

Es hat mal eine Zeit gegeben, wo der amtierende Vorstandsvorsitzende von Chrysler hereinschaute, um das Anlaufen der Tagesproduktion zu beobachten und ein fertiges Produkt zu prüfen. Heutzutage tat er das höchst selten, und an diesem Morgen war er noch zu Hause, blätterte im »Wall Street Journal« und trank langsam den Kaffee, den seine Frau ihm gebracht hatte, bevor sie selbst zu einer frühen Sitzung der Art Guild in die Stadt gefahren war.

Damals war der Chrysler-Chef, frisch zum Präsidenten ernannt, emsig durch die Werke gewieselt, teils, weil der langsam im Abstieg begriffene, schlaff gewordene Konzern einen Dynamo brauchte, teils aber auch, weil er das Etikett »Buchhalter« abstreifen wollte, das jedem anhaftete, der über die Finanzen aufgestiegen war und nicht aus Verkauf oder Technik kam. Unter seiner Leitung war es mit Chrysler aufwärts, aber auch abwärts gegangen. Ein langer Sechsjahreszyklus hatte Vertrauen beim Kapital angehäuft; der nächste ließ die finanziellen Alarmglocken schrillen; dann war, dank Schweiß und drastischen Sparmaßnahmen und schierer Anstrengung, der Alarm wieder abgeklungen, so daß es Menschen gab, die sagten, daß dieses Werk in Magerzeiten oder bei widrigem Wind am besten funktionierte. Wie dem auch sei, niemand zweifelte im Ernst daran, daß Chryslers schlanker, fünfzackiger Stern in hoher Kreisbahn dahinschwingen würde – an sich schon eine recht ordentliche Leistung, die den Vorsitzenden bewog, sich heutzutage nicht mehr ganz so hurtig zu bewegen, mehr zu denken und zu lesen, was er lesen wollte.

In diesem Augenblick las er Emerson Vales neuesten Erguß, den auch das »Wall Street Journal« veröffentlicht hatte, wenn auch nicht so groß aufgemacht wie in der »Detroit Free Press«. Aber ihn langweilte dieser Vale. Auf den Chrysler-Chef wirkten die Äußerungen des Autokritikers wenig originell und längst bekannt, und schon bald wandte er seine Aufmerksamkeit den Nachrichten vom Immobilienmarkt zu, die er wesentlich überzeugender fand. Noch wußte es nicht jeder, aber Chrysler hatte in den letzten Jahren ein Immobilien-Imperium aufgebaut, das nicht nur der Streuung diente, sondern – wer weiß – in ein paar Jahrzehnten die jetzige Nummer Drei ebenso groß machen konnte wie General Motors, und vielleicht noch größer.

Unterdessen aber rollten in den Chrysler-Werken von Hamtramck und anderswo immer neue Autos vom Band, eine Gewißheit, die den Vorsitzenden mit Befriedigung erfüllte.

So strebten die Großen Drei an diesem wie an jedem anderen Morgen danach, groß zu bleiben, während die kleineren American Motors mit ihrem Werk im Norden von Wisconsin einen Nebenfluß von Ambassadors, Hornets, Javelins, Gremlins und dergleichen beisteuerten.

2

In einem nördlich des Fisher Freeway gelegenen Montagewerk war Matt Zaleski, stellvertretender Werksleiter und ergrauter Veteran der Autoindustrie, froh darüber, daß heute Mittwoch war.

Alle möglichen dringenden Probleme und garstigen Manöver im schieren Überleben würde es auch heute geben, wie an jedem Tag. Heute abend würde er wie jeden Abend müde und zerschlagen nach Hause gehen, sich älter fühlen als dreiundfünfzig und überzeugt davon sein, daß er wieder einen Tag seines Lebens in einem Schnellkocher verbracht habe. Manchmal wünschte sich Matt Zaleski, er könnte noch einmal die Energie aufbringen, die er als junger Mann gehabt hatte, damals, als er noch neu war in der Autoproduktion, und damals, im Zweiten Weltkrieg, als er Bombenschütze bei der Luftwaffe gewesen war.

Wenn er jetzt zurückdachte, dann hatte er manchmal auch das Gefühl, als seien die Kriegsjahre – obwohl er sie doch in Europa mitten drin im Schlamassel verbracht hatte und auf ein eindrucksvolles Einsatzregister verweisen konnte – nicht so vollgestopft mit Krisensituationen gewesen wie sein jetziger Zivilberuf.

Wenige Minuten erst war er in seinem gläsernen Büro im Zwischengeschoß über der Montagehalle, da hatte er schon, während er noch die Jacke auszog, eine mit rotem Reiter markierte Hausmitteilung überflogen, die auf dem Schreibtisch lag – eine Gewerkschaftsbeschwerde, der er auf den ersten Blick ansah, daß sie sich zu einer Arbeitsniederlegung im ganzen Werk auswachsen könnte, wenn nicht sofort etwas unternommen wurde. Zweifellos steckte noch mehr Stoff zum Kopfzerbrechen in einem benachbarten Papierstapel – allerlei Ärger, kritische Materialengpässe darunter (davon gab es jeden Tag ein paar), oder Forderungen der Qualitätskontrolle oder Pannen bei den Maschinen oder irgendeine andere harte Nuß, an die noch kein Mensch gedacht hatte, und das alles konnte einzeln oder im Verein die Montagebänder anhalten und die Produktion stoppen.

Zaleski warf seine stämmige, untersetzte Figur in den Stuhl an seinem grauen Stahlschreibtisch. Seine Bewegungen waren kurz und ruckartig wie immer. Er hörte den knarrenden Protest des Stuhls – eine Erinnerung an sein wachsendes Übergewicht und den schweren Bauch, den er mittlerweile mit sich herumschleppte. Er schämte sich, als ihm einfiel: nie und nimmer könnte er sich jetzt in die enge Bugkanzel einer B 17 zwängen. Er wünschte sich, daß Ärger und Sorgen schlank machten. Aber das Gegenteil schien der Fall zu sein, besonders seit Fredas Tod, seit Einsamkeit am Abend und in der Nacht ihn zum Kühlschrank trieb, wo er irgend etwas aß, weil er nichts anderes zu tun hatte.

Aber wenigstens war heute Mittwoch.

Erst mal das wichtigste. Er schlug mit der ganzen Hand auf den Schalter für die Büro-Sprechanlage; seine Sekretärin war noch nicht da. Ein Aufseher meldete sich.

»Ich will Parkland sprechen und die Ausschußleute von der Gewerkschaft«, sagte der stellvertretende Werksleiter im Befehlston. »Schaffen Sie die her, aber schnell.«

Parkland war ein Vorarbeiter. Und die da draußen im Büro wußten ganz genau, welche Ausschußleute er meinte, denn die kannten todsicher die Hausmitteilung mit dem roten Reiter. In einer Fabrik breiten sich schlechte Nachrichten aus wie ein Benzinfeuer.

Der Stapel von Papieren – noch unangerührt, aber bald würde er sich daran machen müssen – erinnerte Zaleski daran, daß er düsteren Gedanken an die vielen Ursachen nachgehangen hatte, die ein Montageband zum Stillstand bringen können.

Das Band anhalten, die Produktion aus irgendwelchen Gründen stoppen, das war für Matt Zaleski wie ein Schwert zwischen die Rippen. Seine Funktion, seine ganze persönliche Daseinsberechtigung, bestand darin, das Band in Bewegung zu halten, dafür zu sorgen, daß ein fertiges Auto pro Minute vom Band rollte, ganz egal, wie er das Kunststück fertigbrachte, ganz egal auch, ob er sich zuzeiten wie ein Jongleur vorkam, der zur selben Zeit fünfzehn Bälle in der

Luft hat. Die hohe Geschäftsleitung interessierte sich nicht für den Jongleursakt, und für Ausreden schon gar nicht. Resultate zählten: Quoten, Tagesproduktion, Herstellungskosten. Blieb aber das Band stehen, dann bekam er schnell genug was zu hören. Jede einzelne verlorene Minute bedeutete, daß ein ganzes Auto nicht produziert wurde, und einzuholen war dieser Verlust nie mehr. Daher kostete schon ein Stopp von zwei oder drei Minuten Tausende von Dollar, denn Löhne und andere Kosten rollten fröhlich weiter, auch wenn das Band stillstand.

Aber wenigstens war doch heute Mittwoch.

Es gab einen Klick in der Sprechanlage. »Sie sind auf dem Weg zu Ihnen, Mr. Zaleski.«

Er dankte kurzangebunden.

Daß Matt Zaleski den Mittwoch gern mochte, hatte einen simplen Grund. Der Mittwoch war zwei Tage vom Montag entfernt, und zwei Tage trennten den Mittwoch vom Freitag.

Die Montage und die Freitage waren die zermürbendsten Wochentage für die Werksleitung. Schuld war das Bummelantentum. An jedem Montag fehlten mehr Stundenlohnempfänger als an jedem anderen normalen Arbeitstag; der Freitag kam in dieser Hinsicht gleich an zweiter Stelle. Wenn nämlich der Lohn gezahlt war, gewöhnlich am Donnerstag, begann für viele Arbeiter ein langes Wochenende mit Schnaps oder Drogen, und danach, am Montag, hieß es, verlorenen Schlaf nachzuholen oder imposante Kater zu kurieren.

So wurden montags und freitags alle anderen Probleme durch das eine gewaltige Problem in den Schatten gestellt, die Produktion trotz eines kritischen Mangels an Leuten in Gang zu halten. Männer wurden hin- und hergeschoben wie Täfelchen auf einem chinesischen Brettspiel. Manche wurden von Arbeiten, an die sie gewöhnt waren, weggeholt und an Jobs gestellt, von denen sie keine Ahnung hatten. Ein Arbeiter, der normalerweise Radmuttern festzog, montierte plötzlich vordere Stoßstangen, oft nach allerkürzester Einweisung, und manchmal ganz ohne jede Anleitung. Andere, in aller Eile von der Arbeitsvermittlung oder von weniger spezialisierten Arbeiten – vom Lkw-Beladen oder vom Ausfegen – herbeigeholt, wurden da, wo sich eine Lücke ergab, an irgendeinen Arbeitsplatz gestellt. Manchmal begriffen sie ihre Gastrolle schnell; manchmal verbrachten sie eine ganze Schicht damit, Heizschlauchklemmen oder irgend etwas Ähnliches zu montieren – aber verkehrt herum.

Das Resultat war immer das gleiche. Viele Montags- und Freitagsautos waren schlampig zusammengebaut, komplett mit eingebautem Ärger für die Käufer, und wer auch nur die leiseste Ahnung davon hatte, mied solche Autos wie verdorbenes Fleisch. Ein paar Großstadthändler, die das Problem kannten und die wegen ihres hohen Umsatzes Einfluß bei den Werken hatten, bestanden darauf, daß Autos für ihre wichtigsten Kunden am Dienstag gebaut wurden, am Mittwoch oder am Donnerstag. Kunden, die sich auskannten, gingen aus diesem Grunde manchmal zu den großen Händlern und stellten ihre Bedingungen. Autos für Direktoren und deren Freunde wurden ausnahmslos an einem der mittleren Wochentage in Auftrag gegeben.

Die Tür zum Büro des stellvertretenden Werksleiters wurde aufgerissen. Parkland, der Vorarbeiter, den er hatte rufen lassen, marschierte herein, ohne erst lange anzuklopfen.

Parkland war ein breitschultriger, grobknochiger Mann Ende dreißig, ungefähr fünfzehn Jahre jünger als Matt Zaleski. Im College hätte er einen guten Fullback im Football abgegeben, und im Gegensatz zu den meisten anderen Vorarbeitern von heute sah er so aus, als mache es ihm keine Schwierigkeiten, sich Autorität zu verschaffen. Und im Augenblick sah er so aus, als rechne er mit Schwierigkeiten und als sei er bereit, sich ihnen zu stellen. Er war wütend. Unter seinem rechten Wangenknochen, bemerkte Zaleski, war eine blutunterlaufene Stelle, die rasch dunkelblau anlief.

Zaleski ignorierte die Art und Weise, wie er hereingestürmt war, und zeigte auf einen Stuhl. »Setzen Sie sich, und dann lassen Sie erst mal Dampf ab.«

Sie starrten sich über den Schreibtisch hinweg an.

»Ich will mir gern anhören, wie Sie die Sache sehen«, sagte

der stellvertretende Werksleiter. »Aber verplempern Sie keine Zeit. So, wie sich das hier liest«, er griff nach dem Beschwerdebericht mit dem roten Reiter, »haben Sie uns eine ganz schön heiße Suppe eingebrockt.«

»Von wegen eingebrockt!« Parkland brauste auf; sein Gesicht über der blutunterlaufenen Stelle lief dunkelrot an. »Ich habe einen Kerl rausgeschmissen, weil er mir eine gelangt hat. Und merken Sie sich – ich bleib dabei, ich mache keinen Rückzieher, und wenn Sie nur ein bißchen Courage oder Gerechtigkeitsgefühl haben, dann halten Sie gefälligst zu mir.«

Matt Zaleski holte Luft und stimmte das Bullengebrüll an, das er drunten in der Werkshalle gelernt hatte. »Hören Sie mit dem Quatsch auf, dem gottverdammten, aber sofort!« Er dachte nicht daran, diese Sache außer Rand und Band geraten zu lassen. Er gab jetzt einen Schuß Vernunft dazu und sagte brummig: »Ich habe gesagt, lassen Sie Dampf ab, beruhigen Sie sich, und das meinte ich auch. Ich werde dann schon entscheiden, zu wem ich halte und warum. Und hören Sie gefälligst auf mit dem Blödsinn, den Sie da verzapfen von Courage und Gerechtigkeit. Kapiert?«

Auge in Auge starrten sie sich an. Parkland senkte den Blick zuerst.

»Also gut, Frank«, sagte Matt. »Fangen wir noch mal von vorne an, und dieses Mal will ich genau hören, was passiert ist, von Anfang an.«

Er kannte Frank Parkland schon lange. Der Vorarbeiter hatte sich immer gut geführt, meistens war er fair im Umgang mit den Leuten, die unter ihm arbeiteten. Es mußte schon was Ungewöhnliches gewesen sein, das ihn so in Rage gebracht hatte.

»An einem Job klappte es nicht«, sagte Parkland. »Es waren Bolzen für die Steuersäule, und da stand dieser Junge, ein Neuer, glaube ich. Er kam mit dem nächsten Mann ins Gedränge. Ich wollte dafür sorgen, daß der Job wieder an der richtigen Position erledigt wird.«

Zaleski nickte. Das passierte oft genug. Ein Arbeiter mit einer ganz bestimmten Aufgabe brauchte für jeden Griff ein paar Sekunden länger als vorgesehen. Ein Auto nach dem anderen gleitet am Band um eine Position weiter, die Position dieses einen Arbeiters rückt allmählich mit, so daß er bald in das Gebiet des nächsten Arbeitsgangs gerät. Sieht ein Vorarbeiter das, muß er sofort dem Arbeiter dabei helfen, an seinen richtigen Platz zurückzukommen.

Zaleski sagte ungeduldig: »Weiter, weiter.«

Bevor sie weiterreden konnten, ging die Bürotür wieder auf, und herein kam der Mann vom Gewerkschaftsausschuß. Er hieß Illas, und bis zu einer Gewerkschaftswahl vor ein paar Monaten hatte er noch selbst am Fließband gestanden.

»Guten Morgen«, sagte der Gewerkschaftsmann zu Zaleski. Parkland nickte er wortlos und kurz zu.

Matt Zaleski lud den Gewerkschafter mit einer Handbewegung zum Platznehmen ein. »Wir sind hier gerade dabei, der Sache auf den Grund zu gehen.«

»Sie könnten viel Zeit sparen«, sagte Illas, »wenn Sie den Beschwerdebericht lesen.«

»Habe ich gelesen. Aber manchmal höre ich mir auch gern an, was die andere Seite sagt.« Zaleski forderte Parkland durch ein Kopfnicken auf fortzufahren.

»Ich habe dann nicht mehr getan«, sagte der Vorarbeiter, »als einen anderen Mann zu rufen und zu ihm zu sagen: ›Helfen Sie mir dabei, diesen Mann hier wieder an die richtige Position zu bringen.‹«

»Und ich sage, Sie lügen!« Anklagend beugte sich der Gewerkschafter vor; jetzt wandte er sich mit Schwung Zaleski zu. »In Wirklichkeit hat er gesagt: ›Bring diesen *Boy* wieder an seinen Platz.‹ Und die Person, die er da meinte und die er ›Boy‹ nannte, diese Person war nun einmal einer von unseren schwarzen Brüdern, für den dieses Wort ein sehr beleidigender Ausdruck ist.«

»Ach du lieber Gott!« In Parklands Stimme schwangen Zorn und Ekel. »Glauben Sie denn, das weiß ich nicht? Glauben Sie denn, ich war noch nicht lange genug hier, um nicht ganz genau zu wissen, daß ich mich hüten muß, dieses Wort auf diese Weise zu gebrauchen?«

»Aber Sie *haben* es gebraucht, oder etwa nicht?«

»Kann sein, kann vielleicht sein. Ich sage nicht, daß ich es gebraucht habe, weil ich es nicht mehr genau weiß, und das ist die reine Wahrheit. Aber wenn ich es gesagt habe, dann habe ich es nicht bös gemeint. Dann ist es mir so rausgerutscht, mehr nicht.«

Der Gewerkschafter zuckte die Achseln. »Das sagen Sie jetzt.«

»Halt die Schnauze, du Scheißkerl!«

Illas erhob sich. »Mr. Zaleski, ich bin hier in offiziellem Auftrag. Ich vertrete die United Auto Workers. Wenn hier in diesen Worten . . .«

»Damit ist jetzt Schluß«, sagte der stellvertretende Werksleiter. »Bitte setzen Sie sich, und weil wir gerade beim Thema sind, schlage ich Ihnen vor, daß Sie weniger großzügig mit dem Wort ›Lügner‹ umgehen.«

In ohnmächtiger Wut schlug Parkland mit fleischiger Faust auf den Schreibtisch. »Ich sage, das habe ich mir nicht ausgedacht, ich sage, so war es. Und der Mann, von dem ich rede, hat nicht mal eine Sekunde darüber nachgedacht, was ich zu ihm gesagt habe, bevor der ganze Zauber losging.«

»*Er* schildert die Sache aber ganz anders«, sagte Illas.

»Vielleicht tut er das *jetzt.*« Parkland begann, auf Zaleski einzureden. »Hören Sie, Matt, der Mann, der nicht mehr auf Job-Position war, ist noch ein ganz junger Kerl. Ein Schwarzer, vielleicht siebzehn. Ich hab' nichts gegen ihn; er ist ein bißchen langsam, aber er hat seinen Job gemacht. Ich habe einen jüngeren Bruder in seinem Alter. Ich komm nach Hause, ich frage: ›Wo steckt der Boy?‹ Kein Mensch findet was dabei. Genauso war das auch hier, bis dieser andere Kerl, der Newkirk, sich einmischte.«

Illas blieb hartnäckig: »Aber Sie geben zu, daß Sie das Wort ›Boy‹ gebraucht haben.«

Matt Zaleski sagte zermürbt: »Okay, okay, er hat es gebraucht. Gehen wir doch alle mal davon aus.«

Zaleski hielt sich hart im Zaum, wie er das immer dann tun mußte, wenn ein Rassenstreit im Werk losbrach. Sein eigenes Vorurteil saß tief, und es war im wesentlichen gegen die Schwarzen gerichtet, und entstanden waren diese Vorurteile in dem vorwiegend von Polen bewohnten Vorort Wyandotte, wo er geboren war. Dort sahen die Familien polnischer Herkunft voller Verachtung auf die Neger herab, die sie für unsolide, haltlos und streitsüchtig hielten. Die Schwarzen ihrerseits haßten die Polen, und in ganz Detroit hielten sich auch heute noch die uralten Feindschaften. Zaleski war gezwungen, seine instinktive Abneigung zu beherrschen. Ein Werk, das so viele schwarze Arbeitskräfte beschäftigt wie dieses, kann man unmöglich führen, wenn man seine Vorurteile offen zeigt. Jedenfalls darf man das nicht allzu oft. In diesem Augenblick, nach der letzten Bemerkung von Illas, hatte es Matt Zaleski viel Mühe gekostet, nicht auszurufen: *Na und? Warum soll er ihn denn nicht ›Boy‹ nennen? Warum zum Teufel soll er das denn nicht? Wenn ein Vorarbeiter ihm das befiehlt, soll der Kerl sich gefälligst anstrengen und losarbeiten!* Aber Zaleski wußte, daß man ihn zitieren würde, daß der Ärger wahrscheinlich noch viel größer werden würde. Also sagte er nur grollend: »Worauf es ankommt, ist: was ist dann passiert?«

»Allerdings«, sagte Parkland, »ich dachte schon, daß wir dazu überhaupt nicht mehr kommen. Also, wir hatten den Job fast schon wieder da, wo er hingehört, da taucht da dieses Schwergewicht auf, dieser Newkirk.«

»Auch er ist einer von unseren schwarzen Brüdern«, sagte Illas.

»Newkirk arbeitete weiter unten am Band. Er hat gar nicht gehört, was passiert ist; irgend jemand hat es ihm erzählt. Er kam an, nannte mich ein Rassistenschwein und langte mir eine.« Der Vorarbeiter betastete die Stelle in seinem Gesicht, die inzwischen noch stärker angeschwollen war.

Mit Schärfe fragte Zaleski: »Haben Sie zurückgeschlagen?«

»Nein.«

»Na Gott sei Dank, wenigstens so vernünftig waren Sie also.«

»Ich war schon vernünftig«, sagte Parkland. »Ich habe Newkirk entlassen. Auf der Stelle. Hier schlägt kein Mensch ungestraft einen Vorarbeiter.«

»Das werden wir noch sehen«, sagte Illas. »Es hängt alles von den Umständen und von der Provokation ab.«

Matt Zaleski fuhr sich mit der Hand durchs Haar; es gab

Tage, an denen er staunte, daß er überhaupt noch Haare hatte. Diese ganze Scheißsituation war eigentlich die Sache von McKernon, dem Werksleiter. Aber McKernon war nicht da. Er war fünfzehn Kilometer weit weg im Hauptquartier und nahm an einer Konferenz über den neuen Orion teil, ein supergeheimes neues Auto, das bald in dem Werk hergestellt werden sollte. Manchmal hatte Matt Zaleski den Eindruck, als sei McKernon schon in Pension gegangen, was offiziell erst in sechs Monaten passieren sollte.

Matt Zaleski saß jetzt da und mußte das Kind schaukeln, wie schon oft, und das war eine höchst vertrackte Sache. Dabei würde Zaleski nicht mal der Nachfolger von McKernon werden, und er selbst wußte das ganz genau. Man hatte ihn schon kommen lassen, man hatte ihm seine offizielle Beurteilung gezeigt, die in einer Loseblattsammlung steckte, die, in ledernem Einband, stets auf dem Schreibtisch des Vizepräsidenten für Produktion stand. Das Buch stand da, damit der Vizepräsident es jederzeit aufschlagen und darin blättern konnte, wenn es um Ernennungen oder Beförderungen ging. Unter dem Namen Matt Zaleski, unter dem Foto und anderen Details stand da: »Dieser Mann ist auf der derzeitigen Managementebene gut plaziert.«

Im ganzen Konzern wußte jeder, der auch nur ein bißchen zu sagen hatte, was diese salbungsvolle Formulierung bedeutete. Sie bedeutete einen Tritt in den Hintern. Sie bedeutete: *Dieser Mann ist so hoch aufgestiegen, wie er jemals kommen wird. Wahrscheinlich wird er seine Zeit da abdienen, wo er jetzt sitzt, aber befördert wird er nun nicht mehr.*

Die Vorschriften verlangten, daß es jedem mitgeteilt werden mußte, wenn er diesen tödlichen Satz in die Personalpapiere bekam. Dieses Recht hatte er noch, und aus diesem Grunde wußte Matt Zaleski seit einigen Monaten, daß er über seine jetzige Rolle als stellvertretender Werksleiter hinaus nicht mehr aufsteigen würde. Anfangs war das eine bittere Enttäuschung gewesen. Aber er hatte sich an den Gedanken gewöhnt, und er kannte jetzt auch den Grund. Er war alter Schnee, das Hinterteil einer Sorte von Mensch, die rasch verschwand, einer Sorte, die kein Aufsichtsrat und kein Vorstand mehr in den Spitzenpositionen sehen mochte. Zaleski war über einen Weg aufgestiegen, den heute kaum noch jemand einschlagen mochte, der es zu etwas bringen wollte – es war der Weg vom Fabrikarbeiter über den Inspektor zum Vorarbeiter mit Meisterfunktion, über den Aufseher zum stellvertretenden Werksleiter. Er hatte kein Ingenieursdiplom, als er anfing. Er war vor dem Zweiten Weltkrieg ohne Abschluß aus der Oberschule abgegangen. Aber nach dem Krieg hatte er sich mit einem Grad bewaffnet, er hatte das Abendstudium genutzt und es mit GI-Krediten finanziert. Dann hatte er als ehrgeiziger Mann mit seinem Aufstieg begonnen. Ehrgeizig waren sie alle, die damals, in seiner Generation, die »Festung Europa« und andere Fährnisse überlebt hatten. Später aber begriff Zaleski, daß er zuviel Zeit verloren hatte. Sein wirklicher Start war zu spät gekommen. Die starken Favoriten, die Leute aus dem Holz, aus dem man das Spitzenpersonal der Autowerke schnitzt – diese Männer waren, damals wie heute, die aufgeweckten Jungs, die frisch und bienenemsig über den direkten Weg vom College zur Direktionsetage kletterten.

Aber das war noch längst kein Grund, warum McKernon, immerhin noch Boß in diesem Werk, der ganzen Situation einfach seitlich auswich, auch wenn er es unabsichtlich tat. Der stellvertretende Boß zögerte. Es wäre korrekt, wenn er McKernon riefe. Das könnte er jetzt, in diesem Augenblick tun. Er brauchte nur den Hörer abzunehmen.

Zweierlei hielt ihn davon ab. Erstens hinderte ihn sein eigener Stolz. Das gestand er sich selbst ein. Zaleski wußte, daß er mit der Sache ebenso gut fertig werden konnte wie McKernon, wenn nicht sogar besser. Zweitens sagte ihm sein Instinkt, daß keine Zeit mehr zu verlieren war.

Schroff wandte Zaleski sich an Illas: »Was verlangt die Gewerkschaft?«

»Tja, also ich habe mit dem Präsidenten unserer örtlichen ...«

»Sparen wir uns das«, sagte Zaleski. »Wir wissen doch beide, daß wir irgendwo anfangen müssen. Was wollen Sie also?«

»Na gut«, sagte das Ausschußmitglied. »Wir bestehen auf drei Dingen. Erstens, sofortige Wiedereinstellung von Bruder Newkirk, mit Lohnausfallentschädigung. Zweitens, eine Entschuldigung bei beiden beteiligten Männern. Drittens, Entfernung Parklands von seinem Posten als Vorarbeiter.«

Parkland, der auf seinem Stuhl in sich zusammengesunken war, richtete sich mit einem Ruck auf. »Jesus Christus! Viel verlangt ihr ja nicht.« Sarkastisch fragte er: »Nur aus Interesse, soll ich mich entschuldigen, bevor ich rausgeschmissen werde oder nachdem ich rausgeschmissen worden bin?«

»Bei der Entschuldigung würde es sich um eine offizielle durch das Werk handeln«, erwiderte Illas gemessen. »Ob Sie den Anstand haben, sich dann auch noch persönlich zu entschuldigen, ist Ihre Sache.«

»Das möcht' ich meinen, daß das meine Sache ist. Aber ich empfehle jedem, nicht vor Spannung die Luft anzuhalten, bis es dazu kommt.«

Matt Zaleski fauchte ihn an: »Wenn Sie die Luft ein bißchen länger angehalten hätten, dann steckten wir jetzt nicht in diesem Mist.«

»Wollen Sie damit sagen, daß Sie auf all das eingehen wollen?« Wütend zeigte der Vorarbeiter auf Illas.

»Ich sage überhaupt noch nichts, zu keinem. Ich versuche nachzudenken, und ich brauche mehr Tatsachen und Informationen, als ich von Ihnen beiden bekommen habe.« Zaleski langte hinter sich nach einem Telephon. Er rückte seinen Stuhl so zurecht, daß er zwischen dem Telephon und den beiden saß, wählte eine Nummer und wartete.

Als der Mann, den er haben wollte, sich meldete, fragte Zaleski nur: »Wie sieht's da unten aus?«

Die Stimme am anderen Ende war leise. »Matt?«

»Ja.«

Die vorsichtigen Antworten des anderen kamen vor dem akustischen Hintergrund der Kakophonie der Fabrikhalle. Zaleski fragte sich immer wieder, wie Menschen eigentlich mit dem Lärm an jedem Tag ihres Arbeitslebens existieren konnten. Auch in den Jahren, die er selbst am Fließband arbeitend verbracht hatte, bevor er in ein Büro umziehen konnte, wo er vor dem schlimmsten Getöse abgeschirmt war, hatte er sich nie daran gewöhnen können.

Sein Informant sagte: »Die Lage ist wirklich übel, Matt.«

»Wie übel?«

»Die Haschköppe sitzen im Sattel. Sagen Sie nicht, daß ich das gesagt habe.«

»Mach ich doch nie«, erwiderte der stellvertretende Werksleiter. »Das wissen Sie doch.«

Er hatte sich halb herumgedreht und spürte, daß die beiden anderen im Büro seinen Gesichtsausdruck beobachteten. Vielleicht vermuteten sie, konnten es aber nicht wissen, daß er mit einem schwarzen Vorarbeiter sprach, Stan Lathruppe, einem der fünf oder sechs Männer im Werk, die Matt Zaleski am meisten respektierte. Es war ein sonderbares, ja paradoxes Verhältnis, denn wenn er nicht im Werk war, agierte Lathruppe als aktiver Militanter, der einmal zu den Anhängern von Malcolm X gehört hatte. Hier aber nahm er es ernst mit seiner Verantwortung. Er war überzeugt davon, daß er in der Autowelt durch Vernunft für seine Rasse mehr erreichen könne als durch Anarchie. Diese Einstellung hatte schließlich dazu geführt, daß Zaleski – der Lathruppe ursprünglich feindlich gegenüberstand – ihn respektieren gelernt hatte.

Angesichts des herrschenden Zustandes in den Beziehungen zwischen den Rassen traf es sich für das Werk unglücklich, daß es relativ wenige schwarze Vorarbeiter und Manager hatte. Eigentlich müßte es mehr geben, viel mehr, und jeder wußte das, aber gerade jetzt scheuten viele schwarze Arbeiter vor der Verantwortung zurück, oder sie hatten Angst wegen der jungen Militanten in ihren Reihen, oder sie waren einfach noch nicht so weit. Hätte die oberste Führung der Industrie, dachte Matt Zaleski manchmal in seinen weniger mit Vorurteilen belasteten Momenten, ein bißchen an die Zukunft gedacht, wie Spitzenmanager das ja eigentlich tun sollen, und hätten sie in den vierziger und fünfziger Jahren ein vernünftiges Ausbildungsprogramm für schwarze Arbeiter gestartet, dann gäbe es jetzt mehr Stan Lathruppes. Daß es sie nun nicht gab, war schlimm für alle.

Zaleski fragte: »Was planen die?«

»Ich glaube, Arbeitsniederlegung.«

»Wann?«

»Wahrscheinlich zur Pause. Könnte auch früher sein, glaube ich aber nicht.«

Die Stimme des schwarzen Vorarbeiters war so leise, daß Zaleski sich anstrengen mußte, ihn zu verstehen. Er wußte, wie dem anderen zumute war. Außerdem hing das Telephon, das er benutzte, neben dem Fließband, an dem die anderen arbeiteten. Einige seiner Rassengenossen nannten ihn schon »weißer Nigger«. Das waren diejenigen, die selbst Angehörige ihrer eigenen Rasse nicht ausstehen konnten, sobald sie einen gehobenen Posten hatten. Denen war es gleichgültig, ob der Vorwurf stimmte oder nicht. Zwei, drei Fragen noch – Zaleski hatte nicht die Absicht, Stan Lathruppe das Leben noch schwerer zu machen.

Er fragte: »Gibt es einen Grund für die Verzögerung?«

»Ja. Die Haschköppe wollen, daß das ganze Werk streikt.«

»Wissen die andern denn schon was?«

»Ja, das geht rasend schnell. Als ob wir noch Urwaldtrommeln hätten.«

»Hat irgend jemand daran gedacht, daß die ganze Sache illegal ist?«

»Haben Sie noch'n paar Witze von der Sorte auf Lager?« sagte Lathruppe.

»Nein.« Zaleski seufzte. »Aber schönen Dank.« Er hängte auf.

Sein Instinkt war also richtig gewesen. Es war keine Zeit mehr zu verlieren, gleich von Anfang an nicht, denn ein Arbeitskonflikt mit rassistischem Hintergrund brannte immer mit kurzer Lunte. Kam es jetzt zum Streik, könnten Tage vergehen, bis alle wieder an der Arbeit waren; auch wenn sich nur die schwarzen Arbeiter beteiligten, und noch nicht einmal alle, würde das genügen, um die Produktion zum Stillstand zu bringen. Matt Zaleskis Job war es, die Produktion in Gang zu halten.

Als hätte er seine Gedanken gelesen, sagte Vorarbeiter Parkland: »Matt, lassen Sie sich nicht erpressen! Na schön, ein paar schmeißen das Werkzeug hin und marschieren raus, und wir haben Ärger. Aber manchmal lohnt es sich doch, wenn man für ein Prinzip auch eintritt, oder?«

»Manchmal.« Zaleski fuhr fort: »Das Schwierige ist nur zu wissen, für welches Prinzip, und wann.«

»Fair sein ist schon ein guter Anfang«, sagte Parkland. »Und Fairneß funktioniert in beiden Richtungen – rauf und runter.« Er beugte sich über den Schreibtisch vor und redete ernst auf Zaleski ein. Dann und wann warf er dem Mann vom Gewerkschaftsausschuß, Illas, einen Blick zu. »Okay, ich habe die nicht immer mit Samthandschuhen angepackt. Das geht nicht immer. Als Vorarbeiter steckt man mitten drin, von allen Seiten schmeißen sie mit Scheiße. Von hier oben sitzen Sie und Ihre Leute, Matt, uns Tag für Tag im Nacken und verlangen Produktion, Produktion, Produktion; und wenn Sie es gerade mal nicht sind, dann sind's die von der Qualitätskontrolle, die sagen, baut sie besser, und das, obwohl man sie ja schneller bauen soll. Dann sind da die andern, die arbeiten, die an den einzelnen Jobs stehen – darunter auch welche wie Newkirk und andere –, und der Vorarbeiter muß mit denen fertig werden, aber auch mit der Gewerkschaft, wenn er nur einen kleinen Fehler macht, und manchmal auch dann, wenn er keinen macht. Das ist ein harter Job, und ich war hart; sonst kann man krepieren. Aber ich war auch fair. Ich habe noch nie einen Burschen, der für mich arbeitet, anders behandelt, weil er schwarz ist, und ich bin kein Plantagenaufseher mit 'ner Peitsche. Und was das angeht, worüber wir hier jetzt reden, ich hab' nicht mehr getan, als einen schwarzen Mann ›Boy‹ genannt, jedenfalls behauptet man das. Ich hab' nicht von ihm verlangt, Baumwolle zu pflücken oder sich im Bus nach hinten zu den Niggers zu scheren oder Schuhe zu putzen oder sonst irgendwas, was angeblich mit dem Wort zusammengehört. Ich habe nicht mehr und nicht weniger getan, als ihm bei seiner Arbeit zu helfen. Und ich sage noch was: wenn ich ihn – weiß Gott, ohne Absicht! – ›Boy‹ genannt habe, dann will ich sagen, daß mir das leid tut. Es tut mir nämlich leid. Aber zu Newkirk sag ich das nicht. Bruder Newkirk bleibt gefeuert. Denn wenn er wieder eingestellt wird, wenn er ungestraft einen Vorarbeiter schlagen darf, und zwar grundlos, dann kann man sich auch ebensogut eine weiße Fahne in den Arsch rammen und von diesem Tage an jedem bißchen Disziplin in dieser Fabrik auf Nimmerwiedersehen nachwinken. Das habe ich damit gemeint, als ich sagte, Sie sollen fair sein.«

»In manchem haben Sie ja nicht unrecht«, sagte Zaleski. Es war tatsächlich so, dachte Zaleski, Frank Parkland war fair im Umgang mit schwarzen Arbeitern, fairer vielleicht als mancher andere in dem Werk. Er fragte Illas: »Was meinen Sie denn dazu?«

Der Gewerkschaftsmann schaute mit unbewegtem Gesicht durch seine dicken Brillengläser. »Ich habe den Standpunkt der Gewerkschaft bereits dargelegt, Mr. Zaleski.«

»Wenn ich Ihnen also einen Korb gebe, wenn ich Franks Partei ergreife, wie er das eben von mir verlangt hat, was dann?«

Illas sagte steif: »Wir wären gezwungen, die nächsten Schritte im Beschwerdeverfahren zu unternehmen.«

»Okay.« Der stellvertretende Werksleiter nickte. »Sie haben das Recht dazu. Nur – wenn wir den ganzen Beschwerdezirkus durchexerzieren, kann das dreißig Tage bedeuten oder mehr. Und was passiert in der Zwischenzeit? Arbeiten alle weiter?«

»Natürlich. Die kollektive Vereinbarung über die Beziehungen zwischen den Sozialpartnern sieht für diesen Fall vor . . .«

Zaleski brauste auf: »Sie brauchen mir nicht zu erzählen, was die Vereinbarung vorsieht! Sie sieht vor, daß jeder an seinem Arbeitsplatz bleibt, während wir verhandeln. Aber in diesem Augenblick sind eine ganze Menge Ihrer Leute dabei, ihren Arbeitsplatz zu verlassen, obwohl das gegen den Vertrag verstößt.«

Zum ersten Mal sah Illas nervös aus. »Die UAW unterstützt illegale Streiks nicht.«

»Verdammt noch mal, dann verhindern Sie diesen!«

»Wenn es stimmt, was Sie sagen, werde ich mit einigen von unseren Leuten reden.«

»Reden wird nichts nützen. Das wissen Sie genauso gut wie ich.« Zaleski musterte den Mann vom Gewerkschaftsausschuß, dessen Gesicht blasser geworden war; offensichtlich war Illas nicht begeistert von der Vorstellung, mit schwarzen Militanten in ihrer jetzigen Laune zu streiten.

Die Gewerkschaft – das wußte Matt Zaleski ganz genau – stand in solchen Situation immer vor einem argen Dilemma. Unterstützte die Gewerkschaft ihre schwarzen Militanten überhaupt nicht, dann warfen die Militanten den Gewerkschaftsführern Rassenvorurteil vor und beschimpften sie als »Lakaien des Management«. Ging die Gewerkschaft aber in ihrer Unterstützung zu weit, lief sie Gefahr, in eine juristisch unhaltbare Situation zu geraten, weil sie an wilden Streiks teilhatte. Illegale Streiks waren der Fluch für UAW-Führer wie Woodcock, Fraser, Greathouse Bannon und die anderen, die sich ihren Ruf durch harte Verhandlungsführung erarbeitet hatten, aber auch dadurch, daß sie einmal erkämpfte Vereinbarungen honorierten und Auseinandersetzungen nach dem gegenseitig vereinbarten Verfahren schlichteten. Wilde Streiks entwerteten das Wort der Gewerkschaft und untergruben ihre Verhandlungsposition.

»Man wird Ihnen im Solidarity House nicht danken, wenn wir die Geschichte überkochen lassen«, sagte Matt Zaleski. »Es gibt nur eine Möglichkeit, einen wilden Streik zu verhindern, und das ist: Wir kommen hier zu einer Entscheidung, gehen dann runter in die Halle und verkünden sie.«

Illas sagte: »Das kommt auf die Entscheidung an.« Aber es war deutlich zu sehen, daß der Gewerkschafter sich Zaleskis Worte durch den Kopf gehen ließ.

Matt Zaleski war sich schon im klaren darüber, wie die Entscheidung aussehen mußte, und er wußte auch, daß sie keinem ganz gefallen würde, auch ihm nicht. Mißmutig dachte er: Das waren lausige Zeiten, wenn man seine Überzeugungen zusammen mit seinem Stolz in die Tasche stecken mußte – wenigstens dann, wenn man das Autowerk in Betrieb halten wollte.

Brüsk sagte er: »Gefeuert wird niemand. Newkirk geht an seinen Job zurück, aber von nun an benutzt er seine Fäuste fürs Arbeiten und für nichts anderes.« Der stellvertretende Werksleiter starrte Illas an. »Eins müssen Sie und Newkirk dabei zur Kenntnis nehmen – noch ein einziges Mal, und draußen ist er. Und bevor er wieder an die Arbeit geht, rede ich selbst ein Wort mit ihm.«

»Er bekommt Entschädigung für verlorene Arbeitszeit?« Ein leises Lächeln des Triumphes spielte um den Mund des Gewerkschafters.

»Ist er noch im Werk?«

»Ja.«

Zaleski zögerte, dann nickte er widerstrebend. »Okay, vorausgesetzt, er fährt die Schicht zu Ende. Aber ich will kein Wort mehr davon hören, daß irgendwer an die Stelle von Frank kommt.« Er wandte sich ruckartig zu Parkland um. »Und Sie tun, was Sie angekündigt haben – Sie reden mit dem jungen Mann. Sagen Sie ihm, daß die Worte falsch waren.«

»Man nennt das eine Entschuldigung, so nennt man das«, sagte Illas.

Frank Parkland starrte sie beide wütend an. »Schwanz einkneifen! Mieses, schmieriges Schwanzeinkneifen!«

»Nun mal sachte!« warnte Zaleski ihn.

»Sachte, sachte! Ich denk nicht dran!« Der bullige Vorarbeiter war aufgesprungen, er überragte den stellvertretenden Werksleiter. Er spie die Worte geradezu über den Schreibtisch hinweg. »Sie sind hier der gottverdammte Leisetreter – immer hübsch und sachte, weil Sie zu feige sind, dafür einzustehen, was Sie selbst als recht erkannt haben!«

Zaleski lief dunkelrot vor Zorn an. Er brüllte los: »Von Ihnen brauche ich mir das nicht sagen zu lassen! Schluß jetzt, Ende! Haben Sie kapiert?«

»Ich habe kapiert.« Tiefe Verachtung sprach aus Parklands Stimme, aus seinem Blick. »Aber gefallen tut's mir nicht, was ich hier höre und was ich hier rieche.«

»In dem Falle möchten Sie vielleicht lieber gefeuert werden!«

»Vielleicht«, sagte der Vorarbeiter. »Vielleicht ist die Luft besser irgendwo anders.«

Zwischen ihnen entstand ein Schweigen. Dann brummte Zaleski: »Sie ist nicht besser. An manchen Tagen stinkt es überall.«

Sein eigener Wutanfall war vorbei, und Matt Zaleski hatte sich wieder in der Gewalt. Er dachte nicht daran, Parkland zu entlassen. Er wußte genau: wenn er das tat, dann packte er nur noch eine größere Ungerechtigkeit oben drauf; außerdem waren gute Vorarbeiter knapp. Von sich aus würde Parkland nicht gehen, auch wenn er damit drohte; darauf hatte Zaleski von Anfang an gebaut. Er wußte, daß Frank Parkland zu Hause Verpflichtungen hatte, die eine regelmäßige Gehaltszahlung erforderlich machten, und außerdem hatte er in dem Werk zu viele Dienstjahre angesammelt. Die warf man nicht einfach so weg.

Aber einen Augenblick lang hatte Parklands Vorwurf der Feigheit ihm doch einen Schlag versetzt. Es hatte eine Sekunde gegeben, da hätte der stellvertretende Werksleiter Frank Parkland am liebsten zugeschrien, daß er zehn Jahre alt war, eine Rotznase, als er, Matt Zaleski, in Bombern über Europa schwitzte, jeden Augenblick darauf gefaßt, daß ein zackiger Brocken von einem Flak-Sprengstück durch den Flugzeugrumpf fetzt und dann seine Gedärme zersäbelt oder sein Gesicht oder seinen Schwanz, gefaßt auch darauf, daß die B 17 F aus 7500 Meter Höhe in Richtung Erde abtrudelt, brennend, wie all die anderen Bomber der Achten Luftflotte, während die Kameraden zuguckten ... *Überleg es dir also nochmal, bevor du jemanden feige nennst, mein Junge; und vergiß auch nicht, daß ich hier der Mann bin, der das Werk im Gang halten muß, nicht du; und daß es kein Schwein interessiert, wieviel Galle ich dabei runterschlucken muß!* ... Aber Zaleski hatte den Mund gehalten. Er wußte, daß manches, an das er dachte, vor langer, langer Zeit geschehen war, daß sie nicht mehr interessierten, daß Gedanken und Werte sich auf ganz verrückte und verschrobene Art und Weise verändert hatten; er wußte auch, daß es verschiedene Arten von Feigheit gab, und vielleicht hatte Frank Parkland recht, oder doch zum Teil recht. Angewidert von sich selbst, sagte der stellvertretende Werksleiter zu den beiden anderen: »Kommen Sie, wir gehen in die Halle und erledigen den Fall.«

Sie verließen das Büro – zuerst Zaleski, dann der Mann vom Gewerkschaftsausschuß, zuletzt Frank Parkland, brummig und mit bitterbösem Gesicht. Während sie scheppernd die Eisentreppe vom Büro-Zwischengeschoß zur

Werkshalle hinunterstiegen, schlug ihnen der Lärm der Fabrik wie ein Sperrfeuer aus dem Tollhaus entgegen.

In der Halle mündete die Treppe bei einem Abschnitt des Fließbandes, wo erste Teilmontagen auf den Rahmen geschweißt wurden. Das waren die Fundamente, auf denen die fertigen Autos ruhen würden. An dieser Stelle war das Getöse so gewaltig, daß Männer, die hier fast Schulter an Schulter arbeiteten, die Köpfe dicht zusammenstecken und brüllen mußten, wenn sie sich verständigen wollten. Sie waren eingehüllt in einen Schauer von Funken, die in einem Feuerwerksvorhang von intensivem Weißblau nach oben und zur Seite stoben. Salven der Schweißmaschinen und der Nietkanonen wurden untermalt von dem ununterbrochenen Fauchen komprimierter Luft, Lebensspender der automatischen Werkzeuge. Und im Mittelpunkt des INfernos, Brennpunkt der Aktivität, bewegte sich das Montageband Zentimeter um Zentimeter unerbittlich voran wie eine breitbeinig dahinstampfende Gottheit, die ihren Tribut fordert.

Der Mann vom Gewerkschaftsausschuß setzte sich neben Zaleski, als das Trio am Band entlang marschierte. Sie gingen viel schneller als das Montageband selbst, so daß die Autos, die sie überholten, der Fertigstellung immer näher waren. Jedes Chassis hatte jetzt einen Motor, und unmittelbar davor war eine Karosserie im Begriff, sich mit einem darunter gleitenden Chassis zu vereinigen. Die Automonteure nannten das den »Hochzeitsakt«. Matt Zaleskis Augen glitten über die Szene und kontrollierten wichtige Arbeitsgänge. Das tat er immer ganz instinktiv, wenn er in der Halle war.

Köpfe hoben oder drehten sich, als der stellvertretende Werksleiter mit Illas und Parkland weiter am Band entlangmarschierte. Ein paar nickten, aber nicht viele, und Zaleski spürte die mißvergnügten Blicke der meisten Arbeiter, weißer und schwarzer, an denen sie vorübergingen. Er spürte, daß hier Ärger und Ablehnung in der Luft lagen. Das gab es manchmal in den Werken, bisweilen ganz ohne Grund, dann wieder wegen irgendeiner Bagatelle, so als ob es sowieso zu einem Ausbruch gekommen wäre und die Wut nur noch das erste beste Ventil suchte. Soziologen, das wußte er, nannten das eine Reaktion auf widernatürliche Monotonie.

Der Mann vom Gewerkschaftsausschuß hatte eine strenge Miene aufgesetzt, vielleicht, um kundzutun, daß er sich nur aus Pflichtgefühl mit dem Management einließ, es aber durchaus freudlos tat.

»Wie ist das so«, fragte Matt Zaleski ihn, »jetzt, wo Sie nicht mehr am Band arbeiten?«

Illas sagte kurz: »Gut.«

Zaleski glaubte ihm das. Fremde, die das Werk besichtigten, glaubten oft, daß die Arbeiter hier sich im Laufe der Zeit an den Lärm gewöhnten, an den Gestank, die Hitze, den unbarmherzigen Zeitdruck und an die endlose Wiederholung ihrer Handgriffe. Matt Zaleski hatte gehört, wie Besucher zu ihren Kindern sagten, als sprächen sie über Zoo-Insassen: »*Sie gewöhnen sich alle daran. Die meisten sind glücklich bei solcher Arbeit. Die möchten gar nichts anderes tun.*«

Wenn er so etwas hörte, würde er am liebsten rufen: »*Kinder, glaubt kein Wort davon! Es ist gelogen!*«

Wie die meisten anderen, die mit Automobilwerken zu tun hatten, wußte Zaleski, daß kaum einer von denen, die lange an Fließbändern in Fabriken arbeiteten, jemals die Absicht gehabt hatte, sich diese Arbeit zum Lebensberuf zu nehmen. Wenn sie eingestellt wurden, sahen sie den Job als Übergangslösung an, bis sich etwas Besseres finden würde. Aber für viele – und besonders für diejenigen, die kaum eine Ausbildung hinter sich hatten – war der berühmte bessere Job immer gerade außerhalb der Reichweite und blieb auf ewig ein flüchtiger Traum. Am Ende schnappte dann die Falle zu. Es war eine Falle mit zwei Greifern; der eine Greifer waren die eigenen Verpflichtungen des Arbeiters – Ehe, Kinder, Miete, Ratenzahlungen – und der andere die Tatsache, daß die Löhne in der Autoindustrie hoch waren, verglichen mit anderen Jobs.

Aber weder die Bezahlung noch die guten Sozialleistungen konnten etwas an der seelentötenden, fürchterlich entmutigenden Art dieser Arbeit ändern. Das meiste war schwerste körperliche Arbeit, aber am schlimmsten war die Gemütsbelastung – Stunde um Stunde, Tag um Tag diese mörderische Monotonie. Und die Art der Arbeit raubte den einzelnen Männern ihren Stolz. Dem Mann am Fließband fehlt das Gefühl, etwas zu leisten; nie hat er ein Auto gebaut; er hat nur Teile hergestellt oder zusammengesetzt – er hat einen Zwischenring auf einen Bolzen geschoben, er hat einen Metallstreifen befestigt, Schrauben angezogen. Und es war ewig der gleiche Zwischenring und Streifen und immer die gleichen Schrauben, immer und immer und immer und immer und immer und immer und immer wieder, während die Arbeitsbedingungen – darunter die ewige Lärmglocke – die Verständigung erschwerten, jeden freundschaftlichen Kontakt unter Einzelmenschen unmöglich machten. So reihte sich ein Jahr ans andere, viele waren haßerfüllt, aber sie blieben und hielten aus. Manche erlitten einen Nervenzusammenbruch. Fast niemand liebte seine Arbeit.

Das ganze Streben des Fließbandarbeiters war deshalb wie das eines Gefangenen auf Flucht gerichtet. Bummelantentum war eine Möglichkeit der partiellen Flucht; Streik war eine andere. Beide sorgten für Aufregung, für einen Bruch der Monotonie – ein Antrieb, der momentan beherrschend werden konnte.

Auch jetzt, das wurde dem stellvertretenden Werksleiter bewußt, würde es vielleicht nicht mehr möglich sein, diesen Antrieb noch zu ersticken.

Er sagte zu Illas: »Denken Sie dran, wir haben eine Abmachung. Ich will diese Angelegenheit jetzt bereinigen, und zwar schnell.« Der Gewerkschafter antwortete nicht, und Zaleski fuhr fort: »Das war ein guter Tag für Sie heute. Sie haben gekriegt, was Sie wollten.«

»Nicht alles.«

»Alles, worauf es ankommt.«

Hinter ihren Worten stand eine Tatsache, die beide Männer genau kannten. Ein Fluchtweg vom Fließband, den einige Arbeiter wählten, führte über die Wahl zu einem hauptberuflichen Gewerkschaftsposten mit der Chance, sich in der UAW emporzudienen. Illas hatte vor kurzem diesen Weg genommen. Aber wenn er einmal gewählt war, wurde der Gewerkschaftsmann zu einem politischen Geschöpf; um nicht zu krepieren, mußte er wiedergewählt werden, und zwischen zwei Wahlen manövrierte er wie ein Politiker, der bei seinen Wählern gut Wetter macht. Die Arbeiter, die einen Mann vom Gewerkschaftsausschuß umgeben, waren seine Wähler, und er hatte danach zu streben, ihnen zu gefallen. Vor diesem Problem stand Illas jetzt.

Zaleski fragte ihn: »Wo steckt dieser Bursche Newkirk?«

Sie waren jetzt an der Stelle des Montagebandes angelangt, an der sich heute morgen die Explosion ereignet hatte.

Illas zeigte mit einem Kopfnicken auf eine freie Fläche mit Kunststofftischen und Stühlen, an denen die Fließbandarbeiter in der Pause ihre Mahlzeit einnahmen. Da stand eine Batterie von Verkaufsautomaten für Kaffee, Limonaden, Süßigkeiten. Eine auf den Fußboden gemalte Linie erfüllte die Aufgabe einer Trennwand. Im Augenblick war der einzige Mensch in diesem umgrenzten Bezirk ein stämmiger schwarzer Mann mit breitflächigem Gesicht; Rauch kräuselte von einer Zigarette auf, die er in der Hand hatte, während er das gerade eingetroffene Trio musterte.

Der stellvertretende Werksleiter sagte: »So. Nun sagen Sie dem Mann, daß er wieder an die Arbeit gehen kann, und vergessen Sie auch nicht das andere. Wenn Sie ihm alles gesagt haben, schicken Sie ihn her zu mir.«

»Okay«, sagte Illas. Er machte einen Schritt über die gemalte Grenzlinie und lächelte, als er sich zu dem Mann an den Tisch setzte.

Frank Parkland war schon direkt zu einem jüngeren Schwarzen gegangen, der noch am Band arbeitete. Parkland redete ihn ernst an. Anfangs schien der andere sich in seiner Haut gar nicht wohl zu fühlen, aber bald grinste er verlegen und nickte. Der Vorarbeiter berührte den jungen Mann an der Schulter und zeigte auf Illas und Newkirk, die noch immer am Tisch in der Pausenzone die Köpfe dicht zusammensteckten. Der junge Arbeiter grinste wieder. Der Vorarbeiter streckte ihm die Hand hin; nach kurzem Zögern schlug der junge Mann ein. Matt Zaleski fragte sich, ob es ihm wohl gelungen wäre, Parklands Rolle mit so viel Anstand oder so gut zu spielen.

»Hallo Boß!« Die Stimme kam von der anderen Seite des Montagebandes. Zaleski sah sich um.

Es war ein Inspektor für Innenausstattung, ein alter Fuchs in der Montage, ein knolliger Zwerg von einem Kerl mit einem Gesicht, das dem Hitlers unheimlich glich. Unweigerlich nannten die anderen Arbeiter ihn Adolf, und das schien ihm Spaß zu machen, denn dieser Mann – dessen wirklichen Namen Zaleski einfach nicht behalten konnte – kämmte sich sein kurzes Haar nach vorn über ein Auge.

»Hallo, Adolf.« Der stellvertretende Werksleiter ging auf die andere Seite des Bandes, behutsam zwischen einem gelben Kabrio und einem zartgrünen Coupé hindurchkletternd. »Wie steht's heute mit der Karosseriequalität?«

»Ich habe schlimmere Tage erlebt, Boß. Wissen Sie noch, die World Series?«

»Erinnern Sie mich nicht daran.«

Die World Series im Sport und die Eröffnung der Jagdsaison von Michigan, das waren Tage, die jeder in der Autoproduktion fürchtete wie das Höllenfeuer. Die Fehlschichten erreichten ihren absoluten Gipfel; sogar Vorarbeiter und Aufseher machten da manchmal blau. Die Qualität fiel in den Keller, und zur World Series wurde die Sache noch dadurch verschlimmert, daß die Arbeiter ihren kleinen Radios mehr Aufmerksamkeit schenkten als ihrem Job. Matt Zaleski mußte daran denken, wie er auf dem Gipfel der World Series von 1968, als die Detroit Tigers siegten, zu seiner Frau Freda gesagt hatte – es war das Jahr vor ihrem Tode – »Na, ein Auto, das heute gebaut worden ist, würde ich meinem schlimmsten Feind nicht wünschen.«

»Dieser Spezial ist jedenfalls okay.« Adolf (oder wie er nun hieß) hüpfte flink in das zartgrüne Coupé und ebenso flink wieder hinaus. Jetzt widmete er sich dem nachfolgenden Auto – ein Sport-Compact in hellem Orange mit weißen Schalensitzen. »Wetten, daß der für 'ne Blondine ist?« brüllte Adolf aus dem Auto heraus. »Und ich hätte nichts dagegen, der Kerl zu sein, der hier drin mit ihr 'ne Nummer schiebt.«

Matt Zaleski schrie zurück: »Sie schieben ja schon 'ne ruhige Kugel hier.«

»Nach der bin ich aber noch viel ruhiger.« Der Inspektor tauchte wieder auf, rieb sich zwischen den Beinen und machte ein Faunsgesicht. Fabrikhumor ist selten sehr subtil.

Der stellvertretende Werksleiter erwiderte das Grinsen. Er wußte, daß das hier so ziemlich das einzige menschliche Gespräch bleiben würde, das der Mann an seinem Achtstundentag führen konnte.

Adolf tauchte in ein anderes Auto und prüfte dessen Inneres. Es stimmte schon, was Zaleski eben gesagt hatte. Ein Inspektor hatte einen leichteren Job als die meisten anderen am Band. Gewöhnlich bekam er ihn nach langen Dienstjahren in der Montage. Aber der Job, der keinen höheren Lohn brachte und dem Mann auch keine echte Autorität verschaffte, hatte seine Nachteile. War ein Inspektor gewissenhaft und meldete er jedes Stück schlechter Arbeit, dann zog er sich den Zorn der anderen Arbeiter zu, die ihm das Leben auf andere Weise vermiesen konnten. Auch Vorarbeiter waren nicht begeistert von übereifrigen Inspektoren. Sie hatten einen Rochus auf alles, was ihre Produktionszone stocken ließ. Alle Vorarbeiter wurden von ihren Vorgesetzten – auch von Matt Zaleski – immer wieder unter Druck gesetzt, das Produktionssoll zu erreichen, und die Vorarbeiter konnten Meldungen von Inspektoren ignorieren und taten das auch oft genug. Ein klassischer Ausdruck in jedem Autowerk war das gegrunzte »Laß gehen« des Vorarbeiters, wenn ein Werkstück oder ein Stück Arbeit, das unter der untersten Grenze des Geforderten lag, das Band hinab voranzockelte, bis es von der Qualitätskontrolle beanstandet wurde. Oder auch nicht, was öfter vorkam.

In der Pausenzone standen der Mann vom Gewerkschaftsausschuß und Newkirk vom Tisch auf.

Matt Zaleski warf einen Blick nach vorn, das Montageband entlang; irgend etwas an dem zartgrünen Coupé, das jetzt einige Wagenlängen vorgerückt war, weckte seine Aufmerksamkeit. Er nahm sich vor, den Wagen etwas genauer zu inspizieren, bevor er das Werk verließ.

Weiter unten am Band konnte er auch Frank Parkland sehen. Er stand in der Nähe seines üblichen Vorarbeiter-Postens; vermutlich war Parkland wieder an die Arbeit gegangen, weil er annahm, daß seine Rolle in dem jetzt beigelegten Konflikt ausgespielt war. Das mochte stimmen, dachte Zaleski; aber für den Vorarbeiter würde es jetzt wohl schwieriger sein als vorher, die Disziplin zu halten, wenn es mal sein mußte. Aber was zum Teufel, jeder hat seine Sorgen. Parkland mußte eben mit seinen fertig werden.

Als Matt Zaleski das Montageband wieder überquerte, kamen ihm Newkirk und der Mann vom Gewerkschaftsausschuß entgegen. Der schwarze Mann bewegte sich gleichmütig und gelassen; jetzt, wo er stand, wirkte er noch größer als vorhin sitzend am Tisch. Sein Gesicht war breitflächig, mit markanten Zügen, es paßte gut zu seinem Körperbau, und er grinste.

Illas verkündete: »Ich habe Bruder Newkirk die Entscheidung mitgeteilt, die ich für ihn durchgesetzt habe. Er hat sich bereit erklärt, wieder an die Arbeit zu gehen, und er verläßt sich darauf, daß ihm die verlorene Zeit vergütet wird.«

Der stellvertretende Werksleiter nickte; er hatte kein Verlangen, dem Gewerkschaftsmann Lorbeeren zu rauben, und wenn Illas ein kleines Scharmützel zur Schlacht am Overpass emporstilisieren wollte, dann sollte er das seinetwegen tun. Aber mit Schärfe sagte er zu Newkirk: »Sie können sich das Grinsen ruhig verkneifen. Die Sache ist nicht zum Lachen.« Er fragte Illas: »Sie haben ihm gesagt, daß es noch viel weniger komisch sein wird, wenn das noch mal passiert?«

»Er hat mir gesagt, was er mir sagen sollte«, sagte Newkirk. »Es passiert nicht wieder, nicht, wenn kein Grund ist.«

»Sie sind ziemlich schnoddrig«, sagte Zaleski. »Wenn man bedenkt, daß Sie gerade eben gefeuert und wieder eingestellt worden sind.«

»Nicht schnoddrig, Mister, *wütend*!« Der schwarze Mann machte eine Geste, die auch Illas einschloß. »Das ist was, das werdet ihr alle nie kapieren.«

Zaleski brauste auf: »Ich kann ganz gottverdammt wütend werden, wenn es hier Stunk gibt, der das ganze Werk durcheinanderbringt!«

»Nicht tief und seelenwütend. Nicht so, daß es brennt, einen großen *Zorn.*«

»Treiben Sie es nicht zu weit. Ich könnte Ihnen sonst das Gegenteil beweisen.«

Der andere schüttelte den Kopf. Für einen Riesen wie ihn waren seine Stimme, seine Bewegungen überraschend sanft; nur in seinen Augen brannte es – ein intensives Graugrün. »Mann, Sie sind nicht schwarz, Sie können nicht wissen, wie das ist; nicht Zorn, nicht Wut. Das ist wie 'ne Million gottverdammter Nadeln, die in einen reingesteckt werden von Geburt an, und dann, eines Tages, nennt irgendein Weißer einen Mann ›Boy‹, und es ist 'ne Million und eins zuviel.«

»Ja, ist ja gut«, sagte der Gewerkschaftsmann. »Wir haben das ja alles beigelegt. Wir brauchen nicht wieder von vorn anzufangen.«

Newkirk wischte ihn mit einer Handbewegung beiseite. »Sie sind schön leise, pst, pst«, sagte er. Seine Augen blieben herausfordernd auf den stellvertretenden Werksleiter gerichtet.

Nicht zum ersten Mal fragte Matt Zaleski sich: War die ganze Welt verrückt geworden? Für Leute wie Newkirk und Millionen von anderen, einschließlich Zaleskis eigener Tochter Barbara, schien es zum Glaubensbekenntnis geworden zu sein, daß alles, was früher wichtig war – Autorität, Ordnung, Respekt, Anstand –, jetzt keine erhebliche Rolle mehr spielte. Frechheit war die Norm – jene Art, die jetzt in Newkirks Stimme zu hören, in seinen Augen zu sehen war. Die bekannten Phrasen gehörten dazu: Newkirks *Zorn* und sein *tief seelenwütend* waren, so schien es ihm, austauschbar mit hundert anderen Ausdrücken wie *Generationslücke, ausgeflippt, kranker Typ, 'nen Trip machen, aufgedreht,* das meiste davon begriff Matt Zaleski gar nicht – und je öfter er das hörte, um so weniger wollte er es verstehen. Die Veränderungen, mit denen er nun nicht mehr Schritt halten konnte und die er im Grunde auch nicht verstand, waren niederdrückend und ermüdend für ihn.

In diesem Augenblick ertappte er sich dabei, daß er sonderbarerweise den großen schwarzen Mann, Newkirk, mit Barbara gleichsetzte, die hübsch, neunundzwanzig, am College erzogen und weiß war. Wäre Barbara Zaleski jetzt hier, dann würde sie – man brauchte kein Prophet zu sein, um das vorauszusagen – ganz automatisch die Dinge so sehen, wie Newkirk sie sah, und nicht wie ihr Vater. Du lieber Gott. Er wünschte sich, er wäre seiner Sache halb so sicher.

Müde, obwohl es noch früher Morgen war, und keineswegs überzeugt davon, daß er die Dinge so angepackt hatte, wie es richtig war, sagte Matt Zaleski brüsk zu Newkirk: »Gehen Sie wieder an Ihren Job.«

Als Newkirk gegangen war, sagte Illas: »Es kommt nicht zum Streik. Die Leute werden informiert.«

»Soll ich nun vielleicht Dankeschön sagen?« fragte Zaleski übelgelaunt. »Weil man mich nicht vergewaltigt hat?«

Der Gewerkschafter zuckte mit den Achseln und ging weg.

Das zartgrüne Coupé, das Zaleskis Aufmerksamkeit geweckt hatte, war weiter vorgerückt. Mit raschen Schritten holt der stellvertretende Werksleiter es ein.

Er prüfte die Papiere, auch den Fertigungsplan und die Liste der Extras, die in einem Ordner am Kühlergrill hingen. Er hatte es geahnt. Es war ein »Spezial« – ein Wagen, dem mehr Aufmerksamkeit geschenkt wurde als routinemäßig üblich –, und es war ein Wagen, der bestimmt war für den »Freund eines Vorarbeiters«.

Ein Auto für den »Freund eines Vorarbeiters« war ein ganz spezielles Auto. Es war völlig illegal im Werk, und in diesem Falle ging es um Betrug im Werte von mehreren hundert Dollar. Matt Zaleski hatte große Übung darin, eine ganze Menge von Einzelinformationen zu speichern und sie später zu einem klaren Bild zusammenzufügen. Das gab ihm mehr als nur eine Ahnung davon, wer mit diesem zartgrünen Coupé zu tun hatte und warum.

Der Wagen war für einen Public-Relations-Mann des Werkes bestimmt. Die offizielle Order war spartanisch. Extras waren kaum vorgesehen. Aber dieses Coupé war, wie die Arbeiter am Band das nannten, »vollgestopft« mit Extras. Ohne auch nur genauer hinzugucken, sah Matt Zaleski ein de-Luxe-Steuerrad, Weißwand-Gürtelreifen, Stahlspeichenräder, eingefärbte Scheiben und ein Stereo-Tonbandgerät. Nichts davon stand auf der Order, die er in der Hand hielt. Es sah auch ganz so aus, als sei der Wagen zweimal lakkiert worden, was dauerhafter war als die normale Lackierung. Diese Lackierung hatte auch ursprünglich Zaleskis Aufmerksamkeit erregt.

Die Erklärung, die er sich zurechtlegte, paßte zu mehreren Tatsachen, die der stellvertretende Werksleiter schon kannte. Vor zwei Wochen hatte die Tochter eines Ober-Vorarbeiters im Werk geheiratet. Der Public-Relations-Mann, dessen Auto das hier war, hatte dem Vater einen Gefallen getan. Er hatte dafür gesorgt, daß Berichte über die Hochzeit und Fotos an prominenter Stelle in Zeitungen von Detroit und Umgebung erschienen. Der Brautvater war begeistert und gerührt. Im Werk war das Ereignis eine Zeitlang Gesprächsthema Nr. 1 gewesen.

Den Rest konnte man sich denken.

Den PR-Mann kostete es keine Mühe, im voraus festzustellen, an welchem Tag sein Wagen in die Produktion gehen sollte. Dann brauchte er nur noch seinen Freund, den Ober-Vorarbeiter, anzurufen, der schon vorher dafür gesorgt hatte, daß dem zartgrünen Coupé auf dem ganzen Weg über das Montageband besondere Aufmerksamkeit zugewandt wurde.

Matt Zaleski wußte, was er jetzt eigentlich tun müßte. Es wäre seine Pflicht gewesen, seinen Verdacht zu prüfen, indem er den Vorarbeiter kommen ließ. Dann müßte er dem Werksleiter, McKernon, einen schriftlichen Bericht vorlegen. Und McKernon würde dann keine andere Wahl bleiben, als die vorgeschriebenen Maßnahmen einzuleiten. Danach würden siebzehn verschiedene Höllentheater losbrechen, die sich – weil ein PR-Mann in die Sache verwickelt war – bis hinauf ins Hauptquartier des Konzerns fortpflanzen würden.

Matt Zaleski wußte, daß er nichts unternehmen würde.

Es gab schon genug Schwierigkeiten. Da war erst einmal die Parkland-Newkirk-Illas-Geschichte. Außerdem würden jetzt in seinem gläsernen Büro schon andere Probleme auf ihn warten. Er mußte neue Entscheidungen treffen, und zwar über diejenigen hinaus, die schon auf seinem Schreibtisch auf ihn gewartet hatten, als er heute morgen ins Büro gekommen war. Und die hatte er, wie er sich jetzt erinnerte, noch nicht einmal angesehen.

Als er vor ungefähr einer Stunde zur Arbeit gefahren war, hatte er in seinem Autoradio Emerson Vale gehört, den Autokritiker, den Zaleski für einen Idioten hielt, der wieder einmal Schrotladungen auf die Autoindustrie abfeuerte. Matt Zaleski hatte vorhin wie jetzt nur einen Wunsch. Zu gern hätte er diesen Vale mal für ein paar Tage auf einen Platz gesetzt, an dem er für die Produktion verantwortlich war. Dann könnte dieser Scheißkerl mal erleben, was es an Anstrengungen, an Kummer, elender Kompromißbereitschaft und schierer Erschöpfung kostet, überhaupt Autos vom Montageband zu bekommen.

Matt Zaleski kehrte dem zartgrünen Auto den Rücken und ging davon. Wenn man ein Werk leiten will, gibt es Augenblicke, wo man manche Dinge nicht zur Kenntnis nehmen darf. Dies war so einer.

Aber es war wenigstens Mittwoch.

3

Während um 7.30 Uhr Zehntausende in Detroit und der weiteren Umgebung seit Stunden auf waren und schon arbeiteten, lagen andere – entweder aus freiem Entschluß oder wegen der Art ihrer Arbeit – noch im Bett.

Eine von denen, die aus freiem Entschluß im Bett blieben, war Erica Trenton.

In einem breiten provenzalischen Bett lag sie zwischen Satinlaken, die sich glatt an die Haut ihres festen jungen Körpers anschmiegten, wach, aber sie ließ sich wieder in den Schlaf zurückgleiten und hatte nicht die Absicht, vor Ablauf von mindestens zwei weiteren Stunden aufzustehen.

Verschlafen, ihrer eigenen Gedanken nur halb bewußt, träumte sie von einem Mann ... keinem bestimmten Mann, nur einer vage sich abzeichnenden Gestalt ... die ihre Sensualität weckte, tief eindrang – *noch einmal! Noch einmal!* ... Wie ihr eigener Mann es seit mindestens drei Wochen nicht getan hatte – wahrscheinlich seit einem Monat nicht mehr.

Während sie sich wie auf sanften Wogen zwischen Wachen und Schlaf dahintreiben ließ, fiel es Erica ein, daß sie nicht immer eine Langschläferin gewesen war. Auf den Bahamas, wo sie geboren war und wo sie bis vor fünf Jahren, bis zu ihrer Heirat mit Adam, gelebt hatte, war sie oft vor Morgengrauen aufgestanden und hatte geholfen, am Strand ein Dinghy ins Wasser zu lassen, und später hatte sie den Außenbordmotor bedient, während ihr Vater mit der Schleppangel fischte und die Sonne aufging. Ihr Vater aß gern frischen Fisch zum Frühstück, und in den letzten Jahren, die Erica zu Hause verbrachte, hatte sie den Fisch nach der Rückkehr mit dem Boot auch zubereitet.

Während ihrer Eingewöhnung in das Eheleben in Detroit hatte sie den gleichen Plan eingehalten, war früh aufgestanden zusammen mit Adam und hatte das Frühstück gemacht, das sie dann gemeinsam aßen – er mit großem Appetit, laut

Ericas Naturtalent im Kochen preisend und den Reichtum ihrer Phantasie, den sie selbst bei einfachen Gerichten entfaltete. Sie selbst hatte ausdrücklich auf eine bei ihnen wohnende Hausgehilfin verzichtet, und Erica hatte reichlich zu tun, vor allem seit Adams Zwillingssöhne, Greg und Kirk, die in der Nähe im Internat waren, an den meisten Wochenenden und während der Ferien nach Hause kamen.

Damals hatte sie sich Sorgen gemacht, wie die beiden Jungen sie aufnehmen würden – Adam hatte sich erst im selben Jahr von ihrer Mutter scheiden lassen, nur wenige Monate bevor er Erica kennenlernte und ihre kurze Verlobungszeit im Düsenflugzeugtempo begann. Aber Greg und Kirk hatten Erica sofort akzeptiert – und sogar dankbar akzeptiert, wie es schien, denn in den vorangegangenen Jahren hatten sie ihre Eltern nur selten zu sehen bekommen. Adam ging völlig in seiner Arbeit auf, und die Mutter der beiden Jungen, Francine, reiste oft ins Ausland, was sie auch heute noch tat. Außerdem war Erica dem Alter nach den Jungen näher. Sie war damals knapp einundzwanzig gewesen, achtzehn Jahre jünger als Adam; der Altersunterschied war ihnen als gänzlich unwichtig erschienen. Natürlich war die Alterslücke zwischen Adam und Erica gleich geblieben, nur *schien* sie heute – fünf Jahre später – tiefer geworden zu sein.

Ein Grund lag offensichtlich darin, daß sie sich zu Anfang sexuell verzehrt hatten. Zum ersten Mal hatten sie sich – mit stürmischer Gewalt – an einem mondbeschienenen Bahamastrand geliebt. Erica konnte sich noch genau daran erinnern: die warme, jasminduftende Nacht, der weiße Sand, das leise plätschernde Wasser, eine leichte Brise, die die Palmen bewegte, Musik, die von einem Kreuzfahrtenschiff im Hafen von Nassau herübertrieb. Sie kannten einander erst seit wenigen Tagen. Als er seine Scheidung hinter sich hatte, war Adam zu Freunden nach Lyford Cay in die Ferien gefahren, und die hatten ihn bei Charley Charley's, einem Nachtlokal in Nassau, mit Erica bekanntgemacht. Sie verbrachten den ganzen folgenden Tag miteinander und viele andere.

Die Nacht am Strand war nicht die erste, die sie dort gewesen waren. Aber an den ersten Abenden hatte sie sich gegen Adam gewehrt; jetzt merkte sie, daß sie sich nicht mehr wehren konnte. Sie konnte nur noch hilflos flüstern: »Ich könnte ein Kind kriegen.«

Er hatte ebenso leise geantwortet: »Du wirst mich heiraten. Es macht also nichts.«

Sie hatte kein Kind bekommen, was sie viele Male schon bedauert hatte.

Von da an und auch, als sie einen Monat später ein Ehepaar waren, hatten sie sich oft und mit Leidenschaft geliebt – fast ohne Fehl jede Nacht, und dann, wenn sie erwachten, hatten sie sich bis zur herrlichsten Erschöpfung weiter geliebt. Selbst als sie nach Detroit zurückgekehrt waren, blieben sie beim abendlichen und beim morgendlichen Lieben, obwohl Adam schon so früh an die Arbeit mußte, was, wie Erica sehr bald entdeckte, zum Leben eines Direktors in der Autoindustrie gehört.

Aber als die Monate vergingen und dann die ersten Jahre, ließ Adams Leidenschaft nach. Das erste, frenetische Tempo hätten sie beide nicht durchhalten können, das sah Erica ein. Aber sie hatte nicht damit gerechnet, daß der Niedergang so früh schon kommen, daß er so nahezu komplett sein würde. Diese Veränderung wurde ihr vielleicht deshalb noch klarer bewußt, weil sie auch sonst weniger zu tun hatte. Greg und Kirk kamen jetzt nur noch selten heim. Sie hatten Michigan verlassen, um das College zu besuchen – Greg in Columbia mit dem Ziel, später Medizin zu studieren, während Kirk sich auf ein Journalistik-Studium an der Universität von Oklahoma vorbereitete.

Sie ließ sich weiter treiben . . . Noch war sie nicht ganz wieder eingeschlafen. Das Haus beim Quarton-See im nördlichen Vorort Birmingham war still. Adam war schon weg. Wie die meisten Männer in der Führungsgruppe der Autoindustrie saß er um halb acht schon an seinem Schreibtisch und hatte eine Stunde Arbeit hinter sich, wenn die Sekretärinnen kamen. Wie gewöhnlich war Adam zeitig genug aufgestanden, um seine Gymnastik und dann im Freien zehn Minuten Dauerlauf zu absolvieren, danach hatte er geduscht und sich selbst das Frühstück gemacht, wie er das neuerdings immer tat. Erica hatte es sich abgewöhnt, ihm Frühstück zu machen, nachdem er ihr offen gesagt hatte, daß diese Mahlzeit ihm zu lange dauerte; anders als in den ersten Jahren ihrer Ehe rutschte er ungeduldig auf dem Stuhl hin und her, bis er endlich aufbrechen konnte. Er genoß die Entspannung der gemeinsam am Frühstückstisch verbrachten Viertelstunde nicht mehr. Eines Morgens hatte er gesagt: »Kind, du bleibst im Bett. Ich mach mir das Frühstück selbst.« Und das hatte er getan, am nächsten Morgen auch, danach immer öfter, bis sie sich schließlich beide an den jetzigen Zustand gewöhnt hatten, obwohl Erica darunter litt, zu wissen, daß sie Adam nun am Anfang seines Tages nicht mehr von Nutzen war, daß ihre phantasiereichen Frühstücksspeisen, der fröhlich gedeckte Tisch und ihre eigene Gegenwart ihn eher irritierten als erfreuten.

Adams schwindendes Interesse an den Vorgängen zu Hause und seine totale Hingabe an die Arbeit waren für Erica neuerdings schwer zu ertragen. Außerdem war er so rücksichtsvoll, daß es ihr auf die Nerven ging. Wenn sein Wecker ging, stellte er ihn hastig ab, bevor er Ericas Schlaf zu tief durchdringen konnte, und er stand sofort auf. Dabei schien es noch nicht allzu lange her zu sein, daß sie beim Erwachen instinktiv die Arme nacheinander ausgebreitet und sich manchmal sehr schnell vereinigt hatten, denn es hatte sich gezeigt, daß sie einander morgens wie im Fieber schneller zum Höhepunkt bringen konnten als am Abend. Während Erica dann noch dalag, atemlos, mit laut pochendem Herzen, flüsterte Adam ihr zu: »Besser kann man den Tag nicht anfangen«, bevor er von ihr ließ und aufstand.

Das war vorbei. Am Morgen nie mehr, und abends jetzt auch nur noch selten. Morgens hätten sie ebensogut Fremde sein können, so wenig Kontakt hatten sie dann. Adam wachte immer sofort auf, absolvierte schnell die Routine, die er sich auferlegt hatte, und war weg.

Als Erica an diesem Morgen Adam im Badezimmer und unten rumoren hörte, überlegte sie sich, ob sie die Routine durchbrechen und zu ihm gehen sollte. Dann fiel ihr ein, daß er nur eins im Sinn hatte – sich schnell zu bewegen, wie die Go-Go-Autos, die seine Produktplanung konzipiert hatte; der neueste Orion, der bald öffentlich vorgestellt werden sollte. Im Sinn hatte er nur, möglichst bald auf dem Weg ins

Büro zu sein. Außerdem konnte Adam mit seiner verdammten Tüchtigkeit das Frühstück ebenso schnell machen wie Erica – wenn's sein mußte, auch für ein halbes Dutzend Leute, wie er das manchmal getan hatte. Trotzdem rang sie mit sich, ob sie aufstehen sollte. Sie rang noch immer mit sich, als sie hörte, wie Adams Auto startete und verschwand. Zu spät.

Wo sind all' die Blumen hin? Wo die Liebe, das Leben, das verschwundene Idyll von Adam und Erica Trenton, junge Liebende – bis vor nicht langer Zeit? *O wo, o wo!*

Erica schlief ein.

Als sie erwachte, war der Vormittag halb herum, und eine wässerige Herbstsonne schien schräg durch die Latten der Jalousie.

Von unten kam das Heulen und Stoßen eines Staubsaugers, und mit Erleichterung schloß Erica daraus, daß Mrs. Gooch, die zweimal pro Woche zum Saubermachen kam, schon an der Arbeit war. Es bedeutete, daß Erica sich heute nicht um das Haus zu kümmern brauchte. Dabei hatte sie sich in letzter Zeit sowieso viel weniger Mühe damit gegeben als früher.

Eine Morgenzeitung lag neben dem Bett. Adam mußte sie da hingelegt haben, wie er das manchmal tat. Auf Kissen gestützt, über die sich ihr langes, aschblondes Haar ausbreitete, schlug Erica die Zeitung auf.

Ein ansehnlicher Teil der ersten Seite war einer Attacke Emerson Vales gegen die Autoindustrie gewidmet. Erica übersprang den größten Teil dieser Nachrichtenstory, weil sie sie nicht interessierte, obwohl sie manchmal die Autowelt am liebsten selbst attackiert hätte. Gemocht hatte sie sie schon nicht, als sie zuerst nach Detroit kam, aber anfangs hatte sie sich um Adams willen Mühe gegeben, ihre Abneigung zu überwinden. Aber das alles andere total verdrängende Interesse an ihrem Beruf, das bei so vielen Autoleuten festzustellen war und das ihnen kaum Zeit für andere Dinge gab, stieß sie ab. Ericas Vater, ein Flugkapitän, war tüchtig in seinem Beruf. Aber wenn er das Cockpit einer Island-Airways-Maschine verließ, um nach Hause zu fahren, ließ er seinen Beruf hinter sich. Größer als das Interesse an seinem Beruf war sein Wunsch, mit seiner Familie zusammenzusein, zu angeln, mit Brettern und Balken herumzubasteln, zu lesen, auf der Gitarre zu klimpern oder auch nur einfach in der Sonne dazusitzen. Erica wußte, daß ihre Mutter und ihr Vater selbst jetzt noch mehr Zeit miteinander verbrachten als sie und Adam.

Als sie plötzlich verkündete, sie werde Adam heiraten, hatte ihr Vater gesagt: »*Wir haben dir noch nie dazwischengeredet, wenn du dich für oder gegen etwas entschieden hattest. Deshalb will ich auch hiergegen nichts sagen, denn es würde nichts ändern, und ich lasse dich lieber mit meinem Segen ziehen als ohne. Und vielleicht werde ich mich mit der Zeit daran gewöhnen, einen Schwiegersohn zu haben, der fast ebenso alt ist wie ich. Er scheint ein anständiger Mann zu sein; ich mag ihn. Vor einem aber will ich dich warnen. Er ist ehrgeizig, und du hast noch keine Ahnung, was Ehrgeiz zu bedeuten hat, besonders in Detroit. Wenn ihr beiden mal in Schwierigkeiten kommt, dann wird das die Ursache sein.*« Manchmal mußte sie denken, wie genau ihr Vater beobachtet – und wie recht er hatte.

Ericas Gedanken kehrten zu der Zeitung und zu Emerson Vale zurück, dessen Gesicht sie zweispaltig anstarrte. Sie fragte sich, ob der jugendliche Autokritiker wohl gut im Bett war, dann dachte sie: vermutlich nicht. Sie hatte gehört, daß es in seinem Leben keine Frauen gab, übrigens auch keine Männer, obwohl es mal Versuche gegeben hatte, ihn als Homosexuellen zu verleumden. Die Menschheit setzte sich ja wohl doch zu einem deprimierend großen Teil aus Kapaunen und ermatteten Männern zusammen. Unlustig blätterte sie um.

Es gab wenig Interessantes, von der Außenpolitik – die Welt war genauso verfahren wie an jedem anderen Tag – bis hin zu den Gesellschaftsnachrichten, in denen die üblichen Autonamen vorkamen: die Fords hatten eine italienische Prinzessin zu Gast gehabt, die Roches waren in New York, die Townsends im Symphoniekonzert, und die Chapins jagten Enten in North Dakota. Bei der Briefkastentante Ann Lander hielt Erica im Weiterblättern inne. Im Geiste begann sie ihren eigenen Brief aufzusetzen: *Meine Sorgen als verheiratete Frau, Ann, sind nur ein Klischee. Es gibt Witze darüber, aber die Witze stammen von Leuten, denen das nicht selbst passiert ist. Die Wahrheit ist ganz einfach – wenn ich mal ganz offen von Frau zu Frau sprechen darf –, ich bekomme einfach nicht genug ... In letzter Zeit habe ich es überhaupt nicht mehr gehabt ...*

Ungeduldig und ärgerlich knüllte Erica die Zeitung zusammen und schlug die Bettdecke beiseite. Sie glitt aus dem Bett und ging ans Fenster, wo sie kräftig an der Schnur der Jalousie zog, bis das volle Tageslicht ins Zimmer strömte. Mit den Augen suchte sie im Zimmer eine braune Kroko-Handtasche, die sie gestern benutzt hatte; sie lag auf einem Frisiertisch. Sie machte die Tasche auf und kramte darin herum, bis sie ein kleines, ledergebundenes Notizbuch fand. Im Gehen blätterte sie die Seiten um. Beim Telephon an Adams Seite des Bettes angelangt, wählte sie hastig – bevor sie sich anders besinnen konnte – die Nummer, die sie in dem Buch gefunden hatte. Als sie fertig gewählt hatte, merkte Erica, daß ihre Hand zitterte. Sie legte sie auf die Bettdecke, damit sie sich beruhigte. Eine Frauenstimme sagte: »Detroit Kugellager und Getriebe.«

Erica fragte nach dem Namen, den sie so unleserlich in ihr Notizbuch geschrieben hatte, daß nur sie ihn entziffern konnte.

»Welche Abteilung?«

»Ich glaube – Verkauf.«

»Augenblick bitte.«

Irgendwo draußen konnte Erica noch immer den Staubsauger hören. Solange er heulte, konnte sie doch wenigstens sicher sein, daß Mrs. Gooch nicht lauschte.

Es knackte, und eine andere Stimme meldete sich, aber nicht die, auf die Erica wartete. Erica wiederholte den Namen, den sie verlangt hatte.

»Ja, der ist da.« Sie hörte die Stimme »Ollie!« rufen. Eine Stimme antwortete: »Kapiert.« Und dann, deutlicher: »Hallo.«

»Erica hier.« Etwas unsicher fügte sie hinzu: »Du weißt, wir haben uns damals kennengelernt ...«

»Ja sicher, ich weiß. Wo steckst du?«

»Zu Hause.«

»Welche Nummer?«

Sie gab sie ihm.

»Leg auf. Ich rufe sofort zurück.«

Erica wartete voller Nervosität. Sollte sie überhaupt abnehmen, wenn es klingelte? Als es klingelte, nahm sie sofort ab.

»Hallo, Baby!«

»Hallo«, sagte Erica.

»Manche Apparate sind besser für ganz bestimmte Anrufe.«

»Klar.«

»Lange nicht gesehen.«

»Ja. Lange nicht.«

Pause.

»Warum rufst du an, Baby?«

»Na, ich dachte ... wir könnten uns mal sehen.«

»Warum?«

»Vielleicht, um was zu trinken.«

»Getrunken haben wir letztes Mal was. Weißt du noch? Den ganzen Nachmittag haben wir in der gottverdammten Kneipe gehockt, in der Queensway Inn.«

»Ich weiß, aber ...«

»Und davor war's genau so.«

»Das war das allererste Mal, als wir uns da kennengelernt hatten.«

»Okay, gleich beim ersten Mal ist also nicht bei dir. Na gut, jede Puppe hat da ihre Prinzipien. Aber beim zweiten Mal, da will man als Mann doch schon ganz gern mal in die Vollen gehen, nicht den ganzen Nachmittag mit einem großen Quasselfest verplempern. Also frag' ich nochmal – was hast du vor?«

»Ich dachte ... wenn wir reden könnten, nur ganz kurz, dann könnte ich erklären ...«

»Is' nicht.«

Sie ließ die Hand mit dem Hörer sinken. *Um Gottes willen, was tat sie da eigentlich, auch nur zu reden mit diesem ... Es muß doch andere Männer geben. Aber wo?*

Die Telephonmembrane schnarrte: »Bist du noch da, Baby?«

Sie hob die Hand wieder.

»Ja.«

»Hör mal, ich will dich mal was fragen. Willste dich auf'n Rücken legen?«

Erica wehrte sich verzweifelt gegen die aufsteigenden Tränen; Tränen der Demütigung, des Ekels über sich selbst.

»Ja«, sagte sie. »Ja. Das will ich.«

»Weißt du das auch genau? Nicht wieder 'n Quasselfest?«

Lieber Gott! Verlangte der 'ne eidesstattliche Erklärung von ihr? Sie fragte sich: Gab es wirklich Frauen, die so verzweifelt waren, die auf so grobe Avancen eingingen? *Ja, offensichtlich.*

»Ich weiß es genau«, sagte Erica.

»Na prima, Kind! Wie wär's, wenn wir uns nächsten Mittwoch in die Falle hauen?«

»Ich dachte . . . vielleicht eher.« Es war noch eine ganze Woche bis zum nächsten Mittwoch.

»Tut mir leid, Baby, nicht zu machen. Hab 'ne Verkaufsreise. Hau in einer Stunde ab nach Cleveland. Fünf Tage bin ich da.« Er lachte glucksend. »Muß ja schließlich auch mal was für die Puppen in Ohio tun.«

Erica rang sich ein Lachen ab. »Auf jeden Fall kommst du ja ganz schön herum.«

»Du würdest dich wundern.«

Sie dachte: *Nein, wundern würde ich mich nicht. Über gar nichts. Nicht mehr.*

»Ruf dich an, wenn ich wieder da bin. Halt's warm für mich, solange.« Eine Sekunde Pause, dann: »Bist du auch okay am Mittwoch? Du weißt, was ich meine?«

Ericas Selbstbeherrschung war überfordert. »Natürlich weiß ich das. Hältst du mich für so blöd, daß ich *daran* nicht denke?«

»Was meinst du, wie viele das vergessen.«

In einem andern Teil ihres Bewußtseins fragte sie sich, als sei sie ein Beobachter, kein Beteiligter: *Ob der jemals ver-*

sucht hat, eine Frau so zu behandeln, daß sie sich gut fühlt und nicht scheußlich?

»Ich muß Schluß machen, Baby. Wieder ab in die Tretmühle! Ein neuer Tag, ein neuer Dollar, was?«

»Auf Wiedersehen«, sagte Erica.

»Bis dann.«

Sie legte auf. Sie schlug die Hände vor das Gesicht und schluchzte lautlos, bis ihre langen, schlanken Finger tränennaß waren.

Als sie sich später im Badezimmer das Gesicht wusch und versuchte, so gut es ging, mit Make-up die Tränenspuren zu beseitigen, sagte Erica sich: Es *gab* einen Ausweg.

Das in einer Woche, das brauchte ja nicht zu passieren. Adam konnte es verhindern, auch wenn er's nie erfahren würde.

Wenn er sie nur irgendwann in einer der nächsten sieben Nächte nehmen würde, wie es das Recht und die Pflicht eines Ehemanns ist, dann würde sie es dieses Mal überstehen, und später würde sie das körperliche Verlangen zähmen. Irgendwie würde sie das schaffen. Sie wollte ja nur eines, sie hatte ja nie etwas anderes gewollt, sie wollte geliebt werden, sie wollte, daß man sie brauchte, und dafür wollte sie Liebe geben. Sie liebte ja Adam noch. Erica schloß die Augen, sie dachte daran, wie es gewesen war, als er sie zum ersten Mal geliebt, sie zum ersten Mal gebraucht hatte.

Und, das nahm sie sich jetzt vor, sie wollte ihm helfen. Heute abend, und wenn nötig, an anderen Abenden, würde sie sich unwiderstehlich attraktiv machen, sie würde ihr Haar waschen, bis es süß duftete, sie würde ein aufregend schweres Parfüm tragen, das durchsichtigste Negligé anziehen ... Moment mal, sie würde ein neues Negligé kaufen – heute noch, diesen Morgen, *jetzt gleich* ... in Birmingham.

Eilig zog sie sich an.

4

Das elegante Verwaltungsgebäude aus grauem Stein, das jedem Bundesstaat als Parlamentsgebäude Ehre gemacht hätte, lag so früh am Morgen still und verlassen da, als Adam Trenton sein cremefarbenes Sportcoupé die Rampe hinunterrollen ließ. Mit quietschenden Reifen legte Adam sich in eine schnelle S-Kurve, bog in seinen Platz in der unterirdischen Direktorengarage ein und hob seine hagere Gestalt aus dem Fahrersitz. Die Schlüssel ließ er stecken. Ein Regenschauer hatte am Abend zuvor leichte Flecken auf dem hell glänzenden Lack hinterlassen; ohne besondere Aufforderung würde man den Wagen heute waschen, Benzin nachfüllen und ihn, wenn nötig, warten.

Ein Dienstwagen nach eigener Wahl des Direktors für jeweils sechs Monate – dann gab es einen neuen – und jedesmal mit allen Extras, die gewünscht wurden, plus Benzin und ständiger Wartung war ein Privileg, das mit den höheren Posten in der Autoindustrie verbunden war. Je nachdem, in welchem Werk sie arbeiteten, wählten sich die meisten einen Wagen der Luxusklasse – Chrysler Imperials, Lincolns, Cadillacs. Einige wenige, wie Adam, nahmen lieber etwas Leichteres, Sportlicheres mit einem Hochleistungsmotor.

Adams Schritte hallten, als er über den schwarzen, gewachsten, wie immer makellos sauberen Garagenfußboden marschierte.

Ein Beobachter hätte einen elastischen, athletischen Mann im grauen Anzug gesehen, vielleicht ein, zwei Jahre über vierzig, groß, breitschultrig, mit leicht vorgeschobenem, ein wenig kantigem Kopf, der ganz so wirkte, als triebe er den ganzen übrigen Körper voran. Adam Trenton kleidete sich jetzt konservativer als früher, aber er wirkte immer noch ganz modern, sogar mit einem Hauch Extravaganz. Seine Gesichtszüge waren klar geschnitten und wachsam, er hatte intensiv blaue Augen und einen geraden, festen Mund, dessen Strenge durch eine Andeutung von Humor und durch den Gesamteindruck offener Ehrlichkeit gemildert wurde. Er verstärkte diesen Eindruck beim Sprechen durch zielbewußte Unverblümtheit, die andere manchmal aus dem Gleichgewicht brachte – eine Taktik, die er jetzt bewußt anzuwenden gelernt hatte. Sein Gang war selbstbewußt, es war das Schreiten eines Mannes, der keinen Unfug duldet und der weiß, wohin er geht.

In der Hand trug Adam Trenton das Amtssymbol des Direktors in der Autoindustrie – eine gefüllte Aktentasche. Sie enthielt Papiere, die er am Abend zuvor mit heimgenommen und nach dem Abendessen, bis zum Zubettgehen, bearbeitet hatte.

Unter den wenigen Direktorenwagen, die schon geparkt waren, fielen Adam zwei Limousinen in der Reihe der Vizepräsidenten auf – einer Reihe von Stellflächen in der Nähe eines exklusiven Fahrstuhls, der sich Nonstop bis zum fünfzehnten Stock erhob und nur von den höheren Chargen des Konzerns benutzt werden durfte. Die dem Fahrstuhl am nächsten gelegene Parkfläche war dem Aufsichtsratsvorsitzenden vorbehalten, die dann folgende dem Präsidenten; danach kamen die Vizepräsidenten in absteigender Reihenfolge ihres Dienstalters. In der Autoindustrie war es außerordentlich wichtig, wo man seinen Wagen parkte. Je höher der Rang, um so kürzer der Weg vom Wagen zum Schreibtisch.

Eine der beiden Limousinen, die schon parkten, gehörte Adams eigenem Chef, dem Vizepräsidenten für Produktentwicklung. Die andere gehörte dem Vizepräsidenten für Public Relations.

Adam sprang ein paar Treppen hinauf, immer zwei zur Zeit nehmend, ging durch eine Tür in die Haupthalle des Gebäudes und weiter mit raschen Schritten zu dem normalen Angestelltenfahrstuhl, wo er den Knopf für den zehnten Stock drückte. Allein im Fahrstuhl, wartete er ungeduldig, während die computergesteuerte Anlage gemächlich die Impulse für Türenschließen und Start aussandte. Auf dem Weg nach oben spürte er wieder den Eifer, der ihn immer packte, wenn er im Begriff war, sich in die Arbeit eines neuen Tages zu versenken. Wie immer, seit fast zwei Jahren nun schon, gehörten seine Gedanken in erster Linie dem Orion. Körperlich fühlte Adam sich gut. Ein bißchen Sorge machte ihm nur ein Gefühl der Anspannung – einer leichten seelischen Verkrampfung, deren er sich neuerdings bewußt geworden war. Das war lästig, unlogisch, aber immer schwieriger abzuschütteln. Er nahm eine kleine, grün-schwarze Kapsel aus einer Innentasche, ließ sie in den Mund gleiten und schluckte sie herunter.

Vom Fahrstuhl ging Adam durch einen stillen, verlassenen Gang, in dem sich für eine weitere Stunde nur wenig regen würde, zu seiner eigenen Bürosuite – Ecklage – ebenfalls ein Zeichen des Ranges, nur ein wenig unterhalb eines Vizepräsidenten-Parkplatzes rangierend.

Als er eintrat, sah er einen Stapel frisch eingetroffener Post auf dem Schreibtisch seiner Sekretärin. Früher in seiner Karriere war es vorgekommen, daß Adam stehenblieb, um rasch zu überfliegen, was an Neuem und Interessantem in der Post war. Diese Angewohnheit hatte er längst abgelegt. Für derartigen Luxus war ihm heute seine Zeit zu schade. Zu den Pflichten einer Sekretärin der Spitzenklasse gehörte es – wie Adam es einmal den Präsidenten selbst hatte formulieren hören –, aus dem Papierberg, der sich täglich neu ihrem Boß entgegenstellte, »die Scheiße herauszufiltern«. Sie mußte die Vollmacht haben, erst einmal alles durchzusehen und zu beurteilen, was an andere Stellen geleitet werden konnte, so daß sich der Geist des Direktors auf Planungspolitik und neue Gedanken konzentrieren konnte, unbelastet von Details, die man anderen Männern auf bescheideneren Posten anvertrauen konnte.

Aus diesem Grunde erreichten nur wenige der Tausende von Briefen, die einzelne Autobesitzer alljährlich an die Leiter der Automobilwerke richteten, die Person, deren Namen der Absender auf den Umschlag geschrieben hatte. Solche Briefe wurden von Sekretärinnen geprüft und an Spezialabteilungen weitergeleitet, die sie nach festgelegtem Verfahren erledigten. Am Ende des Jahres wurde dann aus allen Beschwerden und Mitteilungen die Bilanz gezogen, in Tabellen abstrahiert und studiert, aber kein höherer Angestellter hätte sich im einzelnen mit ihnen abmühen und außerdem noch seine Arbeit befriedigend tun können. Zu gelegentlichen Ausnahmen kam es, wenn ein Briefschreiber gerissen genug war, an die Privatadresse des Direktors zu schreiben – und die war nicht schwer zu finden, denn sie standen ja fast alle im Who's Who, und davon hatte jede öffentliche Bibliothek ein Exemplar. Dann konnte es passieren, daß der Direktor selbst oder seine Frau den Brief las, daß das Interesse an einem speziellen Fall geweckt und daß der Sache wirklich von ihm selbst nachgegangen wurde.

Als erstes bemerkte Adam Trenton in seinem Büro ein glühend orangefarbenes Licht an der Sprechanlage hinter seinem Schreibtisch. Es zeigte ihm an, daß der Vizepräsident für Produktentwicklung versucht hatte, ihn zu erreichen, allerhöchster Wahrscheinlichkeit nach an diesem Morgen. Adam tippte einen Schalter über dem Licht an und wartete.

Eine Stimme, die in der Sprechanlage metallisch klang, fragte: »Welche Ausrede haben wir heute? Unfall auf dem Freeway, oder haben Sie die Zeit verschlafen?«

Adam lachte. Einen raschen Blick warf er hinüber zur Wanduhr. Sie zeigte 7.23 Uhr. Er drückte die Taste, die ihn mit dem fünf Stockwerke höher gelegenen Büro des Vizepräsidenten verband. »Sie kennen doch mein Problem, Elroy. Ich kann einfach nicht aus dem Bett finden.«

Es war selten, daß der Chef der Produktentwicklung vor Adam an seinem Tisch saß; glückte es ihm doch mal, dann nutzte er das nach Kräften aus.

»Adam, was haben Sie in der nächsten Stunde vor?«

»Da sind ein paar Sachen. Nichts, was ich nicht verschieben könnte.«

Während sie miteinander sprachen, konnte Adam von den Fenstern seines Büros aus den Frühverkehr auf dem Freeway sehen. Um diese Zeit war das Verkehrsvolumen recht erheblich, aber nicht so dicht wie vor einer Stunde, als die Arbeiter zur Tagschicht in die Fabriken fuhren. Aber schon bald würde sich das Verkehrsbild wieder ändern, wenn Tausende von Büroangestellten, die jetzt zu Hause frühstückten, ihre Autos in den hastigen Strom hineinwerfen würden. Der steigende Druck und das Nachlassen der Verkehrsdichte, den Schwankungen des Windes so ähnlich, faszinierten Adam immer aufs neue – nicht verwunderlich, denn Automobile, Hauptingrediens des Verkehrs, waren ja der Angelpunkt seiner eigenen Existenz. Er hatte sich seine eigene Skala entworfen – ähnlich der Beaufortschen Windskala von eins bis zehn reichend. Danach maß er den Verkehr, den er von seinen Fenstern aus beobachtete. Im Augenblick konstatierte er das Volumen Fünf.

»Ich hätte Sie ganz gern hier oben«, sagte Elroy Braithwaite, der Vizepräsident. »Sie wissen wohl schon, daß unser lieber Freund Emerson Vale mal wieder im Orbit ist.«

»Ja.« Adam hatte den Bericht der »Free Press« über Vales neueste Anschuldigungen gelesen, bevor er die Zeitung neben das Bett legte, in dem Erica noch schlief.

»Einige Zeitungen wollen unsere Stellungnahme hören. Jake meint, daß wir dieses Mal ein bißchen sagen sollten.«

Jake Earlham war der Vizepräsident für Public Relations, dessen Wagen auch schon unten geparkt war, als Adam eintraf. »Ich bin seiner Meinung«, sagte Adam.

»Ja, also das Los ist auf mich gefallen, aber ich möchte gern, daß Sie die Sitzung mitmachen. Sie wird ganz zwanglos. Jemand von AP, das Mädchen von ›Newsweek‹, ›The Wall Street Journal‹ und Bob Irvin von den ›Detroit News‹. Wir empfangen sie alle zusammen.«

»Vorschriften? Sprachregelungen?« erkundigte Adam sich. Bevor ein Automobilwerk eine Pressekonferenz gab, wurden gewöhnlich umständliche Vorbereitungen getroffen. Die Public-Relations-Abteilungen stellten Listen mit den zu erwartenden Fragen auf, die dann von den Direktoren aufmerksam studiert wurden. Eine große Pressekonferenz erforderte wochenlange Planungen, so daß die Sprecher des Automobilwerks ebenso gut vorbereitet waren wie ein US-Präsident, der sich der Presse stellte, und manchmal viel besser.

»Keine Vorschriften«, sagte Elroy Braithwaite. »Jake und ich haben uns vorgenommen, das hier stehend freihändig zu fahren. Wir nennen die Dinge einfach beim Namen, so wie wir sie sehen. Das gilt auch für Sie.«

»Okay«, sagte Adam. »Sind Sie jetzt soweit?«

»In ungefähr zehn Minuten. Ich rufe Sie.«

Die Zeit des Wartens verbrachte Adam damit, die Arbeit des vorigen Abends aus seiner Aktentasche zu holen. Dann schaltete er ein Diktiergerät ein, um seiner Sekretärin, Ursula Cox, eine ganze Serie von Anweisungen zu hinterlassen. Sie war zuverlässig und würde alles prompt erledigen. Was Adam zu Hause gearbeitet hatte, betraf ebenso wie die meisten Anweisungen, die er jetzt diktierte, den Orion. In seiner Rolle als Planungsmanager für projektierte Fahrzeuge hatte er sich intensiv mit dem neuen, noch geheimen Wagen zu beschäftigen, und heute sollte eine kritische Testserie über ein Vibrationslärm-Problem des Orion im Erprobungszentrum des Werkes, fünfzig Kilometer außerhalb von Detroit, erörtert werden. Adam, der anschließend eine Entscheidung zu treffen haben würde, hatte sich bereit erklärt, zusammen mit einem Kollegen von der Abteilung Design-Styling hinauszufahren. Wegen der soeben einberufenen Pressekonferenz mußte Ursula jetzt angewiesen werden, die Termine im Erprobungszentrum auf später zu verlegen.

Adam nahm sich vor, den Emerson-Vale-Artikel vor Beginn der Pressekonferenz noch einmal genau durchzulesen. Neben dem Poststapel lagen draußen noch ein paar Morgenblätter. Er griff sich eine »Free Press« und eine »New York Times«, kehrte in sein Büro zurück und breitete sie aus. Dieses Mal prägte er sich Punkt für Punkt ins Gedächtnis, was Vale am Vortage in Washington gesagt hatte.

Adam hatte Emerson Vale einmal persönlich kennengelernt, als der Autokritiker in Detroit gewesen war, um eine Rede zu halten. Aus Neugier, wie mehrere andere Industrielle, war Adam Trenton hingegangen, und als er vor Beginn der Versammlung mit ihm bekannt gemacht wurde, hatte er zu seiner Überraschung festgestellt, daß es sich um einen angenehmen jungen Mann handelte, der nicht im entferntesten dem entsprach, was Adam erwartet hatte. Er hatte sich einen rauhen, schneidigen Kerl vorgestellt, der die Fetzen nur so fliegen ließ. Als Vale später am Podium seinem Publikum gegenüberstand, machte er noch immer einen höchst angenehmen Eindruck. Er sprach fließend und ließ scheinbar mühelos seine fundierten Argumente aufmarschieren. Was er da bot, das mußte Adam zugeben, imponierte, und am Schlußbeifall gemessen war ein großer Teil der Zuhörer – die für diesen Abend sogar Eintritt gezahlt hatten – der gleichen Meinung.

Eins allerdings war zu bemängeln. Für jeden, der Spezialkenntnisse besaß, waren viele Argumente Emerson Vales so durchlässig wie ein leckgeschlagenes Boot.

Während er eine hochtechnisierte Industrie attackierte, verriet Vale seine eigene Unkenntnis technischer Vorgänge, und immer wieder machte er Fehler, wenn er mechanische Vorgänge erläutern wollte. Was er über technische Probleme verkündete, war mehrdeutig; Vale gab immer nur eine Deutung, nämlich diejenige, die seinen eigenen Überzeugungen entsprach. Dann wieder verhökerte er Allgemeinplätze. Obwohl selbst juristisch vorgebildet, setzte Emerson Vale sich über elementare Grundregeln der Beweisführung hinweg. Er tischte Vermutungen, Dinge, die sich auf Hörensagen stützten, und Tatsachenbehauptungen als Beweise auf; bisweilen verzerrte der junge Autokritiker – so schien es Adam – angeführte Tatsachen vorsätzlich. Er ließ die Vergangenheit wieder aufleben, er zählte Mängel an Autos auf, die von den Herstellern längst zugegeben und beseitigt worden waren. Er trug Beschuldigungen vor, die sich auf nicht mehr stützten als auf seine eigene Post von verärgerten Autokäufern. Vale geißelte die Autoindustrie wegen fehlerhafter Konstruktion, schlechter Ausführung und mangelhafter Sicherheitsvorkehrungen, dachte aber nicht daran, die Schwierigkeiten in Rechnung zu stellen, die die Industrie zu bewältigen hatte, noch honorierte er die in letzter Zeit unternommenen ehrlichen Anstrengungen, sich in mancherlei Hinsicht zu bessern. Er ließ kein gutes Haar an Autoherstellern und ihren Leuten. Er nahm nur Gleichgültigkeit, Nachlässigkeit, Gaunertum zur Kenntnis.

Emerson Vale hatte ein Buch veröffentlicht mit dem Titel: »Das amerikanische Auto: Unsicher, wenn's drauf ankommt«. Das Buch war mit Geschick geschrieben. Es hatte jene Eigenschaft, die der Autor selbst besaß: es erzwang Aufmerksamkeit, und es wurde zu einem Bestseller, der Vale garantierte, auf viele Monate hinaus im Schlaglicht der Öffentlichkeit zu bleiben.

Dann aber blieb nicht mehr viel zu sagen, und Emerson Vale schien allmählich in der Versenkung zu verschwinden. Immer seltener erschien sein Name in den Zeitungen, und dann eine Zeitlang überhaupt nicht mehr. Dieser Mangel an Beachtung spornte Vale zu neuen Taten an. Er brauchte das öffentliche Aufsehen wie eine Droge, und er schien bereit, jede beliebige Erklärung zu jedem Thema abzugeben, solange nur sein Name öffentlich genannt wurde. Er präsentierte sich selbst als »einen Sprecher des Verbrauchers« und startete eine neue Serie von Attacken gegen die Autoindustrie. Er führte angebliche Konstruktionsfehler bei genau bezeichneten Modellen auf. Die Presse berichtete ausführlich darüber. Manche Behauptungen erwiesen sich später als unbegründet. Er brachte einen Senator dazu, gestohlene Informationen über Kostenrechnungen der Autoindustrie zu zitieren, die sich später als geradezu absurd unvollständig erwiesen. Der Senator stand in der Öffentlichkeit als Narr da. Zu Vales Angewohnheiten gehörte es, Reporter großer Tageszeitungen anzurufen – per R-Gespräch, und manchmal mitten in der Nacht – und ihnen Nachrichtenstorys anzudienen, die per schierem Zufall Emerson Vales Namen enthielten, die sich aber bei näherem Hinsehen als weich erwiesen. Das führte dazu, daß die Presse, die Vale immer gern als Quelle für farbige Geschichten akzeptiert hatte, vorsichtiger wurde. Einige Reporter hörten allmählich auf, ihm überhaupt noch zu trauen.

Selbst wenn ihm Fehler nachgewiesen wurden, war Emerson Vale – wie sein Vorgänger als Autokritiker, Ralph Nader – nie dazu bereit, einen Irrtum zuzugeben oder sich zu entschuldigen, wie General Motors zum Beispiel sich einmal bei Nader wegen einer nicht zu rechtfertigenden Verletzung seiner Privatsphäre durch das Werk entschuldigt hatte. Statt dessen blieb Vale bei seinen Anklagen gegen alle Autohersteller, und manchmal gelang es ihm immer noch, überall im Lande Gehör zu finden, wie gestern wieder in Washington.

Adam faltete die Zeitungen zusammen. Ein rascher Blick aus dem Fenster zeigte ihm, daß der Freeway-Verkehr das Volumen Sechs erreicht hatte.

Einen Augenblick später summte die Sprechanlage. »Der vierte Stand ist soeben eingetroffen«, sagte der Vizepräsident für Produktentwicklung. »Wollen Sie der fünfte sein?«

Auf dem Weg nach oben fiel Adam ein, daß er heute irgendwann seine Frau anrufen müsse. Er wußte, daß Erica in letzter Zeit wenig glücklich gewesen war. Es gab jetzt Zeiten, da war es schwieriger, mit ihr zu leben, als im ersten oder zweiten Jahr ihrer Ehe, die so vielversprechend begonnen hatte. Adam spürte, daß seine eigene Müdigkeit am Ende des Tages Teil der Ursache sei. Sie beide litten physisch darunter. Aber ihm wäre es doch lieb, wenn Erica öfter ausgehen und es lernen würde, aus eigenem unternehmungsfreudig zu werden. Er hatte versucht, sie in diesem Sinne zu fördern, ebenso wie er sichergestellt hatte, daß sie so viel Geld hatte, wie sie nur brauchen konnte. Zum Glück gab es Geldsorgen für sie beide nicht. Dafür sorgte die Serie regelmäßiger Beförderungen, deren Ende noch nicht in Sicht war. Er hatte gute Chancen, noch Größeres zu erreichen, und welche Frau würde sich darüber nicht freuen?

Adam wußte, daß Erica sich noch immer nicht damit abgefunden hatte, daß seine Arbeit so viel Zeit und Energie verschlang, aber schließlich war sie nun schon seit fünf Jahren Automobilfrau und sollte sich mit ihrem Los inzwischen ausgesöhnt haben wie andere Frauen auch.

Gelegentlich fragte er sich, ob es nicht vielleicht doch ein Fehler gewesen sein könnte, einen so viel jüngeren Menschen zu heiraten. In geistiger Hinsicht gab es allerdings für die beiden überhaupt keine Probleme. Erica besaß Einsicht und Intelligenz weit über ihre Jahre hinaus, und mit jüngeren Männern war sie – wie Adam selbst beobachtet hatte – selten *en rapport*.

Je mehr er darüber nachdachte, um so klarer sah er ein, daß sie nun bald einen Ausweg aus ihren Problemen finden mußten.

Aber als Adam im fünfzehnten Stock das Territorium des höheren Kommandos betrat, warf er alle persönlichen Gedanken hinter sich.

In der Bürosuite des Vizepräsidenten für Produktentwicklung machte Jake Earlham, Vizepräsident für Public Relations, die Anwesenden miteinander bekannt. Earlham, kahlköpfig und dicklich, war vor vielen Jahren selbst Journalist gewesen. Jetzt sah er aus wie ein etwas professoraler Mr. Pickwick. Man sah ihn niemals ohne Pfeife; entweder rauchte er sie, oder er gestikulierte damit. Jetzt winkte er mit seiner Pfeife, um zu zeigen, daß er Adam Trentons Eintritt zur Kenntnis genommen habe.

»Ich glaube, Sie kennen Monica von ›Newsweek‹.«

»Ja, wir haben uns schon mal gesehen.« Adam nickte einer zierlichen Brünetten zu, die schon auf einem Sofa saß. Wohlgeformte Fußgelenke elegant gekreuzt, Rauch träge von ihrer Zigarette aufsteigen lassend, lächelte sie kühl zurück. Sie ließ keinen Zweifel daran, daß eine Vertreterin New Yorks sich von Detroiter Charme nicht einfangen läßt, ganz gleich, wie geschickt er auch appliziert wird.

Neben »Newsweek« saß »The Wall Street Journal« auf dem Sofa, in Gestalt eines farbenfroh gekleideten Reporters in der Blüte seiner Jahre. Er hieß Harris. Adam schüttelte erst ihm die Hand, dann AP, einem angespannt wirkenden jungen Mann mit einem Packen Manuskriptpapier, der Adams Gruß kurz zur Kenntnis nahm. Ihm war offensichtlich sehr daran gelegen, daß die Sitzung endlich in Schwung kam. Bob Irvin von den »Detroit News«, glatzköpfig und gelassen, war der letzte.

»Hallo, Bob«, sagte Adam. Irvin, den Adam von allen am besten kannte, schrieb eine tägliche Kolumne über Autoangelegenheiten. Er war wohlinformiert und genoß den Respekt der Industrie, obwohl er alles andere als ihr Schmeichler war. Wenn er meinte, daß der Anlaß es rechtfertigte, war er sehr rasch mit stichelnder Nadel bei der Hand. Irvin hatte bisher mit recht viel Sympathie über Ralph Nader und Emerson Vale berichtet.

Elroy Braithwaite, der Vizepräsident für Produktentwicklung, ließ sich in der komfortabel eingerichteten Besucherecke des Büros, wo sie sich versammelt hatten, in einen freien Sessel fallen. Freundlich fragte er: »Wer will anfangen?«

Braithwaite, unter Vertrauten bekannt unter dem Namen »Silberfuchs« wegen seiner sorgsam gepflegten grauen Mähne, trug einen auf ganz knappen Sitz geschneiderten edwardianischen Anzug und ließ eine weitere persönliche Handelsmarke sehen – riesenhafte Manschettenknöpfe. Der ganze Mann trug einen Stil zur Schau, der seiner Umgebung entsprach. Wie alle Büros für Männer vom Vizepräsidenten aufwärts, war auch dieses exklusiv entworfen und eingerichtet. Die Täfelung war aus afrikanischem Avodire, die Vorhänge aus Brokat, unter den Füßen breitete sich tiefer Broadloom. Ein Mann, der es in einem Autowerk zu dieser Eminenz bringt, arbeitet lange und verbissen daran. Wenn er aber einmal arriviert ist, bieten die Arbeitsbedingungen angenehme Extras, so ein Büro wie dieses mit angrenzendem Schlaf- und Umkleideraum sowie – einen Stock darüber – privatem Speisezimmer und einer Sauna nebst jederzeit verfügbarem Masseur.

»Vielleicht sollte die Dame den Anfang machen.« Diesen Vorschlag machte Jake Earlham, der hinter ihnen auf einer kleinen Sitzbank am Fenster hockte.

»Gern«, sagte die »Newsweek«-Brünette. »Wie lautet das neueste schwache Alibi für die Nichtinangriffnahme eines sinnvollen Programms zur Entwicklung einer verseuchungsfreien Dampfmaschine für Kraftfahrzeuge?«

»Uns sind die Alibis gerade ausgegangen«, sagte der Silberfuchs. Braithwaites Gesichtsausdruck hatte sich nicht verändert; nur sein Tonfall war um ein Quentchen schärfer geworden. »Außerdem ist die Aufgabe längst gelöst – von einem Menschen namens George Stephenson –, und wir sind nicht der Meinung, daß seither bedeutende Fortschritte erzielt worden sind.«

Der AP-Mann hatte eine Brille mit dünnem Rahmen aufgesetzt. Ungeduldig sah er jetzt durch die Gläser. »Okay, den lustigen Teil haben wir nun wohl hinter uns. Können wir jetzt ein paar ernsthafte Fragen und Antworten hören?«

»Ich finde auch«, sagte Jake Earlham. Der PR-Chef fügte hinzu: »Ich hätte natürlich dran denken sollen. Die Agenturen haben ja frühe Schlußzeiten für die Nachmittagsblätter der Ostküste.«

»Danke«, sagte AP. Er wandte sich an Elroy Braithwaite. »Mr. Vale hat gestern abend erklärt, die Automobilwerke seien der Verschwörung und einiger anderer Dinge schuldig, weil sie keine ernsthaften Anstrengungen unternommen hätten, eine Alternative zum Verbrennungsmotor zu entwickeln. Außerdem sagt er, es stünden jetzt Dampf- und Elektromotoren zur Verfügung. Möchten Sie dazu Stellung nehmen?«

Der Silberfuchs nickte. »Die Erklärung von Mr. Vale, daß die Motoren jetzt zur Verfügung stünden, ist wahr. Es gibt verschiedene Arten, und die meisten funktionieren. Verschiedene Motoren haben wir selbst in unserem Testzentrum. Was Vale nicht gesagt hat – entweder weil es ihm die Argumente verpatzt hätte, oder weil er es nicht weiß –, ist dies: Es gibt bis jetzt nicht ein Fünkchen Hoffnung, einen Dampf- oder Elektromotor für Autos zu niedrigen Kosten, niedrigem Gewicht und guter praktischer Verwendungsmöglichkeit bauen zu können; weder jetzt noch in absehbarer Zukunft.«

»Was meinen Sie mit absehbarer Zukunft?«

»Die siebziger Jahre. Im Laufe der achtziger Jahre wird es andere Neuentwicklungen geben, obwohl der Verbrennungsmotor – ein nahezu verseuchungsfreier – möglicherweise auch dann noch vorherrschen wird.«

»The Wall Street Journal« warf ein: »Aber es gibt doch eine Menge Meldungen über alle möglichen Motoren, und zwar hier und jetzt . . .«

»Absolut richtig«, sagte Elroy Braithwaite, »und die meisten dieser Meldungen gehören auf die Seite mit den Comics. Bitte nehmen Sie es mir nicht übel, aber die Zeitungsschreiber gehören so ziemlich zu den gutgläubigsten Leuten auf der Welt. Vielleicht ist das sogar Absicht; da werden die Geschichten, die sie schreiben, natürlich viel interessanter. Stellen Sie sich vor, ein Erfinder – ganz gleich, ob er ein Genie ist oder ein Spinner – taucht auf mit irgendeinem neuen Ding, und dann lassen Sie die Presse auf ihn los. Was passiert? Am nächsten Tag heißt es in allen Zeitungsartikeln, dies *könnte* der große Durchbruch sein, in dieser Richtung *könnte* die Zukunft liegen. Wiederholen Sie das ein paarmal, so daß die Leute es recht oft lesen, und jeder meint, da müsse was dran sein. Ich könnte mir denken, daß es den Zeitungsschreibern ähnlich geht; sie fangen an, ihre eigenen Geschichten zu glauben, wenn sie nur genug darüber schreiben. Dabei kommt dann der Käse zustande, der 'ne ganze Menge Leute in diesem Land überzeugt hat, daß sie in ihrer eigenen Garage schon bald ein Dampf- oder ein Elektroauto stehen haben werden oder gar eine Mischform aus beidem.«

Der Silberfuchs lächelte seinem Public-Relations-Kollegen zu, der unruhig hin- und hergerutscht war und nervös mit seiner Pfeife spielte. »Regen Sie sich ab, Jake. Ich halte der Presse keine Gardinenpredigt. Ich versuche nur, die richtige Perspektive herzustellen.«

Trocken sagte Jake Earlham: »Da bin ich aber froh, daß Sie das sagen. 'ne Zeitlang war ich im Zweifel.«

»Ignorieren Sie dabei nicht einige Tatsachen, Mr. Braithwaite?« fragte AP hartnäckig. »Es gibt Leute von Rang und Namen, die noch immer an die Dampfkraft glauben. Außerhalb der Automobilindustrie wird daran gearbeitet, und zwar ernsthaft. Die Regierung von Kalifornien gibt eine ganze Menge Geld aus, um eine Flotte von Dampfautos auf die Straße zu bringen. Und man hat dort sogar Gesetze vorgeschlagen, die ein Verbot von Verbrennungsmotoren in fünf Jahren vorsehen.«

Der Vizepräsident für Produktentwicklung schüttelte so energisch den Kopf, daß seine Silbermähne hüpfte. »Für mich gibt es nur einen Mann von Rang und Namen, der an ein Dampfauto glaubte, und das war Bill Lear. Dann hat er öffentlich widerrufen und erklärt, die ganze Idee sei ›absolut lächerlich‹.«

»Aber inzwischen ist er wieder anderen Sinnes geworden«, sagte AP.

»Ja gewiß. Und er trägt eine Hutschachtel mit sich herum und sagt, sein neuer Dampfmotor sei darin. *Wir* wissen, was darin ist; es ist der innerste Kern des Motors. Das ist ungefähr so, als nähme man eine Zündkerze und sagte: ›Da ist der Motor des Autos, das wir jetzt bauen.‹ Wovon Mr. Lear und die anderen nur selten reden, ist die Tatsache, daß man außerdem noch allerlei braucht, und zwar Brenner, Boiler,

Kondensator, Rekuperator-Gebläse ... eine lange Liste schwerer, teurer, sperriger Maschinenteile von höchst zweifelhafter Leistungsfähigkeit.«

Jake Earlham gab ein Stichwort: »Die Dampfautos der Regierung von Kalifornien ...«

Der Silberfuchs nickte. »Okay, Kalifornien. Natürlich gibt der Staat 'ne Menge Geld aus; welche Regierung tut das nicht? Wenn Sie und eine halbe Million anderer Leute bereit wären, tausend Dollar *mehr* für Ihr Auto zu bezahlen, dann könnten wir vielleicht – aber auch wirklich nur vielleicht – einen Dampfmotor mit allen seinen Tücken und Nachteilen bauen. Aber die meisten unserer Kunden – und der Kunden unserer Konkurrenz, an die wir ja auch denken müssen – haben nicht so viel Moos zum Verplempern.«

»Sie haben bis jetzt noch kein Wort über Elektroautos gesagt«, monierte »The Wall Street Journal«.

Braithwaite nickte Adam zu. »Jetzt kommen Sie.«

»Es gibt in diesem Augenblick Elektroautos«, sagte Adam zu den Reportern. »Sie alle kennen die kleinen Golfkarren, und es ist denkbar, daß bald ein Fahrzeug für zwei Passagiere entwickelt werden kann, geeignet für Einkaufsfahrten oder ähnliche Verwendungszwecke bei geringen Entfernungen. Im Augenblick aber wäre ein solches Auto teuer und kaum mehr als eine Kuriosität. Wir selbst haben auch zu Experimentierzwecken Last- und Personenwagen mit elektrischem Antrieb gebaut. Die Sache hat einen großen Haken. Sobald wir ihnen eine brauchbare Reichweite geben, müssen wir einen großen Teil des Innenraums mit schweren Batterien füllen. Und das ist nicht sehr sinnvoll.«

»Die kleine, leichte Batterie – Zinkluft oder Treibstoffzellen«, sagte AP. »Wann kommt die?«

»Natrium und Schwefel haben Sie vergessen«, sagte Adam. »Davon wird auch viel geredet. Leider ist es bisher nur Gerede, viel mehr nicht.«

Elroy Braithwaite warf ein: »Wir glauben, daß es irgendwann tatsächlich einen Durchbruch im Bau von Batterien geben wird. Man wird dann sehr viel Energie in kleinen Pakkungen speichern können. Und es kann gar keinen Zweifel geben, daß elektrische Fahrzeuge im Stadtverkehr viele

Verwendungsmöglichkeiten haben. Aber wenn man von allen jetzt bekannten Tatsachen ausgeht, wird es unserer Meinung nach frühestens in den achtziger Jahren dazu kommen.«

»Und wenn Sie im Zusammenhang mit Elektroautos an Luftverschmutzung denken«, fügte Adam hinzu, »so wird ein Faktor von vielen Leuten übersehen. Welche Batterien man auch verwendet, aufgeladen werden müssen sie alle. Wenn also Hunderttausende von Autos an der Steckdose hängen, wird man viel mehr Kraftwerke benötigen als jetzt, und jedes speit seine eigene Luftverseuchung aus. Da man Elektrizitätswerke gewöhnlich in Vororten baut, könnte es dazu kommen, daß man den Smog aus den Städten dorthin verlagert.«

»Ist das nicht alles immer noch ein ziemlich schwaches Alibi?« Die kühle »Newsweek«-Brünette setzte ihre Beine, die sie übergeschlagen hatte, jetzt mit einer anmutigen Bewegung nebeneinander und zog dann ihren Rocksaum herunter, was, wie sie zweifellos selbst genau wußte, eine wirkungslose Maßnahme war; der Rock blieb, wo er war, nämlich hoch oben auf wohlgeformten Schenkeln. Einer nach dem anderen ließen die Männer ihre Blicke auf jene Stelle sinken, wo Schenkel und Rocksaum einander begegneten.

Sie führte aus: »Ich meine Alibi für das Fehlen eines Vorrangprogramms für die Herstellung eines guten, billigen Motors – Dampf oder elektrisch oder beides. Wir sind doch schließlich auf den Mond gekommen, nicht wahr?« Sie fügte spitz hinzu: »Wenn Sie sich noch daran erinnern, so lautete meine erste Frage.«

»Ich erinnere mich«, sagte Elroy Braithwaite. Im Gegensatz zu den anderen Männern hob er seinen Blick nicht von jener Stelle der Begegnung des Rockes mit den Schenkeln, sondern er ließ ihn dort in voller Absicht ruhen. Es folgten mehrere Sekunden des Schweigens, beunruhigend für die meisten Frauen oder einschüchternd. Nicht für die Brünette. Sie ließ keinen Zweifel daran, daß sie weder beunruhigt noch eingeschüchtert, sondern voller Selbstvertrauen und ganz und gar Herrin der Situation war. Noch immer ohne aufzuschauen, sagte der Silberfuchs langsam: »Wie lautete doch noch Ihre Frage, Monica?«

»Ich glaube, Sie wissen das.« Erst jetzt hob Braithwaite, in diesem Spiel geschlagen, den Blick.

Er seufzte. »Ach ja, der Mond. Wissen Sie, es gibt Tage, an denen wünsche ich mir, daß wir nie hingekommen wären. Die Sache hat ein neues Klischee hervorgebracht. Wenn heutzutage irgendwo ein neues technisches Problem auftaucht, dann gibt es todsicher einen, der dann sagt: ›Schließlich sind wir auf dem Mond gelandet, oder etwa nicht? Warum sollen wir dann dieses Problem nicht lösen können?‹«

»Wenn sie nicht gefragt hätte«, sagte »The Wall Street Journal«, »dann hätte ich es getan. Also, warum schaffen wir das nicht?«

»Das werde ich Ihnen erzählen«, sagte der Vizepräsident eingeschnappt. »Mal ganz abgesehen davon, daß die Weltraumbande unbegrenzte öffentliche Gelder hat – was man von uns nicht sagen kann –, hatten die ein Ziel: Fahrt zum Mond. Sie aber verlangen von uns, ausgehend von der unbestimmten Basis von Dingen, die Sie gelesen oder gehört haben, der Entwicklung eines Dampf- oder Elektromotors für Autos die Alles-oder-Nichts-Priorität zu geben, einen Vorrang, wie man ihn geben kann, wenn man Milliarden auf der hohen Kante hat. Nun ist es aber so, daß eine ganze Reihe der allerbesten Ingenieure in diesem Geschäft der Meinung sind, daß es sich um kein praktisch vernünftiges Ziel handelt, nicht mal um eins, dessen Verwirklichung sich lohnt. Wir haben bessere Ideen und ganz andere Ziele.«

Braithwaite strich sich mit der Hand über seine silbrige Mähne. Dann nickte er Adam zu. Er machte den Eindruck, als habe er nun genug gehabt.

»Wir sind der Meinung«, sagte Adam, »daß saubere Luft – zumindest Luft, die nicht von Motorfahrzeugen verseucht wird – am besten, schnellsten und billigsten zu haben ist, wenn der jetzt vorhandene Benzin-Verbrennungsmotor weiter verbessert wird, was Hand in Hand gehen muß mit Verbesserungen der Abgaskontrolle und der Treibstoffe selbst.« Er hatte absichtlich leise gesprochen. Jetzt fügte er hinzu: »Das klingt vielleicht nicht so abenteuerlich und romantisch wie neue Dampf- oder Elektromotoren, aber dahinter stecken eine ganze Menge wissenschaftlich vertretbarer Gedanken.«

Zum ersten Mal sagte Bob Irvin von den »Detroit News« etwas. »Mal ganz abgesehen von Elektro- und Dampfmotoren, Sie würden doch sicher zugeben, daß sich die Automobilindustrie vor Nader, Emerson Vale und anderen bei weitem nicht so viele Gedanken wie jetzt über die Einschränkung der Luftverpestung gemacht hat, nicht wahr?«

Die Frage wurde scheinbar beiläufig gestellt, Irvins Blick durch seine Brillengläser war die Harmlosigkeit selbst, aber Adam wußte, daß diese Frage mit Sprengstoff geladen war. Er zögerte nur einen Augenblick, dann sagte er: »Ja, das würde ich zugeben.«

Die drei anderen Reporter sahen ihn überrascht an.

»Wenn ich es richtig sehe«, sagte Irvin, immer noch ganz beiläufig, »dann sind wir hier wegen Emerson Vale, oder anders gesagt, wegen eines Autokritikers. Hab' ich recht?«

Jake Earlham schaltete sich von seinem Platz am Fenster aus ein. »Wir sind hier, weil Ihre Chefredakteure oder Ressortchefs – und in Ihrem Fall, Bob, Sie selbst – bei uns angefragt haben, ob wir heute auf einige Fragen antworten wollten, und wir haben uns dazu bereit erklärt. Wir sind dabei davon ausgegangen, daß einige Fragen sich auf Erklärungen beziehen würden, die Mr. Vale abgegeben hat, aber *wir* haben keine besondere Pressekonferenz nur wegen Vale angesetzt.«

Bob Irvin grinste. »Na, heute ein bißchen zu Haarspaltereien aufgelegt, was, Jake?«

Der Vizepräsident für Public Relations zuckte die Achseln. »Mag sein.«

Aus den Zweifeln, die jetzt und schon vorher aus Jake Earlhams Gesichtsausdruck sprachen, schloß Adam, daß er sich fragte, ob diese zwanglose Begegnung mit der Presse wirklich eine so gute Idee war.

»In diesem Falle«, sagte Irvin, »ist meine Frage wohl zulässig, Adam.« Der Kolumnist schien nachzugrübeln, sich beim Sprechen schwerfällig voranzutasten, aber wer ihn kannte, der wußte, wie sehr dieser Anschein trog. »Also haben Ihrer Meinung nach die Autokritiker – nehmen wir mal Nader und die Sicherheit – eine nützliche Funktion ausgeübt?«

Die Frage war einfach, aber so formuliert, daß man ihr nicht ausweichen konnte. Adam hätte am liebsten protestiert: *Aber Irvin, warum hacken Sie gerade auf mir herum?* Dann fiel ihm wieder Elroy Braithwaites Instruktion vor dieser Konferenz ein: »*Wir nennen die Dinge beim Namen, so, wie wir sie sehen.*«

Mit ruhiger Stimme sagte Adam: »Ja, sie haben eine Funktion erfüllt. Was die Sicherheit anbetrifft, so hat Nader die Automobilindustrie mit einem Fußtritt in die zweite Hälfte des zwanzigsten Jahrhunderts befördert, und die Industrie hat das mit lautem Geschrei quittiert.«

Alle vier Reporter schrieben sich diesen Satz auf.

Während sie damit beschäftigt waren, überdachte Adam noch einmal rasch, was er gesagt hatte und was nun kommen würde. Viele andere in der Autoindustrie, das wußte er, würden ihm recht geben. Eine starke Gruppe der jüngeren Manager und überraschenderweise auch manche Männer in den allerhöchsten Positionen räumten ein, daß die Argumente Vales und Naders – trotz mancher Übertreibungen und Ungenauigkeiten – Sinn und Verstand hatten. Die Industrie hatte tatsächlich der Sicherheit bei der Konstruktion der Autos einen minderen Platz zugewiesen, sie hatte tatsächlich fast ihre ganze Aufmerksamkeit auf die Verkaufsziffern und wenig anderes konzentriert, sie hatte sich tatsächlich gegen Veränderungen gewehrt, bis die Regierung sie durch Verordnungen oder die Androhung von Verordnungen dazu zwang. In der Rückschau schien es wirklich so, als seien die Autohersteller durch ihre eigene Größe und Macht trunken geworden, als hätten sie sich wie Goliaths benommen, bis sie in den Staub gezwungen wurden durch die Davids – Ralph Nader und, etwas später, Emerson Vale.

Das David-Goliath-Gleichnis, dachte Adam, paßte eigentlich recht gut. Vor allem Nader – allein, ohne Hilfe und ausgestattet mit erstaunlicher Zivilcourage – hatte es mit der gesamten amerikanischen Autoindustrie aufgenommen, einer Industrie, die über unbegrenzte Mittel verfügte und die eine starke Lobby in Washington besaß. Wo andere gescheitert waren, hatte er Erfolg. Die Sicherheitsnormen wurden angehoben, auf den Konsumenten bezogene Gesetze wurden eingebracht und verabschiedet. Die Tatsache, daß Nader als Polemiker, wie alle anderen Polemiker auch, starre Positionen bezog, oft bis zum Exzeß übertrieb, rücksichtslos vorging und sich bisweilen Ungenauigkeiten leistete, minderte sein Verdienst nicht. Nur wer bigott war, konnte bestreiten, daß er der Gemeinschaft wertvolle Dienste geleistet hatte. Und noch eins mußte gesagt werden. Um solche Dienste bei so ungleicher Gewichtsverteilung leisten zu können, mußte man schon ein Typ wie Nader sein.

»The Wall Street Journal« merkte an: »Soweit mir bekannt ist, Mr. Trenton, hat das bisher noch keine leitende Persönlichkeit der Automobilindustrie öffentlich zugegeben.«

»Wenn das stimmt«, sagte Adam, »dann wird es aber Zeit, daß jemand das tut.«

War es nur Einbildung, oder war Jake Earlham – anscheinend emsig mit seiner Pfeife beschäftigt – bleich geworden? Adam entdeckte ein Stirnrunzeln beim Silberfuchs; aber zum Teufel noch mal, wenn es sein mußte, konnte er sich später mit Elroy streiten. Adam war noch nie ein Jasager gewesen. In der Automobilindustrie brachten Jasager es nicht weit, und wer mit seiner ehrlichen Überzeugung hinter dem Berge zurückhielt, weil er die Mißbilligung seiner Vorgesetzten fürchtete oder Angst hatte um seinen Job, brachte es selten weiter als bis zu einem Posten in der mittleren Führung – wenn er Glück hatte. Adam hatte kein Blatt vor den Mund genommen. Er war immer davon ausgegangen, daß Offenheit und Ehrlichkeit nützliche Beiträge seien, die er seinen Arbeitgebern leisten konnte. Er hatte begriffen, daß alles darauf ankam, ein Individuum zu bleiben. Fremde hatten von Automobil-Direktoren die Vorstellung, daß sie sich einer Norm anpassen müßten, ungefähr so, als würden sie von einer Plätzchenform aus dem breiigen Teig geschnitten. Nichts war falscher als das. Richtig war nur, daß diese Männer gewisse Eigenschaften gemein hatten – Ehrgeiz, Dynamik, Sinn für Organisation, sehr große Arbeitskraft. Aber davon abgesehen waren sie ausgeprägte Individualisten, und es gab unter ihnen einen überdurchschnittlich großen Prozentsatz an Exzentrikern, Genies und Sonderlingen.

Nun ja, er hatte es gesagt; zurückzunehmen war es nun nicht mehr. Aber es gab doch noch das eine oder andere Postskriptum.

»Wenn Sie das zitieren« – Adam ließ seinen Blick über das Reporterquartett schweifen –, »dann sollte auch noch etwas anderes gesagt werden.«

»Zum Beispiel?« Es war die Frage des Mädchens von »Newsweek«. Sie wirkte nicht mehr so feindselig wie zuvor, sie hatte ihre Zigarette ausgedrückt und machte sich Notizen. Adam riskierte einen Blick. Ihr Rock saß so hoch wie eh und je, ihre Schenkel und ihre Beine wirkten in den hauchdünnen grauen Nylons von Minute zu Minute attraktiver. Er spürte, wie sein Interesse sprunghaft zunahm. Energisch richtete er seine Gedanken auf anderes.

»Erstens«, sagte Adam, »die Kritiker haben das Ihre getan. Die Industrie konzentriert sich energischer auf Sicherheitsfragen als je zuvor; wobei es besonders wichtig ist, daß der Druck nicht etwa nachläßt, sondern gleich stark bleibt. Außerdem orientieren wir uns nach dem Verbraucher; das war nicht immer so. Wenn wir an die Vergangenheit denken, dann scheint es doch so, als seien wir, ohne es zu begreifen, dem Verbraucher gegenüber sorglos und gleichgültig geworden. Jetzt sind wir keins von beidem, und deshalb werden die Emerson Vales so laut, und deshalb benehmen sie sich manchmal wie kreischende Marktweiber. Folgt man ihren Argumenten, dann kann ein Automobilhersteller überhaupt nichts richtig machen. Vielleicht haben Vale und die Leute seiner Couleur deshalb noch nicht erkannt – und das ist mein zweiter Punkt –, daß sich die Automobilindustrie in einer ganz neuen Ära befindet.«

AP fragte: »Wenn das stimmt, würden Sie dann nicht zugeben, daß die Autokritiker Ihnen diese neue Ära aufgezwungen haben?«

Adam hielt sich im Zaum. Manchmal wurde die Kritik an den Autos zum Fetisch, zu einem widervernünftigen Kult, und das nicht nur bei Profis wie Vale. »Sie haben ihren Beitrag geleistet«, gab er zu. »Sie haben Richtungen angezeigt und Ziele, besonders auf den Gebieten Sicherheit und Luftverschmutzung. Aber mit der technischen Revolution hatten sie nichts zu tun. Die kam sowieso. Und diese Revolution wird die nächsten zehn Jahre für alle, die mit unserem Business zu tun haben, aufregender machen, als es das ganze eben vergangene Halbjahrhundert gewesen ist.«

»Wie meinen Sie das?« fragte AP und warf einen Blick auf die Uhr.

»Irgend jemand hat hier heute von Durchbrüchen gesprochen«, erwiderte Adam. »Die wichtigsten, die wir schon kommen sehen, werden sich auf dem Gebiet des Materials vollziehen. Sie werden es uns ermöglichen, Mitte oder Ende der siebziger Jahre eine ganz neue Art von Fahrzeugen zu konstruieren. Nehmen wir nur mal die Metalle. An Stelle des massiven Stahls, den wir jetzt verwenden, wird der Wabenstahl kommen. Er wird stark sein, fest und starr, aber unglaublich viel leichter. Das bedeutet sparsameren Treibstoffverbrauch. Außerdem wird er einen Aufprall besser absorbieren als konventioneller Stahl – und das bedeutet zusätzliche Sicherheit. Außerdem gibt es neue Metall-Legierungen für Motoren und Einzelteile. Wir rechnen mit der Herstellung einer Legierung, die Temperaturschwankungen von 38 Grad auf tausend Grad Celsius und mehr innerhalb von Sekunden bei minimaler Ausdehnung zuläßt. Wenn wir die Legierung haben, können wir unverbrannte Treibstoffreste, die Ursachen der Luftverpestung, nachträglich verbrennen. Ein anderes Metall, an dessen Herstellung gearbeitet wird, hat die Fähigkeit, sich an seine ursprüngliche Form ›zu erinnern‹. Verbeulen Sie eine Stoßstange, eine Tür. Wenden Sie Hitze oder Druck an, und das Metall wird wieder seine frühere Form annehmen. Eine andere Legierung, mit deren Entwicklung wir rechnen, wird es ermöglichen, Schaufelräder für Gasturbinenmotoren billig und zuverlässig herzustellen, und zwar Räder von hoher Qualität.«

Elroy Braithwaite fügte hinzu: »Diesen letzten Punkt sollten Sie im Auge behalten. Wenn der jetzige Verbrennungsmotor irgendwann einmal verschwindet, wird die Gasturbine aller Wahrscheinlichkeit nach seinen Platz einnehmen. Die Verwendung der Turbine für Kraftfahrzeuge wirft eine ganze Menge Probleme auf – leistungsfähig ist sie nur bei hoher Energieabgabe, und man muß einen kostspieligen Hitzekonverter einbauen, wenn man die Fußgänger nicht verbrennen will. Aber das sind *lösbare* Probleme, und es wird an ihrer Lösung gearbeitet.«

»Okay«, sagte »The Wall Street Journal«. »Das wären also die Metalle. Was gibt's sonst Neues?«

»Eine wichtige Sache, und zwar eine, die es bald für jedes Auto geben wird, ist der Bord-Computer.« Adam warf AP einen Blick zu. »Er wird klein sein, ungefähr so groß wie ein Handschuhfach.«

»Ein Computer für welche Aufgaben?«

»Für ungefähr alles; Sie sagen es, er tut es. Er wird Motorteile überwachen – Zündkerzen, Benzineinspritzung, alles andere auch. Der Computer wird sämtliche Abgase kontrollieren und Alarm schlagen, wenn der Motor die Luft verseucht. In anderer Hinsicht wird er geradezu revolutionär sein.«

»Beispiele bitte, Beispiele«, sagte »Newsweek«.

»Zu einem Teil wird der Computer für den Fahrer denken und Fehler korrigieren, oft schon, bevor dem Fahrer bewußt wird, daß er Fehler gemacht hat. So wird der Computer die Einzelradbremsung steuern – die Bremsen wirken auf jedes einzelne Rad so ein, daß der Fahrer niemals die Kontrolle über sein Fahrzeug durch Schleudern verlieren kann, weil die Räder blockieren. Ein Radar-Hilfsgerät wird den Fahrer warnen, wenn das vorausfahrende Fahrzeug die Geschwindigkeit verringert oder wenn zu dicht aufgefahren wird. Im Gefahrenfall könnte der Computer automatisch das Tempo drosseln und die Bremsen betätigen. Weil der Computer schneller reagiert als der Mensch, wird es dann weniger Auffahrunfälle geben. Es wird Vorsorge für einen Anschluß an automatische Radarkontrollspuren auf Autobahnen geben. Radarspuren sind schon auf dem Weg zur Verwirklichung; eine Kontrolle des Verkehrsflusses durch Weltraumsatelliten wird dann nicht mehr lange auf sich warten lassen.«

Adam fing einen zustimmenden Blick von Jake Earlham auf und wußte auch, warum. Es war ihm gelungen, das Gespräch vom Defensiven zum Positiven zu wenden, eine Taktik, die den Sprechern des Werkes immer wieder von der Public-Relations-Abteilung ans Herz gelegt wurde.

»Diese Veränderungen«, fuhr Adam fort, »werden unter anderem zur Folge haben, daß das Wageninnere, vor allem für den Fahrer selbst, schon in den nächsten Jahren von Grund auf anders aussehen wird. Der Bord-Computer wird die meisten heute üblichen Instrumente abändern. So wird es den Benzinmesser, wie er uns heute vertraut ist, dann nicht mehr geben. Seine Stelle wird ein Instrument einnehmen, das anzeigt, für wieviele Kilometer bei der jeweils gefahrenen Geschwindigkeit der Benzinvorrat noch reicht. Auf einem Bildschirm vor dem Fahrer werden Streckeninformationen und Warnzeichen erscheinen, ausgelöst durch Magnetsensoren in der Straße. Nach Verkehrszeichen Ausschau halten zu müssen, ist schon jetzt altmodisch und gefährlich; oft genug übersieht der Fahrer sie. Das kann er nicht, wenn sie zu ihm ins Auto kommen. Fahren Sie eine für Sie neue Strecke, werden Sie eine Kassette einlegen, so wie man heute eine Kassette mit Unterhaltungsmusik in einen Recorder schiebt. Je nach Ihrem Standort ebenfalls gekoppelt mit den Verkehrszeichen, werden Sie gesprochene Hinweise zusätzlich zu den optischen Signalen auf dem Bildschirm bekommen. Und praktisch schon morgen wird jedes Autoradio neben dem Empfänger auch einen Sender für eine bestimmte Wellenlänge haben, die überall im ganzen Land für Kraftfahrer reserviert sein wird. Über diesen Sender kann er Hilfe anfordern – Hilfe jeder Art –, sobald er Hilfe benötigt.« AP war auf den Beinen und wandte sich an den PR-Vizepräsidenten. »Wenn ich mal ein Telephon haben könnte ...«

Jake Earlham glitt von seiner Bank am Fenster und ging zur Tür. Er winkte AP mit der Pfeife zu, ihm zu folgen. »Ich bringe Sie zu einem Apparat, wo Sie ungestört sein werden.«

Die anderen standen auf.

Bob Irvin von den »News« wartete, bis der Agentur-Reporter draußen war. Dann fragte er: »Dieser Bord-Computer da – bauen Sie den in den Orion ein?«

Dieser verdammte Kerl, dieser Irvin! Adam wußte, daß er in der Falle saß. Die Antwort auf diese Frage war »Ja«, aber es war geheim. Antwortete er aber mit »Nein«, dann würden die Reporter eines Tages konstatieren, daß er sie angelogen hatte.

Adam legte Protest ein. »Sie wissen doch, Bob, daß ich über den Orion nicht reden kann.«

Der Kolumnist grinste. Das Ausbleiben eines klaren Dementis genügte ihm vollauf.

»Na«, sagte die »Newsweek«-Brünette; stehend wirkte sie größer und schmiegsamer als im Sitzen. »Ihr Trick hat geklappt. Die Dinge, über die wir hier eigentlich sprechen wollten, haben Sie ja sauber umschifft.«

»Aber ich doch nicht.« Adam wich ihren Augen nicht aus; sie waren eisblau, stellte er fest, und sie ruhten spöttisch abschätzend auf ihm.

Er ertappte sich bei dem Wunsch, sie unter anderen Umständen kennengelernt zu haben, weniger als Gegner. Er lächelte. »Ich bin doch nur ein schlichter Automobilarbeiter, der sich bemüht, beide Seiten zu sehen.«

»Ach, wirklich?« Ihr Blick blieb fest auf ihn gerichtet, und er blieb spöttisch. »Wie wäre es dann mit einer aufrichtigen Antwort auf diese Frage: Ändert sich die ganze innere Einstellung der Automobilindustrie tatsächlich?« »Newsweek« warf einen Blick in ihr Notizbuch. »Reagieren die großen Automobilhersteller wirklich auf die veränderten Zeitumstände – akzeptieren sie die neuen Vorstellungen über Verantwortung gegenüber der Gemeinschaft, entwickeln sie ein Sozialgewissen, schätzen sie die veränderten Werte realistisch ein, auch in bezug auf Autos? Glauben Sie aufrichtig, daß die Rechte des Konsumenten nicht nur im Augenblick, sondern für immer stärker beachtet werden müssen? Ist wirklich eine neue Ära angebrochen, wie Sie behaupten? Oder ist das alles nur Dekoration, schön arrangiert von den Public-Relations-Schmusern? Hoffen Sie in Wirklichkeit, daß es bald wieder aus sein möge mit der lästigen Aufmerksamkeit, die man Ihnen jetzt zuwendet, und daß dann alles wieder so sein wird wie früher, als Sie so ziemlich alles tun konnten, was Sie wollten? Sind Sie und die andern hier in der Industrie wirklich aufgewacht in puncto Umwelt, Sicherheit und was es da sonst noch gibt, oder machen Sie uns und sich selbst nur was vor? *Quo vadis?* – Sie haben doch Ihr Latein noch nicht vergessen, Mr. Trenton?«

»Nein«, sagte Adam, »soviel weiß ich noch.« *Quo vadis? Wohin gehst du?* . . . Die uralte, an die Menschheit gerichtete Frage, widerhallend in den langen Jahrhunderten der Geschichte, gerichtet an Kulturen, an Nationen, an einzelne Menschen, an Gruppen von Menschen, und jetzt an die Industrie.

Elroy Braithwaite erkundigte sich: »Sagen Sie, Monica, ist das eine Frage oder eine Rede?«

»Es ist eine Fragen-Melange.« Das »Newsweek«-Mädchen warf dem Silberfuchs ein Lächeln ohne eine Spur Wärme zu. »Wenn sie Ihnen zu kompliziert ist, will ich sie gern in Einzelteile auflösen, und zwar unter Verwendung ganz einfacher Wörter.«

Der PR-Chef war gerade zurückgekehrt, nachdem er AP ans Telephon begleitet hatte. »Jake«, sagte der Vizepräsident für Produktentwicklung zu seinem Kollegen, »diese Begegnungen mit der Presse sind auch nicht mehr, was sie mal waren.«

»Wenn Sie meinen, daß wir aggressiver sind und nicht mehr vor Ehrfurcht zusammenknicken«, sagte »The Wall Street Journal«, »dann liegt es daran, daß Reporter heutzutage darauf gedrillt werden, und unsere Chefredakteure verlangen von uns, daß wir hart und tief bohren. Es ist wie überall. Auch der Journalismus hat seinen New Look.« Und er fügte nachdenklich hinzu: »Manchmal ist auch mir dabei unbehaglich.«

»Kann ich von mir nicht sagen«, erklärte »Newsweek«, »und meine Frage hängt noch immer.« Sie wandte sich Adam zu. »Ich hatte sie Ihnen gestellt.«

Adam zögerte. *Quo vadis?* In anderer Form, aber im gleichen Sinn nahm er sich manchmal selbst ins Verhör. Aber wie weit sollte er die Ehrlichkeit treiben, wenn er jetzt antwortete?

Elroy Braithwaite nahm ihm die Entscheidung ab.

»Wenn's Ihnen recht ist, Adam«, warf der Silberfuchs ein, »dann möchte ich ganz gern darauf antworten. Ohne alle Ihre Prämissen zu akzeptieren, Monica, darf ich sagen, daß dieses Werk – als Vertreter unserer Industrie – sich schon immer der Verantwortung gegenüber der Gemeinschaft bewußt gewesen ist; mehr noch, es hat ein soziales Gewissen und hat das über viele Jahre hin auch bewiesen. Und was die Rechte des Konsumenten anbetrifft, so haben wir sie immer respektiert, lange bevor der Begriff selbst von denjenigen übernommen worden ist, die ...«

Die runden, satten Phrasen rollten beredt dahin. Als er ihnen zuhörte, war Adam froh, daß er nicht geantwortet hatte. Trotz seiner eigenen Hingabe an seine Arbeit hätte er sich in aller Ehrlichkeit gezwungen gefühlt, einige Zweifel offen zuzugeben.

Mit Erleichterung nahm er zur Kenntnis, daß die Sitzung so gut wie beendet war. Es juckte ihn, endlich in seinen eigenen Bereich zurückzukehren, wo der Orion ihn erwartete – wie eine zärtliche, aber anspruchsvolle Geliebte.

5

Im Zentrum für Design und Styling – knappe zwei Kilometer vom Verwaltungsgebäude entfernt, wo jetzt die Sitzung mit der Presse zu Ende ging – roch es wie üblich überall nach Modellierton. Alte Hasen, die in Design-Styling arbeiteten, behaupteten, daß sie den Geruch nach einer Weile gar nicht mehr wahrnähmen – eine milde, aber hartnäckige Mischung aus Schwefel und Glyzerin, ausgehend von den Dutzenden streng bewachter Studios rings um den kreisrunden inneren Kern des Zentrums. In den Studios nahmen die Modelle potentieller neuer Autos langsam Form und Gestalt an.

Besucher aber rümpften die Nase, wenn sie diesen Geruch zum ersten Mal wahrnahmen. Nicht, daß viele Besucher dicht an die Geruchsquelle herankamen. Die meisten kamen nur bis in die äußere Empfangshalle oder in eins der sechs dahinter gelegenen Büros, und selbst da mußten sie sich bei den Wächtern an- und abmelden, selbst hier ließ man sie keinen Augenblick allein, und man gab ihnen Abzeichen mit einem Farbcode, der genau die Gebiete bezeichnete – und gewöhnlich scharf eingrenzte –, durch die sie geführt werden durften.

Es ist gelegentlich vorgekommen, daß Verteidigungs- und Kernwaffengeheimnisse weniger sorgsam gehütet worden sind als Konstruktionsdetails zukünftiger Automodelle.

Selbst die Werks-Designer konnten sich nicht ungehindert überall frei bewegen. Die jüngeren, oder wer neu war, durften ein Studio betreten, vielleicht auch zwei. Erst nach mehreren Dienstjahren wuchs ihre Bewegungsfreiheit. Diese Vorschriften hatten ihren Sinn. Designer wurden manchmal von einem anderen Werk abgeworben, und da jedes Studio seine eigenen Geheimnisse barg, konnte jemand, der ging, um so weniger Geheimnisse mitnehmen, je weniger Studios er betreten hatte. Im übrigen erfuhr ein Designer über die Arbeit an einem neuen Modell nur so viel, wie er für seine eigene Arbeit unbedingt wissen mußte – nach gutem alten militärischen Geheimhaltungsgrundsatz. Je älter aber die Designer im Dienst des Werkes wurden, je fester man sie finanziell durch Anteiloptionen und Pensionsansprüche an die Firma gebunden hatte, um so freier konnten sie sich bewegen. Sie bekamen ein besonderes Abzeichen – das wie ein militärischer Orden getragen wurde –, und es öffneten sich ihnen die meisten Türen, die meisten Wächter ließen sie passieren. Dennoch funktionierte auch dieses System nicht immer. Es kam vor, daß ein Spitzendesigner mit vielen Dienstjahren auf dem Buckel plötzlich zur Konkurrenz ging, weil ihm finanzielle Bedingungen geboten wurden, die so phantastisch waren, daß sie alle anderen Erwägungen verdrängten. Wenn so ein Mann ging, dann ging mit ihm die genaue Kenntnis der Planung auf Jahre hinaus. Es gab Designer in der Automobilindustrie, die schon einmal für alle großen Autowerke gearbeitet hatten, und das, obwohl Ford und General Motors die ungeschriebene Vereinbarung getroffen hatten, einander die Designer nicht durch Stellenangebote wegzulocken – jedenfalls nicht direkt von sich aus an sie heranzutreten. Chrysler hatte da weniger Hemmungen.

Nur wenige – Design-Direktoren und Studioleiter – durften sich überall im Zentrum Design-Styling frei bewegen. Zu diesen wenigen gehörte Brett DeLosanto. An diesem Morgen schlenderte er gemächlich über einen freundlichen, von gläsernen Wänden umschlossenen Hof, der zum Studio X führte. Es war im Augenblick das Studio, das sich zu anderen im Gebäude ungefähr so verhielt wie die Sixtinische Kapelle zum Hauptschiff des Petersdoms.

Ein Wächter legte die Zeitung hin, als Brett näherkam.

»Guten Morgen, Mr. DeLosanto.« Der Mann musterte den jungen Designer von oben bis unten. Dann pfiff er leise durch die Zähne und sagte: »Mensch, ich brauch 'ne dunkle Brille.«

Brett DeLosanto lachte. Mit seinem langen, allerdings sorgfältig frisierten Haar, seinen tief hinabreichenden Koteletten und dem präzise getrimmten Van-Dyck-Bart war er auch sonst kein Musterbeispiel für schlichte Unauffälligkeit. Aber heute hatte er die Wirkung noch gesteigert. Er trug ein rosa Hemd mit malvenfarbener Krawatte, Hosen und Schuhe in der Farbe der Krawatte und zu diesem Ensemble eine weiße Kaschmirjacke.

»Na, gefällt Ihnen der Aufzug?«

Der Wächter dachte nach. Früher war er Unteroffizier in der Armee gewesen. Jetzt hatte er graues Haar, graue Bartstoppeln und war mehr als doppelt so alt wie Brett. »Ich glaube, Sir, man könnte sagen: Es ist mal was anderes.«

»Al, der einzige Unterschied zwischen uns ist nur, daß ich meine Uniform selbst entwerfe.« Brett nickte zur Studiotür hinüber. »Heute viel los?«

»Die üblichen Leute sind da, Mr. DeLosanto. Und was da drinnen los ist, da kann ich nur sagen, was man mir gesagt hat, als ich hier angefangen habe: Rücken zur Tür, Augen geradeaus.«

»Aber Sie wissen doch, daß der Orion da drin ist. Den müssen Sie doch schon mal gesehen haben.«

»Jawohl, Sir. Als die hohen Tiere alle hier waren zum großen Genehmigungstag. Da haben sie ihn in den Ausstellungsraum geschoben.«

»Was halten Sie davon?«

Der Wächter lächelte. »Ich werde Ihnen sagen, was ich denke. Mr. DeLosanto, ich denke, daß Sie und der Orion 'ne Menge Ähnlichkeit haben.«

Als Brett das Studio betrat und die äußere Tür fest hinter ihm ins Schloß fiel, dachte er: Wenn das stimmt, dann ist es jedenfalls keine Überraschung.

Ein ganz erhebliches Stück seines Lebens und seines schöpferischen Talents steckten in dem Orion. Manchmal fragte er sich, ob es nicht zuviel war. Er mochte nicht daran denken, wie viele Hunderte von Malen er durch diese Studiotür gegangen war, wie viele Tage voller Hetze und lange, endlos lange Nächte der Erschöpfung vergangen waren, während der Orion vom Embryo zum fertigen Auto gedieh.

Er war von Anfang an dabei gewesen.

Noch bevor die eigentliche Arbeit im Studio begonnen hatte, waren er und die anderen vom Design mit allen möglichen Studien und Untersuchungen vertraut gemacht worden

– Marktforschung, Bevölkerungswachstum, Volkswirtschaft, Veränderungen in der Gesellschaftsstruktur, Altersgruppen, Ansprüche, Modetendenzen. Ein Kostenziel wurde festgesetzt. Dann kam die erste Konzeption eines vollständig neuen Automobils. In den Monaten, die dann folgten, wurden in einer Konferenz nach der anderen zusammen mit Produktplanern, Designern und Ingenieuren die Konstruktionskriterien ausgearbeitet. Danach und in enger Zusammenarbeit entwarfen die Ingenieure ein Triebwerks- und Energiepaket, während die Designer – zu denen Brett gehörte – herumkritzelten, dann entschiedener wurden, so daß Linien und Konturen des Wagens sich herausbildeten. Und während das vor sich ging, tauchten Hoffnungen auf und verschwanden wieder, erwiesen Pläne sich als richtig, als grundfalsch, dann wieder als goldrichtig; Zweifel ergaben sich, wurden entkräftet, lebten wieder auf. Im ganzen Werk waren Hunderte an diesem Projekt beteiligt, geführt von einer Spitzengruppe, die aus sechs Mann bestand.

Es kam zu endlosen Design-Änderungen, einige wurden von der Logik diktiert, andere beruhten nur auf Intuition. Noch später begannen die Tests. Am Ende dann – und wieder viel zu früh, wie es Brett erschien – erteilte das Management die Produktionsgenehmigung, und damit zog die Herstellungsabteilung ein. Die Produktionsplanung war jetzt weit fortgeschritten, und nun würde in weniger als einem Jahr der allerkritischste Test für den Orion kommen: Die öffentliche Zustimmung oder Ablehnung. Kein einzelner Mensch konnte je ganz allein verantwortlich sein für ein ganzes Auto. Aber in dieser ganzen Zeit des Entstehens hatte Brett DeLosanto in stärkerem Maße als die anderen Mitglieder des Design-Teams seine eigenen Gedanken eingepflanzt, sein künstlerisches Flair und alle seine Arbeitskraft. Brett, und mit ihm Adam Trenton.

Wegen Adam Trenton war Brett an diesem Morgen hier, und zwar viel früher als an normalen Arbeitstagen. Die beiden wollten gemeinsam zum Testgelände des Werkes gehen, aber Adam hatte gerade ausrichten lassen, daß er sich verspäten würde. Brett, der in seinen Arbeitsgewohnheiten weniger diszipliniert war als Adam und der gern lange schlief, ärgerte sich, weil er ohne Not so früh aufgestanden war. Dann entschloß er sich aber doch, ein bißchen mit dem Orion allein zu bleiben. Er öffnete eine Innentür und betrat das Hauptstudio.

In hell beleuchteten Arbeitszonen war die Design-Entwicklung an mehreren Tonmodellen verschiedener Orion-Ausführungen im Gange – eine Sportausführung, die in drei Jahren herauskommen sollte, eine Kombi-Ausführung und verschiedene andere Variationen des Orion-Originals, die in den nächsten Jahren irgendwann einmal gebaut werden würden – oder auch nicht.

Der Original-Orion – der Wagen, der schon in einem Jahr öffentlich vorgestellt werden sollte – stand am fernen Ende des Studios auf weichem grauen Teppichboden unter Punktscheinwerfern. Das Modell war in *bleu céleste* ausgeführt. Brett ging hinüber, und ein erregendes Gefühl packte ihn. Das hatte er vorher gewußt, und deshalb war er gekommen.

Der Wagen war klein, kompakt, mager, schlank in den Linien. Er hatte das, was die Verkaufsplaner schon jetzt den »gewickelten Tubus-Look« nannten, ganz deutlich erkennbar der Einfluß der Raketenform; der Wagen wirkte funktionell, hatte aber Elan und Stil. Mehrere Eigenschaften der Karosserie waren revolutionär. Zum ersten Mal gab es hier einen Wagen, der oberhalb der Gürtellinie Rundum-Sicht hatte. Seit Jahrzehnten redeten die Autohersteller vom »Bubble Top«, von der durchsichtigen Dachkuppel. Schüchtern hatten sie damit experimentiert; jetzt hatte der Orion den gleichen Effekt erzielt, aber ohne Einbuße an struktureller Sicherheit. Vertikale, druck- und reißfeste Stahlbänder – von den Designern A- und C-Pfeiler genannt – durchzogen fast unsichtbar die klare Glaskuppel und kreuzten einander oben ganz unauffällig. Das Resultat war ein »Treibhaus« (Designer-Jargon für das Oberteil jeder Karosserie) von viel größerer Festigkeit als bei konventionellen Autos. Den Beweis hatte eine Reihe härtester Zertrümmerungs- und Überrollversuche erbracht. In sanftem Neigungswinkel ging die Vertikale ins Dach über, so daß im

Wageninneren reichlich Kopfraum blieb. Die gleiche in einem so kleinen Wagen überraschende Geräumigkeit setzte sich unter der Gürtellinie fort, wo es in puncto Konstruktion kühn und fortschrittlich, aber nicht exotisch zuging, so daß sich der Orion unter jedem Gesichtswinkel zu einem angenehm anzuschauenden Ganzen zusammenfügte.

Brett wußte, daß die technischen Neuerungen unter dieser Haut dem Aussehen entsprechen würden. Wichtig war vor allem die elektronische Benzineinspritzung, die den konventionellen Vergaser ersetzen würde, dieses anachronistische Überbleibsel primitiver Motoren und längst reif, auf ewig abgeschafft zu werden. Die Steuerung der Benzineinspritzung war eine der vielen Funktionen des schuhkartongroßen Orion-Bordcomputers.

Das Modell im Studio X jedoch enthielt nichts Mechanisches. Es war nur eine hohle Schale, hergestellt aus Glasfaser nach der ursprünglichen Tonskulptur. Dabei war es selbst bei ganz genauem Hinsehen nicht leicht zu erkennen, daß dieses von Scheinwerfern bestrahlte Auto nicht echt sein sollte. Man hatte dieses Modell zum Vergleich mit anderen, später hinzukommenden Modellen hiergelassen, aber auch für die Manager des Werkes, damit sie herkommen und das Modell besuchen, noch einmal prüfen, sich neue Sorgen darüber machen und schließlich ihren Glauben an dieses Auto wieder auffrischen konnten.

Dieser Glaube war wichtig. Eine gigantische Masse von Aktionärsgeld sowie die Karrieren und der professionelle Ruf aller Beteiligten, vom Aufsichtsratsvorsitzenden angefangen, rollte auf den Rädern des Orion. Der Aufsichtsrat hatte bis jetzt schon Ausgaben in Höhe von hundert Millionen Dollar für Entwicklung und Produktion genehmigt, und wahrscheinlich würde man noch weitere Millionen ansetzen müssen, bevor der Wagen auf den Markt kommen konnte.

Irgend jemand hatte mal zu Brett gesagt, Detroit sei »eine größere Glücksspielstadt als Las Vegas, mit viel höheren Einsätzen«. Dieser Gedanke führte ihn wieder zu praktischen Dingen zurück, zum Beispiel zu der Tatsache, daß er noch nicht gefrühstückt hatte.

Im Speisezimmer der Design-Direktoren saßen schon etliche Leute beim Frühstück, als Brett DeLosanto hereinkam. Bezeichnenderweise gab Brett keiner Kellnerin seine Bestellung, sondern er wanderte in die Küche, riß dort Witze mit den Köchen und terrorisierte sie dann so lange, bis sie ihm Eggs Benedict machten, was nie auf der Standard-Speisekarte stand. Er verließ die Küche wieder und ging zu seinen Kollegen an den großen runden Tisch.

Zwei Gäste saßen an dem Tisch – Studenten vom Los Angeles Center College of Design. Brett DeLosanto selbst hatte dort vor noch nicht ganz fünf Jahren sein Examen gemacht. Einer der beiden war ein nachdenklicher junger Mann, der jetzt mit einem Fingernagel Kurven auf das Tischtuch malte, der andere Gast war ein helläugiges, neunzehnjähriges Mädchen.

Brett schaute sich um, als wolle er sich vergewissern, daß man ihm auch zuhörte, und nahm dann eine Unterhaltung mit den Studenten wieder auf, die schon gestern begonnen hatte.

»Wenn Sie hier anfangen zu arbeiten«, sagte er, »dann müssen Sie sich Filter ins Gehirn einsetzen, damit die Urweltideen draußen bleiben, die manche von den alten Knakkern Ihnen auftischen werden.«

»Bretts Vorstellung von einem alten Knacker«, sagte ein Designer Anfang der Dreißiger, der gegenüber am Tisch saß, »ist jeder, der schon wählen durfte, als Nixon Präsident wurde.«

»Der ältere Herr, der soeben gesprochen hat«, unterrichtete Brett die Studenten, »ist unser Mr. Robertson. Er entwirft schöne Familienwagen, die noch viel besser wären, wenn sie vorn eine Deichsel und ein Pferd hätten. Übrigens quittiert er sein Gehalt mit einem Gänsekiel, und er wartet hier eigentlich nur noch auf die Pensionierung.«

»Was wir alle an dem jungen DeLosanto so lieben und schätzen«, warf ein Designer ein, dessen Schläfen schon zu ergrauen begannen, »ist sein rührender Respekt vor dem Alter und der Erfahrung.« Der Designer, Dave Heberstein, der das Studio für Farbe und Innenausstattung leitete, betrachtete Bretts sorgsam gepflegtes, aber ein wenig grelles

Äußeres. »Übrigens, wo ist eigentlich heute abend der Maskenball?«

»Wenn Sie mein Äußeres gründlicher studieren und es dann für Ihr Inneres auswerten würden«, erwiderte Brett, »dann würden Sie einen Ansturm der Käufer auslösen.«

Ein anderer fragte: »Auf die Autos unserer Konkurrenz?«

»Nur dann, wenn ich zur Konkurrenz ginge.«

Brett grinste. Seit er als Neuling eingetreten war, hatte er sich mit den meisten anderen in den Design-Studios kräftig gekabbelt, und denen schien das noch immer Spaß zu machen. Jedenfalls hatte es sich nicht ungünstig auf Bretts Karriere als Auto-Designer ausgewirkt. Sein Aufstieg war phänomenal gewesen. Er war jetzt sechsundzwanzig und ranggleich mit allen, abgesehen von ein paar dienstalten Studiochefs.

Noch vor ein paar Jahren wäre es undenkbar gewesen, daß jemand, der aussah wie Brett DeLosanto, auch nur die Wache am Haupteingang hätte passieren können, geschweige denn die Erlaubnis erhalten hätte, in der sorgsam geregelten Hack- und Pickordnung eines Design-Studios zu arbeiten. Aber die Vorstellungen hatten sich geändert. Heutzutage sah das Management ein, daß Autos der Avantgarde eher von Designern entworfen werden, die Phantasie hatten und das Temperament, mit Moden zu experimentieren – auch in ihrem eigenen Äußeren. Von Designern im Styling erwartete man, daß sie schwer arbeiteten und etwas produzierten, gleichzeitig aber ließ man den höheren Chargen wie Brett weitgehend die Freiheit, selbst ihre Arbeitszeiten festzulegen. Oft genug erschien Brett DeLosanto spät, bummelte herum und verschwand manchmal ganz, arbeitete aber dann lange einsame Stunden in der Nacht. Weil er Außergewöhnliches leistete und weil er an den Konferenzen teilnahm, sofern er ausdrücklich dazu aufgefordert wurde, sagte niemand etwas.

Er wandte sich wieder an die Studenten. »Was die Uralten zu Ihnen sagen werden, auch einige von denen, die jetzt hier am Tisch sitzen und Spiegeleier essen . . . Ah, vielen Dank!« Brett machte eine Pause, während eine Kellnerin ihm seine

Eggs Benedict servierte. Dann fuhr er fort: »Also, die werden Ihnen erzählen, daß es jetzt keine grundlegenden Änderungen im Automobil-Design mehr geben könne. Von nun an, sagen sie, werden wir nur noch organischen Übergang und geordnete Weiterentwicklung haben. Das haben die Gaswerke auch gedacht, und dann erfand Edison am nächsten Morgen die Glühbirne. Ich aber sage Ihnen, es werden geradezu märchenhafte Design-Änderungen kommen. Ein Hauptgrund: Wir werden schon bald phantastische neue Materialien bekommen, mit denen wir arbeiten können; aber das haben die Leute noch nicht gemerkt, weil es auf diesem Gebiet keine kleinen Blitzlämpchen gibt, die an- und ausgehen und darauf aufmerksam machen.«

»Aber Sie passen ja auf, Brett«, sagte ein anderer. »Na wie gut, da können wir andern ja weiterschlafen.«

»Ja, das stimmt«, sagte Brett DeLosanto und spießte einen Riesenbrocken Eggs Benedict auf die Gabel. »Ihr braucht Euch alle nicht aufzuregen. Ich bin ja da und wache, damit Ihr Euren Job nicht verliert.« Er aß mit ungeheurem Appetit.

Die helläugige Studentin sagte: »Stimmt es, daß die meisten neuen Designs von nun an weitgehend funktionell sein werden?«

Mit vollem Mund antwortete Brett: »Sie können funktionell und trotzdem phantastisch sein.«

»Sie werden funktionell sein wie ein Ballonreifen, wenn Sie noch viel von dem Zeugs essen.« Heberstein, der Farben- und Innenchef, musterte Bretts üppige Mahlzeit mit unverhohlenem Horror und sagte dann zu den Studenten: »Fast jedes gute Design ist funktionell. Das war immer so. Die Ausnahmen sind Formen der reinen Kunst, die keinen anderen Zweck haben, als schön zu sein. Ist Design nicht funktionell, dann wird es entweder schlechtes Design, oder es kommt dem sehr nahe. In der victorianischen Zeit machte man das Design schwerfällig und unfunktionell, und darum war es meistens auch entsetzlich. Aber wir machen in unserem Geschäft manchmal das gleiche, zum Beispiel dann, wenn wir den Autos enorme Schwanzflossen aufkleben oder mit Chrom um uns werfen oder eine Kühlergrillschnauze bauen, die einen das Gruseln lehrt. Zum Glück lernen wir und tun so was nicht mehr so oft.«

Der nachdenkliche junge Student hörte auf, Muster auf das Tischtuch zu malen. »Der Volkswagen ist funktionell – ganz und gar. Aber schön kann man ihn doch wirklich nicht nennen.«

Brett DeLosanto fuchtelte mit der Gabel umher und schluckte hastig, bevor ein anderer etwas sagen konnte. »Da, mein Freund, werden Sie und die übrige gutgläubige Welt getäuscht. Der Volkswagen ist ein falscher Fuffziger, eine gigantische Augenwischerei.«

»Der Volkswagen ist ein gutes Auto«, sagte die junge Studentin. »Ich habe selbst einen.«

»Natürlich ist er ein gutes Auto«, sagte Brett und aß rasch noch ein paar Bissen, während die beiden jungen angehenden Designer ihn neugierig musterten. »Wenn die ganz großen klassischen Autos dieses Jahrhunderts aufgezählt werden, dann wird der Volkswagen dabei sein, zusammen mit dem Pierce-Arrow, dem Ford Model T, dem 1929er Chevrolet 6, dem Packard vor den vierziger Jahren, dem Rolls-Royce bis in die sechziger Jahre, dem Lincoln, Chrysler Airflow und den Cadillacs der dreißiger Jahre, dem Mustang, Pontiac GTO, den Thunderbird-Zweisitzern und ein paar anderen. Aber der Volkswagen ist dennoch ein falscher Fuffziger, weil eine Verkaufskampagne den Leuten suggeriert hat, er sei ein häßliches Auto, was er nicht ist, denn sonst hätte er sich nicht halb so lange gehalten. In Wirklichkeit hat der Volkswagen Form, Balance, symmetrischen Sinn und Verstand und einen Hauch von Genie; wäre er eine Bronzeskulptur und kein Auto, dann könnte man ihn neben einem Henry Moore aufstellen. Aber man hat den Menschen eingebleut, er sei häßlich; alle haben das geschluckt, und Sie auch. Aber es ist ja so, daß alle Autobesitzer sich gern täuschen lassen.«

Irgend jemand sagte: »Das ist meine große Chance.«

Stühle wurden zurückgeschoben. Die meisten anderen schlenderten in ihre Studios zurück. Der Chef für Farben und Innenausstattung blieb neben den Stühlen der beiden Studenten stehen. »Wenn Sie Juniors Ausstoß gut filtern –

er selbst hat das ja empfohlen –, dann wäre es gar nicht ausgeschlossen, daß Sie vielleicht eine Perle finden oder auch zwei.«

»Wenn ich ganz fertig bin« – Brett brachte einen Klecks Ei und Kaffee mit einer Serviette unter Kontrolle –, »haben die beiden genug, um daraus Perlenmarmelade machen zu können.«

»Tut mir leid, aber ich muß weiter.« Freundlich nickte Heberstein von der Tür herüber. »Kommen Sie doch später mal vorbei, Brett. Wir haben da einen neuen Materialbericht, der Sie bestimmt interessieren wird.«

»Geht es immer so zu?« Der junge Mann, der wieder angefangen hatte, mit dem Finger Parabeln aufs Tischtuch zu zeichnen, musterte Brett neugierig.

»Hier in diesem Raum meistens, ja. Aber der Jux soll Sie nicht irreführen. Dabei kommt 'ne ganze Menge guter Ideen in Schwung.«

Das stimmte. Das Management sah es gerne und förderte es, wenn Designer und andere mit schöpferischer Funktion gemeinsam in Räumen aßen, die für sie reserviert waren; Privilegien dieser Art wurden in der Autoindustrie mit steigendem Rang immer angenehmer und immer exklusiver. Auf allen Ebenen aber drehte sich das Tischgespräch doch immer wieder um die Arbeit. Da schärften sich die Geister aneinander, und manchmal begann die Genesis brillanter Ideen über einem Teller Suppe oder einer Schale Pudding. Die Speiseräume für höhere Angestellte schlossen regelmäßig mit einem Defizit ab. Aber die Geschäftsleitungen trugen diese Defizite mit Vergnügen. Sie sahen sie als Kapitalanlage an, die gute Zinsen abwarf.

»Warum haben Sie gesagt, daß Autobesitzer sich selbst täuschen?« fragte das Mädchen.

»Wir wissen es. Das liegt in der Natur des Menschen, und man muß das einfach in Rechnung stellen.« Brett schob sich vom Tisch weg und kippte seinen Stuhl leicht nach hinten. »Die meisten Normalverbraucher draußen im Land sind geradezu verliebt in einen schnittigen Wagen. Aber sie bilden sich auch gern ein, vernunftbegabte Bürger zu sein. Was passiert also? Sie machen sich selber etwas vor. Es gibt nicht viele Normalverbraucher, die ihre wahre Motivation zugeben würden, nicht einmal im stillen vor sich selbst, wenn sie ihren nächsten Torpedo kaufen.«

»Woher wissen Sie das so genau?«

»Ganz einfach. Wenn Joe Normalverbraucher nichts weiter will als ein zuverlässiges Verkehrsmittel – und das behaupten viele dieser Joes –, dann braucht er ja nur die billigste und einfachste Standardausführung der Modellreihen Chev, Ford oder Plymouth zu kaufen. Die meisten aber wollen mehr – sie wollen einen besseren Wagen, weil er ihnen das Innenleben anheizt wie ein sexy aussehendes Kind am Arm oder ein tolles Haus mit allen Schikanen. Es ist auch gar nichts Schlimmes dabei. Aber Joe und seine Freunde haben doch irgendwie ein schlechtes Gewissen, wenn sie sich das gönnen. Und aus diesem Grunde *machen sie sich etwas vor.*«

»Die Verbraucherforschung also . . .«

»Ist fauler Zauber! Okay, wir schicken so eine Tante mit Notizblock los, und die fragt irgendeinen Kerl, der gerade die Straße entlangkommt, was er sich von seinem neuen Wagen wünscht. Der will ihr gleich imponieren und zählt auf, was hübsch vernünftig und kotzlangweilig ist – Zuverlässigkeit, Wirtschaftlichkeit, Sicherheit, hoher Wiederverkaufswert. Ist es eine schriftliche Umfrage ohne seine Unterschrift, dann sagt er das, um sich selbst zu imponieren. Ganz unten kreuzt er dann vielleicht noch gutes Aussehen an, wenn er das überhaupt erwähnt. Aber wenn's dann ans Kaufen geht und derselbe Mann steht im Ausstellungsraum, dann steht gutes Aussehen plötzlich ganz oben an der Spitze, ob er's zugibt oder nicht.«

Brett stand auf und reckte sich. »Sie werden bestimmt noch auf jemanden stoßen, der Ihnen erzählen will, die Liebesaffäre der Verbraucher mit Autos sei vorbei. Quatsch! Es wird uns alle hier noch 'ne ganze Weile geben, Kinder, weil der alte Joe Normalverbraucher mit allen seinen Kinken des Designers liebster Freund ist und bleibt.«

Er sah auf die Uhr; es war immer noch eine halbe Stunde, bevor er Adam Trenton auf dem Weg zum Erprobungsgelände treffen würde. Er hatte also noch Zeit, bei Farbe und Innenausstattung vorbeizuschauen.

Als sie den Speiseraum verließen, fragte Brett die Studenten: »Welchen Eindruck haben Sie denn so von all dem hier?«

Seine Neugier war ehrlich. Was die beiden Studenten jetzt taten, das hatte auch Brett vor noch nicht allzu langer Zeit gemacht. Die Autowerke luden regelmäßig Studenten von den Design-Schulen ein und behandelten sie wie ganz große Prominenz. Die Studenten bekamen dabei einen Vorgeschmack von der Aura, in der sie später vielleicht selbst einmal arbeiten würden. Die Autohersteller machten den Studenten auch an ihren Schulen selbst den Hof. Delegationen der Großen Drei besuchten mehrere Male im Jahr Design-Colleges und wetteiferten ganz offen miteinander um die Gunst der Besten unter den Studenten, die bald ihr Schlußexamen ablegen würden. Ähnliches trieben die anderen Bereiche der Automobilindustrie – Technik, Forschung, Verwaltung, Verkauf, Recht –, so daß die Automobilwerke mit ihren üppigen Gehaltstarifen und Sozialleistungen, mit ihren garantierten Beförderungen einen hohen Prozentsatz der Begabtesten absahnten. Einige Leute, darunter auch nachdenkliche Männer in der Industrie selbst, hielten dieses Verfahren für unfair. Sie waren der Meinung, daß die Autohersteller einen zu großen Teil der besten Köpfe für sich einfingen, was der Gemeinschaft im allgemeinen abträglich sein müsse, denn sie brauche dringend mehr Leute, die denken können, um unaufschiebbare, überaus komplizierte menschliche Probleme zu lösen. Aber das änderte nichts daran, daß keine andere Behörde, kein anderer Industriezweig einen vergleichbar großen und konstanten Strom von Spitzenkönnern für sich rekrutierte. Brett DeLosanto war einer davon.

»Es ist aufregend«, sagte das helläugige Mädchen auf Bretts Frage. »Man hat das Gefühl, bei einer Schöpfung dabei zu sein; es hat was Echtes. Natürlich auch ein bißchen zum Fürchten. Wenn man all die andern sieht, mit denen man konkurrieren soll, und man weiß ja, wie gut die sein müssen. Aber wer sich hier behauptet, der hat es wirklich geschafft.«

Die Kleine hat die richtige Einstellung, dachte Brett.

Jetzt brauchte sie nur noch Talent und dazu einen Schuß Extra-Energie, damit sie auch noch das Vorurteil der Industrie gegen Frauen überwand, die mehr sein wollten als Sekretärin.

Er fragte den jungen Mann: »Und Sie?«

Der nachdenkliche junge Mann schüttelte unschlüssig den Kopf. »Ich bin mir nicht sicher. Okay, alles ist große Klasse hier, überall wird aus dem vollen geschöpft, und es wird wirklich gearbeitet. Aufregend, das mag schon sein« – er nickte dem Mädchen zu –, »wie sie sagt. Aber ich frage mich doch: Ist das eigentlich all der Mühe wert? Vielleicht bin ich ja verrückt, und ich weiß, daß es jetzt ein bißchen zu spät ist; ich meine, nachdem ich den Design-Kursus hinter mir habe, oder doch zum größten Teil. Aber man muß sich doch fragen: Kann ein Künstler das ernst nehmen? Will man dafür sein Bestes geben, ein Leben lang?«

»Wer hier arbeiten will, muß Autos lieben«, sagte Brett. »Es muß einem so viel an ihnen liegen, daß sie zum Wichtigsten werden, was es überhaupt gibt. Man atmet Autos, ißt Autos, schläft Autos, denkt manchmal mitten bei der Liebe an Autos. Man wacht nachts auf, und woran denkt man? An Autos – Autos, die man entwirft, andere, die man entwerfen möchte. Wie Religion ist das.« Und er fügte kurz hinzu: »Wem das zu weit geht, der gehört hier nicht her.«

»Ich liebe Autos«, sagte der junge Mann. »Das war immer so, solange ich zurückdenken kann, ganz so, wie Sie das eben beschrieben haben. Erst in letzter Zeit . . .« Er sprach den Satz nicht zu Ende, als scheue er sich, zum zweiten Mal Ketzerisches auszusprechen.

Brett sagte nichts dazu. Meinungen und Wertungen dieser Art waren individuell, Entscheidungen deshalb ganz persönliche Angelegenheiten. Hilfe durch andere ist nicht möglich, denn am Ende hängt doch alles von den eigenen Ideen, Wertvorstellungen und manchmal auch vom Gewissen ab.

Außerdem gab es noch einen Umstand, den Brett auf gar keinen Fall mit diesen beiden erörtern wollte: In letzter Zeit war er selbst Opfer von Fragen und Zweifeln geworden.

Beim Chef für Farbe und Innenausstattung stand im Büro

gleich neben dem Eingang ein Skelett. Es diente anatomischen Studien, die angestellt wurden, um bessere Autositze konstruieren zu lassen. Das Skelett hing ein paar Zentimeter über dem Boden. Gehalten wurde es von einer Kette, die an einer Metallplatte im Schädel befestigt war. Brett DeLosanto schüttelte dem Skelett die Hand, als er hereinkam. »Guten Morgen, Ralph.«

Dave Heberstein kam hinter seinem Schreibtisch hervor und nickte zum Hauptstudio hinüber. »Kommen Sie, gehen wir rüber.« Im Vorbeigehen tätschelte er das Skelett: »Ein loyales und nützliches Mitglied der Belegschaft, das nie mekkert, nie kritisiert, nie eine Gehaltserhöhung verlangt.«

Das Farbzentrum, das sie jetzt betraten, war ein gewaltiger, runder Kuppelraum, zum größten Teil aus Glas, damit das Tageslicht hereinfluten konnte. Die Kuppel verlieh dem Ganzen etwas Kathedralenhaftes, so daß mehrere abgesonderte Seitenräume – sie dienten der Betrachtung von Farb- und Stoffmustern unter genau kontrollierten Lichtbedingungen – sich wie Kapellen ausnahmen. Ein tiefer Teppichfußboden tötete jeden Laut. Überall im Raum waren in Vitrinen und auf Regalen weiche und harte Gegenstände der Auto-Innenausrüstung zur Schau gestellt. Außerdem gab es hier eine Farbenbibliothek, die sämtliche Farben des Spektrums und Tausende anderer enthielt.

Heberstein blieb an einem Schautisch stehen. Er sagte zu Brett DeLosanto: »Das wollte ich Ihnen zeigen.«

Unter Glas war ein halbes Dutzend Bezugsstoffproben ausgelegt, jede Probe versehen mit Weberei- und Kaufnummer. Ähnliche Proben lagen lose auf dem Glastisch. Sie hatten verschiedene Farben, trugen aber alle die Artbezeichnung »Metallische Weide«. Dave Heberstein nahm eine der Proben in die Hand. »Erinnern Sie sich noch an diese Stoffe?«

»Aber sicher.« Brett nickte. »Mir gefielen sie. Mir gefallen sie noch immer.«

»Mir gefielen sie auch. Ich habe sogar ihre Verwendung empfohlen.« Heberstein rieb den Stoff, der sich angenehm weich anfühlte, zwischen den Fingern. Ebenso wie alle anderen Stoffe, die hier zu sehen waren, hatte er Silberflecken in angenehmen Mustern. »Es ist Kräuselgarn mit einem metallischen Faden.«

Beide Männer wußten, daß der Stoff als Extra für die diesjährigen Spitzenmodelle des Werkes eingeführt worden war. Die Nachfrage war groß, und in anderen Farben sollte er auch auf Wunsch für den Orion geliefert werden. Brett fragte: »Was ist denn los damit?«

»Briefe«, sagte Heberstein. »Briefe von Käufern, die seit zwei, drei Wochen kommen.« Er zog einen Schlüsselring aus der Tasche und schloß ein Schubfach des Schautisches auf. Darin lag ein Hefter mit ungefähr zwei Dutzend photokopierten Briefen. »Lesen Sie mal ein paar.«

Die Briefe waren meistens von Frauen, oder Frauen hatten ihre Männer schreiben lassen. Auch ein paar Anwälte hatten im Namen von Klientinnen geschrieben. Das Thema war immer dasselbe. Die Frauen hatten sich mit ihrem Nerz ins Auto gesetzt. Als sie wieder ausstiegen, war in jedem einzelnen Fall ein Teil der Nerzhaare am Autositz haften geblieben. Die Mäntel hatten erheblichen Schaden genommen. Brett pfiff leise durch die Zähne.

»Die Verkaufsabteilung hat die Beschwerden mit dem Computer analysiert«, sagte Heberstein. »In jedem Falle waren die Sitze mit ›Metallischer Weide‹ bezogen. Ich habe gehört, daß immer neue Briefe kommen.«

»Sie haben doch bestimmt schon Tests gemacht.« Brett gab den Hefter mit den Briefen zurück. »Was hat sich herausgestellt?«

»Es hat sich herausgestellt, daß die ganze Angelegenheit ganz einfach ist; leider hat niemand vorher daran gedacht. Man setzt sich hin, der Stoff wird heruntergedrückt und öffnet sich. Das ist natürlich ganz normal, aber in diesem Fall öffnen sich auch die Metallfäden, was auch immer noch ganz in Ordnung ist; vorausgesetzt, man trägt keinen Nerzmantel. Trägt man aber einen Nerz, dann schieben sich einige der feinen Haare zwischen die Metallfäden. Steht man dann wieder auf und die Fäden schließen sich, halten sie die Nerzhaare fest und reißen sie aus dem Mantel. Einen Mantel für dreitausend Dollar kann man auf einer Fahrt um den Häuserblock ruinieren.«

Brett grinste. »Wenn sich das herumspricht, wird jede Frau im ganzen Land, die einen miesen alten Nerz hat, losrennen und mitfahren und dann vom Werk einen neuen Nerz verlangen.«

»Hier findet das keiner zum Lachen. Drüben in der Verwaltung haben sie Katastrophenalarm gegeben.«

»Der Stoff wird nicht mehr produziert?«

Heberstein nickte. »Von heute morgen an. Und wir haben einen neuen Test in unserer Sammlung. Dreimal dürfen Sie raten, wie er heißt: der Nerztest.«

»Was passiert aber mit all den vielen Bezügen, die schon verkauft sind?«

»Das weiß der Himmel. Und ich bin froh, daß ich mir wenigstens darüber nicht den Kopf zerbrechen muß. Ich habe gehört, daß die Sache bis zum Aufsichtsratsvorsitzenden gegangen ist. Ich weiß, daß die Rechtsabteilung in aller Stille alle Schadenersatzansprüche regelt, und zwar prompt, so wie sie hereinkommen. Man ist sich im klaren, daß ein paar Erschwindelte darunter sein mögen, aber man will lieber zahlen und alles mit dem Mäntelchen der Liebe zudecken.«

»Nerzmäntelchen?«

Brummig sagte der Studiochef: »Ersparen Sie mir Ihre blödsinnigen Witze. Die ganze Chose wird natürlich auf dem Dienstwege zu Ihnen gelangen, aber ich habe mir gedacht, es wäre schon besser, wenn Sie und ein paar andere möglichst bald davon erfahren; wegen des Orion.«

»Vielen Dank.« Brett nickte nachdenklich. Es stimmte schon. Man würde etliche Orion-Pläne ändern müssen, allerdings nicht in seinem eigenen Gebiet. Dankbar war er aus einem anderen Grund.

Schon in den allernächsten Tagen, das nahm er sich jetzt vor, mußte er entweder ein neues Auto haben oder neue Sitze in seinem jetzigen. Der Stoff »Metallische Weide« bedeckte die Polster seines Autos, und er wollte im nächsten Monat einen Nerz zum Geburtstag verschenken. Er hatte keine Lust zuzugucken, wie sein Geschenk ruiniert wurde. Denn der Nerz, der zweifellos auch in seinem Auto getragen werden würde, war für Barbara bestimmt.

Für Barbara Zaleski.

6

»Dad«, sagte Barbara. »Ich bleibe für ein, zwei Tage hier in New York. Ich wollte dir doch lieber Bescheid sagen.«

Durch das Telephon konnte sie im Hintergrund den Fabriklärm hören. Barbara hatte mehrere Minuten warten müssen, bis die Vermittlung Matt Zaleski im Werk aufgespürt hatte; jetzt hatte er den Anruf vermutlich irgendwo in der Nähe des Montagebandes angenommen.

Ihr Vater fragte: »Warum?«

»Warum was?«

»Warum mußt du über Nacht dableiben?«

Sie lachte. »Ach, das Übliche. Schwierigkeiten mit Kunden der Agentur. Konferenzen über die Werbung des nächsten Jahres; ich werde hier gebraucht.« Barbara faßte sich in Geduld. Eigentlich sollte ihr Vater keine Erklärungen mehr von ihr verlangen. Sie war schließlich kein kleines Kind, das um Erlaubnis bitten mußte, wenn es mal länger ausbleiben wollte. Wenn sie beschloß, eine Woche, einen Monat oder für immer in New York zu bleiben, dann war das ihre Sache, damit basta.

»Könntest du nicht abends nach Hause kommen und am Morgen wieder hinfliegen?«

»Nein, Dad. Könnte ich nicht.«

Barbara hoffte, daß es nicht wieder zu einer Auseinandersetzung kommen würde, in der sie darauf hinweisen mußte, daß sie neunundzwanzig Jahre alt sei, volljährig vor dem Gesetz, Herr ihrer eigenen Entschlüsse, daß sie bei zwei Präsidentenwahlen schon ihre Stimme hatte abgeben dürfen und daß sie einen verantwortungsvollen Beruf ausübte, und zwar gut. Der Beruf machte sie übrigens finanziell unabhängig, so daß sie sich jederzeit selbständig machen könnte; nur eben, sie wohnte bei ihrem Vater, weil sie wußte, daß er seit dem Tode ihrer Mutter einsam war. Sie wollte ihm nicht alles noch schwerer machen.

»Wann kommst du denn nach Hause?«

»Zum Wochenende bin ich bestimmt wieder da. Bis dahin wirst du schon ohne mich leben können. Und schone dein Geschwür. Wie geht's ihm übrigens?«

»Ich hab's ganz vergessen. Zuviel anderes im Kopf. Wir hatten heute morgen ein bißchen Ärger im Werk.«

Er klang abgespannt, dachte sie. Die Automobilindustrie war schon ziemlich anstrengend für alle, die mit ihr verbunden waren, sie selbst eingeschlossen. Gleichgültig, ob man in einem Werk, in einer Werbeagentur oder als Designer arbeitete, wie Brett: Die Ängste, der ewige Druck wirkten sich eben am Ende doch aus. Unter dem gleichen Zwang fiel Barbara Zaleski in diesem Augenblick ein, daß sie unbedingt das Gespräch beenden und in die Kundenkonferenz zurückkehren mußte. Vor ein paar Minuten war sie mal eben rasch hinausgegangen, wobei die Männer zweifellos annahmen, daß sie tat, was Frauen tun, wenn sie mal eben rasch hinausgehen – Nase pudern oder so was. Instinktiv strich Barbara sich mit der Hand über das Haar – es war kastanienbraun und üppig wie das Haar ihrer polnischen Mutter; es wuchs auch ärgerlicherweise sehr schnell, so daß sie in Frisiersalons mehr Zeit zubringen mußte, als ihr lieb war. Sie strich die Frisur zurecht; das mußte genügen. Ihre Finger berührten die dunkle Brille, die sie schon vor Stunden über die Stirn hoch ins Haar geschoben hatte. Dabei fiel ihr ein, daß sie vor kurzem gehört hatte, wie irgend jemand sich über dunkle Brillen im Haar als dem untrüglichen Kennzeichen aller Erfolgsfrauen lustig gemacht hatte. Naja, warum nicht? Sie ließ die Brille, wo sie war.

»Dad«, sagte Barbara, »ich habe nicht viel Zeit. Kannst du mir einen Gefallen tun?«

»Was denn?«

»Ruf Brett an. Sag ihm, ich könnte heute abend leider nicht kommen, täte mir leid, und wenn er will, könne er mich ja später anrufen. Ich bin dann im Drake Hotel.«

»Ich weiß nicht, ob ich . . .«

»Natürlich kannst du! Brett ist, wie du ganz genau weißt, im Design-Zentrum, du brauchst also nur den Hörer deines Hausapparats von der Gabel zu nehmen und die Nummer zu wählen. Ich verlange ja nicht von dir, daß du ihn magst;

ich weiß, daß du ihn nicht magst, und das hast du uns beiden ja oft genug deutlich zu verstehen gegeben. Ich bitte dich nur darum, ihm etwas auszurichten. Vielleicht brauchst du nicht mal mit ihm selbst zu sprechen.«

Es war ihr nicht gelungen zu verbergen, wie ungeduldig sie war; jetzt hatten sie also doch ihren Streit, einen neuen, nach all den anderen.

»Na gut«, brummte Matt. »Ich sag ihm Bescheid. Aber reg du dich nicht immer gleich so auf.«

»Du auch nicht. Wiedersehen, Dad. Paß auf dich auf. Also, bis zum Wochenende.«

Barbara bedankte sich bei der Sekretärin, deren Telephon sie benutzt hatte, und ließ sich von der Schreibtischkante gleiten. Sie hatte eine volle Figur und lange Glieder. Barbara wußte, daß die Männer ihre Figur bewunderten. Das war auch ein Erbe von ihrer Mutter, die bis wenige Monate vor ihrem Tode eine starke – wie manche sagten, typisch slawische – Sexualität ausgestrahlt hatte.

Barbara befand sich im einundzwanzigsten Stock des New Yorker Hauptsitzes der Osborne J. Lewis Company – für Eingeweihte: der OJL – an der Third Avenue. Es war eine der sechs größten Werbeagenturen der Welt. Sie hatte zweitausend Angestellte, die mehr oder minder alle in drei Wolkenkratzer-Stockwerken zusammengepfercht waren. Barbara hätte Detroit nicht von hier oben anzurufen brauchen. Sie hätte ebenso gut auch von einem Büro irgendwo in der drangvollen Enge des kreativen Kaninchenbaus anrufen können, der sich nur ein Stockwerk tiefer befand und wo man ein paar fensterlose, kleiderschrankgroße Büros für auswärtige Angestellte wie sie bereithielt, damit sie einen Schreibtisch vorfanden, wenn sie in New York zu tun hatten. Aber Barbara war lieber hier oben geblieben, wo an diesem Morgen die Konferenz stattfand. Dieser Stock war Kundenland. Hier hatten die Direktoren, die die einzelnen Kundenetats verwalteten, und die Chefs der Agentur ihre üppig eingerichteten, mit Teppichen ausgelegten Bürosuiten. Da hingen Cézannes, Wyeths oder Picassos an den Wänden, und da gab es eingebaute Bars – die je nach den bekannten und sorgfältig beachteten Vorlieben des jeweiligen Kunden entweder in Aktion traten oder behutsam getarnt wurden. Hier hatten selbst die Sekretärinnen bessere Arbeitsbedingungen als einige der besten kreativen Talente einen Stock tiefer. In mancher Beziehung, fand Barbara, glich die Agentur einer römischen Galeere, auch wenn die da unten ihre Dry Martinis vor dem Lunch hatten, abends nach Hause gehen und – sofern ihr Rang ausreichte – gelegentlich nach oben kommen durften.

Rasch ging sie einen Korridor entlang. In den weniger üppigen Detroiter OJL-Büros, in denen Barbara ihre meiste Zeit verbrachte, hätten ihre Absätze klick-klack gemacht. Hier aber erstickten tiefe Teppiche jeden Laut. Als sie an einer halb offenstehenden Tür vorbeikam, hörte sie eine Sängerin, die von einem Klavier begleitet wurde:

»*Wieder eine nimmt nun Brisk.*
Glücklich sagt sie: Brisk für mich!
Brisk für alle, Brisk für sie –
Brisk befriedigt nicht nur sie.«

Sicher saß ein Kunde da und traf nun seine Entscheidung über den Spruch – akzeptiert oder abgelehnt, und es ging um riesige Ausgaben –, eine Entscheidung, die auf seinem guten Riecher beruhte, auf seinen vorgefaßten Meinungen oder auch darauf, ob er sich gut fühlte oder ob das Frühstück ihm Sodbrennen hinterlassen hatte. Der Text war blödsinnig, aber vielleicht bevorzugte der Kunde das Banale, weil er – wie die meisten Kunden – alles Phantasievolle wie die Pest fürchtete. Aber die Musik ging ins Ohr; mit Chor und großem Orchester aufgenommen, konnte das zu einem rechten Ohrwurm werden. Wer weiß, vielleicht würde ein großer Teil der Nation in ein, zwei Monaten diese kleine Melodie von früh bis spät vor sich hin summen. Was mochte Brisk sein? Barbara hatte keine Ahnung. Ein Getränk? Ein neues Waschmittel? Möglich war beides; möglich war auch, daß es sich um einen viel exotischeren Artikel handelte. Die Agentur OJL hatte Hunderte von Kunden der verschiedensten Branchen, wenn auch der Automobiletat, für den Barbara arbeitete, zu den wichtigsten und lukrativsten gehörte. Die

Automänner ließen denn auch keine Gelegenheit ungenutzt, die Leute von der Agentur daran zu erinnern, daß die Automobilwerbung allein einen Jahresumsatz von mehr als hundert Millionen Dollar bedeutete.

Vor dem Konferenzraum 1 blinkte noch immer das rote Leuchtschild KONFERENZ – NICHT STÖREN. Kunden hatten so etwas gern. Es wirkte enorm wichtig.

Barbara trat leise ein und glitt an ihren Platz etwa in der Mitte des langen Konferenztisches. Sieben andere befanden sich außer ihr in dem würdigen, rosenholzgetäfelten Raum mit den Möbeln im Georgianischen Stil. Am Kopf des Tisches saß Keith Yates-Brown, ergraut und von weltgewandter Freundlichkeit, der Mann in der Geschäftsleitung der Agentur, dessen Lebensaufgabe es war, darauf zu achten, daß die Beziehungen zwischen dem Automobilwerk und der Agentur Osborne J. Lewis stets reibungslos waren. Rechts von Yates-Brown saß der Werbeleiter des Werkes aus Detroit, J. P. Underwood, dessen ständige Redensart es war: »Bitte nennen Sie mich schlicht J. P.« Er war ein jüngerer Mann, hatte erst vor kurzem seine Beförderung bekommen und fühlte sich noch nicht so recht zu Hause unter den Spitzenmanagern der Agentur. Underwood gegenüber saß der brillante Glatzkopf Teddy Osch, Kreativ-Direktor bei OJL, ein Mann, der Ideen ausspie wie ein Springbrunnen Wasser. Osch, der unerschütterlich und schulmeisterhaft war, hatte sehr viele seiner Kollegen überlebt; er war ein Veteran berühmter großer Werbekampagnen der Vergangenheit.

Die andern waren J. P. Underwoods Assistent, ebenfalls aus Detroit, zwei weitere Leute von der Agentur – der eine kreativ, der andere administrativ – und Barbara als einzige Frau, abgesehen von einer Sekretärin, die im Augenblick gerade Kaffee nachschenkte.

Diskussionsthema war der Orion. Seit gestern nachmittag prüften sie die bisher von der Agentur entwickelten Werbeideen. Die an der Konferenz teilnehmende OJL-Gruppe hatte sie abwechselnd den Kunden präsentiert – vertreten hier durch Underwood und seinen Assistenten.

»Eine Sequenz haben wir uns bis zum Schluß aufgehoben,

J. P.« Yates-Brown wandte sich direkt, wenn auch in zwanglosem Ton, an den Werbeleiter des Automobilwerks. »Wir dachten, daß Sie sie originell finden würden, vielleicht sogar interessant.« Wie immer gelang es Yates, eine nützliche Mischung von Autorität und Ehrerbietung herzustellen, obwohl jedermann in diesem Raum ganz genau wußte, daß ein Werbeleiter nur wenig eigene Entscheidungsvollmacht hatte und keineswegs im inneren Befehlssanktum eines Automobilwerkes saß.

Um eine Nuance zu brüsk sagte J. P. Underwood: »Zeigen Sie her.«

Einer der anderen Agenturleute stellte eine Kartenserie auf eine Staffelei. Auf jeder der großen Karten war ein Bogen Transparentpapier befestigt, und auf jedem Bogen war ein Layoutentwurf skizziert. Barbara wußte, daß in jedem einzelnen Layout Stunden und manchmal lange Nächte des Denkens und der Arbeit steckten.

Was hier gestern und heute passierte, war ganz normal für die Anfangsstadien eines Werbefeldzuges für ein neues Auto, und für diese Layoutbogen gab es sogar einen eigenen Namen; sie hießen »der Raschelhaufen«.

»Barbara«, sagte Yates-Brown, »wollen Sie dieses Mal den Reiseleiter spielen?«

Sie nickte.

»Unser Leitgedanke bei dieser Serie, J. P.« – Barbara wandte sich ebenfalls an Underwood, warf aber dessen Assistenten einen Blick zu – »ist es, den Orion so zu zeigen, wie er sich im alltäglichen Gebrauch ausnehmen wird. Wie Sie sehen, zeigt dieses erste Layout den Orion beim Verlassen einer Schnellwaschanlage.«

Alle Augen waren auf die Skizze gerichtet. Sie war phantasievoll angelegt und gut ausgeführt. Sie zeigte die Frontpartie des Wagens, wie sie aus dem Waschtunnel hervorkam. Der Vergleich, der sich aufdrängte: ein Schmetterling kommt aus der Puppe. Eine junge Frau wartete darauf, den Wagen besteigen und mit ihm abfahren zu können. Farbig photographiert, als Standphoto oder im Film, würde sich die Szene gut machen.

J. P. Underwood zeigte keinerlei Reaktion, er zuckte nicht

mit der Wimper. Barbara nickte und bat um den nächsten Bogen.

»Mancher von uns ist seit langem der Meinung, daß die Benutzung des Wagens durch die Frau in der Werbung nicht genügend hervorgehoben worden ist. Wir wissen alle, daß sich die Werbung zum größten Teil an den Mann wendet.«

Sie hätte hinzufügen können, tat es aber nicht, daß ihr eigener Auftrag seit zwei Jahren lautete, so energisch wie möglich für den weiblichen Standpunkt einzutreten. An manchen Tagen aber, wenn sie die männerorientierten Anzeigen las (im Fachjargon die »Muskeltexte« genannt), die unverändert weiter erschienen, hatte Barbara das deprimierende Gefühl, ganz und gar versagt zu haben.

Jetzt sagte sie: »Wir sind der Meinung, daß Frauen den Orion in erheblichem Ausmaß benutzen werden.«

Die Skizze zeigte den Parkplatz eines Supermarktes. Die Bildkomposition war glänzend – die Ladenfassade im Hintergrund, ein Orion prominent im Vordergrund, umgeben von anderen Autos. Eine Frau lud ihre Einkäufe auf den Rücksitz des Orion.

»Diese anderen Autos da«, sagte der Werbeleiter des Automobilwerkes. »Sollen das unsere Wagen sein oder Konkurrenzmodelle?«

Yates-Brown antwortete rasch: »Ich würde sagen unsere, J. P.«

»Es sollten aber auch *einige* Konkurrenzwagen da sein, J. P.«, sagte Barbara. »Sonst wäre die ganze Szene unrealistisch.«

»Mir gefällt all das Zeug da auf dem Rücksitz nicht.« Das sagte Underwoods Assistent. »Es sieht so unordentlich aus und lenkt ab. Man sieht ja den Wagen gar nicht mehr. Und wenn wir diesen Hintergrund tatsächlich nehmen, dann doch wohl nur mit Vaseline.«

Am liebsten hätte Barbara entmutigt aufgeseufzt. Beim Photographieren von Autos Vaseline rings um das Kamera-Objektiv zu schmieren, das war ein photographischer Trick, der inzwischen zu einem Klischee geworden war. Er bewirkte, daß der Hintergrund nebelhaft wirkte und der Wagen selbst in scharfen Umrissen hervortrat. Die Automobilwerke verlangten hartnäckig, diesen Trick weiter anzuwenden, während die meisten Werbeleute ihn für mindestens so veraltet wie den Twist hielten. Sanften Tones sagte Barbara: »Wir bemühen uns, die tatsächliche, alltägliche Benutzung des Wagens zu zeigen.«

»Aber dennoch«, warf Keith Yates-Brown ein, »es ist ein interessanter Punkt. Wir wollen ihn uns notieren.«

»Das nächste Layout«, sagte Barbara, »zeigt einen Orion im Regen – ein richtiger Wolkenbruch würde sich da gut machen, meinen wir. Am Steuer wieder eine Frau, die, sagen wir, vom Büro nach Hause fährt. Wir würden das nach Anbruch der Dunkelheit photographieren, um gute Reflexe von der regennassen Straße zu bekommen.«

»Wird schwierig sein, dabei keinen schmutzigen Wagen ins Bild zu bekommen«, meinte J. P. Underwood.

»Aber der ganze Witz an der Sache ist ja, ihn ein bißchen schmutzig zu zeigen«, sagte Barbara zu ihm. »Auch hier wieder – ein realistisches Bild. In Farbe wird sich das großartig machen.«

Der Assistent des Werbeleiters aus Detroit sagte leise: »Ich kann mir nicht vorstellen, daß die Bosse anbeißen.«

J. P. Underwood schwieg.

Es war noch ein Dutzend Layouts da. Barbara sprach über jedes einzelne, kurz, aber gewissenhaft. Sie wußte, wieviel hingebungsvolle Arbeit die jüngeren Leute in der Agentur hineingesteckt hatten. So ging es immer. Die kreativen großen alten Männer wie Teddy Osch hielten sich zurück und ließen – wie sie das nannten – »die Jungen sich austoben«, denn sie wußten aus Erfahrung, daß die ersten Arbeiten, und mochten sie noch so gut sein, immer abgelehnt wurden.

Und abgelehnt wurde jetzt. Underwoods ganze Art ließ keinen Zweifel daran, und jeder im Raum wußte das, so wie es gestern schon alle vor Beginn der Sitzung gewußt hatten. In ihrer ersten Zeit bei der Agentur hatte Barbara ganz naiv gefragt, warum das eigentlich immer so war. Warum wurde soviel Fleiß und Qualität – und oft genug war es hervorragende Qualität – einfach vergeudet?

Später waren ihr dann einige Lebenstatsachen aus der Welt der Autowerbung in aller Stille erklärt worden. Man stellte ihr die Frage: Nehmen wir mal an, das Werbeprogramm gelangt ganz schnell zur Reife, anstatt qualvoll langsam – viel langsamer als die Werbung für andere Produkte –, wie sollten dann wohl all die vielen Leute, die in Detroit damit befaßt waren, ihre Jobs rechtfertigen, die endlosen, sich über Monate hinziehenden Konferenzen, die fetten Spesenrechnungen, die vielen Dienstreisen nah und fern? Und wenn ein Automobilwerk sich aus eigenem freien Willen diese aufgeblähten Kosten auflud, dann war es doch wohl nicht Sache der Agentur, ihm davon abzuraten, geschweige denn einen kleinen Kreuzzug dagegen zu veranstalten. Die Agentur profitierte ja nur von diesem Zustand; außerdem kam es am Ende doch immer zur Annahme. Der Werbeprozeß für jedes neue Modelljahr begann immer im Oktober oder November. Bis Mai, Juni mußten die Entscheidungen gefallen sein, damit die Agentur mit der Arbeit fertig werden konnte; deshalb fingen die Leute vom Automobilwerk rechtzeitig an, sich schlüssig zu werden, denn sie konnten ja auch den Kalender lesen. Um diese Zeit erschienen auch die hohen Bosse von Detroit auf der Bildfläche, und sie trafen die endgültigen Entscheidungen über die Werbung, ob sie nun auf diesem Gebiet talentiert waren oder nicht.

Was Barbara am meisten Kummer machte – und, wie sie später entdeckte, etlichen anderen auch –, war die fürchterliche Vergeudung von Zeit, Talent, Leuten, Geld, die ganze große Übung in Leerlauf und Nichts. Und aus Gesprächen mit Kollegen von anderen Agenturen wußte sie, daß auch die anderen der Großen Drei es um kein Deut anders trieben. Die ganze Autoindustrie, sonst so versessen auf Time and Motion und so unduldsam gegenüber jeder Bürokratie von außen, schien sich hier ihre eigene schmarotzende, fette Bürokratie gezüchtet zu haben.

Einmal hatte sie gefragt: Wurde eigentlich manchmal eine der ursprünglichen Ideen, eine der wirklich guten, wieder hervorgeholt? Die Antwort lautete: Nein, denn man kann im Juni nicht annehmen, was man im November vorigen Jahres abgelehnt hat. So etwas konnte einen Mann – vielleicht einen guten Freund der Agentur – nur allzu leicht den Job kosten.

»Danke, Barbara.« Keith Yates-Brown nahm mit einer eleganten Wendung die Zügel wieder in die Hand. »Lieber J. P., wir wissen natürlich, daß noch ein langer Weg vor uns liegt.« Der Vertreter des Managements setzte ein warmes, ein freundliches Lächeln auf, in seinem Ton schwang gerade das richtige Maß an Apologie mit.

»Ja, allerdings.« J. P. Underwood stieß seinen Stuhl vom Tisch zurück.

Barbara fragte ihn: »Hat Ihnen denn nichts gefallen? Absolut nichts?«

Yates-Brown wandte ihr ruckartig seinen Blick zu, und sie wußte, daß sie aus der Reihe getanzt war. Man rückte Kunden nicht in dieser Weise auf den Pelz, aber Underwoods brüske Art, alles ganz von oben herab zu betrachten, hatte sie geärgert. Sie mußte immer noch an einige der talentierten jungen Leute in der Agentur denken, deren Arbeit – von ihrer eigenen nicht zu reden – soeben für immer ad acta gelegt worden war. Mag ja sein, daß die bisher vorgebrachten Sachen noch nicht die endgültige Lösung für das Orion-Problem waren, aber barsch weggewischt zu werden, verdienten sie auch nicht.

»Hören Sie, Barbara«, sagte Yates-Brown, »niemand hat hier etwas von ›nicht gefallen‹ gesagt.« Der Mann des Managements war noch immer glatt und strahlte Charme aus, aber sie spürte Stahl unter seinen Worten. Wenn er wollte, konnte Yates-Brown, im Grunde ein Mann des Verkaufs, der kaum jemals selbst eine originelle Idee gehabt hatte, kreative Leute in der Agentur unter den Absätzen seiner eleganten Alligatorschuhe zerquetschen. Er fuhr fort: »Wir wären jedoch höchst unprofessionell, wenn wir bestreiten wollten, daß wir den wahren Orion-Geist noch nicht im Griff haben. Und es ist ein großartiger Geist, J. P. Sie haben uns da eines der großen historischen Automobile als Arbeitsmaterial in die Hand gegeben.« Er sagte es so, als habe der Werbeleiter dieses Auto höchstselbst entworfen.

Barbara fühlte sich ein bißchen übel. Sie fing einen Blick von Teddy Osch auf. Kaum wahrnehmbar schüttelte der Kreativ-Direktor den Kopf.

»Das eine muß ich zugeben«, sagte J. P. Underwood jetzt.

Sein Ton war etwas freundlicher. Mehrere Jahre lang hatte er immer nur als Junior an diesem Tisch gesessen. Vielleicht hatten die Neuigkeit seiner Position und seine eigene Unsicherheit ihn vorhin so barsch sein lassen. »Ich finde, wir haben da eben einen der besten Raschelhaufen gesehen, die uns je präsentiert worden sind.«

Im Raum breitete sich eine peinlich berührende Stille aus. Selbst Keith Yates-Brown verriet durch ein Zucken eines Augenlids Schock und Überraschung. Linkisch und jeder Logik widersprechend hatte der Werbemann des Werkes auf dem stillschweigenden Übereinkommen herumgetrampelt und dadurch das komplizierte Ritual als Scharade enthüllt. Einerseits – automatische Ablehnung alles Vorgelegten; Sekunden später – vollmundiges Lob. Aber ändern würde sich natürlich nichts. Barbara war lange genug im Beruf, um das genau zu wissen.

Das galt auch für Keith Yates-Brown. Er hatte sich rasch wieder erholt.

»Das ist reizend von Ihnen, J. P. Das ist Großmut! Ich spreche für uns alle hier von der Agentur, wenn ich Ihnen sage, daß wir Ihnen für diese Ermutigung dankbar sind. Und ich kann Ihnen versichern, daß wir in der nächsten Runde noch effektiver sein werden.« Der Mann vom Management hatte sich erhoben; die andern folgten jetzt seinem Beispiel. Er wandte sich Osch zu. »Habe ich nicht recht, Teddy?«

Der Chef des Kreativen nickte mit einem leicht verbogenen Lächeln. »Wir geben unser Bestes.«

Als sich die Versammlung auflöste, gingen Yates-Brown und Underwood den anderen zur Tür voran.

Underwood fragte: »Hat jemand sich um die Theaterkarten gekümmert?«

Barbara, die dicht hinter ihnen ging, hatte vorhin gehört, wie der Werbeleiter um sechs Plätze in einer Reihe für eine Komödie von Neil Simon gebeten hatte, für die es selbst auf dem schwarzen Markt kaum Karten gab.

Der Mann des Managements lachte glucksend. »Ja, haben Sie denn je an mir gezweifelt?« In strahlender Kameraderie legte er dem anderen einen Arm um die Schultern. »Aber klar haben wir die Karten, J. P. Die absolut härteste Nuß in der ganzen Stadt; aber für Sie haben wir natürlich alle Drähte spielen lassen. Man schickt uns die Karten an unseren Tisch zum Lunch ins Waldorf. Ist das okay?«

»Das ist okay.«

Yates-Brown fügte leiser hinzu: »Und lassen Sie mich wissen, wo Sie und Ihre Begleitung zu Abend essen möchten. Wir werden für Sie buchen.«

Nicht nur das, dachte Barbara. Auch die Rechnung *und* alle Trinkgelder würden nicht J. P.s Sorge sein. Und was die Theaterkarten anbetraf, so schätzte sie Yates-Browns Auslagen auf fünfzig Dollar pro Platz. Aber das würde die Agentur natürlich tausendfach durch die Orion-Werbung wieder hereinholen. Das und andere, in Zukunft sich ergebende Spesen.

Manchmal, wenn Agentur-Direktoren Kunden zum Lunch ausführten, wurden auch Leute von der kreativen Seite eingeladen. Heute hatte sich Yates-Brown aus Gründen, die nur er selbst kannte, dagegen entschieden. Barbara nahm das mit Erleichterung zur Kenntnis.

Während die Gruppe um den Agentur-Direktor und J. P. Underwood sich zweifelsohne in Richtung Waldorf auf den Weg machten, ging sie zusammen mit Teddy Osch und Nigel Knox, dem anderen Mann von der kreativen Seite, der an der Kundenkonferenz teilgenommen hatte, ein paar Häuserblocks die Third Avenue hinauf. Ihr Ziel war Joe & Rose, ein obskures, aber ganz hervorragendes Bistro, das zur Mittagspause von Werbeleuten aus den großen Agenturen der Nachbarschaft bevölkert war. Nigel Knox, ein etwas femininer junger Mann, ging Barbara sonst ein wenig auf die Nerven, aber da man auch seine Arbeit und seine Gedanken zurückgewiesen hatte, betrachtete sie ihn jetzt mit mehr Sympathie als sonst.

Teddy Osch ging voran und führte sie unter einem verblichenen roten Baldachin hindurch in das schlichte Interieur dieses Restaurants. Auf dem Wege hierher hatte keiner von ihnen mehr als ein paar Worte gesagt. Als man sie jetzt zu ihrem Tisch in einem kleinen, für Stammgäste reservierten hinteren Raum führte, hob Osch schweigend drei Finger in die Höhe. Augenblicke später standen drei Dry Martinis in geeisten Gläsern vor ihnen auf dem Tisch.

»Ich denke ja nicht daran, so dämlich zu sein und etwa gar zu weinen«, sagte Barbara, »und betrinken werde ich mich auch nicht, weil man sich hinterher immer so gräßlich fühlt. Aber wenn es Ihnen beiden nichts ausmacht, dann werde ich mir jetzt einen mittelschweren Schwips antrinken.« Sie kippte den Martini. »Ich möchte bitte noch einen.«

Osch winkte einem Kellner. »Nicht einen. Drei.«

»Teddy«, sagte Barbara, »wie zum Teufel halten Sie das eigentlich aus?«

Nachdenklich strich Osch mit einer Hand über seine Glatze. »Am schwersten sind die ersten zwanzig Jahre. Danach, wenn man ein Dutzend J. P. Underwoods hat kommen und gehen sehen . . .«

Nigel Knox ging in die Luft. Es war, als habe er seinen Protest bis jetzt streng unter Verschluß gehalten. »Der Kerl ist ein Brechmittel. Ich hab' ja versucht, ihn zu mögen. War aber nicht möglich.«

»Halten Sie die Klappe, Nigel«, sagte Barbara.

Osch fuhr fort: »Der ganze Trick besteht darin, rechtzeitig immer wieder daran zu denken, daß die Bezahlung gut ist. Und außerdem mag ich meistens – abgesehen von heute – die Arbeit gern. Es gibt einfach nichts Spannenderes. Und noch etwas will ich Ihnen mal sagen. Ganz egal, wie gut die den Orion bauen, wenn er Erfolg hat, wenn er sich verkauft, dann deshalb, weil wir da sind, dann wegen der Werbung. Die wissen das, wir wissen das, also was soll's?«

»Keith Yates-Brown«, sagte Barbara. »Ein mächtiger Mann. Und mir wird übel, wenn ich an ihn denke.«

Nigel Knox sprach mit hoher Stimme: »*Das ist reizend von Ihnen, J. P. Das ist Großmut! Jetzt werde ich mich hier vor Ihnen in den Staub legen, J. P., und ich hoffe, Sie werden mich von oben bis unten vollpinkeln.*«

Knox kicherte. Zum ersten Mal seit der Konferenz dieses Vormittags lachte Barbara.

Teddy Osch funkelte sie beide wütend an. »Keith Yates-Brown ist mein Brötchengeber und Ihrer auch, und das wollen wir mal alle hübsch im Auge behalten. Na sicher, ich könnte das nicht, was er tut – dem Underwood und andern Leuten in den Hintern kriechen und dabei noch ein Gesicht machen, als täte ich nichts lieber als das. Aber das gehört zu diesem Geschäft, und irgend jemand muß das tun, also warum ihm das ankreiden, wenn er's extra gut macht? Jetzt, in diesem Augenblick, und manches andere Mal, wenn wir, die Kreativen, das tun, was uns wirklich Spaß macht, steckt Yates-Brown im Bett mit unserem Kunden, streichelt ihm das, was unbedingt gestreichelt werden muß, damit er warm und glücklich ist, und erzählt ihm von *uns,* was wir für Kanonen sind. Und wenn Sie jemals in einer Agentur waren, die einen Automobil-Etat verloren hat, dann wüßten Sie, warum ich so froh darüber bin, daß er das so gut kann.«

Ein Kellner näherte sich eilfertig. »Kalb Parmigiana ist heute besonders gut.«

Bei Joe & Rose kümmerte sich kein Mensch um Kinkerlitzchen wie Speisekarten.

Barbara und Nigel Knox nickten. »Okay. Mit Nudeln«, sagte Osch zu dem Kellner. »Und 'ne Runde Martinis.«

Schon hatte der Alkohol die Spannungen gelöst. Barbara spürte das. Jetzt konnte das vertraute Programm ablaufen. Die erste Düsternis war überwunden. Es folgte die gegenseitige Selbsttröstung. Schon bald, wahrscheinlich nach einem weiteren Martini, würde der philosophische Teil des Tages beginnen. In den wenigen Jahren, die sie nun schon bei OJL war, hatte sie an mehreren Leichenschauen dieser Art teilgenommen, in New York in Restaurants, die bei Werbeleuten gesellschaftsfähig waren, wie Joe & Rose, in Detroit im Caucus Club oder in der Stadt in Jim's Garage. Im Caucus hatte sie einmal erlebt, wie ein schon etwas älterer Werbemann in Tränen ausgebrochen war, weil eine Stunde zuvor eine Arbeit, an der er monatelang gesessen hatte, in den Papierkorb geworfen worden war.

»Ich habe mal in einer Agentur gearbeitet«, sagte Osch, »wo wir einen Auto-Etat hatten. Es passierte kurz vor dem Wochenende; kein Mensch hatte damit gerechnet, ausgenommen die andere Agentur, die uns den Etat abgejagt hat. Für uns war das der ›schwarze Freitag‹.«

Er spielte mit seinem Glas, als er sich über die Jahre hinweg erinnerte. »An dem Freitagnachmittag wurden hundert Leute der Agentur gefeuert. Andere warteten gar nicht erst ab, bis sie gefeuert wurden; sie wußten, daß es für sie nichts mehr zu tun gab, also sind sie die Madison und die Third auf und ab gewieselt und haben woanders nach einem Job gefragt, bevor die Schluß machten. Da hätten Sie sehen können, wie Leute aussehen, die Angst haben. Viele hatten ein phantastisches Haus, dicke Hypotheken darauf, Kinder, die im College waren. Das Dumme ist nur, daß andere Agenturen Verlierer nicht riechen können. Außerdem waren ein paar von den Älteren ganz einfach ausgebrannt. Ich weiß noch, zwei von denen haben zur Flasche gegriffen, und sie sind dabei geblieben. Ein anderer hat sich umgebracht.«

»Na, Sie haben das überlebt«, sagte Barbara.

»Ich war noch jung. Wenn das jetzt passierte, würde es mir so gehen wie den anderen.« Er hob das Glas. »Auf Keith Yates-Brown.«

Nigel Knox stellte seinen halb ausgetrunkenen Martini auf den Tisch. »Beim besten Willen, nein. Das könnte ich nicht.«

Barbara schüttelte den Kopf. »Tut mir leid, Teddy.«

»Dann trink' ich eben alleine auf sein Wohl«, sagte Osch. Und tat es.

»Das Vertrackte an der Werbung, die wir hier betreiben«, sagte Barbara, »besteht darin, daß wir einen nicht existierenden Wagen einem irrealen Menschen anbieten.« Die drei hatten ihre neuesten Martinis fast ausgetrunken; sie merkte, daß ihre Zunge schwerer wurde. »Wir wissen alle ganz genau, daß man das Auto da in den Anzeigen gar nicht kaufen kann, auch wenn man das wollte, denn die Photos sind Lügen. Wenn wir die wirklichen Autos photographieren, dann nehmen wir Weitwinkel, damit der Bug aufgeblasen wird, und wir nehmen Tele, damit die Seitenansicht gestreckt wird. Sogar die Farben hübschen wir mit Sprays und Puderquasten und Kamerafilter.«

Osch machte eine lässige Handbewegung. »Klappern gehört zum Handwerk.«

Ein Kellner sah die Handbewegung. »Noch eine Runde, Mr. Osch? Das Essen kommt gleich.«

Der Chef des Kreativen nickte.

Barbara blieb bei der Stange. »Es ist ein Auto, das nicht existiert.«

»Prima! Jawohl, so ist es!« Nigel Knox klatschte kräftig in die Hände und stieß dabei sein leeres Glas um. Leute an den anderen Tischen blickten amüsiert zu ihnen herüber. »Nun sagen Sie uns noch, wer die irrealen Leute sind, denen wir das Ding anpreisen.«

Barbara sprach langsam; ihre Gedanken fügten sich schwerfälliger aneinander als sonst. »Direktoren in Detroit, die über die Werbung entscheiden, verstehen nichts von den Menschen. Sie arbeiten zu schwer; sie haben gar keine Zeit für so etwas. Deshalb besteht der größte Teil der Automobilwerbung aus Anzeigen, die ein Direktor aus Detroit für einen anderen Direktor aus Detroit aufgibt.«

»Ich hab's!« Nigel Knox hüpfte ekstatisch auf und ab. »Ach wie fein, daß jeder weiß, daß ein großer, dicker Boß aus Detroit eine ganz und gar irreale Person ist. Klug! Klug!«

»Sie auch«, sagte Barbara. »Ich glaube nicht, daß ich zu dieser Stunde in der Lage wäre, das Wort ›irre...‹ na ja, also es auch nur auszusprechen.« Sie legte ihre Stirn in eine Hand und wünschte sich, ihre Martinis ein bißchen langsamer getrunken zu haben.

»Fassen Sie die Teller nicht an«, sagte warnend ihr Kellner. »Sie sind heiß.« Das Kalb Parmigiana, komplett mit würzigen, dampfend heißen Nudeln, wurde ihnen serviert. Dazu drei neue Martinis. »Mit einem Kompliment vom Nebentisch«, sagte der Kellner.

Osch trank dem Nebentisch zu und bestreute seine Nudeln dann reichlich mit rotem Pfeffer.

»Meine Güte«, sagte Nigel Knox, »die sind doch schon fürchterlich scharf.«

Der Chef des Kreativen teilte ihm mit: »Ich bedarf des jungen Feuers.«

Schweigen senkte sich herab, als sie ihr Mahl begannen. Dann sah Teddy Osch zu Barbara hinüber. »Wenn man bedenkt, wie Ihnen zumute ist, dann ist es wohl nur gut, daß Sie aus dem Orion-Programm ausscheiden.«

»Was?« Aufgeschreckt legte sie Messer und Gabel hin.

»Ich sollte Ihnen das sagen. War nur noch nicht dazu gekommen.«

»Soll das heißen, daß ich meine Kündigung habe?«

Er schüttelte den Kopf. »Neue Aufgabe. Sie werden es morgen erfahren.«

»Teddy«, sagte sie, »lassen Sie mich nicht zappeln. Sie müssen es mir jetzt sagen.«

Er sagte mit Festigkeit in der Stimme: »Nein. Sie hören es von Keith Yates-Brown. Er hat Sie dafür empfohlen. Wissen Sie noch? Das ist der Mann, auf dessen Wohl Sie nicht trinken wollten.«

Barbara hatte ein hohles Gefühl in der Magengrube.

»Ich kann Ihnen nur eins sagen«, fügte Osch hinzu. »Ich wollte, man hätte mich genommen und nicht Sie.« Schlürfend trank er seinen dritten Martini. Er war von den dreien der einzige, der noch trank. »Wenn ich nicht so alt wäre, hätten sie wohl mich genommen. Aber ich werde weitermachen, was ich immer gemacht habe: nicht vorhandene Autos irrealen Personen anzupreisen.«

»Teddy«, sagte Barbara, »es tut mir leid.«

»Nicht nötig. Traurig an der ganzen Chose ist nur: Ich glaube, Sie haben völlig recht.« Der Chef des Kreativen blinzelte. »Jesses! Dieser Pfeffer ist doch schärfer, als ich dachte.« Er zog ein Taschentuch hervor und rieb sich die Augen.

7

Ungefähr fünfzig Kilometer außerhalb von Detroit breitete sich das Versuchsgelände des Werkes über ein halbes Tausend Morgen herrlicher Landschaft des Staates Michigan aus, nach allen Seiten starrend von Verteidigungsanlagen wie ein Staat auf dem Balkan. Es gab nur einen Eingang zu diesem Versuchsgelände. Er führte durch eine Doppelsperre, bewacht von Sicherheitsposten, unheimlich ähnlich dem Checkpoint Charlie an der Ost-West-Sektorengrenze in Berlin. Hier mußten alle Besucher ihre Papiere zeigen; wer keinen Passierschein hatte, der blieb draußen.

Abgesehen von diesem einen Durchlaß war das ganze Gelände von einem hohen Kettenzaun eingefaßt, an dem Wächter Tag und Nacht Streife gingen. Jenseits des Zauns bildeten Bäume und Sträucher eine wirkungsvolle Sichtblende gegen neugierige Blicke von draußen.

Was das Werk hier so eifersüchtig bewachte, waren etliche seiner empfindlichsten Geheimnisse. Dazu gehörten: Experimente mit neuen Autos, mit Lastwagen, mit neuen Einzelteilen, aber auch Dauertests mit gegenwärtigen Modellen, Tests bis zur völligen Zerstörung.

Die Tests fanden auf Straßen von rund 250 Kilometer Länge statt – Straßen, die nirgendwohin führten. Es waren Straßenoberflächen vom Besten, was irgendwo in der Welt zu finden war, bis hin zum Übelsten und Steilsten. Zum Steilsten gehörte eine Nachbildung der erschreckend steilen Filbert Street in San Francisco, von der jeder Mensch in San Francisco wußte, daß nur komplett Verrückte die Straße hinunterfuhren. Ein belgisches Kopfsteinpflaster ließ jede Niete, jede Schweißnaht, jede Mutter des Autos erbeben und die Zähne der Fahrer klappern. Noch barbarischer ging es auf der Nachbildung eines afrikanischen Safariweges zu, der für Lastwagen reserviert war. Hier gab es ein reiches Sortiment an Baumwurzeln, Felsbrocken und Schlammlöchern.

Ein Straßenabschnitt, auf ebenem Boden gebaut, hieß Serpentinengasse. Dieser Abschnitt bestand aus einer Serie scharfer Haarnadelkurven, dicht aufeinander folgend und völlig eben. Das Fehlen jeder Überhöhung in den Kurven beanspruchte das Auto bis an die Grenzen seiner Leistungsfähigkeit, wenn es diese Kurven mit hoher Geschwindigkeit nehmen mußte.

Im Augenblick jagte Adam Trenton einen Orion mit knapp 100 km/st über die Serpentinengasse.

Die Reifen heulten und qualmten, während der Wagen hart nach links, dann nach rechts, dann wieder nach links gerissen wurde. Jedesmal stemmte sich die Zentrifugalkraft wütend und voller Protest gegen die Kurvenrichtung. Den drei Insassen kam es vor, als würde sich der Wagen in der nächsten Sekunde überschlagen, obwohl sie wußten, daß er das auf gar keinen Fall durfte.

Adam warf einen Blick nach hinten. Brett DeLosanto, der auf dem Rücksitz in der Mitte saß, war angeschnallt. Außerdem stützte er sich mit den Armen nach beiden Seiten ab.

Der Designer rief nach vorn: »Leber und Milz haben in meinem Bauch gerade die Plätze gewechselt. Ich warte auf die nächste Kurve, damit sie wieder hingehen, wo sie hingehören.«

Neben Adam saß ungerührt Ian Jameson, ein hagerer Schotte aus der technischen Abteilung. Jameson, ein Mann mit sandfarbenem Haar, dachte zweifellos jetzt das, was auch Adam wußte – es war nicht nötig, daß sie hier durch die Kurven jagten. Die Testfahrer hatten den Orion hier schon ausreichend gemartert, und er hatte das alles sehr gut überstanden. Die drei waren auf dem Versuchsgelände, um sich mit einem NVH-Problem zu beschäftigen. NVH stand für Noise, Vibration, Harshness – Lärm, Vibration und Härte. Das Problem war bei Orion-Prototypen bei sehr hoher Geschwindigkeit aufgetreten. Aber auf der Fahrt zu der Geschwindigkeitsstrecke waren sie an der Einfahrt zur Serpentinengasse vorbeigekommen, und Adam war eingebogen in der Hoffnung, daß es seine eigenen Spannungen abbauen würde, wenn er den Wagen da ein bißchen hin und her werfen konnte, Spannungen, die er nicht mehr vergessen konnte, seit er vor mehr als einer Stunde die Pressekonferenz verlassen hatte.

Diese Spannung, die heute schon früh begonnen hatte, war neuerdings häufiger aufgetreten. Deshalb war Adam vor ein paar Wochen zum Arzt gegangen, der geklopft, gehorcht, gedrückt, verschiedene Tests vorgenommen und schließlich erklärt hatte, organisch sei alles in Ordnung, vielleicht abgesehen von ein bißchen zuviel Säure im System. In unbestimmten Wendungen hatte der Arzt dann von einer »Magengeschwür-Persönlichkeit« geredet und ihm den Rat gegeben, sich zermürbende Sorgen vom Hals zu schaffen. Als Zugabe hatte er die Kindergartenweisheit verzapft: »Jeder Berg ist nur so steil, wie er für den Mann aussieht, der ihn besteigt.«

Während Adam voller Ungeduld zuhörte und sich wünschte, daß die Ärzte bei ihren Patienten ein bißchen mehr Intelligenz und Wissen voraussetzen möchten, hatte dieser Doktor darauf hingewiesen, daß der menschliche Körper seine eigene, gleichsam eingebaute Warnanlage besitze, und er hatte vorgeschlagen, es eine Zeitlang ein bißchen ruhiger angehen zu lassen. Adam wußte, daß das in diesem Jahr ganz ausgeschlossen war. Endlich tat der Arzt das, weshalb Adam zu ihm gekommen war. Er verschrieb ihm Beruhigungskapseln mit empfohlener Dosierung. Adam überschritt die Dosierung prompt auch weiterhin. Er verschwieg dem Arzt auch, daß er schon ein anderes Mittel nahm, das ihm ein anderer Arzt verschrieben hatte. Heute hatte Adam mehrere Pillen geschluckt, die letzte, kurz bevor er aus der Stadt losgefahren war. Eine Wirkung spürte er nicht. Da auch die S-Kurven seine Spannungen nicht gelöst hatten, schob er sich verstohlen eine neue Pille in den Mund.

Als er das tat, fiel ihm ein, daß er Erica noch nichts erzählt hatte, weder von seinem Besuch beim Arzt noch von den Pillen, die er versteckt in seiner Aktentasche verwahrte.

Gegen Ende der Serpentinengasse ging Adam scharf in die Kurve, wobei er die Geschwindigkeit nur wenig verringerte, und steuerte die Bahn für Geschwindigkeitstest an. Draußen flogen die Bäume, die Wiesen, die Verbindungswege nur so vorbei. Das Tachometer kehrte zur 100-km-Marke zurück und kletterte darüber hinaus.

Mit einer Hand prüfte Adam die Festigkeit seiner Bauch- und Schultergurte. Ohne den Kopf zu wenden, sagte er zu den andern: »Okay, da wollen wir dieses Baby mal ein bißchen durchschütteln.«

Sie rasten auf die Tempobahn, überholten einen anderen Wagen und gewannen rasch an Geschwindigkeit. Jetzt waren sie bei 112, und Adam sah im Vorüberhuschen ein Gesicht, als der Fahrer des anderen Wagens zur Seite sah und sie anstarrte.

Ian Jameson beugte sich nach links, um die Tachonadel besser beobachten zu können, die jetzt die 120 berührte. Der sandblonde Ingenieur hatte eine wichtige Rolle bei der Untersuchung des NVH-Problems beim Orion gespielt.

»Wir werden es jetzt gleich hören«, sagte Jameson.

Die Geschwindigkeit betrug jetzt 125 km/st. Der Wind, im wesentlichen ihr eigener Fahrtwind, brüllte, als sie über die Bahn dahinjagten. Adam trat den Gashebel jetzt ganz durch. Er schaltete nun die automatische Geschwindigkeitskontrolle ein und überließ alles weitere dem Computer. Er nahm den Fuß vom Gashebel. Die Geschwindigkeit nahm weiter zu. Die Nadel wanderte über die 130 hinaus.

»Jetzt geht's los«, sagte Jameson. Er sprach noch, da schüttelte sich der Wagen heftig – es war ein intensives Pulsieren, das alles durchrüttelte einschließlich der Insassen des Wagens. Adam merkte, daß unter diesem rapiden Geschüttel sein Gesichtsfeld verschwamm. Gleichzeitig erhob sich ein metallisches Summen und erstarb wieder.

Der Ingenieur sagte: »Pünktlich nach Plan.« Es klang recht zufrieden, dachte Adam, gerade so, als wäre er bitter enttäuscht gewesen, wenn die Störungen ausgeblieben wären.

»Auf dem Rummelplatz . . .« Brett DeLosanto mußte schreien, um sich verständlich zu machen; seine Worte fielen wegen des Gerüttels recht ungleichmäßig aus. »Auf dem Rummelplatz bezahlen die Leute für so eine Fahrt viel Geld.«

»Und wenn wir einfach nichts dagegen täten«, sagte

Adam, »würden die meisten Fahrer nie etwas davon merken. Die wenigsten jagen ihre Autos bis auf 130 km/st hoch, wo's doch verboten ist.«

Ian Jameson sagte: »Einige aber doch.«

Adam mußte das widerwillig zugeben; es stimmte. Es gab eine Handvoll verrückter Fahrer, die ihre Autos bis auf 130 hochjagten, und unter denen konnte es gut und gern einen oder zwei geben, die, erschreckt durch das plötzliche Vibrieren, die Herrschaft über das Fahrzeug verlieren und sich selbst und andere töten oder verstümmeln würden. Aber auch wenn es nicht zu einem Unfall käme, würde der NVH-Effekt sehr bald bekannt werden, Leute wie Emerson Vale würden ihn nach Kräften ausschlachten. Ein paar ganz unwahrscheinliche Unfälle bei hohen Geschwindigkeiten und mit Fahrern, die in plötzlicher Gefahrensituation über- oder untersteuerten, hatten, wie Adam sich jetzt erinnerte, vor ein paar Jahren das Ende für den Corvair bedeutet. Obwohl anfängliche Mängel längst beseitigt waren, als Ralph Nader seine inzwischen berühmt gewordene Anklage gegen den Corvair veröffentlichte, fand der Wagen unter der Last des negativen Aufsehens, das Nader erzeugt hatte, ein vorzeitiges Ende.

Adam und andere im Werk, die von dem Schütteln bei hohen Geschwindigkeiten wußten, hatten nicht die Absicht, den Orion durch eine ähnliche Episode umbringen zu lassen. Es war einer der Gründe, die die Führungsspitze des Werkes zu ihrer ungewöhnlichen Schweigsamkeit veranlaßte. Niemand sollte auch nur gerüchtweise von den aufgetretenen Schwierigkeiten hören. Im Augenblick lautete die entscheidende Frage: Wie konnte man das Rütteln beseitigen, und was würde es kosten? Und eine Antwort auf diese Fragen zu finden, war Adam hier, und weil die Zeit drängte, hatte er die Vollmacht, Entscheidungen zu treffen.

Er schaltete wieder von Computer- auf Fahrerkontrolle und ließ die Geschwindigkeit auf 32 km/st sinken. Dann brachte er den Wagen noch zweimal bei verschiedener Beschleunigung hoch auf 130 km/st. Jedesmal waren das Vibrieren und der Punkt, an dem es auftrat, genau gleich.

»Bei diesem Wagen gibt es Unterschiede in den Stahlblechen.« Adam dachte daran, daß es sich bei dem Orion, den er jetzt steuerte, um einen frühen Prototyp handelte, handgebaut – wie bisher alle Prototypen –, weil die Serienproduktion am Band noch nicht angelaufen war.

»Wirkt sich auf den Effekt überhaupt nicht aus«, erklärte Ian Jameson kategorisch. »Wir hatten auch einen exakten Orion hier draußen, einen weiteren auf dem Dynamometer. Sie tun's alle. Gleiche Geschwindigkeit, gleicher NVH.«

»Fühlt sich an wie eine Frau, die einen Orgasmus hat«, sagte Brett. »Anhören tut es sich auch so.« Er fragte den Ingenieur: »Entstehen irgendwelche Schäden dadurch?«

»Soweit wir bisher feststellen konnten, nein.«

»Dann finde ich es bedauerlich, daß man das beseitigen will.«

Adam fuhr ihn an: »Mein Gott noch einmal, hören Sie mit den Albernheiten auf! Natürlich müssen wir das beseitigen. Ginge es hier um das Aussehen des Wagens, dann wären Sie nicht so verdammt pomadig.«

»Sieh mal einer an«, sagte Brett. »Hier scheint ja noch was anderes zu vibrieren.«

Sie hatten die Geschwindigkeitsstrecke verlassen. Ruckartig trat Adam auf die Bremse, so daß der Wagen rutschte und alle drei in ihren Gurten nach vorn geworfen wurden. Er lenkte den Wagen auf einen Grünstreifen. Als der Orion stand, löste er die Gurte, stieg aus und zündete sich eine Zigarette an. Die andern folgten ihm.

Als er ausgestiegen war, fröstelte Adam. Die Luft war empfindlich kühl, ein böiger Wind wirbelte das Herbstlaub vor sich her, und die Sonne war nach kurzer Zeit wieder hinter einer grauen Nimbostratus-Decke verschwunden. Durch die Bäume hindurch konnte er einen See erkennen, dessen Oberfläche trüb grau gekräuselt war.

Adam grübelte über die Entscheidung nach, die er zu treffen hatte. Er wußte, wie schwierig sie war und daß man ihn verantwortlich machen würde, wenn sich später herausstellen sollte, daß es die falsche Entscheidung war. Nach Recht oder Unrecht fragte dann kein Mensch mehr.

Ian Jameson durchbrach die unbehagliche Stille. »Wir sind zu der Ansicht gelangt, daß der Effekt durch Reifen oder Straßenoberflächen induziert wird, wenn das eine oder das andere mit der Karosserie-Eigenschwingung harmoniert; bei der Vibration handelt es sich also um die naturgesetzliche Karosseriefrequenz.«

Mit anderen Worten, dachte Adam, es liegt kein Strukturdefekt vor. Er fragte: »Kann man die Vibration beseitigen?«

»Ja«, sagte Jameson. »Wir sind davon überzeugt. Außerdem haben wir die Wahl zwischen zwei möglichen Verfahren. Entweder ändern wir die Struktur der Seitenverschalung und der Unterflur-Torsionsboxen« – er führte einige technische Einzelheiten an –, »oder wir bringen noch Streben und Verstärkungen an.«

»He!« Brett war sofort wach. »Das erste bedeutet doch Veränderungen der äußeren Karosserie. Oder?«

»Stimmt«, sagte der Ingenieur. »Nötig wären Änderungen an der Karosserieseite unten in der Nähe der Vordertür.«

Brett machte ein bedrücktes Gesicht, und er hatte auch allen Grund, dachte Adam. Das würde ein überstürztes Neukonstruktions- und Testprogramm bedeuten, wo jeder glaubte, das Design für den Orion sei fertig und abgeschlossen. Er fragte: »Und die Ergänzungen?«

»Wir haben Versuche gemacht. Es würde sich um zwei Stücke handeln – eine Bodenverstärkung vorn und eine Strebe unter dem Armaturenbrett.« Der Ingenieur beschrieb die Strebe, die unsichtbar angebracht würde und die von der Seitenverschalung zur Steuersäule und hinüber zur gegenüberliegenden Verschalung reichen würde.

Adam stellte die kritische Frage: »Kostenpunkt?«

»Das wird Ihnen nicht gefallen.« Der Ingenieur zögerte, denn er konnte sich die Reaktion genau vorstellen, die seine nächsten Worte auslösen würde. »Ungefähr fünf Dollar.«

Adam stöhnte. »Allmächtiger Gott!«

Er stand vor einem zermürbenden Dilemma. Welchen Weg sie auch einschlugen, beide waren negativ und kostspielig. Die erste Alternative des Ingenieurs – Neukonstruktion – wäre weniger aufwendig. Sie würde wahrscheinlich eine halbe bis eine Million für die Umrüstung erfordern.

Aber sie würde auch Verzögerungen verursachen, und der Orion würde drei bis sechs Monate später auf den Markt kommen, was an sich schon aus vielerlei Gründen katastrophal sein könnte.

Andererseits würden die zwei Ergänzungen – die Bodenverstärkung und die Strebe – bei einer Million Autos insgesamt fünf Millicnen Dollar kosten, und man rechnete mit dem Bau von erheblich mehr als einer Million Orions. Die Steigerung der Produktionskosten um Millionen von Dollar, zu schweigen von der Gewinnminderung, und das alles für gänzlich negative Änderungen! Beim Bau von Autos waren fünf Dollar eine bedeutende Summe. Autohersteller dachten gewöhnlich in Pfennigen, sie rasierten hier zwei Cents ab, dort fünf. Das war nötig wegen der gewaltigen Stückzahlen, um die es hier ging. Voller Grimm und Ärger sagte Adam: »Gottverdammt noch mal!«

Er warf Brett einen Blick zu. Der Designer sagte: »Ich glaube, das ist nicht mehr komisch.«

Adams Zornesausbruch während der Fahrt war nicht der erste Zusammenprall der beiden seit Beginn des Orion-Projekts. Manchmal war Brett es gewesen, der aufbrauste. Aber bislang waren sie trotz allem Freunde geblieben. Das war nur gut. Denn vor ihnen lag ein neues Projekt, das im Augenblick den Codenamen Farstar führte.

Ian Jameson sagte: »Wenn Sie zum Labor rüberfahren wollen, wir haben da einen Wagen mit den eingebauten Ergänzungen.«

Mit säuerlicher Miene nickte Adam. »Gut, fahren wir also hin, sehen wir uns das mal an.«

Brett DeLosanto sah ungläubig auf. »Sie wollen sagen, daß das bißchen Schrott da fünf Eier kostet?«

Er starrte den mit Bolzen an der Unterseite des Orion angebrachten Metallstreifen an.

Adam Trenton, Brett und Ian Jameson betrachteten die vorgeschlagene Bodenverstärkung von einer Inspektionsgrube unter einem Dynamometer aus, so daß die gesamte Unterseite des Wagens offen vor ihnen dalag. Das Dynamometer, ein Monstrum aus Stahlplatten, Rollen und Instrumenten, insgesamt einem ins Kraut geschossenen hydraulischen Wagenheber in einer Tankstelle nicht unähnlich, gestattete es, Fahrbelastungen wie auf der Straße zu simulieren, während die Beobachtung des Fahrzeugs aus jedem gewünschten Blickwinkel möglich war.

Von oben hatten sie bereits die Strebe Verschalung-Lenksäule-Verschalung inspiziert.

Jameson räumte ein: »Vielleicht könnte man die Kosten um ein paar Cent – aber mehr nicht! – reduzieren, wenn man Material, Herstellung, Bolzen mit Zubehör und Arbeitslohn noch einmal scharf durchkalkuliert.«

Die Art des Ingenieurs, in pedantischer Abgeklärtheit so zu tun, als gingen Kosten und Sparmaßnahmen ihn natürlich im Grunde überhaupt nichts an, hörte nicht auf, Adam zu irritieren. Er fragte: »Wie weit geht die Technische Abteilung hier eigentlich auf Nummer Sicher, um sich selbst abzusichern? Brauchen wir das wirklich alles?«

Es war die ewig alte, ewig neue Frage des Produktplaners an den Ingenieur. Die Produktleute klagten die Ingenieure gewohnheitsmäßig an, überall größere Haltbarkeitsmargen einzubauen als nötig, dadurch die Kosten und das Gewicht des Wagens zu erhöhen und gleichzeitig seine Leistung zu beeinträchtigen. Die Produktplanung sah das etwa so: *Ließe man den Eisenköpfen freie Hand, dann würde bald jedes Auto die Stärke der Brooklyn Bridge haben, sich wie ein gepanzerter Lastwagen fahren und so lange halten wie Stonehenge.* Die Ingenieure sahen das natürlich ganz anders: *Na klar bauen wir Margen ein, denn wenn irgend etwas versagt, müssen wir den Kopf dafür hinhalten. Würden die Produktplaner ihre Technik selbst machen, hätten sie rasch das leichteste Auto der Welt – wahrscheinlich mit einem Chassis aus Balsaholz und einem Motorblock aus Stanniol.*

»Mit Nummer Sicher und Selbstschutz der Techniker hat das hier nichts zu tun.« Jetzt war Jameson an der Reihe, eingeschnappt zu sein. »Wir haben das NVH-Problem auf ein, wie wir meinen, erträgliches Maß gedrückt. Wären wir einen komplizierteren Weg gegangen – der mehr kosten würde –, könnten wir es wahrscheinlich ganz beseitigen. Das haben wir bisher nicht getan.«

Adam sagte, ohne sich in der einen oder anderen Richtung festzulegen: »Sehen wir uns mal an, welche Wirkung das hier hat.«

Jameson ging voran, als die drei über eine Eisentreppe von der Inspektionsgrube zum Hauptgeschoß des Laboratoriums für Lärm und Vibration hinaufgingen.

Das Labor – ein Gebäude auf dem Erprobungsgelände, das die Form eines Flugzeugschuppens hatte und in Spezial-Arbeitszonen, große und kleine, eingeteilt war – hatte wie üblich alle Hände voll mit NVH-Rätseln zu tun, die ihnen alle möglichen Werksabteilungen an den Kopf warfen. Ein Problem, an dessen Lösung zum Beispiel gerade mit Vorrang gearbeitet wurde, war ein mädchenhaft hohes Kreischen, das eine neuartige Diesellok-Bremse von sich gab. Die Abteilung für Industrie-Marketing hatte mit Strenge gefordert: Die Bremskraft muß voll erhalten bleiben, aber die Lokomotiven sollen sich anhören, als würden sie gebremst und nicht vergewaltigt.

Eine andere harte Nuß – dieses Mal geliefert von der Abteilung Haus- und Küchengeräte – war ein hörbares Klicken in der Kontrolluhr eines Küchenherdes; die Uhr einer Konkurrenzfirma leistete zwar weniger, lief aber lautlos. Die Abteilung Haus- und Küchengeräte wußte genau, daß die Käufer neuen oder andersartigen Geräuschen mißtrauen und daß wahrscheinlich der Umsatz leiden würde, wenn der Klick bliebe; deshalb hatte die Abteilung die Experten von NVH beschworen, das Klicken zu ersticken, nur die Uhr schön heil zu lassen.

Die Automobile aber schufen die allermeisten Probleme für das Labor. Eines der jüngsten hatte sich ergeben, als das Styling eines längst eingeführten Modells revidiert wurde. In Fahrt produzierte das neue Karosseriestyling ein trommelndes Geräusch; die Tests ergaben, daß das Geräusch von einer neu geformten Windschutzscheibe herrührte. Nach wochenlangen Experimenten, die auf gut Glück veranstaltet werden mußten, schalteten die NVH-Ingenieure das Getrommel durch Einbau eines kleinen Knicks in den Metallboden des Wagens aus. Kein Mensch, auch mancher Ingenieur nicht, hatte auch nur die leiseste Ahnung, warum der Knick die

Windschutzscheibe am Trommeln hinderte; wichtig war nur – das Trommeln war weg.

Das gegenwärtige Stadium der Orion-Tests im Labor spielte sich auf dem Dynamometer ab. Dort konnte das Auto bei jeder Geschwindigkeit entweder manuell oder durch Fernlenkung ohne Pause stunden-, tage- oder wochenlang gefahren werden, ohne sich auch nur einen Zentimeter von seiner ursprünglichen Position auf den Rollen des Prüfstandes zu entfernen.

Der Orion, den sie von unten betrachtet hatten, war startbereit. Adam Trenton und Ian Jameson betraten die stählernen Bodenplatten des Dynamometers und stiegen ein; Adam saß wieder am Steuer.

Brett DeLosanto war nicht mehr bei ihnen. Nachdem er sich überzeugt hatte, daß die vorgeschlagenen Ergänzungen das Äußere des Wagens nicht verändern würden, war Brett wieder ins Freie gegangen, um eine geringfügige Änderung zu begutachten, die vor kurzem am Kühlergrill des Orion vorgenommen worden war. Alle Designer sahen die Resultate ihrer Arbeit am liebsten im Freien – »auf dem Gras«, wie sie das nannten. Jedes Design konnte draußen, bei Tageslicht, überraschend andere visuelle Effekte erzielen als drinnen im Kunstlicht des Studios. Als zum Beispiel der Orion zum ersten Mal im direkten Sonnenlicht betrachtet wurde, wirkte der Kühlergrill verblüffenderweise schwarz und nicht strahlend silbern, wie es beabsichtigt war. Eine Änderung im Montagewinkel des Grills war erforderlich, um dem abzuhelfen.

Eine junge Technikerin im weißen Kittel kam aus einem verglasten Kontrollstand neben dem Wagen. Sie fragte: »Möchten Sie irgendeine bestimmte Straße haben, Mr. Trenton?«

»Geben Sie ihm was Holpriges«, sagte der Ingenieur. »Nehmen wir eine kalifornische.«

»Jawohl, Sir.« Das Mädchen kehrte in den Stand zurück und beugte sich dann mit einer Magnetbandspule in der Hand wieder aus der Tür. »Das ist die State Route 17 zwischen Oakland und San José.« Im Kontrollstand legte sie die Spule auf eine Bandkonsole und führte das Band ein.

Adam drehte den Zündschlüssel herum. Der Motor des Orion erwachte zum Leben.

Wie Adam wußte, würde das Band, das sich jetzt im Kontrollstand langsam abspulte, die kalifornische Straßenoberfläche elektronisch auf die Dynamometer-Rollen unter dem Wagen übertragen. Das Band war nur eines von vielen in der Bibliothek des Labors. Aufgezeichnet waren sie von hochempfindlichen Geräten in Aufnahmewagen, die viele Straßen Nordamerikas und Europas abgefahren hatten. So konnten die tatsächlichen Straßenbedingungen, die guten wie die schlechten, hier im Nu für Test und Studium reproduziert werden.

Er legte den Fahrtgang des Orion ein und beschleunigte.

Die Geschwindigkeit stieg rasch auf 80 km/st. Die Räder des Orion und die Rollen des Dynamometers rasten, der Wagen selbst rührte sich nicht vom Fleck. Gleichzeitig spürte Adam ein hartnäckiges Trampeln von unten.

»Zuviele Leute glauben, daß die Freeways in Kalifornien großartig seien«, sagte Ian Jameson. »Sie sind ganz überrascht, wenn wir ihnen hier zeigen, wie miserabel sie sein können.«

Das Tachometer zeigte 104 km/st.

Adam nickte. Er wußte, daß die Auto-Ingenieure den kalifornischen Straßenbau kritisierten, weil dieser Bundesstaat seine Straßen nicht tief genug baute – es gab ja hier keinen Frost. Die mangelnde Tiefe bedeutete aber, daß Betonplatten infolge der ständigen Belastung durch schwere Lkws in der Mitte absinken und sich an den Rändern werfen und abbröckeln konnten. Wenn ein Auto das Ende einer Platte erreichte, fiel es praktisch herunter und schlug federnd auf die nächste Platte auf. Das bedeutete rhythmische Stöße und Vibrationen, und die Autos mußten technisch darauf gerüstet sein, diese Stöße zu absorbieren.

Die Geschwindigkeit des Orion erreichte 128 km/st. Jameson sagte: »Gleich passiert's.«

Er hatte noch nicht ausgesprochen, als ein Summen und Vibrieren – zusätzlich zur Unebenheit des kalifornischen Freeway – sich durch den ganzen Wagen ausbreitete. Aber der Effekt war gering, das Summen tief, das Vibrieren minimal. Dieses NVH-Problem würde die Insassen des Wagens nicht mehr in Angst und Schrecken versetzen, wie das andere vorhin auf der Teststrecke.

Adam fragte: »Und das ist alles?«

»Das ist alles, was noch davon geblieben ist«, versicherte Ian Jameson. »Die Streben beseitigen alles andere. Wie ich sagte, wir sind der Meinung, daß sich der verbliebene Rest auf akzeptablem Niveau behält.« Adam verringerte die Geschwindigkeit, und der Ingenieur fügte hinzu: »Probieren wir es doch mal auf einer ebenen Straßenoberfläche aus.«

Mit einem anderen Band in der Kontrollkonsole – es war ein Teilstück der Interstate 80 in Illinois – verschwanden die Unebenheiten der Straße; das Summen und Vibrieren schien entsprechend geringer.

»Wir probieren noch eine dritte Straße«, sagte Jameson, »eine wirklich miserable.« Er machte der Laborantin ein Zeichen, das sie mit einem wissenden Lächeln quittierte.

Als Adam beschleunigte, stieß und schaukelte der Orion schon bei 96 km/st auf beunruhigende Weise. Jameson gab bekannt: »Wir sind in Mississippi – U.S. 90 in der Nähe von Biloxi. Diese Straße war schon bei ihrer Geburt nicht großartig, aber dann kam Hurrikan Camille und hat sie völlig zum Otto gemacht. Die Teilstrecke, auf der wir uns jetzt befinden, ist noch immer nicht wieder repariert. Natürlich würde kein Mensch da mit diesem Tempo fahren, es sei denn, er wollte Selbstmord begehen.«

Bei 128 km/st war die Straße, vom Dynamometer getreulich übertragen, so schlecht, daß die Eigenvibration des Wagens schon nicht mehr wahrzunehmen war. Ian Jameson machte ein zufriedenes Gesicht.

Als das Tempo sich verringerte, sagte er: »Die Leute haben keine Ahnung, wie gut unsere Autos technisch sein müssen, um mit allen möglichen Straßen fertigzuwerden, darunter viele, die mindestens ebenso schlecht sind wie diese.«

Da verschwand er nun wieder in seiner abstrakten Ingenieurswelt, dachte Adam. Von größerer praktischer Bedeutung war die Tatsache, daß sich das NVH-Problem des Orion überwinden ließ. Adam hatte schon entschieden, daß der Weg über die technischen Ergänzungen trotz der beängstigenden Kosten der einzige war, den sie einschlagen konnten. Ein Hinausschieben des Orion-Debüts kam nicht in Frage. Natürlich würde Hub Hewitson, der stellvertretende Generaldirektor, der den Orion als sein ganz persönliches Lieblingsbaby betrachtete, an die Decke gehen, wenn er von den Zusatzkosten in Höhe von fünf Dollar hörte. Aber er würde sich damit abfinden müssen, wie Adam es – fast – schon getan hatte.

Er stieg aus, Ian Jameson folgte ihm. Auf Vorschlag des Ingenieurs hatte Adam den Motor laufen lassen. Das Mädchen am Kontrollstand steuerte den Orion jetzt fern. Bei 128 km/st und darüber auf dem Dynamometer war das Vibrieren von außen nicht schlimmer als von innen.

Adam fragte Jameson: »Reicht die Lebensdauer der Streben auch aus?«

»Ohne Zweifel. Wir haben alle Tests mit ihnen gemacht. Wir sind zufrieden.«

Das war Jameson, dachte Adam; verdammt zufrieden mit sich selbst. Die Abgeklärtheit des Ingenieurs, die fast wie Selbstgefälligkeit wirkte, irritierte ihn noch immer. »Macht es Ihnen eigentlich nichts aus«, fragte Adam, »daß alles, was Sie hier anstellen, negativ ist? Sie produzieren nichts. Sie beseitigen nur, schalten aus.«

»Ach, das würde ich nicht sagen; wir produzieren schon etwas.« Jameson zeigte auf die Dynamometer-Rollen, die sich, angetrieben von den Rädern des Orion, noch immer wie rasend drehten. »Sehen Sie die da? Die sind mit einem Generator verbunden; alle anderen Dynamometer im Labor ebenfalls. Jedesmal, wenn wir ein Auto darauf testen, erzeugen die Rollen elektrischen Strom. Wir sind mit Detroit Edison verbunden, und wir verkaufen denen die Energie.« Er sah Adam herausfordernd an. »Manchmal denke ich, daß das mindestens ebenso nützlich ist wie manches, was die Produktplanung bisher ausgebrütet hat.«

Adam lächelte. »Aber nicht so wie der Orion.«

»Stimmt«, sagte Jameson. »Ich glaube, von dem halten wir hier alle ziemlich viel.«

8

Das Nachthemd, für das Erica Trenton sich schließlich entschied, kaufte sie bei Laidlaw-Beldon in der Somerset Mall in Troy. In mehreren Geschäften in Birmingham hatte sie sich alles mögliche angesehen, aber nichts gefunden, was ihr ausreichend schien für den Zweck, den sie im Sinn hatte. Deshalb war sie in ihrem Sportkabrio weitergefahren zu anderen Geschäften. Die ausgedehnte Fahrt machte ihr nichts aus, im Gegenteil, es war eine angenehme Abwechslung, mal wieder etwas zu tun zu haben.

Die Somerset Mall war eine große, moderne Plaza im Osten der Big Beaver Road mit Qualitätsgeschäften, deren Kundschaft sich zu einem großen Teil aus wohlhabenden Autoindustrie-Familien zusammensetzte, die in Birmingham und Bloomfield Hills wohnten. Erica hatte dort schon oft eingekauft und kannte sich in den meisten Geschäften aus, so auch bei Laidlaw-Beldon.

Als sie es sah, wußte sie, daß dieses Negligé genau richtig war. Es war aus feinstem, durchsichtigem Nylon mit dazu passendem Peignoir in blassem Beige, beinahe der Farbe ihres Haares. Sie wußte, daß ein Gesamteffekt von honiggoldener Blondheit entstehen würde. Ein Lippenstift in Rauhreif-Orange, entschied sie, würde die Impression des Sinnlichen abrunden, die sie heute abend, für Adam, kreieren wollte.

Erica hatte in diesem Geschäft kein Konto und zahlte deshalb mit einem Scheck. Sie ging dann in die Kosmetikabteilung, um einen Lippenstift zu kaufen, denn sie war sich nicht ganz sicher, ob sie einen in genau dem richtigen Farbton zu Hause hatte.

Die Kosmetikabteilung hatte zu tun. Sie wartete, betrachtete eine Schautafel mit Lippenstiftfarben und nahm plötzlich die Gegenwart einer anderen Kundin in der benachbarten Parfümabteilung wahr. Es war eine Frau von mindestens sechzig Jahren, die einer Verkäuferin erklärte: »Ich kaufe das für meine Schwiegertochter. Ich weiß wirklich nicht ... Lassen Sie mich mal das Norell versuchen.«

Die Verkäuferin – eine gelangweilt dreinschauende Brünette – reichte ihr ein Probefläschchen.

»Ja«, sagte die Frau. »Ja, das ist gut. Das nehme ich. Eine Unzenflasche, bitte.«

Aus einem Spiegelregal hinter sich, der Reichweite der Kundschaft entzogen, nahm die Verkäuferin eine weiße Schachtel mit schwarzen Lettern und stellte sie auf den Verkaufstisch. »Das macht fünfzig Dollar plus Verkaufssteuer. Zahlen Sie bar, oder haben Sie ein Konto bei uns?«

Die ältere Frau zögerte. »Oh, ich hatte nicht gedacht, daß es so teuer ist.«

»Wir haben auch kleinere Packungen, gnädige Frau.«

»Nein ... ach, wissen Sie, es soll ein Geschenk sein. Ich glaube, ich sollte doch ... Aber ich überlege es mir noch mal.«

Die Frau entfernte sich von dem Verkaufstisch, und die Verkäuferin ging auch. Sie verschwand in einem Bogengang und war einen Augenblick außer Sichtweite. Auf dem Tisch blieb die Parfümpackung, wo die Verkäuferin sie hingestellt hatte.

Wider jede Vernunft und auf ganz unerklärliche Weise bildete sich in Ericas Bewußtsein der Satz: *Norell ist mein Parfüm, warum nehme ich es eigentlich nicht?*

Sie zögerte, schockiert über ihren eigenen Impuls. Und während sie zögerte, entstand in ihr ein neuer Satz: »*Nun mach schon; du vergeudest ja Zeit! Tu's jetzt!*«

Später fiel ihr wieder ein, daß sie immerhin lange genug gezögert hatte, um sich zu fragen: War das wirklich sie selbst, die diese Sätze gebildet hatte? Dann aber bewegte sich Erica zielstrebig und ohne Hast, als habe irgendeine magnetische Kraft die Kontrolle übernommen, von der Kosmetik zum Parfüm. Ohne Eile, ohne eine überflüssige Bewegung nahm sie das Schächtelchen, machte die Handtasche auf und ließ es hineinfallen. Der federnde Verschluß der Handtasche schnappte wieder zu. Das Geräusch erschien Erica wie ein Kanonenschuß. *Das mußte auffallen!*

Was hatte sie getan?

Bebend stand sie da, wartend, voller Angst davor, auch nur eine Bewegung zu machen, gewärtig, eine anklagende Stimme zu hören, eine Hand auf ihrer Schulter zu spüren, den Ruf zu hören: »*Diebin!*«

Nichts passierte. Aber es würde etwas passieren; sie wußte es – jeden Augenblick.

Wie sollte sie das erklären? *Sie konnte das nicht erklären. Nicht mit dem Beweismittel in ihrer Handtasche.* Sie versuchte zu überlegen. Sollte sie das Schächtelchen wieder herausholen, es zurückstellen, wo es gewesen war, bevor dieser verrückte, *unglaubliche Impuls* über sie gekommen war und sie dazu getrieben hatte zu tun, was sie getan hatte? Noch nie hatte sie das getan, *noch nie,* gar nichts, was dem auch nur entfernt gleichgekommen wäre.

Immer noch bebend und ihr eigenes Herzklopfen hörend, fragte Erica sich: *Warum?* Welchen Grund konnte es überhaupt geben für das, was sie da eben getan hatte? Sie brauchte doch nicht zu stehlen, weder das Parfüm noch sonst irgend etwas – es war doch Geld in ihrem Portemonnaie, sie hatte doch ein Scheckbuch in der Handtasche.

Noch war es Zeit. Noch konnte sie die Verkäuferin rufen, konnte ihr Geld hinwerfen für das Schächtelchen, und die Sache wäre erledigt. *Vorausgesetzt, sie tat es rasch. Jetzt!*

Nein.

Es war noch immer nichts geschehen, also hatte niemand sie beobachtet. Hätte jemand das gesehen, sagte sich Erica, dann hätte man sie inzwischen angesprochen, ausgefragt, vielleicht abgeführt. Sie drehte sich um. Ganz beiläufig, mit gespielter Gleichgültigkeit, überschaute sie den ganzen Laden in allen Richtungen. Es war der übliche Geschäftsbetrieb. Niemand schien sich im geringsten für sie zu interessieren, niemand sah auch nur zu ihr herüber. Die Parfümverkäuferin war noch nicht wieder zurück. Ohne Hast, wie vorhin, schlenderte Erica wieder zur Kosmetikabteilung hinüber.

Sie erinnerte sich: sie hatte sowieso Parfüm haben wollen. Wie sie es sich genommen hatte, das war verrückt und gefährlich, und niemals, nie wieder würde sie das tun. Aber jetzt hatte sie es getan, und was geschehen war, konnte niemand ungeschehen machen. Jeder Versuch, es ungeschehen zu machen, würde nur Schwierigkeiten schaffen, Erklärungen erfordern, vielleicht Beschuldigungen zur Folge haben – kurz und gut, es war besser, das alles zu vermeiden.

Eine Verkäuferin der Kosmetikabteilung wurde frei. Mit ihrem bezauberndsten Lächeln bat Erica darum, ein paar Lippenstifttöne in Orange ausprobieren zu dürfen.

Eine Gefahr, das wußte sie, blieb noch bestehen: die Verkäuferin am Parfümtisch. Würde es dem Mädchen auffallen, daß das Schächtelchen, von ihr auf den Tisch gestellt, nicht mehr auf dem Tisch stand? Falls es ihr auffiel, würde sie sich daran erinnern, daß Erica in der Nähe gewesen war? Ericas Instinkt forderte von ihr wegzugehen, eilig den Laden zu verlassen, aber der Verstand warnte sie davor. Es würde viel weniger auffallen, wenn sie blieb, wo sie war. Sie ließ sich absichtlich viel Zeit bei der Auswahl des Lippenstifts.

Eine neue Kundin war in der Parfümabteilung stehengeblieben. Die Verkäuferin kam zurück, nahm die neue Kundin zur Kenntnis und schaute dann, als erinnere sie sich an etwas, über den ganzen Tisch, auf dem das Norell-Schächtelchen stehengeblieben war. Die Verkäuferin schien überrascht zu sein. Sie wandte sich rasch um, inspizierte das Lagerregal, von dem sie die Packung geholt hatte. Mehrere andere gleichartige Packungen standen auf dem Regal; einige davon waren Norell-Unzenfläschchen. Erica spürte die Unsicherheit des Mädchens: Hatte sie nun die Packung wieder zurückgestellt oder nicht?

Erica vermied es sorgsam, die Vorgänge direkt zu beobachten. Sie hörte, wie die neu hinzugekommene Kundin eine Frage stellte. Die Parfümverkäuferin antwortete, aber sie schien beunruhigt und blickte suchend umher. Erica spürte, daß sie gemustert wurde. Und während sie das spürte, lächelte sie der Kosmetikverkäuferin zu und sagte zu ihr: »Ich nehme diesen.« Erica spürte, daß die Inspektion durch die andere Verkäuferin zu Ende ging.

Nichts war passiert. Die Verkäuferin machte sich vermutlich mehr Sorgen wegen ihrer eigenen Unachtsamkeit und wegen der Folgen, die das für sie haben könnte, als über irgend etwas anderes. Als Erica den Lippenstift bezahlte und dabei ihre Handtasche nur so weit aufmachte, wie es nötig war, um ihre Geldscheintasche herauszuholen, entspannte sie sich.

Bevor sie mit dem Gefühl ging, einen übermütigen Streich gespielt zu haben, trat sie an den Parfümtisch, um eine Probe Norell zu nehmen.

Erst als Erica sich dem Ladenausgang näherte, kehrte ihre Nervosität zurück. In plötzlicher Panik begriff sie: Vielleicht hatte man sie doch beobachtet, vielleicht hatte man abgewartet, wie sie sich verhalten würde, nur um dann noch entschiedener, noch härter gegen sie vorgehen zu können. Hatte sie nicht irgendwo etwas darüber gelesen, daß manche Geschäfte so verfuhren, um vor Gericht unangreifbar auftreten zu können? Die Parkbucht, schon vom Laden aus sichtbar, erschien ihr wie ein wartender, sicherer Hafen – nahe, aber doch schier unerreichbar fern.

»Einen guten Tag, gnädige Frau.« Aus dem Nichts, so schien es Erica, war ein Mann neben ihr aufgetaucht. Er war in mittleren Jahren, grau an den Schläfen, und er lächelte starr, wobei vorstehende Schneidezähne sichtbar wurden.

Erica erstarrte. Ihr Herz schien stillzustehen. Also doch ...

»Ich hoffe, wir haben Sie in allem zufriedenstellen können, gnädige Frau?«

Ihr Mund war staubtrocken. »Ja ... Oh, ja, danke.«

Voller Ehrerbietung hielt der Mann die Tür für sie auf. »Auf Wiederschauen.«

Und dann, von Erleichterung überflutet, war sie im Freien. Sie war draußen!

Als sie wegfuhr, hatte sie zu Anfang ein Gefühl der Enttäuschung. Nun, da sie wußte, wie unnötig alle ihre Ängste gewesen waren, wie wenig sie sich überhaupt hätte sorgen müssen, erschienen ihr die Nöte, unter denen sie in dem Geschäft gelitten hatte, als verrückt und überspannt. Aber sie fand noch immer keine Antwort auf die Frage: Was hatte sie dazu getrieben?

Plötzlich wurde ihr ganz übermütig im Sinn; sie fühlte sich so gut wie seit Wochen nicht mehr.

Ericas strahlende Laune hielt sich über den Nachmittag hin und erfüllte sie noch ganz, als es Zeit war, das Abendessen für Adam und sich selbst zu bereiten. Heute war keine Unachtsamkeit in der Küche erlaubt!

Sie hatte sich für Fondue Bourguignonne als Hauptgang entschieden, teils, weil es zu Adams Leibgerichten zählte, vor allem aber, weil ihr der Gedanke, daß sie beide gemeinsam aus dem einen Fonduetopf essen würden, wie ein Sinnbild der Nähe mit ihrem Mann erschien, die sich, wie sie hoffte, über den ganzen Abend hin fortsetzen würde. Im Eßzimmer überlegte sie sorgfältig, wie sie den Tisch decken sollte. Sie entschied sich für gelbe Kerzen in silbernen Spiralleuchtern. Die Leuchter flankierten ein Chrysanthemen-Arrangement. Die Blumen hatte sie auf dem Heimweg gekauft, und die übriggebliebenen stellte sie jetzt in das Wohnzimmer, damit Adam sie schon sah, wenn er nach Hause kam. Das ganze Haus strahlte vor Sauberkeit, wie immer, wenn Mrs. Gooch einen Tag tätig gewesen war. Ungefähr eine Stunde vor der Zeit, zu der sie Adam erwartete, zündete Erica die schweren Scheite im Kamin an.

Leider verspätete Adam sich, was durchaus nicht ungewöhnlich war; ungewöhnlich war nur die Tatsache, daß er dieses Mal Erica nicht anrief, um ihr Bescheid zu sagen. Als es halb acht war, dann viertel vor acht und schließlich acht, wurde Erica unruhig, immer wieder trat sie an das große vordere Fenster, von dem man die Einfahrt beobachten konnte, dann überprüfte sie noch einmal alles im Eßzimmer, und von dort ging sie in die Küche, machte den Kühlschrank auf und überzeugte sich, daß der grüne Salat, schon vor mehr als einer Stunde gewaschen, seine knackige Frische nicht verloren hatte. Das Filet für das Fondue, von Erica zu mundgerechten Bissen zugeschnitten, wartete ebenso im Kühlschrank wie all die vielen Schüsselchen mit scharfen und milden Saucen und Gewürzen. Wenn Adam erst einmal da war, würde es nur noch Minuten dauern, und das Abendessen konnte beginnen.

Schon ein paarmal hatte sie im Wohnzimmer neues Holz auf das Feuer gelegt, so daß Wohn- und Eßzimmer, die ineinander übergingen, jetzt übermäßig warm waren. Erica machte ein Fenster auf und ließ kalte Luft herein. Dadurch aber begann das Kaminfeuer zu qualmen, deshalb schloß sie das Fenster wieder; dann machte sie sich Sorgen um den Wein – einen 61er Château Latour, eine der wenigen hervorragenden Flaschen, die sie für besondere Gelegenheiten beiseite gelegt hatten. Um sechs hatte sie die Flasche geöffnet, weil sie damit rechnete, daß das Essen um halb acht beginnen würde. Jetzt trug Erica den Wein wieder in die Küche und verkorkte ihn. Alles war nun getan, und als sie wieder im Zimmer war, schaltete sie ein Stereo-Bandgerät ein. Eine Kassette steckte schon drin; man hörte die letzten paar Takte einer Aufnahme, dann begann eine neue.

Es waren die *Bahama Islands,* ein Calypso, den sie sehr liebte. Ihr Vater hatte ihn auf der Gitarre gespielt, sie hatte gesungen. Heute abend aber machte die sanfte Melodie sie ganz traurig und heimwehkrank.

Gentle breezes swirl the shifting strand,
Clear blue waters lap this fragrant land;
Fair Bahamas!
Sweet Bahamas!
Sun and sand.

Arc of islands, set in shining seas,
White sand beaches rim these sun-kissed cays;
Island living,
Island loving,
Sand and trees.

Bright hibiscus line the path to shore,
Coral grottos grace the ocean floor –
Nature's treasure,
Life's sweet pleasure,
Evermore.

Mit einem Schlag auf die Taste schaltete sie das Gerät ab, bevor das Lied zu Ende war, und tupfte rasch ein paar Tränen weg, bevor sie das bißchen Make-up ruinierten, das sie trug.

Um fünf nach acht läutete das Telephon, und erwartungsvoll lief Erica zu dem Apparat. Aber es war nicht Adam, wie sie gehofft hatte. Es war ein Ferngespräch für »Mr. Trenton«, und aus dem Gespräch mit dem Mädchen vom Fernamt ergab sich, daß es nur Adams Schwester sein konnte, Teresa aus Pasadena in Kalifornien. Als die Westküsten-Zentrale fragte: »Wollen Sie mit einem anderen Teilnehmer sprechen?«, zögerte Teresa, die wissen mußte, daß ihre Schwägerin am Apparat war, und sagte dann: »Nein, ich brauche Mr. Trenton. Bitte hinterlassen Sie, daß er mich anrufen möchte.«

Erica ärgerte sich über Teresas Geiz, die Verbindung nicht herstellen zu lassen; heute abend wäre ein kleiner Schwatz sehr willkommen gewesen. Erica wußte, daß Teresa sehr aufs Geld achten mußte, seit sie vor einem Jahr Witwe geworden war und die vier Kinder nun allein versorgen mußte, aber so schlimm war es doch gewiß nicht, daß sie sich Gedanken über die Kosten eines Ferngesprächs machen mußte.

Sie machte eine Notiz für Adam und schrieb auch die Nummer der Zentrale in Pasadena auf, damit er später zurückrufen konnte.

Um zwanzig nach acht rief Adam dann über sein Autotelephon an und sagte, er sei jetzt auf dem Southfield Freeway und auf dem Weg nach Hause. Das bedeutete noch fünfzehn Minuten. Sie hatten vereinbart, daß Erica am frühen Abend immer das Empfangsgerät in der Küche einschaltete, und wenn Adam anrief, dann vergaß er selten das vereinbarte Codewort »aktiviert Olive«. Das sagte er auch jetzt. Es bedeutete, daß er bereit sei, einen Dry Martini anzunehmen, sobald er den Fuß über die Schwelle setzte. Erleichtert und froh darüber, daß sie kein Abendessen gewählt hatte, das durch die lange Verspätung ruiniert worden wäre, stellte Erica zwei Martini-Gläser in den Tiefkühler und begann, die Getränke zu mischen.

Es war noch Zeit genug, rasch ins Schlafzimmer zu gehen, ihre Frisur zu prüfen, den Lippenstift aufzufrischen und das Parfüm zu erneuern – *das* Parfüm. Ein Blick in den hohen Spiegel zeigte ihr, daß der Paisley-Hauspyjama, den sie ebenso sorgsam wie alles andere ausgewählt hatte, noch ebenso gut aussah wie vor Stunden. Als sie Adams Schlüssel im Schloß hörte, lief Erica die Treppen hinab, blödsinnig nervös wie eine junge Braut.

Schuldbewußt trat er ein. »Es tut mir leid, daß ich so spät komme.«

Wie üblich wirkte Adam frisch, überhaupt nicht zerknittert, und sein Blick war klar und energisch, als sei er bereit, mit der Arbeit eines neuen Tages zu beginnen, und nicht, als habe er gerade ein Tagewerk hinter sich. In letzter Zeit hatte Erica allerdings eine gewisse Spannung hinter diesem äußeren Bild wahrgenommen; an diesem Abend war sie nicht sicher.

»Es macht nichts.« Sie überging die Verspätung, als sie ihm einen Kuß gab. Sie wußte, daß nichts so falsch wäre, wie jetzt nach Hausfrauenmanier über die Verspätung zu lamentieren. Zerstreut erwiderte Adam den Kuß und ließ sich dann nicht davon abbringen zu erklären, was ihn aufgehalten hatte, während sie die Martinis im Wohnzimmer einschenkte.

»Elroy und ich waren bei Hub. Hub feuerte eine Breitseite nach der andern ab. Es war nicht gerade der glücklichste Augenblick, die Sitzung zu unterbrechen und zu telephonieren.«

»Breitseiten gegen dich?« Wie jede andere Werksfrau wußte Erica, wer Hub war – Hubbard J. Hewitson, stellvertretender Generaldirektor und Operationschef, ein Kronprinz der Industrie von ungeheurer Machtfülle. Er hatte unter anderem auch die Macht, jeden Direktor des ganzen Werks zu erheben oder zu zerschmettern, ausgenommen nur den Aufsichtsratsvorsitzenden und den Präsidenten. Nur diese beiden waren ihm an Rang überlegen. Es war bekannt, daß Hub allerstrengste Maßstäbe anlegte. Er konnte unbarmherzig sein – und war es auch –, wenn jemand diesen Maßstäben nicht gerecht wurde.

»Zum Teil gegen mich«, sagte Adam. »Zur Hauptsache hat er nur Dampf abgelassen. Morgen ist er darüber hinweg.« Er erzählte Erica von den Zusätzen für den Orion und von den Kosten, die das Donnerwetter – ganz wie von ihm erwartet – ausgelöst hatten. Nach der Rückkehr von dem Versuchsgelände hatte Adam sich bei Elroy Braithwaite gemeldet. Der Vizepräsident für Produktentwicklung hatte entschieden, daß es das beste sei, sofort zu Hub zu gehen und das Feuerwerk hinter sich zu bringen. So geschah es auch.

Wie grob Hub Hewitson auch sein mochte, er war doch auch fair und hatte sich vermutlich damit abgefunden, daß die zusätzlichen Teile und ihre Kosten unumgänglich nötig waren. Adam wußte, daß er draußen auf dem Versuchsgelände die richtige Entscheidung getroffen hatte, aber er spürte noch immer die Spannung in sich, die der Martini nur ein wenig, nicht sehr, lösen konnte.

Er hielt sein Glas zum Nachfüllen hin und sank dann in einen Sessel. »Es ist heute abend verdammt heiß hier drinnen. Warum hast du denn ein Feuer gemacht?«

Er hatte sich neben das Tischchen gesetzt, auf dem einige der Blumen standen, die Erica heute nachmittag gekauft hatte. Adam schob die Vase beiseite, um Platz für sein Glas zu schaffen.

»Ich dachte, ein Feuer würde es gemütlicher machen.«

Er sah sie direkt an. »Was es sonst nicht ist – meinst du das?«

»Das habe ich nicht gemeint.«

»Hättest du vielleicht tun sollen.« Adam stand auf, ging im Zimmer umher, berührte die Dinge, die da waren, vertraute Dinge. Das war eine alte Angewohnheit. Er tat das immer, wenn er keine Ruhe fand. Am liebsten hätte Erica zu ihm gesagt: *Versuch doch mal, mich anzufassen! Ich werde besser reagieren!*

Statt dessen sagte sie: »Übrigens, Kirk hat geschrieben. Der Brief ist an uns beide. Er ist Redakteur für Features an der Universitätszeitung geworden.«

»Hm.« Adams Begeisterung schien nicht übermächtig zu sein.

»Ihm bedeutet das sehr viel.« Sie konnte sich nicht verkneifen hinzuzufügen: »So wichtig wie für dich eine Beförderung.«

Ruckartig drehte Adam sich um. Er stand jetzt mit dem

Rücken zum Feuer. Mit Härte in der Stimme sagte er: »Ich habe es dir ja schon mal gesagt, ich habe mich an den Gedanken gewöhnt, daß Greg Arzt werden will. Es gefällt mir sogar. Es ist nicht einfach, da den Abschluß zu machen. Und später, wenn er Arzt ist, wird er etwas Nützliches tun. Aber erwarte bitte nicht von mir, weder jetzt noch später, daß ich mich freue, wenn Kirk Journalist werden will, oder daß ich mich über irgend etwas freue, was ihm auf dem Weg zu diesem Ziel passiert.«

Es war ein ewiges Thema, und Erica tat es jetzt leid, daß sie es wieder angeschnitten hatte, denn nun war ihr Start erst einmal verdorben. Adams Söhne hatten schon ganz entschiedene Ansichten über ihren künftigen Beruf gehabt, als sie noch gar nicht in ihr Leben getreten war. Aber Erica hatte in allen Gesprächen, die später darüber geführt wurden, die Wahl der Jungen gutgeheißen und unterstützt. Sie hatte keinen Zweifel daran gelassen, wie froh sie war, daß sie Adam nicht in die Automobilindustrie folgen wollten.

Später begriff sie, daß sie unklug gehandelt hatte. Die Jungen wären ohnehin ihren Weg gegangen; sie hatte damit also nur erreicht, bei Adam Erbitterung auszulösen, weil implicite seine eigene Karriere in den Augen seiner Söhne herabgesetzt worden war.

So sanft sie nur konnte, sagte sie jetzt: »Zeitungsschreiber leisten aber doch auch etwas Nützliches.«

Gereizt schüttelte er den Kopf. Die Erinnerung an die Pressekonferenz von heute morgen, die ihm immer weniger gefiel, je mehr er darüber nachdachte, bewegte Adam noch immer. »Wenn du so viel mit Leuten von der Presse zu tun hättest wie ich, würdest du wahrscheinlich anders denken. Das meiste, was sie tun, ist oberflächlich, nicht ausgewogen, voller Vorurteile, während sie Anspruch auf Unparteilichkeit erheben, und es strotzt von Ungenauigkeiten. Die Ungenauigkeiten erklären sie mit dem ewigen Ablieferungsdruck, und diese Ausrede benutzen sie wie ein Krüppel die Krücke. Dem Management der Zeitungen und ihren Schreibern scheint es nicht in den Kopf zu wollen, daß sie wahrscheinlich der Öffentlichkeit einen besseren Dienst erwiesen, wenn sie etwas langsamer wären, wenn sie ihre Fakten mal nachprüften, bevor sie in Blei gegossen werden. Außerdem spielen sie sich als Kritiker auf und als Richter über die Fehler aller Leute, nur nicht über ihre eigenen.«

»Manches davon stimmt«, sagte Erica. »Aber es stimmt nicht für alle Zeitungen und nicht für jeden, der da arbeitet.«

Adam schien durchaus bereit zu einer Auseinandersetzung, die, wie sie spürte, zu einem Streit ausarten könnte. Entschlossen, diese Entwicklung im Keim zu ersticken, ging Erica quer durch das Zimmer und nahm seinen Arm. Sie lächelte. »Wir wollen hoffen, daß Kirk es besser macht als die anderen und daß er dir eine kleine Überraschung bereitet.«

Die körperliche Berührung, die bei ihnen in letzter Zeit so selten geworden war, gab ihr ein wohliges Gefühl, das, wenn es nach ihr ginge, noch viel wohliger werden sollte, bevor dieser Abend zu Ende war. Sie beschwor ihn: »Heben wir uns das für ein anderes Mal auf. Dein Leibgericht wartet.«

»Machen wir's so kurz wir können«, sagte Adam. »Ich habe ein paar Akten, die ich nachher durchsehen muß. Ich möchte so bald wie möglich anfangen.«

Erica ließ seinen Arm los und ging in die Küche. Ob er eigentlich wußte, wie oft er fast die gleichen Worte unter genau den gleichen Umständen gesagt hatte, so oft, daß sie wie eine Litanei klangen?

Adam folgte ihr. »Kann ich irgend etwas tun?«

»Du kannst den Salat anrichten.«

Er tat das schnell und kompetent wie immer und sah dann die Notiz über den Anruf Teresas aus Pasadena. Adam sagte zu Erica: »Fang du nur schon an. Ich will mal eben sehen, was Teresa will.«

Wenn Adams Schwester telephonierte, dann dauerte es meistens seine Zeit, gleichgültig, ob es ein Ferngespräch war oder nicht. »Ich habe jetzt so lange gewartet«, wandte Erica ein, »jetzt will ich nicht alleine essen. Kannst du sie nicht später anrufen? Drüben bei ihr ist es doch erst sechs.«

»Na gut, wenn es wirklich soweit ist.«

Erica hatte keine Minute Zeit vergeudet. Die Öl- und

Buttermischung, die sie im Fonduetopf auf dem Herd vorgewärmt hatte, war fertig. Sie trug den Topf ins Eßzimmer, setzte ihn auf den Ständer und zündete den Trockenbrennstoff darunter an. Alles andere stand schon auf dem Tisch bereit. Es war ein elegantes Bild.

Als sie die Kerzen anzünden wollte, fragte Adam: »Lohnt sich das?«

»Ja.«

Sie zündete alle vorhandenen Kerzen an.

In dem Kerzenschimmer wurde der Wein sichtbar, den Erica wieder hereingebracht hatte. Adam runzelte die Stirn. »Ich dachte, den wollten wir uns für eine besondere Gelegenheit aufheben.«

»Wie besonders soll sie denn sein, die Gelegenheit?«

Adam wußte es. »Nächsten Monat kommen doch die Hewitsons und die Braithwaites.«

»Hub Hewitson kann einen Château Latour nicht von einer Kalten Ente unterscheiden. Vielleicht können wir beide, nur wir beide, ja auch mal eine besondere Gelegenheit sein.«

Adam spießte einen Filetwürfel auf und deponierte ihn in dem Fonduetopf, während er schon mit dem Salat anfing. Nach einer langen Pause sagte er: »Warum läßt du eigentlich keine Gelegenheit aus, um etwas Gehässiges über die Leute zu sagen, mit denen ich zusammenarbeite, oder über meine Arbeit?«

»Tu ich das?«

»Das weißt du ganz genau. Das tust du schon, solange wir verheiratet sind.«

»Vielleicht deshalb, weil ich um jede private Minute kämpfen muß, die wir noch haben.«

Aber sie mußte sich selbst eingestehen: Manchmal warf sie tatsächlich ganz ohne Anlaß mit spitzen kleinen Giftpfeilen, so wie gerade eben wieder, als Hub Hewitson sich als Ziel anbot.

Sie schenkte Adam Wein ein und sagte leise: »Es tut mir leid. Was ich da über Hub geredet habe, war ganz unnötig, und es war snobistisch. Wenn du ihm einen Château Latour geben willst, dann hole ich neuen.« Und ihr schoß der Gedanke durch den Kopf: *Vielleicht kann ich eine Flasche oder auch zwei noch dazu beschaffen, so wie bei dem Parfüm.*

»Ach, laß nur«, sagte er. »Es spielt ja keine Rolle.«

Beim Kaffee murmelte er eine Entschuldigung, stand auf und ging in sein Arbeitszimmer nach oben, um Teresa anzurufen.

»He, großer Boß! Wo hast du denn gesteckt? Hast du deine Anteiloptionen rasch noch mal durchgezählt?« Teresas Stimme drang klar über die dreitausend Kilometer, die zwischen ihnen lagen. Aus ihrer gemeinsamen Kindheit erinnerte sich Adam nur zu deutlich an den Alt der großen Schwester. Teresa war sieben, als Adam geboren wurde. Trotz des Altersunterschiedes hatten sie immer guten Kontakt zueinander gehabt. Und als Adam gerade aus den Kinderschuhen herausgewachsen war, hatte merkwürdigerweise Teresa immer wieder ihren jüngeren Bruder um Rat gefragt und ihn oft genug auch befolgt.

»Du weißt ja, wie es ist, Schwesterchen. Ich bin nun mal unentbehrlich, und da ist es nicht leicht, abends nach Hause zu kommen. Manchmal frage ich, wie die es eigentlich fertiggebracht haben, die Industrie ohne mich in Schwung zu kriegen.«

»Wir sind natürlich alle sehr stolz auf dich«, sagte Teresa. »Die Kinder sprechen oft von Onkel Adam. Sie sagen, daß er eines Tages Präsident des Werkes wird.« Und was man noch anmerken mußte bei Teresa, das war ihre unverhohlene Freude über den Erfolg ihres Bruders. So hatte sie schon immer auf seine Fortschritte und Beförderungen reagiert, mit sehr viel mehr Begeisterung – das mußte er widerstrebend zugeben –, als Erica je aufgebracht hatte.

Er fragte: »Wie geht es dir denn so, Schwesterchen?«

»Ziemlich einsam.« Eine Pause. »Du hast eine andere Antwort erwartet?«

»Nein, im Grunde nicht. Ich hatte nur gedacht, ob nicht mittlerweile . . .«

». . . jemand anders aufgetaucht sei?«

»So ungefähr.«

»Ein paar schon. So 'ne richtige ausgetrocknete alte Witwe bin ich ja noch nicht.«

»Das weiß ich doch.«

Und es stimmte. Obwohl ihr fünfzigster Geburtstag nur noch ein oder zwei Jahre entfernt war, konnte Teresa sich sehen lassen – eine imponierende Gestalt von klassischer Schönheit, und sexy war sie auch.

»Nur, weißt du, wenn man zweiundzwanzig Jahre lang einen Mann gehabt hat – einen wirklichen Mann –, dann fängt man an, die andern mit ihm zu vergleichen. Und dabei kommen sie dann nicht gut weg.«

Teresas Mann, Clyde, war Steuerberater gewesen, ein Mann von hoher Intelligenz und vielen Interessen. Vor einem Jahr war er bei einem Flugzeugunglück ums Leben gekommen und hatte seine Witwe mit den vier kleinen Kindern hinterlassen, die sie nach langen Jahren ihrer Ehe adoptiert hatten. Teresa hatte ihr ganzes Leben umstellen müssen, sowohl psychologisch als auch finanziell, und gerade um dieses Gebiet hatte sie sich nie viel gekümmert.

Adam fragte: »Wie ist es mit dem Geld – alles in Ordnung?«

»Ich denke doch. Aber deshalb habe ich dich angerufen. Manchmal wünsche ich mir, daß du nicht so weit weg wärst.«

Obwohl Adams verstorbener Schwager ausreichend Vorsorge für seine Familie getroffen hatte, waren seine finanziellen Angelegenheiten bei seinem Tode doch recht ungeordnet gewesen. So gut er es aus der Ferne vermochte, hatte Adam Teresa dabei geholfen, sie zu entwirren.

»Wenn du mich wirklich brauchst«, sagte Adam, »dann kann ich für einen Tag oder zwei rüberfliegen.«

»Nein. Du bist schon genau da, wo ich dich brauche – in Detroit. Ich mache mir Sorgen wegen des Geldes, das Clyde bei Stephensen Motors angelegt hat. Es bringt Zinsen, aber es ist doch eine Menge Kapital – fast alles, was wir haben –, und ich frage mich immer wieder: Soll ich es lassen, wo es ist, oder soll ich die Aktien verkaufen und das Geld sicherer anlegen?«

Adam kannte den ganzen Hintergrund. Teresas Mann

hatte sich für Autorennen begeistert, und im Süden Kaliforniens kannte man ihn auf jedem Rennplatz. Viele Rennfahrer waren mit ihm befreundet. Einer davon war Smokey Stephensen, ein Mann, der über Jahre hinweg einen Sieg nach dem anderen errang und der, was ganz ungewöhnlich war für Leute seiner Art, seine Siegesprämien zusammengehalten und sich schließlich mit dem größten Teil seines Geldes aus dem aktiven Rennsport zurückgezogen hatte. Unter kluger Nutzung seines Namens und seines Prestiges hatte Smokey Stephensen später einen Vertrag mit Adams Werk geschlossen und eine große Autohandlung in Detroit aufgemacht. Teresas Mann wurde stiller Partner des ehemaligen Rennfahrers und brachte fast die Hälfte des erforderlichen Kapitals auf. Die Anteile an dem Geschäft gehörten jetzt Teresa, der Clyde sie testamentarisch vermacht hatte.

»Du bekommst Geld aus Detroit – von Stephensen?«

»Ja. Die genauen Zahlen habe ich nicht im Kopf, ich müßte sie dir schreiben. Aber die Steuerberater, die Clydes Büro übernommen haben, meinen, es sei ein recht vernünftiger Ertrag. Ich mache mir trotzdem Sorgen. Ich lese da andauernd, daß es riskant sei, Geld in Autohandlungen anzulegen, manche seien auch schon bankrott. Wenn Stephensen das passierte, dann könnte es schwierig werden für die Kinder und mich.«

»So etwas kann natürlich passieren«, sagte Adam. »Aber wenn du schon das Glück hast, Anteile an einer guten Autohandlung zu besitzen, könnte es ein schwerer Fehler sein, sie zu verkaufen.«

»Das ist mir klar. Deshalb brauche ich ja jemanden, der mir raten kann, jemanden, dem ich vertraue. Adam, gern bitte ich dich nicht darum, denn ich weiß ja, daß du deine Zeit auch nicht gestohlen hast. Aber könntest du dir den Smokey Stephensen nicht mal ansehen, herauskriegen, wie es um ihn bestellt ist, dir eine Meinung darüber bilden, wie der Laden steht und mir dann sagen, was ich tun soll? Vielleicht erinnerst du dich – wir haben schon mal darüber gesprochen.«

»Ich weiß. Und ich glaube, ich hab' es dir damals schon erklärt. Kein Automobilwerk erlaubt es seinen Angestellten, sich mit Vertragshändlern einzulassen. Bevor ich irgend etwas unternehmen könnte, müßte ich die Sache dem Ausschuß für Interessenkonflikte vortragen.«

»Wäre das sehr umständlich? Wäre es dir unangenehm?«

Adam zögerte. Die Antwort lautete: Ja, es würde ihm unangenehm sein. Wenn er Teresas Bitte gewissenhaft erfüllen wollte, dann würde das bedeuten, daß er sich die Vertragshandlung Stephensen, ihre Bücher und ihre ganze Arbeitsweise und Organisation genau ansehen müßte. Teresa würde Adam die erforderliche Vollmacht erteilen, aber ganz anders sah die Sache natürlich vom Standpunkt des Automobilwerks aus. Bevor Adam sich eingehend mit einem Vertragshändler beschäftigen konnte, gleich, aus welchen Gründen er das tat, mußte er genau erklären, was er da im Sinn hatte und warum. Elroy Braithwaite mußte informiert werden, wahrscheinlich auch Hub Hewitson, und sicher war keiner von beiden begeistert. Die Gründe dafür waren ganz einfach. Ein leitender Angestellter von Adams Rang befand sich in einer Position, in der er einem Händler finanzielle Vorteile zuschanzen könnte. Aus diesem Grunde bestanden in allen Automobilwerken strenge Regeln über Fremdinteressen auf diesem und manchem anderen Gebiet. Ein ständiger Ausschuß für Interessenkonflikte prüfte solche Angelegenheiten und befaßte sich auch mit den persönlichen Investierungen von Werksangestellten und deren Angehörigen, die in jedem Jahr auf einem Formblatt – ähnlich einer Einkommensteuererklärung – gemeldet werden mußten. Es gab Leute, die sich darüber ärgerten. Sie investierten dann unter dem Namen ihrer Frau oder ihrer Kinder und hielten es geheim. Aber im Grunde waren die Vorschriften ganz vernünftig, und die Direktoren und höheren Angestellten hielten sich daran.

Na, da werde ich wohl vor den Ausschuß ziehen müssen, dachte Adam, und dort meine Gründe erläutern. Schließlich hatte er selbst keinen Gewinn zu erwarten; er wollte ja nur die Interessen einer Witwe und ihrer kleinen Kinder wahrnehmen. Seine Bitte an den Ausschuß würde also erkennbar altruistischen Motiven entspringen. Je mehr er darüber nachdachte, um so weniger rechnete er mit Schwierigkeiten.

»Ich werde mal sehen, was ich da machen kann, Schwesterchen«, sagte Adam ins Telephon. »Ich werde morgen im Werk die Sache ins Rollen bringen. Es wird dann wohl acht oder vierzehn Tage dauern, bis ich die Genehmigung bekomme. Du verstehst, daß ich sonst nichts unternehmen kann.«

»Ja, natürlich. Und die paar Tage machen nun auch nichts mehr aus. Wenn ich nur weiß, daß du dich darum kümmern willst.« Teresas Stimme klang erleichtert. Er sah sie vor sich, das kleine, konzentrierte Stirnrunzeln, das sie hatte, wenn sie sich mit einer schwierigen Angelegenheit befassen mußte, war jetzt wahrscheinlich wieder weg und ersetzt durch ein strahlendes Lächeln von jener Art, bei dem einem Mann ganz warm ums Herz wurde. Adams Schwester gehörte zu den Frauen, die sich gern auf eine Mannsperson verließen, wenn es um schwierige Entscheidungen ging. Allerdings war sie im vergangenen Jahr gezwungen gewesen, eine ungewohnt große Zahl solcher Entscheidungen selbst zu treffen.

Adam fragte: »Wie viele Anteile an Stephensen Motors hat Clyde denn gehabt?«

»Es waren neunundvierzig Prozent, und ich habe sie noch alle. Clyde hat sich mit ungefähr zweihundertvierzigtausend Dollar beteiligt. Deshalb mache ich mir solche Sorgen.«

»Stand Clydes Name auf dem Händlervertrag?«

»Nein. Nur Smokey Stephensens.«

Er instruierte sie: »Du solltest mir alle Unterlagen schikken, auch eine Aufstellung der Dividenden, die du bisher bekommen hast. Schreib auch an Stephensen. Teile ihm mit, daß er wahrscheinlich bald von mir hören wird und daß du mir Vollmacht erteilt hast, meine Nase in die ganze Angelegenheit zu stecken. Okay?«

»Das werde ich tun. Und vielen Dank, lieber Adam; vielen, vielen Dank. Bitte, grüße Erica von mir. Wie geht's ihr?«

»Oh, ihr geht's gut.«

Erica hatte den Tisch abgeräumt und saß mit untergeschlagenen Beinen auf dem Sofa im Wohnzimmer, als Adam zurückkam.

Sie zeigte auf einen kleinen Tisch. »Ich habe frischen Kaffee gemacht.«

»Danke.« Er goß sich eine Tasse ein und ging dann in die Halle, um seine Aktentasche zu holen. Als er zurückkam, ließ er sich in einen Sessel neben dem Kamin sinken. Das Feuer war fast heruntergebrannt. Er öffnete die Aktentasche und fing an, Papiere herauszuholen.

Erica fragte: »Was wollte Teresa denn?«

In knappen Worten erklärte Adam ihr, worum seine Schwester ihn gebeten und wozu er sich bereit erklärt hatte.

Er bemerkte, daß Erica ihn ungläubig anstarrte. »Wann willst du das denn alles tun?«

»Ja, das weiß ich nicht. Ich werde mir die Zeit nehmen müssen.«

»Aber wann? Ich möchte wissen, wann?«

Eine Spur gereizt erwiderte Adam: »Wenn man einmal beschlossen hat, etwas zu tun, dann findet sich die Zeit immer.«

»Die Zeit findest du nicht.« Ericas Stimme war von einer Intensität, die ihr vorher gefehlt hatte. »Du nimmst die Zeit einer anderen Sache, einer anderen Person weg. Bedeutet das nicht, daß du den Händler viele Male besuchen mußt? Du mußt Leute ausfragen. Du mußt dich über die Geschäftsgänge informieren. Ich weiß ja, wie du so etwas machst – immer gleich, nämlich gründlich. Es wird dich also eine Menge Zeit kosten. Oder vielleicht nicht?«

Er gab zu: »Ja, ich glaub schon.«

»Wirst du es während der Arbeitszeit tun? Am Tag, in der Woche?«

»Wahrscheinlich nicht.«

»Es bleiben also die Abende und die Wochenenden. Autohändler haben dann auch geöffnet, nicht wahr?«

Kurz angebunden sagte Adam: »Sonntags nicht.«

»Na, hurra!« Erica hatte heute abend so nicht sein wollen. Sie hatte geduldig sein wollen, voller Verständnis und Liebe, aber plötzlich überkam die Bitterkeit sie. Hitzig redete sie weiter, wohl wissend, daß es besser wäre, zu schweigen, aber sie konnte es nicht. »Vielleicht *wird* dieser Händler seinen Laden auch sonntags aufmachen, wenn du ihn nur hübsch bittest und wenn du ihm erklärst, daß du immer noch ein bißchen Zeit übrig hast, die du sonst zu Hause bei deiner Frau verbringen müßtest, und daß du diesen Rest an Zeit lieber auch mit Arbeit ausfüllen möchtest.«

»Hör mal«, sagte Adam, »das ist doch keine Arbeit, und wenn ich die Wahl hätte, würde ich es auch nicht tun. Ich tue es doch nur für Teresa.«

»Wie wär's denn damit, mal ganz einfach etwas für Erica zu tun? Oder wäre das zuviel verlangt? Wart mal! Warum nimmst du dir eigentlich den Urlaub nicht auch noch, um zu arbeiten, dann könntest du doch . . .«

»Sei doch nicht albern.« Adam hatte die Papiere aus der Mappe genommen und sie im Halbkreis um sich herum ausgebreitet. Wie ein Hexenkreis im Gras, dachte Erica. Nur die Gesalbten dürfen ihn überschreiten, die Verhexten. Selbst Stimmen, die in den magischen Zirkel eindrangen, wurden verzerrt, wurden mißverständlich, wurden entstellt, weil die Worte plötzlich eine ganz neue, verdrehte Bedeutung bekamen . . .

Adam hatte recht. Sie *war* albern. Und nun fing sie auch noch an zu spinnen.

Sie trat hinter ihn, dachte immer noch an den Halbkreis und mied diese Grenze, wie spielende Kinder die Fugen der Fliesen im Fußweg meiden.

Leicht legte Erica ihre Hände auf Adams Schultern, leicht schmiegte sie ihr Gesicht an seine Wange. Er berührte eine ihrer Hände.

»Ich konnte es meiner Schwester nicht ausschlagen.« Adams Stimme klang versöhnlich. »Wie konnte ich das auch. Wäre es anders herum, dann hätte Clyde für dich ebensoviel getan. Oder mehr.«

Ganz plötzlich, ganz unerwartet hatte sich die Stimmung geändert. Sie spürte es deutlich. Sie dachte: Es gibt also doch einen Weg in den Hexenzirkel hinein. Vielleicht bestand der Trick darin, diesen Weg nicht angestrengt zu suchen, dann würde man ihn finden, nur dann.

»Ich weiß«, sagte Erica. »Und ich bin sehr dankbar dafür,

daß es *nicht* anders herum ist.« Wie befreit kam sie sich vor, befreit aus ihrer eigenen Dummheit, in der sie noch Sekunden vorher befangen gewesen war, sie spürte, daß sie ganz unvermutet in einen Augenblick der Nähe und der Zärtlichkeit hineingestolpert war. Leise fuhr sie fort: »Es ist doch nur, daß ich mir manchmal wünsche, es wäre zwischen dir und mir noch alles so, wie es zu Anfang gewesen ist. Ich habe dich doch wirklich nur noch selten.« Ganz leicht kratzte sie mit ihren Fingernägeln die Haut um seine Ohren, was sie früher oft getan hatte, aber nun schon sehr lange nicht mehr. »Ich habe dich doch immer noch lieb.« Und sie spürte die Versuchung hinzuzufügen: *Bitte, bitte, schlaf heute nacht mit mir.* Aber sie sagte es nicht.

»Ich bin auch nicht anders geworden«, sagte Adam. »Warum sollte ich. Und ich weiß ja, was du meinst mit der Zeit, die uns bleibt. Vielleicht werden wir mehr Zeit haben, wenn der Orion erst mal auf dem Markt ist.« Aber das klang nicht überzeugend. Sie beide wußten ja schon, daß nach dem Orion der Farstar kommen würde, und sehr wahrscheinlich würde dieser Wagen noch größere Anforderungen stellen. Unwillkürlich wanderte Adams Blick zurück zu den Papieren, die vor ihm ausgebreitet lagen.

Erica befahl sich selbst: *Nicht so eilig! Setze ihn nicht zu sehr unter Druck!* Sie sagte: »Ich glaube, ich geh ein bißchen spazieren, während du das da erledigst. Ich möchte ganz gern ein bißchen an die Luft.«

»Soll ich mitkommen?«

Sie schüttelte den Kopf. »Mach du lieber das da fertig.« Wenn er die Arbeit jetzt liegen ließe, das wußte sie, dann würde er sich entweder am späten Abend wieder daran setzen, oder er würde am nächsten Morgen lächerlich früh aufstehen.

Adam wirkte erleichtert.

Draußen wickelte Erica sich fest in die Wildlederjacke ein, die sie übergezogen hatte, und marschierte mit weit ausgreifenden Schritten los. Sie hatte ein Kopftuch umgebunden. Die Luft war kalt, aber der Wind, der den ganzen Tag über durch die Autostadt gefegt war, hatte sich gelegt. Erica ging gern im Dunkeln spazieren. Das hatte sie schon auf den Bahamas getan, und sie tat es hier weiter, auch wenn Freunde und Nachbarn sie manchmal warnten, weil die Kriminalität in Detroit in den letzten Jahren alarmierend zugenommen hatte: Jetzt gab es sogar schon im vorstädtischen Birmingham und in Bloomfield Hills – die einst als fast verbrechensfreie Zonen galten – Handtaschendiebstähle und bewaffnete Raubüberfälle.

Aber Erica nahm lieber das Risiko auf sich und ging spazieren.

Obwohl es eine dunkle Nacht war, die Sterne und der Mond verborgen hinter Wolken, kam von den Häusern am Quarton Lake genügend Licht, so daß Erica ihren Weg deutlich sehen konnte. Als sie an den Häusern vorüberging und manchmal Gestalten hinter den Fenstern wahrnahm, dachte sie über diese anderen Familien nach und deren eigene Welt, die Vorstellungen dieser Leute, ihre Mißverständnisse, Konflikte, Probleme. Die hatten sie natürlich alle, und die Unterschiede zwischen ihnen waren nur Unterschiede des Grades und der Intensität. Dann kehrte sie zu dem ihr wichtigsten Punkt zurück und fragte sich: Wie mochte es jenseits dieser anderen Mauern in den Ehen aussehen, verglichen mit ihrer eigenen?

Die meisten Nachbarn hatten ebenfalls mit Autos zu tun, und bei denen schien es heutzutage zur Routine geworden zu sein, Ehepartner abzuschaffen. Die amerikanischen Steuergesetze ebneten den Weg, und manch hochbezahlter Manager hatte entdeckt, daß er seine Freiheit haben konnte, indem er hohe Unterhaltsgelder zahlte, die ihn fast nichts kosteten. Die Unterhaltsgelder wurden von der Spitze seines Gehalts abgekappt, so daß er sie nun einfach seiner ehemaligen Frau zahlte und nicht mehr der Regierung in Form von Einkommensteuern.

Es gab ein paar Leute in der Industrie, die das sogar schon zweimal gemacht hatten.

Aber man hörte natürlich immer nur von den gescheiterten Ehen. Es gab ja genügend andere – dauerhafte Liebesgeschichten, die allen Wettern standgehalten hatten. Erica dachte an Namen, die sie gelernt hatte, seit sie nach Detroit gekommen war: Sie dachte an die Riccardos, die Gerstenbergs, die Knudsens, die Iacoccas, Roches, Brambletts, viele andere. Es hatte auch berühmte zweite Ehen gegeben: die Henry Fords, Ed Coles, Roy Chapins, Bill Mitchells, Pete und Connie Estes, die John DeLoreans. Wie immer, so kam es auch hier ganz auf die einzelnen Menschen an.

Erica ging eine halbe Stunde. Auf dem Weg nach Hause begann ein weicher Regen zu fallen. Sie hielt ihr Gesicht in den Regen, bis es ganz naß war und die Regentropfen darüber hinliefen. Es war tröstend.

Sie ging hinein, ohne Adam zu stören, der noch immer, ganz versunken in seinen Papieren, im Wohnzimmer saß. Oben trocknete Erica sich das Gesicht ab, kämmte ihr Haar durch, zog sich aus und schlüpfte in das Nachthemd, das sie an diesem Tag gekauft hatte. Sie betrachtete sich kritisch und stellte fest, daß ihr das durchsichtige Nylon in Beige noch vorteilhafter stand, als sie es im Laden erwartet hatte. Sie legte den orangefarbenen Lippenstift auf und nahm dann reichlich Norell.

Von der Tür des Wohnzimmers aus fragte sie Adam: »Bleibst du noch lange?«

Er blickte auf und dann wieder auf den blauen Aktendekkel, den er in der Hand hielt. »Vielleicht noch eine halbe Stunde.«

Adam schien das durchsichtige Nachthemd nicht bemerkt zu haben. Es konnte wohl nicht mit dem Aktendeckel konkurrieren, auf dem in großen Lettern stand: *Statistische Projektion der Automobil- und Lastwagen-Registrierungen nach Staaten.* In der Hoffnung, daß sich das Parfüm als wirkungsvoller erweisen möge, trat Erica hinter seinen Sessel, wie sie es vorhin schon einmal getan hatte, aber es geschah nicht mehr als ein flüchtiger Kuß und ein gemurmeltes: »Gute Nacht, warte nicht auf mich.« Ebensogut, dachte sie, hätte sie sich auch Kampferöl über den Kopf schütten können.

Sie ging zu Bett und lag da, die Decke zurückgeschlagen, und ihr sexuelles Verlangen wuchs, je länger sie wartete. Wenn sie die Augen schloß, konnte sie Adam über sich sehen . . .

Erica machte die Augen auf. Die Uhr auf dem Nachttisch sagte ihr, daß nicht eine halbe Stunde, sondern daß fast zwei Stunden vergangen waren. Es war ein Uhr.

Bald darauf hörte sie, wie Adam die Treppe heraufkam. Er kam herein, sagte gähnend: »Gott, bin ich müde«, zog sich schläfrig aus, kletterte ins Bett und war fast augenblicklich eingeschlafen.

Schweigend lag Erica neben ihm. Für sie war der Schlaf noch fern. Nach einer Weile war es ihr, als ginge sie draußen durch die Nacht, als spüre sie wieder den weichen Regen in ihrem Gesicht.

9

Am Tage, nachdem es Adam und Erica Trenton nicht gelungen war, die immer breiter werdende Kluft zwischen ihnen zu überbrücken, nachdem Brett DeLosanto seinen Glauben an den Orion erneuert, aber über sein Schicksal als Künstler nachgedacht hatte, nachdem Barbara Zaleski ihre Enttäuschung durch den Nebel von Martinis betrachtet hatte und nachdem Matt Zaleski, Boß einer Fabrik und ihr Vater, einen weiteren Tag im Schnellkocher seiner Welt überlebt hatte, spielte sich in der Innenstadt von Detroit ein minderes Ereignis ab, ohne jeden Zusammenhang mit jenen fünf, das sich aber in den kommenden Monaten auf sie alle auswirken und sie in ihren Handlungen beeinflussen sollte.

Zeit: 20.30 Uhr. *Ort:* Stadtkern, Third Avenue unweit Brainard. Ein leerer Streifenwagen der Polizei parkte am Straßenrand.

»An die Wand mit deinem schwarzen Arsch«, befahl der weiße Polizist. Er hatte eine Taschenlampe in der einen Hand und eine Pistole in der anderen. Er ließ den blendenden Strahl der Lampe von unten nach oben über Rollie Knight gleiten, der zu blinzeln begann, als das Licht seine Augen erreicht hatte und dort blieb.

»Jetzt dreh dich um. Hände über den Kopf. Tempo! – Du verdammter Galgenvogel.«

Während Rollie Knight sich umdrehte, sagte der weiße Polizist zu seinem Kollegen, einem Neger: »Los, taste das Schwein ab.«

Der junge, schäbig gekleidete Schwarze, den die Polizisten angehalten hatten, war ziellos über die Third geschlendert, als der Streifenwagen neben ihm hielt und die beiden Insassen mit gezogener Pistole heraussprangen. Jetzt protestierte er: »Was hab' ich denn getan?«, dann kicherte er, als die Hände des zweiten Polizisten über seine Beine nach oben und dann über seinen Leib glitten. »He, Mann, oh, Mann, das kitzelt!«

»Halt die Schnauze!« sagte der weiße Polizist. Er war ein alter Hase in dem Job, seine Augen waren hart, und er hatte einen mächtigen Bauch. Der Bauch kam von jahrelangem Herumfahren in Streifenwagen. Er hatte alle seine vielen Runden überlebt, und wenn er auf einer Runde unterwegs war, dann ließ seine Wachsamkeit keine Minute nach.

Der schwarze Polizist, um mehrere Jahre jünger und noch ziemlich neu bei der Polizei, ließ die Hände sinken. »Er ist okay.« Als er zurücktrat, fragte er leise: »Was hat denn die Farbe seines Arsches damit zu tun?«

Der weiße Polizist machte ein verdutztes Gesicht. In der Eile hatte er ganz vergessen, daß sein gewohnter Kollege, ein Weißer, sich heute krank gemeldet hatte und daß ein schwarzer Beamter seinen Platz eingenommen hatte.

»Verflucht noch mal«, sagte er hastig. »Nun komm bloß nicht auf blöde Gedanken. Du hast zwar dieselbe Farbe wie der da, aber sonst hast du doch mit dem Kerl nichts zu tun.«

Der schwarze Polizist sagte trocken: »Danke.« Er wollte noch mehr sagen, tat es aber nicht. Statt dessen sagte er zu dem Mann an der Wand: »Du kannst die Arme wieder runternehmen. Dreh dich um.«

Der Mann gehorchte, und mit schnarrender Stimme fragte der weiße Polizist: »Wo bist du die letzte halbe Stunde gewesen, Knight?« Er kannte Rollie Knight, nicht nur, weil er ihn oft in dieser Gegend gesehen hatte, sondern auch aus den Polizeiakten, in denen zwei Gefängnisstrafen vermerkt waren, und die eine davon hatte damit begonnen, daß dieser Beamte den Mann verhaftete.

»Wo ich war?« Der junge Schwarze hatte sich von seinem ersten Schreck erholt. Obwohl seine Wangen eingefallen waren und er einen unterernährten und ziemlich wackligen Eindruck machte, war nichts Schwaches in seinen Augen. Aus ihnen sprach blanker Haß. »Ich hab' 'ne weiße Puppe gevögelt. Weiß nicht, wie sie heißt, aber sie sagt, ihr Alter is' 'n fettes weißes Schwein, kriegt ihn nicht hoch. Kommt immer her, wenn sie's mal von einem Mann braucht.«

Der weiße Polizist trat einen Schritt vor. Die Adern in seinem Gesicht schwollen rot an. Seine Absicht war es, den Lauf seiner Pistole quer über das herausfordernde Gesicht zu schlagen, aus dem soviel Hohn und Verachtung sprachen. Nachher konnte er leicht behaupten, daß Knight ihn zuerst geschlagen und daß er in Notwehr gehandelt habe. Sein Kollege würde die Darstellung bestätigen, wie sie immer füreinander aussagten, aber heute abend – das fiel ihm plötzlich wieder ein –, heute abend war sein Kollege ja einer von *denen,* und wer weiß, vielleicht war der ja gemein genug, um später Spirenzchen zu machen. Deshalb nahm der Polizist sich zusammen. Es würde sich schon später noch 'ne Gelegenheit ergeben, das würde dieser Frechdachs von einem Nigger schon noch merken.

Der schwarze Polizist fuhr Rollie Knight an: »Nun treib's mal nicht zu weit. Sag uns, wo du warst.«

Der junge Neger spie auf den Fußweg. Polizisten waren Feinde, ganz gleich, welche Hautfarbe sie hatten, und ein schwarzer Polizist war noch schlimmer, denn der war ein Lakai von *denen.* Aber er antwortete: »Da drinnen«, und er zeigte hinüber zu einer Kellerkneipe auf der anderen Straßenseite.

»Wie lange?«

»Eine Stunde. Vielleicht auch zwei. Vielleicht drei.« Rollie Knight zuckte die Achseln. »Wer guckt schon auf die Uhr?«

Der schwarze Polizist fragte seinen Kollegen: »Soll ich nachfragen?«

»Nee, wäre Zeitverschwendung. Die würden ja doch bloß sagen, daß er da war. Verdammte Lügner sind das, einer wie der andere.«

Der schwarze Beamte sagte: »Um in dieser Zeit von West Grand und der Second herzukommen, müßte er sowieso Flügel haben.«

Der Ruf war vor ein paar Minuten über Sprechfunk gekommen. Raubüberfall in der Nähe des Fisher Building, achtzehn Straßenblocks entfernt. Es war gerade erst passiert. Zwei Verdächtige waren in einem Auto neueren Modells geflohen.

Sekunden später hatten die beiden von ihrem Streifenwagen aus Rollie Knight allein in der Third Avenue gesehen. Die Wahrscheinlichkeit, daß ein einzelner Fußgänger, hier in dieser Gegend, etwas mit dem Raubüberfall drüben in der Stadt zu tun haben sollte, war minimal. Aber als der weiße Polizist Rollie Knight erkannte, schrie er seinem Kollegen zu, er solle sofort anhalten. Dann sprang er aus dem Wagen, so daß sein Kollege keine andere Wahl hatte, als zu folgen. Der schwarze Beamte wußte, warum sie das getan hatten. Der Ruf von dem Raubüberfall lieferte die Ausrede, »anzuhalten und abzutasten«, und der andere Beamte genoß es, Leute anzuhalten und ihnen die Hölle heiß zu machen, wenn er wußte, daß ihm niemand Scherereien machen konnte. Natürlich war es ein Zufall, daß es ausnahmslos Schwarze waren, über die er sich hermachte.

Es gab da Beziehungen, glaubte der schwarze Beamte, zwischen der Boshaftigkeit und der Brutalität seines Gefährten – die übrigens bei der Polizei allgemein bekannt waren – und der Angst, die ihn gepackt hielt, wenn er im Ghetto Dienst tat. Die Angst hat ihren eigenen Gestank, und der schwarze Polizist hatte das deutlich gerochen bei dem Weißen neben sich, als der Raubüberfall gemeldet wurde, als sie aus dem Auto gesprungen waren und auch jetzt in diesem Moment. Die Angst konnte einen Bösen böser machen, und sie tat das auch. Und wenn er dazu noch Macht hatte, konnte er zum Wilden werden.

Nicht etwa, daß Angst in dieser Gegend völlig unangebracht gewesen wäre. Ein Detroiter Polizist, der keine Angst kannte, hätte dadurch nur bewiesen, daß er die Situation nicht begriffen hatte und keine Phantasie besaß. In der Innenstadt, wo die Kriminalität vermutlich die höchste in den ganzen Vereinigten Staaten war, dienten die Polizisten als Ziel – immer des Hasses, oft der Ziegelsteine und Messer und Kugeln. Wo es nur von der eigenen Wachsamkeit abhing, ob man am Leben blieb, war ein gewisses Maß an Angst eine sehr vernünftige Sache; das gleiche galt für Mißtrauen, Vorsicht und blitzschnelles Handeln, wenn die Gefahr sich zeigte oder sich zu zeigen schien. Es war wie in einem Krieg, mit der Polizei ständig in der Schußlinie. Und wie in jedem Krieg, so wurden auch hier die schönen Seiten des menschlichen Verhaltens – Höflichkeit, Psychologie, Toleranz, Freundlichkeit – als unwesentlich beiseite gedrängt, so daß der Krieg sich noch verschärfte, während die Antagonismen – oft nur zu begründet auf beiden Seiten – sich in alle Ewigkeit fortpflanzten und sich vermehrten.

Ein paar Polizisten aber, das wußte der schwarze Beamte, lernten es, mit der Angst zu leben und dennoch anständige Menschen zu bleiben. Das waren die Männer, die das Wesen der Zeit begriffen hatten, die Stimmung der Schwarzen, ihre immer neuen Enttäuschungen, die lange Geschichte der Ungerechtigkeiten, die hinter ihnen stand. Diese Sorte von Polizisten – ob es schwarze waren oder weiße – konnten ein bißchen zur Entschärfung der Kriegssituation beitragen; wieviel sie aber tun konnten, das ließ sich schwer beurteilen, denn sie befanden sich nicht in der Mehrheit.

Die Gemäßigten zur Mehrheit zu machen und das Niveau der Detroiter Polizei ganz allgemein zu heben, waren die erklärten Ziele eines vor kurzem neu ernannten Polizeichefs. Aber zwischen dem Chef und seinen Zielen stand die physische Präsenz eines zahlenmäßig starken Kontingents von Beamten, die aus Angst oder aus fest verwurzeltem Vorurteil ganz unverhohlen von Rassenhaß erfüllt waren, wie dieser weiße Polizist hier.

»Wo arbeitest du, du Krümel?« fragte er Rollie Knight.

»Ich bin da ganz wie Sie. Ich arbeite nich', ich vertreib mir bloß die Zeit.«

Wieder schwoll das Gesicht des Polizisten vor Wut an. Der schwarze Polizist wußte, wäre er nicht da, dann hätte sein Kollege mit der geballten Faust in dieses hohlwangige junge schwarze Gesicht geschlagen, das ihn da höhnisch angrinste.

Der schwarze Polizist sagte zu Rollie Knight: »Hau ab! Du quasselst mir zuviel.«

Als sie wieder im Streifenwagen saßen, tobte der andere Polizist: »Ich werde mir den Kerl noch kaufen, so wahr ich hier sitze und Gott fürchte!«

Der schwarze Beamte dachte: *Und das wirst du auch tun, wahrscheinlich morgen oder am nächsten Tag, wenn du deinen gewohnten Spießgesellen wieder bei dir hast, und er wird in die andere Richtung gucken, wenn du ihn zusammenschlägst oder ihn wegen einer Sache festnimmst, die erstunken und erlogen ist.* Eine Vendetta dieser Art war überhaupt nichts Ungewöhnliches.

Aus einem plötzlichen Impuls heraus sagte der schwarze Polizist, der am Steuer saß: »Moment mal. Ich bin gleich wieder da.«

Als er ausstieg, war Rollie Knight fünfzig Meter weit weg.

»He, du!« Als der junge Mann sich umdrehte, winkte der Beamte und ging ihm dann entgegen.

Der schwarze Beamte beugte sich Rollie Knight zu. Seine Haltung war drohend. Aber mit leiser und ruhiger Stimme sagte er: »Mein Partner hat dich aufs Korn genommen. Er will dich fertigmachen, und er wird dich kriegen. Du bist ein blöder Hund, hier so dämlich zu quatschen, und ich schulde dir weiß Gott keinen Gefallen. Aber trotzdem, ich warne dich: Laß dich nicht blicken, oder noch besser – verdufte aus der Stadt, bis der Mann sich wieder beruhigt hat.«

»Ein Judas Nigger Bulle! Warum soll ich mir von dir was anhören?«

»Dafür ist nicht der geringste Grund vorhanden.« Der Polizist zuckte mit den Schultern. »Soll also kommen, was kommt. Mein Fell brauch ich ja nicht hinzuhalten.«

»Wie soll ich denn verduften? Wo nehm ich die Räder her, wo den Zaster?« Obwohl er das höhnisch sagte, klang es doch um einen Ton weniger feindselig.

»Dann bleib. Aber laß dich nicht blicken.«

»Das ist leicht gesagt hier, Mann.«

Ja, aber schwer getan. Das wußte der schwarze Polizist ganz genau. Es war nicht leicht, unbemerkt zu bleiben, jeden langen Tag und jede Nacht lang, wenn jemand nach einem Ausschau hielt und wenn andere wußten, wo man war. Nachrichten waren billig, wenn man die Schliche und Kanäle der Innenstadt genau kannte; da genügte der Preis einer Spritze, das Versprechen einer kleinen Vergünstigung, selbst eine Drohung von der richtigen Art. Die Loyalität war kein Pflänzchen, das hier gedieh. Aber woanders zu sein, Abwesenheit wenigstens für einen Teil des Tages, das konnte helfen. Der Polizist fragte: »Warum arbeitest du nicht?«

Rollie Knight grinste. »Du hast doch gehört, was ich zu deinem Schwein von einem Freund ...«

»Spar dir das Gequatsche. Willst du Arbeit?«

»Vielleicht.« Aber hinter diesem Eingeständnis stand die Gewißheit, daß es nicht viele Jobs für Vorbestrafte wie Rollie Knight gab.

»Die Autowerke stellen jetzt ein«, sagte der schwarze Polizist.

»Weiße Scheißer.«

»Da arbeiten viele Schwarze.«

Brummig sagte Rollie Knight: »Ich hab's mal versucht. Irgendein weißer Drecksack hat nein gesagt.«

»Versuch's noch einmal. Hier.« Der schwarze Polizist zog eine Karte aus einer Tasche seines Uniformrocks. Sie war ihm am Tag zuvor von einem Mann im Einstellungsbüro des Werkes, den er kannte, gegeben worden. Auf der Karte standen die Adresse eines Zweigbüros, ein Name, Öffnungszeiten.

Rollie Knight zerknüllte die Karte und schob sie in eine Tasche. »Wenn mir mal danach ist, Baby, werde ich drauf pissen.«

»Wie du willst«, sagte der schwarze Polizist. Er ging zum Wagen zurück.

Sein weißer Kollege sah ihn mißtrauisch an. »Was haste denn da mit ihm gequatscht?«

Er antwortete kurz: »Hab' ihn abgekühlt«, ging aber nicht in Einzelheiten.

Der schwarze Polizist dachte nicht daran, sich ins Bockshorn jagen zu lassen, aber er wollte auch keinen Streit – jedenfalls nicht in diesem Augenblick. Obwohl die Bevölkerung von Detroit zu vierzig Prozent aus Schwarzen bestand, hatte die Polizei der Stadt erst in den allerletzten Jahren aufgehört, beinahe zu hundert Prozent aus Weißen zu bestehen, und innerhalb des Polizeipräsidiums herrschten noch immer alte Einflußgruppen vor. Seit den Detroiter Unruhen von 1967 war die Zahl der schwarzen Polizisten unter dem Druck der öffentlichen Meinung vergrößert worden, aber die Schwarzen waren weder an Zahl, Rang noch Einfluß schon stark genug, um der Vormacht des weißorientierten Detroiter Polizeibeamtenverbandes entgegenwirken oder auch nur in einer innerpolizeilichen Schwarz-Weiß-Konfrontation einer fairen Behandlung sicher sein zu können.

So ging die Streifenfahrt in einer Atmosphäre feindseliger Ungewißheit weiter, einer Stimmung, in der sich die Spannungen zwischen den Rassen in Detroit selbst widerspiegelten.

Bravouröse Aufsässigkeit reicht bei Schwarz und Weiß meist nicht tiefer als die Haut, und Rollie Knight hatte hinter der Maske seiner Kaltschnäuzigkeit einfach Angst.

Er hatte Angst vor dem weißen Polizisten, den er blödsinnigerweise gereizt hatte, und ihm wurde jetzt bewußt, daß sein blinder, brennender Haß für kurze Zeit die Oberhand über die simpelste Vorsicht erlangt hatte. Noch mehr Angst hatte er vor einer Rückkehr ins Gefängnis, wo er für lange Zeit landen würde, wenn es noch zu einer weiteren Verurteilung käme. Rollie hatte schon drei Verurteilungen hinter sich und zwei Gefängnisstrafen; was nun auch passieren mochte, Hoffnung auf Milde durfte er nicht mehr haben.

Nur ein Schwarzer in Amerika kennt die wahren Tiefen animalischer Verzweiflung und Erniedrigung, in die das geltende Strafvollzugssystem einen Menschen stürzen kann. Es stimmt, daß weiße Gefangene oft schlecht behandelt werden und ebenfalls leiden, aber nie so konsequent und allgemein wie die schwarzen. Es stimmt auch, daß einige Strafanstalten besser oder schlechter sind als andere, aber genausogut könnte man sagen, daß es in der Hölle einige Plätze gibt, die um zehn Grad heißer oder kühler sind als andere. Der schwarze Mann weiß, gleichgültig in welcher Strafanstalt er sich befindet, daß Demütigung und Beschimpfung zur Norm gehören und daß physische Brutalität – wobei es manchmal zu schwerer Körperverletzung kommt – zur Tagesordnung gehört wie die Notdurft. Und wenn der Gefangene körperlich geschwächt ist – wie Rollie Knight, teils wegen ererbter schlechter körperlicher Konstitution, teils als Auswirkung der mangelhaften Ernährung über Jahre hin –, dann können die Qualen, die er hinnehmen muß, noch größer sein.

Erfüllt von dieser Angst, dachte der junge Neger in diesem Augenblick daran, daß eine polizeiliche Durchsuchung seines Zimmers einen kleinen Vorrat an Marihuana zutage fördern würde. Ein bißchen Hasch rauchte er auch selbst, das meiste aber verkaufte er weiter. Der Gewinn war gering, aber es reichte doch wenigstens zum Essen; eine andere Möglichkeit des Erwerbs hatte er nicht gefunden, seit er vor etlichen Monaten aus dem Gefängnis entlassen worden war. Aber mehr als das Marihuana brauchte die Polizei nicht, um vor Gericht seine Verurteilung zu erreichen; das Gefängnis würde folgen.

Aus diesem Grunde warf Rollie Knight, der sich nervös fragte, ob er schon unter Beobachtung stünde, das Marihuana auf einem wüsten, unbebauten Grundstück weg. Er warf damit das letzte Mittel fort, das ihm sein kümmerliches Leben von einem Tag zum anderen ermöglicht hatte. Er wußte, daß er nun nichts mehr besaß.

In diesem Bewußtsein strich er am nächsten Morgen die Karte glatt, die ihm der schwarze Polizist gegeben hatte. Er ging zum Einstellungsbüro des Automobilwerkes in der Innenstadt. Er ging ohne Hoffnung, weil ... (und dies ist der große, unsichtbare Abgrund, der die Habenichtse dieser Welt, die auch nie etwas besessen haben, wie Rollie Knight, von den Besitzenden trennt, auch von jenen, die ihre minder gesegneten Brüder zu verstehen suchen und dabei auf so klägliche Weise Schiffbruch erleiden) ... er so lange ohne jeden Grund gelebt hatte, an irgend etwas zu glauben, daß die Hoffnung selbst sich seiner seelischen Kraft entzog.

Außerdem ging er, weil er nichts anderes zu tun hatte.

Das Haus in der Nähe der 12. Straße war wie die meisten anderen im finsteren »schwarzen Hintern« der Innenstadt verfallen und ungepflegt, die Fensterscheiben waren zerschlagen, und nur ein paar Fenster waren zum Schutz der Innenräume gegen das Wetter mit Brettern vernagelt. Bis vor kurzem hatte das Gebäude leergestanden, und es verfiel rapide. Auch jetzt noch ging trotz der hier und da vorgenommenen Reparaturen und eines rauhen Anstrichs der Verfall weiter, und diejenigen, die täglich in dieses Haus zur Arbeit gingen, fragten sich manchmal, ob die Mauern am Feierabend noch stehen würden.

Aber das uralte Gebäude und zwei andere der gleichen Art übten eine überaus wichtige und dringliche Funktion aus. Sie waren die Vorposten des Anwerbungsprogramms der Automobilwerke im »harten Kern«.

Die Einstellungen im sogenannten harten Kern hatten nach den Detroiter Unruhen begonnen. Sie waren ein Versuch, Arbeit für den ortsansässigen Kern der Innenstadtbevölkerung zu schaffen – bei denen es sich fast ausschließlich um Schwarze handelte –, die man tragischerweise und zynischerweise jahrelang als beschäftigungsungeeignet abgeschrieben hatte. Die Automobilwerke hatten die Initiative ergriffen. Andere Unternehmen folgten. Natürlich nahmen die Automobilwerke für sich in Anspruch, aus altruistischen Motiven zu handeln, und mit dem Beginn der Anwerbungsprogramme posaunten die Public-Relations-Abteilungen die soziale Gesinnung ihrer Arbeitgeber in die Welt hinaus. Skeptischere Beobachter der Situation behaupteten, daß die Autoindustrie sich vor Angst die Hosen vollmache und sie die Auswirkungen einer permanent von Streit und Kampf heimgesuchten Stadt auf ihren Geschäftsgang fürchte. Andere hatten damals, als der Qualm aus der tobenden, brennenden Stadt während der 67er Unruhen das General Motors Building erreichte und die Flammen bis in die Nähe vordrangen, prophezeit, daß nun irgendeine Form des Dienstes an der Öffentlichkeit gesichert sei. Die Prophezeiungen bewahrheiteten sich, nur war Ford als erster dabei.

Aber welche Motive auch dahinter stehen mochten, über drei Dinge war man sich allgemein einig: Das Anwerbungsprogramm im harten Kern war gut. Man hätte damit zwanzig Jahre früher anfangen müssen. Ohne die 67er Unruhen wäre es wahrscheinlich nie dazu gekommen.

Im großen und ganzen, Fehler und Rückschläge einbezogen, funktionierte das Programm. Die Automobilwerke senkten ihre Mindestanforderungen und nahmen auch die, die früher als absolut ungeeignet gegolten hatten. Es war vorauszusehen, daß einige nicht durchhielten und wieder verschwanden. Aber eine überraschend große Zahl bewies, daß ein »absolut Ungeeigneter« nur eines brauchte, nämlich eine Chance. Als Rollie Knight erschien, hatten inzwischen die Arbeitgeber und die Arbeitnehmer viel dazugelernt.

Er saß in einem Warteraum zusammen mit ungefähr vierzig anderen, Männern und Frauen, verteilt über mehrere Stuhlreihen. Die Stühle waren ebenso wie die Bewerber von jeder Form und Größe; nur eins hatten die Bewerber alle gemeinsam: sie waren alle schwarz. Gesprochen wurde kaum. Für Rollie Knight betrug die Wartezeit eine Stunde. Eine Zeitlang döste er im Halbschlaf vor sich hin, eine Gewohnheit, die ihm normalerweise half, leere Tage zu überstehen. Als man ihn schließlich in eine der Gesprächszellen führte – eine von einem halben Dutzend an den Längswänden des Warteraumes –, war er noch immer schläfrig und gähnte den Personalbeamten an, der ihm auf der anderen Seite eines Schreibtisches gegenübersaß.

Der Angestellte des Personalbüros, ein rundlicher schwarzer Mann in mittleren Jahren mit Hornbrille, Sportjackett und dunklem Hemd, aber ohne Krawatte, sagte freundlich: »Macht müde, das Warten. Mein Daddy hat immer zu mir gesagt: ›Auf dem Hintern herumsitzen macht müder als Holzhacken.‹ Auf die Art hat er mich ’ne ganze Menge Holz hacken lassen.«

Rollie warf einen Blick auf die Hände des andern. »In letzter Zeit haben Sie aber nicht viel gehackt.«

»Tja«, sagte der Angestellte, »da haben Sie recht. Und da wissen wir schon mal eines: Sie sind ein Mann, der die Dinge ansieht und darüber nachdenkt. Aber sind *Sie* daran interessiert, Holz zu hacken oder Arbeit zu tun, die ebenso schwer ist?«

»Weiß nicht.« Rollie fragte sich, warum er eigentlich hergekommen war. Bald würden seine Vorstrafen zur Sprache kommen, und damit war es dann aus.

»Aber Sie sind doch hier, weil Sie einen Job wollen?« Der Angestellte sah sich eine gelbe Karte an, die eine Sekretärin draußen ausgefüllt hatte. »Das ist doch richtig, nicht Mr. Knight?«

Rollie nickte. Die Anrede »Mr.« überraschte ihn. Er konnte sich nicht daran erinnern, wann man ihn zuletzt so angeredet hatte.

»Fangen wir mal damit an, daß wir uns über Sie selbst unterhalten.« Der Angestellte legte einen Formularblock vor sich hin. Zu dem neuen Anstellungsverfahren gehörte es, daß die Bewerber nicht mehr wie früher vor der Einstellung selbst einen Fragebogen ausfüllen mußten. Das hatte dazu geführt, daß viele, die kaum lesen oder schreiben konnten, wieder weggeschickt wurden, nur weil sie das nicht tun konnten, was die moderne Gesellschaft als selbstverständlich ansah: ein Formular ausfüllen.

Die Grundfragen brachten sie rasch hinter sich.

Name: Knight, Rolland Joseph Louis. *Alter:* 29. *Adresse:* er nannte sie, *ohne zu erwähnen, daß das schäbige Etagenzimmer einem anderen gehörte, der ihn für ein paar Tage aufgenommen hatte, und daß die Adresse möglicherweise schon nächste Woche nicht mehr stimmte, falls der Hauptmieter auf die Idee kommen sollte, Rollie rauszuschmeißen. Aber schließlich war er für den größten Teil seines Lebens zwischen solchen Zimmern, Obdachlosenasylen oder, wenn er nichts anderes fand, auf der Straße umhergezogen.*

Eltern: Er sagte die Namen her. Die Nachnamen waren nicht die gleichen, da seine Eltern nie geheiratet oder auch nur zusammengelebt hatten. Der Angestellte sagte dazu nichts; es war normal genug. Und Rollie fügte auch nichts hinzu. *Er kannte seinen Vater, weil seine Mutter ihm gesagt hatte, wer das sei, und Rollie hatte eine unbestimmte Erinnerung daran, ihn einmal gesehen zu haben: einen stämmigen Mann mit schweren Backenknochen und einem finsteren Gesicht, das von einer Narbe gezeichnet war; einen Mann, der weder freundlich noch auch nur im geringsten an seinem Sohn interessiert war. Vor Jahren hatte Rollie gehört, sein Vater sei auf Lebenszeit im Gefängnis. Ob er immer noch da war, ob er tot war, das wußte Rollie nicht. Was seine Mutter anbetraf, bei der er, mehr oder minder, gelebt hatte, bis er im Alter von fünfzehn Jahren für immer auf die Straße ging, so glaubte er, sie sei jetzt in Cleveland oder in Chikago. Seit mehreren Jahren hatte er sie weder gesehen noch von ihr gehört.*

Schulbildung: Bis zur Klasse acht. *Er hatte in der Schule einen raschen und hellen Verstand, und das hatte er noch immer, wenn etwas Neues auftauchte, aber er wußte, wieviel ein schwarzer Mann lernen mußte, wenn er sich gegen das stinkende System der weißen Schweine behaupten wollte, und das würde ihm nun nie und nimmermehr gelingen.*

Bisherige Arbeitsverhältnisse: Er strengte sich an, um sich an Namen und Orte zu erinnern. *Es hatte nach der Schulentlassung Gelegenheitsarbeiten gegeben – Laufjunge, Schneeschippen, Autos waschen. Als Detroit dann im Jahre 1957 ebenso wie die ganzen Vereinigten Staaten von der Rezession heimgesucht wurde, gab es überhaupt keine Jobs mehr, und er war in die Existenz eines Nichtstuers abgeglitten, unterbrochen von einem gelegentlichen Würfelspiel um Geld, von Rowdy-Unternehmungen und seiner ersten Verurteilung: Autodiebstahl.*

Der Angestellte fragte: »Sind Sie vorbestraft, Mr. Knight?«

»Ja.«

»Da muß ich leider die Einzelheiten wissen. Und ich sollte Ihnen wohl sagen, daß wir die Angaben nachprüfen. Da sieht es gleich viel besser aus, wenn Sie selbst alles vollständig und richtig angeben.«

Rollie zuckte die Achseln. Na klar würden die Kerls das nachprüfen. Das wußte er ja. Da brauchte man ihm gar nicht erst all den Schmus vorzumachen.

Er gab dem Kerl vom Personalbüro zuerst mal alle Einzelheiten über den Autodiebstahl. Damals war er neunzehn. Man hatte ihn für ein Jahr zur Bewährung unter Aufsicht gestellt.

Ist doch egal jetzt, wie das passiert ist. Wen interessiert das denn noch, daß die andern in dem Auto ihn mitgenommen hatten, daß er hinten auf dem Rücksitz mitgefahren war, nur so aus Jux, und später hatten die Bullen sie gestoppt, und alle sechs Insassen des Wagens waren des Autodiebstahls angeklagt. Bevor er am nächsten Tag vor den Richter mußte, bot man Rollie einen Handel an: Bekenne dich schuldig, und du bekommst Bewährung. Verwirrt und verängstigt, hatte Rollie sich einverstanden erklärt. Der Handel wurde eingehalten. In Sekundenschnelle war er im Gerichtssaal und auch schon wieder draußen. Erst später hatte er erfahren, daß ihm ein Anwalt – hätte er einen gehabt, wie ein weißer Junge einen gehabt hätte – wahrscheinlich gesagt hätte, daß er »nicht schuldig« plädieren müsse und gute Aussicht habe, straflos auszugehen, vielleicht mit ein paar richterlichen Worten der Warnung. Man hatte ihm auch nichts davon gesagt, daß es automatisch ein Vorstrafenregister bedeutete, wenn er sich »schuldig« bekannte, und daß dieses Vorstrafenregister ihm bis an das Ende seiner Tage wie ein böser Geist auf der Schulter hocken werde.

Außerdem bewirkte es, daß das nächste Urteil härter ausfiel.

Der Angestellte fragte: »Und was ist danach passiert?«

»Ich landete im Kittchen.« Das war ein Jahr später. Wieder Autodiebstahl. *Dieses Mal war es wirklicher Diebstahl, und zwei weitere Male hatten sie ihn nicht erwischt.* Das Urteil: zwei Jahre.

»Sonst noch etwas?«

Und jetzt kam das dicke Ende. Danach klappten sie immer das Buch zu – nix zu machen, kein Job. Na, sollten die sich doch ihren stinkenden Job sonstwohin stecken; Rollie fragte sich noch immer, warum er eigentlich hergekommen war. »Bewaffneter Raubüberfall. Ich habe fünf bis fünfzehn Jahre bekommen, vier Jahre habe ich abgesessen im Zuchthaus Jackson.«

Ein Juweliergeschäft. Zwei von ihnen waren in der Nacht eingebrochen. Ihre ganze Beute bestand aus einer Handvoll billiger Uhren, und geschnappt wurden sie, als sie wieder herauskamen. Rollie war dämlich genug gewesen, eine 22er Pistole mitzunehmen. Er hatte sie nicht aus der Tasche gezogen, aber daß sie bei ihm gefunden wurde, genügte für das »bewaffnet«. Und das garantierte ein hartes Urteil.

»Sie wurden wegen guter Führung vorzeitig entlassen?«

»Nee. Der Wärter wurde eifersüchtig. Wollte unbedingt meine Zelle haben.«

Der Neger vom Personalbüro blickte auf. »Witze. Steh ich drauf. Muntern auf an trüben Tagen. Aber es *war* doch gute Führung?«

»Wenn Sie das sagen.«

»Also gut. Ich sage es.« Der Angestellte schrieb es sogleich hin.

»Ist Ihre Führung jetzt gut, Mr. Knight? Ich meine, haben Sie sonst noch Ärger mit der Polizei?«

Rollie schüttelte den Kopf. Er dachte nicht daran, diesem Onkel Tom von gestern abend zu erzählen, nämlich *daß* er Ärger mit der Polizei haben würde, wenn es ihm nicht gelang, dem weißen Schwein aus dem Weg zu gehen, dem er da allerhand an den Kopf geworfen hatte und der ihn, wenn er auch nur die leiseste Chance dazu bekam, hochgehen lassen würde, gestützt auf die Drecksgesetze der weißen Schweinebande. Dieser Gedanke erinnerte ihn an seine früheren Ängste, die jetzt wieder da waren: die Angst vor dem Gefängnis, eigentlicher Grund dafür, daß er hier saß. Der Angestellte hatte noch ein paar Fragen und kritzelte die Antworten flink hin, emsiger als ein verlauster Köter. Rollie war ganz überrascht, daß da überhaupt noch Fragen kamen, daß er nicht schon wieder draußen auf der Straße stand, wie das sonst immer passierte, sobald die Worte »bewaffneter Raubüberfall« über seine Lippen kamen.

Was er nicht wußte – denn niemand hatte sich die Mühe gemacht, ihm das zu erzählen, und ein Zeitungs- oder Zeitschriftenleser war er nicht –, das war die Tatsache, daß es zum Anwerbungsprogramm im harten Kern gehörte, weniger starr auf Vorstrafen zu reagieren.

Er wurde in ein anderes Zimmer geschickt, wo er sich auszog und untersucht wurde.

Der Arzt, jung, weiß, unpersönlich, schnell arbeitend, nahm sich dennoch die Zeit, Rollies knochigen Körper, seine eingefallenen Wangen genauer anzusehen. »Keine Ahnung, was Sie für einen Job kriegen. Aber kaufen Sie sich von dem Lohn, den Sie kriegen, was Besseres zu essen. Sorgen Sie dafür, daß Sie ein bißchen zunehmen. Sonst halten Sie das nicht durch. Die Gießerei würden Sie sowieso nicht durchhalten, und da kommen die meisten von hier aus hin. Vielleicht kann man Sie in die Montage schicken. Ich werde das empfehlen.«

Voller Verachtung hörte Rollie zu. Schon hatte er einen Haß auf das System, auf die Leute in diesem System. Was zum Teufel bildete sich dieser weiße Junge eigentlich ein? Hielt der sich für den lieben Gott persönlich? Wenn Rollie nicht dringend Zaster brauchte, Arbeit für 'ne Weile, dann würde er jetzt, in diesem Augenblick, hier abhauen, und dann sollte der Teufel die ganze Bande holen. Eins war sicher: was die ihm auch für einen Job gaben, keinen Tag länger als unbedingt nötig würde er dabei bleiben.

Zurück ging es in den Warteraum und dann wieder in die Zelle. Der Angestellte vom Personalbüro sagte: »Der Arzt sagt, daß Sie atmen und daß er kein Tageslicht sehen konnte, als Sie den Mund aufmachten, also bieten wir Ihnen einen Job an. Es ist in der Endmontage. Die Arbeit ist schwer, aber die Bezahlung ist gut – dafür sorgt schon die Gewerkschaft. Nehmen Sie an?«

»Zu was bin ich sonst hier?« Was wollte der krumme Hund eigentlich noch von ihm? Daß er ihm die Stiefel küßte?

»Ja, zu was sind Sie sonst hier. Ich gehe davon aus, daß Sie ›ja‹ sagen wollten. Ein paar Wochen werden Sie angelernt; auch dafür werden Sie bezahlt. Die Einzelheiten erfahren Sie draußen – wann Sie anfangen sollen, an wen Sie sich wenden müssen. Nur noch eins.«

Und jetzt kam die Predigt. So sicher wie das Amen in der Kirche, Rollie Knight konnte das schon riechen. Vielleicht war dieser weiße Nigger da im Nebenberuf ein Halleluja-Bruder.

Der Angestellte nahm seine Hornbrille ab, beugte sich über den Schreibtisch vor und legte die Fingerspitzen zusammen. »Sie sind ein heller Junge. Ihnen kann man nichts vormachen. Sie wissen genau, daß Sie hier eine Chance kriegen, und die kriegen Sie nur, weil die Dinge heute nun mal so sind, wie sie sind. Die Leute und die Betriebe wie unser hier haben ein Gewissen, und das war nicht immer so. Spät genug, aber darauf kommt es jetzt nicht an; es ist da, und es ändert sich auch sonst allerhand. Vielleicht glauben Sie das nicht, aber so und nicht anders ist es.« Der rundliche Angestellte mit dem Sportjackett nahm einen Bleistift, rollte ihn zwischen den Fingern, legte ihn wieder hin. »Vielleicht haben Sie noch nie eine Chance gehabt, vielleicht ist dies die erste, die Sie kriegen. Ich glaube, es ist die erste. Aber ich würde meine Pflicht versäumen, wenn ich Ihnen jetzt nicht ganz klipp und klar sagte, daß es bei Ihrem Vorstrafenregister auch die einzige Chance ist, die Sie kriegen, jedenfalls hier bei uns. Wir sehen hier jeden Tag 'ne ganze Menge Leute. Einige schaffen es; andere nicht. Aber wer es wirklich will, der schafft es auch.« Der Angestellte starrte Rollie unbeweglich an. »Hören Sie endlich auf, ein verdammter Tollkopf zu sein, Knight, und nutzen Sie die Chance. Das ist der beste Rat, den Sie heute kriegen.« Er streckte ihm die Hand hin. »Viel Glück.«

Widerstrebend und in dem Gefühl, daß man ihn für dumm verkauft hatte – ohne genau zu wissen, wie –, nahm Rollie die dargebotene Hand.

Draußen war es dann genau so, wie der Mann gesagt hatte. Man beschrieb ihm, wie er zur Arbeit zu gehen habe.

Der Lehrgang für Anlernlinge, finanziert vom Werk und der Bundesregierung, dauerte acht Wochen. Rollie Knight hielt es anderthalb Wochen lang aus.

Er kassierte den Lohn für die erste Woche, und das war mehr Geld, als er seit langem besessen hatte. Am folgenden Wochenende machte er einen drauf. Aber er brachte es fertig, am Montag rechtzeitig aufzuwachen und den Bus noch zu kriegen, der ihn zum Ausbildungszentrum des Werkes auf die andere Seite der Stadt brachte.

Am Dienstag jedoch siegte die Müdigkeit. Er wachte erst auf, als ihm die Sonne durch das vorhanglose, schmutzige Fenster seines Zimmers direkt ins Gesicht schien. Rollie stand verschlafen auf, blinzelte und trat ans Fenster, um auszugucken. Eine Uhr unten in der Straße zeigte ihm, daß es fast zwölf Uhr mittags war.

Er wußte, daß es nun aus war, daß er den Job los war. Es ließ ihn kalt. Er verspürte keine Enttäuschung, denn er hatte von Anfang an mit keinem anderen Ergebnis gerechnet. Wie und wann das Ende kam, das waren doch bloß Einzelheiten.

Rollie Knight – und darin waren ihm Zehntausende gleich – hatte keinerlei Erfahrungen, die ihn gelehrt hätten, irgend etwas auf längere Sicht zu planen. Wenn man mit nichts geboren war, wenn man seither nichts dazu erworben hatte, wenn man es gelernt hatte, mit nichts zu leben, dann *gab* es keine lange Sicht. Dann gab es nur heute, diesen Augenblick, hier und jetzt. Viele Angehörige der weißen Welt – Nichtswisser und Flachdenker – nannten diese Einstellung »bindungslos« und verurteilten sie. Soziologen, die mehr Verständnis und auch einiges Mitgefühl hatten, nannten das Syndrom »gegenwartsbezogen« oder »zukunftsmißtrauend«. Rollie hatte keins der beiden Worte je gehört, aber sie beherrschten seine Instinkte. In diesem Augenblick sagte sein Instinkt ihm auch, daß er noch müde sei. Er legte sich wieder schlafen.

Er machte später keinen Versuch, in das Ausbildungszentrum oder das Einstellungsbüro zurückzukehren. Er erschien wieder in seinen alten Jagdgründen, nahm sein Leben an den Straßenecken wieder auf, machte einen Dollar, wenn sich die Gelegenheit bot, und bot sich keine, dann kam er auch so aus. Der Polizist, den er gegen sich aufgebracht hatte, ließ ihn in Frieden, was an ein Wunder grenzte.

Es gab nur ein Postskriptum zu Rollies Anstellung – oder so schien es damals jedenfalls.

Vier Wochen später wurde er an einem Nachmittag in dem Mietshaus, wo er noch immer geduldet wurde, von einem Ausbilder des Werkslehrgangs besucht. Rollie Knight erinnerte sich an den Mann – einen fleischigen, rotgesichtigen ehemaligen Vorarbeiter mit schütterem Haar und einem Bäuchlein, der jetzt keuchte nach den drei Treppen, die er hatte hinaufsteigen müssen.

Er fragte scharf: »Warum haben Sie aufgegeben?«

»Ich hab' das große Los gewonnen, Mann. Brauch keinen Job.«

»Ihr seid mir Leute!« Angewidert sah sich der Besucher in dem elenden Quartier um. »Wenn man bedenkt, daß wir so was mit unseren Steuergroschen unterstützen müssen. Wenn's nach mir ginge ...« Er sprach den Satz nicht zu Ende, sondern zog ein Papier aus der Tasche. »Sie müssen hier unterschreiben. Da steht, daß Sie nicht mehr wiederkommen.«

Gleichgültig und weil er keinen Ärger wollte, unterschrieb Rollie.

»Ach ja, und die Firma hatte schon ein paar Schecks ausgestellt. Jetzt müssen sie wieder eingezahlt werden.« Er kramte in seinen Papieren umher, von denen er eine ganze Menge hatte. »Die müssen Sie auch noch unterschreiben.«

Rollie schrieb seinen Namen auf die Rückseite der Schecks. Vier Stück waren es.

»Und das nächste Mal«, sagte der Ausbilder unfreundlich, »versuchen Sie doch, andern Leuten nicht so viel Arbeit zu machen.«

»Geh, fick dich ins Knie, Dicker«, sagte Rollie Knight und gähnte.

Weder Rollie noch sein Besucher wußten, daß während ihres Wortwechsels ein teurer, ziemlich neuer Wagen gegenüber auf der anderen Straßenseite geparkt war. Einziger Insasse des Wagens war ein großer, distinguiert wirkender, grauhaariger Neger, der mit aufmerksamem Interesse beobachtet hatte, wie der Ausbilder das Mietshaus betrat. Als der fleischige, rotgesichtige Mann das Haus wieder verließ und mit seinem eigenen Wagen davonfuhr, folgte ihm das andere Auto, unbeobachtet, in diskreter Entfernung, wie es das schon fast den ganzen Nachmittag getan hatte.

10

»Na komm schon, Puppe, laß das verdammte Glas stehen. Ich hab' 'ne Flasche auf dem Zimmer.«

Ollie, der Maschinenverkäufer, sah Erica Trenton mit zusammengekniffenen Augen im Halbdunkel ungeduldig über den kleinen schwarzen Tisch hinweg an, der sie voneinander trennte.

Es war früher Nachmittag. Sie befanden sich in der Bar der Queensway Inn, nicht weit von Bloomfield Hills. Erica hatte sich mit ihrem zweiten Drink, den sie sich zur Verzögerung hatte kommen lassen, sehr viel Zeit gelassen, obwohl sie einsah, daß jede Verzögerung sinnlos war, denn entweder taten sie das, wofür sie hergekommen waren, oder sie ließen es, und wenn sie es taten, dann konnten sie auch ebensogut damit anfangen.

Erica berührte ihr Glas. »Ich möchte das noch austrinken. Ich brauche es.«

Sie dachte: Ein schlecht aussehender Mann war er nicht, ein bißchen naßforsch, aber naja. Er war schlank und sportlich, und sein Körper war offensichtlich besser als seine Sprache und seine Manieren, vermutlich weil er daran arbeitete – sie erinnerte sich, daß er ihr voller Stolz erzählt hatte, er besuche regelmäßig irgendwo eine Sporthalle, um sich fit zu halten. Es hätte schlimmer kommen können, dachte sie, wünschte sich aber zugleich, es wäre besser gekommen.

Von der Sporthalle hatte er ihr bei ihrer ersten Begegnung hier in dieser Bar erzählt. Erica war eines Nachmittags auf ein Gläschen hergekommen, wie andere einsame Ehefrauen das auch manchmal taten, und zwar in der Hoffnung, daß irgend etwas Interessantes passieren möge, und Ollie hatte ein Gespräch angeknüpft – Ollie, zynisch, erfahren, der diese Bar kannte und wußte, warum manche Frauen herkamen. Beim zweiten Mal waren sie dann verabredet gewesen, und er hatte ein Zimmer im Hotelteil der Inn genommen, weil er annahm, daß sie mit ihm kommen würde. Aber Erica, hin-

und hergerissen zwischen primitivem körperlichen Verlangen und einem pochenden Gewissen, hatte darauf bestanden, daß sie den ganzen Nachmittag lang in der Bar blieben, und am Ende war sie zu Ollies Ärger und Empörung nach Hause gefahren. Dann hatte er sie offenbar abgeschrieben. Bis sie ihn vor mehreren Wochen angerufen hatte.

Seit diesem Anruf hatten sie ihre Verabredung verschieben müssen, denn Ollie war nicht wie erwartet aus Cleveland zurückgekommen, sondern war in zwei andere Städte weitergereist – welche es waren, hatte Erica vergessen. Aber jetzt *waren* sie hier, und Ollie wurde ungeduldig.

Er fragte: »Wie wär's denn, Baby?«

Plötzlich fiel ihr in einer Mischung aus Galgenhumor und Traurigkeit ein Wandspruch in Adams Büro ein: TU'S HEUTE!

»Na schön«, sagte Erica. Sie stieß ihren Stuhl zurück und stand auf.

Als sie neben Ollie die attraktiven, bildergeschmückten Korridore des Hotels entlangging – wo viele vor ihr mit ähnlichem Vorhaben im Sinn gegangen waren –, spürte sie, wie ihr Herz schneller klopfte, und sie gab sich Mühe, nicht zu rasch zu gehen.

Als sie mehrere Stunden später ruhig darüber nachdachte, einigte Erica sich darauf, daß das Erlebnis weder so gut gewesen sei, wie sie erhofft, noch so schlimm, wie sie befürchtet hatte. Auf grob geschnitzte Augenblicksmanier hatte sie sinnliche Befriedigung gefunden; auf andere, weniger leicht zu definierende Weise war sie unbefriedigt geblieben. Zweier Dinge war sie jedoch gewiß: Erstens, jene Befriedigung, die sie gehabt hatte, war nicht dauerhaft, nicht wie früher, als Adam ein aggressiver Liebhaber war und jenes Gefühl, das sie übermächtig empfunden hatte, wenn sie einander liebten, manchmal tagelang nicht von ihr gewichen war. Zweitens, sie würde das Erlebnis nicht wiederholen – jedenfalls nicht mit Ollie.

In dieser Stimmung fuhr Erica am späten Nachmittag von der Queensway Inn nach Birmingham zum Einkaufen. Sie kaufte ein paar Sachen, die sie brauchte, und einige andere, die sie nicht brauchte. Das stärkste Vergnügen aber bezog sie aus einem, wie sich herausstellte, aufregenden und schwierigen Spiel – Dinge ohne Bezahlung aus Läden mitzunehmen. Sie tat es dreimal, jedesmal mit zunehmender Sicherheit. Sie nahm einen reich geschmückten Kleiderbügel mit, eine Tube Shampoo und – ein ganz besonderer Triumph! – einen teuren Füllfederhalter.

Ericas erste Erfahrung auf diesem Gebiet, als sie das Norell gestohlen hatte, diente ihr als Beweis, daß erfolgreicher Ladendiebstahl nicht schwierig sei. Was man dazu brauchte, fand sie jetzt, waren Intelligenz, Schnelligkeit und ein kühler Nerv. Sie war stolz darauf, daß sie alle drei Eigenschaften unter Beweis gestellt hatte.

11

An einem elenden, schmierigen, nassen Novembertag, sechs Wochen nach seinem Treffen mit Adam Trenton auf dem Versuchsgelände, war Brett DeLosanto im Zentrum von Detroit – in grauer, miserabler Stimmung, die genau dem Wetter entsprach.

Seine Stimmung war ganz uncharakteristisch für ihn. Normalerweise blieb der junge Automobil-Designer, ganz gleich, unter welchem Zeitdruck er stand, welche Sorgen und – neuerdings – welche Zweifel auf ihn eindrangen, fröhlich und guter Dinge. Aber an einem Tag wie heute, dachte er, ist Detroit für einen Mann aus Kalifornien, woher er stammte, einfach zuviel, einfach zu scheußlich.

Gerade eben hatte er seinen Wagen auf einem Parkplatz in der Nähe von Congress und Shelby erreicht, nachdem er sich durch Wind und Regen und Verkehr zu Fuß bis dahin vorangekämpft hatte – und gerade der Verkehr schien endlos zu fluten, sobald er vor einer Kreuzung am Straßenrand stand, wo er dann ungeduldig warten mußte und, ohnehin schon ganz durchnäßt, im eintönig strömenden Regen noch nasser wurde.

Und was die Innenstadt rings um ihn her anbetraf . . . ach du liebe Güte! Zu jeder Zeit schmutzig, vorwiegend häßlich und deprimierend, waren der bleierne Himmel und der Regen von heute – wie Brett es in seiner Phantasie sah – wie Ruß, der sich über ein Beinhaus breitete. Es gab nur eine Zeit des Jahres, die noch schlimmer war: März und April, wenn die Schneemassen des Winters, vereist und schwarz geworden, zu schmelzen begannen. Aber auch dann gab es Leute, die sich an die Häßlichkeit dieser Stadt gewöhnen konnten. Er gehörte nicht zu ihnen.

Als er an seinem Wagen angelangt war, startete Brett den Motor und schaltete Heizung und Scheibenwischer ein. Er war froh, endlich ein Dach über dem Kopf zu haben; draußen prasselte der Regen noch immer schwer hernieder. Der

Parkplatz war voll, und er war eingemauert; er mußte warten, bis zwei Wagen vor ihm zur Seite gefahren wurden, um ihn herauszulassen. Er hatte gleich beim Erreichen des Parkplatzes einem Wächter ein Zeichen gegeben, und er konnte den Mann jetzt sehen. Er war noch mehrere Reihen von ihm entfernt.

Während er wartete, erinnerte sich Brett daran, daß er an einem Tag wie diesem nach Detroit gekommen war, um künftig dort zu leben und zu arbeiten.

In den Reihen der Auto-Designer gab es sehr viele Kalifornier, deren Weg nach Detroit, wie sein eigener, über das Art Center College of Design in Los Angeles geführt hatte, das nach dem Trimester-System arbeitete. Für diejenigen, die ihr Schlußexamen im Winter abgelegt hatten und dann nach Detroit kamen, um dort zu arbeiten, war der Schock der Stadt in ihrer schlimmsten Jahreszeit so deprimierend, daß einige auf der Stelle kehrt machten, nach Westen zurückkehrten und sich ihren Lebensunterhalt auf einem anderen Gebiet des Designs suchten. Die meisten aber blieben, wie Brett, trotz des Schocks, und später zeigte sich dann, daß die Stadt auch manchen Ausgleich zu bieten hatte. Detroit war ein bedeutendes Kulturzentrum, vor allem in der Kunst, in Musik und Schauspiel, während jenseits der Stadt der Bundesstaat Michigan großartige Sport- und Urlaubsgebiete hatte, gleich schön im Sommer wie im Winter, und es gab dort einige der schönsten unverdorbenen Seen und Landschaften der Welt.

Wo zum Teufel, dachte Brett, *bleibt denn der Parkplatzwächter, der die beiden anderen Autos zur Seite fahren soll?* Kleine Ärgernisse dieser Art, durchaus nichts Bedeutendes, hatten seine augenblickliche schlechte Laune ausgelöst. Er war zum Mittagessen mit einem Mann namens Hank Kreisel, einem Hersteller von Autoteilen, mit dem er befreundet war, im Pontchartrain Hotel verabredet gewesen, und Brett war zum Hotel gefahren, hatte dort aber die Garage besetzt vorgefunden. Deshalb hatte er mehrere Straßenblocks entfernt parken müssen, und auf dem Rückweg war er naß geworden. Wieder im Pontchartrain angelangt, hatte er eine Nachricht von Kreisel vorgefunden, er könne es leider doch nicht schaffen; also hatte Brett alleine gegessen, und zu diesem Zweck war er nun fünfundzwanzig Kilometer weit gefahren. Er hatte noch mehrere Dinge in der Stadt zu erledigen, und das nahm den Rest des Nachmittags in Anspruch; aber während er kreuz und quer durch die Stadt marschierte, hatten ganze Scharen grober Fahrer, die mit dem Daumen auf der Hupe fuhren, ihm trotz des strömenden Regens an den Fußgängerüberwegen nicht die leiseste Chance gelassen.

Diese fast barbarischen Fahrer bekümmerten ihn am meisten. In keiner anderen Stadt, die er kannte – einschließlich New York, und da war es schlimm genug –, waren die Autofahrer so rüde, so rücksichtslos und so rüpelhaft wie auf den Straßen und Freeways von Detroit. Vielleicht lag es daran, daß die Stadt von Automobilen lebte, die dadurch zu Symbolen der Macht wurden, auf jeden Fall aber schien sich der Detroiter, saß er erst einmal am Steuer, sogleich in einen Frankenstein zu verwandeln. Die meisten Neulinge in der Stadt, zunächst arg erschrocken über diesen Fahrstil, bei dem Pardon weder gegeben noch verlangt wurde, lernten es rasch, sich aus schierer Notwehr ebenso zu benehmen. Brett hatte sich dem nie angepaßt. In Kalifornien an natürliche Höflichkeit gewöhnt, blieb das Autofahren in Detroit für ihn ein Alptraum und eine Quelle immer neuen Ärgers.

Der Parkplatzwächter mußte vergessen haben, die beiden Autos wegzufahren, die ihm den Weg blockierten. Brett wußte, daß ihm nichts anderes übrig blieb, als auszusteigen und den Mann aufzuspüren, ob es nun regnete oder nicht. Kochend vor Zorn tat er es. Aber als er den Wächter sah, verschluckte er seinen Ärger. Der Mann sah ganz heruntergekommen und erschöpft aus und war bis auf die Haut durchnäßt. Brett gab ihm ein Trinkgeld und zeigte auf die beiden Autos, die ihm den Weg versperrten.

Er hatte doch wenigstens, dachte Brett, als er zu seinem Wagen zurückging, eine warme und behagliche Wohnung, die auf ihn wartete, was der Wächter wahrscheinlich nicht von sich sagen konnte. Bretts Wohnung befand sich in Birmingham, Teil des hochfeudalen Country Club Manor, und ihm fiel wieder ein, daß Barbara heute abend kommen und für sie beide ein Abendessen kochen wollte. Bretts Lebensstil so ganz ohne Geldsorgen – er bezog ein Jahresgehalt von fünfzigtausend Dollar plus Bonus – war ein höchst angenehmer Ausgleich, den Detroit ihm bot, und er machte kein Geheimnis daraus, daß er es genoß.

Endlich wurden die Autos bewegt, die ihm die Ausfahrt versperrten. Als das Auto, das unmittelbar vor ihm gestanden hatte, zur Seite einschwenkte, ließ Brett seinen eigenen Wagen langsam voranrollen.

Die Parkplatz-Ausfahrt war fünfzig Meter entfernt. Ein anderer Wagen war noch vor ihm, der ebenfalls den Parkplatz verlassen wollte. Brett DeLosanto beschleunigte leicht, um die Lücke zu schließen, und griff nach seinem Geld, um beim Kassierer an der Ausfahrt zahlen zu können.

Plötzlich erschien wie aus dem Nichts ein dritter Wagen – eine dunkelgrüne Limousine –, schoß unmittelbar vor Bretts Kühler, schwenkte scharf nach rechts ein und zwängte sich an die zweite Stelle der Autos, die hinaus wollten. Brett stieg hart auf die Bremse, rutschte, bekam den Wagen wieder in die Gewalt, hielt an und fluchte. »Verdammter Idiot, du!«

Der ganze Ärger des Tages, gekoppelt mit seiner fixen Idee über die Autofahrer von Detroit, ballte sich in seiner Handlungsweise der nächsten fünf Sekunden zusammen. Brett sprang aus seinem Wagen, stürmte zu der dunkelgrünen Limousine und riß voll glühendem Zorn die Vordertür an der Fahrerseite auf.

»Verflucht und . . .« soweit kam er, dann hielt er abrupt inne.

»Ja?« sagte der Fahrer. Er war ein großer, gutgekleideter schwarzer Mann in den Fünfzigern. Seine Schläfen waren grau. »Sie sagten etwas?«

»Schon gut«, brummte Brett. Er wollte die Tür wieder schließen.

»Bitte warten Sie! Ich könnte mich sogar beim Ausschuß für die Menschenrechte beschweren. Ich werde erklären: Ein junger weißer Mann öffnete die Tür meines Wagens in voller Absicht, mir eins auf die Nase zu geben. Als er sah, daß ich einer anderen Rasse angehöre, hielt er inne. Das ist Diskriminierung, wissen Sie. Die Menschenrechtswächter werden das gar nicht gerne hören.«

»Das wäre allerdings mal was Neues.« Brett lachte. »Wäre es Ihnen lieber, wenn ich mein Vorhaben zu Ende bringe?«

»Wenn es denn sein muß«, sagte der Neger mit dem ergrauenden Haar. »Viel lieber aber würde ich Sie zu einem Schnaps einladen, dann kann ich mich auch gleich dafür entschuldigen, daß ich mich so rüde vor Sie gesetzt habe, und ich kann Ihnen erklären, daß es ein dummer, unvernünftiger Impuls am Ende eines höchst frustrierenden Tages war.«

»Für Sie war es also auch so ein Tag?«

»Wie es scheint, für uns beide.«

Brett nickte. »Okay. Ich nehme den Schnaps gern an.«

»Sagen wir, Jim's Garage, jetzt gleich? Das ist drei Blocks von hier, und der Portier wird den Wagen für Sie parken. Übrigens, ich heiße Leonard Wingate.«

Die grüne Limousine fuhr voran.

Nachdem sie Scotch on the rocks bestellt hatten, entdeckten sie als erstes, daß sie beide für dasselbe Werk arbeiteten. Leonard Wingate war Manager in der Personalabteilung und, wie Brett aus der Unterhaltung schloß, ungefähr zwei Rangstufen unterhalb der Vizepräsidenten-Ebene. Später sollte er erfahren, daß sein Trinkgefährte der ranghöchste Neger im ganzen Werk war.

»Ich habe Ihren Namen schon gehört«, sagte Wingate zu Brett. »Sie haben ja wohl den Orion gemichelangelot, was?«

»Na, hoffentlich wird er unsterblich. Haben Sie den Prototyp gesehen?«

Der andere schüttelte den Kopf.

»Ich könnte das arrangieren, wenn Sie Lust haben.«

»Lust hätte ich. Noch einen?«

»Jetzt bin ich an der Reihe.« Brett winkte einem Barmann.

Die Bar von Jim's Garage, farbenprächtig geschmückt mit den historischen Produkten der Autoindustrie, war zur Zeit als Treffpunkt in der Stadt in Mode. Jetzt, am frühen Abend, begann sich die Bar allmählich zu füllen. Der Pegel des Umsatzes und der Pegel des Stimmenlärms stiegen nun gleichzeitig. »Eine ganze Menge hängt an diesem Orion«, sagte Wingate.

»Verdammt richtig.«

»Besonders die Jobs für meine Leute.«

»Ihre Leute?«

»Die Stundenlohnempfänger, schwarze *und* weiße. Wie's dem Orion ergeht, so wird es vielen Familien in dieser Stadt ergehen: die Stunden, die sie arbeiten, was sie an Lohn nach Hause bringen – und das bedeutet, wie sie leben, essen, ob sie die Hypothekenzinsen zahlen können, ob sie neue Kleider kaufen oder Urlaub machen können, was aus ihren Kindern wird.«

Brett wurde nachdenklich. »Das sind Sachen, an die man wirklich nicht denkt, wenn man ein neues Auto skizziert oder Ton anrührt, um eine Stoßstange zu formen.«

»Wie könnten Sie auch. Kein Mensch von uns weiß je die Hälfte von dem, was mit anderen Leuten passiert; alle möglichen Wände und Mauern werden zwischen uns hochgezogen – aus Ziegelsteinen, und die von der anderen Sorte. Selbst wenn man gelegentlich eine Mauer durchbricht und sieht, was dahinter ist, und dann vielleicht versucht, einem anderen zu helfen, selbst dann stellt man fest, daß man in Wirklichkeit gar nicht geholfen hat, wegen anderer stinkender, verrotteter, gaunerischer Parasiten ...« Leonard Wingate ballte die Faust und schlug sie zweimal lautlos aber voller Inbrunst auf die Theke. Er sah Brett von der Seite her an und lächelte dann mit schiefem Mund. »Tut mir leid.«

»Hier kommt Ihr zweiter Whisky, Freund. Ich glaube, Sie haben ihn nötig.« Der Designer schlürfte an seinem Glas, bevor er fragte: »Hat das was mit dem miserablen Kunstflug auf dem Parkplatz zu tun?«

Wingate nickte. »Auch das tut mir leid. Ich habe da Dampf abgelassen.« Er lächelte, dieses Mal nicht so verkrampft. »Ich glaube, jetzt ist auch der letzte Rest Dampf weg.«

»Dampf ist nur eine weiße Wolke«, sagte Brett. »Kann man etwas über den Ursprung desselben hören, oder handelt es sich um Geheimsachen?«

»Nein, im Grunde nicht. Sie haben doch schon von der Anwerbung im harten Kern gehört?«

»Gehört ja. Die Einzelheiten kenne ich weniger.« Aber er wußte, daß Barbara Zaleski sich neuerdings für das Thema interessierte, weil sie an einem neuen Projekt arbeitete, das ihr von der Werbeagentur OJL übertragen worden war.

Der ergrauende Mann vom Personal skizzierte mit wenigen Worten das Anwerbungsprogramm im harten Kern der Stadt: die Ziele des Programms im Hinblick auf diejenigen, die früher als beschäftigungsungeeignet gegolten hatten; die Einstellungsbüros der Großen Drei an Ort und Stelle; wie das Programm manchmal funktionierte und manchmal nicht.

»Es hat sich schon gelohnt, auch wenn es manche Enttäuschung gegeben hat. Mehr als fünfzig Prozent der Leute, denen wir einen Job gegeben haben, sind auch bei der Stange geblieben. Das sind mehr, als wir erwartet hatten. Die Gewerkschaften arbeiten mit uns zusammen; die Nachrichtenmedien haben für nützliche Publicity gesorgt; man hat uns auch von anderer Seite viel geholfen. Deshalb tut es weh, wenn man einen Dolch in den Rücken kriegt, und zwar von den eigenen Leuten, im eigenen Werk.«

Brett fragte: »Wer hat das getan? Und wie?«

»Da muß ich ein bißchen ausholen.« Wingate steckte die Spitze seines langen, mageren Fingers in seinen Whisky und rührte das Eis um. »Eine Menge von den Leuten, die wir da nach dem neuen Programm eingestellt haben, wissen einfach nicht, was das ist, zu festgesetzten Zeiten regelmäßig zu arbeiten. Meistens hatten sie gar keinen Grund, regelmäßige Zeiten einzuhalten. Nach einem festen Zeitplan zu arbeiten, wie die meisten von uns es tun, schafft Gewohnheiten: morgens zur bestimmten Stunde aufstehen, rechtzeitig an der Bushaltestelle sein, sich daran gewöhnen, fünf Tage in der Woche zu arbeiten. Aber wenn man das alles noch nie getan hat, wenn man diese Gewohnheiten einfach nicht besitzt, dann ist das ungefähr so, als müßte man eine neue Sprache lernen; vor allem aber, es braucht seine Zeit. Eine ganz neue Einstellung zum Leben muß sich bilden; man könnte sagen, sie müssen einen neuen Gang einlegen. Na, wir haben eine Menge gelernt, seit wir mit der Anwerbung im harten Kern begonnen haben. Wir haben auch gelernt, daß manche Leute – nicht alle, aber doch einige –, die diese Gewohnheiten nicht aus eigener Kraft erwerben, sich sehr wohl anpassen können, wenn man ihnen ein bißchen hilft.«

»Sie sollten lieber *mir* helfen«, sagte Brett. »Wenn Sie wüßten, wie schwer mir das Aufstehen fällt.«

Sein Gesprächspartner lächelte. »Wenn wir Ihnen helfen sollen, würde ich einen Mann von der Abteilung für Beziehungen zu den Arbeitnehmern zu Ihnen schicken. Wenn Sie einfach verschwinden, einfach nicht mehr zur Arbeit erscheinen, dann würde er Sie nach dem Grund fragen. Dann ist da noch so eine Sache. Manche von den Neuen fehlen einen Tag oder sie verspäten sich um ein, zwei Stunden und geben dann einfach auf. Vielleicht wollten sie gar nicht fehlen; es ist eben einfach so passiert. Aber sie bilden sich ein, wir seien so starr, daß einmal Blaumachen schon bedeutet, daß sie den Job los sind.«

»Und sie sind ihn nicht los?«

»Um Gottes willen, nein. Wir geben dem Mann jede nur erdenkliche Chance, weil wir *wollen,* daß die Sache funktioniert. Leuten, die einfach nicht rechtzeitig los kommen, schenken wir einen billigen Wecker; Sie würden staunen, wenn Sie wüßten, wie viele noch nie in ihrem Leben einen besessen haben. Das Werk hat mir den Kauf von 144 Weckern genehmigt. In meinem Büro habe ich Wecker, wie andere Leute Büroklammern.«

Brett sagte: »Da soll mich doch der Teufel holen.« Es schien grotesk, sich vorzustellen, daß eine gigantische Automobilfabrik, die im Jahr Milliarden von Dollars an Löhnen und Gehältern ausgab, sich den Kopf darüber zerbrach, wie man ein paar schlafmützige Arbeiter morgens wecken könnte.

»Worauf ich hinaus will«, sagte Leonard Wingate, »ist dies: Wenn ein Arbeiter aus dem harten Kern nicht mehr erscheint, entweder beim Lehrgang für Anlernlinge oder im Werk, dann ist der Mann, der da jeweils die Aufsicht führt, gehalten, einen meiner Sonderbeauftragten zu benachrichtigen. Die sorgen dann dafür, daß die Sache sofort wieder in Ordnung kommt, es sei denn, der Fall ist hoffnungslos.«

»Aber das geschieht nicht? Haben Sie sich deshalb so geärgert?«

»Zum Teil deshalb, ja. Es kommt aber noch viel mehr hinzu.« Der Mann von der Personalabteilung trank den letzten Schluck Scotch. »Die Lehrgänge, die wir für die Leute aus dem harten Kern eingerichtet haben, dauern acht Wochen. An einem Lehrgang nehmen vielleicht zweihundert Mann teil.« – Brett winkte dem Barmann.

Als ihre Gläser wieder gefüllt waren, sagte er: »Okay, also zweihundert in einem Lehrgang.«

»Ja. Geleitet wird die Sache von einem Ausbilder und einer Sekretärin. Die beiden führen sämtliche Lehrgangsprotokolle, auch die Anwesenheitslisten. Sie geben die Lohnschecks aus, die jede Woche gebündelt von der Lohnbuchhaltung eintreffen. Natürlich werden die Schecks auf Grund der Lehrgangslisten ausgestellt.« Voller Bitterkeit sagte Wingate: »Der Ausbilder und die Sekretärin – die sind es. Ein ganz bestimmtes Paar. Die sind es.«

»Die sind was?«

»Die sind es, die gelogen und betrogen haben, die die Leute bestohlen haben, denen zu helfen sie hier überhaupt angestellt sind.«

»Ich kann es mir schon vorstellen«, sagte Brett. »Aber erzählen Sie.«

»Wenn der Lehrgang im Gange ist, gibt es Leute, die nicht wiederkommen – aus den Gründen, die ich genannt habe, und aus anderen. Das passiert immer, wir rechnen auch damit. Wie gesagt, wenn unsere Abteilung benachrichtigt wird, versuchen wir, wenigstens einige von den Leuten zu überreden, doch weiterzumachen. Dieser Ausbilder und diese Sekretärin aber, die haben die Leute, die nicht wiedergekommen sind, *nicht* gemeldet. Sie haben sie als anwesend geführt. Die Schecks für sie sind also weiter geschickt worden, und dann hat dieses saubere Pärchen die Schecks für sich behalten.«

»Aber die Schecks werden doch namentlich ausgestellt. Die können sie doch gar nicht einlösen.«

Wingate schüttelte den Kopf. »Das können sie, und das haben sie getan. Das funktioniert so. Irgendwann melden sie, daß dieser oder jener nicht mehr erscheint. Dann kommen auch die Schecks nicht mehr vom Werk. Dann geht der Ausbilder mit den Schecks, die er gesammelt hat, los und sucht die Leute, auf deren Namen sie ausgestellt sind. Das ist nicht schwierig; alle Adressen stehen in den Akten. Der Ausbilder erzählt dann irgendeine Räuberpistole, daß die Gesellschaft das Geld zurückhaben wolle, und läßt die Leute unterschreiben – auf den Schecks, die damit endossiert sind. Dann kann er sie an jedem Bankschalter gegen Bargeld einlösen. Ich weiß, daß es so gemacht wird. Ich bin dem Ausbilder einen ganzen Nachmittag lang nachgestiegen.«

»Aber was passiert später, wenn Ihre Leute, die für die Beziehungen zu den Arbeitnehmern zuständig sind, die Leute besuchen? Sie sagen doch, daß Sie irgendwann erfahren, wer nicht mehr zur Arbeit erscheint. Merken die den Schwindel mit den Schecks denn nicht?«

»Nicht unbedingt. Sie dürfen ja nicht vergessen, daß die Männer, mit denen wir es hier zu tun haben, nicht sehr mitteilsam sind. Sie sind in mehr als einem Sinne ausgeschieden; die geben freiwillig keine Auskunft. Es ist schon schwer genug, eine Antwort zu bekommen, wenn man ihnen direkte Fragen stellt. Außerdem habe ich das Gefühl, daß Bestechungsgelder die Runde gemacht haben. Beweisen kann ich es nicht, aber es riecht mir ganz danach.«

»Die ganze Geschichte stinkt.«

Brett dachte: Verglichen mit dem, was Leonard Wingate ihm da erzählt hatte, erschien sein eigener Ärger geringfügig. Er fragte: »Haben Sie das alles allein aufgedeckt?«

»Zum großen Teil ja, aber zuerst darauf gekommen ist einer meiner Assistenten. Er hatte Verdacht geschöpft, weil die Anwesenheitszahlen bei dem Lehrgang einfach zu schön waren. Da haben wir beide sie dann nachgeprüft. Wir haben die neuen Zahlen mit unseren eigenen von früher verglichen und dann mit den Zahlen der anderen Werke. Daraus war ganz einfach abzulesen, was hier vor sich ging. Danach hieß es dann nur noch, zu beobachten und die Leute zu fangen. Das ist uns nun gelungen.«

»Und was geschieht jetzt?«

Wingate, dessen Finger, als ducke er sich zum Sprung, auf dem Thekenrand lagen, sagte achselzuckend: »Der Sicherheitsdienst des Werkes hat die Sache an sich gezogen; ich habe nichts mehr damit zu tun. Heute nachmittag haben sie den Ausbilder und die Sekretärin in die Stadt geholt – getrennt voneinander. Ich war dabei. Die beiden haben sofort alles gestanden. Der Kerl hat geweint, ob Sie's glauben oder nicht.«

»Ich glaube es«, sagte Brett. »Mir ist auch zum Heulen zumute, aber aus anderen Gründen. Wird die Gesellschaft sie anzeigen?«

»Der Kerl und sein Mädchen glauben es, aber ich weiß, daß man es nicht tun wird.« Der große Neger richtete sich auf; er war fast einen Kopf größer als Brett DeLosanto. Spöttisch sagte er: »Schlechte Public Relations, wissen Sie? Wir wollen doch nicht, daß es in die Zeitungen kommt, mit dem Namen unseres Werkes. Außerdem halten meine Bosse es für das wichtigste, das Geld wieder herbeizuschaffen; es scheint sich um etliche Tausender zu handeln.«

»Und was wird aus den anderen Leuten? Denjenigen, die plötzlich nicht wieder aufgetaucht sind, die man vielleicht hätte bewegen können, doch wiederzukommen und weiterzuarbeiten . . .«

»Aber nun hören Sie mal, mein Lieber, Sie werden ja sentimental.«

Brett sagte mit Schärfe: »Nun machen Sie aber Schluß. Ich habe doch die gottverdammten Schecks nicht geklaut.«

»Nein, haben Sie auch nicht. Na, ich werde Ihnen mal erzählen, was mit den Leuten wird. Wenn ich sechsmal so viele Mitarbeiter hätte und *wenn* wir sämtliche Akten durchgehen und die Namen heraussuchen könnten, um die wir uns kümmern müßten, und *wenn* wir sie jetzt, nach vielen Wochen noch aufspüren könnten . . .«

Der Barmann erschien. Wingates Glas war leer, aber er schüttelte den Kopf. Zu Brett gewandt, fügte er hinzu: »Wir tun, was wir können. Viel wird es nicht sein.«

»Es tut mir leid«, sagte Brett. »Verdammt leid.« Er machte eine Pause, fragte dann: »Sind Sie verheiratet?«

»Ja, aber nicht aktiv.«

»Hören Sie, meine Freundin kocht jetzt das Abendessen in meiner Wohnung. Warum essen Sie nicht mit uns?«

Wingate machte einige höfliche Ausflüchte. Brett beharrte auf der Einladung.

Fünf Minuten später fuhren sie in Richtung Country Club Manor ab.

Barbara Zaleski hatte einen Schlüssel zu Bretts Wohnung und war da, als sie eintrafen. Sie war schon emsig in der Küche beschäftigt. Der Duft von gebratenem Hammelfleisch stieg ihnen in die Nase.

»He, Küchensklave!« rief Brett aus dem Korridor. »Komm, ich habe einen Gast mitgebracht.«

»Wenn das 'ne andere Frau ist«, schallte Barbaras Stimme zurück, »dann kannst du dir dein Essen selber kochen. Oh, es ist keine Frauensperson. Hallo.«

Sie erschien, mit einer winzigen Schürze über einem eleganten Strickanzug. Sie war direkt aus dem Detroiter OJL-Büro hergekommen. Dieser Anzug, dachte Brett anerkennend, läßt ihrer Figur Gerechtigkeit widerfahren; er spürte, daß Leonard Wingate die gleiche Betrachtung anstellte. Wie üblich hatte Barbara eine dunkle Brille in ihr dichtes, kastanienbraunes Haar hochgeschoben, was sie zweifellos vergessen hatte. Brett griff nach der Brille, nahm sie ihr ab und gab ihr einen leichten Kuß.

Er machte sie miteinander bekannt und ließ Wingate wissen: »Das ist meine Maitresse.«

»Das möchte er gern«, sagte Barbara, »aber es stimmt nicht. Seine Rache besteht darin, allen Leuten zu erzählen, ich sei es.«

Wie Brett erwartet hatte, fanden Barbara und Leonard Wingate rasch Kontakt zueinander. Während sie miteinander sprachen, machte Brett eine Flasche Dom Perignon auf, die sie dann zu dritt leerten. Von Zeit zu Zeit verschwand Barbara, um die in der Küche erzielten Fortschritte zu prüfen.

Als sie wieder einmal draußen war, sah Wingate sich in dem geräumigen Wohnzimmer des Appartements um. »Sehr nette Bude.«

»Danke.« Als Brett vor anderthalb Jahren das Appartement mietete, ernannte er sich zu seinem eigenen Innenarchitekten. Die ganze Einrichtung spiegelte seine Vorliebe für modernes Design und flammende Farben wider. Helle Gelbtöne, helle Violetts, Zinnoberrot, Kobaltgrün dominierten, waren aber mit so viel Phantasie verwendet, daß sie sich zu einem attraktiven Ganzen zusammenfügten. Die Beleuchtung ergänzte die Farben, hob manche Flächen hervor, dämpfte die Ausstrahlung anderer. Auf höchst einfallsreiche Weise wurde so in einem einzigen Raum eine ganze Skala von Stimmungen geschaffen.

Am Ende des Wohnzimmers stand eine Tür offen, die in einen anderen Raum führte.

Wingate fragte: »Arbeiten Sie viel zu Hause?«

»Hin und wieder.« Brett nickte zu der offenen Tür hinüber. »Dort befindet sich mein Denkolarium. Wenn ich mal kreativ werden muß und mit mir die Unterbrechungen in dem Tadsch Mahal mit Stereo, in dem wir arbeiten, auf die Nerven gehen.« Mit einer Handbewegung zeigte er ungefähr in die Richtung, in der sich das Zentrum für Design und Styling befand.

»Er macht da auch noch andere Sachen«, sagte Barbara. Sie war aus der Küche zurückgekommen, als Brett sprach. »Kommen Sie, Leonard, ich zeige Ihnen das mal.« Wingate folgte ihr. Brett schlenderte langsam hinterdrein.

Der andere Raum war ebenfalls farbenfroh und freundlich, aber er war als Studio eingerichtet und enthielt den ganzen Krimskrams eines Malers und Designers. Ein Stapel Transparentpapier neben einem Zeichentisch gab Zeugnis davon, daß Brett in einer kleinen Raserei Skizze um Skizze hingeworfen und ein Blatt nach dem anderen von dem Block abgerissen hatte, während der Entwurf, der ihm vorschwebte, Form und Gestalt annahm. Die letzte Skizze der Serie – es handelte sich um eine hintere Stoßstange – war auf ein Korkbrett geheftet.

Wingate zeigte darauf. »Soll das verwirklicht werden?«

Brett schüttelte den Kopf. »Man spielt mit Ideen, um sie loszuwerden – es ist so ähnlich wie Rülpsen. Und manchmal stellt sich dann eine Idee ein, die am Ende zu etwas Dauerhaftem führt. Das da nicht.« Er riß das dünne Blatt vom Brett und zerknüllte es. »Würde man alle Skizzen sammeln, die einem neuen Auto vorangehen, könnte man Cobo Hall damit füllen.«

Barbara knipste eine Lampe an. Sie befand sich in einer Ecke des Raumes, in der eine Staffelei stand, die mit einem Tuch zugedeckt war. Sorgsam nahm sie das Tuch ab.

»Das ist auch noch da«, sagte Barbara. »Das ist nicht zum Wegwerfen.«

Unter dem Tuch befand sich ein Ölbild. Es war fast – aber noch nicht ganz – fertig.

»Darauf soll man sich nie verlassen«, sagte Brett. Und er fügte hinzu: »Barbara hält Nibelungentreue. Das verbiegt manchmal ihr Urteil.«

Der große, grauhaarige Neger schüttelte den Kopf. »Aber in diesem Falle nicht.« Er betrachtete das Bild eingehend und mit Bewunderung.

Es stellte eine aufgehäufte Sammlung ausrangierter Autoteile dar. Brett hatte die Teile, die sein Modell bildeten – arrangiert auf einem Brett vor der Staffelei und angestrahlt von einem Punktscheinwerfer –, aus dem Schrotthaufen einer Autoverwertung geklaubt. Da gab es mehrere verrottete Zündkerzen, eine abgebrochene Nockenwelle, eine weggeworfene Ölkanne, die Eingeweide eines Vergasers, einen verbeulten Scheinwerfer, eine verschimmelte Zwölf-Volt-Batterie, einen Fenstergriff, das Stück eines Kühlers, einen zerbrochenen Schraubenschlüssel, etliche verrostete Muttern und Unterlegscheiben. Darüber hing taumelnd ein Lenkrad, dem der Hupenring fehlte.

Keine Kollektion hätte gewöhnlicher sein können, auf den ersten Blick ungeeignet, große Kunst zu inspirieren. Aber Brett war es in erstaunlichem Maße gelungen, diese Schrottsammlung zum Leben zu erwecken, robuste Schönheit und eine Stimmung der Trauer und der Wehmut auf seine Leinwand zu bringen. Das waren zerbrochene Reste, schien das Bild zu sagen: ausgebrannt, von niemandem mehr begehrt, bar jeder Nützlichkeit; was nun noch kommen konnte, war nichts mehr außer der totalen Desintegration. Einmal aber, und war es auch für noch so kurze Zeit, hatten die Teile ein Leben gehabt, sie hatten funktioniert, Träume repräsentiert, das Streben und die Leistungen der Menschheit. Man wußte, daß alle anderen Leistungen – vergangen, gegenwärtig, zukünftig, ganz gleich, wie hoch sie gepriesen wurden – dazu verdammt waren, ähnlich zu enden, ihren eigenen Epilog in die Schutthalden zu schreiben. Aber war nicht der Traum, die für kurze Zeit erbrachte Leistung – in sich selbst – genug?

Leonard Wingate war unbeweglich vor der Leinwand stehengeblieben. Langsam sagte er: »Ich verstehe ein bißchen von Kunst. Sie sind gut. Sie könnten groß sein.«

»Das sage ich ja auch zu ihm.« Nach einiger Zeit hängte Barbara das Tuch wieder über die Staffelei und schaltete das Licht aus. Sie gingen ins Wohnzimmer zurück.

»Barbara will sagen«, erklärte Brett und schenkte mehr Dom Perignon ein, »daß ich meine Seele für ein Linsengericht verkauft habe.« Er schaute prüfend in sein Glas. »Oder doch für Sekt und Austern und Hummer und Kaviar.«

»Brett hätte es fertigbringen können, Designer *und* Maler zu sein«, sagte Barbara zu Wingate, »wenn er als Designer nicht so verdammt erfolgreich gewesen wäre. Jetzt hat er, was das Malen angeht, nur noch die Zeit für ein paar gelegentliche Tupfer auf der Leinwand. Das ist bei seinem Talent eine Tragödie.«

Brett grinste. »Barbara ist noch nicht erleuchtet – sie hat noch nicht begriffen, daß es ganz genauso schöpferisch ist, ein Auto zu entwerfen, wie zu malen. Und daß Autos nun mal meine Marotte sind.« Er mußte daran denken, was er erst vor ein paar Wochen zu den beiden Studenten gesagt hatte: *Man atmet, ißt, schläft Autos . . . man wacht in der Nacht auf, woran denkt man? An Autos . . . wie eine Religion.* Das war doch immer noch seine Überzeugung oder? Vielleicht nicht mit der gleichen Intensität wie in seiner ersten Detroiter Zeit. Aber konnte das überhaupt irgend jemand durchhalten? Es gab Tage, an denen er nachdenklich andere beobachtete, die mit ihm arbeiteten. Und wenn er ganz ehrlich sein sollte, gab es auch noch andere Gründe, warum Autos seine »Marotte« bleiben sollten. Zum Beispiel, was man alles mit fünfzigtausend Dollar im Jahr aufstellen konnte, ganz zu schweigen von der Tatsache, daß er erst sechsundzwanzig war und schon in wenigen Jahren noch viel mehr an Land ziehen würde. Ganz beiläufig fragte er Barbara: »Würdest du auch dann noch hereingeschneit kommen und ein Abendessen kochen, wenn ich in einer Dachkammer hauste und nach Terpentin röche?«

Sie sah ihm gerade in die Augen. »Ja. Das weißt du ganz genau.«

Während sie über andere Dinge sprachen, beschloß Brett: Er *würde* die Leinwand, die er seit Wochen nicht mehr angerührt hatte, fertig malen. Daß er ihr ferngeblieben war, hatte einen einfachen Grund. Wenn er einmal mit dem Malen anfing, dann nahm es ihn völlig gefangen, und in jedem Menschenleben gibt es nur eine begrenzte Anzahl Dinge, von denen man sich völlig gefangennehmen lassen kann.

Beim Abendessen, das so gut schmeckte wie es gerochen hatte, lenkte Brett das Gespräch auf die Dinge, von denen Leonard Wingate ihm vorhin in der Bar erzählt hatte. Als Barbara hörte, wie die Arbeiter aus dem harten Kern betrogen und ausgenutzt wurden, war sie entsetzt und noch zorniger als Brett.

Sie stellte die Frage, die Brett DeLosanto nicht gestellt hatte. »Zu welcher Rasse gehören sie – der Ausbilder und die Sekretärin, die die Schecks unterschlagen haben?«

Wingate hob die Augenbrauen. »Kommt es darauf an?«

»Hören Sie mal«, sagte Brett. »Sie wissen verdammt gut, daß es darauf ankommt.«

Wingate antwortete knapp: »Sie sind Weiße. Was sonst?«

»Sie hätten auch Schwarze sein können.« Nachdenklich sagte Barbara das.

»Ja, aber die Wahrscheinlichkeit spricht dagegen.« Wingate zögerte. »Sehen Sie, ich bin hier als Ihr Gast . . .«

Brett machte eine wegwischende Handbewegung. »Lassen Sie das ruhig aus dem Spiel.«

Es entstand ein Schweigen zwischen ihnen, dann sagte der grauhaarige Neger: »Ich möchte doch gewisse Dinge klarstellen, auch unter Freunden. Also, lassen Sie sich doch von der Uniform nicht täuschen: von dem Oxford-Anzug, dem

College-Diplom, dem Posten, den ich habe. Ja, gewiß, ich bin ein richtiger Schaufenster-Nigger von der Sorte, auf die sie zeigen, wenn sie sagen: *Sehen Sie, ein schwarzer Mann kann bei uns was werden.* Stimmt auch, für mich, denn ich habe zu den wenigen gehört, die einen Daddy hatten, der eine wirkliche Ausbildung bezahlen konnte, und das ist für einen Schwarzen der einzig mögliche Weg zum Aufstieg. Also bin ich aufgestiegen, und vielleicht bringe ich es sogar noch zum Direktor. Zu alt bin ich noch nicht, und ich gebe zu, daß ich gern Direktor werden möchte. Auch die Firma würde es gern sehen. Eins weiß ich genau: Wenn zwischen mir und einem Weißen die Wahl ist, werde ich den Job kriegen, vorausgesetzt, ich bin ebenso gut wie er. So rollen nun mal die Würfel, Baby; sie stehen *zu meinen Gunsten,* weil die PR-Abteilung und einige andere gar zu gern hinausposaunen möchten: *Seht uns an! Wir haben einen Schwarzen im Vorstand!*« Leonard Wingate trank einen Schluck von dem Kaffee, den Barbara gebracht hatte.

»Also, wie gesagt, lassen Sie sich nicht von der Fassade täuschen. Ich bin immer noch Mitglied meiner Rasse.« Klirrend stellte er die Tasse hin. Über den Tisch hinweg starrte er funkelnd Brett und Barbara an. »Wenn so etwas passiert wie heute, dann packt mich nicht nur die Wut. Dann brenne und verachte und *hasse* ich – alles, was *weiß* ist.«

Das Funkeln in seinen Augen erlosch. Wingate nahm die Kaffeetasse wieder auf, aber seine Hand zitterte.

Nach einer Weile sagte er: »James Baldwin hat geschrieben: ›Neger werden in diesem Lande behandelt, wie keiner von Ihnen es sich im Traume einfallen lassen würde, einen Hund oder eine Katze zu behandeln.‹ Und das ist wahr – in Detroit wie an anderen Orten. Und trotz allem, was in den letzten Jahren geschehen ist, im Grunde hat sich an der Haltung der meisten Weißen, unter der Oberfläche, überhaupt nichts geändert. Sogar das bißchen, was getan wird, um das weiße Gewissen zu beruhigen – wie das Anwerben im harten Kern, was dieses weiße Paar sabotieren wollte und auch sabotiert hat –, das ist alles nur ein Kratzen an der Oberfläche. Schulen, Wohnungen, ärztliche Versorgung, Krankenhäuser, das ist hier alles so schlecht, daß man es gar nicht glauben kann – sofern man nicht schwarz ist; dann glaubt man es, weil man es kennt, aus eigener Erfahrung. Eines Tages aber, wenn die Automobilindustrie in dieser Stadt weiter leben will – denn die Automobilindustrie *ist* Detroit –, eines Tages wird sie sich daranmachen müssen, die Lebensbedingungen der Schwarzen innerhalb der Gemeinschaft zu verbessern, denn das wird ihr kein anderer abnehmen, und kein anderer hat das Geld und die Kenntnisse.« Er fügte hinzu: »Und dennoch, ich glaube nicht, daß sie etwas tun werden.«

»Dann bleibt also nichts«, sagte Barbara. »Nichts, auf das man hoffen kann.« Ihrer Stimme war anzuhören, wie sehr sie innerlich beteiligt war.

»Hoffen kann man immer, das schadet nichts«, antwortete Leonard Wingate. Und spöttisch fügte er hinzu: »Und hoffen kostet auch nichts. Aber es hat keinen Sinn, sich etwas vorzumachen.«

Langsam sagte Barbara: »Ich danke Ihnen dafür, daß Sie so aufrichtig waren, daß Sie gesagt haben, wie es ist. Das tut nicht jeder. Ich habe allen Grund, das zu wissen.«

»Sag es ihm doch«, drängte Brett sie. »Erzähl ihm doch von deinem neuen Auftrag.«

»Man hat mir eine neue Aufgabe gestellt«, sagte Barbara zu Wingate. »In der Werbeagentur, für die ich arbeite und die bei Ihrem Werk unter Vertrag steht. Ich soll einen Film machen. Einen aufrichtigen Film über Detroit – die innere Stadt.«

Sie spürte, wie sofort das Interesse des anderen wach wurde.

»Vor sechs Wochen habe ich zum ersten Mal davon erfahren«, sagte Barbara.

Sie beschrieb dann die ersten Instruktionen, die sie in New York von Keith Yates-Brown erhalten hatte.

Es war am Tag nach der gescheiterten »Raschelhaufen«-Konferenz gewesen, auf der die ersten Ideen der OJL-Agentur für die Orion-Werbung routinemäßig präsentiert und ebenso routinemäßig beiseite gefegt worden waren.

Wie Teddy Osch, der Kreativ-Direktor, bei dem martinigeladenen Mittagessen prophezeit hatte, war Barbara am nächsten Tag zu Keith Yates-Brown gebeten worden, dem Mann, der den wichtigen Auto-Etat zu überwachen hatte.

In seinem schönen Büro im obersten Stock der Agentur hatte Yates-Brown mürrisch und bedrückt gewirkt, verglichen mit der Aufgekratztheit des Showmans, die er am Tag zuvor zur Schau getragen hatte. Er sah auch grauer und älter aus, und mehrfach wandte er sich zum Fenster seines Büros, als ihr Gespräch schon weit fortgeschritten war, von dem aus man die Skyline von Manhattan zum Long Island Sound hin überschaute, als sei er mit einem Teil seines Bewußtseins in weiter Ferne. Vielleicht, dachte Barbara, forderte die Anspannung der permanenten Überschwenglichkeit mit Klienten von Zeit zu Zeit ein mürrisches Gegengewicht.

Seiner einleitenden Bemerkung nach dem Austausch des Guten-Morgen-Grußes hatte jedenfalls nichts Freundliches angehaftet.

»Sie waren gestern hochnäsig zu dem Kunden«, sagte er zu Barbara. »Das hat mir nicht gefallen, und Sie sollten es auch besser wissen.«

Sie sagte nichts. Sicher meinte er ihre spitzen Fragen an den Werbeleiter des Werkes: *Hat Ihnen denn gar nichts gefallen? Absolut gar nichts?* Na, sie hielt das auch jetzt noch für berechtigt, und sie hatte nicht die Absicht, sich in den Staub zu werfen. Aber sie wollte Yates-Brown auch nicht unnötig reizen, bevor sie nicht von ihrem neuen Auftrag erfahren hatte.

»Was man hier gleich zu Anfang lernen muß«, verfolgte der Etathüter sein Thema weiter, »ist, manchmal Mäßigung zu zeigen und kräftig herunterzuschlucken.«

»Okay, Keith«, sagte Barbara, »ich schlucke jetzt.«

Er hatte immerhin gelächelt. Dann kehrte er zu seiner anfänglichen Kühle zurück.

»Die Aufgabe, die Ihnen übertragen wird, erfordert Mäßigung und Zurückhaltung; außerdem ein gesundes Urteil und, natürlich, Phantasie. Ich habe Sie für diesen Auftrag vorgeschlagen, weil ich glaube, daß Sie diese Eigenschaften besitzen. Das glaube ich immer noch, trotz der gestrigen Ereignisse, die ich gern als einen momentanen Lapsus betrachten möchte.«

Oh, Gott!, hätte Barbara am liebsten ausgerufen. *Hören Sie doch auf, so zu tun, als predigten Sie von der Kanzel, und kommen Sie endlich zur Sache!* Aber sie war vernünftig genug, nichts zu sagen.

»Das Projekt genießt das persönliche Interesse des Aufsichtsratsvorsitzenden des Kunden.« Keith Yates-Brown formte das Wort »Aufsichtsratsvorsitzender« mit Scheu und Ehrerbietung. Barbara wunderte sich, daß er beim Aussprechen dieses Wortes nicht aufstand und salutierte.

»Aus diesem Grunde«, sagte der Etatchef weiter, »werden Sie die Aufgabe haben – und es ist eine überaus verantwortungsvolle Aufgabe, die sich auf uns alle hier bei OJL auswirken wird –, dem Vorsitzenden persönlich von Zeit zu Zeit Bericht zu erstatten.«

Nun ja, Barbara konnte sich gut vorstellen, wie ihm da zumute war. Dem Vorsitzenden direkt über irgend etwas Bericht zu erstatten, war allerdings eine verantwortungsvolle Sache, aber es jagte ihr keine Furcht ein. Da aber der Vorsitzende die Macht hatte – wenn er sich dazu entschloß, sie auszuüben –, über Leben und Tod der Agentur zu entscheiden, die von dem Werk beschäftigt wurde, sah Barbara es geradezu vor Augen, wie Keith Yates-Brown und andere nervös in den Kulissen herumflatterten.

»Das Projekt«, fügte Yates-Brown hinzu, »besteht darin, einen Film zu machen.«

Er war dann fortgefahren und hatte Einzelheiten geschildert, soweit man jetzt schon in Einzelheiten gehen konnte. Der Film sollte von Detroit handeln: von der inneren Stadt und ihren Einwohnern, ihren Problemen – den Rassenproblemen und anderen –, von ihrem Leben, ihren Ansichten, ihren Bedürfnissen. Es sollte ein auf Tatsachen beruhender Dokumentarfilm werden. In keiner Weise sollte er Propaganda für das Werk oder die Industrie machen; der Name des Werkes sollte nur ein einziges Mal auftauchen – im Vorspann als Sponsor. Zweck des Films sollte es sein, auf städtische Probleme hinzuweisen, auf die Notwendigkeit, die Rolle der Stadt im Leben der Nation auszubauen und zu kräftigen; Detroit sollte als Beispiel dafür in den Vordergrund gestellt werden. Zunächst sollte der Film pädagogisch und gemeinschaftspolitisch interessierten Gruppen sowie Schülern im ganzen Land vorgeführt werden. Wahrscheinlich würde man ihn auch im Fernsehen zeigen. Stellte sich heraus, daß er gut genug war, könnte er auch in die Kinos gehen.

Der Etat sollte großzügig bemessen werden. Er würde es ermöglichen, eine reguläre Filmproduktion zu beauftragen, aber die OJL-Agentur sollte selbst den Filmemacher auswählen und die Oberleitung des Unternehmens in der Hand behalten. Ein Regisseur der Spitzenklasse konnte verpflichtet werden und, falls nötig, ein Drehbuchschreiber, wobei es Barbara freigestellt war – in Anbetracht ihrer Texter-Erfahrung –, das Script selbst zu verfassen.

Barbara sollte die Agentur mit allen Vollmachten vertreten und die Oberleitung haben.

Während Yates-Brown sprach, stieg in Barbara ein Gefühl der freudigen Erregung auf, und sie dachte an die Worte von Teddy Osch gestern beim Lunch. Der Kreativ-Direktor hatte gesagt: *Ich kann Ihnen nur eins sagen, ich wollte, ich bekäme den Auftrag, nicht Sie.* Jetzt wußte sie, warum. Der Auftrag war nicht nur ein bedeutendes Kompliment an ihre professionellen Fähigkeiten; es war zugleich auch eine starke schöpferische Aufgabe, auf die sie sich freute. Barbara ertappte sich dabei, daß sie Keith Yates-Brown mit neuen Augen betrachtete – und ganz gewiß toleranter.

Selbst die nächsten Worte des Etatchefs waren nur ein kleiner Dämpfer für ihre Dankbarkeit und Begeisterung.

»Sie werden wie üblich von Ihrem Büro in Detroit aus arbeiten«, hatte er gesagt, »aber wir möchten hier über alles informiert werden, was da geschieht, und ich meine: über *alles.* Eine andere Sache, die Sie bitte bedenken wollen, ist das, worüber wir vorhin gesprochen haben – Mäßigung. Es soll ein aufrichtiger Film werden, aber lassen Sie die jungen Pferde nicht mit sich durchgehen. Ich glaube nicht, daß wir oder daß der Aufsichtsratsvorsitzende eine zu stark – sagen wir mal – sozialistische Betrachtungsweise wünschen.«

Sie hatte dazu nichts gesagt, denn sie wußte, daß es noch genügend Ideen, genügend Betrachtungsweisen geben würde, für die sie noch zu kämpfen haben würde; deshalb brauchte sie jetzt keine Zeit, an einen Streit über abstrakte Argumente zu verschwenden.

Eine Woche später, nachdem andere Dinge, mit denen sie befaßt gewesen war, neu verteilt worden waren, begann Barbara mit der Arbeit an dem Projekt, das den vorläufigen Titel führte: *Autostadt.*

Über Brett DeLosantos Eßtisch hinweg sagte Barbara zu Leonard Wingate: »Die ersten Anfänge sind schon gemacht. Wir haben eine Produktionsfirma und einen Regisseur gefunden. Natürlich gibt es noch allerlei zu planen, bevor die Dreharbeiten beginnen können, aber wir hoffen doch, im Februar oder März anfangen zu können.«

Der große Neger mit den grauen Schläfen dachte nach, bevor er antwortete. Nach einiger Zeit sagte er dann: »Ich könnte zynisch sein und hochtrabend und jetzt sagen, einen Film über Probleme zu drehen, anstatt sie zu lösen, das sei das gleiche wie Nero, der die Leier schlägt, während Rom brennt. Aber meine Arbeit hat mir gezeigt, daß das Leben nicht immer so einfach ist; außerdem ist Kommunikation wichtig.« Er machte eine Pause und fuhr dann fort: »Was Sie da vorhaben, könnte eine Menge Gutes bewirken. Wenn ich Ihnen helfen kann, will ich es tun.«

»Vielleicht können Sie das«, sagte Barbara. »Ich habe schon mit Wes Gropetti, dem Regisseur, gesprochen, und wir sind uns darüber einig, daß alles, was über die innere Stadt gesagt wird, durch Leute ausgedrückt werden muß, die dort leben – und zwar durch einzelne Menschen. Und wir meinen, daß darunter auch einer sein sollte, der im ›harten Kern‹ von Ihrem Werk angeworben worden ist.«

Wingate sagte warnend: »Das Anwerben im harten Kern glückt nicht immer. Es könnte Ihnen passieren, daß Sie viele Meter Film über einen Mann drehen, der als Versager endet.«

»Wenn es sich so abspielt«, sagte Barbara hartnäckig, »dann werden wir es auch so darstellen. Wir machen hier ja schließlich keine Neuauflage von ›Pollyanna‹.«

»Ja, dann könnte es da jemanden geben«, sagte Wingate nachdenklich. »Ich habe Ihnen erzählt – einen Nachmittag bin ich dem Ausbilder nachgefahren, der die Schecks gestohlen und dann Lügengeschichten erzählt hat, um die Unterschrift zu bekommen.«

Sie nickte.

»Am nächsten Tag habe ich mir einige der Leute angesehen, die er besucht hatte. Die Adressen hatte ich mir notiert; mein Büro hat davon ausgehend die Namen festgestellt.« Leonard Wingate zog ein Notizbuch hervor und blätterte darin herum. »Einer von den Männern ist mir aufgefallen. Ich hatte da so ein Gefühl. Ich weiß nicht, was für ein Gefühl, jedenfalls habe ich ihn dazu überredet, wieder zur Arbeit zu kommen. Da, das ist er.« Er hörte mit dem Herumblättern auf. »Er heißt Rollie Knight.«

Barbara war mit dem Taxi zu Brett gefahren. Am späten Abend, als Leonard Wingate gegangen war – die drei hatten vereinbart, sich bald wiederzutreffen –, fuhr Brett Barbara nach Hause.

Die Zaleskis wohnten in Royal Oak, einem gepflegten Wohnvorort südöstlich von Birmingham. Als sie auf der Maple quer durch die Stadt fuhren – Barbara saß vorn, dicht neben ihm –, sagte Brett: »Verdammt noch mal!« Er bremste, bis der Wagen stand, und umschlang sie mit beiden Armen. Ihr Kuß war leidenschaftlich und lange.

»Hör mal«, sagte Brett; er vergrub sein Gesicht in der seidigen Sanftheit ihres Haares und hielt sie eng an sich gepreßt. »Warum fahren wir eigentlich in die Richtung da? Komm, wir kehren um, und du bleibst heute nacht bei mir. Wir wollen es beide, und es gibt in der ganzen weiten Welt keinen Grund, warum du es nicht tun solltest.«

Den gleichen Vorschlag hatte er schon vorhin gemacht, kurz nachdem Wingate gegangen war. Außerdem hatten sie dieses Thema schon sehr oft behandelt.

Barbara seufzte. Leise sagte sie: »Ich bin eine große Enttäuschung für dich, nicht wahr?«

»Wie soll ich denn *wissen,* ob du eine Enttäuschung bist, wenn du mir nie erlaubst, es festzustellen?«

Sie lachte ihr leichtes Lachen. Er hatte die Fähigkeit, bei ihr dieses Lachen auszulösen, und oft ganz unerwartet. Barbara hob die Hand und ließ ihre Finger über Bretts Stirn gleiten, wischte das Stirnrunzeln fort, das sie nicht sah, aber erspürte.

Er beklagte sich bitter: »Es ist einfach nicht *fair*! Jeder, der uns kennt, *nimmt einfach an*, daß wir miteinander schlafen, und du und ich sind die einzigen, die wissen, daß wir es nicht tun. Selbst dein Alter glaubt, daß wir es tun. Oder etwa nicht?«

»Ja«, gab sie zu. »Ich glaube, Dad glaubt es.«

»Ich weiß ganz genau, daß er das glaubt. Und jedesmal, wenn wir uns treffen, gibt mir der alte Bussard klar und deutlich zu verstehen, daß ihm das überhaupt nicht paßt. Ich bin also doppelt gelackmeiert.«

»Liebster Brett«, sagte Barbara, »ich weiß, *ich weiß*.«

»Warum tun wir dann nichts dagegen – jetzt sofort, heute nacht? Barb, Liebes, du bist neunundzwanzig; du kannst unmöglich noch 'ne Jungfrau sein, was bremst dich also? Liegt es an mir? Rieche ich nach Modellierton, oder stoße ich dich sonstwie ab?«

Sie schüttelte mit Nachdruck den Kopf. »Du stößt mich nicht ab. Du ziehst mich an, in jeder Beziehung, und das meine ich ganz genauso ehrlich wie all die anderen Male, wo ich es gesagt habe.«

»Wir haben alles schon so oft gesagt.« Mürrisch fügte er hinzu: »Und all die anderen Male war es genauso unvernünftig wie jetzt.«

»Bitte«, sagte Barabara, »laß uns nach Hause fahren.«

»Nach Hause *zu mir*?«

Sie lachte. »Nein. Zu mir.«

Als der Wagen wieder rollte, berührte sie Bretts Arm. »Ich bin mir auch nicht so sicher; ob das vernünftig ist, meine ich. Ich glaube, ich bin in meinen Anschauungen wohl anders als die meisten; jedenfalls bis jetzt. Vielleicht ist das altmodisch . . .«

»Du meinst, wenn ich an den Honigtopf ran will, muß ich dich erst einmal heiraten?«

Mit Schärfe sagte Barbara: »Nein, das ist es *nicht*. Ich bin mir nicht mal ganz im klaren darüber, ob ich überhaupt heiraten möchte. Ich bin doch ein Karrieremädchen, hast du das vergessen? Und ich *weiß*, daß dir der Sinn nicht nach dem Heiraten steht.«

Brett grinste. »Da hast du recht. Weshalb leben wir nicht zusammen?«

Ganz in Gedanken verloren sagte sie: »Könnten wir.«

»Meinst du das ernst?«

»Ich bin mir nicht sicher. Ich glaube, es könnte mir ernst sein, aber ich brauche Zeit.« Sie zögerte. »Brett, mein Lieber, wenn du möchtest, daß wir uns mal 'ne Zeitlang nicht sehen, wenn du jedesmal frustriert bist, wenn wir zusammen sind . . .«

»Das haben wir ja schon versucht, nicht wahr? Es hat nichts genützt, weil du mir gefehlt hast.« Er sagte entschlossen: »Nein, wir machen so weiter, auch wenn ich mich von Zeit zu Zeit wie ein eingesperrter Hengst aufführe. Außerdem«, fügte er strahlend hinzu, »hältst du das nicht ewig durch.« Schweigend fuhren sie weiter. Brett bog in die Woodward Avenue ein, die nach Süden führt.

Dann sagte Barbara: »Tu etwas für mich.«

»Was?«

»Mal das Bild zu Ende. Das Bild, das wir heute abend angesehen haben.«

Er schien überrascht. »Du meinst, *das* könnte zwischen *uns* etwas ändern?«

»Das weiß ich nicht. Ich weiß aber, daß es ein Teil von dir ist, ein besonders wichtiger Teil; etwas in dir, was heraus sollte.«

»Wie ein Bandwurm?«

Sie schüttelte den Kopf. »Ein großes Talent, wie Leonard sagte. Ein Talent, dem die Auto-Industrie nie die Chance geben wird, die ihm zukommt, nicht, wenn du Auto-Designer bleibst, bis du alt und grau bist.«

»Hör zu! – Ich werde das Bild fertigmalen. Ich hatte das sowieso vor. Aber du bist doch auch im Autogeschäft. Wo bleibt denn da die Loyalität?«

»Die bleibt im Büro«, sagte Barbara. »Ich trage die nur bis fünf Uhr nachmittags. Ich bin ich, jetzt, in diesem Augenblick, und deshalb wünsche ich mir, daß du auch du selbst bist – der beste, der wirkliche Brett DeLosanto.«

»Woran erkenn' ich den Kerl denn, wenn ich ihm mal begegne?« sagte Brett. »Okay, Malen ist also die ganz große Schaffe für mich, na schön. Aber weißt du, wie die Chancen dagegen stehen, daß ein Maler, irgendein Maler, groß wird, daß er anerkannt wird und, ganz am Rande gesagt, daß man gute Preise für ihn zahlt?«

Sie bogen in die Einfahrt zu dem bescheidenen Bungalow ein, den Barbara und ihr Vater bewohnten. In der Garage vor ihnen stand ein grauer Hardtop.

»Dein Alter ist zu Hause«, sagte Brett. »Es wird hier plötzlich so kühl.«

Matt Zaleski war in seinem Orchideen-Atrium neben der Küche, und er blickte auf, als Brett und Barbara durch den Seiteneingang des Bungalows hereinkamen.

Matt hatte dieses Atrium angebaut, gleich nachdem er das Haus vor achtzehn Jahren gekauft hatte. Sie waren von Wyandotte gekommen. Damals war der Umzug nach Norden, nach Royal Oak, ein Ausdruck für Matts wirtschaftlichen Aufstieg aus dem Milieu seiner Jugend und seiner polnischen Eltern gewesen. Das Orchideen-Atrium sollte ein beruhigendes Hobby werden, eine Erholung von dem Streß, der damit verbunden war, als einer von wenigen ein Automobilwerk in Gang zu halten. Beruhigend hatte das Hobby selten gewirkt. Während Matt noch immer den exotischen Anblick, die Textur und manchmal auch den Duft der Orchideen liebte, hatte eine immer stärker werdende Müdigkeit, die ihn während seiner Stunden zu Hause überkam, die Fürsorge für die Pflanzen von einem Vergnügen zur regelmäßig wiederkehrenden Arbeit und Mühe gewandelt, allerdings konnte er sich nie mit dem Gedanken befreunden, diese Mühe einfach aufzugeben.

Heute abend war er vor einer Stunde heimgekommen. Er war bis spät wegen einiger kritischer Materialengpässe im Montagewerk geblieben, und nach einem improvisierten Abendbrot war ihm eingefallen, daß es etliches umzutopfen und neu einzurichten gab, was er nicht noch länger aufschieben durfte. Als er Bretts Wagen kommen hörte, hatte er schon mehrere Pflanzen umgesetzt, als letzte eine gelb-violette *Masdevallia triangularis,* die jetzt an einer Stelle stand, wo die Luftzirkulation und die Feuchtigkeit günstiger für sie waren. Zart besprühte er die Blume, als die beiden hereinkamen.

Brett erschien in der offenen Atriumstür. »Hallo, Mr. Z.«

Matt Zaleski, der es nicht ausstehen konnte, wenn man ihn Mr. Z. nannte – was übrigens auch etliche andere im Werk taten –, brummte etwas vor sich hin, was auch ein Gruß sein konnte. Jetzt kam Barbara herein, gab ihrem Vater einen flüchtigen Kuß, ging in die Küche zurück und fing an, für sie alle ein heißes Malzgetränk zu machen.

»Jessas!« sagte Brett. Entschlossen, freundlich zu sein, betrachtete er die vielen Regale und die Hängekörbe mit den Orchideen. »Es ist 'ne feine Sache, wenn man reichlich freie Zeit für so eine Anlage hat.« Ihm fiel nicht auf, daß Matt den Mund zusammenkniff. Auf eine *Catasetum saccatum* zeigend, die auf einem Stück Tannenrinde wuchs, sagte Brett voller Bewunderung: »Das ist ja eine Schönheit! Die ist ja wie ein Vogel im Fluge.«

Einen Augenblick lang entspannte Matt sich und teilte die Freude über die herrliche, violett-braune Blüte, deren Kelchblätter und Blumenblätter sich nach oben bogen. Er sagte: »Ja, mag schon wie ein Vogel sein. Ist mir nie aufgefallen.«

Ohne es zu wollen und zu ahnen, zerstörte Brett die Stimmung wieder. »Hat's Spaß gemacht heute in der Montage, Mr. Z.? Hat die Erektoranlage zusammengehalten?«

»Wenn ja«, sagte Matt Zaleski, »dann verdanken wir das nicht den verrückten Auto-Designs, mit denen wir uns abplagen müssen.«

»Na, Sie wissen doch, wie das ist. Es macht uns einen Mordsspaß, euch Eisenhosen was hinzuwerfen, bei dem man sich ein bißchen anstrengen muß. Sonst würdet ihr ja vor lauter Monotonie einschlafen.« Gutmütige Hänseleien gehörten für Brett zum Leben, ungefähr so wie das Atmen. Leider hatte er nie begriffen, daß Barbaras Vater anders konstruiert war und daß der den Freund seiner Tochter wegen dieser Eigenschaft für einen neunmalklugen Naseweis hielt.

Matt Zaleski machte ein finsteres Gesicht. Brett fuhr fort: »Bald kriegen Sie den Orion. Na, das ist das Laufställchen, das sich selber aufstellt.«

Matt explodierte. Schwerfällig und ernst sagte er: »Nichts stellt sich von selber auf! Das werdet ihr flinken kleinen Tausendsassas wohl nie kapieren. Weil Sie und Ihresgleichen mit einem schönen College-Diplom hierher kommen, denken Sie, daß Sie alles wissen, glauben Sie, daß alles, was Sie zu Papier bringen, auch funktioniert. So ist es nicht! Wir Eisenhosen, wie Sie uns nennen, wir Arbeitsschweine, wir müssen es dann hinbiegen, damit etwas draus wird . . .« Und er sprach und sprach, und seine Worte rollten immer weiter.

Matts Ausbruch entsprang der bleiernen Müdigkeit, die ihn heute abend erfüllte; auch der Tatsache, daß er allerdings nur zu gut wußte, daß der Orion nun bald auf ihn zukommen würde; daß das Werk, wo er der zweite Mann war, den neuen Wagen zu bauen haben würde, daß man es zu diesem Behuf auseinanderreißen und dann wieder zusammensetzen würde, so daß nichts mehr so funktionieren würde wie vorher; daß die normalen Produktionsprobleme, die schon hart genug waren, dann sehr rasch monumentale Ausmaße annehmen und auf Monate hinaus rund um die Uhr immer neue auftauchen würden; daß Matt selbst und kein anderer während der Umrüstung die härtesten Nüsse zu knacken haben würde, daß es keine Ruhe geben würde und daß er sich an manchen Abenden glücklich preisen mußte, wenn er überhaupt noch ins Bett kam; außerdem würde man ihm die Schuld geben, wenn irgend etwas schiefging. Er hatte das alles schon durchgemacht, und zwar öfter, als er selbst noch wußte, und das nächste Mal, das ihm nun bevorstand, schien zuviel zu sein.

Matt hielt inne. Ihm wurde bewußt, daß er das alles in Wirklichkeit gar nicht zu diesem naseweisen Jungen, diesem DeLosanto, gesagt hatte – sowenig er ihn auch leiden konnte –, sondern daß der Staudamm, hinter dem er seine eigenen Gefühle sonst zurückdämmte, plötzlich gebrochen war. Das wollte er gerade sagen, so schwer ihm so etwas auch über die Lippen kam, und er wollte hinzufügen, daß es ihm leid täte, als Barbara in der Atriumstür erschien. Ihr Gesicht war ganz weiß.

»Dad, du wirst dich für alles, was du gerade gesagt hast, entschuldigen.«

Widerborstigkeit war seine erste Reaktion. »Was werde ich tun?«

Brett griff ein; ihn bekümmerte nichts für sehr lange Zeit. Er sagte zu Barbara: »Ist schon okay; braucht er nicht zu tun. Wir hatten ein kleines Mißverständnis. In Ordnung, Mr. Z.?«

»Nein!« Barbara, die gewöhnlich so große Geduld mit ihrem Vater hatte, wich nicht zurück. Sie blieb dabei: »Entschuldige dich! Tust du es nicht, gehe ich auf der Stelle. Mit Brett. Ich bin fest entschlossen.«

Matt erkannte, daß sie es ernst meinte.

Unglücklich, im Grunde nichts begreifend, auch Kinder nicht, die groß werden und es im Gespräch mit ihren Eltern an Respekt fehlen lassen, junge Leute ganz im allgemeinen, die sich so sonderbar aufführten; sich nach seiner Frau sehnend, nach Freda, die nun schon ein Jahr tot war und die es überhaupt nicht so weit hätte kommen lassen, murmelte Matt eine Entschuldigung, schloß dann die Atriumstür zu und ging zu Bett.

Wenig später sagte Brett gute Nacht zu Barbara und fuhr nach Hause.

12

Jetzt hatte der Winter die Autostadt im Griff. Der November war vorübergegangen, dann Weihnachten, und Anfang Januar lag tiefer Schnee. Im Norden Michigans liefen die Leute Ski, und das Eis türmte sich hoch und massig an den Stränden des St.-Clair- und Eriesees.

Mit Beginn des neuen Jahres intensivierten sich die Vorbereitungen für das Orion-Debüt, das für Mitte September angesetzt war.

Die Produktionsabteilung, die schon seit Monaten über ihren neuen Plänen hockte, näherte sich immer mehr der Werksumrüstung, die im Juni beginnen sollte. Die erste Serie des Orion – Job eins, wie sie genannt wurde – sollte im August anlaufen. Dann bedurfte es einer sechswöchigen, in tiefstes Geheimnis gehüllten Produktion, bevor der Wagen öffentlich vorgestellt werden konnte. Unterdessen koordinierte die Einkaufsabteilung eine Armada von Materialien, die längst bestellt und an Terminen fällig waren, von deren Einhaltung alles abhing, während Verkauf und Marketing begann, den endlos debattierten, viele Male geänderten Plänen für die Einführung des Wagens bei den Händlern und für die Werbung feste Form zu geben. Public Relations legte die ersten Fundamente für das lukullische Mahl, das bei der Presse-Einführung des Orion für gute Laune sorgen sollte. Andere Abteilungen schalteten sich, je nach ihrer Funktion, in stärkerem oder geringerem Maße in die Vorbereitungen ein.

Und während das Orion-Programm voranschritt, machten sich viele Leute in der Gesellschaft schon Gedanken über den Farstar, der dem Orion folgen würde, auch wenn seine Termine, seine Form, seine Substanz noch völlig offen waren. Zu diesen gehörten Adam Trenton und Brett DeLosanto.

Außerdem war Adam im Januar in der Automobil-Vertragshandlung von Smokey Stephensen mit einer Überprüfung der Investition Teresas beschäftigt, die sie von ihrem Mann geerbt hatte.

Adam hatte länger als erwartet auf die Genehmigung der Gesellschaft warten müssen, sich mit einem ihrer Vertragshändler zu beschäftigen, wie selbstlos seine Motive auch sein mochten, und nach der Erörterung durch den Ausschuß für Interessenkonflikte war die Genehmigung auch nur widerwillig erteilt worden. Am Ende hatte dann Hub Hewitson, der stellvertretende Generaldirektor, zugunsten Adams entschieden, nachdem er sich persönlich an ihn gewandt hatte. Jetzt aber, wo die Zeit gekommen war, um das Versprechen zu erfüllen, das er Teresa gegeben hatte, wurde Adam klar, wie wenig er noch eine zusätzliche Aufgabe brauchen konnte. Seine Arbeitslast hatte zugenommen, und er litt noch immer unter einem Gefühl der physischen Spannung. Zu Hause schien sein Verhältnis zu Erica sich weder gebessert noch verschlechtert zu haben, auch wenn er die – in letzter Zeit wiederholte – Klage seiner Frau, daß sie kaum noch Zeit miteinander verbrachten, als berechtigt anerkannte. Bald, das nahm er sich fest vor, wollte er etwas unternehmen, um das ins Lot zu bringen, aber nachdem er nun einmal diese neue Verpflichtung übernommen hatte, wollte er zunächst einmal die hinter sich bringen.

So machte Adam an einem Samstagmorgen, nach vorheriger telephonischer Vereinbarung, seinen ersten Besuch bei Smokey Stephensen.

Die Automobilhandlung von Stephensen befand sich in den nördlichen Vororten, dicht an der Grenze zwischen Troy und Birmingham. Die Lage war gut – an einer wichtigen innerstädtischen Querverbindung. Die Woodward Avenue, eine Hauptausfallstraße nach Nordwesten, war nur ein paar Straßenblocks entfernt.

Es lag auf der Hand, daß Smokey die Straße draußen beobachtet hatte. Mit langen Schritten kam er aus der Tür seines Ausstellungsraumes und stand auf dem Fußweg, als Adam aus seinem Auto stieg.

Der ehemalige Rennfahrer, der einen schweren Bart trug und, da er die erste Jugend hinter sich hatte, korpulent geworden war, sagte mit dröhnender Stimme: »Willkommen!

Willkommen!« Zu einem dunkelblauen Seidenjackett trug er sorgfältig gebügelte schwarze Hosen und einen breiten, buntgemusterten Schlips.

»Guten Morgen«, sagte Adam. »Ich bin . . .«

»Nicht nötig, mir das zu sagen! Hab' Ihr Bild in den ›Automotive News‹ gesehen. Treten Sie ein!«

Der Händler hielt die Tür zum Ausstellungsraum weit offen. »Wir sagen immer, es gibt nur zwei Gründe für einen Menschen, diese Tür zu passieren – um aus dem Regen ins Trockene zu kommen oder sich Räder zu kaufen. Sie sind wohl die Ausnahme.« Drinnen erklärte er: »Binnen einer halben Stunde werden wir uns beim Vornamen nennen. Ich sage immer, warum so lange warten?« Er streckte eine Bärenpranke von einer Hand hin. »Ich bin Smokey.«

»Ich bin Adam«, sagte Adam. Es gelang ihm, nicht schmerzhaft zusammenzuzucken, als seine Hand gequetscht wurde.

»Geben Sie mir Ihre Wagenschlüssel.« Smokey winkte einem jungen Verkäufer, der eilig quer durch den Ausstellungsraum herbeikam. »Parken Sie Mr. Trentons Wagen behutsam, und verkaufen Sie ihn nicht. Außerdem behandeln Sie Mr. Trenton mit Respekt. Seiner Schwester gehören neunundvierzig Prozent von dieser Bude hier, und wenn das Geschäft bis Mittag nicht ein bißchen lebhafter wird, schicke ich ihr vielleicht die andern einundfünfzig per Post.« Er blinzelte Adam strahlend an.

»Es ist für uns alle keine leichte Zeit«, sagte Adam. Aus den Verkaufsstatistiken wußte er, daß alle Autohersteller und Händler in diesem Jahr unter einer Nach-Feiertagsflaute litten. Wenn die Autokäufer nur gewußt hätten, daß jetzt alljährlich die Zeit gekommen war, in der man einen finanziell besonders günstigen Kauf tätigen konnte. Jeder verfügbare Platz bei den Händlern war vollgestopft mit Autos, die ihnen die Fabriken aufgezwungen hatten, und manchmal waren sie geradezu verzweifelt bemüht, ihre Inventurlisten ein bißchen zu verkürzen, koste es, was es wolle. Da konnte dann ein geschickter Käufer mehrere hundert Dollar an einem Wagen der mittleren Preisklasse sparen. Nur einen Monat später war es aus mit dieser Chance.

»Ich sollte mit Farbfernsehern handeln«, brummte Smokey. »Dafür geben die um Weihnachten und Neujahr all ihr Geld aus.«

»Aber als die neuen Modelle herauskamen, haben Sie sich doch ganz wacker gehalten.«

»Na und ob.« Die Miene des Händlers hellte sich auf. »Sie haben die Zahlen gesehen, Adam?«

»Meine Schwester hat sie mir geschickt.«

»Klappt immer. Man sollte glauben, daß die Leute es irgendwann mal lernen. Gut für uns, daß sie's nie tun.« Smokey warf Adam einen Blick zu, als sie durch den Ausstellungsraum gingen. »Sie verstehen das doch, wenn ich mal kein Blatt vor den Mund nehme?«

Adam nickte. »Ich glaube, das sollten wir beide nicht tun.«

Er wußte natürlich, was Smokey Stephensen meinte. Wenn die neuen Modelle herauskamen – vom September bis hinein in den November –, konnten die Händler jeden neuen Wagen verkaufen, den die Werke ihnen gaben. Dann riefen sie nach mehr, anstatt gegen die Zahl der ihnen zugeteilten Wagen zu protestieren, wie sie es zu anderen Zeiten im Jahr taten. Und trotz aller negativen Publizität über Autos strömten die Kunden immer noch in Scharen herbei, wenn es neue Modelle gab oder nach größeren Änderungen. Was die Käufer nicht wußten oder was ihnen gleichgültig blieb, war die Tatsache, daß dann die Jagd auf die Käufer freigegeben war, daß dann die Händler bei den Abschlüssen am härtesten sein konnten; außerdem waren die ersten Wagen nach einer Änderung der Produktion weniger gut gebaut als die gleichen Modelle, die ein paar Monate später folgten. Bei jedem neuen Modell ergaben sich Herstellungsschwierigkeiten, während die Ingenieure, die Vorarbeiter und die einfachen Arbeiter allmählich lernten, den neuen Wagen zu bauen. Genauso unweigerlich traten Engpässe bei Einzel- und Ersatzteilen auf, die dann Improvisationen bei der Herstellung erzwangen, ohne Rücksicht auf Qualitätsnormen. Das alles bedeutete, daß ein Auto aus einer neu angelaufenen Serie sehr oft ein schlechter Kauf war, was die Qualität anbetraf.

Erfahrene Käufer, die ein neues Modell wollten, warteten vier bis sechs Monate nach Produktionsbeginn. Dann sprach alles dafür, daß sie einen besseren Wagen bekommen würden. Bis dahin waren die Kinderkrankheiten überwunden, und die Produktion – abgesehen natürlich von den Sorgen mit den Arbeitern an jedem Montag und Freitag, die in allen Jahreszeiten immer gleich blieben – lief glatt und reibungslos.

Smokey Stephensen erklärte: »Alles steht Ihnen hier weit offen, Adam – wie ein Puff mit dem Dach ab. Sie können unsere Bücher sehen, die Akten, die Inventuren, Sie brauchen es nur zu sagen; genauso wie ich Ihrer Schwester alles zeigen würde, denn das ist ja ihr gutes Recht. Und fragen Sie; Sie werden offene Antwort bekommen.«

»Sie können sich darauf verlassen, daß ich Fragen stellen werde«, sagte Adam, »und später werde ich mir das alles, was Sie eben aufgezählt haben, ansehen müssen. Was ich aber auch gern möchte – und das wird vielleicht etwas länger dauern –, ich möchte mir ein Bild davon machen, wie Sie Ihre Arbeit organisiert haben.«

»Natürlich, klar; alles, was Sie wollen, mir soll's recht sein.« Der Autohändler ging voran eine Treppe hoch zum Zwischengeschoß, das sich über die ganze Länge des Ausstellungsraumes im Erdgeschoß erstreckte. Der größte Teil des Zwischengeschosses wurde von Büros eingenommen. Als sie oben an der Treppe angelangt waren, hielten die beiden Männer inne und warfen einen Blick hinab auf die verschiedenen Modelle, alle auf Hochglanz poliert, makellos, farbenfroh, die den ganzen Raum beherrschten. Nur an einer Seitenwand des Ausstellungsraumes befanden sich mehrere verglaste, zellenartige kleine Büros für die Verkäufer. Eine offene Tür ging auf einen Korridor hinaus, der zu der von hier aus unsichtbaren Abteilung für Ersatzteile und Service führte.

Trotz der stillen Saison betrachteten schon jetzt, am frühen Vormittag, mehrere Leute die Wagen; Verkäufer standen sprungbereit in der Nähe.

»Ihre Schwester hat hier 'ne gute Sache laufen – der Kies des armen alten Clyde arbeitet für sie und all die Kleinen.«

Smokey warf Adam mit zusammengekniffenen Augen einen Blick zu. »Was regt sich eigentlich Teresa plötzlich so auf? Sie hat doch ihre Schecks bekommen. Bald kommt unser geprüfter Jahresabschluß.«

Adam erklärte es ihm. »Teresa denkt vor allem an die Zukunft. Sie wissen ja, daß ich hier bin, um sie zu beraten: Soll sie ihre Anteile verkaufen oder nicht?«

»Ja, ja, ich weiß.« Smokey versank in tiefes Nachsinnen. »Ich will es Ihnen ganz offen sagen, Adam, wenn Ihr Rat lautet: ›verkaufen‹, dann wird es eine harte Nuß für mich.«

»Warum?«

»Weil ich den Kies nicht aufbringen könnte, um Teresas Anteile zu kaufen. Nicht jetzt, wo das Geld so teuer ist.«

»Wenn ich richtig informiert bin«, sagte Adam, »haben Sie eine Sechzig-Tage-Option, sie auszukaufen, falls Teresa beschließt, ihre Anteile abzustoßen. Nehmen Sie die Option nicht wahr, kann sie beliebig anderweitig verkaufen.«

Smokey nickte. »Ja, stimmt.« Aber seine Stimme klang bedrückt.

Offensichtlich war Smokey alles andere als begeistert bei dem Gedanken, daß er möglicherweise einen neuen Partner bekommen würde, vielleicht einen, der selber im Geschäft aktiv werden wollte oder sonst lästiger sein würde als eine Witwe in dreitausend Kilometer Entfernung. Adam hätte gern gewußt, was der genaue Grund für Smokeys Unbehagen war. War es der ganz natürliche Wunsch, seinen eigenen Laden ohne fremde Einmischung zu schmeißen, oder gab es Dinge in diesem Geschäft, die er am liebsten für sich behalten wollte? Adam nahm sich vor, nach Möglichkeit das Geheimnis zu lüften.

»Gehen wir in mein Büro, Adam.«

Sie verließen die offene Weite des Zwischenstocks und betraten einen kleinen, aber behaglichen Raum, der mit grünen Ledersesseln und einem Sofa möbliert war. Auch Schreibtischplatte und Drehsessel waren mit grünem Leder bezogen. Smokey bemerkte, daß Adam sich in dem Raum umsah.

»Der Knabe, der das hier für mich eingerichtet hat, wollte alles in Rot. Ich habe ihm gesagt: ›Kommt überhaupt nicht in Frage! Wenn überhaupt Rot in diesen Laden kommt, dann nur per Unfall.‹«

Die eine Seite des Büros, die fast zur Gänze aus Glas bestand, führte zum Zwischengeschoß. Wie auf einer Kommandobrücke standen der Händler und Adam an dieser Glaswand und schauten in den Ausstellungsraum hinunter.

Adam zeigte auf die Reihe der Verkaufsbüros unten im Erdgeschoß. »Haben Sie eine Mithör-Anlage?«

Zum ersten Mal zögerte Smokey. »Ja.«

»Ich möchte gern zuhören. Und zwar das Verkaufsbüro – dort.« In einem der Glaskästen saß ein junger Verkäufer mit knabenhaftem Gesicht und einem blonden Haarschopf zwei Kaufinteressierten gegenüber, einem Mann und einer Frau. Über den Schreibtisch zwischen ihnen waren Papiere gebreitet.

»Ich denke doch, daß sich das machen läßt.« Smokey war alles andere als begeistert. Aber er schob ein Gleitfach in der Nähe seines Schreibtisches zur Seite. Mehrere Schalter wurden sichtbar, und einen davon drückte er herunter. Sofort drangen Stimmen aus einem in die Wand eingelassenen Lautsprecher.

». . . türlich, wir können das Modell, das Sie wünschen, in Wiesengrün bestellen.« Offensichtlich war das die Stimme des jungen Verkäufers. »Wirklich schade, daß wir das Modell in der Farbe nicht auf Lager haben.«

Eine andere Männerstimme antwortete; sie hatte einen aggressiven, nasalen Klang. »Wir können warten. Das heißt, wenn wir uns hier überhaupt einig werden. Oder wir gehen woanders hin.«

»Selbstverständlich, Sir. Nur interessehalber eine Frage, Sir. Das Modell Galahad, in Wiesengrün, das Sie vorhin beide angesehen haben. Was meinen Sie wohl, wieviel mehr das kostet?«

»Ich hab' Ihnen doch schon erklärt«, sagte die nasale Stimme. »Ein Galahad kommt nicht in Frage; soviel wollen wir nicht ausgeben.«

»Aber nur interessehalber – nennen Sie doch mal irgendeine Zahl. Wieviel mehr?«

Smokey kicherte zufrieden. »Ein prima Junge, der

Pierre.« Er schien ganz vergessen zu haben, daß er Adam nur widerwillig hatte mithören lassen. »Der jubelt die noch hoch.«

Mürrisch sagte die nasale Stimme: »Na ja, an die zweihundert Dollar.«

Adam sah, wie ein Lächeln sich über die Züge des Verkäufers legte. »Aber i wo«, sagte er leise. »Er kostet nur fünfundsiebzig Dollar mehr.«

Eine Frauenstimme schaltete sich ein. »Hör doch mal, wenn's nur so wenig ist . . .«

Smokey prustete los. »Mit dem Köder kriegt man die Frauen immer. Die Tante hat schon ausgerechnet, daß sie hundertundfünfundzwanzig Eier gespart hat. Pierre hat ein paar Extras an dem Galahad, zum Aufpreis natürlich, noch nicht erwähnt. Aber er wird noch dazu kommen.«

Die Stimme des Verkäufers sagte: »Warum sehen wir uns den Wagen nicht noch einmal an? Ich möchte Ihnen gern noch zeigen . . .«

Als die drei sich erhoben, schaltete Smokey den Lautsprecher wieder ab.

»Dieser Verkäufer da«, sagte Adam. »Ich habe sein Gesicht doch schon gesehen . . .«

»Aber sicher. Das ist Pierre Flodenhale.«

Jetzt fiel es Adam wieder ein. Pierre Flodenhale war ein Rennfahrer, dessen Name in den letzten beiden Jahren im ganzen Land zunehmend bekanntgeworden war. In der letzten Saison hatte er einige ganz bedeutende Siege herausgefahren.

»Wenn auf den Bahnen Ruhe herrscht«, sagte Smokey, »lasse ich Pierre hier arbeiten. Gut für uns beide. Einige Leute erkennen ihn; die lassen sich gern ein Auto von ihm verkaufen. Das können sie dann ihren Freunden erzählen. Außerdem ist er ein erstklassiger Verkäufer. Der kriegt die da auch noch soweit.«

»Vielleicht kauft der sich als Partner ein. Falls Teresa sich zurückzieht.«

Smokey schüttelte den Kopf. »Keine Chance. Der Junge ist ewig pleite. Deshalb hat er ja diesen Nebenberuf hier. Das ist bei allen Rennfahrern so – verjubeln ihr Geld schneller, als sie es verdienen, sogar die Großen, die einen Sieg nach dem andern fahren. Bei denen schwimmt das Gehirn wie 'n Vergaser; die glauben, die dicken Prämien fließen ewig.«

»Bei Ihnen war das anders.«

»Ich war ein heller Junge. Bin ich noch.«

Sie sprachen über Händlerphilosophie. Smokey sagte zu Adam: »Das war noch nie 'n Geschäft für weiche Heinis; und jetzt wird's noch härter. Die Kunden werden gewiefter. Da muß der Händler noch gewiefter sein als die. Aber es ist 'ne große Sache, und man kann dolle Gewinne machen.«

Als das Gespräch auf den Verbraucherschutz kam, sträubten sich Smokey die Haare. »Der ›arme Verbraucher‹ nimmt sich selbst verdammt gut in acht. Vorher waren die Leute gierig; das Gerede vom Verbraucherschutz hat es noch verschlimmert. Jetzt will jeder Hans und Franz die besten Bedingungen, die je gewährt worden sind, mit Gratis-Service bis in alle Ewigkeit, amen. Wie wär's mal mit ein bißchen ›Händlerschutz‹? Der Händler hat schwer zu kämpfen, wenn ihm nicht die Puste ausgehen soll.«

Während ihrer Unterhaltung beobachtete Adam weiter die Vorgänge unten. Jetzt zeigte er wieder auf die Verkaufsbüros. »Das erste da. Ich würde gern zuhören.«

Das Schiebefach war noch offen. Smokey langte hin und ließ einen anderen Schalter klicken.

». . . Bedingungen. Ich sage Ihnen, das bietet Ihnen kein anderer.« Wieder die Stimme eines Verkäufers; es war dieses Mal ein älterer Mann als Pierre Flodenhale. Er hatte graues Haar und einen im ganzen schärferen Ton. Die Kundin, eine Frau, die Adam auf irgendwo zwischen dreißig und vierzig schätzte, schien allein zu sein. Einen Augenblick lang fühlte er sich schuldbewußt, weil er gleichsam am Schlüsselloch lauschte, aber dann erinnerte er sich selbst daran, daß die Anbringung versteckter Mikrophone zum Abhören des Verkaufsgesprächs bei Autohändlern gang und gäbe war. Und nur durch das Mithören konnte Adam beurteilen, wie es um die Händler-Käufer-Beziehungen in Smokey Stephensens Geschäft bestellt war.

»Ich bin da nicht so sicher wie Sie«, sagte die Frau. »Wenn

man bedenkt, wie gut der Wagen in Schuß ist, den ich in Zahlung gebe, habe ich das Gefühl, daß Ihr Preis um hundert Dollar zu hoch liegt.« Sie war im Begriff aufzustehen. »Ich werde es lieber woanders versuchen.«

Sie hörten den Verkäufer seufzen. »Ich gehe die Zahlen noch einmal durch.« Die Frau gab nach. Eine Pause, dann wieder der Verkäufer. »Sie möchten einen Finanzierungsvertrag für den neuen Wagen, stimmt das?«

»Ja.«

»Und Sie möchten, daß wir die Finanzierung regeln?«

»Ich denke schon.« Die Frau zögerte. »Nun, ja.«

Aus eigener Erfahrung konnte Adam erraten, was jetzt in dem Verkäufer vorging. Bei fast jedem Ratenverkauf bekam der Händler eine Prämie – man könnte es auch Schmiergeld nennen – von der Bank oder der Finanzierungsgesellschaft, und das waren gewöhnlich hundert Dollar, manchmal mehr. Banken und andere zahlten diese Prämien, um die Aufträge zu bekommen, denn die waren begehrt. Bei einem zähen Kunden konnte man, wohl wissend, daß dieses Geld hereinkommen würde, in letzter Minute von der bisherigen Preisforderung heruntergehen, um den Verkauf zu retten.

Als hätte er Adams Gedanken gelesen, sagte Smokey leise: »Chuck weiß, was die Stunde geschlagen hat. Gern verlieren wir ja unsere Prämie nicht, aber manchmal führt kein Weg daran vorbei.«

»Vielleicht können wir Ihnen doch noch ein wenig entgegenkommen.« Das war wieder der Verkäufer in dem kleinen Glasbüro. »Sehen Sie mal, wenn wir hier den Betrag für Ihren alten Wagen . . .«

Smokey drückte wieder auf die Taste und würgte die Einzelheiten ab.

Inzwischen waren mehrere Neue in dem Ausstellungsraum erschienen; jetzt zog eine frische Gruppe in eins der Verkaufsbüros. Aber Smokey wirkte unzufrieden. »Wenn sich der Laden hier lohnen soll, muß ich zweitausendfünfhundert Wagen pro Jahr verkaufen, und das Geschäft geht langsam, langsam.«

Es klopfte an der Bürotür. Smokey rief »Ja«, und herein

kam der Verkäufer, der es mit der Frau zu tun gehabt hatte. In der Hand hielt er ein Bündel Papiere, das Smokey nahm, rasch durchsah und dann vorwurfsvoll sagte: »Die hat geblufft. Sie hätten nicht auf die vollen Hundert zu gehen brauchen. Für fünfzig hätte die es auch getan.«

»Die nicht.« Der Verkäufer sah zu Adam hin, dann wieder weg. »Das war 'ne Scharfe. Manches können Sie von hier oben doch nicht sehen, Boß. Zum Beispiel, was die Leute im Blick haben. Und ich sage Ihnen, die hatte einen stahlharten Blick.«

»Wie können Sie das wissen? Als Sie mein Geld verschenkt haben, da haben Sie ihr wahrscheinlich unter den Rock geguckt, und deshalb haben Sie sich überfahren lassen.«

Der Verkäufer machte ein gequältes Gesicht.

Smokey kritzelte seinen Namen und gab die Papiere zurück. »Lassen Sie den Wagen liefern.«

Sie beobachteten, wie der Verkäufer das Zwischengeschoß verließ und in das kleine Büro zurückkehrte, in dem die Frau wartete.

»Gibt ein paar Sachen, die darf man im Umgang mit Verkäufern nie vergessen«, sagte Smokey Stephensen. »Bezahl sie gut, aber halt sie auf dem Sprung, und traue keinem. Viele von denen nehmen fünfzig Dollar unter dem Tisch für einen günstigen Verkauf oder dafür, daß sie das Finanzierungsgeschäft einer bestimmten Firma zuschanzen. Macht denen nicht die Bohne aus.«

Adam zeigte auf den Schalterkasten. Smokey schaltete den Lautsprecher wieder ein, und sie hörten dem Verkäufer zu, der gerade bei ihnen gewesen war.

». . . Ihre Ausfertigung. Wir behalten diese.«

»Alles richtig unterschrieben?«

»Aber sicher.« Jetzt, da das Geschäft abgeschlossen war, gab sich der Verkäufer gelöster; er beugte sich über den Schreibtisch vor und streckte den Zeigefinger aus. »Da. Die Faust des großen Boß.«

»Gut.« Die Frau nahm den Verkaufsvertrag auf, falzte ihn und verkündete dann: »Ich hab's mir noch mal überlegt, als Sie weg waren, und ich habe mich entschlossen, doch bar zu zahlen. Die Anzahlung gebe ich Ihnen jetzt per Scheck, und den Rest zahle ich, wenn ich den Wagen am Montag abhole.«

Schweigen im Verkaufsbüro.

Smokey Stephensen schlug sich mit fleischiger Faust in die Handfläche. »Die gerissene Nutte, die!«

Adam sah ihn fragend an.

»Die verfluchte Zicke hat das genau geplant! Die hat von Anfang an gewußt, daß sie keinen Finanzierungsvertrag schließen will.«

Aus dem Verkaufsbüro her hörten sie, wie der Verkäufer mit sich rang. »Ja . . ., also dann könnte es natürlich anders aussehen.«

»Anders? In welcher Hinsicht? Meinen Sie den Preis des Wagens?« Mit kühler Stimme erkundigte sich die Frau: »Das ist doch wohl nicht gut möglich, es sei denn, es gibt da einen versteckten Posten, von dem Sie mir nichts gesagt haben. Das Gesetz über wahre Angaben beim Geldverleih . . .«

Smokey stürmte von der Glaswand an seinen Schreibtisch, riß den Hörer des Hausapparats von der Gabel und wählte. Adam sah, wie der Verkäufer nach dem Hörer griff.

Smokey fauchte: »Geben Sie der Kuh den Wagen. Wir bleiben bei dem Vertrag.« Er warf den Hörer auf die Gabel, dann sagte er wutentbrannt: »Aber laß die mal ankommen, wenn die Garantie abgelaufen ist, und Service haben wollen, die wird sich umgucken!«

Adam sagte milde: »Vielleicht hat sie daran auch schon gedacht.«

Als habe sie ihn gehört, blickte die Frau zum Zwischengeschoß empor und lächelte.

»Es gibt zu viele Klugscheißer heutzutage.« Smokey kam zurück und stellte sich wieder neben Adam. »Es wird zuviel in den Zeitungen geschrieben; zu viele Schreiberlinge stekken ihre Nase in Dinge, die sie verdammt noch mal nix angehen. Und die Leute lesen die Scheiße.« Der Händler beugte sich vor und ließ seinen Blick über den ganzen Ausstellungsraum schweifen. »Und was passiert? Einige, wie die Frau, gehen zur Bank, regeln da die Finanzierung, bevor sie zu uns kommen, sagen aber keinen Ton davon, bis der Handel perfekt ist. Die lassen uns in dem Glauben, daß wir die Finanzierung regeln wollen. Wir kalkulieren also unsere Prämie – oder doch einen Teil davon – stillschweigend mit in den Verkaufspreis ein, und dann zappeln wir am Haken. Wenn ein Händler aus einem unterschriebenen Verkaufsvertrag wieder aussteigen will, setzt er sich in die Tinte. Bei der Versicherung ist es ebenso; wir regeln auch gern die Autoversicherung, weil wir eine gute Kommission bekommen; noch besser ist 'ne Lebensversicherung auf die Ratenzahlungen.« Brummig fügte er hinzu: »Wenigstens bei der Versicherung hat sie uns nicht auf den Leim geführt, die alte Zicke.«

Jeder einzelne Zwischenfall, dachte Adam, hatte ihm einen neuen Einblick in Smokey Stephensens Charakter gegeben.

»Nun kann man das natürlich auch alles vom Standpunkt des Kunden sehen«, sagte Adam. »Der Kunde will die billigste Finanzierung, die sparsamste Versicherung, und er hat gemerkt, daß er beim Händler beides nicht bekommt, daß er sich besser steht, wenn er diese Dinge selber regelt. Wenn der Händler eine Prämie oder eine Kommission bekommt – von der Finanzierung oder der Versicherung –, dann weiß er, daß er, der Kunde, das bezahlen muß, denn die Extraauslage wird auf seine Raten oder seine Versicherungsprämien aufgeschlagen.«

Smokey gab sich so leicht nicht geschlagen. »Der Händler muß schließlich auch leben, und der Kunde braucht sich nicht aufzuregen – was er nicht weiß, macht ihn nicht heiß.«

In einem der anderen kleinen Verkaufsbüros unten nahm ein älteres Paar gegenüber einem Verkäufer Platz. Die drei waren gerade von einem Vorführwagen gekommen, den sie eingehend betrachtet hatten. Adam nickte, und unter Smokeys Hand klickte ein anderer Schalter.

». . . möchten wir Sie natürlich gern als Kunden haben, denn Mr. Stephensen führt hier eine Qualitätshandlung, und da freuen wir uns immer, wenn wir an Leute von Qualität und Substanz verkaufen dürfen.«

»Das hört man gern«, sagte die Frau.

»Ja, Mr. Stephensen sagt immer zu uns Verkäufern:

›Denken Sie nicht an den Wagen, den Sie heute verkaufen. Denken Sie vielmehr daran, wie Sie den Leuten den besten Service geben können; denken Sie auch immer daran, daß sie dann in zwei Jahren wiederkommen werden, und danach vielleicht in weiteren zwei oder drei Jahren!‹«

Adam wandte sich Smokey zu: »*Haben* Sie das gesagt?«

Der Händler grinste. »Wenn ich's nicht gesagt habe, dann hätte ich's sagen sollen.«

Sie hörten weiter zu, und in den nächsten Minuten wurde über eine Inzahlungnahme gesprochen. Das ältere Paar wollte sich nicht recht auf eine endgültige Summe festlegen – auf die Differenz zwischen dem Betrag für den alten Wagen und den Preis des neuen. Sie lebten von einem festen Einkommen, erklärte der Mann – von seinem Ruhestandsgeld.

Am Ende sagte der Verkäufer: »Seht mal, Leute, es ist, wie ich sage. Die Bedingungen, die ich hier aufgeschrieben habe, sind die allerbesten, die wir überhaupt gewähren können. Aber weil Sie so reizende Leute sind, will ich mal etwas versuchen, was ich eigentlich nicht darf. Ich mache einen Vertrag mit extra kulanten Bedingungen für Sie, und dann will ich mal sehen, ob ich den Boß dazu bringen kann, sein Okay zu geben.«

»Ja . . .«, sagte die Frau unsicher. »Wir wollen natürlich auf keinen Fall . . .«

Der Verkäufer beruhigte sie. »Lassen Sie das meine Sorge sein. An manchen Tagen ist der Boß nicht so scharf wie an anderen; hoffentlich haben wir heute Glück. Passen Sie auf, ich ändere die Zahlen. Für Ihren alten Wagen . . .«

Es lief auf eine Verringerung des Endpreises um hundert Dollar hinaus. Als er abschaltete, machte Smokey ein Gesicht, als amüsiere er sich königlich.

Augenblicke später klopfte der Verkäufer an die Tür und kam mit einem fertig ausgefüllten Verkaufsvertrag herein.

»Hallo, Alex.« Smokey nahm ihm den Vertrag aus der Hand und machte Adam mit dem Verkäufer bekannt. »Alles in Butter, Alex; er ist einer von uns.«

Der Verkäufer schüttelte Adam die Hand. »Freue mich, Sie kennenzulernen, Mr. Trenton.« Er nickte mit dem Kopf zu dem Verkaufsbüro hinab. »Waren Sie eingeschaltet, Boß?«

»Na klar. Jammerschade, nicht, daß ich gerade einen meiner scharfen Tage habe, was?« Der Händler grinste.

»Ja.« Der Verkäufer erwiderte das Lächeln. »Jammerschade.«

Während sie plauderten, änderte Smokey die Zahlen auf den Verkaufspapieren. Danach unterschrieb er und sah auf die Uhr. »Hat's lange genug gedauert?«

»Denke doch«, sagte der Verkäufer. »Nett, Sie kennengelernt zu haben, Mr. Trenton.« Gemeinsam verließen Smokey und der Verkäufer das Büro und blieben draußen im offenen Teil des Zwischengeschosses stehen.

Adam hörte, wie Smokey Stephensen seine Stimme zum Gebrüll erhob. »Was nehmen Sie sich eigentlich heraus? Wollen Sie, daß ich bankrott gehe?«

»Aber Boß, lassen Sie mich doch wenigstens erklären.«

»Erklären! Als ob das nötig wäre! Ich kann Zahlen lesen; und die Zahlen sagen, daß dieses Geschäft für mich einen dicken, fetten Verlust bedeutet.«

Unten im Ausstellungsraum wandten sich Köpfe, blickten Gesichter hinauf zum Zwischengeschoß. Darunter die des älteren Ehepaares in der ersten Zelle.

»Boß, dies sind nette Leute.« Der Verkäufer sprach jetzt ebenso laut wie Smokey. »Wir wollen doch, daß sie bei uns kaufen, oder?«

»Natürlich will ich verkaufen, aber das hier ist kein Verkauf, das ist eine milde Gabe!«

»Ich habe doch nur versucht . . .«

»Wie wär's, wenn Sie versuchen, woanders einen Job zu kriegen?«

»Hören Sie, Boß, vielleicht kann ich das wieder einrenken. Das sind vernünftige Leute . . .«

»Vernünftig! Das Fell wollen sie mir über die Ohren ziehen!«

»Ich hab' das getan, Boß, nicht sie. Ich dachte, vielleicht . . .«

»Wir geben hier günstige Bedingungen. Wir machen aber keine Verlustgeschäfte. Ist das klar?«

»Ist klar.«

Der Wortwechsel wurde bis zum Schluß in höchster Lautstärke geführt. Zwei andere Verkäufer, bemerkte Adam, grinsten sich verstohlen an. Das wartende ältere Ehepaar sah ganz verstört aus.

Wieder brüllte der Händler. »He, geben Sie mir die Papiere wieder!«

Durch die offene Tür sah Adam, wie Smokey den Verkaufsvertrag packte und so tat, als schriebe er, obwohl er die Änderungen schon eingetragen hatte. Mit einem wütenden Ruck gab Smokey dem Verkäufer die Formulare zurück. »Da, das ist aber das Allergünstigste, was ich geben kann. Und ich bin nur deshalb so großzügig, weil Sie mich in die Enge getrieben haben.« Er zwinkerte dem Verkäufer mit einem breiten Grinsen zu, aber das konnte man nur vom Zwischengeschoß her sehen.

Der Verkäufer erwiderte das Augenzwinkern. Als er die Treppe wieder hinabging, kehrte Smokey ins Büro zurück und warf die Tür dröhnend ins Schloß, daß es unten widerhallte.

Trocken sagte Adam: »Ganz schönes Theater.«

Smokey kicherte. »Ältester Trick der Welt, aber manchmal funktioniert er immer noch.« Der Lautsprecher war noch immer auf die erste Verkaufszelle geschaltet; Smokey gab mehr Lautstärke, als der Verkäufer wieder zu dem älteren Ehepaar hineinging, das aufgestanden war.

»Ach, es tut uns so leid«, sagte die Frau. »Daß wir Sie in die Situation gebracht haben. Das haben wir wirklich nicht gewollt . . .«

Der Verkäufer machte ein geziemend bedrücktes Gesicht. »Ich glaube, Sie haben es wohl mit angehört.«

»Gehört!« wandte der ältere Mann ein. »Ich glaube, das hat jeder in der ganzen Nachbarschaft gehört. So hätte er nicht mit Ihnen reden sollen.«

Die Frau fragte: »Verlieren Sie nun Ihre Stellung?«

»Aber machen Sie sich doch bitte keine Sorgen meinetwegen; solange ich heute noch einen Abschluß mache, ist alles okay. Im Grunde hat der Boß ein gutes Herz. Wie ich Ihnen gesagt habe, Leute, die bei uns kaufen, merken das selbst am ehesten. Kommen Sie, wir sehen uns mal die Zahlen an.« Der Verkäufer breitete den Vertrag auf dem Schreibtisch aus, dann schüttelte er den Kopf. »Tja, ich fürchte, wir sind wieder bei den anfänglichen Bedingungen; die waren ja auch schon sehr günstig. Na, jedenfalls hab' ich's versucht.«

»Wir nehmen den Wagen«, sagte der Mann; er schien seine Zweifel von vorhin vergessen zu haben. »Sie haben schon genug Unannehmlichkeiten gehabt . . .«

Ganz aufgeräumt sagte Smokey: »Die Sache ist geritzt.« Er schaltete ab und warf sich in einen der grünen Ledersessel. Mit einer Handbewegung bot er Adam einen anderen an. Er nahm eine Zigarre aus der Tasche und bot Adam auch eine an, der dankend den Kopf schüttelte und sich eine Zigarette anzündete.

»Ich sagte ja, als Händler muß man kämpfen«, erklärte Smokey, »also kämpft man. Aber zugleich ist es auch ein Spiel.« Er warf Adam einen wissenden Blick zu. »Ich glaube, ein anderes Spiel als das, was Sie spielen.«

Adam stimmte zu: »Ja.«

»Nicht so hochgestochen wie da drüben in der Denkfabrik, was?«

Adam antwortete nicht. Smokey betrachtete die Glut seiner Zigarre und fuhr dann fort: »Vergessen Sie nicht: wer Autohändler wird, hat dieses Spiel nicht erfunden, und er macht die Regeln nicht. Er spielt mit, und zwar so, wie es gespielt werden muß – da wird's ernst, wie beim Strip Poker. Sie wissen doch, was passiert, wenn Sie beim Strip Poker verlieren?«

»Ich kann's mir vorstellen.«

»Da gibt's nichts vorzustellen. Da ist die Sache klar. Sie sitzen mit dem blanken Arsch da. So werde ich auch dasitzen, wenn ich nicht mitspiele, wenn's richtig ernst wird. Sie haben's ja gesehen. Und wenn sie mit blankem Arsch auch besser aussehen würde als ich« – Smokey kicherte in sich hinein –, »Ihrer Schwester da würd's genau so gehen. Vergessen Sie das bitte nicht, Adam.« Er stand auf. »Kommen Sie, spielen wir noch ein bißchen weiter.«

Er bekam also heute doch schon, dachte Adam, einen

ganz ungehinderten Einblick in Stil und Arbeitsweise dieses Vertragshändlers. Adam akzeptierte Smokeys Standpunkt, daß der Handel mit Autos – neuen und gebrauchten – ein hartes und unter höchstem Konkurrenzdruck geführtes Geschäft sei. Ein Händler, der die Dinge treiben ließ oder dessen Herz zu weich war, konnte da sehr rasch von der Bildfläche verschwinden; das war schon vielen passiert. Ein Autohändler stand an der Front des Automobil-Marketing, da, wo es am heißesten herging. Und die Front ist kein Ort für die Überempfindlichen oder für Leute, die moralbesessen sind. Andererseits konnte ein hellwacher, gerissener Händler – und das schien Smokey Stephensen ja zu sein – ganz hervorragende Gewinne erzielen, und das war einer der Gründe für die Untersuchung, die Adam jetzt anstellte.

Und dann wollte er untersuchen, wie Smokey sich auf mögliche zukünftige Veränderungen einstellen würde.

Innerhalb des nächsten Jahrzehnts, das wußte Adam, würde es zu bedeutenden Veränderungen im gegenwärtigen System des Vertragshandels kommen. Es war ein System, das viele Leute – in der Industrie selbst und außerhalb – für veraltet in der jetzigen Form hielten. Bisher hatten sich die Händler – ein mächtiger und straff organisierter Block – gegen jede Veränderung gewehrt. Aber wenn es den Herstellern und den Händlern nicht gelang, in naher Zukunft gemeinsam Reformen des Systems herbeizuführen, dann würde die Regierung mit Sicherheit einschreiten, wie sie es bereits in anderen Industrien getan hatte.

Lange schon waren die Autohändler der am geringsten geachtete Arm der Automobilindustrie gewesen, und während der direkte Schwindel in den letzten Jahren hatte eingeschränkt werden können, waren doch viele Beobachter der Meinung, daß der Öffentlichkeit besser gedient wäre, wenn es einen direkteren Kontakt zwischen Herstellern und Autokäufern zu Lasten des Zwischenhandels gäbe. Als wahrscheinlichstes Modell für die Zukunft boten sich zentrale Händlersysteme an, die vom Werk selbst geleitet wurden. Das würde die Belieferung der Kunden mit Wagen rationalisieren und die allgemeinen Kosten senken. Seit Jahren war ein ähnliches System bei Lastkraftwagen angewendet worden, und es hatte sich bewährt. Neuerdings hatte sich gezeigt, daß Firmen, die ganze Wagenparks unterhielten, sowie Firmen, die Autos lang- oder kurzfristig vermieteten und die alle direkt beim Werk kauften, enorme Einsparungen erzielten. Neben solchen Zentren für den Direktverkauf würde man wahrscheinlich auch vom Werk selbst betriebene Zentren für Garantiearbeiten und Service einrichten. Sie würden einen konsequenteren und straffer überwachten Service bieten, als die meisten Händler es zur Zeit konnten oder wollten.

Um solche Systeme verwirklichen zu können, bedurfte es eines stärkeren Drucks von seiten der Öffentlichkeit – und die Automobilwerke wären insgeheim froh, wenn es zu einem solchen Druck von außen kommen würde.

Für die Händler würde sich vieles ändern; für etliche würde es das Ende bedeuten. Andere aber, die leistungsfähiger und besser organisiert waren, würden sich nicht nur behaupten, sondern sie würden ihre Umsätze erhöhen. Das stärkste Argument für die Notwendigkeit ihrer Existenz blieb den Händlern auf jeden Fall erhalten – der Weiterverkauf gebrauchter Autos.

Klarheit gewinnen mußte Adam in dieser Frage: Würde Smokey Stephensens – und Teresas – Autohandlung inmitten der für die nächsten Jahre zu erwartenden Veränderungen aufblühen oder in sich zusammensinken? Darüber dachte er nach, als er Smokey vom Zwischengeschoß hinab in den Ausstellungsraum folgte.

In der nächsten Stunde wich Adam nicht von Smokey Stephensens Seite. Er beobachtete ihn in Aktion. Smokey, das war deutlich zu erkennen, ließ die Verkäufer ihre Arbeit tun, hielt aber gleichzeitig einen höchst empfindlichen Finger auf dem Puls des Geschäfts. Ihm entging nur wenig. Er hatte auch einen sechsten Sinn dafür, wann sein eigenes Eingreifen einen schwankenden Kunden zum Kauf bewegen konnte.

Ein hagerer, knochiger Mann mit eingefallenen Wangen und einer Kinnlade, die einem Schubfach glich, war von der Straße hereingekommen, ohne die ausgestellten Autos auch nur mit einem Blick zu streifen. Er stritt sich mit einem

Verkäufer über den Preis. Der Mann wußte, welches Auto er haben wollte; außerdem war er ganz offensichtlich schon bei anderen Händlern gewesen.

Er hatte eine kleine Karte in der Hand, die er dem Verkäufer zeigte, der mit einem Kopfschütteln reagierte. Smokey schlenderte quer durch den Ausstellungsraum zu ihm hin. Adam stellte sich so, daß er hören und beobachten konnte.

»Lassen Sie mal sehen.« Smokey griff zu und entwand die Karte geschickt den Fingern des Knochigen. Es war eine Visitenkarte mit dem Firmenzeichen eines Händlers; auf die Rückseite waren Zahlen mit Bleistift geschrieben. Freundlich nickend, so daß seinem Eingreifen alles Verletzende genommen wurde, studierte Smokey die Zahlen. Niemand hielt sich lange mit dem Vorstellen auf; Smokeys Chefgebaren war im Verein mit seinem Bart und dem blauen Seidenjackett ausreichende Legitimation. Als er die Karte zurückgab, kletterten seine Augenbrauen in die Höhe. »Von einem Händler in Ypsilanti. Sie leben da, mein Freund?«

»Nein«, sagte der Knochige. »Aber wenn ich kaufe, sehe ich mich gern um.«

»Und da, wo Sie sich umsehen, bitten Sie um eine Visitenkarte mit der besten Preisdifferenz zwischen dem Wagen, den Sie in Zahlung geben, und dem neuen Auto. Stimmt's?«

Der andere nickte.

»Kommen Sie, seien wir sportlich«, sagte Smokey. »Zeigen Sie mir die Karten von all den anderen Händlern.«

Der Knochige zögerte, dann zuckte er die Achseln. »Warum nicht?« Er zog eine Handvoll Karten aus der Tasche und gab sie Smokey, der sie durchzählte und kicherte. Einschließlich der Karte, die er schon gesehen hatte, waren es acht Stück. Smokey breitete die Karten auf einem Schreibtisch aus, dann beugte er sich, zusammen mit dem Verkäufer, darüber.

»Das niedrigste Angebot sind zweitausend Dollar«, las der Verkäufer vor, »und das höchste zweitausenddreihundert.«

Smokey machte eine Handbewegung. »Die Schätzung über den Wagen, der in Zahlung gegeben werden soll.«

Der Verkäufer schob ihm ein Blatt zu. Smokey warf einen Blick darauf und gab es dann zurück. Er sagte zu dem Knochigen: »Sicher möchten Sie auch gern meine Karte haben.« – »Aber ja.«

Smokey zog eine Visitenkarte heraus, drehte sie um und kritzelte etwas auf die Rückseite.

Der Knochige nahm die Karte und blickte dann Smokey scharf an. »Hier steht fünfzehnhundert Dollar.«

Smokey sagte mit ausdrucksloser Miene: »Eine hübsche runde Zahl.«

»Aber dafür verkaufen Sie mir doch kein Auto!«

»Da haben Sie verdammt recht, mein Freund. Und ich werde Ihnen noch was sagen. Das wird auch keiner der anderen tun, nicht zu den Preisen, die sie auf *ihre* Karte geschrieben haben.« Smokey schob die Visitenkarten schwungvoll zu einem Stapel zusammen und gab sie dann Stück für Stück zurück. »Gehen Sie zu diesem Laden zurück, man wird Ihnen sagen, daß der Preis die Verkaufssteuer natürlich nicht einschließt. Hier, dieser da – da fehlt der Zusatzpreis für die eingebauten Extras, wahrscheinlich auch die Verkaufssteuer. Hier, und diese Jungs haben verschiedene Händlerposten vergessen, die Nummernschildkosten und etliches andere . . .« Er nahm sich jede einzelne Karte vor. Zuletzt zeigte er auf seine eigene. »Und ich, ich hab' den Motor und die Räder nicht berechnet; das wäre mir dann eingefallen, wenn Sie wiedergekommen wären, um Tacheles zu reden.«

Der Knochige machte ein ganz bedeppertes Gesicht.

»Ein alter Händlertrick, mein Freund«, sagte Smokey, »erfunden für Leute wie Sie, und das Spiel heißt: ›Laß sie später wiederkommen!‹« Und mit plötzlicher Schärfe in der Stimme fügte er hinzu: »Glauben Sie mir?«

»Ja. Ich glaube Ihnen.«

Smokey rieb Salz in die Wunden. »Erst beim neunten Händler – erst hier bei mir – kriegen Sie die erste ehrliche Antwort. Erst jetzt schenkt Ihnen jemand reinen Wein ein. Geben Sie das zu?«

Der andere sagte ganz kleinlaut: »Sieht schon so aus.«

»Na großartig. Sehen Sie, so schmeißen wir unseren Laden hier.« Smokey legte freundschaftlich eine Hand auf die Schulter des Knochigen. »So, mein Freund, und jetzt kriegen Sie Ihren Startschuß. Jetzt fahren Sie zu all den anderen Händlern und verlangen neue Preise, dieses Mal die richtigen, so präzise wie möglich.« Der Mann zog eine Grimasse; Smokey schien das nicht zu bemerken. »Und danach, wenn Sie soweit sind, daß Sie noch mehr Tatsachen schlucken können, zum Beispiel einen Preis, zu dem Sie mit dem Schlitten wegfahren können, alles inklusive, dann kommen Sie wieder her zu mir.« Der Händler streckte ihm seine fleischige Hand hin. »Viel Glück!«

»Moment mal«, sagte der Knochige. »Warum sagen Sie mir den Preis nicht gleich jetzt?«

»Weil es Ihnen noch nicht ernst ist. Weil Sie noch immer meine Zeit verschwenden und Ihre eigene.«

Der Mann zögerte nur noch einen Augenblick. »Mir ist es ernst. Was ist der ehrliche Preis?«

Smokey sagte warnend: »Höher als all die andern, die Geschönten. Aber mein Preis enthält die Extras, die Sie wollen, die Verkaufssteuer, das Nummernschild, einen Tank voll Benzin, nix fehlt, alles drin . . .«

Minuten später schüttelten sie sich die Hand über zweitausendvierhundertundfünfzig Dollar. Der Verkäufer begann mit seinem Papierkrieg, und Smokey schlenderte weiter durch den Ausstellungsraum.

Fast im selben Augenblick sah Adam, wie ein selbstsicherer Pfeifenraucher, der eben erst hereingekommen war, ihn anhielt. Der Mann trug ein Jackett aus Harris-Tweed, makellose Hosen und Schuhe aus Alligatorleder. Sie sprachen längere Zeit miteinander, und nachdem der Mann gegangen war, kehrte Smokey kopfschüttelnd zu Adam zurück. »Kein Verkauf. Ein Arzt! Das sind die Schlimmsten. Die wollen, daß man ihnen das Ding schenkt. Hinterher wollen sie Service mit Vorrang und dazu noch einen kostenlosen Leihwagen, als ob die hier auf dem Regal herumstünden wie Pflastertüten. Fragen Sie mal andere Händler nach Ärzten. Da treffen Sie auf den Nerv.«

Weniger kritisch beurteilte er gleich darauf einen Mann, der von stämmiger Figur war, dessen Haar sich zur Glatze verdünnte und dessen Stimme klang, als hätte er Kieselsteine im Kehlkopf. Er suchte einen Wagen für seine Frau. Smokey machte Adam mit ihm bekannt. Es war ein Polizeichef aus dieser Gegend namens Wilbur Arenson. Adam, der den Namen des Polizeichefs oft in der Zeitung gelesen hatte, spürte, wie die kalten, blauen Augen des Mannes ihn musterten, wie sie ihn ganz routinemäßig in das Gedächtnis des Polizisten einordneten. Die beiden zogen sich in Smokeys Büro zurück, wo ein Geschäft ausgehandelt wurde – und Adam hatte das Gefühl, daß es ein für den Kunden vorteilhaftes Geschäft sein würde. Als der Polizeichef wieder gegangen war, sagte Smokey: »Mit den Bullen muß man sich immer gutstellen. Könnte mich einen ganzen Batzen kosten, wenn ich Buße wegen falschen Parkens berappen müßte für all die Autos, die meine Service-Abteilung manchmal tagelang auf die Straße stellen muß.«

Ein redseliger, fetter Mann mit schwarzen Haaren kam herein und holte sich einen Umschlag ab, der im Empfangsbüro des Erdgeschosses auf ihn wartete. Auf seinem Weg zur Tür fing Smokey ihn ab und drückte ihm lange und herzlich die Hand. Später erklärte er: »Das ist ein Friseur, einer unserer Jagdhunde. Setzt die Leute auf seinen Stuhl; wenn er ihnen dann die Haare schneidet, erzählt er ihnen, was er hier für einen großartigen Kauf gemacht hat, wie großartig unser Service ist. Manchmal sagen seine Kunden, sie wollten mal rübergehen und sich das anschauen, und wenn wir einen Verkauf machen, kriegt er eine kleine Provision.« Er habe so ungefähr zwanzig regelmäßige Jagdhunde, verriet Smokey, darunter Tankwarte, einen Drogisten, einen Damenfriseur und einen Bestattungsunternehmer. Was den anbetraf – »Da stirbt einer, seine Frau will den Wagen verkaufen, vielleicht einen kleineren kaufen. Oft genug hypnotisiert der Bestattungsunternehmer sie, und sie tut, was er sagt, und wenn sie hier ist, denken wir natürlich an ihn.«

Sie gingen wieder in sein Büro im Zwischengeschoß und tranken einen Kaffee mit einem Schuß Kognak aus einer Flasche, die Smokey aus seinem Schreibtisch holte.

Während sie tranken, schnitt der Händler ein neues Thema an – den Orion.

»Wäre großartig, wenn der einschlägt, Adam, und dann werden wir hier so viele Orions verkaufen, wie wir nur bekommen können. Sie wissen ja, wie das geht.« Smokey schwenkte den Kaffee in seiner Tasse herum. »Da hab' ich mir gedacht – ich meine, wenn Sie Ihren Einfluß ein bißchen spielen lassen könnten, damit wir eine Sonderzuteilung kriegen, dann wäre das gut für Teresa und die Kleinen.«

Scharf sagte Adam: »Und es würde Geld in Smokey Stephensens Tasche lenken.«

Der Händler zuckte die Achseln. »Na und, da ist uns also beiden geholfen.«

»In diesem Falle nicht. Und ich möchte Sie bitten, das Thema nie wieder anzuschneiden, auch kein ähnliches.«

Einen Augenblick vorher hatte sich in Adam alles angespannt, sein Zorn über diesen Vorschlag, der genau auf die Praktiken hinauslief, die der Ausschuß für Interessenkonflikte ja gerade verhindern sollte, schwoll mächtig an. Aber dann fand er die Sache auch wieder amüsant, und er entschied sich für die gemäßigtere Antwort. Was Verkauf und Geschäft anbetraf, war Smokey Stephensen ganz offensichtlich amoralisch und sah überhaupt nichts Unrechtes in seinem Vorschlag. Vielleicht mußte man als Autohändler so sein. Adam war sich da nicht sicher, und er war sich auch nicht sicher, was er Teresa raten sollte.

Aber er hatte die ersten Eindrücke bekommen, die er sich hatte holen wollen; sie waren gemischt, und er wollte sie erst einmal verdauen und darüber nachdenken.

13

Hank Kreisel, der in Dearborn mit Brett DeLosanto zu Mittag aß, vertrat den unsichtbaren Teil des Eisbergs.

Kreisel, ungefähr fünfundfünfzig Jahre alt, mager, muskulös und über die meisten anderen Menschen hinausragend wie ein Collie in einem Rudel Terrier, war Besitzer und Boß einer Firma, die Autoteile herstellte.

Wenn die Welt an Detroit denkt, fallen ihr sogleich die berühmten Namen der Automobilhersteller ein, die von den Großen Drei beherrscht werden. Dieser Eindruck ist schon ganz richtig, doch stellen die großen Autofabrikanten nur den Teil des Eisbergs dar, der über die Wasseroberfläche hinausragt. Dem Blick entzogen sind Tausende von Zulieferfirmen. Einige davon sind große Unternehmen, aber die meisten sind relativ klein, und ein überraschend großer Teil von denen arbeitet in irgendwelchen Löchern mit einem Kapital, das sich aus Münzen zusammensetzt. Im Gebiet von Detroit sind sie überall zu finden – mitten in der Stadt, in den Vororten, an Nebenstraßen oder auch als Satelliten großer Werke. Sie arbeiten in hochmodernen, raffiniert angelegten Werkshallen oder in halb verfallenen alten Lagerschuppen, verlassenen Kirchen oder auf irgendeinem Dachboden. Bei einigen ist die ganze Belegschaft in der Gewerkschaft, bei sehr vielen nicht, obwohl die Lohngelder sich insgesamt auf mehrere Milliarden pro Jahr belaufen. Eines aber ist allen gemeinsam. Sie tragen ihr Teil zu einem Niagara von Einzelstücken bei – etliche sind groß, die meisten aber klein, und nur Experten könnten bei ihrem Anblick sagen, was einmal ihr Verwendungszweck sein soll –, und dieser Niagara ergießt sich nach außen, Teile vereinigen sich und bilden neue, größere Teile, bis sie am Ende ihren Platz gefunden haben irgendwo im fertigen Auto. Ohne die Zulieferer stünden die Großen Drei da wie Imker ohne Bienen.

In diesem Sinne war Hank Kreisel eine Biene. In einem anderen Sinne war er Hauptfeldwebel bei der Marine-Infanterie. Bei den Marines hatte er viel Staub aufgewirbelt in Korea, und die Rolle sah man ihm noch immer an. Sein kurzes Haar war erst leicht angegraut, sein Schnurrbart war straff getrimmt, und er hielt sich gerade, als habe er einen Ladestock verschluckt. Das fiel aber nur auf, wenn er stillstand, und das war selten. Meistens war er in Bewegung, immer zielstrebig, eilig, rationell – *los, los, los* –, und so sprach er auch, vom frühen Morgen an, wenn er in seinem Haus in Grosse Pointe aufstand, bis zum Ende seines Tagewerks, und das endete meist erst, wenn der nächste Tag schon begonnen hatte. Diese und ähnliche Angewohnheiten hatten ihm bisher zwei Schlaganfälle eingebracht und die Warnung seines Arztes, daß der dritte tödlich sein könnte. Aber Hank Kreisel nahm die Warnung so auf, wie er früher auf die Meldung reagiert hätte, daß der Feind voraus im Dschungel wahrscheinlich einen Hinterhalt gelegt habe. Er stürmte voran, mit unverändertem Tempo, voller Vertrauen auf die eigene Unzerstörbarkeit und auf sein Glück, das ihn nur selten im Stich gelassen hatte.

Sein Glück hatte ihm ein Leben beschert, das angefüllt war mit den beiden Dingen, die Hank Kreisel leidenschaftlich genoß – Arbeit und Frauen. Gelegentlich hatte sein Glück nicht ganz funktioniert. Das widerfuhr ihm zum Beispiel einmal während einer tollen Affäre mit der Frau eines Obersten in der Ruhe-Garnison, nach welcher der Oberst den Hauptfeldwebel persönlich zum Schützen degradierte. Auch später, in seiner Karriere als Fabrikant in Detroit, hatte es gelegentliche Katastrophen gegeben, aber viel zahlreicher waren die Erfolge.

Brett DeLosanto hatte ihn kennengelernt, als Kreisel im Zentrum für Design und Styling ein neues Einzelteil vorführte. Sie waren einander sofort sympathisch und wurden zu Freunden, eine Entwicklung, die zum Teil auch durch die echte Neugier des jungen Designers gefördert wurde, der sich brennend dafür interessierte, wie der Rest der Autoindustrie lebte und arbeitete. Mit Hank Kreisel war Brett auch an jenem Tag in der Stadt verabredet gewesen, an dem alles schiefgegangen war, bis er auf dem Parkplatz Leonard Wingate begegnete. Kreisel hatte damals nicht kommen können, und jetzt, zwei Monate später, holten die beiden das gemeinsame Mittagessen nach.

»Ich habe mich oft gefragt, Hank«, sagte Brett DeLosanto, »wie Sie eigentlich dazu gekommen sind, Autoteile herzustellen.«

»Lange Geschichte.« Kreisel griff nach dem Bourbon pur, seinem Leib- und Magengetränk, und nahm einen reichlichen Schluck. Er hatte sich entspannt; er trug den elegant geschnittenen Anzug eines seriösen Geschäftsmannes, hatte aber die Weste aufgeknöpft, wodurch offenbar wurde, daß er sowohl Hosenträger als auch Gürtel trug. Er fügte hinzu: »Erzähl' ich Ihnen, wenn Sie wollen.«

»Na los.«

Brett hatte die letzten Nächte im Design- und Styling-Zentrum durchgearbeitet, hatte heute vormittag den versäumten Schlaf nachgeholt und genoß jetzt die freien Stunden, bevor er am Nachmittag wieder an sein Reißbrett zurückkehren mußte.

Sie befanden sich in einer kleinen Privatwohnung, knappe zwei Kilometer vom Henry-Ford-Museum und Greenfield Village entfernt. Weil sich auch das Verwaltungsgebäude der Ford Motor Company in der Nähe befand, figurierte das Appartement in den Büchern der Kreiselschen Firma als sein »Ford-Verbindungsbüro«. In Wirklichkeit wurde hier nicht so sehr die Verbindung zu Ford gepflegt wie vielmehr die zu einer anschmiegsamen, langbeinigen Brünetten namens Elsie, die das Appartement mietfrei bewohnte, auf der Gehaltsliste der Firma Kreisels stand, obwohl man sie dort noch nie erblickt hatte, und die als Gegengabe einmal oder zweimal in der Woche für Hank Kreisel zu Hause war, oder auch öfter, wenn ihm danach zumute war. Es war ein für beide Seiten ganz zwangloses Arrangement. Kreisel, ein rücksichtsvoller und vernünftiger Mann, erschien nie, ohne vorher angerufen zu haben, und Elsie wußte es stets so einzurichten, daß er Vorrang genoß.

Was Elsie nicht wußte, war, daß Hank Kreisel auch ein General-Motors- und ein Chrysler-Verbindungsbüro unterhielt, die nach den gleichen Grundsätzen organisiert waren.

Elsie, die das Mittagessen zubereitet hatte, war jetzt in der Küche.

»Moment mal!« sagte Kreisel zu Brett. »Mir fällt gerade was ein. Kennen Sie Adam Trenton?«

»Sehr gut.«

»Möchte ich gern mal kennenlernen. Viele sagen, daß er der kommende Mann ist. Kann nie schaden, in unserer Branche, hochkarätige Freunde zu haben.« Die Äußerung war charakteristisch für Kreisel. Sie entsprang seiner Mischung aus Offenheit und freundlichem Zynismus, die auf Männer, aber auch auf Frauen, angenehm wirkte.

Elsie kam wieder herein. Jede ihrer Bewegungen drückte unverhohlene Sexualität aus, und unterstrichen wurde das durch ihr schlichtes, sehr enges schwarzes Kleid. Der Ex-Marineinfanterist tätschelte ihr liebevoll den Rücken.

»Na klar, ich werde euch zusammenbringen.« Brett grinste. »Hier?«

Hank Kreisel schüttelte den Kopf. »In dem Haus am Higgins Lake. 'ne Wochenend-Party. Sie machen ein Datum aus. Ich besorge alles andere.«

»Okay, werde mit Adam sprechen. Laß dann von mir hören.« Brett ertappte sich dabei, daß er immer dann, wenn er mit Kreisel zusammen war, in den gleichen Stakkato-Sätzen sprach wie sein Gastgeber. Der Gedanke an eine Party war Brett alles andere als unangenehm. Er hatte schon an mehreren davon in Hank Kreisels Versteck am See teilgenommen. Es war jedesmal allerhand los da.

Elsie setzte sich an den Tisch zu ihnen und aß weiter. Ihr Blick wanderte zwischen den beiden Männern hin und her, während sie miteinander sprachen. Brett war nicht zum erstenmal hier und wußte, daß Elsie gern zuhörte, aber nur selten selbst in die Unterhaltung eingriff.

Brett fragte: »Wie kommen Sie auf Adam?«

»Der Orion. Er hat Zusatzteile genehmigt, höre ich. Ganz heiße Sache. Auf die Schnelle konstruiert. Ich mache eins davon.«

»*Sie* machen die also! Strebe? Oder Bodenverstärkung?«

»Strebe.«

»He, ich war dabei! Ein Riesenauftrag.«

Kreisel lächelte mit herabgezogenem Mundwinkel. »Da stoß' ich mich gesund, oder ich geh' baden. Die brauchen fünftausend Streben. Schnell. Am liebsten noch gestern. Danach zehntausend pro Monat. War nicht sicher, ob ich annehmen soll. Knappe Termine. Immer noch 'ne wacklige Sache. Meinen aber, ich würde schon liefern.«

Brett kannte Hank Kreisels Ruf als zuverlässiger Lieferer. Zuverlässigkeit ist die Eigenschaft, die die Einkaufsabteilungen der Automobilwerke mehr lieben als jede andere. Hank hatte ein besonderes Talent dafür, Umrüstungen zu improvisieren. Das sparte Zeit und Kosten. Obwohl er selbst kein Ingenieur war, übertraf er viele Ingenieure an Einfallsreichtum und organisatorischer Wendigkeit.

»Hol mich der Teufel«, sagte Brett. »Sie und der Orion.«

»Da staunen Sie noch? Ganze Industrie strotzt von Kreuz- und Querverbindungen. Leute wissen das manchmal selbst nicht. Jeder verkauft an alle anderen. GM verkauft Lenkgetriebe an Chrysler. Chrysler verkauft Klebstoffe an GM und Ford. Ford springt beim Plymouth mit Windschutzscheiben ein. Kenne da einen Burschen, Verkaufsingenieur. Wohnt in Flint, arbeitet bei General Motors. Das ganze Flint ist 'ne GM-Stadt. Sein Hauptkunde ist Ford in Dearborn – für Konstruktionen von Motorteilen. Er geht mit geheimem Ford-Zeug nach Flint. GM versteckt das vor den eigenen Leuten, die sich die Ohren abschneiden ließen, könnten sie einen Blick drauf werfen. Der Kerl fährt einen Ford – wenn er zu Ford, seinem Kunden, fährt. Seine GM-Bosse kaufen ihm das Auto.«

Elsie füllte Hank Kreisels Bourbonglas wieder auf; Brett hatte schon vorhin gedankt.

Brett sagte zu dem Mädchen: »Der erzählt mir immer Sachen, die ich wirklich nicht gewußt habe.«

»Er weiß 'ne Menge.« Lächelnd wanderte ihr Blick von Brett zu Hank Kreisel. Brett spürte, daß hier eine höchst private Mitteilung gemacht wurde.

»He! Soll ich euch beide allein lassen?«

»Keine Eile.« Der Ex-Marineinfanterist nahm eine Pfeife aus der Tasche und steckte sie an.

»Sie wollen was über Teile hören?« Er warf Elsie einen Blick zu. »Nicht deine, Baby.« Und was er meinte, war klar: *Die sind für mich.*

»Autoteile«, sagte Brett.

»Jawohl.« Kreisel lächelte, und wieder zog er dabei einen Mundwinkel nach unten. »War in einem Autowerk, bevor ich Soldat wurde. Nach Korea hab' ich da weitergemacht. Hab' an der Presse gestanden. Wurde dann Vorarbeiter.«

»Ganz schön schnell gegangen, danach.«

»Zu schnell, vielleicht. Na, hab' mir angesehen, wie der Laden läuft. Metallprägen. Genau gleich bei den Großen Drei. Müssen die tollsten Maschinen haben. Teure Gebäude. Große Unkosten, Kantinen, was weiß ich. Das ganze Zeug bedeutet: ein Werkstück zu zwei Cent kostet fünfe.«

Hank Kreisel sog an seiner Pfeife und hüllte sich in eine Rauchwolke ein. »Na, bin ich zum Einkauf gegangen. Hab' mit einem gesprochen, den ich kannte. Sagte ihm, ich könnte das gleiche Zeug billiger machen. Als Selbständiger.«

»Und die haben das finanziert?«

»Damals nicht, später auch nicht. Haben mir aber einen Vertrag gegeben. Gleich an Ort und Stelle. Für eine Million Unterlegscheiben, kleine Dinger. Als ich meinen Job aufgab, hatte ich zweihundert Dollar in bar. Keine Werkstatt, keine Maschinen.« Hank Kreisel lachte leise. »Konnte die Nacht nicht schlafen. Ganz krank vor Angst. Nächsten Tag bin ich rumgerast. Hab' 'nen alten Billardsaal gemietet. Hab' einer Bank den Vertrag gezeigt und den Pachtvertrag; die haben mir dann das Geld geliehen, damit ich schrottreife Maschinen kaufen konnte. Dann hab' ich zwei andere Jungs angeheuert. Wir drei haben die Maschinen wieder in Schwung gebracht. Die haben die Dinger bedient. Ich bin rumgerannt, hab' neue Aufträge besorgt.« Und er fügte hinzu: »Seither mach' ich nichts anderes. Ich renne herum.«

»Sagenhaft.« Brett hatte Hank Kreisels imposantes Haus in Grosse Pointe gesehen, sein halbes Dutzend vollbeschäftigter Fabriken – eine davon war die inzwischen ausgebaute Billardhalle. Vorsichtig geschätzt, meinte er, müßte Hank Kreisel heute so seine zwei bis drei Millionen Dollar wert sein.

»Ihr Freund beim Einkauf«, sagte Brett. »Der Ihnen den ersten Auftrag gegeben hat. Sehen Sie den noch manchmal?«

»Aber klar. Der ist noch immer da – Gehaltsempfänger. Derselbe Job. Wird bald pensioniert. Manchmal lad' ich ihn zum Essen ein.«

Elsie sagte: »Sagenhaft – wieso?«

Kreisel erklärte es ihr. »Sagenhaft ist es heutzutage, wenn einer was anfängt und tatsächlich ans Ziel kommt.«

»Legendär«, sagte Brett.

Kreisel schüttelte den Kopf. »Ach nee, ich nicht. Noch nicht.« Er schwieg, plötzlich tiefer in Gedanken versunken, als Brett es je bei ihm gesehen hatte. Als er weitersprach, kam seine Stimme langsamer, die Wörter waren nicht mehr so abgehackt. »Es gibt da so 'ne Sache, die würde ich ganz gern machen. Und vielleicht ist da allerhand drin, wenn ich es fertigbringe.« Er spürte, daß Bretts Neugier erwacht war. Aber der Ex-Marineinfanterist schüttelte den Kopf. »Jetzt nicht. Vielleicht erzähl' ich Ihnen das später mal.«

Seine Stimmung schlug wieder um. »Na, ich hab' also Teile gemacht. Und ich hab' Fehler gemacht. Hab' 'ne Menge dazugelernt, und schnell. Zum Beispiel: schwache Stellen auf dem Markt suchen. Stellen, wo es kaum Konkurrenz gibt. Hab' mich also um neue Teile nicht gekümmert; zuviel Kampf und Krampf. Hab' mich auf Reparaturen spezialisiert, auf Austauschteile, auf den ›Nachfolgemarkt‹. Aber nur Teile, die nicht höher am Auto sitzen als fünfzig Zentimeter. Hauptsächlich vorn am Auto und am Heck. Und die nicht mehr kosten als zehn Dollar.«

»Was soll die Bescheidenheit?«

Kreisel grinste wieder sein wissendes Grinsen. »Die meisten Bagatellunfälle passieren vorn und hinten am Auto. Und was nicht höher als fünfzig Zentimeter vom Boden sitzt, geht viel eher kaputt. Also werden davon mehr Teile gebraucht als von allen anderen. Das bedeutet Aufträge über große Stückzahlen. Da macht sich die Sache erst bezahlt – bei großen Serien.«

»Und die Zehn-Dollar-Grenze?«

»Sagen wir mal, da ist was zu reparieren am Auto. Irgendwas ist beschädigt. Reparatur kostet mehr als zehn Dollar. Man versucht, es selbst zu machen. Kostet weniger. Man schmeißt das alte Teil weg, baut ein Austauschteil ein. Da steig' ich dann ein. Bedeutet wieder: große Serien.«

Die ganze Sache klang so simpel. Brett lachte laut.

»Ins Zubehör bin ich später eingestiegen. Und noch etwas hab' ich gelernt. Ein paar Rüstungsaufträge müssen her.«

»Warum?«

»Meistens wollen die Leute nichts davon wissen. Kann schwierig sein. Oft kleine Serien, nicht viel Profit. Kann aber zu mehr führen. Und die Steuer ist da gleich viel großzügiger beim Absetzen. Geben die aber nie und nimmer zu.« Belustigt sah er sich in seinem »Ford-Verbindungsbüro« um. »Aber ich weiß es.«

»Elsie hat recht. Sie wissen 'ne ganze Menge.« Brett warf einen Blick auf die Uhr und stand auf. »Und zurück in die Werkstatt für Himmelswagen! Vielen Dank für das Mittagessen, Elsie.«

Auch das Mädchen stand auf, schob sich neben ihn, nahm seinen Arm. Er spürte ihre Nähe, ihre Wärme, die sich durch den dünnen Stoff ihres Kleides übertrug. Ihr schlanker, fester Leib löste sich langsam von ihm, drängte sich dann wieder an ihn. Zufall? Er bezweifelte es. Seine Nase sog den leisen Duft ihres Haares ein, und Brett beneidete Hank Kreisel um das, was nun wohl passieren würde, sobald er weg war.

Elsie sagte leise: »Kommen Sie, wann Sie wollen.«

»He, Hank!« sagte Brett. »Haben Sie das gehört?«

Einen Augenblick sah der ältere Mann weg, dann antwortete er brummig: »Wenn Sie annehmen, passen Sie gut auf, daß ich es nicht merke.«

Kreisel kam zu ihm an die Tür des Appartements. Elsie war schon wieder hineingegangen.

»Ich arrangiere die Sache mit Adam«, versprach Brett noch einmal. »Rufe Sie morgen an.«

»Okay.« Die beiden gaben sich die Hand.

»Und die andere Sache«, sagte Hank Kreisel. »Ich meine genau das, was ich zu Ihnen gesagt habe. Lassen Sie mich nichts davon merken. Kapiert?«

»Kapiert.« Brett hatte sich schon die Nummer des Telephons in dem Appartement gemerkt. Stand nicht im Telephonbuch. Er war fest entschlossen, Elsie morgen anzurufen.

Als der Fahrstuhl Brett hinabtrug, verschloß Hank Kreisel die Tür zum Appartement von innen.

Elsie wartete im Schlafzimmer auf ihn. Sie hatte sich ausgezogen und trug jetzt einen durchsichtigen Minikimono, zugeschnürt mit einem Seidenband. Ihr dunkles Haar, gelöst, fiel ihr in weichen Wellen bis über die Schultern; ihr breiter Mund lächelte, ihre Augen sagten, daß sie wußte, was nun kommen würde – und daß sie sich darauf freute. Sie küßten sich flüchtig. Er nahm sich Zeit, das Band zu öffnen. Dann schlug er den Kimono zur Seite und hielt sie in den Armen.

Nach einer Weile begann sie, ihn zu entkleiden. Sie tat es langsam, faltete sorgsam jedes einzelne Kleidungsstück und legte es beiseite. Er hatte ihr beigebracht, wie er es früher anderen Frauen beigebracht hatte, daß es keine Geste der Unterwerfung, des Dienens sei, sondern ein Ritus – geübt im Osten, wo er selbst es gelernt hatte. Es war ein Schärfen der gegenseitigen Erwartung.

Als sie fertig war, legten sie sich beide hin. Elsie hatte Hank einen *happi*-Rock gegeben, in den er geschlüpft war; er hatte mehrere davon aus Japan mitgebracht; dieser wurde schon ganz fadenscheinig, war aber immer noch gut genug, um zu beweisen, was die Menschen im Fernen Osten am besten wußten: daß ein Kleidungsstück, wie leicht und locker es auch sein mochte, während der sexuellen Vereinigung getragen, beim Mann und bei der Frau das Bewußtsein von der Gegenwart des anderen und das Vergnügen aneinander vertiefte.

Er flüsterte: »Hab mich lieb, Baby!«

Sie stöhnte leise. »Hab mich lieb, Hank!«

Er liebte sie.

14

»Weißt du, woraus die ganze Dreckswelt gemacht ist, Baby?« hatte Rollie Knight gestern May Lou gefragt. Als sie nicht geantwortet hatte, sagte er es ihr. »Aus Scheiße! In der ganzen gottverdammten Welt gibt's nix anderes als Scheiße.«

Geschehnisse im Automontagewerk hatten ihn zu dieser Beobachtung angeregt, wo Rollie jetzt arbeitete. Er selbst hatte die Wochen nicht gezählt; aber heute begann die siebente Woche seiner Tätigkeit.

Auch May Lou war neu in seinem Leben. Sie war (wie Rollie selbst es ausdrückte) eine Puppe, die er an einem Wochenende aufs Kreuz gelegt hatte, als er einen seiner ersten Lohnschecks verjubelte, und vor kurzem waren sie zusammengezogen. Sie hatten zwei Zimmer in einem Mietshaus an der Blaine in der Nähe der 12. Straße. Da verbrachte May Lou zur Zeit ihre Tage, hantierte mit Kochtöpfen, Möbeln und Vorhangfetzen herum und führte sich auf – so hatte ein Kneipenkumpan von Rollie das beschrieben – wie ein bunter Vogel im Nest.

Daß May Lou da im Haus herumfuhrwerkte und Papa und Mama spielte, wie Rollie das nannte, hatte er zu Anfang nicht ernst genommen, und das tat er auch jetzt noch nicht. Immerhin, er hatte ihr Zaster gegeben, und sie gab das für sie beide wieder aus, und um Nachschub zu kriegen, fand Rollie sich so gut wie jeden Tag im Montagewerk zur Arbeit ein.

Die zweite Runde, nachdem er gleich zu Anfang beim ersten Lehrgang in den Sack gehauen hatte, fing für Rollie, wie er sagte, mit einem langen Tom Nigger an, der einen Sonntagnachmittags-Ausgehboßanzug trug. Der war da eines Tages aufgekreuzt und hatte gesagt, daß er Leonard Wingate heißt. Das war noch in Rollies Bude in der Innenstadt, und es hatte ein ganz großes Quatschfest gegeben, und Rollie hatte zuerst zu dem Burschen gesagt, daß er verduften sollte, daß er sich seinetwegen ins Knie ficken könne, daß er die Schnauze voll habe, aber gestrichen. Aber dieser Nigger war nicht abgehauen. Fasziniert hatte Rollie zugehört, als der ihm dann von dem fetten weißen Schweinekerl von einem Ausbilder erzählte, der ein Ding gedreht hatte mit den Schecks und den sie dabei erwischt hatten. Aber als Rollie danach fragte, da hatte Wingate zugegeben, daß das fette weiße Schwein nicht ins Kittchen kommen würde, wie man das in so 'nem Fall mit 'nem Schwarzen gemacht hätte, und zwar hastenichgesehn. Da sah man's wieder, daß das ganze Scheißgequatsche von Gerechtigkeit genau das war – Scheißgequatsche! Das hatte sogar der schwarze Tom, dieser Wingate, zugegeben. Ganz grau war der gewesen, ganz verbittert, als er das zugab. Rollie hatte gestaunt, als er das sah. Und dann hatte Rollie, bevor er das selber richtig kapiert hatte, versprochen, wieder zur Arbeit zu gehen.

Leonard Wingate hatte Rollie gesagt, daß er den Lehrgang nicht mehr zu Ende machen müßte. Wingate hatte in den Personalpapieren nachgelesen, und da stand, daß Rollie hell im Kopf und flink mit der Hand sei, und deshalb (sagte Wingate) würde man ihn nächste Woche direkt ans Montageband stellen, wo dann am Montag die richtige Arbeit für ihn losgehen sollte.

Auch das (wie Rollie es erzählte) erwies sich dann als Gequatsche, nix weiter.

Denn man hatte ihm keinen Job an einem bestimmten Platz gegeben. Da hätte er ja noch mitgespielt. Nein, die hatten ihn als Ersatzmann eingeteilt, der überall am Band an den verschiedensten Stationen einspringen mußte, immer da, wo's gerade brannte. Das bedeutete, daß er hin und her raste wie ein blauer Arsch von einem Brummer, und kaum hatte er sich daran gewöhnt, eine Sache zu machen, dann hetzten sie ihn schon wieder woanders hin, dann wieder woanders, und wieder woanders, bis ihm ganz schwindlig war im Kopf. Und so ging das die ersten beiden Wochen immer weiter, und weil man ihn jedesmal kaum einwies, wußte er überhaupt nicht, was er von einer Minute zur nächsten nun schon wieder machen sollte. Machte ihm natürlich nicht viel aus. Abgesehen davon, was der schwarze Kerl, der Wingate, gesagt hatte, erhoffte sich Rollie Knight – wie üblich – überhaupt nichts. Aber das zeigte doch mal wieder, daß nichts, was die einem versprachen, nachher auch wirklich so wurde, wie die es gesagt hatten. Also . . . Scheiße!

Natürlich hatte kein Mensch, aber absolut *kein* Mensch, ihm was von dem Tempo erzählt, das dieses Montageband am Leibe hatte. Das hatte er dann sehr bald selbst gemerkt – und sauer war's ihm geworden.

Als Rollie an seinem ersten Arbeitstag zum ersten Mal das Endmontageband sah, da schien ihm das Ding voranzukriechen wie die Trauergemeinde beim Schneckenbegräbnis. Er war früh im Werk erschienen, rechtzeitig für die Tagschicht. Die Größe der Bude, die Massen, die da aus Autos strömten, aus Bussen, aus jeder Sorte von Räderfahrzeugen, das machte ihm zu Anfang alles Angst; die schienen auch alle ganz genau zu wissen, wohin sie gingen, bloß er nicht – und ganz verflucht eilig hatten die's alle. Aber schließlich fand er dann doch die Stelle, wo er sich melden mußte, und von da hatten sie ihn in eine große Halle mit Metalldach geschickt, viel sauberer war die, als er erwartet hatte, aber laut. *Oh, Mann, der Krach!* Überall war dieser verdammte Krach, wie hundert Rock Bands auf einem miesen Trip.

Na, auf jeden Fall wand sich das Fließband mit den Autos durch die Halle, den Anfang sah man nicht und nicht das Ende. Und die Burschen schienen alle reichlich Zeit zu haben, die Puppen auch (ein paar Frauen arbeiteten da Seite an Seite mit den Männern), um in Ruhe fertigzumachen, was ihr Job war; wenn sie an dem einen Auto fertig waren, machten sie einen Trommeltakt Pause, dann kam die nächste Karre. Kleinigkeit! Ein Klacks für einen, der mehr als Luft zwischen den Ohren hatte.

Es dauerte keine Stunde, da war Rollie wie Tausende vor ihm verdammt viel klüger geworden.

Der Vorarbeiter, dem er bei der Ankunft übergeben worden war, hatte bloß gesagt: »Nummer?« Der Vorarbeiter war weiß und jung, bekam aber schon eine Glatze, und er sah gehetzt aus wie einer, der schon in den Vierzigern ist. Er hatte einen Bleistift schreibbereit in der Hand und sagte, als

Rollie zögerte, sehr ärgerlich: »Nummer von der Sozialversicherung, was denn sonst!«

Rollie hatte dann schließlich eine Karte herausgefischt, die ihm ein Angestellter im Personalbüro gegeben hatte. Da stand die Nummer drauf. Ungeduldig und in Gedanken bei den zwanzig anderen Sachen, die er sofort erledigen mußte, schrieb der Vorarbeiter die Nummer auf.

Er zeigte auf die letzten vier Stellen, die 6469 lauteten. »So heißen Sie jetzt«, brüllte der Vorarbeiter; das Band war schon angelaufen, und bei dem Lärm konnte man kein Wort verstehen. »Auswendig lernen, verstanden?«

Rollie grinste und wollte gerade sagen, daß es im Kittchen ganz genauso ist. Aber er hatte den Mund gehalten, und der Vorarbeiter war dann mit ihm zu einer Arbeitsstation gegangen. Ein halbfertiges Auto bewegte sich langsam vorbei, und die hell lackierte Karosserie funkelte nur so. *Das waren Räder, Mensch, dufte!* Trotz der Gleichgültigkeit, die er sich angewöhnt hatte, spürte Rollie, wie sein Interesse erwachte.

Der Vorarbeiter brüllte ihm ins Ohr: »Sie müssen drei Karosserie- und Kofferraumbolzen einsetzen. Da, da und da. Bolzen sind drüben in der Kiste. Mit diesem Ding ziehen Sie die Bolzen fest.« Er drückte Rollie den elektrischen Schraubenschlüssel in die Hand. »Kapiert?«

Rollie wußte nicht genau, ob er kapiert hatte. Der Vorarbeiter berührte einen anderen Mann an der Schulter. »Zeigen Sie es dem Neuen. Der wird das hier weitermachen. Sie brauche ich bei der Vorderradaufhängung. Los, Tempo!« Der Vorarbeiter ging. Er sah immer noch zu alt aus für seine Jahre.

»Paß auf, Junge!« Der andere Arbeiter griff sich eine Handvoll Bolzen und verschwand halb in einer Wagentür, die Schnur des Elektrowerkzeugs hinter sich her ziehend. Während Rollie sich noch den Hals verrenkte, um zuzugukken, was der Mann da machte, kam der schon rückwärts wieder heraus, und zwar mit Schwung. Wie eine Kanonenkugel prallte er mit Rollie zusammen. »Paß doch auf, Junge!« Er ging nach hinten zum Heck des Wagens, zwei neue Bolzen in der Hand, das Werkzeug noch immer dabei.

Er brüllte Rollie zu: »Kapiert?« Der andere nahm sich noch den nächsten Wagen selbst vor, reagierte dann auf die Zeichen des Vorarbeiters und verschwand mit einem: »So, da haste den Laden, Junge.«

Trotz des Lärms und der Leute, die er ganz in der Nähe sehen konnte, hatte Rollie sich in seinem ganzen Leben noch nicht so einsam gefühlt.

»*He, Sie da! Los, los, weitermachen!*« Es war der Vorarbeiter. Er brüllte und wedelte mit den Armen.

Das Auto, an dem der andere gearbeitet hatte, war schon verschwunden. Es war nicht zu begreifen; trotz der scheinbaren Langsamkeit des Bandes war schon das nächste Auto da. Kein anderer Mensch war da, nur Rollie; er allein mußte die Bolzen einsetzen. Er griff sich zwei Bolzen und sprang in das Auto. Er tastete nach den Löchern, in die er sie einsetzen sollte, fand eins, merkte dann, daß er sein Werkzeug vergessen hatte. Er holte es. Als er wieder in das Auto hineinsprang, fiel ihm das schwere Elektrowerkzeug auf die Hand. Am Metallboden des Autos schabte er sich die Haut von den Knöcheln. Es gelang ihm, den einen Bolzen festzuziehen; bevor er fertig war, bevor er den zweiten eingesetzt hatte, zog sich das Elektrokabel straff, während das Auto sich weiterbewegte. Er konnte den Bolzen nicht mehr mit dem Werkzeug erreichen. Rollie ließ den zweiten Bolzen auf dem Boden liegen und kletterte rasch aus dem Auto.

Bei dem Auto, das nun folgte, gelang es ihm, zwei Bolzen einzusetzen, und er versuchte auch, sie festzuziehen. Wie gut ihm das gelungen war, wußte er nicht. Besser ging es schon beim nächsten Auto. Allmählich konnte er mit dem Werkzeug umgehen, aber es kam ihm doch sehr schwer vor. Er schwitzte und hatte sich schon wieder etwas Haut abgeschabt.

Erst beim fünften Auto fiel ihm der dritte Bolzen ein, den er im Kofferraum einsetzen sollte.

Gehetzt sah Rollie sich um. Niemand hatte etwas gemerkt.

An den benachbarten Arbeitsstationen, zu beiden Seiten des Bandes, montierten zwei Männer die Räder. Konzentriert auf die eigene Aufgabe, kümmerten sie sich nicht im geringsten um Rollie. Dem einen rief er zu: »He! Ich hab' ein paar Bolzen weggelassen.«

Ohne den Blick zu heben, schrie der eine Arbeiter zurück: »Macht nix! Kümmer dich um die nächste Karre: Reparaturjungs schnappen sich die andern.« Er hob den Kopf und lachte. »Vielleicht.«

Rollie begann, den dritten Bolzen einzusetzen, der Kofferraum und Chassis verband. Er mußte sein Tempo steigern, um das zu schaffen. Er mußte dabei jedesmal in den Kofferraum kriechen, und als er zum zweiten Mal wieder auftauchte, stieß er sich den Kopf an der Kofferraumklappe. Das geschah mit solcher Wucht, daß er halb betäubt war, und er hätte sich gern ein bißchen ausgeruht, aber da kam schon das nächste Auto, und wie im Nebel machte er sich an die Arbeit.

Er lernte: erstens, das Tempo des Bandes war viel größer, als es den Anschein hatte; zweitens, viel zwingender noch als das Tempo war die Unerbittlichkeit des Bandes. Das Band kam und kam und kam, endlos, unbarmherzig, taub und blind für menschliche Schwächen und Beschwörungen. Es war wie eine ewige Flut, unterbrochen nur durch die halbstündige Mittagspause, das Ende der Schicht oder Sabotage.

An seinem zweiten Tag wurde Rollie zum Saboteur.

Man hatte ihn da schon über mehrere Stationen geschickt, vom Einsetzen von Chassisbolzen zur Herstellung elektrischer Verbindungen, von da zum Einsetzen der Lenksäule und dann zur Stoßstangenmontage. Er hatte am Vortag gehört, wie irgend jemand sagte, daß nicht genügend Arbeiter da seien; daher die Panik – an Montagen eine durchaus übliche Sache. Am Dienstag spürte er, daß mehr Leute an ihrem Posten waren, aber Rollie wurde von dem Vorarbeiter noch immer eingesetzt, um zeitweilige Lücken zu füllen, während andere abgelöst wurden oder Pause machten. So kam es, daß er selten Zeit hatte, irgend etwas richtig zu lernen, und an jeder neuen Station schoben sich mehrere Autos vorbei, bevor er kapiert hatte, wie man die neue Arbeit rechtzeitig ausführte. Wenn gerade ein Vorarbeiter in der Nähe war und es merkte, wurde notiert, daß diese oder jene Arbeit nicht richtig ausgeführt war; dann wieder schoben sich Autos, an denen ein Arbeitsgang oder zwei oder drei nicht ausgeführt waren, unbemerkt weiter das Band entlang. Es kam auch vor, daß ein Vorarbeiter den Fehler bemerkte und nichts unternahm.

Und Rollie Knight wurde müde und erschöpft.

Am Tag zuvor, als die Schicht zu Ende war, hatte sein hagerer Körper oben und unten und links und rechts geschmerzt.

Seine Hände waren wund; zu den ersten Schürfwunden waren neue hinzugekommen. In der Nacht schlief er fester als seit Jahren, und am nächsten Morgen wachte er nur auf, weil die billige Weckuhr, die Leonard Wingate dagelassen hatte, absolut keine Ruhe geben wollte. Rollie wußte nicht, warum er es tat, aber er rappelte sich auf, und ein paar Minuten hielt er sich selbst eine Ansprache in dem gesprungenen Spiegel über einem Emaillewaschbecken, das viele Stoßstellen hatte. »*Du zuckersüßer blöder Hund du, du alter Knallkopp, kriech bloß wieder in den Kahn und säg dir einen weg. Oder haste vielleicht vor, so 'n Scheißnigger zu werden, wie die weißen Schweine ihre Niggers am liebsten haben?*« Voller Verachtung starrte er sein Spiegelbild an, aber er war dann doch nicht wieder zu Bett gegangen. Statt dessen hatte er sich zur Arbeit gemeldet.

Am frühen Nachmittag machte sich dann seine Müdigkeit bemerkbar. In der Stunde vorher hatte er wiederholt gegähnt.

Ein junger schwarzer Arbeiter mit Afro-Frisur sagte zu ihm: »Mann, du pennst ja im Stehen.« Die beiden waren in der Motorenmontage. Ihr Job war es, Motoren auf das Chassis zu senken und sie da zu sichern.

Rollie zog eine Grimasse: »Immer neue Räder kommen da angewackelt. Hab' noch nie so viele auf'm Haufen gesehen.«

»Du mußt dich ausruhen, Mann. Ruh dich aus, wenn das blöde Band stehenbleibt.«

»Bleibt nich' stehen, glaub' ich nicht.«

Sie schoben und drückten einen mächtigen Motor von oben vorn in ein weiteres Auto, führten die Welle in den

Stutzen ein, das klappte wie beim Koppeln von zwei Eisenbahnwaggons, dann lösten sie den Motor von der Hängevorrichtung. Andere Arbeiter weiter unten am Montageband würden die Bolzen einsetzen und anziehen.

Der Arbeiter mit der Afro-Frisur brüllte Rollie ins Ohr: »Willste das Band mal anhalten? Ich mein' das wirklich, Mann.«

»Ja klar, na klar doch.« Rollie hätte jetzt lieber die Augen zugemacht, als so ein blödes Quatschfest zu veranstalten.

»Is' kein Witz. Guck mal.« Für die anderen unsichtbar, machte der Arbeiter seine Faust auf. Auf seiner Hand lag ein schwarzer, zehn Zentimeter langer Stahlbolzen. »He, nimm den!«

»Warum denn?«

»Tu, was ich sag'. Laß ihn da fallen!« Er zeigte auf eine Rinne in dem Betonfußboden nicht weit von ihren Füßen, in der der Kettenantrieb des Montagebandes lief, endlos wie eine monströse Fahrradkette. Der Kettenantrieb lief die ganze Länge des Bandes hinab und dann wieder zurück, die langsam wachsenden Autos mit ewig gleicher Geschwindigkeit weiterschleppend. An verschiedenen Punkten verschwand die Kette unter dem Boden, stieg zu anderen Stockwerken empor, wanderte durch die Lackierbuden, die Inspektionskammern, schlug einfach irgendeine neue Richtung ein. Immer wenn das passierte, schepperte die Kette dröhnend über Zahnradweichen.

Was, zum Teufel, dachte Rollie. Solange nur die Zeit verging, solange nur der Tag sich schneller seinem Ende näherte. Er ließ den Bolzen in den Kettenantrieb fallen.

Es passierte gar nichts; nur der Bolzen wanderte weiter mit dem Band; es dauerte keine Minute, da war er schon nicht mehr zu sehen. Erst dann wurde ihm bewußt, daß rings umher sich Köpfe hoben, daß Gesichter – meistens schwarze – ihn angrinsten. Verdutzt spürte er, daß die anderen voller Spannung auf irgend etwas warteten. Worauf?

Das Montageband blieb stehen. Es blieb ohne Ankündigung stehen, ohne einen plötzlichen Lärm, ohne Erschütterung. Die Veränderung war so unauffällig, daß es etliche Sekunden dauerte, bis einige, vertieft in ihre Arbeit, überhaupt merkten, daß die Autoschlange jetzt stillstand, anstatt sich vorbeizubewegen.

Ungefähr zehn Sekunden lang war der Lärm abgeflaut. In dieser Zeit grinsten die Arbeiter rings um Rollie noch breiter als vorher.

Dann brach ein Tollhaus los. Vom vorderen Teil des Bandes hallte lautes Rufen wider. Bald danach heulte irgendwo in den Tiefen des Werkes eine Sirene, zu Anfang kaum hörbar, dann wurde der Ton lauter, kam näher.

Die Arbeiter, die den Betrieb hier schon längere Zeit kannten und die verstohlen beobachtet hatten, wie Rollie und der Arbeiter mit der Afro-Frisur miteinander sprachen, wußten, was geschehen war.

Von Rollie Knights Arbeitsstation aus gesehen befand sich die nächste Zahnradweiche einhundert Meter voraus am Band. Bis zu diesem Punkt hatte sich der Bolzen, den er in ein Kettenglied eingesetzt hatte, ohne Zwischenfall voranbewegt. Als er aber das Zahnrad erreichte, klemmte sich der Bolzen hart zwischen Rad und Kette fest. Irgend etwas mußte hier nachgeben. Das Glied brach. Der Kettenantrieb teilte sich und war zerstört. Das Montageband blieb stehen. Von einem Augenblick zum nächsten konnten siebenhundert Arbeiter nichts mehr tun. Untätig standen sie herum, während ihre Löhne streng nach Gewerkschaftstarif weiterliefen und sie darauf warteten, daß das Band wieder in Bewegung kam.

Mehrere Sekunden verstrichen. Die Sirene war näher, lauter, bewegte sich schnell. Hastig verschwanden Aufseher, Lagerarbeiter, Boten und andere aus dem breiten Gang neben dem Band. Der ganze übrige Verkehr im Werk – Gabelheber, Elektrokarren, die kleinen Flitzer für Direktoren und Manager – fuhr an die Seite und blieb stehen. Mit wirbelndem Rotlicht auf dem Dach brauste ein gelber Laster um eine Kurve der Hauptstraße in der Halle. Es war einer der Werkstattwagen für Notfälle. An Bord hatte er drei Mann Besatzung mit Werkzeugen und Schweißgerät. Der eine fuhr, den Gashebel bis zum Boden durchgetreten; die beiden anderen klammerten sich irgendwo fest und stemmten ihre Beine gegen die Gasflaschen auf der Ladefläche. Vorn am

Band stand ein Vorarbeiter mit erhobenem Arm. Das war das Signal für die Werkstattwagen-Crew: Hier war die Bruchstelle! Der Wagen raste an Rollie Knights Arbeitsstation vorbei – er sah nur etwas Großes, Gelbes vorüberjagen, ein grelles rotes Licht, in den Ohren hatte er das Crescendo der Sirene. Jetzt bremste der Wagen scharf, blieb stehen. Die Crew stürzte hinaus.

Ein planwidriges Stehenbleiben des Bandes ist für jedes Autowerk ein Alarmfall, an Dringlichkeit nur übertroffen vom Feueralarm. Jede Minute Produktionsverlust am Band kostet ein Vermögen an Löhnen, an Verwaltungs- und Fabrikkosten. Diese Summen können nie wieder hereingeholt werden. Anders ausgedrückt: Wenn ein Montageband läuft, produziert es etwa alle fünfzig Sekunden ein Auto. Bleibt es planwidrig stehen, bedeutet die gleiche Zeitspanne den Verlust der vollen Kosten eines neuen Autos.

Es kam also alles darauf an, erst das Band wieder in Gang zu bringen, dann Fragen zu stellen.

Die Crew des Werkstattwagens, erfahren in allen möglichen Notsituationen, wußte genau, was sie jetzt zu tun hatte. Sie stellte fest, an welcher Stelle der Kettenantrieb gebrochen war, führte die gesprengten Kettenenden zusammen, schnitt das geborstene Kettenglied heraus und schweißte ein anderes an dessen Stelle. Der Werkstattwagen stand kaum, da flammte schon das Acetylen auf. Die Männer arbeiteten in besessener Hast. Wenn es nötig war, begnügte sich die Reparatur-Crew auch mit einer Improvisation, nur um das Band wieder in Gang zu bekommen. Wenn dann später die Produktion zum Schichtwechsel oder für eine Essenspause stoppte, konnte man die Reparatur genauer inspizieren und dauerhaftere Arbeit leisten.

Ein Mann der Reparatur-Crew gab einem Vorarbeiter – es war Frank Parkland – ein Handzeichen. Der Vorarbeiter war telephonisch mit dem nächsten Kontrollpunkt verbunden. »Anlaufen!« Der Zuruf wurde weitergegeben. Der Strom, von einem automatischen Notschalter unterbrochen, ließ die Maschinen wieder anlaufen. Der Kettenantrieb rasselte über die Zahnräder, jetzt ungehindert und reibungslos. Das Band setzte sich wieder in Bewegung. Siebenhundert

Arbeiter, die meisten dankbar für die Atempause, nahmen ihre Arbeit wieder auf.

Vom Stehenbleiben des Montagebandes bis zum neuen Anlaufen waren vier Minuten fünfundfünfzig Sekunden verstrichen. Verloren waren also fünfeinhalb Autos, mehr als sechstausend Dollar.

Rollie Knight, der inzwischen Angst bekommen hatte, wußte nicht genau, was da geschehen war.

Das erfuhr er sehr bald.

Der Vorarbeiter Frank Parkland – großknochig, breitschultrig – kam mit grimmiger Miene anmarschiert. In der Hand hatte er einen verbogenen, zehn Zentimeter langen Bolzen, den ihm ein Mann der Reparatur-Crew gegeben hatte.

Er blieb stehen, stellte Fragen, hielt den verformten Bolzen hoch. »Stammt aus dieser Sektion; kann nicht anders sein. Irgendwo hier, zwischen zwei Zahnradsätzen. Wer war das? Wer hat etwas gesehen?«

Männer schüttelten den Kopf. Frank Parkland ging weiter, stellte die gleichen Fragen noch einmal.

Als er zu der Gruppe kam, die Motoren einschwenkte, krümmte sich der junge Arbeiter mit der Afro-Frisur vor Lachen. Kaum fähig, ein Wort herauszubringen, zeigte er auf Rollie Knight. »Da steht er, Boß! Hab' selbst gesehen, wie er's getan hat.« Andere an den Nachbarstationen lachten mit ihm.

Obwohl Rollie das Ziel war, spürte er instinktiv, daß hier überhaupt kein böser Wille im Spiel war. Es war nur ein Scherz, ein Zwischenspiel, ein übermütiger grober Streich. Wen interessierten schon die Folgen? Außerdem hatte das Band ja nur einige Minuten geruht. Rollie merkte, daß auch er grinste. Dann fing er Parklands Blick auf und erstarrte.

Der Vorarbeiter starrte ihn unbeweglich an. »Sie haben das getan? Sie haben diesen Bolzen in die Kette geworfen?«

Rollies Gesicht verriet ihn. In seinen Augen sah man fast nur noch das Weiße vor plötzlicher Angst, zu der seine Erschöpfung kam. Dieses Mal hatte ihn sein gewohnter frecher Schneid verlassen.

Parkland befahl: »Raus!«

Rollie Knight verließ seine Position am Band. Der Vorarbeiter winkte einen Ersatzmann heran, der Rollies Platz einnahm.

»Nummer?«

Rollie wiederholte die Sozialversicherungsnummer, die er am Tag zuvor auswendig gelernt hatte. Parkland fragte ihn nach dem Namen und schrieb auch den auf. Sein Gesicht hatte nichts von seiner Härte verloren.

»Sie sind ein Neuer?«

»Ja.« *Jesus Christus!* – Es war doch immer das gleiche. Fragen, Quatschen, ohne Ende. Sogar wenn die Weißen einen in den Hintern traten, drapierten sie das noch mit Scheißgequatsche.

»Sie haben Sabotage begangen. Die Folgen kennen Sie?«

Rollie zuckte die Achseln. Er hatte keine Ahnung, was »Sabotage« bedeutete; nur das Wort selbst gefiel ihm nicht. Mit der gleichen Resignation, die er einige Wochen vorher an den Tag gelegt hatte, akzeptierte er jetzt den Verlust seines Jobs. Jetzt bewegte ihn nur noch der Gedanke: Was konnten sie ihm sonst noch an den Kopf werfen? So wie das weiße Schwein da tobte, würde der schon Ärger machen, wenn er konnte.

Irgend jemand, der hinter Parkland stand, sagte: »Frank – Mr. Zaleski.«

Der Vorarbeiter drehte sich um. Er beobachtete die stämmige Gestalt des stellvertretenden Werksleiters, der auf ihn zukam.

»Was ist los, Frank?«

»Das hier, Matt.« Parkland hielt den verformten Bolzen hoch.

»Absichtlich?«

»Das will ich gerade feststellen.« Und in seiner Stimme schwang mit: *Laß mich das machen, wie ich es für richtig halte!*

»Okay.« Zaleskis Blick wanderte kalt über Rollie Knight hin. »Aber wenn es Sabotage war, dann fackeln wir nicht lange. Die Gewerkschaft wird sich hinter uns stellen, das wissen Sie. Schreiben Sie mir einen Bericht, Frank.« Er nickte und ging.

Frank Parkland wußte selbst nicht genau, was ihn eigentlich daran gehindert hatte, diesen Mann, der da vor ihm stand, sofort als Saboteur zu bezeichnen. Er hätte es tun können, er hätte ihn auf der Stelle entlassen können; Auswirkungen hätte das überhaupt nicht gehabt. Aber einen Moment lang war ihm das alles als zu einfach erschienen. Der kleine, halb verhungerte Kerl wirkte nicht wie der Verbrecher, eher schon wie das Opfer. Außerdem hätte sich kein Mensch, der mit allen Wassern gewaschen war, so bloßgestellt.

Er hielt ihm den Bolzen hin. »Haben Sie gewußt, was der anrichten würde?«

Rollie blickte zu Parkland auf, der wie ein Turm über ihn hinausragte. Normalerweise hätte er ihn vor Haß sprühend angestarrt, aber selbst dafür war er zu müde. Er schüttelte den Kopf.

»Jetzt wissen Sie's.«

Rollie fiel das Geschrei, der plötzliche Wirbel, die Sirene, das Rotlicht wieder ein, und er konnte ein Grinsen nicht unterdrücken. »Und ob, Mann!«

»Hat jemand zu Ihnen gesagt, Sie sollten das tun?«

Er spürte die Gesichter am Band, die ihn beobachteten und aus denen das Lächeln gewichen war.

Der Vorarbeiter fragte ungeduldig: »Na, wer war das?«

Rollie blieb stumm.

»War es der, der vorhin mit dem Finger auf Sie gezeigt hat?«

Der Arbeiter mit der Afro-Frisur hatte sich tief weggebeugt und schwenkte einen neuen Motor ein.

Rollie schüttelte den Kopf. Wenn es sich mal so ergab, würde er es dem heimzahlen. Aber nicht so.

»Na gut«, sagte Parkland. »Ich weiß nicht, warum ich mich mit Ihnen überhaupt aufhalte, aber ich glaube, man hat Ihnen da was einbrocken wollen. Vielleicht brocke ich mir jetzt was ein.« Der Vorarbeiter machte ein wütendes Gesicht, als ärgere er sich schon über seine Nachgiebigkeit. »Die Sache geht als Panne in die Akten. Aber von nun an lasse ich Sie nicht mehr aus den Augen. Merken Sie sich das gut.« Und grob fuhr er Rollie an: »Los, an die Arbeit mit Ihnen!«

Zu seiner eigenen Überraschung arbeitete Rollie weiter bis zum Schichtende; zuletzt war er damit beschäftigt, Polsterplatten unter Armaturenbretter einzupassen.

Er wußte aber, daß die Situation so nicht bleiben durfte. Am nächsten Tag trafen ihn abschätzende Blicke seiner Kollegen, und man riß Witze über ihn. Diese Witze kamen noch ganz beiläufig, ganz wie sich gerade eine Gelegenheit, ein Anlaß bot. Aber er wußte, daß dieser Humor rauher werden konnte, sehr viel rauher, wenn sich in den Köpfen dieser Leute die Idee festsetzte, daß Rollie Knight ein gefundenes Fressen für jeden sei, der jemanden brauchte, dem er einen Streich spielen konnte. Wer das Pech hatte oder wer so ungeschickt war, daß er sich diesen Ruf zuzog, der wurde seines Lebens nicht mehr froh, ja, der lebte sogar gefährlich, denn Leuten, die in der Monotonie der Fließbandarbeit gefangen sind, ist jede Ablenkung recht, auch die Brutalität.

An seinem vierten Arbeitstag ereignete sich zur Mittagspause das übliche wilde Gerenne, als siebenhundert Mann von ihren Arbeitsstationen weg zur Kantine stürzten, um einen guten Platz in der Schlange vor der Essenausgabe zu erwischen; nach dem Warten in der Schlange wollten sie alle so schnell wie möglich das Essen herunterschlingen, zur Toilette gehen, sich die Schmiere und den Dreck abwaschen, wenn ihnen danach zumute war (sich vor dem Essen zu waschen, war aus praktischen Gründen nicht ratsam), dann zurück an den Arbeitsplatz gehen – alles in dreißig Minuten. Im Gewühl der Kantine sah er den Arbeiter mit der Afro-Frisur, umgeben von einer Gruppe, die lachte und Rollie musterte. Als er, wenige Minuten später, sein Essen empfangen hatte, wurde er hart angerempelt, so daß alles, was er bezahlt hatte, auf den Boden kippte, wo es prompt zertrampelt wurde – auch das anscheinend ein Mißgeschick, ein Zufall; aber Rollie wußte es besser. Er aß an diesem Tage nichts; die Zeit reichte nicht mehr.

Während der Rempelei hörte er es klicken, und er sah eine Klinge aus dem Heft springen. Rollie fürchtete, daß die Rempelei nächstes Mal noch rauher sein, daß die Klinge ihn ritzen würde – wenn's nicht noch schlimmer wurde. Er verschwendete keine Zeit an den Gedanken, daß die ganze Angelegenheit geradezu blödsinnig unlogisch war und ungerecht dazu. Eine Fabrik mit Tausenden von Arbeitern war ein Dschungel, und es herrschten die Gesetze des Dschungels. Ihm blieb nur, den rechten Moment abzuwarten und dann zurückzuschlagen.

Er wußte, daß die Zeit gegen ihn arbeitete. Aber Rollie wartete. Er spürte es in den Knochen, daß eine Gelegenheit sich bieten werde. Sie bot sich.

Am Freitag, dem letzten Tag seiner Arbeitswoche, war er wieder dazu eingeteilt, Motoren auf das Chassis herabzulassen. Rollie bildete ein Team mit dem Motoren-Kranfahrer, einem älteren Mann; unter den Arbeitern an den Nachbarstationen war auch der Mann mit der Afro-Frisur.

»Mann, o Mann, bei mir da kribbelt's und da krabbelt's«, schrie der, als Rollie gegen Ende einer Essenspause zu ihnen kam, kurz bevor das Band wieder anlief. »Machst du's heute wieder so wie damals, wieder eine kleine Sonderpause?« Er knuffte Rollie, schlug ihn in die Schulter; andere in der Nähe brüllten vor Lachen. Ein weiterer gab Rollie einen Schlag von der anderen Seite. Beide Schläge hätten gerade noch unter der Rubrik gutmütige Neckerei laufen können. Rollie aber, kein Riese, schwankte und stolperte.

Die Gelegenheit, auf die er gewartet hatte, ergab sich eine Stunde später. Seit er wieder zu der Gruppe gestoßen war, hatte Rollie nicht nur seine Arbeit getan, sondern Minute für Minute die Bewegungen und Positionen der anderen beobachtet, die einem ganz bestimmten Schema folgten; aber dann und wann kam es zu Variationen.

Jeder Motor wurde an Ketten und Flaschenzügen herabgesenkt, gesteuert mit Hilfe von drei Schalterknöpfen – AUFWÄRTS, STOP, ABWÄRTS –, und die Schalter waren in ein schweres Kabel eingelassen, das bequem in Reichweite über der Station hing. Normalerweise bediente der Einfahrer die Schalter, aber Rollie hatte auch gelernt, mit ihnen umzugehen. Ein dritter Mann – in diesem Fall der Arbeiter mit der Afro-Frisur – pendelte zwischen den Stationen und half den beiden anderen, wo es nötig war.

Obwohl das Einschwenkteam rasch arbeitete, wurde jeder Motor mit großer Sorgfalt herabgesenkt, und jedesmal, wenn der Motor schon fast an Ort und Stelle war, vor dem endgültigen Absenken, kontrollierte jeder Mann noch mal, ob er auch nicht die Hand zwischen Motor und Chassis hatte.

Als ein Motor schon fast abgesenkt war, verhedderten sich Benzin- und Unterdruckschläuche mit der Vorderachsaufhängung. Das bedeutete eine geringe Verzögerung, und es kam gelegentlich immer wieder vor; wenn es passierte, griff der Arbeiter mit der Afro-Frisur ein, langte unter den Motor und brachte die Leitungen in Ordnung. Das tat er jetzt auch. Die beiden anderen – Rollie und der Einfahrer – hatten ihre Hände nicht mehr am Motor.

Rollie beobachtete scharf, wartete, bis der Moment gekommen war, glitt dann leicht zur Seite und griff wie beiläufig nach oben; dann drückte er den ABWÄRTS-Knopf und hielt ihn fest. Sofort meldete ein schwerer, nachzitternder Stoß, daß Motor und Transmission im Gewicht einer halben Tonne breit und schwer auf die Halterungen gesetzt war. Rollie ließ den Knopf los und glitt aus derselben Bewegung heraus zur Seite.

Für den unendlich kleinen Bruchteil einer Sekunde schwieg der Arbeiter mit der Afro-Frisur und starrte ungläubig seine Hand an, deren Finger unter dem Motorenblock steckten. Dann schrie er auf, schrie noch einmal, schrie wieder – es war ein kreischendes, wahnsinniges Aufheulen vor Schmerz und Entsetzen, das alle anderen Geräusche schrill übertönte, so daß noch in fünfzig Meter Entfernung Männer den Kopf hoben und den Hals verrenkten, um – halb entsetzt, halb neugierig – die Ursache zu erkunden. Die Schreie gingen weiter, tierisch, unaufhörlich, während irgend jemand auf einen Alarmknopf schlug, um das Band zu stoppen; ein anderer drückte den AUFWÄRTS-Schalter, um den Motorenblock anzuheben. Der Motor wurde angehoben, und die Schreie schlugen in ein neues, wahnsinniges Gebrüll um, während diejenigen, die am nächsten standen, mit Entsetzen den Brei aus Blut und Knochensplittern betrachteten, der Sekunden vorher noch Finger einer menschlichen Hand war. Die Knie des verletzten Arbeiters knickten ein; zwei Männer hielten ihn, während sein Leib sich aufbäumte, sein Gesicht sich verzerrte und Tränen über seine Lippen strömten, aus denen jetzt ein abgehacktes, animalisches Stöhnen kam. Ein dritter Arbeiter griff mit aschfahlem Gesicht nach der zerquetschten, breiigen Hand, versuchte zu lösen, was sich lösen ließ, aber eine ganze Menge blieb an dem Metall. Als der Rest der Hand frei war, lief das Montageband wieder an.

Der Verletzte wurde auf einer Tragbahre weggeschafft. Seine Schreie wurden schwächer, als das Morphium zu wirken begann. Die Spritze hatte ihm eine Schwester gegeben, die man in aller Hast aus der Krankenstation des Werkes herbeigeholt hatte. Sie hatte die Hand notdürftig verbunden, und ihre weiße Tracht war blutbespritzt, als sie die Trage zu dem Krankenwagen begleitete, der draußen schon bereitstand.

Keiner der Arbeiter sah Rollie an.

Der Vorarbeiter, Frank Parkland, und ein Sicherheitsbeauftragter befragten einige Minuten später während einer Arbeitspause die Männer, die den Vorfall aus nächster Nähe miterlebt hatten. Ein Gewerkschaftsfunktionär war anwesend.

Die Werksbeauftragten fragten: Was war geschehen?

Wie es schien, wußte niemand etwas Genaues. Die es hätten wissen sollen, behaupteten, sie hätten im Augenblick des Unfalls gerade in eine andere Richtung geschaut.

»Das will mir nicht in den Kopf«, sagte Parkland. Er starrte unverwandt Rollie Knight an. »Einer muß es gesehen haben.«

Der Mann von der Sicherheit fragte: »Wer hat den Schalter berührt?«

Niemand antwortete. Die Leute traten unruhig von einem Bein aufs andere, die Augen niedergeschlagen, irgendwo ins Nichts gerichtet.

»Irgend jemand hat es getan«, sagte Frank Parkland. »Wer war es?«

Schweigen.

Dann sprach der Motoren-Kranfahrer. Er sah älter aus,

grauer als vorher, und er hatte so geschwitzt, daß seine kurzen Haare feucht an der Kopfhaut klebten. »Muß ich wohl gewesen sein. Hab' wohl den Knopf gedrückt, hab' ihn runtergehen lassen.« Kaum hörbar sagte er noch: »Dachte, der hätte die Hände schon wieder draußen gehabt.«

»Stimmt das? Oder wollen Sie hier jemanden decken?« Parklands abschätzender Blick wanderte zu Rollie Knight zurück.

»Es stimmt.« Die Stimme des Motoren-Einfahrers klang fester. Er hob den Kopf; sein Blick hielt dem des Vorarbeiters stand. »Es war ein Unfall. Es tut mir leid.«

»Das sollte Ihnen auch leid tun«, sagte der Mann von der Sicherheit. »Sie haben einem Mann die Hand abgequetscht. Und gucken Sie sich das da an!« Er zeigte auf ein großes Schild:

IN DIESEM WERK IST
1 897 560 ARBEITSSTUNDEN
UNFALLFREI GEARBEITET WORDEN

»Jetzt müssen wir wieder bei Null anfangen zu zählen«, sagte der Sicherheitsbeauftragte voller Bitterkeit. Man hatte den Eindruck, als sei das an der ganzen Sache das eigentlich Wichtige.

Mit der klaren und entschiedenen Aussage des Motoren-Einfahrers hatte sich die Atmosphäre ein wenig entspannt.

Irgend jemand fragte: »Was passiert nun?«

»Es war ein Unfall, also keine Bußen«, sagte der Gewerkschafter. Er wandte sich an Parkland und an den Mann von der Sicherheit. »Aber an dieser Arbeitsstation gibt es unsichere Bedingungen. Das muß geändert werden, oder wir rufen zum Streik im ganzen Werk auf.«

»Nun mal sachte«, warnte Parkland ihn. »Das ist noch nicht erwiesen.«

»Es ist auch verdammt unsicher, morgens aus dem Bett aufzustehen«, sagte der Mann von der Sicherheit. »Wenn man beide Augen dabei fest zumacht.« Und er warf dem Motoren-Einfahrer einen finsteren Blick zu, während die drei, noch immer mitten in der Auseinandersetzung, den Schauplatz verließen.

Wenig später gingen diejenigen, die befragt worden

waren, wieder an die Arbeit. Den Platz des Fehlenden nahm ein neuer Mann ein, der nervös auf seine Hände achtete.

Von da an hatte Rollie Knight nicht den geringsten Ärger mehr mit den anderen Arbeitern, obwohl kein Wort über die ganze Angelegenheit gesagt wurde. Er wußte auch warum. Trotz ihres Leugnens wußten alle, die in der Nähe gewesen waren, was da passiert war, und Rollie hatte jetzt den Ruf eines Mannes, mit dem nicht gut Kirschen essen sei.

Zuerst, als er die zerquetschte, blutige Hand seines ehemaligen Peinigers sah, erlitt auch Rollie einen Schock, und fast wäre ihm übel geworden. Aber als die Trage verschwand, da verschwand für ihn auch die Unmittelbarkeit des Geschehens, und Rollie war nicht der Mann, der lange über irgend etwas nachsann; am nächsten Arbeitstag – ein Wochenende hatte dazwischen gelegen – sah er die ganze Sache schon als etwas Vergangenes an, und damit hatte sich's. Eine Vergeltung fürchtete er nicht. Gesetz des Dschungels oder nicht, er spürte, daß ein primitives Recht auf seiner Seite war, und andere wußten das auch, zum Beispiel wußte es der Motoren-Kranfahrer, der ihn geschützt hatte.

Noch etwas anderes brachte der Zwischenfall zuwege.

Tritt jemand aus der Masse hervor, erregt er Aufmerksamkeit, dann gelangen alle möglichen Informationen über ihn in Umlauf. So sickerte die Tatsache durch, daß Rollie ein Vorstrafenregister hatte. Aber das schadete ihm nicht. Es machte ihn vielmehr, wie Rollie selbst bald merkte, zu einer Art Volkshelden – wenigstens bei jüngeren Arbeitern.

»Hab' gehört, du hast einen langen Törn abgesessen«, sagte ein Neunzehnjähriger aus der Innenstadt zu ihm. »Hast du die weißen Schweine wohl ganz schön rangenommen, bevor sie dich geschnappt haben, was?«

Ein anderer sagte: »Haste 'n Ballermann dabei?«

Rollie wußte, daß viele Arbeiter im Werk immer eine Pistole bei sich hatten – angeblich zum Schutz gegen die vielen Überfälle, die es auf den Toiletten und den Parkplätzen gab –, aber er selbst trug keine Waffe, denn er wußte, was ihn bei seinen Vorstrafen erwartete, falls man je eine Pistole bei ihm finden sollte. Aber er bestritt es nicht ausdrücklich, sondern antwortete: »Kindchen, quassel nich' so viel«, und bald lief noch ein Gerücht über ihn um: Der kleine Kerl, der Knight, war immer bewaffnet. Das verschaffte ihm noch mehr Respekt bei den jungen Militanten.

Einer fragte ihn: »He, willste 'n Joint?«

Er nahm an. Bald rauchte Rollie, wenn auch nicht so oft wie andere, Marihuana während der Arbeitszeit; er stellte fest, daß Hasch die Stunden zu verkürzen, die Monotonie erträglicher zu machen schien. Etwa zur gleichen Zeit begann er, Nummern zu spielen.

Später, als er Veranlassung hatte, etwas gründlicher darüber nachzudenken, sah er ein, daß Drogen und Nummernspiel seine Einführung in die komplexe, gefährliche Unterströmung des Verbrechens waren, die es im Werk gab.

Die Nummern schienen ja zu Anfang ganz harmlos zu sein.

Wie Rollie wußte, war das Nummernspielen – besonders in den Automobilwerken – für Detroiter eine ganz normale Sache, normal wie das Luftholen. Obwohl das Spiel von der Mafia kontrolliert wird, erwiesenermaßen gefälscht ist und die Chancen tausend zu eins gegen einen Gewinn stehen, machen täglich ungezählte Leute ihren Einsatz, von fünf Cent bis zu hundert Dollar und manchmal noch mehr. Der üblichste tägliche Einsatz in den Werken ist ein Dollar, und das war auch die Summe, die Rollie setzte.

Jeder Spieler, gleich, wie hoch sein Einsatz ist, entscheidet sich für drei Zahlen – ganz beliebige Zahlen –, in der Hoffnung, daß sie die Gewinnkombination des Tages werden. Im Falle eines Gewinns beträgt die Auszahlungsquote 500:1. Einige setzen auf bestimmte Stellen, nicht auf alle drei. Dann ist die Quote entsprechend geringer.

Dabei scheint es keinem Menschen in Detroit etwas auszumachen, daß die Organisatoren der Wette die Gewinnzahl aus jenen Kombinationen auswählen, auf die am wenigsten Geld gesetzt worden ist. Nur im nahen Pontiac, wo die Gewinnzahl an die Resultate von Pferderennen gekoppelt ist und die ausgezahlten Summen, anteilig zu den Einsätzen und abzüglich eines Prozentsatzes für die Organisatoren, veröffentlicht werden, ist das Spiel – zumindest in diesem Punkt – ehrlich.

Von Zeit zu Zeit machen das FBI, die Detroiter Polizei und andere großes Aufheben von Razzien gegen den sogenannten »Nummern-Ring von Detroit«. NUMMERN-RAZZIA: REKORD! oder GRÖSSTE RAZZIA IN US-GESCHICHTE oder so ähnlich heißen dann die Schlagzeilen in den »Detroit News« und in der »Free Press«. Aber am nächsten Tag schon braucht man nicht erst lange zu suchen, bis man jemanden findet, der einem den Einsatz für das Nummernspiel abnimmt.

Je länger Rollie arbeitete, um so klarer wurde ihm, wie das Nummernspiel in dem Werk organisiert war. Hauswarte gehörten zu den vielen, die Wetteinsätze annahmen; in ihren Eimern, unter trockenen Lappen, steckten die traditionellen gelben Wettzettel der Nummernschreiber sowie das eingesammelte Geld. Zettel und Bargeld wurden aus dem Werk geschmuggelt, damit sie rechtzeitig vor Ablauf der Frist – die meistens mit der Wettfrist bei Pferderennen synchron lief – in die Stadt geschafft werden konnten.

Ein Gewerkschaftsfunktionär, erfuhr Rollie, war der Nummernaufseher für die Montage; seine normalen Aufgaben gestatteten es ihm, sich frei überall im Werk zu bewegen, ohne daß es auffiel. Es lag auf der Hand, daß das Wetten eine tägliche Sucht war, der die Mehrheit der Arbeiter verfallen war, gegen die aber auch Aufseher, Büroangestellte und – wie man Rollie versicherte – ein paar Spitzenmanager keineswegs immun waren. Das erschien um so glaubhafter, wenn man bedachte, daß das Nummernspiel im Werk ganz unbehelligt florieren konnte.

Nach dem Vorfall mit den zerquetschten Fingern bekam Rollie mehrere versteckte Angebote, selbst aktiv in der Nummernorganisation mitzuwirken oder bei einer der anderen illegalen Machenschaften im Werk. Was das für Umtriebe waren, wußte er genau; es gehörten dazu Wucherkredite, Drogenhandel und unbefugtes Einkassieren von Lohnschecks. Von diesen milderen Dingen gab es viele Kreuz- und Querverbindungen zu organisierten Diebesbanden und zu den Leuten, die regelmäßig Raubüberfälle und Körperverletzungen inszenierten.

Rollies Vorstrafenregister, von dem jetzt jedermann erfahren hatte, verlieh ihm ganz klar den Status eines Ex-Profis bei der Unterwelt des Werkes, die direkt für die Verbrechen verantwortlich war, aber auch bei denen, die nur gelegentlich, gleichsam im Nebenberuf, damit flirteten. Im Pissoir stand einmal ein breitschultriger, normalerweise wortkarger Arbeiter, der Big Rufe genannt wurde, neben Rollie und sagte leise zu ihm: »Bist okay, sagen die Jungs, und ich soll dir flüstern, daß 'n heller Junge hier mehr Zaster machen kann als die paar Scheißkröten für die Dummen, die sich zu Tode schuften.« Er leerte seine Blase mit einem Grunzen der Erleichterung. »Manchmal, da brauchen wir noch wache Kumpels, solche, die nich' gleich die Hosen vollmachen vor Angst.« Big Rufe verstummte und zog den Reißverschluß an seiner Hosenklappe zu, als ein anderer kam und sich neben sie stellte. Er nickte und verschwand. Das Nicken bedeutete, daß sie sich bald wiedersehen und dann weiter darüber reden würden.

Aber dazu kam es nicht, weil es Rollie gelang, einer zweiten Begegnung auszuweichen. Genauso verfuhr er, als man sich von anderer Seite an ihn heranmachen wollte. Er tat das aus verschiedenen Gründen. Die Möglichkeit einer Rückkehr ins Gefängnis mit einem Urteil über viele Jahre verfolgte ihn noch immer; außerdem hatte er das Gefühl, daß es ihm im Augenblick gut oder vielmehr besser ging als je zuvor in seinem ganzen Leben. Ganz groß war der Zaster. Scheißkröten für die Dummen oder nicht, aber er zog sich mit den Kröten doch mehr an Land, als er je gehabt hatte, zum Beispiel Schnaps, was zu essen, ein bißchen Hasch, wenn ihm der Sinn danach stand, und die kleine Sexkatze May Lou, die er vielleicht mal knüppeldicke satt haben würde, aber die er vorläufig noch ganz dufte fand. 'n Gala-Super-Hauptgewinn war die nicht, auch keine Schönheitskönigin, und er wußte auch, daß sie es ganz schön mit anderen getrieben hatte, bevor er auf der Bildfläche erschienen war. Aber die konnte Rollie einheizen. Er brauchte sie bloß anzugucken, da wurde ihm schon ganz heiß, und manchmal zog er in der Nacht drei Nummern ab, besonders wenn May Lou sich richtig an die Arbeit machte; bei den Tricks, die die kannte, blieb ihm manchmal die Luft weg. Das waren Dinger, von denen hatte Rollie schon gehört, aber gemacht hatte das noch keine mit ihm.

Das war in Wirklichkeit auch der Grund, warum er May Lou die beiden Zimmer hatte nehmen lassen, in denen sie jetzt hausten, und warum er keinen Protest einlegte, als sie auch noch anfing, die Zimmer einzurichten. Das Einrichten hatte sie ohne viel Geld gemacht, sie hatte von Rollie verlangt, daß er Zettel unterschrieb, die sie manchmal mitbrachte. Das tat er ganz gleichgültig, ohne das Zeug etwa auch noch zu lesen, und später kamen dann Möbel und ein Farbfernseher, wie man in keiner Kneipe einen besseren sah. Auf andere Weise aber wurde das doch alles ziemlich teuer – lange, erschöpfende Arbeitstage im Montagewerk waren der Preis, fünf Tage in der Woche sollten es sein, aber manchmal waren's nur vier und in einer Woche gar nur drei. Wie die anderen, so machte auch Rollie montags blau, wenn er einen Kater nach dem Wochenende hatte, oder freitags, wenn er die Grundlagen für einen neuen Kater früher als sonst legen wollte. Aber auch, wenn das passierte, war am nächsten Zahltag immer noch genügend Geld für ein paar flotte Stunden da.

Unverändert blieb die Härte der Arbeit, unverändert blieb ihre Monotonie, und Rollie mußte oft an den Rat denken, den ihm ein anderer Arbeiter gleich zu Anfang gegeben hatte: »Wenn du hier herkommst, laß deinen Kopp zu Hause.«

Und dennoch, gegen seinen Willen, gegen alle seine festsitzenden Denkschemata, die ihn davor warnten, sich auf den Leim führen, sich zum Lakaien der weißen Schweine machen zu lassen, begann Rollie Knight, sich für seine Arbeit zu interessieren und sie gewissenhaft auszuführen. Das kam durch seine wache Intelligenz und seinen Lerninstinkt, die beide vorher keine Gelegenheit gehabt hatten, in Funktion zu treten, wie das jetzt geschah. Ein anderer Grund – den Rollie ganz energisch geleugnet hätte, wäre er ihm jemals vorgeworfen worden – war ein stummer Kontakt, der auf wachsendem gegenseitigem Respekt beruhte, mit dem Vorarbeiter Frank Parkland.

Zu Anfang, nach den beiden Zwischenfällen, bei denen er auf Rollie Knight aufmerksam geworden war, hatte zwischen Parkland und ihm Feindseligkeit geherrscht. Aber Parkland hatte sich geschworen, kein Auge von Rollie zu lassen; je mehr er das tat, um so geringer wurde die Feindseligkeit, und an ihre Stelle trat Achtung vor der Leistung des andern. Während einer der Inspektionsgänge des stellvertretenden Werksleiters sagte Parkland zu Matt Zaleski: »Sehen Sie den kleinen Burschen da? Als er die erste Woche hier war, dachte ich, daß der uns noch mal schweren Ärger machen würde. Aber jetzt ist er einer der Besten, die ich habe.«

Zaleski hatte nur mit einem Brummen geantwortet. Er hatte kaum zugehört. Neuerdings hatten sich auf der Werksleiterebene mehrere neue Gewitterfronten gebildet. Da gab es eine Forderung, die Produktion zu steigern, die Unkosten aber auf keinen Fall, und gleichzeitig auch noch das Qualitätsniveau zu verbessern. Die drei Ziele waren ihrem Wesen nach unvereinbar miteinander, aber die Direktion beharrte darauf, was Matts Zwölffingerdarmgeschwür, einem seiner ältesten Feinde, überhaupt nicht guttat. Das Geschwür, das eine ganze Zeitlang Ruhe gegeben hatte, peinigte ihn jetzt ohne Pause. So kam es, daß Matt Zaleski keine Zeit hatte, sich für einzelne Menschen zu interessieren – nur für Statistiken, zu denen sich ganze Regimenter einzelner Menschen summierten, so wie mit bloßem Auge kaum wahrzunehmende einfache Soldaten sich zu großen Armeen zusammenfügten.

Zaleski war weder philosophisch genug veranlagt, um das zu sehen, noch hätte er die Macht gehabt, das System zu ändern – aber das war der Grund, warum die nordamerikanischen Autos im allgemeinen von geringerer Qualität waren als die Autos aus Deutschland, wo ein weniger starres Fabriksystem dem Arbeiter ein Gefühl seiner Individualität ließ und Stolz auf seine handwerkliche Leistung.

So wie das System nun einmal beschaffen war, tat Frank Parkland sein Bestes.

Parkland befreite Rollie von seinem Status als Ersatzmann und teilte ihm eine reguläre Station am Band zu. Später versetzte Parkland ihn zu anderen Jobs am Band, aber es war doch wenigstens mit den fast stündlichen Veränderungen vorbei, die ihn vorher verwirrt und fast verrückt gemacht hatten. Ein anderer Grund für die Versetzungen war die Tatsache, daß Rollie in zunehmendem Maße die schwierigeren, komplizierteren Arbeiten machen konnte, und Parkland sagte ihm das auch.

Eine Tatsache, die Rollie jetzt entdeckte, war die Erkenntnis, daß die meisten Jobs am Montageband schwer waren und hohe Anforderungen stellten; ein paar aber gab es, da konnte man eine ruhige Kugel schieben. Das Einsetzen der Windschutzscheiben gehörte dazu. Die Arbeiter jedoch, die damit beschäftigt waren, paßten genau auf, ob sie beobachtet wurden – dann sahen sie sofort furchtbar angestrengt aus und gaben Bewegungen zum besten, die überhaupt nicht nötig waren, die aber ihren Job schwieriger erscheinen ließen, als er war. Rollie arbeitete auch bei den Windschutzscheiben, aber nur wenige Tage lang, denn Parkland holte ihn wieder weg und setzte ihn an einen der schwierigen Jobs – er mußte im Wageninneren herumkriechen und sich fürchterlich verrenken, um komplizierte Kabelhalterungen einzusetzen. Und danach wurden Rollie »blinde Arbeitsgänge« zugeteilt – Jobs von der allerschwierigsten Sorte, wo man Bolzen tastend einsetzen und tastend festziehen mußte, weil man die Stelle, an die sie gehörten, nicht sehen konnte.

Das war der Tag, an dem Parkland ihm etwas anvertraute. »Das System ist nicht fair«, sagte der Vorarbeiter. »Die Kumpels, die am besten arbeiten, auf die man sich als Vorarbeiter verlassen kann, kriegen die Scheißjobs, wo man sich kaputtmacht. Aber ich muß einen Mann an die Bolzen setzen, bei dem ich hundertprozentig weiß, daß er sie einsetzt und festzieht und keine krummen Dinger dreht.«

Für Frank Parkland war das eine ganz beiläufig gemachte Bemerkung. Aber für Rollie Knight war es das erste Mal, daß ein Vorgesetzter mit ihm von Mann zu Mann geredet, das System kritisiert, ehrlich mit ihm gesprochen hatte, etwas zu ihm gesagt hatte, von dem er wußte, daß es die reine Wahrheit war, und daß er es ohne Scheißgequatsche getan hatte. Daraus ergaben sich zwei Dinge. Erstens setzte Rollie jeden blinden Bolzen korrekt ein, wobei ihm sein zunehmendes handwerkliches Geschick zugute kam und seine größere körperliche Leistungsfähigkeit, die er der regelmäßigen besseren Ernährung verdankte. Zweitens begann er, Parkland sorgfältig zu beobachten.

Nach einiger Zeit ging er zwar nicht so weit, ihn etwa zu bewundern, aber er sah den Vorarbeiter als einen Nichtscheißer an, der andere Leute fair behandelte – ob sie schwarz waren oder weiß, einer, der Wort hielt und der sich nicht einließ mit der ganzen Scheiße und Korruption, die ihn auf allen Seiten umgab. In Rollies Leben hatte es nicht viele Leute gegeben, von denen er das sagen oder zumindest doch denken konnte.

Dann aber geschah, was immer geschieht, wenn Menschen andere Menschen über deren menschliche Schwäche hinaus erheben. Das Bild wurde zerstört.

Man hatte Rollie wieder mal gefragt, ob er mithelfen wolle, die Nummern im Werk zu organisieren. Dieses Mal hatte sich ein hagerer, nervöser junger Schwarzer mit Narben im Gesicht an ihn gewandt, Daddy-o Lester, der in der Lieferabteilung des Lagers arbeitete und von dem man wußte, daß er seine Arbeit mit Botengängen für die Nummernbankiers des Werkes und für die Kreditwucherer verband. Es gab ein Gerücht, daß die Narbe, die über Daddy-o's ganzes Gesicht lief, an einen Tag erinnerte, an dem er einen Kredit nicht pünktlich zurückgezahlt hatte. Jetzt arbeitete er für die anderen, für die, die das Geld gaben und die Zinsen nahmen. Daddy-o beugte sich hinab in die Arbeitsstation zu Rollie, dem er gerade Material nachgeliefert hatte, und versicherte ihm: »Meine Bosse, die mögen dich. Aber wenn die das Gefühl haben, du magst sie nicht, da können die grob werden, verstehst du?«

Rollie imponierte das nicht. Er sagte: »Deine fette Schnauze macht mir doch keine Angst. Hau ab, sag' ich!«

Rollie hatte schon vor Wochen beschlossen, daß er Nummern spielen werde und mehr nicht.

Daddy-o gab sich nicht geschlagen. »Man muß zeigen, daß man 'n Kerl ist und kein Frosch. Du bist 'n Schlappschwanz.« Er dachte nach, dann fügte er hinzu: »Jedenfalls seit neuestem. Bist du.«

Nicht, weil er an was Besonderes dachte, sondern eher, um überhaupt irgendwas zu sagen, wandte Rollie ein: »Mensch, wie stellst du dir das denn vor, wie ich hier Nummern nehmen soll, wo der Vorarbeiter immer da ist.«

In diesem Augenblick erschien Frank Parkland auf der Szene.

Voller Verachtung sagte Daddy-o: »Der soll sich ins Knie ficken. Der macht kein' Ärger. Der kriegt seinen Schnitt.«

»Du lügst.«

»Kann ich dir beweisen. Machst du dann mit?«

Rollie kletterte aus dem Auto, in dem er gearbeitet hatte, spie auf den Boden neben dem Band und kletterte dann in das nächste. Aus einem Grund, über den er sich nicht im klaren war, regten sich Zweifel in ihm. »Du redest Blech. Das beweis mir man erst mal.«

Am nächsten Tag erbrachte Daddy-o den Beweis.

Unter dem Vorwand, Rollie Knight mit Material zu versorgen, zog er einen schmierigen, unverschlossenen Umschlag hervor, den er weit genug öffnete, um Rollie den Inhalt sehen zu lassen – ein gelber Zettel steckte darin und zwei Zwanzig-Dollar-Scheine.

»Okay Kumpel«, sagte Daddy-o. »Nu guck mal zu!«

Er trat an das kleine Stehpult Parklands – er war im Augenblick nicht da – und schob den Umschlag unter einen Briefbeschwerer. Dann ging er zu dem Vorarbeiter, der weiter unten am Band stand, und sagte ein paar Worte zu ihm. Parkland nickte. Ohne auffällige Eile, aber auch ohne langes Säumen kehrte der Vorarbeiter zu seinem Pult zurück, nahm den Umschlag, warf einen Blick hinein und schob ihn dann in eine Innentasche.

Rollie, der seine Arbeit ein paarmal um Sekunden unterbrochen und dann die Sache beobachtet hatte, brauchte weiter keine Erklärung. Klarer konnte es ja gar nicht sein. Das Geld war Bestechungsgeld, ein Schnitt.

Den Rest der Schicht arbeitete Rollie weniger sorgfältig.

Mehrere Bolzen setzte er überhaupt nicht ein, andere zog er nicht fest genug an. *Wen interessierte das schon, zum Teufel?* Er fragte sich, warum er eigentlich gar nicht überrascht war. Stank nicht alles? Natürlich, immer schon. Machte denn nicht jeder seinen Schnitt, wo er nur konnte? Die Leute hier; alle Leute. Er mußte an den Lehrgangs-Ausbilder denken, der ihm die Unterschrift auf der Rückseite des Schecks abgeschwatzt hatte und der dann Rollies Geld unterschlug und das Geld anderer Anlernlinge. Das war der eine, dieser Ausbilder; Parkland war jetzt ein anderer, warum zum Teufel sollte ausgerechnet Rollie Knight nicht mitmachen?

An dem Abend sagte Rollie zu May Lou: »Weißt du, woraus diese Scheißwelt gemacht ist, Baby? Aus Scheiße. In dieser ganzen weiten Welt gibt's nur eins – Scheiße.«

Gegen Ende der Woche begann er seine Arbeit für die Nummerngang des Werks.

15

Die zuständige Handelskammer hat jenem Teil Nordmichigans, der den Higgins Lake umschließt, den Namen »Spiel- und Freizeitland« verliehen.

Eine durchaus treffende Bezeichnung, fanden Adam Trenton, Brett DeLosanto und andere, die Ende Mai zu Hank Kreisels Wochenende geladen worden waren.

Kreisels Landhaus – geräumig und luxuriös eingerichtet, ein Haus mit sehr vielen Schlafzimmern – lag am westlichen Strand des oberen Teils von Higgins Lake. Der ganze See hat ungefähr die Form einer Erdnuß, man könnte auch sagen, eines Embryos; für welchen Vergleich man sich entscheidet, wäre vielleicht davon abhängig zu machen, welcher Art die Tage sind und die Nächte, die der Gast an diesen Gestaden verbringt.

Adam fand den See und das Haus ohne Schwierigkeiten, nachdem er am Samstagmorgen allein über Pontiac, Saginaw, Bay City, Mirdland und Harrison gefahren war – den größten Teil der dreihundertzwanzig Kilometer langen Strecke über die Interstate 75. Die Städte blieben zurück, vor ihm breitete sich die Landschaft von Michigan in üppigem Grün aus, die Espen begannen zu schimmern, und die Blumen der Jahreszeit standen in voller Blüte.

Die Luft war frisch und duftete süß. An einem fast wolkenlosen Himmel stand strahlend die Sonne.

Adam war ganz niedergeschlagen von zu Hause fortgefahren. Jetzt spürte er, wie seine Stimmung sich besserte, je weiter ihn seine Räder nach Norden trugen.

Ursache seiner Niedergeschlagenheit war ein Streit mit Erica gewesen.

Als er ihr vor mehreren Wochen von der Einladung zu einem Herrenwochenende erzählte, die Brett DeLosanto ihm überbracht hatte, sagte sie nur: »Na, wenn Ehefrauen da nicht erwünscht sind, werde ich mir wohl selbst eine Beschäftigung suchen müssen, nicht?« Beinahe hätte Adam es sich doch noch einmal überlegt, ob er überhaupt hinfahren sollte; er war zunächst nicht allzu begeistert gewesen, hatte dann aber doch Bretts Drängen nachgegeben, der gar zu gern wollte, daß Adam seinen Freund, den Zulieferer Hank Kreisel, kennenlernte. Schließlich hatte Adam sich entschieden, seine Annahme der Einladung aufrechtzuerhalten.

Erica aber hatte dann offensichtlich doch keine eigenen Pläne für das Wochenende gemacht, und als er an diesem Morgen aufstand und ein paar Sachen packte, fragte sie: »Mußt du denn wirklich da hin?« Als er erwiderte, daß er jetzt allerdings fahren müsse, weil er es versprochen habe und nun nicht mehr absagen könne, erkundigte sie sich spitz: »Bedeutet ›Herren-Party‹, daß Frauen nicht erwünscht sind – oder nur Ehefrauen nicht?«

»Keine Frauen«, sagte er, ohne zu wissen, ob das stimmte oder nicht. Er hatte da gewisse Zweifel, weil er früher schon mal an Zulieferer-Wochenenden teilgenommen hatte.

»Da kann man wohl Gift drauf nehmen.« Sie waren mittlerweile in der Küche angelangt. Erica machte Kaffee und brachte es fertig, viel Lärm mit Töpfen und Kesseln zu machen. »Und zu trinken wird es nichts Stärkeres geben als Milch und Limonade.«

Er knurrte: »Mag sein, mag nicht sein, auf jeden Fall wird die Atmosphäre verdammt viel freundlicher sein als hier.«

»Und wer macht sie hier so unfreundlich?«

Da hatte Adam die Selbstbeherrschung verloren. »Der Teufel soll mich holen, wenn ich das weiß. Aber wenn ich schuld bin, dann scheine ich auf andere nicht so zu wirken wie auf dich!«

»Dann geh doch zu deinen verdammten anderen!« Und Erica hatte eine Kaffeetasse nach ihm geworfen – die zum Glück leer war –, und zum Glück hatte er sie geschickt aufgefangen und unzerbrochen wieder hingestellt. Vielleicht aber war das doch kein solcher Glücksfall gewesen, denn er hatte angefangen zu lachen, was Erica wütender machte als alles andere; sie war hinausgestürmt und hatte die Küchentür hinter sich zugeschlagen. Inzwischen ebenfalls gründlich verärgert hatte Adam seine paar Sachen ins Auto geworfen und war davongefahren.

Dreißig Kilometer weiter schien die ganze Sache lächerlich zu sein, wie ja fast jeder Ehekrach in der Rückschau lächerlich wirkt, und Adam wußte, daß der ganze Sturm sich in ein, zwei Stunden verzogen hätte, wäre er zu Hause geblieben. Später, als er in der Nähe von Saginaw war und der schöne Tag seine gute Laune längst wiederhergestellt hatte, versuchte er, zu Hause anzurufen, aber es meldete sich niemand. Erica war wohl ausgegangen. Er nahm sich vor, es später noch einmal zu versuchen.

Hank Kreisel begrüßte Adam bei seiner Ankunft in dem Haus am Higgins Lake. Kreisel brachte es fertig, in seinem Ferienaufzug – makellos gebügelte Bermudashorts und Hawaiihemd – höchst adrett auszusehen, wozu die militärisch straffe Haltung des langen, mageren Körpers beitrug.

Als sie sich miteinander bekannt gemacht hatten, parkte Adam seinen Wagen neben sieben oder acht anderen. Es waren ausnahmslos neuere Modelle von Wagen der Luxusklasse.

Kreisel nickte mit dem Kopf zu den Autos hinüber. »Paar Leute sind gestern abend gekommen. Einige schlafen noch. Andere kommen später.« Er nahm Adam die Reisetasche ab und begleitete ihn hinaus, einen überdachten Holzgang entlang, der von der Straßenseite her um das Haus herumführte. Das Landhaus selbst war massiv gebaut, die Außenwände bestanden aus ganzen Baumstämmen. Ein hoher Giebel in der Mitte wurde von wuchtigen, mit Äxten behauenen Tragebalken gestützt. Unten am See war ein schwimmender Landesteg verankert, an dem mehrere Boote festgemacht waren.

Adam sagte: »Es gefällt mir hier bei Ihnen, Hank.«

»Freut mich. Nicht so übel, muß ich sagen. Hab's nicht selbst gebaut. Hab' es von einem gekauft, der es sich gebaut hat. Hatte zuviel hier hineingesteckt, brauchte dann plötzlich Bargeld.« Kreisel lächelte mit herabgezogenem Mundwinkel. »Als ob wir das nicht alle brauchten.«

Sie blieben an einer Tür stehen, einer von mehreren, die auf den überdachten Gang hinausführten. Der Zulieferer marschierte weiter, Adam folgte. Hinter der Tür befand sich ein Schlafzimmer, dessen poliertes Holz schimmerte. In einem Kamin, der sich dem Doppelbett gegenüber befand, lagen Holzstämme bereit zum Anzünden.

»Seien Sie froh. Kann hier nachts kalt sein«, sagte Kreisel. Er trat an das Fenster. »Hab' Ihnen ein Zimmer mit 'nem Ausblick gegeben.«

»Das kann man wohl sagen.« Adam stand jetzt neben seinem Gastgeber und sah das helle, klare Wasser des Sees, das von einem leuchtenden Blau war, in der Nähe des langen Sandstrandes aber in ein zartes Grün überging. Der Higgins Lake lag inmitten waldiger Hügel eingebettet – die letzten Kilometer der Anfahrt war es stetig bergan gegangen –, und rings um Landhaus und See gab es die schönsten Gruppierungen von Pinien, Rottannen, Balsam, Amerikanischen Lärchen, gelben Kiefern und Birken. Nach dem herrlichen Rundblick zu urteilen, hatte man ihm sicher das schönste Zimmer gegeben. Adam dachte nach, warum. Außerdem fragte er sich, wer wohl die anderen Gäste sein mochten.

»Wenn Sie soweit sind«, sagte Hank Kreisel, »die Bar ist geöffnet. Küche auch. Mahlzeiten kennen wir hier nicht. Zu trinken und zu essen gibt's vierundzwanzig Stunden am Tag. Alles andere läßt sich einrichten.« Wieder zog er den Mundwinkel herab und grinste, als er eine Tür auf der anderen Seite des Zimmers aufmachte. »Zwei Ausgänge – diese Tür und die andere da. Beide kann man abschließen. Man kann kommen und gehen, ohne angegafft zu werden.«

»Danke. Werde dran denken, wenn's nötig wird.«

Als der andere gegangen war, packte Adam die paar Sachen aus, die er mitgebracht hatte, und bald darauf folgte er seinem Gastgeber durch die zweite Tür. Sie führte auf einen schmalen Gang seitlich über der zentralen Wohnfläche hinaus, die im Jagdhausstil angelegt und eingerichtet war. Die Galerie führte rings um dieses große Wohnzimmer herum und war mit einer Treppe aus schweren Felsplatten verbunden, die ihrerseits Teil eines gewaltigen Kamins aus Naturstein war. Niemand hielt sich im Wohnzimmer auf, und Adam ging den Stimmen nach, die er draußen hörte.

Sein Weg führte ihn auf ein weitläufiges Sonnendeck hoch über dem See. Ein paar Leute hatten miteinander gesprochen; jetzt erhob sich eine Stimme über alle anderen und sagte hitzig: »Mein Gott noch mal, ihr werdet ja in dieser Industrie allesamt von Tag zu Tag mimosenhafter. Ihr könnt ja nicht die leiseste Kritik mehr vertragen; immer seid ihr gleich in Abwehrstellung. Ihr fordert die Exhibitionisten ja geradezu heraus, ihr tut so, als seien das ganz große Gurus, anstatt sie als Publicity-Jäger zu behandeln, die nur in die Zeitung und auf den Bildschirm kommen wollen. Seht euch doch eure Jahreshauptversammlungen an! Nichts als Zirkus heutzutage. Irgend so ein Spinner kauft sich eine Aktie, und dann kanzelt er den Aufsichtsratsvorsitzenden ab, und der steht da und schluckt das alles. Genausogut könnte man auch einen Wähler, einen einzelnen Wähler, nach Washington schicken und brav zuhören, wenn er den Senat kujoniert.«

»Nein, so ist das nicht«, sagte Adam. Ohne lauter zu sprechen, gab er seiner Stimme doch ausreichende Schärfe, um sich gegen die allgemeine Unterhaltung durchzusetzen. »Ein einzelner Wähler hat kein Recht, vor dem Senat zu sprechen. Aber jeder Aktionär hat Rechte auf der Hauptversammlung, auch wenn er nur eine einzige Aktie besitzt. Das ist der Kern unseres Systems. Und nicht alle Kritiker sind Spinner. Wenn wir uns das einbilden und wenn wir nicht mehr hinhören, dann werden wir bald allesamt wieder da angelangt sein, wo wir vor fünf Jahren gestanden haben.«

»He!« rief Brett DeLosanto. »Hört euch diese Auftrittsrede an und seht, wen wir da jetzt unter uns haben!« Brett trug exotische Gewänder in Magentarot und Gelb, klar erkennbar als eigener Entwurf und einer römischen Toga nachempfunden. Es sah kurioserweise flott und praktisch zugleich aus. Adam, der einen Rollkragenpullover und lange Hosen trug, empfand sich im Vergleich dazu als konservativ gekleidet.

Mehrere andere, die Adam schon kannten, begrüßten ihn. Unter ihnen war auch Pete O'Hagan, der Mann, der gerade sprach, als er auf das Sonnendeck hinausgetreten war. O'Hagan vertrat eine der größten Illustrierten des Landes in Detroit. Seine Aufgabe war es, den Spitzen der Autoindustrie auf gesellschaftlicher Ebene ein wenig den Hof zu machen – eine einigermaßen unauffällige, aber wirksame Art der Anzeigenwerbung. Die meisten großen Illustrierten unterhielten ähnliche Vertreter, die es manchmal schafften, sich eng mit Firmenpräsidenten oder anderen hochkarätigen Männern der Industrie anzufreunden. Werbeagenturen erfuhren von Freundschaften dieser Art und hüteten sich, sie in Frage zu stellen; wenn dann einmal am Werbeetat gespart werden mußte, dann tat man den Zeitschriften, die Einfluß an höchster Stelle hatten, zu allerletzt weh. Es war bezeichnend, daß O'Hagan trotz des harten Widerspruchs, den Adam erhoben hatte, keineswegs eingeschnappt war. Im Gegenteil. Er lächelte strahlend.

»Kommt, sagt euch mal guten Tag«, sagte Hank Kreisel. Er steuerte Adam von einem zum anderen. Zu den Gästen gehörten ein Kongreßabgeordneter, ein Richter, ein Prominenter vom Fernsehen, zwei Zulieferer-Kollegen Kreisels und mehrere Leute aus Adams Automobilwerk, darunter drei Einkäufer. Es war auch ein junger Mann da, der Adam seine Hand hinstreckte und gewinnend dazu lächelte. »Smokey hat mir von Ihnen erzählt, Sir. Ich bin Pierre Flodenhale.«

»Ja natürlich.« Adam erinnerte sich an den jungen Rennfahrer, den er in seiner Rolle als Autoverkäufer in Smokey Stephensens Vertragshandlung gesehen hatte. »Wie geht's mit dem Verkauf?«

»Ganz gut, Sir, wenn man Zeit hat, sich richtig dahinterzuklemmen.«

Adam sagte zu ihm: »Nun hören Sie mal mit dem ›Sir‹-Unsinn auf. Hier nennen sich doch alle beim Vornamen. Sie hatten Pech im Daytona 500.«

»Na, kann man wohl sagen.« Pierre Flodenhale strich sich das widerborstige blonde Haar aus der Stirn und zog eine Grimasse. Vor zwei Monaten hatte er einhundertundachtzig nervenzerfetzende Runden in Daytona hinter sich, lag in Führung und brauchte nun nur noch zwanzig Runden durchzuhalten, als ein Zylinderkopf riß und das Rennen damit für ihn zu Ende war. »Am liebsten hätte ich die Karre zertrampelt«, sagte er.

»Na, ich an Ihrer Stelle hätte sie über die nächste Klippe ins Meer gekippt.«

»Vielleicht halte ich mich nächstes Mal besser.« Der Rennfahrer lächelte wie ein großer Junge; er wirkte genauso angenehm wie damals in Smokeys Laden, als Adam ihn zum ersten Mal gesehen hatte. »Ich hab' so ein Gefühl, daß ich es in diesem Jahr beim Talladega 500 schaffe.«

»Ich werde in Talladega sein«, sagte Adam. »Wir stellen da einen Konzept-Orion aus. Ich werde Ihnen dann Hals- und Beinbruch wünschen.«

Irgendwo aus dem Hintergrund erhob sich Hank Kreisels Stimme.

»Adam, das ist Stella. Für Sie tut sie alles.«

»Zum Beispiel, was zu trinken holen«, sagte eine angenehme Mädchenstimme. Adam erblickte plötzlich eine hübsche, zierliche Rothaarige an seiner Seite. Sie trug den allerknappsten Bikini. »Hallo, Mr. Trenton.«

»Hallo.« Adam entdeckte zwei andere Mädchen in der Nähe, und ihm fiel Ericas Frage wieder ein: *Bedeutet ›Herren-Party‹, daß Frauen nicht erwünscht sind – oder nur Ehefrauen nicht?*

»Ich freue mich, daß Ihnen mein Badeanzug gefällt«, sagte Stella zu Pierre, dessen Augen auf Forschungsreise gegangen waren.

Der Rennfahrer sagte: »Donnerwetter, hatte gar nicht gemerkt, daß Sie einen anhaben.«

Das Mädchen wandte sich wieder Adam zu. »Was zu trinken?«

Er bat um eine Bloody Mary. »Nich' weggehen«, sagte sie zu ihm. »Bin gleich wieder da.«

Pierre fragte: »Was ist ein ›Konzept‹-Orion, Adam?«

»Das ist ein Modell, das für Ausstellungszwecke vor Anlaufen der Serie zusammengebaut worden ist, eine Art fortgeschrittener Erlkönig.«

»Also was man da in Talladega zu sehen bekommt, ist kein echter Orion?«

»Nein«, sagte Adam. »Der echte Orion wird erst einen Monat später zum ersten Mal gezeigt. Der ›Konzept‹-Wagen sieht dem Orion ähnlich, aber wie sehr er ihm ähnelt, das verraten wir nicht. Wir zeigen ihn bei jeder Gelegenheit. Zweck der Sache ist es natürlich, den neuen Wagen ins Gerede zu bringen. Die Leute sollen sich den Kopf darüber zerbrechen – wie wird der Orion später wirklich aussehen? Man kann sagen, er soll die Leute ein bißchen scharf machen«, fügte er hinzu.

»Das kann ich auch«, sagte Stella. Sie war mit Adams Glas zurückgekommen und einem für Pierre.

Der Abgeordnete kam herüber zu ihnen. Er hatte wallendes weißes Haar, strahlte vor Freundlichkeit und sprach mit starker, wenn auch priesterlicher Stimme. »Ich habe mit Interesse gehört, Mr. Trenton, was Sie über Ihren Industriezweig sagten und seine Fähigkeit, zuzuhören. Ich hoffe doch, daß man auch ein wenig dem zuhört, was die Legislative zu sagen hat.«

Adam zögerte. Am liebsten hätte er, wie üblich, schroff und klar geantwortet, aber schließlich war er hier auf einer Party, und zwar als Gast. Er fing einen Blick von Hank Kreisel auf, der offenbar die Kunst beherrschte, überall zu sein und alles zu hören, was von Wichtigkeit war. »Tun Sie sich keinen Zwang an«, sagte Kreisel. »Paar Schlägereien können nicht schaden. Ein Arzt ist auch eingeladen.«

Adam sagte zu dem Abgeordneten: »Was man gerade jetzt aus dem Kongreß zu hören bekommt, ist zum größten Teil dummes Zeug, dahergeredet von Leuten, die ihren eigenen Namen gern in den Nachrichten hören und die wissen, daß man das jetzt am einfachsten erreicht, wenn man über die Automobilindustrie herzieht, ganz gleich, ob es Sinn und Verstand hat, was man da redet oder nicht.«

Der Kongreßabgeordnete lief dunkelrot an, als Adam eigensinnig fortfuhr: »Ein Senator der Vereinigten Staaten möchte in fünf Jahren die Automobile verbieten, wenn sie noch Verbrennungsmotoren haben; er hat aber keine Vorstellung davon, was an ihre Stelle treten soll. Na, wenn's wirklich dazu käme, dann hätte es wenigstens ein Gutes – er könnte nicht mehr durch die Gegend fahren und dumme Reden halten. Einige Bundesstaaten haben Gerichtsverfahren angestrengt, um uns zu zwingen, alle seit 1953 gebauten Autos zurückzuziehen und sie nach Abgasnormen umzubauen, die erst 1966 in Kalifornien und 1968 in anderen Staaten eingeführt worden sind.«

»Sie führen Extreme an«, wandte der Abgeordnete ein. Seine Zunge war schon ein bißchen schwer, und das Glas, das er in der Hand hatte, war eindeutig nicht sein erstes an diesem Tage.

»Ich gebe zu, das sind Extreme. Aber sie sind repräsentativ für das, was wir aus der Legislative hören, und das war doch – wenn ich mich recht erinnere – Ihre Frage.«

Hank Kreisel tauchte wieder auf und sagte vergnügt: »Jawohl, war die Frage.« Er schlug dem Kongreßabgeordneten wuchtig auf die Schultern. »Passen Sie auf, Woody! Diese jungen Burschen in Detroit haben Grips im Kopf. An so was sind Sie ja in Washington nicht so gewöhnt.«

»Sie würden es nicht für möglich halten«, sagte der Kongreßabgeordnete zu der versammelten Gruppe, »aber als dieser Kreisel da und ich zusammen bei den Marines waren, da hat er vor mir strammgestanden.«

»Wenn Ihnen das fehlt, Herr General . . .« Hank Kreisel, noch immer in seinen kurzen, adretten Bermudahosen, nahm starre militärische Haltung an und zelebrierte eine Ehrenbezeigung, wie man sie tadelloser auf keinem Kasernenhof hätte beobachten können. Danach sagte er im Befehlston: »Stella, hol dem Herrn Senator was zu trinken.«

»Ich war nie General«, beschwerte sich der Kongreßmann. »Ich war Oberstleutnant, und Senator bin ich auch nicht.«

»Mein lieber Woody, an Courage haben Sie jeden General in die Tasche gesteckt«, sagte Kreisel. »Und zum Senator werden Sie's auch noch bringen. Wahrscheinlich über die Leiche der Automobilindustrie.«

»Nach Ihnen zu urteilen und nach diesem kleinen Häuschen hier, steckt noch verdammt viel Leben in der Leiche.« Der Kongreßabgeordnete wandte seinen Blick wieder Adam zu. »Wollen Sie nicht noch ein bißchen auf einem armen Politiker herumprügeln?«

»Vielleicht noch ein bißchen.« Adam lächelte. »Bei uns hat man das Gefühl, es wäre an der Zeit, daß die Gesetzemacher mal etwas Positives tun, anstatt den Kritikern jedes Wort nachzuplappern.«

»Etwas Positives? Zum Beispiel?«

»Zum Beispiel ein Gesetz mit klaren, präzisen Durchführungsbestimmungen. Okay, es gibt für neue, jetzt gebaute Autos Normen für Abgas-Entgiftung. Die meisten bei uns in der Industrie halten sie für gut, für notwendig, für längst überfällig.« Adam spürte, daß die Gruppe, die sich um sie gebildet hatte, immer größer wurde, daß andere Unterhaltungen abgebrochen wurden. Er fuhr fort: »Aber *Sie* und Ihre Kollegen verlangen von *uns*, einen Abgas-Entgifter zu produzieren, der für die gesamte Lebensdauer des Autos nie versagt und nie inspiziert oder neu eingestellt werden muß. Das ist einfach nicht möglich. Es ist eine ebenso unsinnige Forderung wie die Forderung nach einer Maschine, die ewig und immer fehlerlos arbeitet. Was wir brauchen? Wir brauchen ein Gesetz mit Zähnen, das die Leute zwingt, ihre Entgifter regelmäßig inspizieren und sie, wenn nötig, reparieren oder durch neue ersetzen zu lassen. Das wäre aber ein höchst unpopuläres Gesetz. In Wirklichkeit ist den Leuten nämlich die ganze Luftverseuchung völlig schnuppe; wichtig ist denen nur ihre Bequemlichkeit. Und deshalb scheuen die Politiker sich, so ein Gesetz einzubringen.«

»Die Reinerhaltung der Luft«, sagte der Kongreßabgeordnete hitzig, »ist den Leuten nicht schnuppe. Ich kann das anhand von zahlreichen Briefen aus meinem Wahlkreis beweisen.«

»Es gibt einzelne Menschen, denen das nicht schnuppe ist. Für die große Mehrheit aber gilt es. Seit mehr als zwei Jahren«, fuhr Adam mit Nachdruck fort, »bieten wir Bausätze zur Abgas-Entgiftung für ältere Autos an. Die Sätze kosten einschließlich Montage zwanzig Dollar, und wir *wissen,* daß sie funktionieren. Sie reduzieren die Menge der giftigen Abgase und tragen dazu bei, die Luft sauberer zu machen. Wir haben Propaganda für die Bausätze gemacht, wir haben im Fernsehen, im Hörfunk, mit Plakaten für sie geworben, aber kaum jemand kauft die Dinger. Alle möglichen Extras – selbst für ältere Automodelle – wie Weißwandreifen oder Bausätze für Stereo-Tonbandgeräte werden gut verkauft. Aber kein Mensch will die Entgifter-Sätze haben; nichts von allem, was wir je auf den Markt gebracht haben, verkauft sich so schlecht. Und die Gesetzemacher, nach denen Sie mich gefragt haben, die uns, sobald auch nur ein einziger Wähler zuhört, eine Gardinenpredigt über saubere Luft halten, diese Gesetzemacher haben ebenfalls nicht das geringste Interesse gezeigt.«

Stella und verschiedene andere riefen im Chor: »Schweinsrippchen! Schweinsrippchen!«

Die Gruppe, die Adam und den Abgeordneten umstand, verlief sich langsam. »Wurde auch Zeit«, sagte irgend jemand. »Wir haben schon seit 'ner ganzen Stunde nichts mehr gegessen.«

Der Anblick des hochgetürmten Bufetts an der Rückwand des Sonnendecks unter dem Präsidium eines Kochs mit hoher weißer Mütze erinnerte Adam daran, daß er wegen seines Krachs mit Erica nicht gefrühstückt hatte und daß er hungrig war. Ihm fiel auch ein, daß er bald zu Hause anrufen mußte.

Einer der Einkäufer unter den Gästen, der einen gehäuft vollen Teller in der Hand hielt, rief: »Phantastisches Futter, Hank!«

»Freut mich, daß es schmeckt«, erwiderte der Gastgeber. »Und freut mich, daß ihr Burschen auch hier seid. Da kann ich's absetzen.«

Adam lächelte, einige andere auch. Was Kreisel gesagt hatte, stimmte – die Anwesenheit der Einkäufer erhob die Party zu einer geschäftlichen Veranstaltung, deren Kosten Hank Kreisel später von der Einkommensteuer würde absetzen können. Die Begründung lautete: die Einkäufer der Automobilwerke, die in jedem Jahr Aufträge im Werte von vielen Millionen Dollar vergaben, hatten Macht über Leben und Tod von Zulieferern wie Kreisel. Aus diesem Grunde waren es Einkäufer früher gewöhnt, daß sie von Lieferern, über denen sie die Sonne ihrer Gunst erstrahlen ließen, üppigste Geschenke bekamen – manchmal sogar Dinge wie eine Segeljacht oder ein ganzes Haus voll neuer Möbel. Jetzt hatten die Automobilwerke diese Art von Bestechung verboten. Ein Einkäufer, der dagegen verstieß und erwischt wurde, bekam die fristlose Kündigung. Dennoch gab es auch jetzt noch Möglichkeiten, Einkäufern etwas Gutes zu tun, und eine davon waren Einladungen wie diese. Eine andere Möglichkeit bestand darin, daß Lieferer oder deren Verkäufer Hotelrechnungen für die Einkäufer bezahlten; das galt als sicher, weil dabei weder Geld noch Gut direkt den Besitzer wechselte, und wenn es nötig wurde, konnte der Einkäufer später bestreiten, von der ganzen Sache überhaupt etwas zu wissen, da er fest damit gerechnet habe, daß das Hotel ihm die Rechnung nachschicken werde. Eine dritte Möglichkeit waren Weihnachtsgeschenke.

Die Warenverteilung zu Weihnachten wurde Jahr für Jahr im November und Dezember per Rundschreiben von den Automobilwerken verboten. Ebenso unweigerlich stellten Sekretärinnen der Einkaufsabteilungen Listen mit der Privatadresse des Personals von Einkaufsabteilungen zusammen, die sie den Verkäufern der Zulieferer auf Verlangen aushändigten, und es war ein Verlangen, das als ebenso selbstverständlich galt wie ein herzliches »Fröhliche Weihnachten!« Die Privatanschrift der Sekretärinnen stand regelmäßig auf den Listen, und auf irgendeine Art und Weise – die Einkäufer wären die letzten gewesen, die sich hätten erklären können, wie das geschehen konnte – gelangten auch die Adressen der Einkäufer auf die Listen. Die Geschenke – die niemals in die Büros geliefert wurden – waren nicht so üppig wie in alten Zeiten, aber kaum ein Zulieferer riskierte es, nichts zu schenken.

Adam beobachtete noch immer den Einkäufer mit dem reich beladenen Teller, als eine sanfte weibliche Stimme leise sagte: »Adam Trenton, sagen Sie eigentlich immer, was Sie denken?«

Er wandte sich um. Ihn amüsiert betrachtend, stand vor ihm ein Mädchen von, wie Adam schätzte, achtundzwanzig oder dreißig Jahren. Sie hatte hohe Wangenknochen, und ihr Gesicht mit lächelnden, feuchten, vollen Lippen war zu ihm aufgewandt. Intelligente, helle Augen hielten seinem Blick stand. Er nahm ein aufregendes Parfüm wahr und eine schmiegsame, schlanke Figur mit kleinen, festen Brüsten unter einem graublauen Leinenkleid. Sie war von einer atemberaubenden Schönheit, dachte Adam. Und sie war schwarz. Nicht braun, sondern schwarz; es war ein tiefes, sattes Schwarz; ihre glatte, makellose Haut glich seidigem Ebenholz. Er wehrte sich gegen den Impuls, hinzugreifen und sie zu berühren.

»Ich heiße Rowena«, sagte das Mädchen. »Wie Sie heißen, hat man mir gesagt. Und ich habe den Auftrag, dafür zu sorgen, daß Sie etwas zu essen bekommen.«

»Rowena – und weiter?«

Er spürte ihr Zögern. »Spielt das eine Rolle?« Sie lächelte, so daß er wieder der vollen Röte ihrer feuchten Lippen bewußt wurde.

»Außerdem«, sagte Rowena, »habe ich Sie zuerst etwas gefragt, und ich habe noch keine Antwort.«

Adam fiel wieder ein, daß sie ihn gefragt hatte – ob er immer sagte, was er dachte.

»Nicht immer. Ich glaube, das tut keiner von uns, nicht wirklich.« Er dachte: *Todsicher tu ich das jetzt nicht,* dann fügte er laut hinzu: »Aber wenn ich etwas sage, dann versuche ich, möglichst ehrlich zu sein und zu sagen, was ich meine.«

»Weiß ich. Schließlich habe ich Ihnen vorhin zugehört. Und es gibt nicht genug Leute, die das tun.«

Die Augen des Mädchens begegneten seinem Blick und hielten ihm ruhig stand. Er fragte sich, ob sie wohl spürte, wie sie auf ihn wirkte, und er hatte den Verdacht, daß sie es genau merkte.

Der Koch am Bufett füllte unter Rowenas Assistenz zwei Teller, mit denen sie sich an einen der Tische auf dem Sonnendeck setzten. Dort saßen schon der Richter – ein jüngerer Neger vom Bundesgericht in Michigan – und ein anderer Gast, ein Entwicklungsingenieur in Adams Werk, ein Mann namens Frazon.

Einen Augenblick später kam auch Brett DeLosanto, und zwar in Begleitung einer attraktiven, schweigsamen Brünetten, die er als Elsie vorstellte.

»Wir dachten uns, daß hier was los ist«, sagte Brett. »Enttäuschen Sie uns nicht.«

Rowena fragte: »Was hätten Sie denn gern?«

»Sie wissen ja, wie das mit uns Automenschen ist. Wir haben nur zwei Interessen – Geschäft und Sex.«

Der Richter lächelte. »Es ist noch früh am Tage. Vielleicht fangen wir mit dem Geschäft an.« Er wandte sich an Adam. »Vorhin haben Sie von Jahreshauptversammlungen gesprochen. Was Sie da sagten, hat mir gefallen – daß man den Leuten, auch wenn sie nur eine einzige Aktie besitzen, zuhören sollte.«

Frazon, der Ingenieur in den besten Jahren, legte Messer und Gabel hin und schien auf einen Köder anbeißen zu wollen. »Na, mir jedenfalls hat es nicht so gut gefallen. Ich bin anderer Meinung als Adam, und da stehe ich weiß Gott nicht allein da.«

»Weiß ich«, sagte der Richter. »Ich habe Sie vorhin beobachtet. Wollen Sie uns nicht verraten, warum Sie anderer Meinung sind?«

Frazon runzelte die Stirn und dachte nach. »Na schön. Was die großmäuligen Kleinstaktionäre wollen, und das gilt auch für die Verbrauchergruppen und die sogenannten Komitees zur Förderung des Verantwortungsbewußtseins der Großfirmen, das ist ganz klar: sie wollen stören und zerstören, und ihre Waffen sind Verzerrung, Lügen und Verleumdungen. Denken Sie doch nur an die General-Motors-Hauptversammlung, als die Nader-Bande die ganze Industrie als ›Gangster-AG‹ beschimpfte und dann daherschwatzte von unserer ›Mißachtung von Recht und Gesetz‹; wir seien ›Teil der Kriminalität des Big Busineß, neben der die Straßenkriminalität zu einem Staubkorn zusammenschrumpft‹. Was sollen wir davon denken, wenn wir so etwas hören? Sollen wir dankbar sein? Sollen wir Clowns, die einen derartigen Blödsinn daherreden, etwa ernst nehmen?«

»Sieh mal einer an!« rief Brett DeLosanto. »Das Ingenieursvolk hat tatsächlich zugehört. Und wir dachten immer, die hören nur Motorengeräusche und sonst nichts auf der Welt!«

»Die haben zugehört«, sagte Adam. »Und wir alle haben zugehört – die Kollegen bei General Motors, auch die bei den anderen Werken. Aber viele in der Industrie haben nicht gemerkt, daß genau die Worte, die hier eben zitiert worden sind« – er zeigte auf Frazon –, »einen ganz bestimmten

Zweck hatten; sie sollten Zorn und helle Wut erregen und eine vernünftige Erwiderung verhindern. Die Protestversammlung wollte nicht, daß die Automobilindustrie vernünftig reagierte; wäre es dazu gekommen, hätten wir ihnen ja den Teppich unter den Füßen weggezogen. Und ihr Plan hat auch funktioniert. Unsere Leute sind darauf reingefallen.«

Der Richter gab ihm das Stichwort: »Sie sehen also die Beschimpfung als ein taktisches Mittel.«

»Natürlich. Das ist die Sprache unserer Zeit, und die jungen Leute, die sie sprechen – meistens hellwache Anwälte –, wissen genau, welche Wirkung sie dabei auf alte Männer in Direktionsetagen erzielen. Denen stehen die Haare zu Berge, wenn sie das hören, ihr Blutdruck schießt in die Höhe, sie werden starr und unnachgiebig. Die Vorsitzenden und die Direktoren in unserer Industrie sind in einer höflichen Welt großgeworden; zu ihrer Zeit sagte man ›Ich bitte um Entschuldigung‹, bevor man einem Konkurrenten das Messer zwischen die Rippen stieß. Das gibt's heute nicht mehr. Der Dialog ist rüde, man faucht sich an, und man argumentiert mit Übertreibungen. Wer klug ist, reagiert kühl auf solche Dinge und hält sich eisern zurück. Die meisten Leute an der Spitze bei uns haben das noch nicht gelernt.«

»Ich hab's auch nicht gelernt, und ich denke nicht daran, es jemals zu tun«, sagte Frazon. »Ich lege nun mal Wert auf gute Manieren.«

Brett tönte dazwischen: »Hier spricht ein Ingenieur, das absolute Nonplusultra des Konservativen!«

»Adam ist auch Ingenieur«, sagte Frazon. »Leider gibt er sich zuviel mit Designern ab.«

Die Leute am Tisch lachten.

Frazon sah Adam an und sagte: »Sie wollen doch wohl nicht sagen, daß wir uns den Forderungen fügen sollen, die die Militanten auf den Jahreshauptversammlungen erheben – daß Vertreter der Verbraucher in die Vorstände berufen werden müssen und derlei Quatsch mehr?«

Ruhig antwortete Adam: »Warum denn nicht? Es wäre ein Beweis dafür, daß wir elastisch sein wollen, und es wäre einen Versuch wert. Man setze irgend jemanden an den

Vorstandstisch – oder auf die Geschworenenbank –, und er wird es aller Wahrscheinlichkeit nach ernst nehmen und keine Lust mehr verspüren, sich als Außenseiter und Einzelgänger aufzuspielen. Vielleicht werden wir sogar etwas dabei lernen. Außerdem wird es eines Tages doch kommen, und da ist es schon besser, daß wir es *von uns aus* machen, anstatt zu warten, bis man uns dazu zwingt.«

Brett fragte: »Herr Richter, und wie lautet Ihr Urteil, nachdem Sie nun beide Seiten angehört haben?«

»Entschuldigen Sie.« Der Richter legte eine Hand vor den Mund und unterdrückte ein Gähnen. »Einen Moment dachte ich, ich wäre im Gericht.« Er schüttelte den Kopf in gespielter Feierlichkeit. »Bedaure. Am Wochenende fälle ich keine Sprüche.«

»Daran sollten sich alle anderen ein Beispiel nehmen«, erklärte Rowena. Sie berührte Adams Hand und ließ dabei ihre Finger leicht über seine Finger gleiten. Als er sie ansah, sagte sie leise: »Gehen Sie schwimmen mit mir?«

Die beiden nahmen sich eins der Boote vom Steg – es war eins von Hank Kreisels Booten mit Außenbordmotor, Adam warf ihn an, und gemächlich steuerte er das Boot ungefähr sechs Kilometer weit an das Ostufer des Sees. In Sichtweite des Strandes, hinter dem Laubbäume hoch aufragten, stellte er dann den Motor ab, und sie trieben auf dem blauen, lichtdurchstrahlten Wasser dahin. Ein paar andere Boote, nicht viele, kamen in Sicht und entfernten sich wieder. Es war mitten am Nachmittag. Die Sonne stand hoch, die Luft machte schläfrig. Bevor sie abgefahren waren, hatte Rowena einen Badeanzug angezogen; er hatte ein Leopardenfellmuster, und was er von ihrer Figur enthüllte und von der weichen, seidigen Schwärze ihrer Haut, erfüllte alles, was das Leinenkleid versprochen hatte. Adam hatte eine Badehose an. Als der Motor schwieg, zündete er für sie beide Zigaretten an. Nebeneinander saßen sie auf den Kissen des Bootes.

»Mm«, sagte Rowena. »Das ist schön.« Ihren Kopf hatte sie zurückgelegt, die Augen waren gegen die Helligkeit der Sonne und des Sees geschlossen. Ihre Lippen waren leicht geöffnet.

Träge blies er einen Rauchring in die Luft. »Man nennt das: den Alltag weit hinter sich lassen.« Aus irgendeinem Grund klang seine Stimme nicht fest wie sonst.

Leise sagte sie, und plötzlich war sie ganz ernst: »Ich weiß. Es passiert einem nicht so oft. Und es dauert auch nie lange.«

Adam wandte sich ihr zu. Sein Instinkt sagte ihm, daß sie reagieren würde, wenn er sie jetzt in die Arme nähme. Aber einige Sekunden zögerte er aus Unsicherheit.

Als könne sie seine Gedanken lesen, lachte Rowena leicht. Sie ließ ihre Zigarette ins Wasser fallen. »Wir wollten doch schwimmen gehen, wissen Sie noch?«

In einer einzigen, raschen Bewegung stand sie auf und tauchte über die Bordkante hinweg. Wie eine flüchtige Impression sah er ihren geschmeidigen, dunklen Körper mit den langen, geraden Gliedern wie einen Pfeil. Dann war sie, nach einem peitschenden Aufprall im Wasser, verschwunden. Das Boot schaukelte sanft.

Wieder zögerte Adam, dann tauchte auch er ins Wasser. Nach der Sonnenhitze traf ihn die Frische des Seewassers wie ein eisiger Schlag. Keuchend tauchte er wieder auf, schüttelte sich vor Kälte und sah sich um.

»He! Hier bin ich!« Rowena lachte noch immer. Sie verschwand unter der Oberfläche und tauchte gleich wieder auf. Das Wasser strömte über Haare und Gesicht. »Ist das nicht herrlich?«

»Das werde ich Ihnen mitteilen, wenn mein Blut wieder zirkuliert.«

»Ihr Blut muß angewärmt werden, Adam. Ich schwimme an den Strand. Kommen Sie mit?«

»Doch, ganz gern. Aber wir können Hanks Boot nicht einfach so treiben lassen.«

»Dann bringen Sie es an den Strand.« Während sie schon mit kräftigen Zügen davonschwamm, rief sie zurück: »Das heißt, natürlich nur, wenn Sie sich davor fürchten, mit mir an einen einsamen Strand verschlagen zu werden.«

Langsamer, das Boot hinter sich her schleppend, folgte Adam ihr. Am Strand, und wieder die Sonnenwärme auskostend, zog er das Boot ans Ufer und ging dann zu Rowena, die schon, die Hände hinter dem Kopf verschränkt, auf dem Sand lag. Jenseits des Strandes, im Schutz der Bäume, stand eine Hütte, aber die Fensterläden waren geschlossen, und weit und breit war kein Mensch zu sehen.

»Weil Sie das Thema angeschnitten haben«, sagte Adam, »in diesem Augenblick fällt mir kein Mensch ein, mit dem ich lieber an einen einsamen Strand verschlagen sein möchte.« Auch er streckte sich auf dem Sand aus und fühlte sich so entspannt wie schon seit Monaten nicht mehr.

»Sie kennen mich nicht.«

»Sie haben gewisse Instinkte geweckt.« Er stützte sich auf einen Ellbogen und überzeugte sich noch einmal davon, daß das Mädchen neben ihm von so atemberaubender Schönheit war, wie sie ihm erschien, als er sie vor mehreren Stunden zum ersten Mal gesehen hatte, und er fügte hinzu: »Und einer davon ist die Neugier.«

»Ich bin nur jemand, den Sie auf einer Party getroffen haben; auf einer der Wochenendpartys von Hank Kreisel, für die er Hostessen anstellt. Und falls Sie nachdenklich werden – das ist *alles,* wofür er uns anstellt. *Waren* Sie nachdenklich geworden?«

»Ja.«

Sie lachte ihr leises Lachen, an das er sich nun schon gewöhnt hatte. »Das wußte ich. Der Unterschied zwischen Ihnen und den meisten anderen Männern besteht darin, daß die anderen gelogen und ›nein‹ gesagt hätten.«

»Und was machen Sie an den anderen Tagen der Woche, wenn gerade keine Party ist?«

»Ich bin Lehrerin an einer Oberschule.« Rowena stockte. »Verdammt! Das wollte ich Ihnen nicht sagen.«

»Dann sorgen wir dafür, daß es wieder eins zu eins steht«, sagte Adam. »Es gibt da etwas, was ich *Ihnen* nicht sagen wollte.«

»Und das wäre?«

Leise sagte er zu ihr: »Zum ersten Mal in meinem Leben weiß ich, und zwar wirklich, was es bedeutet, wenn man sagt: ›Schwarz ist schön‹.«

In der Stille, die nun folgte, fragte er sich, ob er sie verletzt habe. Er hörte das Plätschern der Wellen am Strand, das

Summen der Insekten, weit in der Ferne einen Außenbordmotor. Rowena sagte nichts. Dann, ohne jede Ankündigung, beugte sie sich zu ihm hinüber und küßte ihn voll auf den Mund.

Bevor er reagieren konnte, sprang sie auf und rannte über den Strand ans Wasser. Vom Rande des Wassers rief sie zurück: »Hank sagte, Sie stünden im Ruf, ein ganz besonders netter Mann zu sein, als er mich bat, mich Ihrer anzunehmen. So, jetzt fahren wir zurück.«

Als sie wieder im Boot saßen und die Westküste ansteuerten, fragte er: »Was hat Hank sonst noch gesagt?«

Rowena dachte nach.

»Also, er hat gesagt, Sie seien der wichtigste Mann hier und daß Sie eines Tages oben an der Spitze Ihres Werks stehen würden.«

Dieses Mal lachte Adam laut. Er machte sich aber dennoch seine Gedanken über Kreisel und seine Motive.

Der Sonnenuntergang kam, die Party in dem Landhaus ging weiter, und sie wurde lebhafter, je später die Stunde wurde. Bevor die Sonne endlich ganz hinter einer wie Wachtposten aufmarschierten Birkensilhouette verschwunden war, lebte der See in einem großartigen Farbenspiel auf. Eine Brise kräuselte seine Oberfläche und brachte frische, tannenduftende Luft. Sanft kam die Abenddämmerung, dann die Nacht. Als die Sterne kamen, kühlte die Nachtluft ab, und die Gäste verzogen sich allmählich vom Sonnendeck nach drinnen, wo in dem großen Felskamin ein Feuer aus Reisig und dickem Rundholz loderte.

Hank Kreisel, ein freundlicher und aufmerksamer Gastgeber, schien, wie schon den ganzen Tag, überall zu sein. Zwei Bars und die Küche waren ständig in Hochbetrieb; Kreisels Versprechen, daß für Essen und Trinken vierundzwanzig Stunden am Tag gesorgt sei, schien keine Übertreibung gewesen zu sein. In dem geräumigen, nach Art einer Jagdhütte eingerichteten Wohnzimmer spaltete sich die Party in mehrere Gruppen auf, die aber ineinander übergingen. Leute, die sich um Pierre Flodenhale geschart hatten, feuerten Fragen ab, die mit Autorennen zu tun hatten.

». . .sagen, daß ein Rennen in den Boxen gewonnen oder verloren wird. Welche Erfahrungen haben Sie da gemacht?« – »Ja, wichtig ist auch der Plan, den sich der Rennfahrer selbst zurechtlegt. Vor jedem Rennen plant man, wie man es fahren will, Runde für Runde. Während des Rennens ändert man den Plan, macht einen neuen für die nächste Runde . . .«

Der Mann vom Fernsehen, der sich anfangs etwas gleichgültig gegeben hatte, blühte jetzt auf und parodierte witzig und gekonnt den US-Präsidenten – und zwar während eines Fernsehauftritts gemeinsam mit einem Automobilhersteller und einem Vorkämpfer für eine saubere Umwelt, wobei der Präsident versuchte, beiden nach dem Munde zu reden. *»Die Verseuchung, bei allen ihren Mängeln, ist Teil unseres großartigen amerikanischen Know-how . . . Meine wissenschaftlichen Berater haben mir versichert, daß die Automobile weniger zur Umweltverschmutzung beitragen, als es einmal der Fall war – zumindest würde es sich so verhalten, wenn es nicht immer mehr Autos gäbe.« (Husten, husten, husten!) . . . »Ich gebe die feierliche Versicherung ab, daß wir in diesem unserem Lande wieder saubere Luft atmen werden. Es ist die Politik meiner Administration, sie durch Röhren in jedes amerikanische Heim pumpen zu lassen . . .«* Zwei oder drei von den Zuhörern zogen ein saures Gesicht, aber die meisten lachten.

Einige der Mädchen, auch Stella und Elsie, wanderten von Gruppe zu Gruppe. Rowena blieb in Adams Nähe.

Allmählich, als Mitternacht kam und ging, verringerte sich die Zahl der Gäste. Ein paar Leute gähnten, reckten sich müde und stiegen dann bald die Steintreppe neben dem Kamin empor. Einige riefen von der Galerie den anderen, die noch unten aushielten, einen Gutenachtgruß zu. Der eine oder andere verschwand über das Sonnendeck. Vermutlich erreichten sie ihre Zimmer über den zweiten Weg, den Hank Kreisel Adam bei seiner Ankunft gezeigt hatte. Schließlich ging auch Kreisel selbst, in der Hand ein Glas mit Bourbon, nach oben. Adam bemerkte, daß bald darauf Elsie verschwand. Auch Brett DeLosanto und die rothaarige Stella, die die letzte Stunde eng miteinander verbracht hatten, waren nirgends mehr zu sehen.

In der großen Feuerstelle war das Holz zu glimmender Asche verbrannt. Außer Adam und Rowena, beide auf einem Sofa in der Nähe des Kamins, war nur noch eine Gruppe geblieben, am anderen Ende des Raumes, lärmend und trinkend und offensichtlich entschlossen, noch lange nicht zu Bett zu gehen.

»Einen Schlaftrunk?« fragte Adam.

Rowena schüttelte den Kopf. Ihr letztes Glas – ein kleiner Scotch mit Wasser – hatte eine ganze Stunde gereicht. Den ganzen Abend lang hatten sie miteinander gesprochen, meistens über Adam, was aber nicht an ihm lag, denn Rowena war fast allen Fragen über sich selbst geschickt ausgewichen. Aber er hatte doch erfahren, daß ihr Hauptlehrfach Englisch sei, was sie zugegeben hatte, nachdem sie lachend Cervantes zitiert hatte: »Mein Gedächtnis ist so schwach, daß ich zu vielen Malen meinen eigenen Namen vergesse.«

Jetzt stand er auf.

»Gehen wir hinaus.«

»Gute Idee.«

Als sie gingen, sah niemand von der anderen Gruppe ihnen auch nur mit einem Blick nach.

Der Mond war aufgegangen. Die Nacht war kalt und klar. Das Mondlicht schimmerte auf der Oberfläche des Sees. Er spürte, wie Rowena fröstelte, und legte den Arm um ihre Schulter.

»Fast alle«, sagte Adam, »scheinen schon im Bett zu sein.«

Wieder lachte Rowena leise. »Ich habe gesehen, daß du es gemerkt hast.«

Er drehte sie zu sich, bog ihren Kopf zurück und küßte sie. »Gehen wir auch.«

Ihre Lippen trafen sich noch einmal. Er fühlte, wie ihre Arme ihn fester umschlangen.

Sie flüsterte: »Ich habe vorhin die Wahrheit gesagt. Dies steht nicht im Vertrag.«

»Ich weiß.«

»Jedes Mädchen kann hier selbst seine Verabredungen treffen, aber Hank achtet streng darauf, daß die Sache freiwillig bleibt.« Sie schmiegte sich enger an ihn. »Hank würde großen Wert darauf legen, daß du das weißt. Es ist ihm nicht gleichgültig, was du von ihm hältst.«

»In diesem Augenblick«, flüsterte er, »denke ich überhaupt nicht an Hank.«

Sie erreichten Adams Schlafzimmer über den Außengang – den Weg, den er an diesem Morgen nach seiner Ankunft gegangen war. In dem Zimmer war es warm. Irgendein aufmerksamer Geist hatte das Feuer angezündet. Jetzt leckten die Flammen hoch über die Scheite, Licht und Schatten tanzte über die Decke. Das Doppelbett war aufgeschlagen.

Vor dem Feuer schlüpften Adam und Rowena aus dem, was sie anhatten. Bald danach führte er sie zu dem Bett.

Er hatte sanfte Zärtlichkeit erwartet. Statt dessen entdeckte er in Rowena eine Wildheit, die ihn anfangs erstaunte, dann erregte, und die ihn wenig später auch entflammte. Nichts in seiner bisherigen Erfahrung hatte ihn auf die wilde, stürmische Leidenschaft vorbereitet, die sie entfesselte. Sie dauerte bei beiden – mit den Pausen, die die dem Menschen gesetzten Grenzen erzwangen – die ganze Nacht hindurch.

Als das erste Morgengrauen sich schon ankündigte, fragte sie mit einem kleinen spöttischen Lächeln: »Findest du schwarz noch immer schön?«

Er sagte, und er meinte es: »Mehr denn je.«

Still hatten sie Seite an Seite gelegen. Jetzt stützte Rowena sich auf und sah ihn an. Lächelnd sagte sie: »Und für einen verdammten Weißen bist du auch so übel nicht.«

Wie gestern nachmittag zündete er wieder zwei Zigaretten an und gab ihr eine. Nach einiger Zeit sagte sie: »Mag sein, daß schwarz schön ist, wie man sagt. Aber ich könnte mir denken, daß alles schön ist, wenn man's am richtigen Tag betrachtet.«

»Haben wir heute den richtigen Tag?«

»Weißt du, was ich heute sagen würde? Heute würde ich sagen ›häßlich ist schön‹!«

Es wurde hell. Adam sagte: »Ich will dich wiedersehen. Wie machen wir das?«

Zum ersten Mal war Rowenas Stimme scharf. »Überhaupt nicht, und wir wissen es beide.« Als er protestieren wollte, legte sie ihm einen Finger auf die Lippen. »Wir haben uns nicht angelogen. Wir wollen auch jetzt nicht damit anfangen.«

Er wußte, daß sie recht hatte, daß hier enden würde, was hier begonnen hatte. Detroit war weder Paris noch London, nicht einmal New York. Im Grunde war Detroit noch immer eine Kleinstadt. Es fing an, mehr Toleranz zu üben als früher. Aber er konnte nicht Detroit und Rowena haben – unter keiner Bedingung. Der Gedanke erfüllte ihn mit Trauer. Und die Trauer blieb bei ihm, den ganzen Tag und auch, als er spät am Nachmittag Higgins Lake verließ und die Heimfahrt nach Süden antrat.

Als er Abschied nahm und sich bei seinem Gastgeber bedankte, sagte Hank Kreisel: »Haben nicht viel miteinander gesprochen, Adam. Wollte, wir hätten mehr Gelegenheit gehabt. Kann ich Sie nächste Woche mal anrufen?«

Er versicherte Kreisel, daß er sich auf seinen Anfruf freue.

Rowena, von der Adam sich eine Stunde vorher privat verabschiedet hatte, hinter zwei verschlossenen Türen, war nirgends zu sehen.

16

»Ach, du lieber Gott«, sagte Adam. »Ich habe vergessen, meine Frau anzurufen.« Schuldbewußt fiel ihm ein, daß er seit Samstag morgen die Absicht gehabt hatte, Erica anzurufen und den Streit beizulegen, mit dem sie sich getrennt hatten. Jetzt war es Sonntag abend, und er hatte es noch immer nicht getan. In der Zwischenzeit war natürlich Rowena dagewesen, die weniger unmittelbar wichtige Dinge in den Hintergrund gedrängt hatte, und mit Unbehagen dachte Adam nun auch daran, Erica nach *dem* unter die Augen zu treten.

»Sollen wir hier irgendwo abbiegen und eine Telephonzelle suchen?« fragte Pierre Flodenhale. Sie befanden sich auf der Interstate 75 in Fahrtrichtung Süden nicht weit von Flint, und Pierre steuerte Adams Wagen, wie er das seit der Abfahrt vom Landhaus am Higgins Lake getan hatte. Der junge Rennfahrer war zusammen mit einem anderen gekommen, der das Landhaus am See früher wieder verlassen hatte, und Adam hatte ihm gern angeboten, ihn mitzunehmen, schon allein wegen der Gesellschaft auf der langen Rückfahrt nach Detroit. Als Pierre ihm anbot zu fahren, hatte er das dankbar akzeptiert, und während des ersten Teils der Fahrt hatte er vor sich hin gedöst.

Jetzt wurde es dunkel. Ihre Scheinwerfer durchschnitten die Dämmerung wie viele andere, die auf der Heimfahrt vom Lande in die Stadt waren.

»Nein«, sagte Adam. »Wenn wir halten, vergeuden wir nur Zeit. Lassen Sie uns weiterfahren.«

Er tastete mit der Hand nach dem Hörer des Funksprechtelephons unter dem Armaturenbrett. Bald würden sie den Raum von Groß-Detroit erreichen, und vielleicht hatte Erica den Empfänger in der Küche angeschaltet, wie sie das in der Woche immer tat. Aber dann ließ er die Hand wieder sinken. Er hatte beschlossen, nicht anzurufen. Ihm wurde bewußt, daß seine Nervosität zunahm, Nervosität, die ihn bei dem

Gedanken überfiel, mit Erica zu sprechen, und die noch zunahm, als sie eine halbe Stunde später Bloomfield Hills passierten und dann, gleich darauf, den Freeway verließen und nach Westen in Richtung Quarton Lake fuhren.

Er hatte sich vorgenommen, Pierre, der in Dearborn wohnte, den Wagen zu lassen, nachdem er ihn abgesetzt hatte. Statt dessen lud Adam Pierre ein, noch mit hereinzukommen, und er war erleichtert, als er annahm. So konnte er sich doch wenigstens, dachte Adam, hinter einem Fremden verstecken, bevor er Erica allein gegenüberstehen würde.

Er hätte sich keine Sorgen machen müssen.

Als der Wagen knirschend auf dem Kies der Einfahrt vor dem Haus der Trentons hielt, flammten die Lichter auf, die Haustür wurde weit geöffnet und Erica kam heraus, um Adam herzlich zu begrüßen.

»Da bist du ja wieder, Schatz! Ich hab' mich nach dir gesehnt.« Sie gab ihm einen Kuß, und er wußte, daß sie ihm damit sagen wollte: Der Samstag ist vergessen, und wir brauchen nicht mehr darüber zu sprechen.

Was Adam nicht wußte, war, daß ein Teil ihrer guten Laune von einer Abenduhr herrührte, die sie trug, einer Uhr, die sie seit einem neuen, nach seiner Abfahrt bestandenen Ladendiebstahl-Abenteuer besaß.

Pierre Flodenhale kletterte hinter dem Steuerrad hervor. Adam machte sie bekannt.

Erica schenkte ihm ihr strahlendstes Lächeln. »Ich habe Sie mal gesehen, bei einem Rennen.« Sie fügte hinzu: »Wenn ich gewußt hätte, daß Sie Adam nach Hause fahren, wäre ich aber doch ein bißchen nervös gewesen.«

»Er fährt viel langsamer als ich«, sagte Adam. »Hat nicht ein einziges Mal die Höchstgeschwindigkeit überschritten.«

»Wie langweilig! Hoffentlich war die Party lebendiger.«

»So viel lebendiger auch wieder nicht, Mrs. Trenton. Verglichen mit manchen, die ich mitgemacht habe, war sie ausgesprochen ruhig. Ist wohl so, wenn man nur unter Männern ist.«

Nun übertreib's mal nicht, mein Junge! hätte Adam ihm am liebsten zugerufen. Er sah, wie Erica dem Rennfahrer einen forschenden Blick zuwarf, und er argwöhnte, daß der junge Pierre die Gesellschaft hochintelligenter Frauen mit feiner Antenne nicht gewöhnt war. Ein Blinder hätte sehen können, daß Pierre von Erica beeindruckt war, die jung aussah und schön in ihrem Pucci-Hausanzug. Ihr langes, aschblondes Haar rieselte über die Schultern herab.

Sie gingen ins Haus, mischten Getränke und nahmen sie mit in die Küche, wo Erica Spiegelei-Sandwiches für sie machte und Kaffee. Adam ließ die beiden für kurze Zeit allein – um einen Anruf zu erledigen und, müde wie er war, um Papiere zusammenzusuchen, mit denen er sich heute nacht noch befassen mußte, um sich auf den nächsten Tag vorzubereiten. Als er zurückkam, lauschte Erica aufmerksam einem Vortrag über das Autorennen – es war allem Anschein nach eine erweiterte Ausführung dessen, was Pierre in dem Landhaus zu der Gruppe gesagt hatte, die um ihn entstanden war.

Pierre hatte ein Blatt Papier vor sich, auf dem er eine Rennpiste skizziert hatte. ». . . wenn man dann hier in die Gerade vor den Tribünen einbiegt, will man natürlich eine möglichst gerade Linie fahren. Wenn man den Wagen bei dreihundertundzwanzig Kilometer pro Stunde wandern läßt, verliert man viel zuviel Zeit. Der Wind kommt gewöhnlich quer zur Bahn, also hält man sich dicht an der Wand, man drängt sich an die gute alte Mauer, so dicht man kann . . .«

»Ich habe schon gesehen, daß Fahrer das tun«, sagte Erica. »Es macht mir jedesmal angst. Wenn man bei dem Tempo die Wand berührt . . .«

»Wenn einem das passiert, dann ist es sicherer, man kommt flach, Mrs. Trenton. Ich habe schon mit ein paar Mauern Freundschaft geschlossen . . .«

»Sagen Sie Erica zu mir«, sagte Erica. »Tatsächlich?«

Amüsiert hörte Adam zu. Er war schon mit Erica ein paarmal zum Rennen gewesen, aber er hatte noch nie erlebt, daß sie sich so um einen Fahrer sorgte. Er dachte: Vielleicht liegt es daran, daß sie und Pierre einander instinktiv gut leiden mochten. Daß es sich so verhielt, war klar, und der junge Rennfahrer glühte vor Eifer in seiner jungenhaften Reaktion auf Ericas Interesse. Adam war dankbar für die Chance, seine eigene Fassung wiedergewinnen zu können, ohne im Brennpunkt der Aufmerksamkeit seiner Frau zu stehen. Trotz seiner Heimkehr wollten die Gedanken an Rowena noch nicht aus Adams Bewußtsein weichen.

»Jede Piste, auf der man fährt, Erica«, sagte Pierre, »muß der Fahrer beherrschen lernen, als wäre es eine ...« Er stockte, suchte nach einem Gleichnis, fügte dann hinzu, »eine Geige.«

»Oder eine Frau«, sagte Erica. Beide lachten.

»Man muß einfach wissen, wo jeder einzelne Hopser in der Bahn ist, man muß die Vertiefungen kennen, muß wissen, wie sich die Oberfläche bei wirklich heißer Sonne verändert oder nach einem Regenschauer. Da muß man üben und noch mal üben, fahren und fahren, bis man den Bogen raus hat und am schnellsten über die Runden kommt.«

Adam saß auf der anderen Seite des Zimmers und hatte seine Akten vor sich ausgebreitet. Nun warf er ein: »Hört sich an wie das Leben selbst.«

Die beiden anderen schienen das nicht gehört zu haben. Es machte ihnen offenbar nichts aus, fand Adam, wenn er sich schon ein bißchen in seine Arbeit vertiefte.

»Wenn Sie ein langes Rennen fahren, sagen wir mal achthundert Kilometer«, sagte Erica, »schweifen Ihre Gedanken dann ab? Denken Sie dann manchmal an was anderes?«

Pierre lächelte wieder wie ein großer Junge. »Lieber Gott, nein! Nicht, wenn man gewinnen will, auch nicht, wenn man hinterher mit heilen Knochen nach Hause gehen will, anstatt im Operationssaal zu liegen.« Er erklärte: »Man muß eine ganze Menge kontrollieren und allerhand bedenken. Wie die anderen sich halten, wie man die überholen kann, die vor einem liegen, oder wie man verhindert, daß man selbst überholt wird. Oder es gibt Ärger, zum Beispiel, wenn man einen Reifen durchdreht. Das kann einen gut und gern 'ne Zehntelsekunde kosten. Man spürt, wenn das passiert, man überlegt, man rechnet im Kopf, multipliziert und kalkuliert und entscheidet, wann man am besten zum Reifenwechsel ranfährt. Und das kann über Sieg oder Niederlage entscheiden. Fünfzig Meter vor jeder Kurve kontrolliert man den Öldruck; auf der Gegenstrecke prüft man alle Instrumente, und man sperrt beide Ohren weit auf, um das Singen des Motors genau zu hören. Dann muß man auf die Zeichen der Crew achten. Es gibt Tage, da hätte man am liebsten eine Sekretärin neben sich . . .«

Adam konzentrierte sich auf seine Hausmitteilungen und sperrte sich gegen Pierres und Ericas Stimmen ab.

»Das habe ich alles nicht gewußt«, sagte Erica. »Wenn ich das nächste Mal zugucke, werde ich das mit ganz anderen Augen tun. Ich komme mir vor wie eine Eingeweihte.«

»Wenn Sie mir eine Freude machen wollen, Erica, dann sehen Sie mal zu, wenn ich ein Rennen fahre.« Pierre warf einen Blick quer durch das Zimmer, dann sah er wieder Erica an. Er sprach jetzt ein wenig leiser. »Adam hat mir gesagt, daß Sie sich beide das Talladega 500 ansehen, aber vorher gibt's noch andere Rennen.«

»Wo?«

»North Carolina zum Beispiel. Vielleicht können Sie ja kommen.« Er sah sie direkt an, und zum ersten Mal spürte sie bei ihm einen Hauch von Arroganz, das Star-Syndrom, das Wissen, daß er der Held der Massen war. Sie konnte sich vorstellen, daß schon viele Frauen Pierres Bahn gekreuzt hatten.

»North Carolina ist ja nicht so weit.« Erica lächelte. »Man muß es sich mal überlegen, nicht wahr?«

Einige Zeit später drang die Tatsache in Adams Bewußtsein, daß Pierre Flodenhale aufgestanden war.

»Ich glaube, ich muß nun weiter, Adam«, sagte Pierre. »Vielen Dank für die Fahrt und dafür, daß Sie mich noch eingeladen haben.«

Adam steckte einen Hefter in seine Aktentasche – eine Zehnjahresschätzung über Bevölkerungsverlagerung, zusammengestellt im Hinblick auf Wünsche und Ansprüche von Autokäufern. Er bat um Entschuldigung: »Ein großartiger Gastgeber war ich ja nicht. Hoffentlich hat meine Frau das wieder gutgemacht.«

»Na, aber sicher.«

»Sie können meinen Wagen nehmen.« Er griff in die Tasche, um die Schlüssel herauszuholen. »Wenn Sie morgen meine Sekretärin anrufen und ihr sagen würden, wo er steht, wird sie ihn abholen lassen.«

Pierre zögerte. »Vielen Dank, aber Erica sagt . . .«

Erica kam eilig ins Wohnzimmer, damit beschäftigt, einen leichten Automantel über ihren Hausanzug zu ziehen. »Ich fahre Pierre nach Hause.«

Adam fing an zu sagen: »Es ist doch nicht nötig . . .«

»Es ist ein schöner Abend«, sagte sie. »Und ich möchte gern noch ein bißchen an die Luft.«

Augenblicke später wurden draußen Autotüren zugeschlagen, ein Motor sprang an, das Geräusch eines abfahrenden Autos erstarb. Das Haus war still.

Adam arbeitete noch eine halbe Stunde und ging dann nach oben. Er ging gerade zu Bett, als er das Auto zurückkommen und Erica das Haus betreten hörte. Aber er schlief schon, als sie das Schlafzimmer erreichte.

Er träumte von Rowena.

Erica träumte von Pierre.

17

Bei den Produktplanern der Automobilindustrie hält sich hartnäckig der Glaube, daß die erfolgreichsten Ideen für neue Autos plötzlich empfangen werden, daß sie auftreten wie ein plötzliches Galafeuerwerk, ohne Ankündigung, bei zwanglosen Sitzungen ernster Männer, deren Füße auf der Schreibtischplatte liegen, und vorzugsweise mitten in der Nacht.

Es gibt Fälle, wo sich das als richtig erwiesen hat. Der Ford Mustang – aufregendster Bahnbrecher Detroits seit dem Zweiten Weltkrieg, Vorläufer einer ganzen Generation von Ford-, GM-, Chrysler- und American-Motors-Nachfolgeprodukten – war so entstanden, und auf ähnliche, nicht ganz so aufregende Weise war es zu anderen Modellen gekommen. Aus diesem Grunde bleiben Produktteams manchmal noch im Büro, wenn andere schon im Bett liegen, lassen Rauch und Unterhaltung treiben und hoffen – wie hellsichtige Aschenbrödel –, daß der magische Augenblick sich einstellen möge.

In einer Nacht Anfang Juni – zwei Wochen nach Hank Kreisels Landhausparty – nährten Adam Trenton und Brett DeLosanto den gleichen Wunsch.

Weil der Orion eines Nachts konzipiert worden war, hofften sie und andere, daß die Muse für den Farstar – das nächste große Projekt – sich auf ähnliche Weise beschwören lassen möge. Seit mehreren Monaten schon waren ungezählte Denksitzungen abgehalten worden – manchmal in ganz großem Kreis, manchmal in kleinem, und noch mehr zu zweit wie jetzt zwischen Adam und Brett –, aber noch hatte sich aus keiner dieser Sitzungen eine feste Richtung ergeben, über die nun bald die Entscheidung fallen mußte. Die Arbeit am ersten Fundament (wie Brett DeLosanto das nannte) war getan. Projektformulare waren angefertigt, die folgende Fragen stellten und, mehr oder minder, auch beantworteten: *Wo stehen wir heute? Wer verkauft an wen? Was machen wir richtig? Was falsch? Was erwarten die Leute ihrer Meinung nach von einem Auto? Was wollen sie in Wirklichkeit haben? Wo werden sie und wir in fünf Jahren stehen? In politischer, geistiger, gesellschaftlicher, sexueller Hinsicht? Wie werden sich die Bevölkerungszahlen entwickeln? Wie der Geschmack, die Mode? Welche neuen Streitfragen werden die Menschen bewegen, welche Kontroversen werden auftauchen? Wie wird sich die Alterspyramide entwickeln? Und wer wird reich sein, wer arm? Wer wird sich dazwischen bewegen? Wo? Warum?* Diese und tausend andere Fragen waren durch die Computer gejagt worden. Jetzt tat not, was kein Computer nachvollziehen konnte: ein Gefühl im Bauch, eine Ahnung, eine plötzliche Einsicht, ein Schuß Genie.

Ein Problem bestand darin, daß sich eine Vorstellung von Form und Gestalt des Farstar nur gewinnen ließ, wenn man wußte, wie sich der Orion behauptete. Aber erst in vier Monaten sollte der Orion öffentlich vorgestellt werden; selbst dann würde es noch nicht möglich sein, seine Wirkung klar zu beurteilen; das würde erst nach Ablauf eines weiteren halben Jahres möglich sein. Die Planer mußten also tun, was die Automobilindustrie wegen der langen Planungsfristen für neue Modelle schon immer hatte tun müssen – raten.

Die heutige Sitzung hatte für Adam und Brett im Ausschlachtungsraum des Werkes begonnen.

Der Ausschlachtungsraum war mehr als ein Raum; er war eine ganze Abteilung, die ein streng bewachtes Gebäude füllte – ein Lagerhaus der Geheimnisse, in das nur wenige Außenseiter jemals vordrangen. Wem das aber gelang, der fand hier eine Quelle unvergleichlich ehrlicher Information vor, denn die Funktion des Ausschlachtungsraumes bestand darin, die eigenen Produkte des Werkes und die der Konkurrenz zu sezieren und sie dann objektiv miteinander zu vergleichen. Alle drei großen Autowerke hatten ihren eigenen Ausschlachtungsraum oder ähnliche Verfahren.

Wenn sich in diesem Raum das Auto oder ein Autoteil eines Konkurrenten als stärker, leichter, wirtschaftlicher, besser montiert oder in irgendeiner anderen Weise als überlegen erwies, dann sagten die Analytiker das. Kein Prodomo-Denken beeinflußte jemals ihr Urteil.

Ingenieure und Designer des Werkes, die Schwaches geleistet hatten, waren manchmal peinlich berührt, wenn der Ausschlachtungsraum meldete, was er festgestellt hatte. Noch peinlicher wäre es ihnen natürlich gewesen, wenn die Erkenntnisse an die Presse oder sonst nach außen gelangt wären. Das aber geschah selten. Auch gaben die Konkurrenten keine abträglichen Berichte über Mängel an den Autos der anderen Marken frei; sie wußten nur zu gut, daß sich diese Taktik schon morgen als Bumerang erweisen konnte. In jedem Fall waren die Ziele des Ausschlachtungsraumes positiv – es galt, die Produkte und Entwürfe des Werkes unerbittlich zu prüfen und von anderen zu lernen.

Adam und Brett waren gekommen, um drei kleine Wagen in auseinandergenommenem Zustand zu studieren – den eigenen Mini-Compact des Werkes, einen Volkswagen und einen weiteren Importwagen, einen japanischen.

Ein Techniker, der auf Adams Bitte länger geblieben war, schloß die Außentür für sie auf, dann führte er sie durch die hellerleuchtete Eingangshalle und etliche andere Türen in einen großen, sehr hohen Raum, an dessen Wänden sich tief eingelassene Regale vom Fußboden bis hinauf zur Decke entlangzogen.

»Tut mir leid, daß ich Ihnen den Feierabend verderbe, Neil«, sagte Adam. »Wir konnten es nicht eher schaffen.«

»Aber das macht doch nichts, Mr. Trenton. Die zahlen mir Überstunden.« Der Techniker, ein älterer Mechaniker, der früher an Montagebändern gearbeitet hatte und jetzt half, Autos zu demontieren, führte sie zu Regalen und Schubfächern, die zum Teil herausgezogen waren. »Es liegt alles bereit, was Sie sehen wollten.«

Brett DeLosanto sah sich um. Obwohl er schon sehr oft hier gewesen war, faszinierte ihn das Auseinanderreißen von Autos immer aufs neue.

Die Abteilung kaufte die Wagen ganz genauso, wie normale Kunden es taten – von Autohändlern. Als Kunde trat immer irgendein »Privatmann« auf, so daß die Händler völlig ahnungslos blieben und nicht wußten, daß der soeben verkaufte Wagen keineswegs für den normalen Gebrauch bestimmt war, sondern für detaillierte Studien. Damit wurde sichergestellt, daß es sich bei den Untersuchungsobjekten um ganz gewöhnliche Serienprodukte handelte.

Sobald ein neuer Wagen hier eintraf, fuhr man ihn in den Keller, wo er auseinandergenommen wurde. Das bedeutete nicht nur, daß man den Wagen in seine Einzelteile zerlegte; auch die Einzelteile wurden bis auf die einzelnen Bauelemente auseinandergenommen. Jedes einzelne Teilchen wurde numeriert, in Listen erfaßt, beschrieben, gewogen. Verölte und verschmierte Teile wurden gesäubert.

Vier Männer benötigten zehn bis vierzehn Tage, um einen normalen Wagen in geordnete Fragmente zu zerlegen und die Fragmente auf Regalen und in Schaukästen auszustellen.

Hier erzählte man sich eine Geschichte, von der kein Mensch wußte, ob sie auf Wahrheit beruhte. Ein Team, das Autos zerlegte, soll, so heißt es jedenfalls in dieser Geschichte, die Freizeit darauf verwandt haben, einem Kollegen, der in Europa Urlaub machte, einen kleinen Streich zu spielen. Der bestand darin, den Wagen des Urlaubers auseinanderzunehmen. Als der Mann zurückkam, fand er seinen Wagen in der Garage vor, unversehrt und ohne Makel, aber zerlegt in mehr als vierzehntausend Einzelteile. Nun war der Mann selbst ein routinierter Mechaniker, der in langen Jahren als Ausschlachter viel gelernt hatte. Er ruhte nicht eher, als bis er sein Auto wieder zusammengesetzt hatte. Es dauerte ein Jahr.

Die totale Demontage verlangte hochspezialisierte Techniken, und die wiederum erforderte eigens für diesen Spezialzweck entwickelte Werkzeuge – einige davon sahen aus wie der Alptraum eines Klempners.

Die Schauregale mit den auseinandergenommenen Autos befanden sich in Gleitfächern. Wie sezierte Leichen ruhten hier die neuesten Modelle der Automobilindustrie, so daß man jedes einzelne Teil jederzeit in aller Ruhe betrachten und mit anderen Teilen vergleichen konnte.

Es konnte geschehen, daß ein Ingenieur des Werkes hierher gerufen wurde und daß man zu ihm sagte: »Sehen Sie sich die Scheinwerfergehäuse der Konkurrenz an! Sie sind Bestandteil der Kühlerhalterung, keine separaten, kompliten Teile. Die Konkurrenz hat die billigere und bessere Methode gefunden. Sorgen Sie dafür, daß wir nachziehen!«

Es ging darum, Geld zu sparen. Jeder Cent beim Bau eines Wagens bedeutete Tausende von Dollars in der Serie. In den sechziger Jahren war es Ford einmal gelungen, die ungeheure Summe von 25 Cent pro Wagen einzusparen. Der Hauptzylinder des Bremssystems wurde geändert, nachdem man den Hauptzylinder bei General Motors eingehend studiert hatte.

Andere Spezialisten, wie jetzt Adam und Brett, betrachteten die Teile, um sich auf dem Gebiet der Neukonstruktionen auf dem laufenden zu halten und um sich inspirieren zu lassen.

Was jetzt auf den Schauregalen, die der Techniker herausgezogen hatte, vor ihnen lag, war mal ein nagelneuer Volkswagen gewesen. Nicht ohne einen Anflug von Unwillen berichtete er: »Ich nehme jetzt schon seit Jahren Volkswagen auseinander. Es ist, verdammt noch mal, immer das gleiche – die Qualität gut wie eh und je.«

Brett nickte zustimmend. »Ich wollte, das könnte man von unseren auch sagen.«

»Wünsch' ich mir auch, Mr. DeLosanto. Aber das kann man bei uns nicht sagen. Jedenfalls hier nicht.«

Als sie bei den Schauregalen mit den Teilen des im eigenen Werk gebauten Mini-Compact angelangt waren, sagte der Hüter der Milliarden Teile: »Dabei hat sich unser Wagen diesmal ganz gut gehalten. Wenn dieser deutsche Käfer nicht wäre, stünden wir sogar sehr gut da.«

»Es liegt einfach daran, daß die Montage der amerikanischen Kleinwagen immer stärker automatisiert wird«, sagte Adam. »Mit dem Vega hat im neuen Werk Lordstown ein ganz großer Wandel begonnen. Je mehr wir automatisieren, je weniger Menschen an den Bändern stehen, um so rascher wird die Qualität sich verbessern.«

»Ich weiß ja nicht, wohin die Qualität wandert«, sagte der Techniker, »aber nach Japan ist sie nicht emigriert – jedenfalls nicht in das Werk, das diesen Brummer fabriziert hat. Mein Gott, Mr. Trenton! Gucken Sie sich das mal an!«

Eingehend betrachteten sie einige Teile des japanischen Wagens. Es war der dritte, den sie aus den Regalen gezogen hatten.

»Alles Pappmaché und Spucke«, diagnostizierte Brett.

»Eins will ich Ihnen mal sagen, Sir. Ich möchte nicht, daß irgendein Mensch, an dem mir etwas liegt, in so einer Karre losfährt. Das ist ja ein Motorrad auf vier Rädern, und dazu noch ein mieses.«

Sie blieben noch lange bei den Regalen, studierten die drei Wagen in allen Einzelheiten, dann begleitete der Techniker sie hinaus.

An der Tür sagte er: »Was kommt denn nun als nächstes? Ich meine, hier bei uns im Werk.«

»Gut, daß Sie mich erinnern«, sagte Brett. »Wir sind nämlich hergekommen, um *Sie* danach zu fragen.«

Auf jeden Fall würde es ein kleiner Wagen werden; das wußten sie alle. Die Frage war nur: *Was* für ein kleiner Wagen?

Später, als sie wieder im Verwaltungsgebäude waren, sagte Adam: »Sehr, sehr lange, nämlich bis zum Jahre 1970, haben die meisten Leute in unserem Geschäft den kleinen Wagen für eine kurzlebige Mode gehalten.«

»Ich war einer von denen«, gab Elroy Braithwaite, der Vizepräsident für Produktentwicklung, zu. Der Silberfuchs hatte sich Adam und Brett kurz nach ihrer Rückkehr vom Ausschlachtungsraum zugesellt. Jetzt lungerten fünf Männer – Adam, Brett, Braithwaite, zwei andere von der Produktplanung – in Adams Bürosuite herum und taten allem Anschein nach nicht viel mehr, als weise Reden zu schwingen. In Wirklichkeit aber hofften sie, durch gezielte Unterhaltung bei dem einen oder anderen von ihnen Ideen zu erzeugen. Auf den Tischen und Fensterläden standen schmutzige Kaffeetassen und überquellende Aschenbecher herum. Mitternacht war schon vorbei.

»Ich dachte, daß sich das Kleinwagenfieber nicht halten würde«, sagte Braithwaite. Er fuhr sich mit der Hand durch seine an diesem Abend unordentliche Silbermähne. »Ich war dabei in gar keiner schlechten Gesellschaft, aber wir haben uns alle schwer geirrt. Soweit ich jetzt sehen kann, wird sich die Automobilindustrie auf kleine Wagen konzentrieren, und zwar noch auf lange, lange Zeit.«

»Vielleicht für immer«, sagte einer der anderen Produktplaner. Es war ein intelligenter junger Neger mit einer großen Brille. Er hieß Castaldy und war vor einem Jahr frisch von der Universität Yale angeworben worden.

»Nichts ist für immer«, wandte Brett DeLosanto ein. »Weder Rocksaumlänge noch Frisuren noch die Teenagersprache noch Autos. Für den Augenblick bin ich allerdings einer Meinung mit Elroy – das Statussymbol ist der kleine Wagen, und es sieht wahrhaftig so aus, als sollte das auch so bleiben.«

»Einige Leute behaupten«, sagte Adam, »daß ein kleiner Wagen ein Nicht-Symbol sei. Sie behaupten, den Leuten sei die ganze Statusgeschichte schnuppe.«

Brett erwiderte: »Das glauben Sie doch ebensowenig wie ich.«

»Glaub' ich auch nicht«, sagte der Silberfuchs. »In den letzten Jahren hat sich eine ganze Menge geändert, aber nicht die menschliche Natur. Ja natürlich, es gibt das Syndrom des ›Status mit umgekehrten Vorzeichen‹, und das ist gerade sehr populär, aber es läuft doch auf dasselbe hinaus, was es schon immer gegeben hat – der einzelne sehnt sich danach, anders zu sein, den anderen überlegen zu sein. Sogar der Ausgeflippte, der sich nicht mehr wäscht, sucht auf seine Weise den besonderen Status.«

»Wir brauchen also vielleicht«, sagte Adam, »ein Auto, das einen ganz besonderen Reiz hat für den Mann, der sich ›Status mit umgekehrten Vorzeichen‹ verschaffen will.«

Der Silberfuchs schüttelte den Kopf. »Ganz so ist es nicht. Wir dürfen die ›Spießer‹ nicht vergessen – das große, solide Reservoir an Käufern.«

Castaldy wandte ein: »Aber die meisten Spießer sehen sich selbst natürlich nicht gern als Spießer. Deshalb tragen jetzt auch Bankpräsidenten Koteletten.«

»Wie wir alle«, sagte Braithwaite und strich über seine eigenen.

Über das leichte Gelächter hinweg, das sich erhoben hatte, sagte Adam: »Vielleicht ist das gar nicht so komisch.

Vielleicht zeigt uns das den Weg zu dem Auto, das wir *nicht* wollen. Das heißt – alles, was so aussieht wie ein bis jetzt produzierter konventioneller Wagen.«

»Keine Kleinigkeit, was Sie da verlangen«, sagte der Silberfuchs.

Brett grübelte mit gefurchter Stirn. »Aber unmöglich ist das nicht.«

Castaldy, der junge Mann aus Yale, rief ihnen ins Gedächtnis: »Die Umwelt von heute ist ein Teil des Status mit umgekehrten Vorzeichen – wenn wir es wirklich so nennen wollen. Ich denke an die öffentliche Meinung, den Dissens, die Minderheiten, den wirtschaftlichen, finanziellen Druck, alles, was sonst noch dahin gehört.«

»Stimmt«, sagte Adam; dann fügte er hinzu: »Ich weiß, daß wir oft genug darüber gesprochen haben. Ich bin dafür, daß wir die Umweltfaktoren noch einmal aufzählen.«

Castaldy warf einen Blick auf seine Notizen. »Luftverschmutzung: die Leute wollen etwas dagegen tun.«

»Korrektur«, sagte Brett. »Sie wollen, daß *andere* etwas dagegen tun. Kein Mensch will auf sein eigenes Verkehrsmittel verzichten, jeder will sein eigenes Auto fahren. Alle Umfragen und Untersuchungen bestätigen das.«

»Ob das nun stimmt oder nicht«, sagte Adam, »die Autofabrikanten tun was gegen die Luftverpestung, und es gibt nicht allzu viel, was der einzelne Autofahrer tun kann.«

»Wie dem auch sei«, beharrte der junge Castaldy, »ziemlich viele Leute sind überzeugt davon, daß ein kleines Auto weniger zur Luftverpestung beiträgt als ein großes, und deshalb glauben sie, daß sie hier eine Möglichkeit haben, ihr Teil zur guten Sache beizutragen. Das zeigen auch unsere Untersuchungsergebnisse.« Er warf wieder einen Blick auf seine Notizen. »Soll ich fortfahren?«

»Ich will mir Mühe geben, nicht mehr zu stören«, sagte Brett. »Garantieren kann ich's aber nicht.«

»Was die Wirtschaftlichkeit anbelangt«, fuhr Castaldy fort, »dominiert der Verbrauch nicht mehr so wie früher; dafür sind die Parkkosten ganz nach oben gerutscht.«

Adam nickte. »Überhaupt kein Zweifel. Platz für Laternenparker wird immer knapper. Öffentliche und private Stellplätze werden immer teurer.«

»Aber in vielen Städten berechnen die Parkplätze weniger für kleine Autos, und das setzt sich immer mehr durch.«

Ein wenig gereizt sagte der Silberfuchs: »Das wissen wir ja nun alle ganz genau. Und wir sind uns schon darüber einig, daß wir auf ein kleines Auto zusteuern.«

Castaldy sah hinter seinen Brillengläsern gekränkt aus.

»Elroy«, sagte Brett DeLosanto, »der Junge hier hilft uns beim Denken. Wenn Sie mitdenken wollen, spielen Sie also hier nicht den großen Boß.«

»Mein Gott noch mal«, klagte der Silberfuchs. »Ihr komischen Vögel seid aber empfindlich. Ich hab' doch einfach nur frei nach Schnauze geredet.«

»Versuchen Sie doch mal, so zu tun, als seien Sie ein ganz besonders netter Kerl«, empfahl Brett ihm. »Anstatt 'n Vizepräsident.«

»Sie sind ein frecher Hund«, sagte Braithwaite, grinste aber dabei. Zu Castaldy sagte er: »Tut mir leid. Machen wir also weiter.«

»Was ich damit sagen wollte, Mr. Braithwaite . . .«

»Elroy . . .«

»Jawohl, Sir. Was ich damit sagen wollte, war – es gehört alles mit zum Gesamtbild, das wir uns hier machen wollen.«

Sie sprachen über die Umwelt und die Probleme der Menschheit: Übervölkerung, Platzmangel, wohin man auch sah, Verpestung in jeder Form und Gestalt, Antagonismen, Rebellion, neue Konzeptionen und neue Werte bei den jungen Menschen – den Jungen, die bald die Welt beherrschen würden. Trotz aller Veränderungen aber würde es immer noch, so weit man in die Zukunft schauen konnte, Autos geben; das hatte die bisherige Erfahrung gezeigt. Aber Autos welcher Art? Manche würden sicher so sein wie die, die es jetzt gab oder doch ganz ähnlich, aber es müßte dann auch Autos anderer Art geben, Autos, die den Bedürfnissen der Gesellschaft in höherem Maße entgegenkommen.

»Wo wir schon von Bedürfnissen reden«, sagte Adam, »können wir die mal zusammenfassen?«

»Wenn Sie's in einem einzigen Wort zusammengefaßt haben wollen«, erwiderte Castaldy, »dann würde ich sagen: Gebrauchsautos.«

Brett DeLosanto ließ das Wort auf der Zunge zergehen. »Das Zeitalter der Gebrauchsautos.«

»Kann ich mir gut vorstellen«, sagte der Silberfuchs, »jedenfalls zum Teil; aber nicht ganz.« Mit einer Handbewegung bat er um Schweigen, damit seine Gedanken sich entfalten könnten. Die anderen warteten. Nach einiger Zeit sagte er, jedes Wort intonierend: »Okay, der Gedanke des Gebrauchswagens ist also akzeptiert. Das ist das neueste Statussymbol oder Statussymbol mit umgekehrten Vorzeichen – und wir sind uns einig, daß es das gleiche bedeutet, ganz egal, wie wir es nennen. Ich will auch einräumen, daß diesem Ding wahrscheinlich auch die Zukunft gehört. Unberücksichtigt bleibt dabei aber noch immer der ganze Rest der menschlichen Natur: der Impuls, beweglich zu sein, der vom Tage unserer Geburt an in uns steckt, und später die Gier nach Macht, Geschwindigkeit, Aufregung, alles Dinge, die wir nie ganz überwinden. Irgendwo tief drinnen sind wir alle wie Walter Mitty, der Tagträumer von James Thurber, und der vernünftige Gebrauchswagen mag noch so sehr in Mode sein, die gute alte Angeberei wird nie aussterben, da können Sie Gift drauf nehmen.«

»Da kann ich Ihnen nur zustimmen«, sagte Brett. »Als Beweis brauchen Sie ja nur die Leute anzuführen, die sich einen Buggy basteln. Das sind Leute, die auf den kleinen Wagen schwören, aber dabei ein Ventil für ihre Walter-Mitty-Träume gefunden haben.«

Nachdenklich fügte Castaldy hinzu: »Und Buggys gibt es zu Zehntausenden. Es werden von Tag zu Tag mehr. Man sieht sie ja jetzt nicht nur am Strand und in den Dünen, wo sie zuerst zu Hause waren, sondern sogar in den Großstädten.«

Der Silberfuchs zuckte die Achseln. »Die greifen sich einen Volkswagen ohne Schnörkel, reißen alles runter bis aufs Chassis, und dann montieren sie die Schnörkel drauf.«

In Adams Kopf regte sich ein Gedanke. Er hatte etwas mit dem zu tun, was hier eben gesagt worden war ... mit dem demontierten Volkswagen, den er vorhin gesehen hatte ...

und mit etwas anderem, Verschwommenem: mit einem Ausdruck, den er noch nicht fassen konnte . . . Er dachte angestrengt nach, während die anderen ihr Gespräch fortsetzten.

Das Wort wollte ihm noch immer nicht einfallen, aber er erinnerte sich dabei an ein Bild, das er vor wenigen Tagen in einem Magazin gesehen hatte. Das Magazin war noch irgendwo in seinem Büro. Er fand es in einem Stapel und schlug es auf. Neugierig sahen die anderen ihn an.

Es war eine Farbillustration. Sie zeigte einen Buggy an einem rauhen Strand, in voller Aktion, in beängstigender Schräglage einen steilen Hang hinauffahrend. Alle vier Räder drehten sich wie wild auf der Suche nach einem griffigen Halt und schleuderten Sand hinter sich. Geschickt hatte der Photograph seine Belichtungszeit so gewählt, daß der Wagen verschwommen ins Bild kam, was den Eindruck von Bewegung und Tempo vermittelte. In dem Text hieß es, die Zahl der Strand-Buggy-Besitzer nehme »wie verrückt« zu; nahezu einhundert Firmen bauten schon Buggy-Karosserien; in Kalifornien allein gebe es achttausend Strand-Buggys.

Brett warf einen Blick über Adams Schulter und fragte belustigt: »Sie denken doch nicht etwa daran, Strand-Buggys zu bauen?«

Adam schüttelte den Kopf. Ganz gleich, wie groß die Familie der Strand-Buggy-Besitzer noch wurde, es war doch nur ein Modefimmel, und ihr Fahrzeug war die Schöpfung von Spezialisten. Keine Sache für die Großen Drei. Adam wußte das. Aber der Satz, der ihm nicht einfallen wollte, hatte irgend etwas mit der ganzen Sache zu tun . . . Es wollte ihm noch immer nicht einfallen. Er warf das Magazin offen auf einen Tisch.

Wie so oft im Leben, stellte sich auch jetzt wieder der Zufall ein.

Über dem Tisch, auf den Adam das Magazin geworfen hatte, befand sich ein gerahmtes Foto der Apollo-11-Mondlandefähre während der ersten Mondlandung. Irgend jemand hatte es Adam geschenkt, dem das Bild gefiel. Er ließ es rahmen und hatte es an die Wand gehängt. In der Photographie beherrschte die Landefähre die ganze Szene; darunter stand ein Astronaut.

Brett nahm das Magazin mit dem Buggy-Bild auf und zeigte es den anderen. Er sagte: »Die Dinger fahren wie der Teufel – ich hab' selbst schon mal so einen Buggy gesteuert.« Er betrachtete das Bild noch einmal. »Aber es ist eine verflucht häßliche Karre.«

Adam dachte: *Die Mondlandefähre auch.*

Jawohl, häßlich: scharfe Ecken und Kanten, hier und da und dort ragte etwas heraus, merkwürdige Apparaturen, das Ganze unsymmetrisch, kaum eine saubere Kurve. Aber weil die Mondlandefähre ihre Aufgaben hervorragend löste, besiegte sie die Häßlichkeit, ließ solche Begriffe als ganz irrelevant erscheinen und nahm am Ende eine Schönheit ganz eigener Art an.

Und jetzt fiel ihm der Satz ein, auf den er sich nicht hatte besinnen können.

Rowena hatte ihn ausgesprochen. Am Morgen nach der gemeinsam verbrachten Nacht hatte sie gesagt: »Weißt du, was ich heute sagen würde? Ich würde sagen, ›häßlich ist schön‹.«

Häßlich ist schön!

Die Mondlandefähre war häßlich. Häßlich war ein Sandstrand-Buggy. Aber beide waren funktionell, nützlich, einem Zweck dienend; für diesen Zweck waren sie gebaut, und sie erfüllten ihren Zweck. *Warum nicht auch ein Auto?* Warum nicht einen ganz bewußten, wagemutigen Versuch machen, ein nach herrschenden Maßstäben häßliches Auto so zu bauen, daß es den Ansprüchen der Umwelt, der Gegenwart – dem Zeitalter der Nützlichkeit – so präzise entsprach, daß es allein deshalb schön *wurde*?

»Vielleicht habe ich einen Gedanken zum Farstar«, sagte Adam. »Lassen Sie mir ein bißchen Zeit. Erlauben Sie mir, daß ich Ihnen meine Vorstellungen langsam erkläre.«

Die anderen schwiegen. Adam ordnete seine Gedanken, wählte seine Worte sorgsam und begann.

Alle, wie sie da waren in dieser Gruppe, hatten viel zuviel Erfahrung, um sich sofort für eine einzige Idee zu begeistern. Dennoch spürte er eine plötzliche Spannung, die bis dahin gefehlt hatte, ein plötzlich auflebendes Interesse. Der Silberfuchs war in Gedanken versunken, seine Augen waren halb geschlossen. Der junge Castaldy kratzte sich ein Ohrläppchen – eine Angewohnheit, die bei ihm äußerste Konzentration signalisierte –, während der andere Produktplaner, der bisher wenig gesagt hatte, seinen Blick fest auf Adam gerichtet hielt. Brett DeLosantos Finger schienen nervös und ruhelos zu sein. Ganz instinktiv schien Brett einen Skizzenblock zu sich heranzuziehen.

Brett war es auch, der aufsprang, als Adam fertig war, und der im Raum auf und ab marschierte. Er warf, ganz abgehackt, Gedanken in die Diskussion, wie Teile eines Puzzles ... *Schon seit Jahrhunderten haben Künstler Schönheit im Häßlichen entdeckt ... Man braucht sich doch nur verzerrte Skulptur von Michelangelo bis Henry Moore anzusehen ... Und heute, zu unserer Zeit, zusammengeschweißter Schrott – formlos, sagen viele, Hohn und Spott schütten sie aus, aber nicht alle ... Oder denken wir an die Malerei, an die Formen der Avantgarde; Eierkartons, Suppenkonserven in Collagen ... Oder auch das Leben selbst – ein hübsches junges Mädchen oder eine schwangere struppige Hexe: welche von den beiden ist schöner?* ... Es kam eben immer einfach darauf an, wie man das sah. Form, Symmetrie, Stil, Schönheit, das konnte niemals willkürlich sein.

Brett schlug eine Faust in die Fläche der anderen Hand. »Wir haben Picasso unter der Nase, und wir entwerfen Autos, die aussehen, als rollten sie aus einem Bild von Gainsborough.«

»Es gibt da irgendwo in der Schöpfungsgeschichte einen Satz«, sagte der Silberfuchs. »Ich glaube, er heißt, ›*So werden eure Augen aufgetan*‹.« Vorsichtig geworden, fügte er hinzu: »Aber wir wollen unser Temperament nicht mit uns durchgehen lassen. Vielleicht haben wir hier etwas beim Wickel. Aber wir haben auf jeden Fall noch einen langen Weg vor uns.«

Brett skizzierte schon, sein Bleistift raste von Form zu Form; dann warf er alles wieder weg. Er riß ein Blatt nach dem anderen vom Block, ließ sie auf den Fußboden flattern. Wenn ein Designer nachdachte, dann sah das so aus; es entsprach dem Meinungsaustausch anderer Menschen, die sich zu diesem Zweck der Worte bedienten. Adam nahm sich vor, die Blätter später aufzusammeln; wenn diese Nacht überhaupt ein Ergebnis zeitigte, dann würden das Blätter von einigem historischen Wert sein.

Aber er wußte, daß Elroy Braithwaite recht gehabt hatte. Der Silberfuchs hatte schon mehr Jahre als irgendeiner der anderen Anwesenden miterlebt, wie neue Autos sich von der ersten Idee bis hin zum fertigen Produkt entwickelten, aber er hatte auch gelitten an Projekten, die zu Anfang vielversprechend aussahen, aber später aus irgendwelchen Gründen, die niemand hatte voraussehen können, jämmerlich eingingen. Manchmal krepierten sie auch aus keinem erkennbaren Grund.

Innerhalb des Werkes mußte eine neue Konzeption ungezählte Barrieren überwinden, schier endlose Konferenzen und erbitterte Opposition. Selbst dann, wenn ein neuer Gedanke das alles überlebte, gab es immer noch den stellvertretenden Generaldirektor, den Präsidenten und den Aufsichtsratsvorsitzenden, und die hatten alle das Vetorecht . . .

Einige Ideen aber setzten sich durch und wurden Wirklichkeit.

Der Orion hatte sich durchgesetzt. Und vielleicht . . . es war nicht gänzlich auszuschließen – würde auch diese erste Konzeption dieser Nacht, das hier ausgestreute Samenkorn, sich vielleicht durchsetzen, diese Ahnung von Form und Wesen des Farstar.

Irgend jemand brachte frischen Kaffee, und sie redeten weiter, bis tief in die Nacht hinein.

18

Die Werbeagentur OJL, in Gestalt von Keith Yates-Brown, war nervös und gereizt, weil der Dokumentarfilm »Autostadt« ohne Drehbuch gedreht wurde.

»Es *muß* ein Drehbuch dasein«, hatte Yates-Brown sich vor zwei Tagen telephonisch aus New York bei Barbara Zaleski beklagt. »Wenn es kein Drehbuch gibt, wie sollen wir dann von hier aus die Interessen des Kunden schützen, wie sollen wir Vorschläge machen?«

Am anderen Ende des Drahtes, in Detroit, hätte Barbara dem Mann vom Management am liebsten geantwortet, daß ihr Projekt jetzt eins am allerwenigsten brauchte, und das sei die Einmischung aus der Madison Avenue. Das hätte den aufrichtigen, wachen Film, der da jetzt entstand, in eine blankpolierte, dummerhaftige Melange verwandeln können. Aber sie nahm sich zusammen. Sie wiederholte nur die Meinungsäußerungen des Regisseurs Wes Gropetti, eines begabten Mannes, dessen Meinung zählte, weil er auf eine sehr solide Liste von Erfolgen verweisen konnte.

»Die Atmosphäre der Detroiter Innenstadt fängt man nicht ein, indem man eine Menge Geschwafel auf ein Blatt Papier schreibt, weil wir die Atmosphäre ja noch gar nicht kennen können«, hatte Gropetti erklärt. »Wir sind mit dem hochfeinen Kamera- und Tongerümpel hergekommen, um erst einmal die Atmosphäre zu erforschen.«

Der Regisseur, von winziger Statur, aber mit schwerem Vollbart, sah aus wie ein zerzauster Sperling. Er trug eine schwarze Baskenmütze, von der er sich niemals trennte, und mit Worten war er weniger empfindlich als bei visuellen Eindrücken. Er fuhr fort: »Ich will, daß die Knilche hier in der Innenstadt, die Schlampen und die Gören uns erzählen, was sie wirklich von sich selbst halten und was sie über uns und all die anderen verrückten Hunde denken. Ich will ihren Haß kennenlernen, ihre Hoffnungen, Enttäuschungen, Freuden, ich will wissen, wie sie atmen, essen, schlafen, huren, schwitzen und was sie sehen und riechen. Das werde ich alles auf den Film kriegen – ihre Visagen, ihre Stimmen, alles ohne langes Proben. Und was die Sprache angeht, wir werden den Dreck auffangen, den sie fallen lassen. Vielleicht werde ich ein paar Leute in den Hintern pieksen, damit sie eine Wut kriegen, aber auf jeden Fall werden sie reden, und während sie das tun, werde ich die Kamera umherschweifen lassen wie die Aufmerksamkeit einer Nutte, und wir werden Detroit so sehen wie sie, nämlich durch das Auge der Innenstadt.«

Und es funktionierte, versicherte Barbara Yates-Brown.

Mit der Technik des Cinéma vérité, mit der Handkamera und einem Minimum an ablenkendem Gerät, durchstreifte Gropetti mit seiner Crew die Innenstadt, und er brachte die Leute dazu, offen, freimütig, manchmal erschütternd für seinen Film zu reden. Barbara, die ihn gewöhnlich auf seinen Expeditionen begleitete, wußte, daß Gropettis Genie zum Teil in seinem Instinkt für die richtige Auswahl lag und dann in seiner Fähigkeit, die einmal Ausgewählten vergessen zu lassen, daß ein Objektiv und Lampen auf sie gerichtet waren. Niemand wußte, was der kleine Kerl von einem Regisseur den Leuten ins Ohr flüsterte, bevor sie zu reden anfingen; manchmal stand er minutenlang da mit vertraulich vorgebeugtem Schädel. Aber das brachte Reaktionen: Belustigung, Trotz, Kontakt, Widerspruch, Murren, Frechheit, Wachsamkeit, Zorn und einmal – bei einem jungen schwarzen Militanten, der eine imponierende Beredsamkeit entwickelte – lodernden Haß.

Wenn er sich einer Reaktion gewiß war, sprang Gropetti im Nu zurück, so daß die Kamera, die auf ein heimliches Zeichen des Regisseurs hin schon angelaufen war, ungehindert den vollen Gesichtsausdruck und die spontane Rede auffangen konnte. Wenn es vorbei war, wiederholte Gropetti das alles mit unbegrenzter Geduld, bis er hatte, was er haben wollte – den Einblick in eine Persönlichkeit, gut oder böse, freundlich oder voller Wildheit, aber vital und realistisch und ohne die linkische Zudringlichkeit eines Interviewers.

Barbara hatte schon das bisher eingefangene Rohmaterial und erste, grobe Schnitte gesehen, und sie war aufgeregt.

Photographisch hatte dieser Film die Qualität von Karsh-Porträts, belebt von Gropettis vibrierender Magie.

»Da wir den Film ›Autostadt‹ nennen«, hatte Keith Yates-Brown eingewandt, als sie ihm von ihren Erlebnissen berichtete, »sollten Sie Gropetti vielleicht mal darauf hinweisen, daß es nicht nur Menschen gibt, sondern auch Autos, und daß wir von ihm erwarten, auch ein paar davon auf der Leinwand zu sehen – und zwar nach Möglichkeit Autos unseres Klienten.«

Barbara spürte, daß der Mann vom Management anfing zu bereuen, daß man ihr die Pauschalvollmacht für diesen Film gegeben hatte. Aber er wußte auch, daß kein Filmprojekt gedeihen konnte, wenn es nicht jemanden gab, der alle Zügel fest in der Hand hielt, und dieser jemand war nun einmal Barbara; jedenfalls solange die OJL-Agentur sie nicht hinauswarf.

Sie versicherte Yates-Brown: »Es *wird* Autos in diesem Film geben – und zwar Modelle unseres Kunden. Wir heben sie nicht besonders hervor, aber wir verstecken sie auch nicht, die meisten Zuschauer werden also schon merken, was das für Autos sind.« Sie schilderte dann die Dreharbeiten, die schon im Montagewerk stattgefunden hatten und bei denen der Akzent auf der Anwerbung im harten Kern der Stadt gelegen hatte – und auf Rollie Knight.

Während der Aufnahmen im Montagewerk hatten die Arbeiter in der Nähe nicht bemerkt, daß Rollie im Mittelpunkt der Aufmerksamkeit des Kamera-Objektivs gestanden hatte. Zum Teil geschah das aus Rücksicht auf Rollie, der es so gewollt hatte, und zum Teil auch deshalb, um der Atmosphäre nichts von ihrem Realismus zu nehmen.

Leonard Wingate von der Personalabteilung, dessen Interesse an Barbaras Projekt an jenem Abend erwacht war, als sie einander in Brett DeLosantos Appartement kennengelernt hatten, war es gelungen, die ganze Angelegenheit ohne viel Aufsehen zu arrangieren. Die Männer im Werk wußten nur, daß ein Teil der Montage gefilmt wurde, zu einem nicht näher erläuterten Zweck und während die normale Arbeit ungestört weiterging. Nur Wes Gropetti, Barbara und die Kamera- und Tonmänner wußten, daß sie sich ein gut Teil der Zeit nur den Anschein gaben, als filmten sie, und daß die meisten tatsächlich belichteten Filmmeter Rollie Knight im Mittelpunkt zeigten.

An Ton wurden dabei nur die Fabrikgeräusche aufgenommen. Später hatte Barbara zugehört, wie das Tonband abgespielt wurde; es war ein Alptraum an Kakophonie, unglaublich wirkungsvoll als Hintergrund der optischen Sequenz.

Rollie Knights Stimme, die später eingeblendet werden sollte, wollten Gropetti und seine Filmcrew in dem Mietshaus der Innenstadt aufnehmen, in dem Rollie und May Lou, seine Freundin, wohnten. Leonard Wingate würde dabei sein. Und dabei sein würde auch Brett DeLosanto, eine Tatsache allerdings, die Barbara verschwieg, als sie Keith Yates-Brown Bericht erstattete.

Am Telephon hatte Keith Yates-Brown sie ermahnt: »Vergessen Sie nur nicht, daß wir eine Menge Geld unseres Kunden ausgeben und daß wir über jeden Cent Rechenschaft ablegen müssen.«

»Wir haben unseren Etat nicht überschritten«, meldete Barbara. »Und dem Kunden scheint zu gefallen, was wir bisher gemacht haben. Jedenfalls gefällt es dem Aufsichtsratsvorsitzenden.«

Aus dem Telephon hörte sie ein Geräusch, das vielleicht Keith Yates-Brown war, wie er an die Decke ging.

»*Sie* waren in Kontakt mit dem Aufsichtsratsvorsitzenden unseres Kunden?« Sie hätte keine stärkere Wirkung erzielt, wenn sie den Papst oder den Präsidenten der Vereinigten Staaten erwähnt hätte.

»Er hat uns bei Außenaufnahmen besucht. Am nächsten Tag ist Wes Gropetti mit einer Filmrolle zu ihm gefahren und hat sie ihm vorgeführt.«

»Sie haben dieses Lästermaul von einem Hippie im fünfzehnten Stock losgelassen!«

»Wes fand, daß er sich mit dem Vorsitzenden ganz gut verstanden hat.«

»*Er* fand das! Sie sind nicht mal dabei gewesen?«

»An dem Tag konnte ich nicht.«

»Oh, mein Gott!« Barbara sah den Mann des Managements vor sich, sah, wie er bleich wurde, wie er sich mit der Hand vor die Stirn schlug.

Sie erinnerte ihn: »Sie haben selbst zu mir gesagt, daß der Vorsitzende sich für das Projekt interessierte und daß ich ihm gelegentlich zu berichten haben würde.«

»Aber doch nicht so *beiläufig!* Doch nicht, ohne uns hier zu informieren, und zwar vorher, damit wir planen können, was Sie sagen sollen. Und was das anbetrifft, diesen Gropetti da allein hinzuschicken . . .«

»Ich wollte Ihnen das noch mitteilen«, sagte Barbara. »Der Vorsitzende hat mich am Tag danach angerufen. Er sagte, seiner Meinung nach habe unsere Agentur dankenswert viel Phantasie bewiesen – erst einmal, indem wir Wes Gropetti für das Projekt gewonnen haben, und er hat uns beschworen, Wes auch weiterhin freie Hand zu lassen, weil es sich hier um eine Unternehmung handele, die zu einem ganz persönlichen Werk des Regisseurs gedeihen müsse. Der Vorsitzende sagte, er werde das alles auch der Agentur in einem Brief schreiben.«

Aus dem Telephon drang schweres Atmen. »Wir haben den Brief noch nicht. Wenn er tatsächlich kommt . . .« Eine Pause. »Barbara, ich habe das Gefühl, Sie leisten da großartige Arbeit.« Yates-Browns Stimme nahm einen beschwörenden Ton an. »Aber bitte, Barbara, bitte lassen Sie sich auf kein Risiko ein, und teilen Sie mir *sofort alles* mit, was mit dem Aufsichtsratsvorsitzenden unseres Kunden im Zusammenhang steht.«

Das hatte sie ihm versprochen, und danach wiederholte Keith Yates-Brown – noch immer ganz nervös –, ihm wäre es doch entschieden lieber, wenn es ein Drehbuch gäbe.

Jetzt, mehrere Tage danach und noch immer im drehbuchlosen Zustand, war Wes Gropetti bereit, die letzte Folge über die Anwerbung im harten Kern und über Rollie Knight zu drehen.

Früher Abend.

Alles in allem acht Personen standen dicht gedrängt in dem stickig heißen, nur andeutungsweise möblierten Raum.

Für Detroit im allgemeinen und besonders für die Innenstadt war es ein backofenheißer, windstiller Sommertag gewesen. Auch jetzt noch, als die Sonne schon nicht mehr schien, war es – drinnen und draußen – fast noch ebenso heiß wie am Nachmittag.

Rollie Knight und May Lou gehörten zu den acht, denn hier wohnten sie – jedenfalls vorläufig. Obwohl das Zimmer winzig war, gleich in welchen Verhältnissen man dachte, diente es dem doppelten Zweck des Wohnens und Schlafens, in der schrankgroßen »Küche« nebenan gab es ein Waschbecken mit einem Kaltwasserhahn, einen altersschwachen Gaskocher und ein paar Regalbretter. Toilette oder Bad gab es nicht. Diese Installationen, mit deren Beschaffenheit keineswegs viel Staat zu machen war, befanden sich einen Stock tiefer, und sie dienten gleichzeitig den Bewohnern sechs anderer Appartements.

Rollie machte ein mürrisches Gesicht, als bereue er, sich auf diese Sache überhaupt eingelassen zu haben. May Lou, kindlich und mit ihren dünnen Beinen und knochigen Armen einem wildwachsenden Unkraut nicht unähnlich, schien sich zu fürchten, aber das legte sich ein wenig, als Wes Gropetti, schwarze Baskenmütze trotz der Hitze wie immer an Ort und Stelle, ruhig und leise mit ihr sprach.

Hinter dem Regisseur standen der Kamera- und der Tonmann, die ihr Gerät, so gut es ging, in dem engen Zimmer aufgebaut hatten. Barbara Zaleski stand mit aufgeschlagenem Notizbuch neben ihnen.

Brett DeLosanto, der das alles beobachtete, bemerkte amüsiert, daß Barbara, wie üblich, eine dunkle Brille ins Haar hochgeschoben hatte.

Die Lampen waren noch abgeschaltet. Jeder wußte, daß es noch heißer in dem Zimmer werden würde, wenn sie erst einmal brannten.

Leonard Wingate von der Personalabteilung des Automobilwerks und zugleich ranghöchster Neger im Werk, wischte sich mit einem frischen Leinentuch den Schweiß vom Gesicht. Er und Brett standen mit dem Rücken zur Wand und versuchten, so wenig Raum wie möglich einzunehmen.

Nur die beiden Techniker hatten Gropettis Zeichen bemerkt; plötzlich waren die Lampen eingeschaltet, und das Tonband lief.

May Lou blinzelte. Aber der Regisseur hörte nicht auf, leise mit ihr zu sprechen. Sie nickte, und ihr Gesicht entspannte sich. Flink und gewandt glitt Gropetti nach hinten und hinaus aus dem Blickfeld der Kamera.

May Lou sagte ganz ohne Befangenheit, so als nähme sie nichts wahr, außer ihren eigenen Gedanken: »Hat kein' Zweck, nachzudenken, nich' über die Zukunft, wovon die immer reden, daß wir das soll'n, aber was soll'n das, Zukunft, Leute wie wir, die haben keine Zukunft.« Sie zog die Schultern hoch. »Hat sich nix dran geändert, gestern nich', heute nich'.«

Gropettis Stimme. »Schneiden!«

Die Kameralampen erloschen. Der Regisseur schob sich vor, flüsterte May Lou wieder etwas ins Ohr. Nach mehreren Minuten, während die anderen schweigend warteten, gingen die Lampen wieder an. Gropetti verschwand wieder im Hintergrund.

May Lous Gesichtszüge belebten sich. »Na sicher haben die unsern Farbfernseher geholt.« Sie warf einen Blick quer durchs Zimmer in eine leere Ecke. »Zwei Kerls sind da gekommen, haben ihn geholt, haben gesagt, wir hätten keine Raten mehr bezahlt, bloß die erste. Einer der Kerls, der wollte wissen, warum wir den gekauft haben? Sag' ich zu ihm, ›Mister, wenn ich heute die Anzahlung hab', da kann ich heute abend fernsehn. Und manche Tage gibt's, da ist alles andre unwichtig, bloß das Fernsehn nich‹.« Ihre Stimme wurde leiser, dunkler. »Ich hätte zu ihm sagen solln, ›Wer weiß denn schon, was morgen is?‹«

»Schneiden!«

Brett flüsterte dem neben ihm stehenden Leonard Wingate zu: »Worum geht's denn da eigentlich?«

Der Neger-Direktor tupfte sich noch immer das Gesicht. Leise sagte er: »Die beiden sitzen in der Tinte. Zum ersten Mal in ihrem Leben hatten die wirklich Geld. Na, da haben sie über die Stränge geschlagen, haben Möbel gekauft, einen Farbfernseher, sind Zahlungsverpflichtungen eingegangen, die sie nie und nimmer erfüllen konnten. Jetzt ist manches von dem Zeug wieder abgeholt worden. Und damit nicht genug.«

Vor ihnen ließ Gropetti May Lou und Rollie Knight die Plätze tauschen. Jetzt stand Rollie der Kamera genau gegenüber.

Brett, der immer noch ganz leise sprach, fragte: »Was ist denn sonst noch passiert?«

»Lohnpfändung«, sagte Wingate. »Und das Verfahren ist nach einem ganz üblen, längst veralteten Gesetz geregelt, das nach Ansicht der Politiker geändert werden müßte, aber keiner tut etwas.«

Wes Gropetti redete wieder mit vorgebeugtem Kopf, dieses Mal mit Rollie.

Wingate sagte zu Brett: »Dem Knight ist der Lohn schon einmal gepfändet worden. In dieser Woche hat es eine zweite gerichtliche Verfügung gegeben, und nach den mit der Gewerkschaft ausgehandelten Verträgen bedeuten zwei Lohnpfändungen automatisch die Entlassung.«

»Verflucht. Können Sie da nicht etwas unternehmen?«

»Vielleicht. Es kommt ganz auf Knight an. Wenn das hier vorbei ist, werde ich mal mit ihm reden.«

»Ist das gut, wenn der jetzt loslegt und dabei gefilmt wird?«

Leonard Wingate zuckte die Achseln. »Ich habe ihm klargemacht, daß er das nicht muß, daß es seine Privatangelegenheit ist. Aber ihm schien es überhaupt nichts auszumachen, dem Mädchen auch nicht. Vielleicht ist ihnen alles gleichgültig; vielleicht glauben sie, daß sie einem anderen damit helfen könnten. Ich weiß es nicht.«

Barbara, die das gehört hatte, wandte ihnen den Kopf zu. »Wes sagt, daß es mit zum Bild des Ganzen gehört. Außerdem will er so schneiden, daß kein Schaden angerichtet wird.«

»Wenn ich ihm das nicht glaubte«, sagte Wingate, »dann wären wir jetzt nicht hier.«

Der Regisseur war noch immer damit beschäftigt, Rollie Tips und Anweisungen zu geben.

Wingate, der leise, aber mit eindringlicher Stimme sprach, sagte zu Barbara und Brett: »Hinter der Hälfte dessen, was

Knight da widerfährt, steht unsere eigene Einstellung – die Einstellung des Establishments; das heißt, die Einstellung von Leuten wie Ihnen beiden und mir. Okay, wir helfen Leuten wie den beiden Kindern da, aber kaum haben wir das mal getan, da gehen wir schon davon aus, daß sie nun auch alle unsere Mittelstandswerte übernommen haben, Werte, die wir erst angenommen haben, nachdem wir jahrelang auf *unsere* Weise gelebt hatten. Das gleiche gilt fürs Geld. Obwohl Knight nicht an Geld gewöhnt war, weil er nie etwas hatte, erwarten wir von ihm, daß er mit Geld so umgeht, als hätte er sein ganzes Leben genug Geld gehabt, und tut er das nicht, was passiert dann? Man zerrt ihn vor den Richter, sein Lohn wird gepfändet, man wirft ihn hinaus. Wir vergessen, daß viele von uns, die immer Geld gehabt haben, trotzdem Schulden machen, mit denen sie nicht fertig werden. Aber laß den da mal das gleiche tun« – der Neger-Direktor nickte zu Rollie Knight hinüber –, »und unser System ist flink damit bei der Hand, ihn wieder auf den Abfallhaufen zu werfen.«

»Sie passen auf, daß das nicht passiert«, sagte Barbara leise.

Wingate schüttelte ungeduldig den Kopf. »Ich kann nicht zaubern. Und Knight ist nur einer unter vielen.«

Die Lampen wurden wieder angeschaltet. Der Regisseur warf ihnen einen Blick zu, mit dem er um Stille bat. Rollie Knights Stimme erhob sich klar in dem lautlosen, heißen Zimmer.

»Na klar lernt man 'ne Menge, wenn man hier wohnt. Zum Beispiel, daß es nicht besser wird, ganz egal, was die einem vorerzählen. Außerdem, lange dauern tut nix.« Ganz unvermutet huschte ein Lächeln über Rollies Gesicht; dann, als bereue er das Lächeln, machte er ein finsteres Gesicht. »Am besten also, man macht sich gar nicht erst was vor. Wennste auf nix hoffst, dann macht es auch nix, wenn sie's dir wieder wegnehmen.«

Gropetti rief: »Schneiden!«

Das Filmen ging noch eine ganze Stunde weiter, Gropetti beschwörend, führend, geduldig; Rollie von seinen Erlebnissen in der Innenstadt berichtend und im Montagewerk, wo er jetzt noch beschäftigt war. Obwohl die Worte des jungen schwarzen Arbeiters ganz einfach waren und manchmal schwerfällig herauskamen, vermittelten sie einen klaren Eindruck von seiner Wirklichkeit, ein deutliches Bild von seiner Persönlichkeit – und das war nicht immer sympathisch, aber es war auch nicht entwürdigend. Barbara, die dabei gewesen war, als frühere Folgen des Films aufgenommen wurden, war überzeugt, daß die hier gedrehten Meter ein bewegendes Dokument abgeben würden.

Als die Kameralampen nach der letzten Aufnahme erloschen, nahm Wes Gropetti seine schwarze Baskenmütze ab und wischte sich den Kopf mit einem großen, schmuddeligen Tuch. Er nickte den beiden Technikern zu. »Schluß jetzt. Das haben wir im Kasten.«

Während die anderen nacheinander gingen, Rollie und May Lou ein kurzes »Gute Nacht« zunickend, blieb Leonard Wingate noch. Brett DeLosanto, Barbara Zaleski und Wes Gropetti gingen zum Detroiter Presse-Club, um noch etwas zu essen. Dort wollte Wingate sie später treffen.

Der Neger-Manager wartete, bis die anderen den schäbigen Korridor draußen verlassen hatten, den Korridor, in dem es nur abblätternde Farbe und eine einzige trübe Glühbirne gab, wartete, bis sie die abgewetzte, hölzerne Treppe zur Straße hinunterpolterten. Durch die offene Korridortür trieb Müllgeruch herein. May Lou machte die Tür zu.

Sie fragte: »Wollen Sie was trinken, Mister?«

Wingate wollte schon den Kopf schütteln, dann besann er sich anders. »Ja, bitte.«

Von einem Bord in der winzigen Küche nahm das Mädchen eine Rumflasche, die vielleicht noch Zweifingerbreit enthielt. Sorgsam teilte sie den Rum zwischen zwei Gläsern auf. Sie tat Eis und Coke hinzu, dann gab sie ein Glas Wingate, das andere Rollie. Die drei setzten sich in den Allzweckraum.

»Die Filmleute werden Ihnen ein bißchen Geld dafür schicken, daß sie heute abend Ihr Zimmer benutzen durften«, sagte Wingate. »Viel wird es nicht sein; ist nie sehr viel. Aber ich werde dafür sorgen, daß Sie es bekommen.«

May Lou lächelte unsicher. Rollie Knight sagte gar nichts.

Der Manager nahm einen Schluck. »Sie wußten von der Lohnpfändung? Der zweiten?«

Rollie sagte noch immer nichts.

»Irgend jemand hat ihm das heute bei der Arbeit gesagt«, sagte May Lou. »Die haben gesagt, er kriegt nun keinen Lohnscheck mehr. Stimmt das?«

»Einen Teil davon kriegt er nicht mehr. Aber wenn er seinen Job los wird, dann gibt's überhaupt keine Schecks mehr – für niemanden.« Leonard Wingate erklärte dann, wie eine Lohnpfändung funktioniert – wie auf gerichtliche Verfügung das Einkommen des Arbeiters gleich an der Quelle angezapft wird, wenn die Gläubiger sich bei Gericht durchsetzen. Er fügte hinzu, daß die Automobilfabriken und andere Arbeitgeber das Pfändungsverfahren verabscheuten, aber keine andere Wahl hätten, als das Gesetz zu befolgen.

Es war, wie Wingate schon vermutet hatte. Weder Rollie noch May Lou hatten begriffen, was es mit der ersten Lohnpfändung auf sich hatte. Rollie hatte auch keine Ahnung, daß eine zweite Pfändung – nach den zwischen Werk und Gewerkschaft vereinbarten Regeln – die sofortige Entlassung bedeuten konnte.

»Das hat seinen Grund«, sagte Wingate. »Pfändungen machen der Lohnbuchhaltung 'ne Menge Arbeit, und das kostet für das Werk viel Geld.«

Rollie platzte los: »Scheiße!« Er stand auf und wanderte hin und her.

Leonard Wingate seufzte. »Wenn Sie meine ehrliche Meinung wissen wollen: Ich glaube, Sie haben recht. Deshalb will ich versuchen, Ihnen zu helfen, so gut ich kann. Natürlich nur, wenn Sie wollen.«

May Lou warf Rollie einen Blick zu. Sie feuchtete die Lippen an. »Das will er schon, Mister. Er ist in letzter Zeit so komisch. Ganz anders als sonst . . . na, eben ganz durcheinander.«

Wingate fragte sich, was wohl der Grund sein mochte. Wenn Rollie erst heute begriffen hatte – wie May Lou sagte –, was die Lohnpfändung bedeutete, dann hatte er sich deswegen ja auch keine Sorgen machen können. Er nahm sich vor, nicht weiter nachzubohren.

»Ich kann folgendes tun«, sagte der Manager zu ihnen, »und Sie müssen kapieren, daß es nur passiert, wenn Sie selbst es wollen – ich kann jemanden herschicken, der sich mal gründlich ansieht, wie es bei Ihnen mit den Geldangelegenheiten aussieht, der sie wieder in Ordnung bringt, wenn wir das überhaupt können, und der Ihnen helfen wird, wieder ganz von vorn anzufangen.«

Er erklärte ihnen dann, wie das System funktionierte, das Jim Robson entwickelt hatte, Personalchef bei Chrysler, und das mittlerweile von anderen Werken übernommen worden war.

Er sagte zu Rollie und May Lou, was sie, jetzt sofort, tun müßten. Sie müßten ihm eine Liste ihrer sämtlichen Schulden geben. Damit würde er zu einem der leitenden Männer in der Personalabteilung gehen. Dieser Mann, der solche Aufgaben in seiner Freizeit erledigte, würde dann die Liste genau prüfen und feststellen, welche Beträge sie im einzelnen noch schuldeten. Dann würde er die Gläubiger anrufen, einen nach dem anderen, und er würde sie bitten, bescheidene, kleine Raten über lange Zeiträume hin zu akzeptieren und dafür die Lohnpfändungsanträge zurückzuziehen. Damit waren sie meistens einverstanden, denn sie wurden natürlich auf die Alternative hingewiesen: Wenn der betreffende Mann wegen der Pfändungen seinen Job verlor, dann verdiente er nichts mehr, und sie würden keinen Cent zu sehen bekommen, Pfändung hin, Pfändung her.

Dann würde man den Arbeitnehmer – in diesem Falle also Rollie Knight – fragen: Wieviel Geld brauchen Sie mindestens in der Woche zum Leben?

Hatte man sich auf diese Summe geeinigt, würde Rollies Lohnscheck in jeder Woche über die Personalabteilung laufen. Jeden Freitag mußte er dann dort erscheinen und durch seine Unterschrift dem Mann von der Personalabteilung die Vollmacht geben, über den Scheck zu verfügen. In dem Büro dieses Mannes – sagte Wingate zu ihnen – drängten sich an jedem Freitag an die fünfzig Arbeiter, die in finanzielle

Schwierigkeiten geraten waren und denen man da half, wieder ins reine zu kommen. Die meisten waren dankbar dafür.

Später würde der Mann von der Personalabteilung Rollies Lohnscheck auf ein besonderes Konto einzahlen – das auf seinen eigenen Namen lautete, denn das Werk nahm dieses ganze Verfahren offiziell nicht zur Kenntnis. Von diesem Konto überwies er per Scheck den Gläubigern die Summen, auf die man sich geeinigt hatte. Auch Rollie selbst bekam einen Scheck – über den Rest seines Lohns, von dem er dann leben mußte. Wenn am Ende alle Schulden bezahlt waren, verschwand der Mann von der Personalabteilung wieder von der Szene, und Rollie bekam seinen Lohnscheck auf normale Art und Weise in voller Höhe.

Die Kontenblätter konnten jederzeit eingesehen werden. Das ganze Verfahren diente ausschließlich dem Zweck, den Arbeitern zu helfen, die finanziell in Schwierigkeiten geraten waren. Irgendwelche Gebühren wurden nicht erhoben.

»Leicht wird das nicht für Sie«, sagte Wingate warnend. »Wenn die Sache funktionieren soll, dann werden Sie mit sehr wenig Geld auskommen müssen.«

Rollie schien protestieren zu wollen, aber May Lou warf rasch ein: »Das können wir, Mister.« Sie sah Rollie an, und Wingate bemerkte in ihrem Blick eine Mischung aus Autorität und kindlicher Zuneigung. »Das schaffst du«, sagte sie. »Ja, wirst du.«

Mit einem halben Lächeln zuckte Rollie die Achseln.

Aber es war deutlich, daß Rollie Knight noch immer Sorgen hatte – wirkliche Sorgen, argwöhnte Leonard Wingate –, Sorgen über ganz andere Dinge. Und wieder fragte er sich, was das wohl sein könne.

»Wir haben hier gesessen«, sagte Barbara Zaleski, als Leonard Wingate endlich kam, »und uns den Kopf darüber zerbrochen, ob die beiden es wohl schaffen werden.«

Barbara, einzige der Gruppe, die Mitglied des Presse-Clubs war, spielte die Gastgeberin für die drei anderen. Sie, Brett DeLosanto und Wes Gropetti hatten an der Bar gewartet. Jetzt gingen die vier an einen Tisch im Speisesaal.

Unter den Presse-Clubs, die es im Lande gab, zählte der Detroiter zweifellos zu den besten. Er war klein, gut geführt, hatte eine exzellente Küche, und die Mitgliedschaft war begehrt. Überraschenderweise fand man an den Wänden trotz der alltäglichen, immer wieder aufregenden Nähe der Autoindustrie kaum etwas, das auf diese engen Verbindungen hinwies. Manche empfanden das sogar als gewollt und ein wenig unehrlich. Das einzige Zeichen dafür, und das fiel den Besuchern gleich beim Eintreten in die Augen, war eine erste Seite aus dem Jahre 1947 mit der gewaltigen Schlagzeile:

FORD GESTORBEN
Tod in ungeheiztem, petroleumbeleuchteten Haus

Der Krieg dagegen und die Weltraumexpeditionen nahmen breiten Raum ein, vielleicht ein Zeichen dafür, daß Journalisten manchmal an Übersichtigkeit leiden.

Als sie ihre Getränke bestellt hatten, antwortete Wingate auf Barbaras Frage.

»Ich wollte, ich könnte mit ja antworten. Aber ich bin mir nicht sicher, und der Grund dafür ist das System. Wir haben ja vorhin schon darüber gesprochen. Leute wie wir werden mehr oder minder mit dem System fertig. Aber Leute wie die beiden meistens nicht.«

»Leonard«, sagte Brett, »heute abend reden Sie daher wie ein Revolutionär.«

»Daherreden wie einer heißt noch nicht, daß man einer ist.« Wingate lächelte und sah dabei doch sehr ernst aus. »Ich glaube nicht, daß ich den Schneid hätte; außerdem fehlen mir die Qualifikationen. Ich habe einen guten Job und Geld auf der Bank. Sobald jemand das hat, will er das schützen; er denkt nicht daran, das in die Luft zu sprengen. Aber eins will ich Ihnen mal sagen: Ich weiß genau, was Menschen meiner Rasse zu Revolutionären macht.«

Er tippte auf eine ausgebeulte Tasche seines Anzugs. Darin steckte eine Sammlung von Papieren, die May Lou ihm gegeben hatte, bevor er sich verabschiedet hatte. Es waren Rechnungen, Ratenverträge, Mahnungen von Finanzierungsgesellschaften. Aus Neugier hatte Wingate sie in seinem Auto kurz durchgeblättert, und was er da sah, hatte ihn erstaunt und erzürnt.

Er berichtete den anderen alles Wesentliche seiner Unterhaltung mit Rollie und May Lou, ohne Zahlen zu nennen; das war Privatsache. Aber davon abgesehen, kannten die anderen die Geschichte ja ohnehin schon, und er hatte gespürt, daß sie ihnen nicht gleichgültig war.

Er sagte: »Sie haben die Möbel in dem Zimmer gesehen.«

Die anderen nickten. Barbara sagte: »Gut war das nicht, aber . . .«

»Seien Sie doch ehrlich«, sagte Wingate zu ihr. »Sie wissen genauso gut wie ich, es war ein Haufen schäbigen Gerümpels.«

Brett wandte ein: »Na und! Wenn sie sich nicht viel leisten können . . .«

»Aber daß sie sich nicht viel leisten können, würden Sie nicht glauben, nicht dann, wenn Sie wüßten, was die dafür bezahlt haben.« Wieder tippte Wingate auf die Papiere in seiner Tasche. »Ich habe mir gerade die Rechnung angesehen, und ich schätze den Rechnungspreis auf das Sechsfache des tatsächlichen Wertes. Für das, was die bezahlt haben, oder vielmehr, für das sie einen Finanzierungsvertrag unterschrieben haben, hätten die beiden Qualitätsware von einer angesehenen Firma haben können, von J. L. Hudson oder Sears.«

Barbara fragte: »Warum sind sie dann nicht zu denen gegangen?«

Leonard Wingate setzte beide Hände flach auf den Tisch und beugte sich vor. »Weil sie, meine lieben unschuldigen wohlhabenden Freunde, es nicht besser verstanden. Weil ihnen niemals jemand beigebracht hat, wie man Preise vergleicht oder wie man vernünftig einkauft. Weil es wenig Sinn hat, das zu lernen, wenn man noch nie wirklich Geld gehabt hat. Weil sie in einer schwarzen Gegend in ein von Weißen geführtes Geschäft gegangen sind, wo man ihnen das Fell über die Ohren gezogen hat – aber kräftig! Weil es 'ne ganze Masse von solchen Geschäften gibt, nicht nur in Detroit, auch woanders. Ich weiß das. Wir haben es nämlich schon öfter erlebt, daß unsere Leute denen auf den Leim gehen.«

Am Tisch herrschte Schweigen. Die Getränke waren gekommen, und Wingate nahm einen Schluck von seinem Scotch on the Rocks. Nach einer Pause fuhr er fort: »Dann ist da noch so eine Kleinigkeit, die mit den Darlehenszinsen zu tun hat für die Möbel und ein paar andere Sachen, die sie gekauft haben. Ich habe mal ein bißchen nachgerechnet. Es sieht so aus, als ob der Zinssatz zwischen neunzehn und zwanzig Prozent liegt.«

Wes Gropetti pfiff leise.

Barbara fragte: »Wenn der Mann von Ihrer Personalabteilung mit den Gläubigern redet, wie Sie gesagt haben, kann er dann etwas tun, um die Rechnungsbeträge für die Möbel oder die Finanzierungsgebühren und Zinsen zu senken?«

»Bei den Ratenverträgen kann er vielleicht was erreichen«, sagte Leonard Wingate und nickte. »Wahrscheinlich werde ich mich selbst damit befassen. Wenn wir so eine Finanzierungsgesellschaft anrufen und den Namen unseres Werkes nennen, dann hören die im allgemeinen aufmerksam zu und werden ganz vernünftig. Sie wissen, daß es für die großen Autowerke viele Möglichkeiten gibt, sie ein bißchen in die Mangel zu nehmen, wenn sie wirklich wollen. Aber die Möbelpreise . . .« Er schüttelte den Kopf. »Keine Chance. Die Gauner würden nur lachen. Die verkaufen ihr Zeug zum besten Preis, den sie kriegen können. Dann übergeben sie die Papiere einer Finanzierungsgesellschaft mit Skonto. Den Differenzbetrag bezahlen kleine Leute wie Knight – Leute, die sich das nicht leisten können.«

Barbara fragte: »Wird er seinen Job behalten? Rollie, meine ich.«

»Vorausgesetzt, es passiert sonst nichts«, sagte Wingate. »Dann wohl.«

Wes Gropetti sagte beschwörend: »Mein Gott noch mal, Schluß jetzt mit dem Reden! Ich habe Hunger.«

Brett DeLosanto, der schon den ganzen Abend ungewöhnlich still gewesen war, blieb auch während der Mahlzeit schweigsam. Was Brett heute abend gesehen hatte – die Bedingungen, unter denen Rollie Knight und May Lou lebten; ihr enges, heruntergewirtschaftetes Zimmer in dem verwohnten, nach Müll riechenden Mietsblock; unzählige andere Häuser in dem Viertel, entweder so ähnlich oder noch schlimmer; die allgemeine Malaise und Armut im größten Teil der Innenstadt – das alles hatte ihn mitgenommen. Er war schon vorher mal in der inneren Stadt gewesen, war durch ihre Straßen gefahren, aber noch nie mit den Kenntnissen und den ätzenden Einsichten, die ihm in den letzten Stunden zuteil geworden waren.

Teils aus Neugier, teils, weil sie sich so sehr mit ihrem neuen Projekt engagiert hatte, daß er sie nur noch selten zu sehen bekam, hatte Brett Barbara gebeten, ihn heute abend bei den Dreharbeiten zusehen zu lassen. Er hatte nicht damit gerechnet, daß es ihn innerlich so sehr beschäftigen würde.

Dabei waren ihm die Detroiter Ghetto-Probleme keineswegs unbekannt gewesen. Wenn er die finsteren, zerfallenen Wohnstraßen sah, dann wußte er genug, um nicht zu fragen: *Warum ziehen die Leute nicht woanders hin?* Brett hatte auch vor diesem Abend schon gewußt, daß die Leute – und insbesondere die schwarzen – hier wirtschaftlich und gesellschaftlich in der Falle saßen. So hoch die Lebenshaltungskosten in der Innenstadt auch waren, draußen in den Vororten waren sie noch viel höher, selbst wenn die Vororte es zuließen, daß Schwarze dort hinzogen – und es gab etliche, die das nicht zuließen. Dort gab es noch immer auf tausenderlei subtile und nicht gar so subtile Weise die Rassendiskriminierung. Dearborn zum Beispiel, wo sich das Hauptquartier der Ford Motor Company befand, hatte bei der letzten Zählung keinen einzigen schwarzen Einwohner, was auf die Feindseligkeit weißer Mittelstandsfamilien zurückzuführen war, die jedes noch so bedenkliche Manöver des fest etablierten Bürgermeisters unterstützten.

Brett wußte auch, daß der wohlmeinende Neu-Detroiter Ausschuß – neuerdings nannte er sich New Detroit Inc. –, gegründet nach den Unruhen von 1967, alle möglichen Anstrengungen unternommen hatte, um in der inneren Stadt zu helfen. Man hatte Sammlungen veranstaltet, man hatte etliche Neubauten begonnen. Aber es war eben leider so, wie ein Ausschußmitglied es einmal gesagt hatte: »Proklamationen haben wir reichlich, viel knapper sind Ziegelsteine.«

Und ein anderer hatte das berühmte letzte Wort von Cecil Rhodes zitiert: »*So weniges ist getan – so vieles ist noch zu tun.*«

Die beiden, die das gesagt hatten, gehörten zu denen, die voller Ungeduld sahen, wie wenig von den Gruppen geleistet worden war – Gruppen, zu denen die Stadt gehörte, der Bundesstaat, die Bundesregierung selbst. Obwohl die Unruhen von 1967 nun schon Jahre zurücklagen, war, abgesehen von gelegentlichem Herumbasteln, nichts getan worden, um Bedingungen aus der Welt zu schaffen, die zur Ursache der Unruhen geworden waren. Brett fragte sich: Wenn so viele kollektiv gescheitert waren, was konnte dann ein einzelner Mensch ausrichten?

Dann fiel ihm ein: Die gleiche Frage hatte mal jemand im Zusammenhang mit Ralph Nader gestellt.

Brett spürte, daß Barbara ihre Augen auf ihn gerichtet hatte, und er wandte sich ihr zu. Sie lächelte, sagte aber nichts zu seiner Schweigsamkeit. Die beiden kannten einander mittlerweile gut genug und brauchten keine Erklärung mehr für Stimmungen und Launen. Barbara, dachte Brett, sah heute abend besonders gut aus. Während der Unterhaltung war ihr Gesicht voller Leben gewesen, es hatte Interesse, Intelligenz und Mitgefühl ausgedrückt. Kein anderes Mädchen seiner Bekanntschaft zählte bei Brett so viel, und deshalb war er auch immer wieder mit ihr zusammen, trotz ihrer beharrlichen, dickköpfigen Weigerung, mit ihm ins Bett zu gehen.

Brett wußte, daß Barbara viel Freude und Befriedigung in ihrer Arbeit an dem Film mit Wes Gropetti gefunden hatte.

Jetzt schob Gropetti seinen Teller zurück und betupfte Mund und Vollbart mit seiner Serviette. Der kleine Filmregisseur, der seine schwarze Baskenmütze auch zur Mahlzeit nicht abgenommen hatte, dachte zufrieden an sein Bœuf Stroganoff mit Nudeln und reichlichen Mengen Chianti. Er grunzte wohlig.

»Wes«, sagte Brett, »passiert es Ihnen eigentlich manchmal, daß Sie sich wirklich um die Dinge kümmern möchten, über die Sie Ihre Filme drehen?«

Der Regisseur machte ein äußerst überraschtes Gesicht. »Sie meinen – so 'n kleinen Kreuzzug veranstalten? Den Leuten ins Gewissen predigen? Lamentieren und Geld sammeln?«

»Ja«, sagte Brett, »das meine ich.«

»Ich scheiß' drauf. Na klar, ich interessiere mich. Muß ich natürlich. Aber dann mach' ich Bilder, mein Junge. Mehr nicht.« Gropetti rieb sich den Bart, zupfte ein Stückchen Nudel heraus, das der Serviette entgangen war. Er fuhr fort: »Ein Butterblümchenfeld oder eine Kloake – weiß ich, wo das ist, dann interessiere ich mich nur noch für die richtige Blende, den Kamerawinkel, die Beleuchtung, die Tonsynchronisierung. Innere Beteiligung kann mir gestohlen bleiben. Innere Beteiligung ist 'ne hauptberufliche Sache für sich.«

Brett nickte. »Ja«, sagte er nachdenklich, »das glaube ich auch.«

Als er Barbara nach Hause fuhr, sagte Brett: »Es geht gut voran – mit dem Film, nicht wahr?«

»*So* gut«, sagte sie. Sie saß fast in der Mitte der vorderen Sitzbank, mit angezogenen Beinen hockte sie dicht neben ihm. Wenn er sein Gesicht zur Seite drehte, berührte er ihr Haar. Das hatte er auch schon getan. Mehrere Male.

»Ich freue mich für dich. Das weißt du.«

»Ja«, sagte sie. »Ich weiß.«

»Ich würde nie auf den Gedanken kommen, einer Frau, mit der ich lebe, den Spaß daran zu verderben, etwas Eigenes zu tun, etwas, das ihr selbst am Herzen liegt.«

»Sollte ich jemals mit dir leben, werde ich dich daran erinnern.«

Zum ersten Mal seit jener Nacht, die nun schon Monate zurücklag, wurde zwischen ihnen die Möglichkeit des Zusammenlebens erwähnt.

»Hast du noch mal darüber nachgedacht?«

»Ja«, sagte sie. »Das ist aber auch schon alles.«

Brett schwieg, während er sich bei der Einfahrt Jefferson in den Chrysler Freeway einfädelte. Dann sagte er: »Magst du jetzt darüber reden?«

Sie schüttelte den Kopf.

»Wie lange dauert es noch, bis der Film fertig ist?«

»Vielleicht noch einen Monat.«

»Du wirst viel zu tun haben?«

»Ich denke schon. Warum?«

»Ich verreise«, sagte Brett. »Nach Kalifornien.«

Aber als sie ihn danach fragte, wollte er ihr den Grund nicht sagen.

19

Die lange, schwarze Limousine verlangsamte die Fahrt, schwenkte nach links ein, glitt dann sanft zwischen verwitterten steinernen Pfeilern in die gepflasterte, sanft geschwungene Einfahrt des Hauses, das Hank Kreisel sich in Grosse Pointe gekauft hatte.

Am Steuerrad saß Kreisels livrierter Chauffeur. Hinter ihm, im üppigen Interieur des Wagens, saßen Kreisel und seine beiden Gäste Erica und Adam Trenton. Zum Interieur dieses Wagens gehörte – unter anderem – eine Bar, aus der der Zulieferer während der Fahrt Getränke serviert hatte.

Es war ein später Abend in der letzten Juliwoche.

Gegessen hatten sie schon – in der Stadt, im Detroit Athletic Club. Dort hatten die Trentons Kreisel getroffen, und vierter bei Tisch war eine üppige Schönheit mit blitzenden Augen und französischem Akzent, die Kreisel nur mit ihrem Vornamen Zoë vorstellte. Erklärend fügte er noch hinzu, daß sie sein vor kurzem eröffnetes Export-Verbindungsbüro leitete. Zoë, eine anregende Partnerin bei Tisch und in der Unterhaltung, entschuldigte sich nach dem Essen und verschwand. Auf Kreisels Vorschlag fuhren Adam und Erica noch mit zu ihm. Ihren eigenen Wagen ließen sie in der Stadt.

Die Verabredungen dieses Abends hatten sich aus Adams Wochenende in Hank Kreisels Landhaus am See ergeben. Der Zulieferer hatte Adam wie vereinbart angerufen, und sie hatten Tag und Stunde abgesprochen. Daß auch Erica eingeladen war, hatte Adam zunächst ein wenig nervös gemacht, und er hoffte, daß Kreisel nicht im einzelnen auf das Wochenende eingehen möge, und insbesondere nicht auf Rowena. Noch immer erinnerte sich Adam lebhaft an Rowena, aber sie gehörte der Vergangenheit an, und Klugheit ebenso wie der gesunde Menschenverstand verlangten gebieterisch, daß sie dort auch blieb. Er hätte sich nicht zu sorgen brauchen. Hank Kreisel war diskret, sie sprachen über andere Dinge – die Aussichten der ›Detroit Lions‹ in der nächsten Spielzeit, einen frischen Skandal in der Stadtregierung und später über den Orion, für den Kreisels Gesellschaft jetzt einige Teile in gewaltigen Mengen herstellte. Nach einer Weile entspannte Adam sich, wenn er sich auch immer noch fragte, was Hank Kreisel eigentlich in Wahrheit von ihm wollte.

Er war überzeugt davon, daß Kreisel etwas von ihm wollte, denn Brett DeLosanto hatte es ihm selbst gesagt. Brett und Barbara waren heute abend auch eingeladen, hatten aber nicht kommen können – Barbara war vollauf mit ihrem Film beschäftigt; Brett, der bald an die Westküste abreisen wollte, mußte vorher noch eine ganze Menge erledigen. Aber gestern hatte Brett im Vertrauen gesagt: »Hank hat mir gesagt, worum er Sie bitten will, und ich hoffe, Sie können etwas tun, denn es hängt viel davon ab.« Die Geheimniskrämerei hatte Adam geärgert, aber Brett weigerte sich, auch nur ein Wort mehr zu sagen.

Jetzt hielt die Limousine vor Kreisels großer, efeuumrankter Villa, und Adam dachte, daß er es nun wohl bald erfahren werde.

Der Chauffeur kam herum, öffnete die Tür und war Erica beim Aussteigen behilflich. Gefolgt von ihrem Gastgeber, traten Adam und Erica ein paar Schritte hinaus auf den Rasen, das große Haus hinter sich, und standen in der beginnenden Dunkelheit.

Der elegante Garten, dessen manikürter Rasen, wohlgestutzte Bäume und Sträucher das Mal der professionellen Pflege trugen, fiel sanft ab zur wohlgeordneten Lake Shore Road, einer Allee, die – von einem gelegentlich vorüberhuschenden Auto abgesehen – den Blick auf das Panorama des Lake St. Clair nicht störte.

Der See war gerade noch sichtbar; eine Kette weißer kleiner Wellen zeichnete den Verlauf des Ufers nach, und weit draußen flimmerten die Lichter von Frachtern und Lastkähnen. Ein verspätetes Segelboot glitt mit energischer Nachhilfe eines Außenbordmotors zum Landesteg des Grosse Pointe Yacht Club.

»Das ist sehr schön«, sagte Erica, »aber immer, wenn ich

nach Grosse Pointe komme, habe ich das Gefühl, daß es eigentlich gar nicht zu Detroit gehört.«

»Wenn Sie hier wohnten«, erwiderte Hank Kreisel, »dann wüßten Sie nur zu gut, daß es dazugehört. Die meisten von uns hier riechen immer noch nach Benzin. Oder wir hatten mal Schmierfett unter den Fingernägeln.«

Trocken sagte Adam: »Die meisten Fingernägel in Grosse Pointe sind aber schon sehr lange sauber.« Er wußte jedoch genau, was Kreisel sagen wollte. Die Grosse Pointes, von denen es fünf Stück gab – alles separate Domänen und traditionelle Enklaven großen Reichtums –, gehörten ebenso zur Autowelt wie jeder andere Abschnitt von Groß-Detroit. Henry Ford II wohnte weiter unten an der Straße in Grosse Pointe Farms; andere Fords waren hier und da wie üppiges Gewürz über die Nachbarschaft verstreut. Auch Reichtum aus anderen Werken war hier vertreten – Vermögen mit den Zeichen von Chrysler und General Motors, und es gab hier die Zulieferer der Industrie: große, ältere Namen wie Fisher, Anderson, Olson, Mullen und neuere wie Kreisel. Die derzeitigen Hüter des Geldes sahen sich gesellschaftlich in exklusiven Clubs – allen voran der ächzende, überheizte Country Club, der eine Warteliste hatte, die so lang war, daß ein neuer, junger Mitgliedschaftsanwärter ohne Familienverbindungen damit rechnen konnte, im hohen Greisenalter aufgenommen zu werden. Aber trotz seiner Exklusivität war Grosse Pointe ein freundlicher Ort – ein Grund, der eine Schar von Auto-Direktoren veranlaßte, hier ihr Heim aufzuschlagen; ihnen behagte die »Familien«-Atmosphäre mehr als das stärker managementorientierte Bloomfield Hills. Früher einmal hatten ältere Grosse Pointer ihre Patriziernasen gerümpft, wenn sie Automobilgeld rochen. Jetzt dominierte es hier wie überall in Detroit.

Eine plötzliche Nachtbrise kam vom See herüber und ließ über ihren Köpfen das Laub erzittern. Fröstelnd zog Erica die Schultern hoch.

Hank Kreisel schlug vor: »Lassen Sie uns hineingehen.«

Der Chauffeur, der sich inzwischen zum Butler gemausert zu haben schien, öffnete weit die schweren Flügel der Haustür, als sie sich der Villa näherten.

Als sie wenige Meter weit im Haus waren, blieb Adam stehen. Ungläubig sagte er: »Hol mich der Teufel!«

Erica, nicht minder überrascht, war ebenfalls stehengeblieben und starrte. Dann kicherte sie.

Das Wohnzimmer des Erdgeschosses, in das sie eingetreten waren, hatte alle Kennzeichen der Eleganz – tiefe Broadloom-Teppiche, bequeme Sessel, Sofas, Kredenzen und Büfetts, Bücherregale, Gemälde, ein leise spielendes Hi-Fi-Gerät und harmonisch abgestimmte Beleuchtung. Außerdem enthielt es einen enormen Swimmingpool.

Das Schwimmbad, reichlich zehn Meter lang, war attraktiv blau gekachelt, es hatte ein tiefes, ein flaches Ende und ein dreistöckiges Sprungbrett.

Erica sagte: »Hank, tut mir leid, daß ich eben lachen mußte. Aber es ist . . . überraschend.«

»Es liegt überhaupt kein Grund vor, nicht zu lachen«, sagte ihr Gastgeber freundlich. »Die meisten müssen lachen. Viele halten mich für verrückt. Ich schwimme aber gern. Und ich hab's auch gern gemütlich.«

Adam sah sich staunend um. »Es ist ein altes Haus. Sie müssen es total umgekrempelt haben.«

»Na und ob.«

Erica sagte zu Adam: »Hör auf, Techniker zu spielen, und laß uns schwimmen gehen.«

Offensichtlich erfreut über diesen Vorschlag, sagte Kreisel: »Haben Sie Lust?«

»Vor Ihnen steht eine Insulanerin. Ich konnte schon schwimmen, als ich noch nicht sprechen konnte.«

Er führte sie zu einem Korridor. »Da unten, die zweite Tür. Badeanzüge, Handtücher.«

Adam folgte Kreisel in einen anderen Umkleideraum.

Minuten später vollführte Erica mit der Eleganz einer Schwalbe einen kunstvollen Kopfsprung vom höchsten Brett. Lachend kam sie wieder an die Oberfläche. »Das ist das beste Wohnzimmer, in dem ich je geschwommen habe.«

Grinsend sprang Hank Kreisel von einem tieferen Brett. Adam plumpste vom Rand ins Becken.

Nach dem Schwimmen führte Kreisel sie alle, triefend naß

wie sie waren, über den tiefen Broadloom zu bequemen Sesseln, über die der Butler-Chauffeur dicke Handtücher gebreitet hatte.

In einem vierten Sessel saß eine grauhaarige, zerbrechlich wirkende Frau, ein Tablett mit Kaffeetassen und Likören neben sich. Hank Kreisel beugte sich vor und küßte sie auf die Wange. Er fragte: »Wie war's heute?«

»Friedlich.«

»Das ist Dorothy, meine Frau«, sagte Kreisel. Er machte sie mit Erica und Adam bekannt.

Adam begann zu verstehen, warum Zoë in der Stadt geblieben war.

Sie plauderten, und während Mrs. Kreisel Kaffee einschenkte, schien sie es überhaupt nicht verwunderlich zu finden, daß die anderen sich zum Essen in der Stadt getroffen hatten und daß sie – aus welchen Gründen auch immer – nicht dabei gewesen war. Sie erkundigte sich sogar, wie denn das Essen im Detroit Athletic Club gewesen sei.

Vielleicht, dachte Adam, hatte sich Dorothy Kreisel mit dem zweiten, außerhäuslichen Leben ihres Mannes abgefunden – mit den Freundinnen in seinen verschiedenen »Verbindungsbüros«, von denen Adam gehört hatte. Tatsächlich schien Hank Kreisel überhaupt kein Geheimnis aus seinen verschiedenen Arrangements zu machen, siehe Zoës Anwesenheit beim Abendessen.

Erica plauderte angeregt. Offensichtlich gefiel ihr Hank Kreisel, und der Abend im Restaurant und das Schwimmen hier im Wohnzimmer hatten ihr gutgetan. Sie schien von einer inneren Wärme erfüllt, man sah ihr an, wie jugendlich sie war. Unter den bereitliegenden Badeanzügen hatte sie einen Bikini ausgesucht, der genau richtig für ihre große, schlanke Gestalt war, und Adam bemerkte, daß Kreisels Blick mehrfach voller Interesse zu Erica hinüberschweifte.

Nach einiger Zeit schien ihr Gastgeber unruhig zu werden. Er stand auf. »Adam, wollen wir uns umziehen? Möchte Ihnen gern was zeigen, vielleicht drüber reden.«

Man kam also endlich zur Sache, dachte Adam – was immer diese Sache auch sein mochte.

»Sie tun so geheimnisvoll, Hank«, sagte Erica; sie lächelte

dabei Dorothy Kreisel zu. »Bekomme ich diese Ausstellung auch zu sehen?«

Hank Kreisel lächelte sein Lächeln mit herabgezogenem Mundwinkel. »Wenn Sie mögen; mir sehr recht.«

Wenige Minuten später gingen sie; sie nickten Mrs. Kreisel zu, die im Wohnzimmer blieb und ihren Kaffee trank.

Als sie wieder angezogen waren, führte Hank Kreisel Adam und Erica durch das Hauptgeschoß des Hauses. Er erklärte ihnen, daß es von einem längst toten Großmogul der Autoindustrie gebaut worden sei, einem Zeitgenossen Walter Chryslers und Henry Fords. »Solider Bau. Außenmauern gut wie die Hadrians. Auch heute noch. Deshalb hab' ich das Innere herausgerissen, neue Eingeweide einbauen lassen.« Der Zulieferer machte eine getäfelte Tür auf, hinter der eine Wendeltreppe sichtbar wurde. Klappernd eilte Hank die Stufen hinab, Erica folgte etwas behutsamer. Adam bildete den Schluß.

Sie gingen einen Kellergang entlang. Dann suchte Hank Kreisel einen bestimmten Schlüssel unter mehreren an seinem Schlüsselbund, schloß eine graue Eisentür auf. Als sie den Raum hinter dieser Tür betraten, flammte helles Neonlicht auf.

Sie befanden sich, wie Adam auf den ersten Blick sah, in der Experimentierwerkstatt eines Ingenieurs. Sie war geräumig, streng organisiert, sicherlich eine der am besten eingerichteten, die er je gesehen hatte.

»Bin oft hier unten. Mache Musterstücke«, erklärte Kreisel. »Wenn ein neuer Auftrag für meine Fabriken kommt, nehm' ich ihn hier her. Bastel, bis ich beste Produktionsmethoden bei niedrigsten Kosten habe. Lohnt sich.«

Adam fiel ein, was Brett DeLosanto ihm erzählt hatte: daß Hank Kreisel kein Diplom besaß, daß seine einzige Ausbildung vor Gründung seiner Firma in seiner Arbeit als Maschinist und Vorarbeiter bestanden hatte.

»Da drüben.« Kreisel führte sie zu einem niedrigen, breiten Werktisch. Darauf stand ein Gegenstand, der mit einem Tuch zugedeckt war, das er jetzt abnahm. Neugierig betrachtete Adam das metallene Monstrum – ein Arrangement von Stahlstangen, Stahlblechen, miteinander verbundenen

Innenteilen, alles zusammen etwa so groß wie zwei Fahrräder. Draußen befand sich eine Kurbel. Adam drehte sie versuchsweise, und Teile im Innern der Konstruktion bewegten sich.

Adam zuckte die Achseln. »Hank, ich gebe mich geschlagen. Was zum Teufel soll das sein?«

»Es handelt sich ganz offensichtlich«, sagte Erica, »um ein Stück, das er dem Museum für Moderne Kunst einreichen will.«

»Könnte sein. Sollte ich wohl machen.« Kreisel grinste, dann fragte er: »Verstehen Sie viel von Landmaschinen, Adam?«

»Nein, kann man nicht sagen.« Er drehte noch einmal die Kurbel.

Hank Kreisel sagte: »Das ist 'ne Dreschmaschine, Adam. So eine hat's noch nie gegeben, auch eine so kleine nicht. Und sie funktioniert.« Seine Stimme klang plötzlich so begeistert, wie weder Adam noch Erica es je von ihm gehört hatten. »Diese Maschine drischt jede Art von Korn – Weizen, Reis, Gerste. Fünf bis neun Zentner pro Stunde. Habe Bilder, kann das beweisen . . .«

»Ich kenne Sie mittlerweile gut genug«, sagte Adam. »Wenn Sie sagen, es funktioniert, dann funktioniert's.«

»Was andres funktioniert auch. Kosten. In Serie produziert, kann's für hundert Dollar verkauft werden.«

Adam schien das zu bezweifeln. Als Produktplaner kannte er sich mit Kosten ebenso aus wie ein Footballtrainer mit Standardspielen. »Doch wohl kaum mit Antrieb.« Er hielt inne. »Was ist Ihre Energiequelle? Batterien? Ein kleiner Benzinmotor?«

»Dachte mir, daß Sie irgendwann soweit kommen würden«, sagte Hank Kreisel. »Will ich Ihnen sagen. Nichts von all dem ist die Energiequelle. Energie liefert jemand, der die Kurbel dreht. So wie *Sie* eben. Dieselbe Kurbel. Nur, der Jemand, an den ich denke, das ist 'n alter Asiate in einem Dschungeldorf. Mit Strohhut. Wenn ihm die Arme lahm werden, kann 'ne Frau oder 'n Kind weitermachen. Die sitzen da, stundenlang, drehen nur die Kurbel. So bauen wir das für hundert Piepen.«

»Keine Energiequelle. Ein Jammer, daß wir Autos nicht auch so bauen können.« Adam lachte.

Kreisel sagte zu ihm: »Was Sie auch tun: Tun Sie mir jetzt einen Gefallen. Lachen Sie nicht.«

»Okay, tu ich nicht. Aber das sehe ich noch immer nicht, eine Landmaschine in Serie, ausgerechnet in Detroit« – Adam nickte mit dem Kopf zu dem Drescher hinüber –, »eine Landmaschine, bei der man *eine Kurbel dreht, stundenlang,* um sie anzutreiben.«

Ernst sagte Hank Kreisel: »Wenn Sie gesehen hätten, Adam, was ich da in manchen Gegenden gesehen habe, dann könnten Sie sich das vorstellen. Gibt Gegenden dieser Welt, die sind verdammt weit weg von Detroit. Was bei uns hier nicht stimmt, ist: wir vergessen diese anderen Gegenden. Vergessen, daß Menschen nicht so denken wie wir. Wir bilden uns ein, Detroit ist überall, oder sollte überall sein, was passiert, sollte so passieren wie hier bei uns. Wenn andere es anders sehen, müssen sie sich irren, *weil wir Detroit sind!* Wir sind in anderen Dingen genau so. Umweltverschmutzung. Sicherheit. Die wurden dann so heiß, daß wir uns ändern mußten. Aber hier spukt noch allerhand in den Köpfen herum, das fast wie eine Religion hingenommen wird.«

»Mit Hohepriestern«, warf Erica ein, »die's nicht gern haben, wenn alte Dogmen kritisiert werden.«

Adam warf ihr einen verärgerten Blick zu, der sagte: *Dies überlaß mir.*

Er wandte ein: »Viele Leute, die sich jetzt in der Industrie durchzusetzen beginnen, sind entschlossen, alte Ideen neu zu durchdenken, und das macht sich auch bemerkbar. Aber wenn Sie hier von einer Maschine mit Handbedienung reden – ganz gleich, was das für eine Maschine ist –, *das* ist kein Fortschritt, das ist ein Rückschritt, schnurstracks hin zu den Zeiten vor dem ersten Henry Ford.« Er fügte hinzu: »Außerdem bin ich ein Auto- und Lkw-Mann. Das da ist eine Landmaschine.«

»Ihr Werk hat eine Abteilung für landwirtschaftliche Maschinen.«

»Damit habe ich nichts zu tun, und das will ich auch nicht.«

»Ihre Spitzenleute aber. Und mit denen haben Sie zu tun. Die hören auf Sie.«

»Sagen Sie mal«, fragte Adam, »haben Sie das Ding unseren Landwirtschaftsleuten gezeigt? Haben die Sie abgewiesen?«

Der Zulieferer nickte. »Die und andere. Brauche jetzt jemanden, der mich ins Direktionsgeschoß bringt. Damit ich deren Interesse wecke. Hatte gehofft, Sie würden das sehen.«

Endlich war ganz klar, was Hank Kreisel wollte: Adams Hilfe beim Erklimmen des Werksgipfels und, womöglich, beim Vordringen bis ans Ohr des Präsidenten oder des Aufsichtsratsvorsitzenden.

Erica sagte: »Kannst du das nicht für ihn tun?«

Adam schüttelte den Kopf, aber es war dann Hank Kreisel, der ihr den Grund nannte: »Er müßte erst selbst von der Idee überzeugt sein.«

Sie standen und betrachteten die Apparatur mit der Kurbel, die so anders war als alles, womit Adam tagein, tagaus zu tun hatte.

Adam aber wußte doch, daß sich Automobilwerke oft mit Projekten befaßten, die wenig oder nichts mit ihrer Hauptbeschäftigung, der Herstellung von Kraftfahrzeugen, zu tun hatten. General Motors hatte Pionierarbeit bei der Herstellung eines künstlichen Herzens geleistet und andere medizinische Apparaturen hergestellt. Ford arbeitete auf dem Gebiet der Nachrichtensatelliten, Chrysler bastelte mit geplanten Wohnsiedlungen herum. Es gab noch andere Beispiele, und alle diese Programme hatten – wie Hank Kreisel genau wußte – nur einen Grund: irgend jemand in hoher Position hatte sich zunächst einmal persönlich für diese Dinge interessiert.

»War in Washington wegen dieses Dreschers«, sagte Kreisel. »Hab' mich umgehört bei vielen im State Department. Finden das Ding gut. Reden davon, zweihunderttausend Stück im Jahr für Auslandshilfe zu bestellen. Das wäre 'n Anfang. Aber das State Department kann natürlich nicht selbst produzieren.«

»Hank«, sagte Adam, »warum eigentlich mit einem anderen Werk? Wenn Sie von der Sache überzeugt sind, warum bauen und verkaufen Sie das Ding nicht selbst?«

»Zwei Gründe. Erstens Prestige. Mir fehlt der Name. Großes Werk wie Ihres hat ihn. Hat auch die Marketing-Organisation. Ich nicht.«

Adam nickte. Das war vernünftig.

»Zweiter Grund: Kapital. Ich könnte den Kies nicht aufbringen. Nicht für eine Großserie.«

»Aber bei Ihrem Ruf würde sich doch jede Bank . . .«

Hank Kreisel lachte leise. »Mich haben die schon im Buch. Ich stecke so tief bei denen in der Kreide, eines Tages glauben die noch, ich hätte sie ausgeraubt. Man staunt, was man ohne Eigenkapital alles anstellen kann.«

Adam verstand auch das. Viele kleine und große Firmen arbeiteten so, und es war sehr wahrscheinlich, daß Hank Kreisels Fabriken, deren Maschinen und Lagerbestände, dieses Haus und sein Haus am Higgins Lake bis über die Ohren mit Hypotheken belastet waren. Sollte Kreisel jemals sein Geschäft ganz oder zum Teil verkaufen, konnte er Millionen in bar kassieren. Bis dahin würde er sich ebenso wie viele andere in ähnlicher Situation Monat für Monat mit Liquiditätsproblemen herumärgern müssen.

Der Zulieferer nahm noch einmal die Kurbel in die Hand und drehte. Drinnen bewegte sich der Mechanismus, ohne irgend etwas zu leisten; was er brauchte für seine Zähne, war Korn.

»Klar, das Ding ist ungewöhnlich. War immer so 'ne Art Traum von mir. Schon sehr lange.« Hank Kreisel zögerte; die Sache schien ihm fast peinlich zu sein. Aber er fuhr fort: »Die Idee hab' ich in Korea bekommen. Hab' gesehen, wie Jungs und Mädchen da mit dicken Steinen Korn zerstampft haben. Primitiv. Viel Anstrengung, wenig Resultat. Sah, was die brauchten. Hab' dann angefangen, mir das Ding da auszudenken. Hab' die ganze Zeit gebraucht, bis jetzt. Mit Unterbrechungen.«

Erica betrachtete Hank Kreisels Gesicht eindringlich. Auch sie wußte einiges über ihn, zum Teil von Adam, zum Teil von anderen. Plötzlich bildete sich in ihrem Bewußtsein eine ganz neue Vorstellung von ihm: sie sah einen erprobten, mit Härte kämpfenden Marineinfanteristen der Vereinigten Staaten in einem fremden und feindlichen Land, der dort die Menschen in den Dörfern mit so viel Verständnis und Mitleid beobachtete, daß ein Gedanke, der damals in ihm entstanden war, noch nach Jahren wie eine Flamme in ihm am Leben geblieben war.

»Will Ihnen mal was sagen«, sagte Kreisel. »Ihnen auch, Erica. Die Vereinigten Staaten verkaufen keine Landmaschinen ans Ausland. Jedenfalls nicht viel. Unsere Maschinen sind zu kompliziert, zu hochgezüchtet. Das ist so 'ne Art Religion bei uns – wie ich sagte: alles muß einen Motor haben. Muß elektrisch sein oder einen Benzinmotor haben, was weiß ich. Wir haben vergessen, daß es im Osten unerschöpfliche Arbeitskräfte gibt. Da ruft man einen, er soll 'ne Kurbel drehen, und es kommen fünfzig angelaufen wie Fliegen – oder wie Ameisen. Uns aber, uns ist die Vorstellung unangenehm. Wir sehen das nicht gern, wenn Kulis schwere Steine tragen, um einen Staudamm zu bauen. Idee macht uns ganz krank. Wir finden, das sei unwirtschaftlich, nicht amerikanisch; wir sagen, daß die Pyramiden so gebaut worden sind. *Na und?* So ist es nun mal: das ist die wirkliche Situation. Wird sich lange nicht ändern, wahrscheinlich nie. Und noch was: da draußen gibt's nicht viele Werkstätten, wo man komplizierte Maschinen reparieren lassen kann. Maschinen müssen also einfach sein.« Er nahm die Hand von der Kurbel seines Dreschers, die er bisher gedreht hatte. »Das hier ist einfach.«

Adam dachte: Während Hank Kreisel – mit für ihn ungewohnter Beredsamkeit – sprach und während er vorführte, was er gebaut hatte und woran er glaubte, haftete ihm mit seiner großen, hageren Gestalt etwas von der eindrucksvollen Kraft eines Lincoln an.

Konnte die Sache funktionieren? Adam grübelte darüber nach. Gab es *wirklich* einen Bedarf dafür, wie Hank Kreisel behauptete? War es wirklich ein lohnendes Projekt, dem einer der Großen Drei in der Automobilindustrie sein Prestige leihen durfte?

Adam begann, Fragen zu stellen. Es waren Fragen, wie ein Produktplaner sie stellt, der in kritischer Analyse gedrillt ist, und sie kamen wie ein Trommelfeuer. Sie bezogen sich auf das Marketing, auf Verkaufserwartung, Verteilung, Montage am Ort, Kosten, Teile, Versandmethoden, Service und Reparatur. Jeden Punkt, den Adam aufwarf, schien Kreisel schon durchdacht zu haben, schien bereit, die Frage genau zu beantworten, mit allen Zahlen, und seine Antworten machten es verständlich, daß dieser Teilehersteller, dieser Zulieferer für die großen Autowerke so große Erfolge verbuchen konnte.

Später chauffierte Hank Kreisel Adam und Erica in die Stadt zu ihrem eigenen Wagen.

Als sie auf dem John Lodge Freeway heimwärts nach Norden fuhren, fragte Erica ihren Mann: »Wirst du tun, was Hank will? Wirst du ihm helfen, den Vorsitzenden und die anderen kennenzulernen?«

»Ich weiß nicht.« Aus seiner Stimme sprachen Zweifel. »Ich bin mir einfach noch nicht sicher.«

»Ich finde, du solltest das für ihn tun.«

Halb belustigt sah er sie von der Seite her an. »Nur einfach so?«

Mit Entschiedenheit sagte Erica: »Ja, nur einfach so.«

»Aber bist du es nicht selbst, die immer sagt, daß ich schon zuviel um die Ohren habe?« Adam mußte an den Orion denken, dessen Debüt Woche um Woche näherrückte, dachte daran, daß seine eigene Zeit immer knapper wurde, daß es noch monatelang so weitergehen würde. Dabei forderte auch der Farstar, der noch in den allerersten Stadien steckte, seine Konzentrationsfähigkeit, seine Zeit, im Büro ebenso wie zu Hause.

Und noch etwas lag ihm auf der Seele. Das war Smokey Stephensen. Adam wußte, daß er sich bald über die Frage der Beteiligung seiner Schwester an der Autohandlung klar werden mußte. Sein nächster Besuch dort war längst überfällig, ebenso wie seine endgültige Auseinandersetzung mit Smokey über etliche Punkte. Nächste Woche *mußte* er einfach Zeit dafür finden.

Er fragte sich: Hatte er wirklich Lust, sich noch mehr aufzuhalsen?

Erica sagte: »Das würde keine Zeit kosten. Hank verlangt ja nur eins – eine Einführung, damit er seine Maschine zeigen kann.«

Adam lachte. »Tut mir leid. So geht das nicht.« Er erklärte ihr: Jeder neue Gedanke, der an höchster Stelle des Werkes vorgetragen wurde, durfte nicht nackt und bloß ankommen. Er brauchte einen Anhang von gründlichen Analysen und Stellungnahmen, denn dem Präsidenten oder dem Vorsitzenden warf man nicht irgend etwas so beiläufig auf den Schreibtisch. Auch wenn er über Elroy Braithwaite und Hub Hewitson, den stellvertretenden Generaldirektor, vorging – und etwas anderes kam ja für Adam gar nicht in Frage –, galten diese Grundprinzipien. Keiner der beiden würde den Schritt zur nächsthöheren Ebene genehmigen, wenn der ganze Vorschlag nicht genau und von allen Seiten geprüft war, wenn die Frage nach den Kosten nicht bis ins einzelne beantwortet war, wenn es keine Prognosen über den Markt gab, keine detaillierten Einzelvorschläge.

Und das war auch richtig so. Sonst würden Hunderte von verrückten Ideen die Instanzen belasten, die die Entscheidungen zu treffen hatten.

Und vorläufig bliebe die ganze Arbeit bei ihm selbst – erst später würden andere sich der Sache annehmen.

Und Adam mußte noch etwas bedenken. Wenn die Abteilung Landmaschinen Hank Kreisels Drescherprojekt abgelehnt hatte – und er selbst hatte das zugegeben –, dann konnte Adam sich Feinde schaffen, wenn er das Projekt wieder aufgriff, gleichgültig, ob mit oder ohne Erfolg. Die Landmaschinenabteilung war zwar im Verhältnis zur Automobilherstellung ein kleiner Seitenzweig, aber sie war immerhin ein Teil des Werkes, und es war nie gut, sich andere zu Feinden zu machen, ganz gleich, wo sie saßen.

Am Ende war Adam heute abend doch beeindruckt gewesen von den Gedanken seines Gastgebers und von dem, was er ihm vorgeführt und erläutert hatte. Aber konnte Adam selbst etwas dabei gewinnen, wenn er sich einmischte? Könnte es ihm nützen, Hank Kreisel zu fördern? Oder wäre das eine ganz und gar verrückte Idee?

Sarkastisch antwortete er: »Ich könnte mir denken, daß

ich, wenn's nach dir ginge, den Orion aufgeben sollte, den Farstar . . .«

»Warum denn nicht? Die machen keinen Menschen satt. Aber Hanks Maschinen werden das tun.«

»Der Orion wird dich und mich satt machen.«

Er hatte noch nicht ausgesprochen, da wußte Adam schon, daß seine letzte Bemerkung selbstgefällig und dumm war, daß sie wieder einmal dabei waren, einen unnötigen Streit anzufangen. Erica fauchte ihn an: »Ich glaube, das ist das einzige, was dich interessiert.«

»Nein. Aber man muß da noch viel mehr bedenken.«

»Zum Beispiel?«

»Zum Beispiel dies: Hank Kreisel ist ein Opportunist.«

»*Mir* hat er gefallen.«

»Das habe ich gemerkt.«

Ericas Stimme klang eisig. »Was willst du damit sagen?«

»Oh, zum Teufel noch mal – nichts!«

»Ich sagte: *Was willst du damit sagen*?«

»Na gut«, antwortete Adam, »als wir da am Swimmingpool waren, hat er dich in Gedanken ausgezogen. Und du hast es genau gewußt. Dir schien es nichts auszumachen.«

Ericas Gesicht hatte sich gerötet. »Jawohl, ich *habe* es gemerkt! Und es *hat* mir nichts ausgemacht! Wenn du es ganz genau wissen willst: Ich habe es genossen!«

Mit saurer Miene sagte er: »Ich aber nicht.«

»Ja, was hast du denn dagegen?«

»Was soll denn das nun wieder heißen?«

»Es bedeutet, daß Hank Kreisel ein Mann ist und sich auch wie einer benimmt. Deshalb fühlt eine Frau sich bei ihm wie eine Frau.«

»Ich wecke diese Gefühle wohl nicht.«

»Nein, weiß Gott nicht!« Ihr Zorn schien das ganze Auto zu erfüllen. Adam war alles andere als unbeeindruckt. Und er hatte Verstand genug, um zu begreifen, daß er nun nicht mehr viel weitergehen dürfe.

Versöhnungsbereit sagte er: »Sieh mal, vielleicht war ich in letzter Zeit nicht sehr . . .«

»Du hast dich aufgeregt, weil ich mich bei Hank wohlgefühlt habe. Als Frau. Als Frau, die man begehrt.«

»Dann tut es mir ehrlich leid. Da habe ich wohl das Falsche gesagt. Hab' nicht genug darüber nachgedacht.« Und er fügte hinzu: »Außerdem will *ich* dich ja.«

»Ist das wahr? Ist das wirklich wahr?«

»Natürlich.«

»*Warum nimmst du mich dann nicht mehr? Weißt du denn nicht, daß du es vor zwei Monaten zuletzt getan hast? Und davor Wochen, viele Wochen . . . Und du irrst dich, wenn du glaubst, daß ich gern darüber rede! Aber du zwingst mich ja dazu!*«

Sie waren vom Freeway abgebogen. Unter einer plötzlichen Last des schlechten Gewissens hielt Adam an. Erica schluchzte. Sie hatte das Gesicht an das Wagenfenster auf ihrer Seite gelegt. Zart griff er nach ihrer Hand.

Sie riß die Hand weg. »Faß mich nicht an!«

»Hör mal«, sagte Adam, »ich bin sicher ein erstklassiger Trottel . . .«

»Nein! Sag das nicht! Sag überhaupt nichts!« Erica wehrte sich verzweifelt gegen die Tränen, die über ihre Wangen liefen. »Glaubst du etwa, ich will, daß du mich *jetzt* nimmst? Nachdem ich dich darum gebeten habe? Was denkst du dir denn, wie sich eine Frau fühlt, die darum erst mal *bitten* muß?«

Er wartete. Er kam sich hilflos vor. Er wußte nicht, was er tun oder sagen sollte. Dann ließ er den Motor wieder anspringen und fuhr schweigend den Rest des Weges heim nach Quarton Lake.

Wie üblich ließ er Erica aussteigen, bevor er den Wagen in die Garage steuerte. Als sie ausstieg, sagte sie ruhig zu ihm: »Ich habe viel darüber nachgedacht, und es ist nicht nur wegen heute abend. Ich möchte eine Scheidung.«

Er sagte: »Wir sprechen darüber.«

Erica schüttelte den Kopf.

Als er hereinkam, war sie schon im Gästezimmer. Die Tür hatte sie zugeschlossen. In dieser Nacht waren sie zum ersten Mal seit ihrer Hochzeit im selben Haus und schliefen in verschiedenen Räumen.

20

»Na, raus mit der Sprache, und wenn's weh tut«, sagte Smokey Stephensen zu Lottie Potts, seiner Buchhalterin. »Wie hoch ist unser Inventur-Minus?«

Lottie, die wie ein weiblicher Uriah Heep aussah und sich oft auch so benahm, dabei aber einen messerscharfen Verstand besaß, rechnete flink mit einem schlanken Goldbleistift.

»Die gerade von uns ausgelieferten Wagen mitgerechnet, Mr. Stephensen, Sir, dreiundvierzigtausend Dollar.«

»Wieviel haben wir auf dem Bankkonto, Lottie?«

»Wir können die Löhne und Gehälter für diese und die nächste Woche zahlen, Mr. Stephensen, Sir. Viel mehr aber auch nicht.«

»Hm.« Smokey Stephensen rieb sich den schweren Bart mit einer Hand, dann lehnte er sich zurück und faltete die Hände vor seinem Bauch, der in letzter Zeit dicker geworden war; geistesabwesend nahm er sich vor, etwas gegen das Übergewicht zu tun, vielleicht sollte er Diät leben; der Gedanke daran deprimierte ihn.

Es war bezeichnend für Smokey, daß die finanzielle Krise, in der er sich ganz plötzlich an diesem Morgen wiederfand, ihn nicht beunruhigte. Er hatte schon andere überstanden, und irgendwie würde er wohl auch mit dieser fertigwerden. Er dachte über Lotties Zahlen nach und stellte eigene Rechnungen im Kopf an.

Es war ein Dienstag in der ersten Woche des August, und die beiden befanden sich in Smokeys Büro im Zwischengeschoß der großen vorstädtischen Autohandlung. Smokey saß an seinem Schreibtisch. Er trug das blauseidene Jackett und dazu die grellgemusterte Krawatte, die wie seine Uniform wirkten. Lottie saß ihm gegenüber und wartete voller Ehrerbietung, rings um sich her hatte sie mehrere aufgeschlagene Kontobücher ausgebreitet.

Smokey dachte: Es gab heute nicht mehr viele Frauen von

der Haltung Lotties. Aber dann war es natürlich auch so, daß man schon einen Ausgleich suchen mußte, wenn Mutter Natur einen im Augenblick der Geburt zähnefletschend angefaucht hatte, so daß man so häßlich wurde, wie Lottie es war. *Mein Gott noch mal, wie sah die bloß aus.* Mit fünfunddreißig oder so wirkte sie wie fünfzig, mit ihren knolligen, schiefen Gesichtszügen, ihren vorstehenden Zähnen, ihrem Haar von undefinierbarer Farbe, das in alle Richtungen gleichzeitig wuchs und aussah, als sei es von einer Kokosnuß weg geradewegs auf ihren Skalp gekommen, mit ihrer Stimme, die sich anhörte wie nackte Eisenfelgen auf Kopfsteinpflaster . . . Smokey rief sich innerlich zur Ordnung; er erinnerte sich selbst daran, daß Lottie von selbstloser Treue und unerschütterlich loyal war, daß ihre Zuverlässigkeit grenzenlos war und daß sie sich gemeinsam aus so mancher Klemme wieder herausgearbeitet hatten, in der er ohne ihre glanzvolle Generalstabsarbeit rettungslos steckengeblieben wäre.

Ein weises Wort hatte Smokey sein ganzes Leben lang befolgt: Wenn du willst, daß eine Frau es durch dick und dünn bei dir aushält, dann such dir 'ne häßliche aus. Hübsche Mädchen waren ein Luxusartikel, aber verlassen konnte man sich nicht auf sie. Nur die Häßlichen blieben, nur sie hielten den Laden in Schwung.

Ein anderes häßliches Mädchen hatte die Krise dieses Vormittags ausgelöst. Und Smokey war ihr dankbar dafür.

Sie hieß Yolanda, und sie hatte ihn gestern abend spät zu Hause angerufen.

Yolanda arbeitete bei der Bank in der Stadt, mit der Smokey zusammenarbeitete und die seinen Händlerbestand an Autos finanzierte. Das Mädchen war die Sekretärin eines Vizepräsidenten, und sie hatte Zugang zu vertraulichen Akten.

Yolanda hatte noch eine Eigenschaft. In BH und Höschen brachte sie gut und gern ihre zwei Zentner auf die Waage.

Als Smokey sie bei einem Bankbesuch vor einem Jahr zum ersten Mal zu Gesicht bekam, hatte er in ihr sofort einen potentiellen Verbündeten gespürt. Er hatte sie wenig später angerufen und sie zum Mittagessen eingeladen. Von diesem

Tage an hatte er die Freundschaft wachsen lassen. Jetzt trafen sie sich alle zwei Monate oder so; in der Zeit zwischen den Verabredungen schickte er ihr Blumen oder Süßigkeiten, die sie pfundweise verschlang, und zweimal hatte Smokey sie über Nacht mit in ein Motel genommen. An diese Gelegenheiten dachte er nicht gern zurück, aber Yolanda – in deren Leben sich Derartiges nicht allzu oft ereignet hatte – bewahrte ihm in ihrem Herzen unvergängliche Dankbarkeit dafür, eine Dankbarkeit, die sich für Smokey in periodischen und äußerst nützlichen Informationen aus der Bank ausdrückte.

»Unsere Prüfer bereiten ein paar überraschende Lagerkontrollen bei Händlern vor«, hatte sie ihm gestern abend am Telephon gesagt. »Ich dachte mir, daß dich das interessieren könnte – dein Name steht nämlich auch auf der Liste.«

Sofort hellwach, hatte er sie gefragt: »Wann fangen die Kontrollen denn an?«

»Gleich morgen früh, aber das soll keiner wissen.« Yolanda fügte hinzu: »Ich konnte nicht eher anrufen, weil ich Überstunden machen mußte und weil ich nicht vom Büro aus anrufen mochte.«

»Du bist ein kluges Kind. Wie lang ist denn die Liste?«

»Acht Händler stehen auf der Liste. Ich habe mir die Namen aufgeschrieben. Soll ich sie dir vorlesen?«

Er segnete sie und ihre Gründlichkeit. »Ja bitte, Baby.«

Mit Erleichterung nahm Smokey zur Kenntnis, daß sein Name an vorletzter Stelle stand. Wenn die Prüfer, was normal war, der Reihe nach vorgingen, dann würden sie frühestens in drei Tagen bei ihm auftauchen. Also hatte er zwei Tage Spielraum. Das war nicht viel, aber es war entschieden besser, als morgen heimgesucht zu werden. Er notierte sich die Namen der anderen Händler. Drei davon waren Bekannte, denen er einen Tip geben würde; ein andermal würden die sich dann schon revanchieren.

Zu Yolanda sagte er: »Du bist ein ganz liebes Kind, daß du mich noch angerufen hast. Wir haben uns schon zu lange nicht mehr gesehen.«

Sie beendeten das Gespräch mit einigen zärtlichen Worten, und Smokey hatte das Gefühl, daß ihn das wieder mal eine Nacht im Motel kosten würde. Aber die Sache war's wert.

Früh am nächsten Morgen rief er Lottie zu sich, der er auch gelegentlich in unkomplizierter Weise entgegenkam, aber die es sich niemals auch nur im Traum hätte einfallen lassen, ihn anders anzureden als mit »Mr. Stephensen, Sir«. Das Resultat war ihre Mitteilung, daß die Autohandlung Stephensen bemerkenswert tief in der Tinte saß.

Das »Inventur-Minus«, von dem Smokey gesprochen hatte, bedeutete in seinem Falle, daß er Autos verkauft, aber den Erlös nicht an die Bank überwiesen hatte, von der er ursprünglich das Geld bekommen hatte, um die Wagen überhaupt erst einmal einzukaufen. Die Autos wurden von der Bank als Sicherheit für den Kredit betrachtet; da sie keine gegenteiligen Informationen erhalten hatte, glaubte die Bank, daß sich die Autos noch fest und sicher in Smokeys Lager befänden. In Wirklichkeit aber waren Autos im Werte von dreiundvierzigtausend Dollar nicht mehr da.

Einige Verkäufe waren der Bank in den letzten Wochen gemeldet worden, aber keineswegs alle, und eine Kontrolle des Lagers – wie Banken und Finanzierungsgesellschaften sie von Zeit zu Zeit durchführten –, hätte den Fehlbestand ans Licht gebracht.

Der Ex-Rennfahrer rieb sich den Bart und grübelte.

Wie alle Autohändler, so wußte auch Smokey, daß es ganz normal war, wenn ein Autohändler gelegentlich dieses Minus hatte. Manchmal war das unumgänglich. Aber es kam alles darauf an, nicht zu weit zu gehen – und vor allem: sich nicht erwischen zu lassen.

Das Problem ergab sich unter anderem aus der Tatsache, daß die Händler für jedes neue Auto, das sie auf Lager nahmen, Bargeld aufbringen mußten, und das liehen sie sich gewöhnlich von Banken oder Finanzierungsgesellschaften. Manchmal aber genügte das Borgen nicht. Es konnte geschehen, daß bei einem Händler das Bargeld knapper wurde, aber er brauchte Bargeld – um mehr neue Wagen bezahlen zu können, wenn die Verkaufsaussichten gut waren, und um die laufenden Kosten zu decken.

Die Händler wußten sich natürlich zu helfen. Sie nahmen sich Zeit bei der Erledigung der Papierarbeit, die nach einem Verkauf anfiel. Da konnte es schon einmal geschehen, daß der Händler den Kaufpreis von einem Autokäufer bekam und sich dann gemächlich eine Woche Zeit nahm, vielleicht auch ein paar Tage mehr, bevor er seinen eigenen Gläubigern, also der Bank oder der Finanzierungsgesellschaft, den Verkauf meldete. In dieser Zeit stand dem Händler das Geld aus dem Verkauf zur freien Verfügung. Am Ende waren dann schon neue, zeitlich ineinander übergreifende Verkäufe getätigt, die auch wieder sehr langsam registriert, zu Buch genommen, gemeldet werden konnten, so daß der Händler auch das durch diese Verkäufe hereinkommende Geld – natürlich nur befristet – zur Verfügung hatte. Das Ganze glich ein wenig den Künsten des Jongleurs.

Die Banken und die Finanzierungsgesellschaften wußten, daß die Händler jonglierten, und bis zu einem gewissen Grade spielten sie mit, indem sie es zuließen, daß die Händler für kurze Zeit, wenn auch absolut inoffiziell, ein »Inventur-Minus« hatten. Es war aber höchst unwahrscheinlich, daß sie ein Minus von dem Umfang dulden würden, wie Smokey es im Augenblick zu verzeichnen hatte.

Leise sagte Smokey Stephensen: »Lottie, wir müssen wieder ein paar Autos aufs Lager zurückholen, bevor die Prüfer hier sind.«

»Ich dachte mir schon, daß Sie das sagen würden, Mr. Stephensen, Sir, deshalb habe ich eine Liste aufgestellt.« Die Buchhalterin schob ihm zwei zusammengeklammerte Blatt Papier über den Schreibtisch zu. »Das sind unsere sämtlichen Auslieferungen der letzten beiden Wochen.«

»Gutes Kind!« Smokey überflog die Liste und nahm zufrieden zur Kenntnis, daß Lottie neben jedem Namen Adresse und Telephonnummer sowie das Modell des gekauften Wagens und den erzielten Preis vermerkt hatte. Er begann damit, Adressen abzuhaken, die nicht allzu weit entfernt waren.

»Wir hängen uns beide ans Telephon«, sagte Smokey. »Ich habe für den Anfang mal vierzehn Namen abgehakt. Ich nehme die oberen sieben; Sie rufen die anderen an. Wir brauchen die Autos morgen, und zwar schon früh. Sie wissen ja, was Sie zu sagen haben.«

»Ja, Mr. Stephensen, Sir.« Lottie, die das alles schon kannte, übertrug Smokeys Haken auf einen Durchschlag der Liste, der vor ihr lag. Sie telephonierte in solchen Fällen von der kleinen Bürozelle im Erdgeschoß aus, in der sie arbeitete.

Als Lottie draußen war, wählte Smokey Stephensen die erste Nummer auf seiner Liste. Eine angenehme Frauenstimme antwortete, und er meldete sich.

»Ich rufe nur an«, sagte Smokey mit seiner schmelzendsten Verkäuferstimme, »um mich mal zu erkundigen, wie Ihnen der neue Wagen so gefällt, den wir Ihnen verkaufen durften.«

»Gefällt uns gut.« Überraschung schwang in der Stimme der Frau mit. »Warum? Stimmt irgend etwas nicht?«

»Aber nicht im geringsten, gnä' Frau. Alles in bester Ordnung. Ich will mich nur persönlich überzeugen, daß alle Kunden zufrieden sind; das mache ich immer. Das gehört meiner Meinung nach zu meinen Pflichten.«

»Das kann ich nur begrüßen«, sagte die Frau. »Es gibt heute nicht mehr viele Geschäftsleute, die sich wirklich dafür interessieren, ob ihre Kunden zufrieden sind.«

»Uns interessiert das; sehr sogar.« Smokey hatte inzwischen seine Zigarre angezündet; die Füße lagen auf dem Schreibtisch, der Stuhl war zurückgekippt. »Das interessiert uns alle hier. Und ich hätte Ihnen da einen kleinen Vorschlag zu machen.«

»Der wäre?«

»Sie haben Ihren Wagen jetzt ein paar Tage gefahren; warum bringen Sie uns das Fahrzeug morgen nicht einfach mal her? Unsere Service-Abteilung wird dann alles genau überprüfen. Falls irgendwelche kleinen Fehler aufgetreten sind, werden wir sie dabei finden; außerdem kann nachgestellt werden, was nachgestellt werden muß.«

»Aber wir haben den Wagen noch nicht mal eine Woche ...«

»Um so wichtiger ist es dann«, sagte Smokey mit warmem Nachdruck, »ganz sicherzugehen, daß alles tiptop ist. Wir würden das gern für Sie tun; wirklich gern. Die Überprüfung ist natürlich kostenlos.«

»Eins muß ich sagen: einen Autohändler wie Sie findet man nicht oft.«

»Ich wollte, es wäre so, gnä' Frau. Auf jeden Fall ist es sehr nett von Ihnen, das zu sagen.«

Sie vereinbarten, daß der Wagen am nächsten Morgen um acht beim Service sein sollte. Smokey erklärte der Frau noch, daß er einen seiner besten Mechaniker ansetzen wolle und das sei einfacher zu organisieren, wenn der Wagen ganz früh gebracht wurde. Ihr Mann, sagte die Frau, der sonst morgens mit dem Wagen in sein Büro in die Stadt fuhr, müßte sich eben von jemand anders mitnehmen lassen, oder wenn das nicht klappte, konnte er ja den Bus nehmen.

Smokey führte noch ein anderes Telephongespräch mit ähnlichem Ergebnis. Die beiden nächsten leisteten Widerstand – es paßte ihnen nicht, morgen ohne Wagen zu sein; er spürte Festigkeit und drängte nicht weiter. Beim fünften Anruf revidierte er seine Taktik; er tat das aus keinem besonderen Grund, sondern nur um der Abwechslung willen.

»Wir wissen es nicht ganz genau«, sagte Smokey zu dem Wagenbesitzer – dieses Mal hatte sich der Mann selbst gemeldet –, »aber wir halten es nicht für ausgeschlossen, daß Ihr neuer Wagen einen Defekt hat. Es ist mir offen gesagt peinlich, daß ich Sie anrufen muß, aber wir halten es für unsere Pflicht, immer im Interesse unserer Kunden zu handeln.«

»Aber das braucht Ihnen doch nicht peinlich zu sein«, sagte der Mann. »Ich bin froh, daß Sie mich angerufen haben. Was ist das denn für ein Defekt?«

»Wir halten es für möglich, daß der Auspuff eine kleine undichte Stelle hat, so daß Kohlenmonoxyd in den Passagierraum einsickert. Sie selbst und Ihre Mitfahrer riechen das nicht, aber es könnte gefährlich sein. Um ganz ehrlich zu sein, wir haben das bei zwei Wagen festgestellt, die wir diese Woche vom Werk bekommen haben, und um ganz sicher zu gehen, überprüfen wir alle Wagen, die wir in letzter Zeit ausgeliefert haben. Gern sage ich das nicht, aber es sieht ganz so aus, als habe es da einen kleinen Fehler im Werk gegeben.«

»Das brauchen Sie mir nicht zu erklären. Ich weiß selbst, wie so etwas passiert«, sagte der Mann. »Ich bin selber Geschäftsmann, hab' auch andauernd Ärger mit den Arbeitern und Angestellten. Heute kriegt man ja doch nur noch Leute, denen alles ganz egal ist. Um so mehr weiß ich zu schätzen, wie Sie sich um Ihre Kunden kümmern.«

»Wissen Sie, das ist nun einmal einer der Grundsätze, nach denen ich mein Geschäft führe«, erklärte Smokey. »Ich bin überzeugt, daß Sie es bei Ihrem auch so machen. Wir dürfen also damit rechnen, daß Sie Ihren Wagen morgen früh herbringen?«

»Aber sicher. Ich bringe ihn früh vorbei.«

»Das nimmt mir eine Last von der Seele. Die Sache wird natürlich kostenlos für Sie erledigt. Ach, noch etwas. Wenn Sie vorher noch mit Ihrem Wagen fahren, dann tun Sie mir doch einen Gefallen und fahren Sie mit offenem Fenster.«

Der Künstler in Smokey konnte nur selten solchen Verzierungen widerstehen.

»Vielen Dank für den Tip. Und dann will ich Ihnen mal was sagen, Mister – mir imponiert das. Würde mich gar nicht wundern, wenn wir bald mal wieder ins Geschäft kommen.«

Smokey legte strahlend den Hörer auf die Gabel.

Als der Vormittag halb herum war, verglichen Lottie Potts und ihr Chef die Resultate. Der Buchhalterin war es gelungen, vier Zusagen für den nächsten Tag zu bekommen, Smokey fünf. Die Summe, neun Autos, hätte ausgereicht, wenn wirklich alle Autos kämen, aber bis morgen früh war noch viel Zeit; einige Autobesitzer konnten sich anders besinnen, oder in ihrem Leben konnte irgend etwas geschehen, das sie hindern würde, die Autos zu bringen. Smokey beschloß, auf Nummer sicher zu gehen. Er wählte weitere acht Namen aus Lotties Liste aus, und die beiden machten sich wieder ans Telephonieren. Als der Vormittag zu Ende war, hatten alles in allem dreizehn Besitzer neuer Wagen zugesagt, sie früh am nächsten Morgen zu Stephensens Autohandlung zu bringen, und zwar aus einer ganzen Reihe verschiedener Gründe.

Als nächstes kam eine Konferenz zwischen Smokey und seinem Service-Manager, Vince Mixon.

Mixon war ein fröhlicher kleiner Terrier von einem Kerl, glatzköpfig und schon Ende sechzig. Er leitete die Service-Abteilung wie ein erfahrener alter Fuchs. Im Handumdrehen konnte er die Leiden jedes Autos diagnostizieren, sein Organisationstalent war gut, und die Kunden mochten ihn. Aber Vince Mixon hatte eine Schwäche: er war trunksüchtig. Zehn Monate im Jahr blieb er eisern gegen sich selbst und trank keinen Tropfen; zweimal im Jahr, mit absoluter Regelmäßigkeit, wurde er rückfällig, und das hatte manchmal beklagenswerte Auswirkungen auf seine Arbeit.

Kein anderer Arbeitgeber hätte sich damit abgefunden, und Mixon wußte das genau; er wußte auch, daß er in seinem Alter keinen Posten mehr bekommen würde, wenn er diesen einmal verlieren sollte. Smokey hatte seinerseits die Situation klar erkannt und beurteilt, und er hatte die Vorteile gesehen, die sich für ihn daraus ergaben. Vince Mixon war großartig, wenn er funktionierte, und wenn nicht, dann lavierte sich Smokey eben ohne ihn durch. Smokey konnte sich dafür darauf verlassen, daß sein Service-Manager keine Schwierigkeiten machte, wenn er einmal fünfe gerade sein lassen wollte; außerdem war Mixon in kitzligen Situationen zu allem bereit, was von ihm verlangt wurde; so zum Beispiel jetzt.

Zusammen schmiedeten sie Pläne für morgen.

Sogleich nach Ankunft der zurückgerufenen Wagen sollten sie in die Service-Abteilung gebracht und gewaschen werden. Das Innere sollte mit dem Staubsauger behandelt, der Motor sorgfältig saubergewischt werden, damit alles hübsch neu aussah, falls jemand auf die Idee kam, die Motorhaube hochzuheben. Die Handschuhfächer mußten ausgeräumt, die Sachen säuberlich in Plastiktüten getan und mit Namensschildern versehen werden, damit es später keine Verwechslungen gab. Die Nummernschilder mußten abmontiert werden; auch hier galt es, alles sehr genau zu notieren, damit später die richtigen Schilder wieder angebracht wurden. Die Reifen mußten mit schwarzer Farbe abgesprüht werden, damit sie wieder fabrikneu wirkten, besonders natürlich an den Stellen des Profils, das schon ein wenig abgenutzt aussah.

Danach mußten die Wagen – ungefähr ein Dutzend – auf die eingezäunte Fläche hinter der Autohandlung gefahren werden, wo die neuen, noch unverkauften Wagen abgestellt wurden.

Und das war's. Nichts anderes würde man mit den Wagen machen, keine andere Arbeit würde man ausführen, und in zwei Tagen würde man die Wagen ganz genau so, wie sie abgeliefert worden waren, den Eigentümern zurückgeben – abgesehen natürlich von der Außen- und Innenreinigung.

In der Zwischenzeit aber würden sich die Autos auf dem Geschäftsgrundstück befinden, bereit, von den Bankprüfern gezählt und inspiziert zu werden, die, wie Smokey hoffte, zu der Überzeugung gelangen würden, daß seine Inventur der unverkauften Wagen korrekt sei.

Nachdenklich sagte Smokey: »Die Knaben von der Bank trudeln vielleicht erst übermorgen hier ein. Aber die Leute wollen ihre Autos morgen abend zurück haben. Dann müssen Sie sie morgen nachmittag alle anrufen und sich irgend etwas ausdenken, damit wir sie noch einen Tag länger hierbehalten können.«

»Keine Sorge«, versicherte Vince Mixon ihm, »ich werde mir schon was Gutes einfallen lassen.«

Sein Chef sah ihn mit Strenge an. »Ich mache mir keine Sorgen, solange Sie die Finger von der Flasche lassen.«

Der Terrier von einem Service-Manager hob die Schwurhand. »Keinen Teelöffel voll, bis die Sache ausgestanden ist. Das verspreche ich.«

Smokey wußte aus Erfahrung, daß er sein Versprechen halten würde, aber dadurch, daß er dieses Versprechen erzwungen hatte, war gleichzeitig sichergestellt, daß in Kürze eine große Sauftour folgen würde. Es war eine Taktik, die der Händler selten anwandte, aber dieses Mal mußte es sein. Er mußte sich in den nächsten achtundvierzig Stunden auf Vince Mixon verlassen können.

»Was machen wir mit den Tachometern?« fragte der Service-Mann. »Ein paar Autos werden ihre etlichen hundert Kilometer drauf haben.«

Smokey dachte nach. Da steckte tatsächlich eine Gefahr; es gab Bankprüfer, die mit allen Wassern gewaschen waren und jeden Händlertrick kannten. Solche Leute kontrollierten einfach alles, auch den Tachometerstand. Wegen der Gesetze, die die einzelnen Bundesstaaten inzwischen erlassen hatten, war es gefährlich geworden, an Tachometern herumzufummeln; außerdem hatte die diesjährige Serie Tachometer von der Sorte, die gegen Zauberkunststücke gesichert waren.

»Nichts ist so gesichert, daß man nicht heran kann«, sagte Mixon, als Smokey ihn daran erinnerte. Der Service-Manager zog ein paar kleine, kurios geformte Metallschlüssel aus der Tasche. »Gucken Sie mal. Hergestellt von einer Werkzeugfirma namens Expert Speciality in Greensville, South Carolina. Kann sich jeder kaufen, der will. Mit denen kann man jeden Tachometer verstellen; Sie brauchen mir nur zu sagen, was die anzeigen sollen – ich stell's ein.«

»Aber was machen Sie mit den neuen Tachometern – den Dingern mit den weißen Strichen, die sofort herunterfallen, wenn man die Zahlen verstellt?«

»Die Striche sind in Wirklichkeit kleine Plastikrahmen, die so eingestellt sind, daß sie zerbrechen, wenn man daran herumfummelt. Aber dieselbe Firma, die die Schlüssel herstellt, liefert auch gleich neue, unzerbrechliche Plastikrahmen. Kosten einen Dollar pro Stück. Ich habe zwei Dutzend da, mehr sind schon bestellt.« Mixon grinste. »Überlassen Sie das alles mir, Chef. Alle Tachometer, die mehr als fünfzig Meilen drauf haben, stelle ich zurück. Und bevor die Eigentümer auftauchen, stelle ich sie alle wie früher ein.«

Strahlend klopfte Smokey seinem Angestellten auf die Schulter. »Vince, wie stehen wir da? So!«

Und so schien es tatsächlich zu sein, als der Vormittag des nächsten Tages halb herum war.

Wie Smokey es schon geahnt hatte, wurden drei Wagen entgegen der Zusage nicht abgeliefert, aber die zehn übrigen tauchten prompt auf. Das war reichlich für seine Zwecke. In der Service-Abteilung war das Waschen, Säubern und Reifensprühen schnell gemacht – es hatte Vorrang vor jeder anderen Arbeit. Mehrere der abgelieferten Wagen standen schon auf dem Lagerplatz. Vince Mixon fuhr sie persönlich dort hin.

Eine weitere gute Nachricht ließ nicht lange auf sich warten. Die Bankprüfer nahmen ihre Kontrollen in der Reihenfolge der Liste vor, die Yolanda beschafft hatte. Zwei der drei Händler, denen Smokey gestern einen Tip gegeben hatte, waren schon heimgesucht worden und hatten Smokey am Telephon von sich und anderen Händlern berichtet. Das bedeutete, daß die Firma Stephensen Motors sich darauf verlassen konnte, morgen überprüft zu werden; aber schon von heute nachmittag an würde alles für die Kontrolle bereit sein.

Andere, ernste Sorgen hatte Smokey nicht, vorausgesetzt, daß es ihm gelang, heute und morgen seinen wahren Lagerbestand zu verschleiern. Das Geschäft ging im allgemeinen glänzend, die generelle Situation der Firma war solide, und er wußte, daß er seine Bücher in ungefähr einem Monat wieder in Ordnung und den Fehlbestand einigermaßen wieder ausgeglichen haben konnte. Er gestand sich selber ein: er hatte sich *tatsächlich* ein bißchen zu sehr verausgabt, aber schließlich hatte er schon früher mal alles auf eine Karte gesetzt und hatte gewonnen; deshalb hatte er sich ja so lange als erfolgreicher Händler behauptet.

Um 11.30 Uhr saß Smokey entspannt in seinem Büro im Zwischengeschoß und schlürfte einen Kaffee mit einem Schuß Kognak, als Trenton unangemeldet hereinkam.

Smokey waren Adam Trentons Besuche ein ganz klein wenig unheimlich geworden. Inzwischen war er seit ihrer ersten Begegnung Anfang des Jahres schon etliche Male dagewesen. Dieses Mal bereitete es ihm noch weniger Vergnügen als sonst, Adam in seiner Tür zu erblicken.

»Hallo!« sagte er. »Wußte nicht, daß Sie heute kommen wollten.«

»Ich bin schon seit einer Stunde hier«, sagte Adam zu ihm. »Ich war hauptsächlich in der Service-Abteilung.«

Sein Tonfall und ein gewisser Gesichtsausdruck ließen

Smokey stutzig werden. Brummig sagte er: »Sie könnten sich auch ruhig melden, wenn Sie herkommen. Ist schließlich *mein* Laden.«

»Ich hätte mich auch gemeldet, aber gleich zu Anfang haben Sie ja zu mir gesagt . . .« Adam schlug einen schwarzen Loseblatt-Ordner auf, den er schon bei seinen letzten Besuchen immer bei sich gehabt hatte, und blätterte um. »Als ich das erste Mal hier war, haben Sie zu mir gesagt: ›Alles steht Ihnen hier weit offen, Adam – wie ein Puff mit dem Dach ab. Sie können unsere Bücher sehen, die Akten, die Inventuren. Sie brauchen es nur zu sagen; genau so wie ich Ihrer Schwester alles zeigen würde, denn das ist ja ihr gutes Recht.‹ Und später haben Sie gesagt . . .«

Smokey sagte grollend: »Schon gut, schon gut. Das langt mir. Konnte ja nicht wissen, daß ich mit einem Grammophon gesprochen habe.« Mißtrauisch starrte er ihn an: »Haben Sie etwa immer ein Tonband dabei?«

»Dann hätte ich's Ihnen gesagt. Ich habe ein ganz gutes Gedächtnis, und wenn ich mich mit irgend etwas genauer befasse, dann mache ich mir Notizen.«

Smokey hätte zu gern gewußt, was da sonst noch auf den Seiten in dem schwarzen Ordner stand. Er sagte zu Adam: »Setzen Sie sich. Kaffee?«

»Nein, danke, und ich bleibe lieber stehen. Ich bin hier, um Ihnen zu sagen, daß es mein letzter Besuch bei Ihnen ist. Außerdem möchte ich Ihnen mitteilen – weil ich glaube, daß es Ihr gutes Recht ist, vorher informiert zu werden –, daß ich meiner Schwester empfehlen werde, ihre Anteile an Ihrem Geschäft zu verkaufen. Und im übrigen« – Adam zeigte auf den Ordner –, »werde ich das hier der Marketing-Abteilung unseres Werkes übergeben.«

»Was werden Sie?«

Leise sagte Adam: »Ich glaube, Sie haben mich ganz gut verstanden.«

»Was steht denn da drin, zum Teufel noch mal?«

»Unter anderem steht darin, daß Ihre Service-Abteilung in diesem Augenblick systematisch dabei ist, von mehreren gebrauchten Wagen alles zu entfernen, was sie mit ihrem Eigentümer in Verbindung bringen könnte, daß die Wagen so hergerichtet werden, als seien sie fabrikneu, und daß sie zusammen mit tatsächlich fabrikneuen Wagen auf Ihrer Lagerfläche abgestellt werden. Übrigens hat Ihr Service-Manager falsche Arbeitsaufträge per Garantie für diese Autos ausgestellt. Die Arbeiten werden nicht ausgeführt, aber man wird sie unserem Werk zweifellos berechnen. Ich weiß bisher noch nicht, warum das alles veranstaltet wird, aber ich kann es mir schon denken. Da es um die Interessen Teresas geht, werde ich Ihre Bank anrufen, melden, was ich gesehen habe, und fragen, ob man sich in der Bank einen Vers darauf machen kann.«

Verhalten, fast lautlos sagte Smokey Stephensen: »*Jesus Christus.*«

Er wußte, daß ihm das Dach über dem Kopf zusammengekracht war, und das auf eine Weise, mit der er am allerwenigsten gerechnet hatte. Er erkannte nun auch den Fehler, den er gleich zu Anfang begangen hatte: Nie und nimmer hätte er Adam Trenton gegenüber offen und ehrlich sein dürfen, nie hätte er ihn so frei und ungehindert in seinem Laden herumstöbern lassen dürfen. Smokey hatte Adam als hellwachen, angenehmen Burschen von der Konzernspitze taxiert, der in seinem Job zweifellos etwas leistete, denn sonst hätte er ihn ja nicht, aber doch wohl eher naiv in anderen Dingen, zum Beispiel in seiner Vorstellung davon, wie man eine Autovertretung führt. Smokey hatte Offenheit für die allerbeste Tarnung gehalten, denn Adam würde es wahrscheinlich spüren, wenn man ihm Informationen vorenthielt, und das würde ihn nur neugierig machen, während absolute Ehrlichkeit ihn eher einschläfern würde. Außerdem hatte Smokey angenommen, daß Adam sich um andere Dinge nicht viel kümmern würde, wenn er erst einmal den Eindruck gewonnen hatte, daß alles offen und ehrlich behandelt wurde, was mit der Beteiligung seiner Schwester an der Autohandlung zu tun hatte. Zu spät erkannte der Händler, daß er sich in jedem einzelnen Punkt geirrt hatte.

»Tun Sie mir einen Gefallen«, sagte Smokey beschwörend. »Geben Sie mir eine Minute Zeit zum Nachdenken. Und dann lassen Sie uns doch wenigstens erst mal darüber reden.«

Kurz angebunden sagte Adam: »Sie denken doch nur darüber nach, wie Sie mich bremsen können, und das wird Ihnen nicht gelingen. Und was es zwischen uns zu besprechen gab, ist besprochen worden.«

Der Händler wurde laut. »Zum Teufel noch mal, woher wollen Sie wissen, was ich denke?«

»Na gut; ich weiß es nicht. Aber ich weiß eines: daß Sie ein Gauner sind.«

»Das ist eine ganz gemeine Lüge! Ich könnte Sie deshalb verklagen.«

»Ich bin gern bereit«, sagte Adam, »meine Äußerung vor Zeugen zu wiederholen, und Sie können mich gern verklagen. Aber Sie werden sich hüten.«

»Wieso bin ich ein Gauner?« Smokey dachte, es könnte gar nichts schaden, wenn er jetzt möglichst viel in Erfahrung brachte.

Adam ließ sich in den Sessel vor dem Schreibtisch fallen und schlug den schwarzen Loseblatt-Ordner auf.

»Wollen Sie die ganze Liste?«

»Jawohl, und ob!«

»Sie betrügen bei Garantiearbeiten. Sie berechnen dem Hersteller Arbeiten, die nie ausgeführt worden sind. Sie wechseln Teile aus, die gar nicht ausgewechselt werden müssen; die ausgebauten Teile nehmen Sie auf Lager, um sie später wieder zu verwenden.«

Smokey brauste auf: »Nennen Sie mir *ein* Beispiel.«

Adam blätterte um. »Ich habe mehr Beispiele als eins, aber dieses hier ist typisch.« Ein fast neuer Wagen war zur Service-Abteilung gebracht worden, begann Adam seine Erzählung, dessen Vergaser ein wenig nachgestellt werden mußte. Anstatt ihn einzustellen, bauten Smokeys Leute den Vergaser aus, ersetzten ihn durch einen neuen und berechneten dem Werk die Kosten als Garantiearbeit. Später wurde an dem ausgebauten Vergaser die geringfügige Reparatur vorgenommen, die erforderlich gewesen war, und man hatte ihn dem Ersatzteillager übergeben, das ihn später als fabrikneu verkaufte. Adam hatte alle Daten, die Auftragsnummer und die Rechnungsnummern sowie die Vergaser-Markierungen.

Smokey lief rot an. »Wer hat es Ihnen erlaubt, in meinen Service-Büchern herumzuschnüffeln?«

»Sie selbst.«

Adam wußte, daß es Verfahrensvorschriften gab, die solche Durchstechereien verhindern sollten. Es gab sie bei jedem der Großen Drei. Aber der riesige Umfang der Organisation und das Arbeitsvolumen, mit dem ein großes Service-Depot tagtäglich fertigwerden mußte, ermöglichten es Händlern wie Smokey, dem ausgeklügelten System regelmäßig ein Schnippchen zu schlagen.

Er wandte ein: »Ich kann doch unmöglich alles wissen, was die sich da in der Service-Abteilung leisten.«

»Verantwortlich sind Sie. Außerdem führt Vince Mixon den Laden ganz genau so, wie Sie es ihm vorschreiben; das tut er auch heute wieder. Übrigens macht er noch etwas. Er polstert die Arbeitszeiten auf den Kundenrechnungen aus. Wollen Sie Beispiele?«

Smokey schüttelte den Kopf. Er hatte keinen Augenblick damit gerechnet, daß dieser Kerl so gründlich vorgehen, daß er auch nur die Hälfte von dem kapieren würde, was er sah. Aber während Smokey noch zuhörte, dachte er schon angestrengt nach, genau so, wie er das bei hart gefahrenen Rennen getan hatte, wenn es darauf ankam, einen anderen, der vor ihm lag, zu überholen oder ihn abzudrängeln.

»Weil wir gerade von den Kunden sprechen«, sagte Adam, »Ihre Verkäufer geben Finanzierungs-Zinssätze noch immer in soundsoviel pro hundert Dollar an, obwohl das nach dem Gesetz über wahrheitsgemäße Angaben beim Geldverleih verboten ist.«

»Den Leuten ist das lieber so.«

»Sie meinen, daß es *Ihnen* lieber ist. Besonders dann, wenn ein Zinssatz, den Sie mit neun Prozent pro hundert quotieren, einen *wirklichen* Zinssatz von mehr als sechzehn Prozent pro Jahr bedeutet.«

Smokey blieb fest: »Das ist gar nicht so übel.«

»Das gebe ich zu. Das würden auch andere Händler meinen, die es ebenso machen. Was denen aber weniger schmecken würde, ist die Art und Weise, wie Sie regelmäßig bei Händler-Verkaufswettbewerben schwindeln. Sie datieren Verkaufsaufträge nach, Sie ändern auf anderen nachträglich das Datum ...«

Smokey stöhnte hörbar. Er winkte schlapp mit der Hand und kapitulierte: »Hören Sie auf, hören Sie auf ...«

Adam schwieg.

Smokey Stephensen wußte: *Dieser Kerl, dieser Trenton, wußte alles.* Vielleicht konnte Smokey sich irgendwie herauswinden, wenn ihm die eine oder andere seiner Schwindeleien vorgeworfen wurde; vielleicht konnte ihm das sogar in allen Fällen gelingen. Aber hierbei nicht. Von Zeit zu Zeit gaben die Hersteller einen Händlerbonus – meistens fünfzig bis hundert Dollar pro Wagen – für jedes neue Auto, das in einem ganz bestimmten Zeitraum verkauft wurde. Da es jedesmal um Tausende von Dollar ging, wurden diese Wettbewerbe besonders streng überwacht, aber auch da gab es Möglichkeiten, und Smokey kannte sie alle und hatte sie alle schon angewandt. Das waren Unredlichkeiten, die man in der Marketing-Abteilung nicht so leicht vergaß – wenn man jemals dahinter kam.

Smokey fragte sich, ob Adam wohl auch dahinter gekommen war, daß er Vorführwagen – die Modelle des vorigen Jahres – als fabrikneu verkauft hatte, nachdem die Tachometer zurückgestellt worden waren. Ja. Sehr wahrscheinlich hatte er auch das herausbekommen.

Wie zum Teufel konnte eigentlich ein einziger Bursche das alles in so kurzer Zeit herauskriegen?

Adam hätte ihm das erklären können. Er hätte ihm erklären können, daß Kontrollen und Recherchen, detaillierte Analysen und das Zusammensetzen vieler Informationsfragmente für einen Produktplaner der Spitzengruppe das tägliche Brot sind. Außerdem war Adam an schnelles Arbeiten gewöhnt.

Smokey hatte den Blick auf die Schreibtischplatte gesenkt; er schien die Zeit zum Nachdenken zu nutzen, um die er vorhin gebeten hatte. Jetzt hob er den Kopf und fragte leise: »Auf wessen Seite stehen Sie eigentlich? Um wessen Interessen kümmern Sie sich?« – Adam hatte mit dieser Frage gerechnet. Gestern abend schon und auch heute morgen hatte er sich selbst diese Frage gestellt.

»Hergekommen bin ich im Auftrag meiner Schwester Teresa, um ihre Interessen wahrzunehmen, die sich aus ihrer neunundvierzigprozentigen Beteiligung an Ihrem Geschäft ergeben. Das gilt auch jetzt noch. Das bedeutet aber nicht, daß ich unredliche Praktiken stillschweigend übersehe. Das würde auch Teresa nicht tun, ebenso wenig wie ihr Mann Clyde, wenn er noch am Leben wäre. Deshalb werde ich auch wahrmachen, was ich Ihnen vorhin angekündigt habe.«

»Ja, was das anbelangt. Als erstes werden Sie wohl die Bank anrufen. Stimmt's?«

»Stimmt.«

»Okay, Sie kluges Kind, Sie Erfinder der weißen Weste, da werde ich Ihnen mal erzählen, was dann passiert. 'ne Panik wird in der Bank ausbrechen. Inspektoren werden hier heute nachmittag aufkreuzen, morgen holen die sich ihre einstweilige Verfügung, Vorhängeschlösser werden sie mir an jede Tür hängen, sie werden das ganze Lager beschlagnahmen. Okay. Als nächstes, sagen Sie, wollen Sie Ihre kleinen Notizen da den Leuten vom Verkauf übergeben. Wissen Sie, was die tun werden?«

»Wenn ich mal raten soll – sie werden Ihnen den Händlervertrag wegnehmen.«

»Darauf können Sie Gift nehmen.«

Die beiden Männer sahen einander an. Der Händler beugte sich über den Schreibtisch vor. »Bitte schön, und wo bleiben dann Teresa und die Kleinen? Was meinen Sie wohl, wieviel sind neunundvierzig Prozent von einem toten Laden noch wert?«

»Der Laden wäre nicht tot«, sagte Adam. »Das Werk würde einen Geschäftsführer einsetzen, bis ein neuer Händler gefunden ist.«

»Einen vorläufigen Geschäftsführer! Was meinen Sie wohl, wie gut der einen Laden führen wird, den er überhaupt nicht kennt? In den Bankrott wird er ihn sehr wahrscheinlich führen.«

»Wo Sie schon von Bankrott reden«, sagte Adam, »den scheinen Sie jetzt anzusteuern.«

Smokey schlug so hart und mit solcher Wildheit seine Faust auf den Tisch, daß alles, was auf seinem Schreibtisch stand, erzitterte. »Bankrott gibt's nicht! Nicht, wenn ich's auf meine Art erledige. Nur dann, wenn wir es so machen, wie Sie es wollen.«

»Das sagen Sie.«

»*Was ich sage, soll Ihnen doch schnurz sein!* Ich lasse sofort meine Buchhalterin kommen! Ich werde es beweisen!«

»Die Bücher bin ich schon mit Miß Potts durchgegangen.«

»Dann werden Sie sie, verdammt noch mal, auch mit mir durchgehen!« Wutentbrannt war Smokey aufgesprungen und hatte sich über Adam gebeugt. Immer wieder ballte der Händler die Hände zur Faust. Seine Augen funkelten.

Adam zuckte die Achseln.

Smokey nahm das Haustelephon und rief Lottie an. Als sie schwor, sie werde sofort da sein, warf er schwer atmend den Hörer auf die Gabel.

Es dauerte eine Stunde.

Eine Stunde des Argumentierens, der Schwüre von Smokey Stephensen, der rasch mit Bleistift hingeworfenen Händlerrechnungen, die jetzt den ganzen Schreibtisch bedeckten, der buchhalterischen Erläuterungen durch Lottie Potts, der Prüfung finanzieller Präzedenzfälle, die Jahre zurücklagen.

Am Ende gab Adam zu, daß es gelingen *könnte.* Es war nicht gänzlich auszuschließen, daß es Smokey gelingen könnte, das Geschäft binnen eines Monats finanziell wieder auf die Beine zu stellen, vorausgesetzt, man nahm einige unkonventionelle Verfahren in Kauf und verließ sich auf ein weiteres Ansteigen der Neuwagenverkäufe. Die Alternative war eine Interims-Geschäftsführung, die sich – wie Smokey betonte – als katastrophal erweisen könnte.

Wenn aber der Fortbestand der Firma Stephensen Motors gesichert werden sollte, dann mußte Adam sich mit Täuschung und Irreführung der von der Bank entsandten Prüfer abfinden. Er befand sich jetzt im Besitz aller Informationen; das Stadium der Vermutungen war überwunden. Während sie noch einmal gemeinsam alle Tatsachen besprachen, hatte Smokey sein Inventur-Minus eingestanden und alle seine

Tricks, die er anwenden wollte, um am nächsten Tag die Prüfung seines Neuwagenbestandes zu überleben.

Viel lieber wäre es Adam gewesen, er hätte das alles nicht gewußt. Aus tiefster Seele wünschte er sich, daß seine Schwester Teresa ihn nie mit dieser ganzen Angelegenheit beauftragt hätte. Und zum ersten Mal begriff er wirklich, wie weise die Vorschriften seines Werkes waren, die sich auf Interessenkonflikte bezogen und nach denen es den Werksangehörigen untersagt war, sich finanziell oder auf andere Weise mit Vertragshändlern einzulassen.

Als Lottie Potts ihre Bücher zusammenraffte und ging, baute Smokey sich herausfordernd, Hände in die Hüften gestemmt, vor Adam auf. »Na, was sagen Sie?«

Adam schüttelte den Kopf. »Es hat sich nichts geändert.«

»Für Teresa wird es sich ändern«, sagte Smokey leise. »Diesen Monat ein hübscher, dicker Scheck. Nächsten Monat vielleicht – nichts. Und noch was – Sie haben mir da einen ganzen Haufen vorgeworfen. Aber Sie haben nicht ein einziges Mal gesagt, daß ich Teresa betrogen hätte.«

»Weil Sie das nicht getan haben. Das ist der einzige Punkt, in dem alles in Ordnung ist.«

»Wenn ich es gewollt hätte, dann hätte ich sie betrügen können. Oder etwa nicht?«

»Doch, mag sein.«

»Aber ich hab's nicht getan, und um das festzustellen, sind Sie doch überhaupt hergekommen oder?«

Abgekämpft sagte Adam: »Nicht nur. Meine Schwester wollte ein langfristiges Urteil.« Er machte eine Pause, dann fuhr er fort: »Ich habe aber auch Verpflichtungen dem Werk gegenüber, dessen Angestellter ich bin.«

»*Die* haben Sie doch nicht hergeschickt.«

»Weiß ich. Aber ich konnte nicht damit rechnen, daß ich alle diese Dinge aufdecken würde, und jetzt – als Angestellter des Werkes – kann ich das nicht einfach ignorieren.«

»Sind Sie da ganz sicher? Auch nicht für Teresa und die Kleinen?«

»Ich bin ganz sicher.«

Smokey Stephensen rieb sich den Bart und grübelte. Sein

sichtbarer Zorn war geschwunden, und als er sprach, war seine Stimme leise, fast ein wenig bittend. »Ich werde Sie nur um eins bitten, Adam – natürlich, ja, es wird mir helfen –, aber Sie werden es für Teresa tun.«

»Was?«

Smokey drängte ihn: »Sie werden jetzt, in dieser Minute, hier abmarschieren! Sie werden vergessen, was Sie heute erfahren haben! Dann geben Sie mir zwei Monate, um die Finanzen wieder auf Schwung zu bringen, denn was an diesem Laden nicht stimmt, das kann in zwei Monaten wieder in Ordnung gebracht werden, aber dicke. Und das wissen Sie ganz genau.«

»Das weiß ich überhaupt nicht.«

»Aber Sie wissen, daß der Orion vor der Tür steht, und Sie wissen auch, was der für den Verkauf bedeutet.«

Adam zögerte. Die Erinnerung an den Orion, das war so, als hätte jemand die Landesflagge in seinem Garten aufgepflanzt. Wenn er überhaupt etwas von dem Orion hielt, dann mußte er natürlich auch glauben, daß Stephensen Motors gute Umsätze mit ihm erzielen würde.

Kurz angebunden fragte Adam: »Angenommen, ich mache das. Was passiert dann nach zwei Monaten?«

Der Händler zeigte auf den schwarzen Loseblatt-Ordner. »Sie übergeben die Notizen da Ihren Marketing-Jungs, wie Sie gesagt haben. Okay, da muß ich alles verkaufen, oder man nimmt mir den Vertrag weg. Aber was da verkauft wird, das wird ein expandierendes Geschäft sein. Teresa wird für ihre Hälfte das Doppelte, vielleicht noch mehr, von dem bekommen, was ihr jetzt ein Zwangsverkauf einbringen würde.«

Adam zögerte. Unredlich blieb es immer noch. Aber der Kompromiß hatte zwingende Logik für sich.

»Zwei Monate«, sagte der Ex-Rennfahrer beschwörend. »Das ist doch wirklich nicht zuviel verlangt.«

»Einen Monat«, sagte Adam entschlossen. »Einen Monat, von heute an. Keinen Tag länger.«

Als Smokey sich deutlich sichtbar entspannte und breit grinste, wußte Adam, daß er übertölpelt worden war. Und jetzt, wo er sich entschieden hatte, war Adam ganz deprimiert, denn er hatte wider sein eigenes Gewissen und Urteil gehandelt. Aber er war unwiderruflich entschlossen, der Marketing-Abteilung seiner Firma in einem Monat die Notizen über Stephensen Motors auszuhändigen.

Ganz im Gegensatz zu Adam war Smokey nicht deprimiert, sondern überschwenglich guter Laune. Obwohl er – mit dem Instinkt des Händlers – um zwei Monate gebeten hatte, brauchte er nur einen.

In der Zeit konnte viel passieren; jede Sekunde konnte was Neues bringen.

21

Eine geschmeidige Bodenstewardeß der United Air Lines brachte Brett DeLosanto, der gerade vom 100000-Miles-Club der Fluggesellschaft auf dem Detroiter Metropolitan Airport aus telephonierte, den Kaffee. Es war kurz nach neun Uhr früh, und die Ruhe in dem angenehm eingerichteten Klubraum bildete einen erfreulichen Gegensatz zu dem lärmenden, geschäftigen Flughafenbetrieb da draußen. Hier gab es keine scheppernden Lautsprecherstimmen, die die Herden von Passagieren hierhin und dorthin beorderten. Hier war der Service – wie es der Prominenz unter den Flugreisenden zukam – persönlicher, gedämpfter.

»Kein Grund zu widernatürlicher Eile, Mr. DeLosanto«, sagte das Mädchen und stellte den Kaffee auf einen Tisch neben dem Sessel mit der zurückgekippten Lehne, in dem Brett telephonierend lag, »aber die Passagiere für Flug 81 nach Los Angeles gehen in wenigen Minuten an Bord.«

»Danke!« Zu Adam Trenton, mit dem Brett sich während der letzten Minuten unterhalten hatte, sagte er: »Gleich muß ich los. Der Vogel zum Paradiese wartet schon.«

»Als Paradies habe ich Los Angeles eigentlich noch nie gesehen«, sagte Adam.

Brett schlürfte den Kaffee. »Es liegt in Kalifornien, welches, von Detroit aus betrachtet, das Paradies ist, und da beißt keine Maus 'nen Faden ab.«

Adam sprach von seinem Büro im Verwaltungsgebäude aus, wo Brett ihn angerufen hatte. Sie hatten über den Orion gesprochen. Vor ein paar Tagen, als Job eins – der erste Serien-Orion – nur noch vierzehn Tage entfernt war, hatten sich mehrere Probleme in der Farbabstimmung des weichen Wageninneren ergeben. Eine Design-»Überwachungsgruppe«, die in allen Produktionsphasen jedes neue Auto wachsam begleitete, hatte gemeldet, daß ein Kunststoff für die Innenausstattung »eisig« aussah – ein schwerer Mangel – und daß Polster, Fußmatten und Wagenhimmel farblich nicht so genau aufeinander abgestimmt waren, wie es sein mußte.

Farben schufen immer Probleme. Jedes Auto hatte bis zu hundert verschiedene Teile, die zu einem Farbenschlüssel passen mußten, aber jedes Material hatte eine andere chemische Zusammensetzung, hatte seine eigene Pigmentbasis. Das erschwerte es sehr, zu identischen Farbschattierungen zu gelangen. Unter Terminzwang arbeitend hatten ein Team vom Design und Vertreter von Einkauf und Herstellung schließlich alle Differenzen aus der Welt geschafft, eine Nachricht, die Adam soeben mit Erleichterung zur Kenntnis genommen hatte.

Brett war versucht, das neuere Projekt, den Farstar, zu erwähnen, wo die Arbeit an mehreren Fronten aufregende Fortschritte machte. Aber er hielt sich gerade noch rechtzeitig genug zurück, denn sie sprachen ja über eine Außenleitung, und außerdem benutzten auch die höheren Chargen der Konkurrenz diesen Klubraum, in dem jetzt mehrere andere Passagiere behaglich und entspannt auf ihre Flüge warteten.

»Noch was, was Sie gerne hören werden«, sagte Adam zu Brett. »Ich will versuchen, Hank Kreisel bei seinem Drescher zu helfen. Ich habe den jungen Castaldy nach Grosse Pointe geschickt, damit er sich das Ding mal ansieht; er ist ganz begeistert zurückgekommen. Ich habe daraufhin mit Elroy Braithwaite gesprochen, und der schien die Sache günstig aufzunehmen. Jetzt arbeiten wir an einem Bericht für Hub.«

»Großartig!« Die Freude des jungen Designers war echt. Ihm war bewußt, daß sein Gefühl und nicht sein Urteil das treibende Motiv gewesen war, als er Adam zugunsten Hank Kreisels Projekt unter Druck gesetzt hatte, aber warum eigentlich nicht? Immer stärker gelangte Brett jetzt zu der Ansicht, daß die Autoindustrie öffentliche Pflichten habe, die sie nicht erfüllte, und Dinge wie diese Dreschmaschine gaben der Industrie eine Chance, ihre Möglichkeiten zu nutzen, um eine vorhandene Aufgabe zu lösen.

»Es ist natürlich gut möglich«, sagte Adam, »daß die ganze Sache nicht über Hub hinausgelangt.«

»Hoffentlich erwischen Sie einen ›Staubwolkentag‹, wenn Sie ihm die Sache vortragen.«

Beide wußten, was gemeint war. Wenn Hub Hewitson, der stellvertretende Generaldirektor des Werkes, eine Idee für gut befand, dann schleuderte er sich selbst und andere sofort in ein wildes Aktivitätsfieber und wirbelte dabei – wie seine Mitarbeiter sagten – große Staubwolken auf. Der Orion war eine Hub-Hewitson-Staubwolke gewesen – und war es noch; das galt auch für andere Erfolge, und auch für Fehlschläge; die aber wurden meistens rasch wieder vergessen, wenn frischer Hewitson-Staub sich an anderer Stelle erhob.

»Ich werde mich bemühen, so einen Tag zu treffen«, versprach Adam. »Gute Reise.«

»Bis dann.« Brett schluckte den Rest seines Kaffees, tätschelte der Stewardeß freundlich den Po, als er an ihr vorbeiging, und schlenderte zum Ausgang für seinen Flug.

Der United-Flug 81 – ohne Zwischenlandung von Detroit nach Los Angeles – startete planmäßig.

Wie viele andere, die drunten auf der Erde ein gehetztes Leben führen, genoß Brett den transkontinentalen Flug im Luxus der Ersten Klasse. Jede derartige Reise bedeutete vier oder fünf Stunden der Entspannung, auf angenehme Weise unterbrochen durch Getränke, gutes Essen und guten Service; hinzu kam die höchst befriedigende Gewißheit, daß man weder telephonisch noch auf andere Weise zu erreichen war, ganz gleich, wie viele höchst dringliche Sachen da unten gerade überkochten.

Heute nutzte Brett einen großen Teil der Reise nur zum Denken. In Gedanken betrachtete er verschiedene Aspekte seines Lebens – in Vergangenheit, Gegenwart und Zukunft – so, wie sie sich ihm darstellten. Bei dieser Beschäftigung verging die Zeit schnell, und während einer Ansage vom Cockpit wurde ihm zu seiner Überraschung bewußt, daß seit dem Start schon fast vier Stunden vergangen waren.

»Liebe Passagiere, wir überfliegen jetzt den Colorado River«, kam die Stimme des Flugkapitäns über die Lautsprecher. »An diesem Punkt treffen drei Staaten zusammen – Kalifornien, Nevada, Arizona – und in allen dreien herrscht schönstes Wetter mit einer Sichtweite von ungefähr hundertundsechzig Kilometern. Wer von Ihnen an der rechten Seite sitzt, kann Las Vegas und das Gebiet von Lake Mead sehen. Für diejenigen, die links sitzen: das Wasser da unten ist der Lake Havasu, wo die London Bridge wieder aufgebaut wird.«

Brett, der an Backbord saß und eine ganze Sitzecke für sich allein hatte, sah zur Erde. Der Himmel war wolkenlos, und trotz der Höhe – sie flogen dreizehntausend Meter hoch – konnte er mühelos und scharf die Form der Brücke da unten erkennen.

»Zu der Brücke gibt es eine komische Geschichte«, plauderte der Flugkapitän weiter. »Wenn die stimmt, dann war das so: die Leute, die den Briten das Ding abgekauft haben, die haben ihre Brücken durcheinandergekriegt. Die glaubten, sie kauften die Brücke, die man auf den Londoner Reiseplakaten sieht, und erst, als es schon zu spät war, hat ihnen jemand erklärt, daß *das* die Tower Bridge ist und daß die London Bridge irgend so 'ne olle kleine Brücke stromaufwärts ist. Ha, ha!«

Brett sah weiter nach unten, und am Gelände erkannte er, daß sie sich jetzt über Kalifornien befanden. Laut sagte er vor sich hin: »Auf ewig segne meinen Heimatstaat, seinen Sonnenschein und seine Apfelsinen, seine verrückte Politik, seine verrückten Religionen, seine Verrückten.«

Eine Stewardeß, die gerade vorüberkam, fragte: »Haben Sie etwas gesagt, Sir?« Sie war jung, gertenschlank und gebräunt, als verbringe sie ihre Freizeit ausschließlich am Strand.

»Ja, aber gewiß doch. Ich habe gefragt: ›Was macht ein kalifornisches Mädchen wie Sie, wenn es heute abend Zeit zum Essen ist?‹«

Sie warf ihm ein spitzbübisches Lächeln zu. »Das hängt zum größten Teil von meinem Mann ab. Manchmal ißt er gern zu Hause; an anderen Tagen gehen wir . . .«

»Okay«, sagte Brett. »Und zum Teufel mit Women's Lib! Früher, als die Fluggesellschaften alle Mädchen feuerten, wenn sie heirateten, wußte man doch sofort, wem die Flügel noch nicht beschnitten waren.«

»Wenn Ihnen das ein Trost ist«, sagte sie zu ihm, »wenn ich nicht zu meinem Mann nach Hause ginge, könnte ich interessiert sein.«

Er dachte gerade darüber nach, ob dieser Satz im Handbuch für Stewardessen für solche Situationen vorgeschrieben war, als der Lautsprecher wieder zum Leben erwachte.

»Hier spricht wieder Ihr Flugkapitän, liebe Passagiere. Ich hätte Ihnen wohl raten sollen, die Hundertsechzig-Kilometer-Sicht zu genießen. Wir haben gerade die neueste Wettermeldung aus Los Angeles bekommen. Dichter Smog liegt über der Stadt, und die Sicht im Gebiet von L. A. beträgt nur noch anderthalb Kilometer oder weniger.«

Landen werde die Maschine, fügte der Kapitän hinzu, in fünfzig Minuten.

Die ersten Smogspuren zeigten sich über den San Bernardino Mountains. Als Flug 81 noch sechsundneunzig Kilometer von der Küste des Stillen Ozeans entfernt war, guckte Brett aus dem Fenster und überlegte: *sechsundneunzig Kilometer!* Auf seinem letzten Flug vor knapp einem Jahr hatte sich bis Ontario, noch vierzig Kilometer weiter westlich gelegen, kein Smog gezeigt. Jedesmal, wenn er hier herkam, so schien es, hatte sich der photochemische Smog weiter ins Binnenland über die Lieblichkeit des »goldenen Staates« ausgebreitet wie ein böse wuchernder Pilz. Im Anflug auf Los Angeles International verlor ihre Boeing 720 jetzt an Höhe, aber die Landschaft da unten mit all ihren Merkmalen und Kennzeichen wurde nicht klarer, sondern sie verschwamm unter einem immer dichter werdenden graubraunen Dunst, der Farbe, Sonnenschein und das Meer einfach auslöschte. Das Panorama der Santa Monica Bay, das die Luftreisenden sonst bei ihrer Ankunft begrüßte, lebt heutzutage fast nur noch in der Erinnerung. Als die Maschine immer weiter an Höhe verlor und der Smog immer schlimmer wurde, senkte sich eine immer schwärzere Melancholie auf Brett DeLosanto herab.

Sechzehn Kilometer östlich des Flughafens verringerte sich die Sichtweite, wie der Flugkapitän es prophezeit hatte, auf anderthalb Kilometer, so daß der Erdboden um 11.30 Uhr, Pacific Daylight Time, kaum noch sichtbar war.

Nach der Landung wurde Brett im United Terminal von einem forschen jungen Mann namens Barclay aus dem Regionalbüro des Werkes erwartet.

»Ich habe einen Wagen für Sie, Mr. DeLosanto. Wir können direkt zu Ihrem Hotel fahren oder, wenn Sie wollen, auch zum College.«

»Erst mal zum Hotel.«

Der offizielle Zweck seiner Reise war ein Besuch beim Art Center College of Design, Los Angeles, aber das lief ihm ja nicht weg.

Obwohl der Anblick seines geliebten Kalifornien aus der Vogelschau unter der schändenden, dreckigen Decke ihn deprimiert hatte, lebte Bretts Stimmung angesichts des wogenden Verkehrs im Flughafen mit all seinem geschäftigen Lärm wieder auf. Autos, ganz gleich, ob sie einzeln oder in Massen auftraten, regten ihn immer auf, vor allem in Kalifornien, wo die Mobilität zur Lebensweise geworden war und wo sich mehr als elf Prozent der Automobile des gesamten Landes drängten. Dies aber hatte auch zu einer Luftverpestung beigetragen, der man nicht entrinnen konnte; schon jetzt spürte Brett eine Augenreizung, und in seiner Nase prickelte es; ohne Zweifel steckte die dunstige Pestilenz schon tief in seinen Lungen. Er fragte Barclay: »Ist es schon lange so schlimm?«

»Ungefähr eine Woche. Ein teilweise klarer Tag scheint jetzt schon die Ausnahme zu sein, ein wirklich klarer Tag so selten wie Weihnachten.« Der junge Mann rümpfte die Nase. »Wir sagen zu den Leuten, daß das nicht alles von Autos kommt, daß eine Menge davon Industriegase sind.«

»Aber glauben wir das selbst?«

»Schwer zu sagen, was man glauben soll, Mr. DeLosanto. Unsere eigenen Leute sagen uns, daß wir die Emissionsprobleme überwunden haben. Glauben Sie *das*?«

»In Detroit glaube ich es. Wenn ich hierherkomme, bin ich meiner Sache nicht mehr so sicher.«

Brett wußte, daß es auf die Balance zwischen Wirtschaftlichkeit und Zahl hinauslief. Es war möglich, einen absolut emissionsfreien Automotor zu bauen, aber nur mit einem Kostenaufwand, der Wagen mit einem derartigen Motor für den Alltagsbenutzer so unerreichbar machte wie einst die Karosse eines Aristokraten für das zu Fuß wandernde Bauernvolk. Um die Kosten in einem vertretbaren Rahmen zu halten, mußte man sich mit technischen Kompromissen abfinden, aber selbst wenn man dazu bereit war, konnte schon jetzt die Emission weitgehend gezügelt werden, und zwar in viel besserem Maße, als man das noch vor einem Jahrfünft für möglich gehalten hätte. Aber die bloßen Zahlen – die tägliche, wöchentliche, monatliche, jährliche Vervielfachung der Autos – machten den Endeffekt wieder zunichte, was jedermann erkennen konnte, der seine Nase in den Smog von Kalifornien steckte.

Sie waren bei dem Wagen angelangt, den Brett während der Dauer seines Aufenthalts benutzen würde.

»Ich fahre«, sagte Brett. Er nahm die Wagenschlüssel von Barclay entgegen.

Als Brett später sein Zimmer im Beverly Hilton bezogen und sich von Barclay befreit hatte, fuhr er allein zum Art Center College of Design an der West Third Street. In der Nähe ragte turmhoch die CBS Television City empor, und dahinter kauerte sich der Farmers' Market. Brett wurde erwartet, und man empfing ihn mit doppeltem Enthusiasmus – als den Vertreter eines Werkes, das viele Jahrgangsabsolventen anstellte, und als einen ehemaligen Studenten, der es zu etwas Bedeutendem gebracht hatte.

In den relativ kleinen Collegegebäuden herrschte, wie üblich, geschäftiges Gewimmel. Jeder brauchbare Quadratmeter war genutzt, nichts war für Verzierungen vergeudet. Die Eingangshalle, an sich schon recht klein, war eine Erweiterung der Hörsäle und wurde unablässig für zwanglose Konferenzen genutzt, für Besprechungen und als Arbeitsraum für einzelne Studenten.

Der Leiter der Abteilung Industrie-Design, der Brett inmitten eines Babylons anderer Gespräche begrüßte, sagte zu ihm: »Vielleicht finden wir eines Tages die Zeit, um uns stillere Gewölbe zu entwerfen.«

»Wenn ich glaubte, daß dafür auch nur die geringste Chance besteht«, erwiderte Brett, »dann würde ich Ihnen dringend abraten. Aber die Gefahr besteht nicht. Das hier sollte immer der Hochdruckkessel bleiben, der es nun einmal ist.«

Er kannte die Atmosphäre gut – ewig stand hier die Arbeit im Mittelpunkt, und der Akzent lag auf professioneller Disziplin. »*Hier ist kein Platz für Amateure*«, hieß es im College-Prospekt, »*hier wird ernst gemacht.*« Im Gegensatz zur Praxis an vielen anderen Hochschulen stellten die einzelnen Aufgaben äußerste Anforderungen, und die Studenten mußten produzieren, produzieren ... über Tage hin, die Nächte hindurch, an den Wochenenden und in den Ferien ... es blieb wenig Zeit für andere Interessen, manchmal überhaupt keine. Gelegentlich protestierten Studenten gegen die unbarmherzige Belastung, und etliche schieden vorzeitig aus, aber die meisten stellten sich darauf ein, und es war so, wie es im Prospekt ebenfalls hieß: »*Warum so tun, als sei das Leben leicht, auf das Sie sich vorbereiten? Es ist nicht leicht, es wird nie leicht sein.*«

Das Gewicht, das hier auf Arbeit und höchster Qualität lag, hatte dem College den Respekt der Autohersteller eingetragen, die den Kontakt mit Lehrkörper und Studenten pflegten. Es kam häufig vor, daß die Autowerke miteinander wetteiferten, um Studenten der Spitzengruppen schon vor dem Examen für sich zu gewinnen. Es gab auch andere Design-Colleges, aber nur am Los Angeles Art Center gab es einen Spezialkursus für Auto-Design, und heutzutage war es so, daß mindestens die Hälfte der alljährlichen Ernte an neuen Designern, die Detroit einbrachte, den Weg über L. A. genommen hatte.

Kurz nach der Ankunft und umgeben von einer Gruppe von Studenten gönnte Brett sich eine Pause, um den baumbeschatteten Innenhof zu überschauen, in dem sie sich versammelt hatten und Kaffee tranken oder Limonade und Schmalzgebackenes kauten.

»Nichts hat sich verändert«, sagte er. »Es ist, als käme man nach Hause.«

»Ziemlich gerammelt voll, die gute Stube«, sagte einer der Studenten.

Brett lachte. Wie alles hier, war auch der Hof zu klein, und es gab zu viele Studenten, die sich mit Ellbogenkraft ein wenig Platz erkämpfen mußten. Und trotz des ewigen Gedrängels war es eine Tatsache, daß nur die wirklich Begabten von der Schule aufgenommen wurden, und nur die besten überstanden den grausam-harten, dreijährigen Kursus.

Der Meinungsaustausch – ein Grund, aus dem Brett überhaupt hierher gekommen war – nahm seinen Fortgang.

Unweigerlich rangierte die Luftverpestung ganz vorn im Denken der Studenten; sogar auf diesem Hof konnte man ihr nicht entrinnen. Die Sonne, die eigentlich hell aus einem azurenen Himmel hätte scheinen müssen, mußte ihr Licht mühsam durch den dicken grauen Dunst filtern, der vom Boden hoch hinauf in den Himmel stieg. Auch hier waren Auge und Nase ständig gereizt, und Brett mußte an eine vor kurzem veröffentlichte Warnung der Gesundheitsbehörden denken, wo es geheißen hatte, daß das Einatmen der verseuchten New Yorker Luft dem Rauchen einer ganzen Schachtel Zigaretten am Tag entsprach; auf diese Weise teilten Nichtraucher in aller Ahnungslosigkeit das Risiko des Rauchers, eines Tages an Krebs zu sterben. Er vermutete, daß für Los Angeles das gleich gelten mußte, wahrscheinlich sogar in verstärktem Maße.

Zum Thema Umweltverschmutzung sagte Brett mit Nachdruck: »Redet euch alles von der Seele, was ihr davon haltet.« Schon in einem Jahrzehnt würden Studenten wie diese hier ihr Teil zur Formulierung der industriellen Politik beitragen.

»Wenn man hier lebt«, warf eine Stimme aus dem Hintergrund ein, »dann drängt sich einem ein Gedanke auf, nämlich, daß irgendwann irgendwo irgend etwas nachgeben muß. Denn wenn wir immer so weitermachen wie jetzt, dann wird eines Tages jeder Mensch in dieser Stadt einfach erstikken.«

Brett machte auf einen Punkt aufmerksam. »Los Angeles ist ein Sonderfall. Aus geographischen Gründen ist hier der Smog schlimmer als anderswo, wegen der Temperatur-Inversion und wegen der starken Sonnenbestrahlung.«

»Gar kein so besonderer Fall«, wandte jemand anders

ein. »Sind Sie in letzter Zeit mal in San Francisco gewesen?«

»Oder in New York?«

»Oder Chicago?«

»Oder Toronto?«

»Oder auch in kleinen Landstädten am Markttag?«

Brett rief quer über das Stimmengewirr hinweg: »He! Wenn ihr das wirklich glaubt, dann steuern ein paar von euch vielleicht auf das falsche Geschäft los. Warum wollt ihr dann überhaupt noch Auto-Designer werden?«

»Weil wir 'ne Macke haben, was Autos anbelangt. Wir mögen die Dinger nun mal. Das ist aber kein Grund, das Nachdenken aufzugeben. Deshalb können wir uns ja trotzdem informieren über das, was da so passiert, und wir können Partei ergreifen.« Der Sprecher war ein schlaksiger, hochaufgeschossener junger Mann mit unordentlichem blonden Haar, der ganz vorn in der ersten Reihe stand. Er fuhr sich mit der Hand durch das Haar und zeigte dabei die langen, schlanken Finger des Künstlers.

»Wenn man hört, was viele Leute im Westen sagen und woanders auch«, Brett spielte jetzt den Advocatus diaboli – »sollte man meinen, daß die Zukunft nur noch in Massenverkehrsmitteln liegt.«

»Das ist ja ein verflucht alter Hut.«

»Im Grunde will kein Mensch Massenverkehrsmittel benutzen«, sagte eines der wenigen Mädchen in dieser Gruppe. »Nicht, wenn ein eigenes Auto noch praktisch ist und er es sich leisten kann. Außerdem ist der Massentransit ein Selbstbetrug. Bei all den Subventionen, Steuern und Fahrpreisen liefern die öffentlichen Verkehrsmittel viel weniger als ein Auto, aber sie verschlingen mehr Geld. Also zahlt jeder drauf. Fragen Sie mal die New Yorker! Und in Bälde – fragen Sie die Leute in San Francisco.«

Brett lächelte. »In Detroit wird man Ihnen eine Liebeserklärung machen.«

Das Mädchen schüttelte ungeduldig den Kopf. »Deshalb sag' ich das aber nicht.«

»Okay«, sagte Brett zu den anderen, »einigen wir uns darauf, daß Autos noch für ein weiteres halbes Jahrhundert das wichtigste Transportmittel sein werden, vermutlich noch länger. Aber welcher Art werden diese Autos sein?«

»Besser«, sagte eine ruhige Stimme. »Viel besser als jetzt. Und weniger.«

»Nicht viel dagegen zu sagen, daß sie besser sein werden, aber die Frage lautet dann immer: In welcher Beziehung besser? Aber es interessiert mich, von Ihnen zu hören, wieso Sie damit rechnen, daß sich die Zahl verringern wird.«

»Weil wir uns in Gedanken auf diese Forderung einstellen müßten, Mr. DeLosanto. Das heißt, wenn wir langfristig denken, was uns am Ende selber zugute kommen wird.«

Neugierig musterte Brett den neuesten Sprecher, der jetzt vortrat; andere in den vorderen Reihen drängten beiseite, um ihm Platz zu machen. Auch er war jung, aber er war klein und dunkel, mit dem Ansatz eines Schmerbauchs und, äußerlich, alles andere als ein Intellektueller. Aber seine leise Stimme erzwang Aufmerksamkeit, und die anderen verstummten, als habe jetzt der Sprecher das Wort ergriffen.

»Wir sitzen hier oft und reden uns die Köpfe heiß«, sagte der dunkle Student. »Die Teilnehmer am Kursus für Verkehrsmittel-Design wollen später in die Autoindustrie. Wir finden die Sache sehr aufregend. Autos sind das größte. Das aber heißt noch lange nicht, daß wir mit Scheuklappen nach Detroit gehen.«

»Reden Sie weiter«, sagte Brett. »Wir wollen alles hören.« Wieder hier zu sein, wieder zuzuhören, wenn Studenten frisch und freimütig ihre Meinung sagten – eine Meinung, die nicht belastet ist mit Niederlagen, Enttäuschungen, zu genauer Kenntnis praktischer Details oder finanzieller Grenzen –, das war ein Erlebnis für ihn, zu vergleichen nur mit dem frischen Aufladen von Batterien.

»Was man heute von der Autoindustrie sagen muß«, fuhr der dunkle Student fort, »ist dies: sie hat sich auf ihre Verantwortung eingestimmt. Das wollen die Kritiker manchmal nicht wahrhaben, aber es ist so. Die ganze Atmosphäre hat sich verändert. Luftverpestung, Sicherheit, Qualität, das alles sind heute nicht mehr nur Dinge, über die man redet. Es geschieht etwas, und zwar wirklich.«

Die anderen schwiegen noch immer. Mehrere andere Studenten hatten sich der Gruppe zugesellt; Brett vermutete, daß sie an anderen Kursen teilnahmen. Obwohl hier ein Dutzend Kunstfachrichtungen gelehrt wurden, fand das Thema Auto in der ganzen Schule doch jederzeit allgemeines Interesse.

»Dabei muß man bedenken«, fuhr derselbe Student fort, »daß die Autoindustrie auch noch auf anderen Gebieten Verantwortung hat. Im Kern eines dieser Gebiete steht das Zahlenproblem.«

Merkwürdig, dachte Brett; vorhin, auf dem Flughafen, hatte er selbst auch über Zahlen nachgedacht.

»Die große Zahl frißt uns auf«, sagte der dunkle Student mit der leisen Stimme. »Sie macht jede Anstrengung der Autoleute wieder zunichte. Nehmen Sie doch nur die Sicherheit. Es werden Autos konstruiert und gebaut, die sicherer sind, und was passiert? Immer mehr Autos rollen vom Band auf die Straßen; die Unfallziffern sinken nicht, sie steigen. Mit der Luftverpestung verhält es sich ähnlich. Die Autos, die jetzt gebaut werden, haben die besten Motoren, die je konstruiert worden sind, und sie verseuchen die Luft weniger als irgendein anderer, früherer Motor. Und es kommen Motoren, die noch sauberer sind. Stimmt's?«

»Stimmt.« Brett nickte.

»Aber *die Zahlen* steigen weiter. Wir brüsten uns jetzt damit, daß wir zehn Millionen neue Autos im Jahr produzieren. Folglich kann man noch so große Wunder auf dem Gebiet der Emissionskontrolle vollbringen, die Gesamtverseuchung wird trotzdem zunehmen. Es ist eine verrückte Geschichte!«

»Nehmen wir mal an, das alles stimmt. Was ist die Alternative? Rationierung der Autos?«

Irgend jemand sagte: »Warum eigentlich nicht?«

»Ich möchte Sie mal was fragen, Mr. DeLosanto«, sagte der dunkle Student. »Sind Sie schon mal in Bermuda gewesen?«

Brett schüttelte den Kopf.

»Das ist eine Insel von fünfundfünfzig Quadratkilometern. Um sicherzustellen, daß noch genügend Bewegungsfreiheit bleibt, rationiert die Regierung von Bermuda die

Autos. Hubraum, Länge und Breite sind begrenzt. Und dann darf jeder Haushalt nur ein Auto haben.«

Einer der neu Hinzugekommenen wandte ein: »Blödsinn, so was!«

»Ich sage ja nicht, daß wir ebenso streng vorgehen sollten«, beharrte der Sprecher. »Ich sage nur, daß auch wir irgendwo eine Grenzlinie ziehen müßten. Und es ist ja nicht so, daß die Autoindustrie nicht gesund bleiben kann, wenn sie die gleiche Anzahl von Autos produziert wie jetzt, oder daß die Leute nicht mehr zurechtkommen würden. In Bermuda kommen sie großartig zurecht.«

»Wenn Sie das hier versuchen wollten«, sagte Brett, »könnten Sie eines Tages eine neue amerikanische Revolution haben. Außerdem ist es eine Attacke gegen das freie Unternehmertum, wenn man nicht mehr so viele Autos verkaufen dürfte, wie die Leute kaufen wollen.« Er grinste und fügte hinzu: »Es ist die reine Ketzerei.«

Er wußte, daß viele Leute in Detroit diesen Gedanken *tatsächlich* als ketzerisch empfinden würden. Aber er fragte sich: War das wirklich Ketzerei? Wie lange konnte denn die Autoindustrie hier und im Ausland noch fortfahren, Fahrzeuge – gleich mit welchem Antrieb – in immer wachsender Zahl zu produzieren? Mußte denn nicht irgend jemand, irgendwo, irgendwie das Machtwort sprechen, wie Bermuda es gesprochen hatte: *Genug!* Zog nicht doch der Tag herauf, an dem eine gewisse zahlenmäßige Kontrolle im Interesse des Gemeinwohls lebensnotwendig sein würde? Die Zahl der Taxis war überall begrenzt; in gewissem Maße auch die Zahl der Lastwagen. Warum sollten Privatwagen eine Ausnahme bilden? Und kam es nicht dazu, dann könnte Nordamerika am Ende aus einer einzigen großen Verkehrsstauung bestehen; zuzeiten war es ja schon fast so weit. Wären die Führer der Autoindustrie deshalb nicht klüger, vorausschauender und verantwortungsbewußter, wenn sie selbst die Initiative ergriffen und sich mäßigten?

Aber er bezweifelte, daß sie das jemals tun würden.

Eine neue Stimme warf ein: »Nicht alle sind einer Meinung mit Harvey. Einige von uns glauben, daß noch Platz für viel mehr Autos vorhanden ist.«

»Und wir haben vor, ein paar davon selbst zu entwerfen.«

»Na und ob!«

»Tut mir leid, Harv, aber du bist deiner Zeit zu weit voraus.«

Mehrere aber zeigten sich nicht einverstanden, und es konnte kein Zweifel daran bestehen, daß Harvey, der dunkle Student, seine Anhänger hatte.

Der schlaksige blonde Junge, der vorhin erklärt hatte, *»Weil wir 'ne Macke haben, was Autos anbelangt«*, rief jetzt dazwischen: »Erzählen Sie uns was vom Orion.«

»Geben Sie mir mal einen Zeichenblock«, sagte Brett. »Ich werde es Ihnen zeigen.«

Jemand reichte Papier nach vorn, und die Studenten reckten die Hälse, während er zeichnete. Er skizzierte den Orion mit raschen Zügen im Profil und genau von vorn. Er kannte die Linie dieses Wagens so, wie ein Bildhauer die Silhouette einer Skulptur kennt, an der er lange gearbeitet hat. Es kamen bewundernde Ausrufe: »Donnerwetter!« und »Ganz großartig!«

Fragen folgten. Brett antwortete ganz offen. Wenn es irgendwie möglich war, reichte man Design-Studenten diese raren Leckerbissen als saftige Köder, um ihr Interesse wachzuhalten. Brett aber achtete sorgfältig darauf, daß er am Ende seine Zeichnungen zusammenfaltete und in die Tasche steckte.

Die Studenten schlenderten in ihre Hörsäle zurück, die Versammlung auf dem Hof war zu Ende. Den Rest seiner Zeit im Art Center College of Design – an diesem und dem nächsten Tag – hielt Brett einen Vortrag, führte Einzelgespräche mit verschiedenen Studenten und befaßte sich kritisch mit experimentellen Automodellen, die Studenten in Teamarbeit entworfen und gebaut hatten.

Brett entdeckte, daß dieser Studentenjahrgang ganz instinktiv einer Strenge des Designs zuneigte, die sich gut mit Funktion und Nützlichkeit verband. Das war bemerkenswerterweise die gleiche Ideenkombination, auf die sich Brett, Adam Trenton, Elroy Braithwaite und die anderen in jener denkwürdigen Nacht vor zweieinhalb Monaten geeinigt hatten, als die erste Konzeption des Farstar entstanden war. Während der Arbeit an den ersten Farstar-Designs, die in streng bewachtem Studio in Detroit stattfand, und jetzt auch hier war Brett immer wieder die Schlüssigkeit des Satzes deutlich geworden, den Adam gefunden hatte: *Häßlich ist schön!*

Die Geschichte bewies, daß künstlerische Strömungen – Rahmenwerk für jedes kommerzielle Design – immer ganz subtil begannen und oft dann, wenn man es am allerwenigsten vermutete. Kein Mensch wußte, warum sich der Kunstgeschmack änderte, oder wie er sich änderte, oder wann die nächste Entwicklung beginnen würde; anscheinend waren die menschliche Virtuosität und Kraft der Wahrnehmung ruhelos und stets bereit voranzueilen. Als er jetzt die Arbeit der Studenten betrachtete – wobei er ein gewisses Maß an Naivität und Unvollkommenheit ignorierte –, erinnerte er sich an seine eigenen Designs der letzten Monate, und Brett verspürte fast rauschhaft ein Glücksgefühl darüber, Teil einer offensichtlich frischen, neu sich herausbildenden Strömung zu sein.

Etwas von seiner Begeisterung, so schien es, übertrug sich auf die Studenten, mit denen er am zweiten Tag seines Aufenthalts im College Gespräche unter vier Augen führte. Nach diesen Gesprächen beschloß Brett, der Personal- und Organisationsabteilung des Werkes zwei zukünftige Absolventen zur Anstellung zu empfehlen. Der eine der beiden war der kleine, dunkle Student, Harvey, der auf dem Hof so nachdrücklich argumentiert hatte; seine Design-Mappe zeigte eine Fähigkeit und Kraft der Phantasie, die weit über dem Durchschnitt lagen. Für welches Autowerk er später auch arbeitete, Harvey erwarteten in Detroit wahrscheinlich Schwierigkeiten und heftige Zusammenstöße. Er war ein origineller Denker, ein Außenseiter, der sich nicht knebeln ließ, der sich nicht so leicht von seinen einmal formulierten Überzeugungen würde abbringen lassen. Glücklicherweise verhielt es sich so, daß die Autoindustrie zwar ihren Außenseitern nicht immer folgte, daß sie sie aber förderte und unterstützte, weil sie sehr wohl wußte, daß sie als Schutz gegen Selbstgefälligkeit von Bedeutung waren.

Was auch geschehen mochte, Brett hatte das Gefühl, daß Harvey und Detroit einander höchst interessant und anregend finden würden.

Der andere Kandidat, den er auswählte, war der schlaksige Junge mit dem unordentlichen blonden Haar, dessen Begabung ebenfalls groß zu sein schien. Bretts Vorschlag einer späteren Anstellung, sagte der Student, sei schon der zweite, der ihm von einem Autowerk gemacht wurde. Auch ein anderes Werk der Großen Drei hatte ihm eine Anstellung als Designer nach seinem Examen in Aussicht gestellt.

»Aber wenn es eine Chance gibt, in Ihrer Nähe zu arbeiten, Mr. DeLosanto«, sagte der junge Mann, »dann werde ich bestimmt Ihr Werk wählen.«

Brett fand das rührend, und es schmeichelte ihm, aber er wußte nicht genau, was er darauf antworten sollte.

Seine Unsicherheit beruhte auf einer Entscheidung, zu der er in der vorigen Nacht in seinem Hotelzimmer in Los Angeles gelangt war. Es war jetzt Mitte August, und Brett hatte beschlossen, zum Jahresende, sofern nicht etwas Außergewöhnliches geschah, das ihn zu einer Sinnesänderung bewegen würde, die Autoindustrie für immer zu verlassen.

Auf dem Rückflug nach Osten faßte er einen zweiten Entschluß: Barbara Zaleski sollte es als erste erfahren.

22

Ebenfalls im August – während Brett DeLosanto in Kalifornien war – befand sich das Detroiter Montagewerk, dessen stellvertretender Werksleiter Matt Zaleski war, im Zustande des Chaos.

Zwei Wochen zuvor war die Produktion von Autos eingestellt worden. Spezialfirmen waren auf dem Plan erschienen mit dem Auftrag, das alte Fließband zu demontieren und ein neues zu schaffen, an dem der Orion gebaut werden sollte.

Vier Wochen waren für die Aufgabe zugestanden worden. Am Ende dieser Zeit sollte der erste Serien-Orion – Job Eins – vom Band rollen, und dann, in den anschließenden drei oder vier Wochen, sollte ein Lagerbestand von Wagen gebaut werden, um die Nachfrage zu erfüllen, mit der man rechnete, sobald der Orion im September offiziell der Öffentlichkeit vorgeführt worden war. Und danach würde sich das Verkaufstempo, wenn die Absatzprognosen richtig waren, rasch steigern, und Orions würden zu Zehntausenden das Werk verlassen.

Von der Zeit, die man für die Umrüstung angesetzt hatte, blieben nun noch zwei Wochen, und wie immer bei einem Übergang zu einem neuen Modell fragte Matt Zaleski sich, ob er wohl diese vierzehn Tage überleben werde.

Der größte Teil des normalen Arbeiterstamms war entweder entlassen worden oder genoß einen bezahlten Urlaub, so daß täglich nur eine kleine Gruppe von Stundenlohnempfängern zur Arbeit erschien. Aber die Schließung des Werkes machte das Leben für Matt Zaleski und die anderen Mitglieder der Werksleitung keineswegs leichter, im Gegenteil, für sie wuchs die Arbeitslast noch, ihre Sorgen vervielfachten sich, bis ihnen schließlich ein gewöhnlicher Produktionstag im Vergleich zu dem, was sie jetzt hatten, wie ein freundlich lächelnder See erschien, den kein Windhauch trübte.

Die Arbeiter und Ingenieure der Spezialfirma benahmen

sich wie eine Besatzungsarmee und stellten immer neue Ansprüche. Immer neue Ansprüche stellten auch die Ingenieure von der Konzernleitung, die den Umrüstern Ratschläge erteilten, ihnen halfen und sie manchmal behinderten.

Der Werksleiter, Val Reiskind, und Matt sahen sich gefangen in einem Kreuzfeuer von Bitten um Information, hastig einberufenen Konferenzen und Anordnungen, die meistens unverzüglich ausgeführt sein wollten. Matt erledigte die meisten Angelegenheiten, die mit der praktischen Führung des Werkes zu tun hatten, denn Reiskind war noch jung und neu. Erst vor wenigen Monaten hatte er den vorigen Werksleiter, McKernon, abgelöst, und die Ingenieurs- und Volkswirtschaftsdiplome des Neuen zeigten zwar eindrucksvolle Noten, aber ihm fehlte Matts ausgereifte Erfahrung, die er in zwanzig Jahren harter Arbeit erworben hatte. Trotz Matts Enttäuschung darüber, daß man ihm McKernons Job nicht angetragen und daß man ihm einen jüngeren Mann vor die Nase gesetzt hatte, gefiel ihm Reiskind, der intelligent genug war, um seine eigenen Mängel zu erkennen, und der Matt fair und anständig behandelte.

Am meisten Kopfzerbrechen bereiteten neue und hochentwickelte Werkzeugmaschinen für die Montage, die in der Theorie Vorzügliches leisteten, es aber in der Praxis sehr oft nicht taten. Technisch gesehen war es die Aufgabe der Spezialfirma, das ganze neue System funktionsfähig zu machen, aber Matt Zaleski wußte, daß er jede Unzulänglichkeit erben würde, wenn die Männer von der Spezialfirma erst einmal wieder abgezogen waren. Deshalb wich er jetzt nicht von den Punkten, an denen sich gerade die Aktivität konzentrierte.

Der schlimmste Feind war die Zeit. Nie reichte sie hin, um eine Umrüstung so reibungslos und glatt vor sich gehen zu lassen, daß man am vorher vereinbarten Tage der Fertigstellung sagen konnte: »Alle Systeme auf *grün*!« Es war wie beim Bau eines Hauses. Auch da war am Einzugstag nichts fertig. Nur – den Einzug konnte man verschieben, aber einen Produktionsplan für Autos oder Lastwagen nur sehr selten.

Etwas anderes, Unerwartetes vergrößerte Matts Sorgenlast. Eine Inventur vor Einstellung der Produktion der Vorjahresmodelle hatte so gewaltige Lager-Fehlbestände ergeben, daß eine größere Untersuchung eingeleitet wurde. Jedes Autowerk litt schwer unter Diebstahlsverlusten. Wenn Tausende von Arbeitern zur gleichen Zeit Schichtwechsel hatten, war es für Diebe – Arbeiter oder Eindringlinge – ein Leichtes, ihre Beute einfach unter den Arm zu nehmen und hinauszutragen.

Dieses Mal aber war ganz offensichtlich eine große Diebesbande am Werk. Es fehlten unter anderem mehr als dreihundert Vierganggetriebe, Hunderte von Reifen sowie größere Mengen Radios, Tonbandgeräte, Klimaanlagen und andere Teile.

Das hatte zur Folge, daß es im Werk nur so von Sicherheitsbeamten des eigenen Konzerns und von hinzugezogenen Privatdetektiven wimmelte. Matt, auf den selbst nicht der entfernteste Schatten eines Verdachts fiel, hatte Stunden damit verbringen müssen, Fragen der Detektive über den Tagesablauf im Werk zu beantworten. Bislang schien man noch keine brauchbare Spur zu haben, obwohl der Chef des Sicherheitsdienstes zu Matt sagte: »Wir haben gewisse Vorstellungen, und wir möchten gern einige Ihrer Fließbandarbeiter sprechen, sobald sie zurückkommen.« Vorläufig aber blieben die Detektive im Werk, und ihre Anwesenheit schuf in einer ohnehin aufregenden Zeit zusätzliche Belastungen.

Trotz allem war Matt bisher ganz gut zurechtgekommen, abgesehen von einem kleinen Zwischenfall, der ihn selbst betraf und den glücklicherweise niemand von Bedeutung bemerkt hatte.

Er war am vorigen Samstagnachmittag in seinem Büro gewesen, denn während einer Umrüstung gehörte die Siebentagewoche zur Regel, und eine der älteren Sekretärinnen, Iris Einfeld, die ebenfalls arbeitete, hatte ihm Kaffee gebracht. Dankbar begann Matt, ihn zu trinken. Plötzlich konnte er aus ihm völlig unerklärlichen Gründen die Tasse nicht mehr halten. Sie fiel ihm aus der Hand, und der Kaffee hatte sich über seine Kleidung und den Fußboden ergossen.

Ärgerlich wegen seiner, wie er meinte, Unachtsamkeit stand Matt auf – und fiel dann schwer und in voller Länge zu Boden. Als er später darüber nachdachte, erinnerte er sich, daß sein linkes Bein den Dienst zu versagen schien, und ihm fiel auch wieder ein, daß er den Kaffee in der linken Hand gehabt hatte.

Mrs. Einfeld, die noch in Matts Büro war, hatte ihm wieder in den Stuhl geholfen, und dann wollte sie Hilfe holen, aber es gelang ihm, ihr das auszureden. Statt dessen blieb Matt eine Weile ruhig sitzen, und er spürte, wie das Gefühl langsam wieder in das linke Bein und die linke Hand zurückkehrte, aber er wußte, daß er außerstande sein würde, mit dem Auto nach Hause zu fahren. Schließlich verließ er, nicht ohne einige Hilfe durch Iris Einfeld, das Büro über eine Hintertreppe, und sie fuhr ihn mit ihrem Wagen nach Hause. Unterwegs brachte er sie dazu, ihm zu versprechen, die ganze Angelegenheit für sich zu behalten, denn er hatte Angst davor, daß man ihn sonst als Invaliden behandeln würde. Das war jedoch das allerletzte, was er sich wünschte.

Als er zu Hause angelangt war, schaffte es Matt, zu Bett zu gehen, und da blieb er bis tief in den Sonntag hinein. Dann fühlte er sich viel besser; nur gelegentlich spürte er noch ein seltsam flatterndes Gefühl in der Brust. Am Montagmorgen war er müde, aber davon abgesehen fühlte er sich wie sonst auch, und er ging zur Arbeit.

Es war aber ein einsames Wochenende gewesen. Barbara war nicht zu Hause, und Matt Zaleski hatte allein fertigwerden müssen. Früher, als seine Frau noch lebte, hatte sie ihm in schwierigen Zeiten, etwa bei der Umrüstung auf ein neues Modell, immer mit viel Verständnis, besonderer Zuneigung und mit Mahlzeiten geholfen, die sie – ganz gleich, wie lange sie abends warten mußte, bis er endlich heimkam – mit ganz besonderer Liebe zubereitete. Aber das alles schien so lange her zu sein, und es fiel ihm schwer, sich klarzumachen, daß Freda ja noch keine zwei Jahre tot war. Traurig dachte Matt daran, daß ihm erst jetzt voll bewußt geworden war, was sie ihm in Wirklichkeit bedeutet hatte.

Er ertappte sich auch dabei, daß er sich über Barbaras

Konzentration auf ihr eigenes Leben und ihre eigene Arbeit ärgerte.

Nichts wäre Matt lieber gewesen, als Barbara bei sich zu Hause zu behalten, so daß sie dort war, wenn er heimkam, und so – wenigstens zum Teil – den Platz ihrer Mutter ausfüllte. Eine Zeitlang nach Fredas Tod schien Barbara das auch zu tun. Sie machte jeden Abend das Essen für sie beide, aber ganz allmählich hatten Barbaras außerhäusliche Interessen wieder zugenommen, ihre Arbeit in der Werbeagentur beanspruchte sie immer stärker, und heutzutage waren sie nur noch selten zusammen in dem Haus in Royal Oak, abgesehen von der Schlafenszeit und von einem hastigen Frühstück in der Woche. Schon vor Monaten hatte Barbara ihn gedrängt, eine Haushälterin zu suchen, die sie sich gut hätten leisten können, aber Matt wehrte sich gegen diesen Gedanken.

Jetzt, wo er, ganz abgesehen von der Arbeitslast im Werk, so vieles selbst tun mußte, wünschte er, er hätte damals nachgegeben.

Schon Anfang August hatte er zu Barbara gesagt, daß er es sich anders überlegt habe und daß sie doch eine Haushälterin anstellen solle, und Barbara hatte erwidert, sie werde das tun, sobald sie könne, aber im Augenblick habe sie in der Agentur zuviel zu tun und sie habe einfach kein Zeit, um Anzeigen aufzugeben, mit Bewerberinnen zu sprechen und schließlich eine Haushälterin einzuarbeiten. Matt war das erheblich wider den Strich gegangen, denn für ihn war es Frauensache – jawohl, auch Sache der Tochter –, ein Haus zu führen, und als Mann sollte man sich nicht darum kümmern müssen, vor allem dann nicht, wenn man außergewöhnlich angespannt war in seiner Arbeit, wie Matt es jetzt war. Barbara aber ließ keinen Zweifel daran, daß sie ihre eigene Arbeit für ebenso wichtig hielt wie die ihres Vaters, eine Einstellung, die er weder akzeptieren noch begreifen konnte.

Es gab heutzutage noch eine ganze Menge anderer Dinge, die Matt Zaleski nicht begreifen konnte. Er brauchte nur eine Zeitung aufzuschlagen, um sich abwechselnd zu ärgern oder verständnislos den Kopf zu schütteln, wenn er las, wie althergebrachte Maßstäbe plötzlich nichts mehr galten, wie man alte Moralüberzeugungen einfach über Bord warf, wie die etablierte Ordnung überall unterminiert wurde. Niemand, so schien es ihm, hatte mehr Respekt vor irgend etwas – auch nicht vor der konstituierten Autorität, den Gerichten, dem Gesetz, nicht vor den Eltern, den College-Präsidenten, nicht vor dem Militär, dem System des freien Unternehmertums und nicht vor der amerikanischen Flagge, unter der Matt und andere seiner Generation im Zweiten Weltkrieg gekämpft und gelitten hatten.

Für Matt Zaleski waren es die Jungen, die Schuld an allem hatten, und die meisten von ihnen haßte er immer intensiver: die mit dem langen Haar, die man von Mädchen nicht unterscheiden konnte (Matt hatte noch immer seinen soldatischen Bürstenschnitt, und er trug ihn wie ein Abzeichen); neunmalkluge Studenten, vollgestopft mit Bücherweisheiten und ewig ihren McLuhan, ihren Marx oder Ché Guevara herleiernd; die militanten Schwarzen, die das Millennium auf der Stelle verlangten und nicht bereit waren, langsam voranzuschreiten; und all die anderen Protestler, die Aufrührer, die alles verachteten, was sie sahen, und die jeden, der anderer Meinung war, einfach zusammenschlugen. Das ganze Pack, fand Matt, war grün, unreif, hatte keine Ahnung vom wirklichen Leben, tat nichts und trug nichts bei . . . Wenn er an die Jungen dachte, floß ihm die Galle über, und sein Blutdruck stieg.

Und Barbara, die selbst ganz gewiß keine rebellische Studentin, keine Protestlerin war, sympathisierte offen mit dem meisten, was da vor sich ging, und das war fast ebenso schlimm. Die Schuld daran gab Matt den Leuten, mit denen seine Tochter umging, Brett DeLosanto eingeschlossen, den er nach wie vor nicht leiden konnte.

In Wirklichkeit war Matt Zaleski – wie viele seiner Altersgruppe – der Gefangene seiner eigenen Ansichten, die er schon so lange gehegt und vertreten hatte. In Gesprächen, die manchmal zu hitzigem Streit ausarteten, hatte Barbara versucht, ihn für ihre eigenen Überzeugungen zu gewinnen: daß sich eine neue Breite der Anschauungen entwickelt habe, daß sich Überzeugungen und Ideen, die einst als unveränderlich galten, bei näherer Prüfung als hohl erwiesen hatten; daß die jungen Leute nicht die Moralvorstellungen der Generation ihrer Eltern verachteten, sondern die Fassade einer Moral mit doppeltem Boden; nicht die alten Maßstäbe an sich, sondern Heuchelei und Selbsttäuschung, die sich nur allzu oft hinter den sogenannten Werten und Maßstäben verbargen. In Wahrheit sei es eine Zeit der Suche, des aufregenden geistigen Experiments, das für die Menschheit nur Gewinn bedeuten könne.

Barbaras Versuche waren gescheitert. Matt Zaleski, dem es an Einsicht gebrach, sah den Wandel, der sich rings um ihn her vollzog, nur als negativ und zerstörerisch.

In dieser Stimmung, und außerdem müde und geplagt von quälenden Magenschmerzen, kam Matt spätabends heim und fand Barbara schon zu Hause, und zwar mit einem Gast. Der Gast war Rollie Knight.

Nach einer von Leonard Wingate arrangierten Vereinbarung hatte Barbara am frühen Abend Rollie in der Stadt getroffen. Ihre Absicht war es, mehr über das Leben und die Erfahrungen der Schwarzen – und insbesondere Rollies – in der Innenstadt und mit dem Anwerbungsprogramm im harten Kern zu erfahren. Ein gesprochener Kommentar zu dem Dokumentarfilm »Autostadt«, der sich jetzt der redigierten und fertig geschnittenen Endfassung näherte, sollte zu einem Teil von dem ausgehen, was sie heute abend in Erfahrung bringen würde.

Zunächst hatte sie Rollie mit in den Presse-Club genommen, aber im Klub war es ungewöhnlich voll und laut gewesen; auch schien sich Rollie dort nicht wohlgefühlt zu haben. Einem plötzlichen Impuls nachgebend, hatte Barbara deshalb vorgeschlagen, daß sie zu ihr nach Hause fahren sollten. Das taten sie.

Sie hatte für sich und Rollie Whisky mit Wasser gemacht und dann rasch ein einfaches Mahl, Eier und Speck, zubereitet, das sie auf Tabletts im Wohnzimmer servierte; danach unterhielten sie sich. Rollie war zusehends entspannter und hilfsbereiter geworden.

Später brachte Barbara die Whiskyflasche herein und schenkte ihnen ein zweites Glas ein. Draußen war die

Abenddämmerung – nach einem klaren und freundlichen Tag – zu dunkler Nacht geworden.

Rollie sah sich in dem behaglichen, geschmackvoll eingerichteten, aber keineswegs protzigen Zimmer um. Er fragte: »Wie weit sind wir hier von Blaine und der 12.?«

»Ungefähr dreizehn Kilometer«, sagte sie zu ihm.

Er schüttelte den Kopf und grinste. »Nee, eher schon dreizehnhundert.«

Blaine und die 12., das war da, wo Rollie lebte und wo an jenem Abend, als Brett DeLosanto und Leonard Wingate zugeschaut hatten, die Filmszenen aufgenommen worden waren.

Barbara hatte Rollies Gedanken in wenigen Stichworten notiert, weil sie meinte, daß er sich als Anfangssatz gut eignen könnte, als ihr Vater hereinkam.

Matt Zaleski erstarrte.

Ungläubig sah er Barbara und Rollie Knight an, die nebeneinander auf dem Sofa saßen, mit einem Glas in der Hand, zwischen sich auf dem Fußboden eine Whiskyflasche, die abgegessenen Tabletts irgendwo in der Nähe. In ihrer Überraschung hatte Barbara den Notizblock, in dem sie geschrieben hatte, aus der Hand und außer Sicht gleiten lassen.

Rollie Knight und Matt Zaleski, die im Montagewerk noch nie miteinander gesprochen hatten, erkannten einander dennoch sofort. Matts Augen wanderten ungläubig von Rollies Gesicht zu Barbaras. Rollie grinste und schluckte seinen Whisky und gab sich ostentativ selbstsicher, schien dann aber doch ein wenig die Fassung zu verlieren. Mit der Zunge feuchtete er die Lippen an.

»Hallo, Dad!« sagte Barbara. »Das ist . . .«

Matts Stimme fuhr dazwischen. Mit einem wütenden Blick sagte er zu Rollie: »Was zum Teufel machen Sie in meinem Haus, was sitzen Sie da . . .«

Die langen Jahre, die er mit der Führung eines Autowerks verbracht hatte, dessen Arbeitskräfte zu einem großen Teil Schwarze waren, hatten Matt Zaleski aus schierer Notwendigkeit eine Patina der rassischen Toleranz verliehen. Aber mehr als eine Patina war es nie geworden. Unter dieser

Oberfläche teilte er noch immer die Ansichten seiner polnischen Eltern und ihrer Nachbarn in Wyandotte, die jeden Neger für minderwertig hielten. Als er jetzt sah, daß seine eigene Tochter einen schwarzen Mann in seinem eigenen Haus bewirtete, wurde er von einem ganz und gar unvernünftigen Zorn gepackt, den die Anspannung der letzten Zeit und seine Erschöpfung noch anstachelten. Er sprach und handelte, ohne auch nur einen Gedanken an die Folgen zu verschwenden.

»Dad«, sagte Barbara mit Schärfe, »dies hier ist ein Freund von mir, Mr. Knight. Ich habe ihn eingeladen, und bitte höre auf . . .«

»Halt den Mund!« schrie Matt und wandte sich seiner Tochter zu. »Mit dir rede ich später ein Wörtchen.«

Die Farbe wich aus Barbaras Gesicht. »Was soll das heißen – du willst ein Wörtchen mit mir reden?«

Matt ignorierte sie. Seine Augen durchbohrten Rollie Knight förmlich. Er zeigte auf die Küchentür, durch die er gerade hereingekommen war. »Raus!«

»Dad, was nimmst du dir heraus!«

Barbara war aufgesprungen, rasch glitt sie zu ihrem Vater hinüber. Als sie in seiner Reichweite war, schlug er ihr hart ins Gesicht.

Es war, als führten sie eine klassische Tragödie auf, und jetzt war Barbara an der Reihe, das alles nicht mehr glauben zu können. Sie dachte: *Das kann doch gar nicht wahr sein.*

Der Schlag hatte weh getan, und sie rechnete damit, daß auf ihrer Wange Schwellungen sichtbar sein würden. Aber das war ja nicht wichtig. Wichtig waren jetzt Dinge, die sich im Inneren abspielten. Es war, als sei ein Felsblock beiseite gewälzt worden, der Felsblock eines ganzen Jahrhunderts menschlichen Voranschreitens und Verstehens, und was war dahinter sichtbar geworden? Nur stinkende, schwärende Fäulnis – die Unvernunft, der Haß, die Bigotterie, die in Matt Zaleskis Seele lebten. Und Barbara teilte in diesem Augenblick, weil sie die Tochter ihres Vaters war, seine Schuld.

Draußen hielt ein Auto.

Auch Rollie Knight stand jetzt. Einen Augenblick zuvor hatte ihn seine Selbstsicherheit verlassen, weil er sich auf fremdem Terrain bewegte. Jetzt aber hatte er sich wieder gefaßt, und er sagte zu Matt: »Ich pisse auf dich, du weißes Schwein.«

Matts Stimme zitterte. »Ich sagte, raus. Gehen Sie jetzt!«

Barbara schloß die Augen. *Ich pisse auf dich, du weißes Schwein.* Na ja, warum nicht? So ging's doch im Leben, Haß wurde mit Haß vergolten.

Zum zweiten Mal innerhalb weniger Minuten wurde die Seitentür des Hauses geöffnet. Brett DeLosanto kam herein und gab in bester Laune bekannt: »Kein Mensch hat gehört, daß ich klingele.« Strahlend sah er Barbara und Matt an, dann bemerkte er Rollie Knight. »Hallo, Rollie! Was für eine nette Überraschung. Wie geht's, wie steht's, mein Freund?«

Als Brett den jungen schwarzen Mann so freundlich und mit größter Selbstverständlichkeit begrüßte, huschte ein Anflug des Zweifels über Matt Zaleskis Gesicht.

»Ich pisse auch auf dich«, sagte Rollie zu Brett. Voller Verachtung warf er Barbara einen Blick zu. Und ging.

Brett fragte die beiden anderen: »Na, was zum Teufel sollte das denn heißen?«

Er war vom Metropolitan Airport, wo seine Maschine aus Kalifornien vor weniger als einer Stunde gelandet war, quer durch die Stadt direkt hergefahren. Brett hatte Barbara besuchen wollen, um ihr von seinem persönlichen Entschluß zu erzählen und von den Plänen, die er sich während des Heimfluges zurechtzulegen begonnen hatte. Er war glänzender Laune gewesen, was seinen unbeschwert fröhlichen Auftritt vorhin erklärte. Jetzt begann er zu begreifen, daß hier ernstlich etwas nicht in Ordnung war.

Barbara schüttelte den Kopf, außerstande zu sprechen, weil sie gegen die aufsteigenden Tränen kämpfte. Brett ging durch das Zimmer. Er legte ihr den Arm um die Schulter und sagte leise: »Ich weiß ja nicht, was los ist, aber nimm's nicht so tragisch! Wir wollen später in aller Ruhe darüber reden.«

Matt sagte mit unsicherer Stimme: »Hör mal, vielleicht war ich ...«

Barbara fiel ihm ins Wort: »Ich will nichts hören.«

Sie hatte sich wieder in der Gewalt und machte sich von Brett los, der jetzt sagte: »Wenn das hier ein Familienputz ist und wenn's dir lieber ist, daß ich verschwinde ...«

»Ich will, daß du hierbleibst«, sagte Barbara. »Und wenn du gehst, dann komme ich mit.« Sie hielt inne, dann sah sie ihn an: »Du hast mich zweimal gebeten, Brett, zu dir zu kommen und mit dir zu leben. Wenn du mich noch willst, dann komme ich.«

Er antwortete mit großem Nachdruck: »Du weißt doch, daß ich das will.«

Matt Zaleski hatte sich in einen Sessel fallen lassen. »*Mit ihm zu leben!*«

»Jawohl«, bestätigte Barbara mit eisiger Stimme. »Wir werden nicht heiraten; das wollen wir beide nicht. Wir werden nur die Wohnung teilen, das Bett ...«

»Nein!« brüllte Matt. »Mein Gott noch mal, nein!«

Warnend sagte sie zu ihm: »Versuch doch mal, das zu verhindern!«

Sie sahen einander kurze Zeit an, dann senkte ihr Vater den Blick und stützte den Kopf in die Hände. Seine Schultern bebten.

»Ich packe ein paar Sachen für heute nacht«, sagte Barbara zu Brett. »Den Rest hole ich mir morgen ab.«

»Hör mal«, Brett konnte den Blick nicht von der in sich zusammengesunkenen Gestalt in dem Sessel lösen, »ich wollte, daß wir zusammenziehen. Das weißt du. Aber muß es denn so dazu kommen?«

Sie antwortete kühl: »Wenn du erst einmal weißt, was passiert ist, wirst du das verstehen. Nimm mich also, oder laß mich in Frieden – jetzt, so wie ich bin. Tust du's nicht, geh ich ins Hotel.«

Er lächelte. »Ich nehme dich.«

Barbara ging die Treppe hinauf.

Als die beiden Männer allein waren, sagte Brett, dem gar nicht wohl zumute war: »Mr. Z., ich weiß nicht, was hier schiefgegangen ist, aber es tut mir leid.«

Er bekam keine Antwort, und er ging hinaus, um im Auto auf Barbara zu warten.

Fast eine halbe Stunde lang kreuzten Brett und Barbara durch die Straßen der Umgebung, um Rollie Knight zu suchen. Gleich in den ersten Minuten, nachdem Barbara ihren Koffer gebracht hatte und sie losgefahren waren, hatte sie berichtet, was vor Bretts Ankunft geschehen war. Während sie noch sprach, war sein Gesicht hart geworden.

Nach einiger Zeit sagte er: »Der arme kleine Hund! Kein Wunder, daß er mich auch angekläfft hat.«

»Und mich.«

»Der denkt wohl, wir sind im Inneren doch alle gleich. Wie sollte er auch nicht.«

Sie fuhren noch eine leere Straße entlang, dann, gegen Ende der Straße, erfaßten ihre Scheinwerfer eine schattenhafte, dahinwandernde Gestalt. Es stellte sich heraus, daß es ein Nachbar Zaleskis auf dem Heimweg war.

»Rollie ist verschwunden.« Brett warf ihr einen fragenden Blick zu. »Wir wissen, wo er wohnt.«

Beide wußten, warum Brett zögerte. Nachts konnte es in der Innenstadt von Detroit gefährlich sein. Bewaffnete Raubüberfälle und Körperverletzungen waren etwas Alltägliches.

Sie schüttelte den Kopf. »Wir könnten heute abend nichts mehr tun. Fahren wir nach Hause.«

»Zunächst mal immer das Wichtigste.« Er hielt am Straßenrand, und sie küßten sich.

»Nach Hause, das heißt für dich«, sagte Brett sorgsam und mit großem Nachdruck, »eine neue Adresse – Country Club Manor, West Maple, Telegraph.«

Obwohl die Ereignisse des Abends ihn ebenso deprimiert hatten wie sie, war er ein wenig atemlos und aufgeregt, als er den Wagen nach Nordwesten steuerte.

Als sie viel später nebeneinander im dunklen Schlafzimmer von Bretts Appartement lagen, sagte Barbara leise: »Sind deine Augen offen?«

»Ja.« Wenige Minuten vorher hatte Brett sich auf den

Rücken rollen lassen. Jetzt hatte er die Hände hinter dem Kopf, und er betrachtete die im tiefen Dämmerlicht kaum noch sichtbare Zimmerdecke.

»Woran hast du gedacht?«

»An etwas recht Linkisches, was ich mal zu dir gesagt habe. Weißt du noch?«

»Ja, ich weiß es noch.«

Es war an dem Abend gewesen, als Barbara hier ein Abendessen bereitet und Brett Leonard Wingate mit nach Hause gebracht hatte – die erste Begegnung zwischen den dreien. Später an jenem Abend hatte Brett versucht, Barbara zu überreden, die Nacht bei ihm zu bleiben, und als sie nicht wollte, hatte er gesagt: *»Du bist neunundzwanzig; du kannst unmöglich noch 'ne Jungfrau sein, was bremst dich also?«*

»Du hast nichts dagegen gesagt«, erinnerte Brett sie, »aber du warst es doch noch oder?«

Er hörte ihr sanftes, heiteres Lachen. »Wenn irgend jemand imstande ist, diese Frage zu beantworten ...«

»Okay, okay.« Sie spürte sein Lächeln und drehte sich dann auf die Seite, so daß sich ihre Gesichter berührten. »Warum hast du es mir nicht gesagt?«

»Ach, was weiß ich. Über so was redet man doch nicht. Und ist das denn überhaupt so wichtig?«

»Mir ist das wichtig.«

Nach einem Augenblick der Stille sagte Barbara: »Wenn du's unbedingt wissen mußt, ja, mir war es auch wichtig. Siehst du, ich wollte immer, daß es beim ersten Mal mit jemandem sein sollte, den ich wirklich liebe.« Sie streckte die Hand aus und ließ ihre Finger leicht über sein Gesicht gleiten. »Am Ende ist es dann auch so gekommen.«

Bretts Arme umfingen sie, und wieder drängten sich ihre Leiber zusammen, als er flüsterte: »Ich liebe dich auch.«

Ihm wurde bewußt, daß er jetzt einen der seltenen und kostbaren Augenblicke des Lebens auskostete. Er hatte Barbara noch immer nichts von seinem eigenen Entschluß erzählt, den er in Los Angeles gefaßt hatte, und auch von seinen Zukunftsplänen ahnte sie noch nichts. Brett wußte, daß sie bis zum Morgen reden würden, wenn er jetzt davon anfinge, und Reden war heute nacht nicht das, was er sich am sehnlichsten wünschte.

Dann wischte drängendes Verlangen, das erwidert wurde, alle anderen Gedanken beiseite.

Als sie dann wieder still und zufrieden nebeneinander lagen, sagte Barbara: »Wenn du willst, erzähl ich dir was.«

»Na los.«

Sie seufzte. »Wenn ich gewußt hätte, daß es so wunderbar ist, dann hätte ich nicht so lange gewartet.«

23

Erica Trentons Affäre mit Pierre Flodenhale hatte Anfang Juni begonnen, und zwar schon kurz nach ihrer ersten Begegnung, als der junge Rennfahrer nach der Wochenendparty am Higgins Lake Adam Trenton nach Hause begleitet hatte.

Wenige Tage nach jenem Sonntagabend hatte Pierre Erica angerufen und sie zum Mittagessen eingeladen. Sie hatte angenommen. Sie trafen sich am nächsten Tag in einem abgelegenen Restaurant in Sterling Heights.

Eine Woche später trafen sie sich wieder, und dieses Mal waren sie nach dem Essen zu einem Hotel gefahren, wo Pierre schon ein Zimmer reserviert hatte. Mit einem Minimum an Aufheben waren sie ins Bett gestiegen, wo Pierre sich als ein absolut befriedigender Sexualpartner erwies, so daß sich Erica, als sie am Spätnachmittag nach Hause fuhr, physisch und seelisch besser fühlte als seit Monaten.

Den Rest des Monats und bis in den Juli hinein trafen sie sich bei jeder Gelegenheit, am Tage und auch abends. Abends immer dann, wenn Adam Erica vorher mitgeteilt hatte, daß er länger arbeiten müsse.

Für Erica waren diese Begegnungen beseligende sexuelle Erfüllungen, die ihr so lange vorenthalten geblieben waren. Sie genoß auch Pierres Jugend und Frische, und sein lustvolles Vergnügen an ihrem Leib erregte sie immer aufs neue.

Ihre Begegnungen standen in schärfstem Gegensatz zu der einen Verabredung, die sie Monate zuvor mit dem Verkäufer Ollie gehabt hatte. Wenn Erica an dieses Erlebnis dachte – und es war ihr nicht angenehm, sich daran zu erinnern –, dann geschah es voller Ekel, Ekel vor allem über sich selbst, daß sie es dazu hatte kommen lassen, auch wenn sie damals bis an die Grenze der Verzweiflung physisch frustriert gewesen war.

Jetzt war von Verzweiflung nicht mehr die Rede. Erica

hatte keine Ahnung, wie lange die Affäre zwischen ihr und Pierre dauern würde, aber sie wußte, daß es für sie beide nie mehr sein würde als eben eine Affäre und daß sie eines Tages unweigerlich zu Ende gehen müsse. Aber im Augenblick genoß sie ihr Glück ganz ohne Hemmungen, und das galt allem Anschein nach auch für Pierre.

Dieses Genießen verlieh ihnen beiden eine Selbstsicherheit, die ihrerseits dazu führte, daß es ihnen gleichgültig wurde, ob man sie in der Öffentlichkeit zusammen sah oder nicht.

Einer ihrer liebsten abendlichen Treffpunkte war die freundliche, ganz im Kolonialstil gehaltene Dearborn Inn, wo der Service gut und das Essen vorzüglich waren. Zu den anderen Attraktionen der Dearborn Inn gehörte eine Cottage – eine von mehreren auf dem Gelände –, die eine getreuliche Nachbildung des Hauses von Edgar Allan Poe war. Unten im Erdgeschoß hatte die Poe-Cottage zwei gemütliche Zimmer und eine Küche; oben befand sich ein winziges Schlafzimmer unter dem Dach. Die beiden Stockwerke waren in sich abgeschlossen und wurden getrennt an die Gäste der Inn vermietet.

Zweimal, als Adam Detroit verlassen mußte, hatte Pierre das Erdgeschoß der Poe-Cottage gemietet, während Erica den ersten Stock buchte. Wenn die Haustür verschlossen war, ging es niemanden etwas an, wer die Treppe im Inneren hinauf- oder hinabging.

Erica liebte das romantische kleine Häuschen mit seinen antiken Möbeln so sehr, daß sie sich einmal behaglich im Bett ausstreckte und rief: »Was für ein perfektes kleines Haus für ein Liebespaar! Es ist eine Schande, es für irgendeinen anderen Zweck zu benutzen.«

»Hm, ehem«, das war alles, was Pierre geantwortet hatte, und es zeigte sich, wie wenig ihm an freundlicher Unterhaltung lag, ja, wie wenig er sich für Dinge interessierte, die nicht mit dem Autorennen zu tun hatten und die sich nicht unmittelbar auf Sexuelles bezogen. Über Autorennen konnte Pierre lebhaft und ausführlich reden, und das tat er auch. Andere Themen aber langweilten ihn. Konfrontiert mit aktuellen Ereignissen, mit Politik oder Kunst – und Erica versuchte manchmal, darüber mit ihm zu sprechen –, gähnte er entweder, oder er rutschte rastlos hin und her wie ein Junge, dessen Aufmerksamkeit man nie länger als ein paar Sekunden fesseln konnte. Gelegentlich wünschte sich Erica trotz der höchst befriedigenden sexuellen Seite der Affäre, daß ihre Beziehungen zueinander ein wenig abgerundeter sein könnten.

Ungefähr um die Zeit, als sich dieser Wunsch zu einer leichten Verärgerung über Pierre entwickelte, erschien in den »Detroit News« eine Nachricht, in der ihre Namen miteinander in Beziehung gebracht wurden.

Diese Nachricht stand in der täglichen Kolumne der Gesellschaftsredakteurin Eleanor Breitmeyer, die viele Leute für die beste Gesellschaftsreporterin im nordamerikanischen Blätterwald hielten. Kaum ein Ereignis in den Gesellschaftskadern der Autostadt entging Miß Breitmeyers scharfer Intelligenz, und ihr Kommentar in diesem Falle las sich so:

> Der gutaussehende, weltgewandte Rennfahrer Pierre Flodenhale und die junge, sehr schöne Erica Trenton – Frau des Auto-Produktplaners Adam – sind weiterhin gern zu zweit allein. Am vorigen Freitag hatten sie ein tête-à-tête beim Lunch im Steering Wheel, und wie üblich hatte keiner der beiden auch nur einen Blick übrig für andere Menschen.

Die Worte auf der Zeitungsseite versetzten Erica einen scharfen und schmerzenden Stoß. Ihr erster, verwirrter Gedanke beim Lesen dieser Worte galt den Tausenden von Leuten in Groß-Detroit – darunter ihre eigenen Freunde und Adams Freunde –, die diese Kolumne ebenfalls lesen und darüber sprechen würden, bevor dieser Tag zu Ende war. Plötzlich wäre Erica am liebsten in den Schrank gelaufen und hätte sich dort versteckt. Ihr wurde klar, wie unglaublich sorglos sie und Pierre gewesen waren, so als hätten sie die Bloßstellung geradezu herausgefordert. Jetzt, da es geschehen war, wünschte sie sich inbrünstig, daß sie sich anders verhalten hätten.

Die »News«-Meldung war Ende Juli erschienen – ungefähr eine Woche vor dem Abendessen der Trentons mit Hank Kreisel und ihrem Besuch in seinem Haus in Grosse Pointe.

Am Abend der Veröffentlichung dieser Meldung hatte Adam die »Detroit News« mit nach Hause gebracht, wie er das meistens tat, und die beiden teilten sich die Zeitung, während sie ihre Martinis vor dem Abendessen tranken.

Erica hatte die Frauenseiten, auf denen auch die Gesellschaftsnachrichten standen, während Adam den Nachrichtenteil der ersten Seiten durchblätterte. Aber Adam überflog immer systematisch die ganze Zeitung, und Erica erzitterte bei dem Gedanken daran, daß seine Aufmerksamkeit sich bald dem Teil der Zeitung zuwenden könnte, den sie gerade in den Händen hielt.

Sie überlegte sich, daß es ein schwerer Fehler sein würde, einen Teil der Zeitung aus dem Wohnzimmer verschwinden zu lassen, denn das würde sehr wahrscheinlich Adams Aufmerksamkeit erst darauf lenken, ganz gleich, wie geschickt und wie beiläufig sie das tat.

Statt dessen ging Erica in die Küche und servierte das Abendessen. Sie ließ es dabei darauf ankommen, daß das Gemüse vielleicht noch nicht gar sei. Es war noch nicht gar. Aber als Adam sich an den Tisch setzte, hatte er die letzten Seiten der Zeitung noch nicht aufgeschlagen.

Als er nach dem Essen ins Wohnzimmer zurückkehrte, öffnete Adam wie üblich seine Aktentasche und begann zu arbeiten. Als Erica im Eßzimmer wieder abgeräumt hatte, kam sie herein, nahm Adams Kaffeetasse, ordnete ein paar Illustrierte und sammelte die Zeitungsteile zusammen, um sie mit hinauszunehmen.

Adam blickte auf. »Laß die Zeitung hier. Ich bin noch nicht fertig.«

Den Rest des Abends verbrachte sie wie auf heißen Kohlen. Sie tat, als läse sie ein Buch. In Wirklichkeit beobachtete sie heimlich jede einzelne Bewegung Adams. Als er endlich seine Aktentasche zuschnappen ließ, stieg ihre Spannung, bis er, zu Ericas unsäglicher Erleichterung, nach oben ging. Die Zeitung hatte er allem Anschein nach total vergessen.

Jetzt versteckte sie die Zeitung, und am nächsten Tag verbrannte sie sie.

Aber ein einziges Exemplar der Zeitung zu verbrennen, das wußte sie, konnte natürlich nicht verhindern, daß irgend jemand Adam die Ausgabe zeigte oder im Gespräch darauf Bezug nahm, was auf das gleiche hinauslief. In Adams Abteilung mußten natürlich viele dieses saftige Stückchen Klatsch gelesen haben, ebenso wie viele andere, mit denen Adam täglich zu tun hatte, und in den nächsten Tagen lebte Erica in der zitternden, nervösen Erwartung, daß Adam dieses Thema anschneiden würde, sobald er nach Hause kam.

An einem zweifelte sie nicht: Wenn Adam von diesem Artikel in den »News« erfuhr, dann würde sie es auch erfahren. Adam drückte sich nie um eine klare Auseinandersetzung, und er gehörte auch nicht zu jener Sorte von Ehemännern, die sich ein Urteil bildeten, ohne ihrer Frau die Chance zu geben, ihre Seite der Angelegenheit zu erklären. Aber es fiel kein Wort, und als eine Woche vergangen war, begann Erica, sich zu entspannen. Später erklärte sie sich die Sache so, daß jedermann es als Selbstverständlichkeit angesehen hatte, daß Adam die Geschichte kannte, und deshalb das Thema aus Höflichkeit oder aus Verlegenheit umging. Aus welchem Grund das geschah, war ihr gleich. Sie war dankbar.

Dankbar war sie auch für die Gelegenheit, ihre Beziehungen zu beiden Männern, zu Adam und Pierre, gegeneinander abzuwägen. Das Resultat war klar. In allem, mit Ausnahme der sexuellen Dinge und der allzu geringen Zeit, die sie miteinander verbrachten, lag Adam weit vorn. Bedauerlicherweise – oder vielleicht, für Erica, glücklicherweise – blieben die sexuellen Dinge in ihrem Leben äußerst bedeutungsvoll, und aus diesem Grunde erklärte sie sich einverstanden, Pierre wenige Tage später wiederzusehen, dieses Mal allerdings unter Beachtung aller Vorsichtsmaßregeln, und als Treffpunkt wurde Windsor vereinbart, jenseits des Flusses in Kanada gelegen. Aber von allen ihren Treffen erwies sich dieses als das am wenigsten erfolgreiche.

Es war nun einmal eine Tatsache, daß Adam Verstand und Geist von der Art besaß, die Erica bewunderte. Pierre konnte nicht konkurrieren. Trotz seiner Arbeitsbesessenheit verlor Adam nie den Kontakt zu dem Leben, das sich rings um ihn her abspielte; er hatte ganz entschiedene Ansichten, und er besaß ein gesellschaftliches Gewissen. Erica genoß es, Adam zuzuhören – sofern er über Themen sprach, die nichts mit der Autoindustrie zu tun hatten. Als sie aber Pierre einmal nach seiner Meinung über den sozialen Wohnungsbau in Detroit fragte, ein Thema, das seit Wochen die Schlagzeilen beherrschte, stellte sich heraus, daß Pierre noch nie davon gehört hatte. »Ich finde, das ganze Zeugs geht mich einen feuchten Kehricht an«, war seine Standardantwort. Er war auch noch nie zur Wahl gegangen. »Weiß gar nicht, wie man das macht, und ich muß sagen, es interessiert mich auch nicht allzu sehr.«

Erica lernte: Eine Affäre, die erfolgreich und befriedigend sein sollte, bedurfte auch noch anderer Zutaten als bloßer Sexualität.

Wenn sie sich selber fragte: Mit wem von all den Männern, die sie kannte, möchte sie am liebsten eine Affäre haben, gelangte Erica jedesmal zu der höchst aufschlußreichen Antwort: mit Adam.

Wenn Adam doch nur als *ganzer* Ehemann funktionieren würde.

Aber das geschah nur selten.

Der Gedanke an Adam beherrschte noch mehrere Tage lang ihr ganzes Denken, bis hin zu ihrem Abend bei Hank Kreisel in Grosse Pointe. Erica fand, daß dieser Teilehersteller und ehemalige Marineinfanterist auf irgendeine geheimnisvolle Weise die besten Seiten Adams zur Geltung brachte, und fasziniert verfolgte sie das Gespräch über Hank Kreisels Dreschmaschine und die klaren Sachfragen, die Adam stellte. Erst später, auf dem Heimweg, erinnerte sie sich an jenen anderen Teil Adams, den sie einmal besessen hatte – an den ungeduldigen Liebhaber, den Mann, der ihren Leib erforscht hatte wie ein wißbegieriger Entdeckungsreisender –, und erst dann wurde sie von Verzweiflung und Zorn überwältigt.

Als sie später an diesem Abend erklärte, daß sie sich von Adam scheiden lassen wolle, war es ihr Ernst. Es schien keine Hoffnung mehr für sie zu geben. Auch am nächsten Tag und an den folgenden Tagen wurde sie in ihrem Entschluß nicht wankend.

Es stimmte, sie unternahm nichts, um die Scheidungsmaschinerie in Gang zu setzen, und sie zog auch nicht aus dem Haus am Quarton Lake aus, obwohl sie ihre Nächte weiterhin allein im Gästezimmer verbrachte. Erica hatte ganz einfach das Gefühl, daß sie eine Weile Zeit brauchte, um sich in der Vorhölle an die neuen Gegebenheiten zu gewöhnen.

Adam hatte keine Einwände. Offensichtlich glaubte er, daß die Zeit ihre Meinungsverschiedenheiten heilen werde. Erica glaubte das nicht. Sie fuhr unterdessen fort, das Haus in Ordnung zu halten, und sie fand sich auch bereit zu einer Begegnung mit Pierre, der sie angerufen und ihr mitgeteilt hatte, daß seine Rennverpflichtungen ihm einen kurzen Abstecher nach Detroit erlaubten.

»Irgend etwas stimmt nicht«, sagte Erica. »Das merke ich. Warum sagst du mir nicht, was los ist?«

Pierre wirkte unsicher und verlegen. Neben seiner Jungenhaftigkeit war er von einer Durchsichtigkeit, die jede seiner Stimmungen sofort erkennen ließ.

Neben ihr im Bett liegend sagte er: »Ich weiß nicht, es ist wohl nichts.«

Erica stützte sich auf einen Ellbogen. In dem Motelzimmer war es dämmerig, weil sie gleich nach dem Eintreten die Vorhänge zugezogen hatten. Aber es war trotzdem hell genug für sie, um ihre Umgebung deutlich erkennen zu können. Diese Umgebung glich sehr weitgehend all den anderen Motels, in denen sie schon gewesen waren – ohne besonderen Charakter, mit Möbeln aus großen Serien und billigen Beschlägen jeder Art. Sie warf einen Blick auf die Uhr. Es war zwei Uhr nachmittags, und sie befanden sich in dem Vorort Birmingham, weil Pierre erklärt hatte, er habe die Zeit nicht, um auf die andere Seite des Flusses nach Kanada zu fahren. Draußen war ein trüber Tag, und im Wetterbericht hatten sie Regen prophezeit.

Sie wandte sich wieder Pierre zu, um sein Gesicht, das sie ebenfalls klar erkennen konnte, eingehender zu studieren.

Er warf ihr ein strahlendes Lächeln zu, aber sie entdeckte in diesem Lächeln einen Hauch von Vorsicht. Sie bemerkte, daß sein blonder Haarschopf wuschelig und unordentlich war, was gewiß daran lag, daß sie ihm mit ihren Händen durch das Haar gefahren war, als sie einander vorhin geliebt hatten.

Sie hatte sich an Pierre gewöhnt, und sie mochte ihn jetzt wirklich gern. Ja gewiß, es mochte ihm an geistiger Tiefe fehlen, aber er war angenehm, und in sexueller Hinsicht war er jeder Zoll ein Mann, und darauf kam es Erica schließlich an. Sogar seine gelegentliche Arroganz – das Star-Syndrom, das sie gleich bei ihrer ersten Begegnung diagnostiziert hatte – schien ausgezeichnet zu seiner Männlichkeit zu passen.

»Die Katze und der heiße Brei«, sagte Erica. »Los, nun sag schon, was dir auf der Seele liegt.«

Pierre wandte sich ab, griff nach seiner Hose neben dem Bett und suchte in den Taschen nach seinen Zigaretten. »Also gut«, sagte er, ohne sie direkt anzusehen, »ich glaube, es geht uns beide an.«

»Was geht uns beide an?«

Er hatte jetzt eine Zigarette angezündet und blies den Rauch zur Zimmerdecke empor. »Ich werde von nun an öfter auf der Rennbahn sein. Werde wohl nicht mehr so oft nach Detroit kommen. Dachte, daß ich dir das sagen sollte.«

Ein Schweigen breitete sich zwischen ihnen aus, und Kälte griff nach Erica, die sie auf keinen Fall zeigen wollte. Nach einer langen Pause sagte sie: »Ist das alles, oder wolltest du mir noch was anderes sagen?«

Pierre wand sich. »Wieso? Was denn?«

»Das müßtest du selber am besten wissen.«

»Es ist nichts weiter als . . . na ja, also wir haben uns ja ziemlich oft gesehen. Und lange schon.«

»Ja, schon sehr lange.« Erica gab sich Mühe, ihre Stimme unbeschwert klingen zu lassen. Sie wußte, daß jeder feindselige Ton ein Fehler sein würde. »Es ist nicht mehr und nicht weniger als zweieinhalb Monate.«

»Mein Gott! So lange?« Seine Überraschung wirkte echt.

»Natürlich erscheint dir die Zeit länger.«

Pierre brachte es fertig zu lächeln. »So ist das nun auch wieder nicht.«

»Aber wie ist es dann?«

»Ja also, verflucht noch mal, Erica – also, wir werden uns 'ne Zeitlang nicht sehen.«

»Wie lange nicht? Einen Monat? Sechs Monate? Oder sogar ein Jahr?«

Er antwortete unbestimmt. »Hängt wohl ganz davon ab, wie die Dinge laufen.«

»Welche Dinge?«

Pierre zuckte mit den Achseln.

»Und nachher«, sagte Erica hartnäckig, »nach dieser unbestimmt langen Zeit, rufst du mich an? Oder soll ich dich anrufen?« Sie wußte, daß sie ihn zu hart in die Zange nahm, aber sein Drumherumreden hatte sie mit Ungeduld erfüllt. Als er nicht antwortete, fügte sie noch hinzu: »Spielt die Kapelle jetzt ›Auf Wiedersehn?‹ Werde ich jetzt abgeschafft? Wenn ja, warum rückst du dann nicht heraus mit der Sprache?«

Es war klar, daß Pierre sich entschlossen hatte, diese Gelegenheit beim Schopfe zu packen. »Ja«, sagte er, »ich glaube, so ist es dann wohl auch.«

Erica holte tief Luft. »Vielen Dank dafür, daß du mir endlich doch eine ehrliche Antwort gegönnt hast. Jetzt weiß ich doch, wie die Sache steht.«

Sie fand, daß sie eigentlich keinen Grund zur Klage habe. Sie hatte darauf bestanden, von ihm eine Antwort zu bekommen, und nun hatte sie sie. Dabei hatte sie schon bei Beginn des Gesprächs gespürt, was Pierre in Wahrheit im Sinn hatte. In diesem Augenblick empfand sie eine ganze Mischung von Gefühlen – wobei verletzter Stolz vorherrschte, denn sie hatte immer angenommen, daß sie selbst und nicht Pierre Schluß machen würde, wenn diese Affäre einmal zu Ende ging. Aber sie war noch nicht bereit, Schluß zu machen, und jetzt spürte sie neben dem Schmerz auch ein Gefühl des Verlustes, der Trauer, und sie empfand schon einen Vorgeschmack der Einsamkeit, die ihr bevorstand. Sie war realistisch genug, um zu wissen, daß Betteln oder Streiten nichts einbringen würden. Erica wußte auch, daß Pierre so viele Frauen hatte, wie er brauchte oder haben wollte; sie wußte, daß es andere gab, die Pierre satt bekommen hatte, lange bevor er sie kannte. Plötzlich hätte sie am liebsten geheult bei dem Gedanken, nur eine neue in einer langen Reihe zu sein, aber sie zwang sich, nicht zu weinen. *Der Teufel sollte sie holen,* wenn sie auch noch seiner Eitelkeit schmeichelte, indem sie ihm zeigte, daß es ihr in Wirklichkeit doch sehr viel ausmachte.

Kühl sagte Erica: »Unter diesen Umständen scheint es wenig Sinn zu haben, noch hierzubleiben.«

»He!« sagte Pierre. »Nun werde bloß nicht wütend.« Unter der Bettdecke griff er nach ihr, aber sie wich ihm aus und glitt aus dem Bett. Sie nahm ihre Sachen mit, um sich im Badezimmer anzuziehen. Zu Anfang ihrer Beziehungen wäre Pierre ihr eilig nachgestiegen, hätte sie gepackt und hätte sie mit scherzhafter Gewalt zurück aufs Bett gezwungen, wie er das schon einmal getan hatte, als sie sich zankten. Jetzt blieb er, wo er war, und dabei hatte sie halb gehofft, daß er kommen würde.

Aber als Erica aus dem Badezimmer kam, war auch Pierre schon angezogen, und nur Minuten später gaben sie sich einen kurzen, beinahe flüchtigen Kuß und gingen auseinander. Er schien darüber erleichtert zu sein, fand sie, daß der Abschied mit so geringem Aufwand über die Bühne gegangen war.

Pierre fuhr mit seinem Wagen davon, und als er den Motelparkplatz verließ, beschleunigte er so stark, daß die Reifen quietschten. Erica folgte langsamer in ihrem Kabrio. Kurz bevor sie ihn aus den Augen verlor, winkte er ihr lächelnd zu.

Als sie die erste Kreuzung erreichte, war Pierres Wagen schon nicht mehr zu sehen.

Sie fuhr noch anderthalb Straßenblocks weiter, bevor ihr bewußt wurde, daß sie nicht die geringste Ahnung hatte, wohin sie eigentlich wollte. Es war fast drei Uhr nachmittags, und jetzt fiel ein trüber Regen, wie es schon im Wetterbericht angekündigt worden war. Wohin konnte sie gehen, was sollte sie tun? . . . mit dem Rest des Tages, mit dem Rest ihres Lebens. Plötzlich brach wie eine zu lange aufgestaute Flutwelle die ganze Qual, die Enttäuschung, die Bitterkeit über sie herein, gegen die sie sich im Motel so energisch gewehrt hatte. Sie fühlte sich verstoßen, und Verzweiflung überkam sie. Ihre Augen füllten sich mit Tränen, und ungehindert ließ sie sie über die Wangen laufen. Ganz mechanisch steuerte sie ihren Wagen durch Birmingham, und es war ihr gleichgültig, wohin sie fuhr.

Sie wußte nur, wohin sie auf keinen Fall wollte, und das war nach Hause, nach Quarton Lake. Das Haus barg zu viele Erinnerungen, ein Übermaß an Unerledigtem, an Problemen, mit denen sie jetzt nicht fertig werden konnte. Sie fuhr noch ein paar Blocks weiter, bog um mehrere Ecken und bemerkte dann, daß sie nach Troy gelangt war und sich in der Somerset Mall befand, der Einkaufsstraße, wo sie vor fast einem Jahr das Parfüm genommen hatte – wo sie ihren ersten Ladendiebstahl begangen hatte. Damals hatte sie gelernt, daß eine Kombination von Intelligenz, Geschwindigkeit und Nerv auf mancherlei Weise befriedigende Resultate zeitigen konnte. Sie stellte den Wagen ab und wanderte durch den Regen zu der überdachten Einkaufsstraße.

Drinnen wischte sie den Regen, der sich mit ihren Tränen vermischt hatte, vom Gesicht.

In den meisten Läden der Einkaufsstraße herrschte mäßige Betriebsamkeit. Erica schlenderte durch mehrere Geschäfte, betrachtete Bally-Schuhe, warf einen Blick auf Spielzeug von F. A. O. Schwarz, freute sich an dem bunten Ramsch einer Boutique. Aber sie tat das alles ganz geistesabwesend, nichts von dem, was sie sah, wollte sie haben, ihre Stimmung wurde immer bedrückter, niedergeschlagener. Sie wanderte in einem Lederwarengeschäft zwischen Kofferbergen umher und wollte schon wieder gehen, als eine Aktentasche ihre Aufmerksamkeit erregte. Sie war aus englischem Rindleder und schimmerte braun. Sie lag auf einem Glastisch am hinteren Ende des Ladens. Ericas Augen wanderten weiter, glitten dann unerklärlicherweise zurück. Sie dachte: Es gab absolut keinen Grund, warum sie eine Aktentasche besitzen sollte; sie hatte nie eine gebraucht, und es war ganz unwahrscheinlich, daß sie jemals eine benötigen würde. Außerdem war eine Aktentasche ein Symbol für so vieles, was sie verabscheute – die Tyrannei heimgebrachter Arbeit, die Abende, die Adam mit seiner eigenen, geöffneten Aktentasche verbrachte, die ungezählten Stunden, die er und Erica nie miteinander geteilt hatten. Und dennoch begehrte sie die Aktentasche, die sie eben erblickt hatte – begehrte sie ganz widervernünftig, begehrte sie hier und jetzt. Und sie war entschlossen, sie zu besitzen.

Vielleicht, dachte Erica, würde sie Adam die Aktentasche zum Abschied schenken, als großartig sarkastische Geste.

Aber war es nötig, sie zu bezahlen? Sie *könnte* sie natürlich bezahlen, aber es lag doch viel mehr Reiz darin, einfach zu nehmen, was sie wollte, und damit wegzugehen, wie sie es so oft mit so großem Geschick getan hatte. Das zu tun, würde dem Tag doch wenigstens etwas Reiz verleihen. Davon hatte es bisher wenig genug gegeben.

Sie tat so, als begutachte sie irgend etwas anderes, und sah sich im ganzen Laden um. Wie immer bei Ladendiebstählen, empfand sie eine steigende Erregung, eine berauschende, köstliche Mischung aus Angst und Wagemut.

Erica registrierte die Anwesenheit einer Verkäuferin und zweier Verkäufer – und einer der beiden Männer war schon älter; vermutlich handelte es sich um den Geschäftsführer. Alle hatten mit Kunden zu tun. Zwei oder drei andere Leute sahen sich, wie Erica, in dem Laden um. Eine Frau, Typ mausgraue Oma, musterte Gepäckanhänger.

Auf Umwegen und immer wieder eine Pause einlegend, näherte Erica sich dem Auslagentisch mit der Aktentasche. Als errege sie zum erstenmal ihre Aufmerksamkeit, nahm sie sie in die Hand und wandte sie zu eingehender Prüfung hin und her. Während sie das tat, brachte ihr ein rascher Blick die Bestätigung, daß das Verkäufertrio noch beschäftigt sei.

Sie fuhr mit der Prüfung der Tasche fort, öffnete sie dabei einen Spalt und schob zwei Anhänger, die draußen baumelten, nach drinnen, so daß sie nicht mehr sichtbar waren. Erica ließ die Aktentasche sinken, als wolle sie sie wieder auf den Tisch legen, aber statt dessen ließ sie sie tiefer sinken, bis unterhalb der Tischhöhe. Kühn sah sie sich ganz offen im Laden um. Zwei von den Leuten, die herumgewandert waren, hatten das Geschäft wieder verlassen; einer der Verkäufer hatte seine Aufmerksamkeit einem anderen Kunden zugewandt; sonst war die Lage unverändert.

Ganz ohne Eile schlenderte sie, die Tasche leicht in der Hand schlenkernd, dem Ladenausgang zu. Jenseits der Tür befand sich die mit Fliesen ausgelegte, überdachte Einkaufsstraße, die wettergeschützte Passage, in der sich Laden an Laden reihte. Sie sah eine spielende Fontäne, sie hörte das Rauschen des Wassers. Auf der anderen Seite des Springbrunnens bemerkte sie einen uniformierten Wachmann, aber er hatte dem Lederwarengeschäft den Rücken zugewandt und plauderte mit einem Kind. Auch wenn der Wachmann Erica sehen sollte, so hatte er doch, wenn sie erst einmal wieder in der Passage war, keinen Grund, mißtrauisch zu werden. Sie erreichte den Ausgang. Niemand hatte sie angehalten, niemand hatte auch nur etwas gesagt. Tatsächlich! – es war viel zu einfach.

»Moment mal!«

Die Stimme – scharf, kompromißlos – kam von unmittelbar hinter ihr. Erschreckt drehte Erica sich um.

Es war die mausgraue Oma, die ganz versunken die Gepäckanhänger betrachtet hatte. Nur wirkte sie jetzt weder mausgrau noch großmütterlich, sondern sie hatte harte Augen und einen entschlossenen, dünnlippigen Mund. Rasch ging sie auf Erica zu, und gleichzeitig rief sie zu dem Geschäftsführer hinüber: »Mr. Yancy! Hierher!« Dann mußte Erica erleben, daß man sie fest am Handgelenk packte, und als sie versuchte, sich loszumachen, wurde der Griff schraubstockfest.

Panik übermannte Erica. In ihrer Verwirrung protestierte sie: »Lassen Sie mich doch los!«

»Seien Sie still!« befahl die andere Frau. Sie mochte in den Vierzigern sein – auf keinen Fall war sie so alt, wie sie sich gekleidet hatte. »Ich bin Ladendetektivin, und Sie sind bei einem Diebstahl gestellt worden.« Als der Geschäftsführer eiligen Schrittes näher kam, teilte sie ihm mit: »Diese Frau hat die Aktentasche gestohlen, die sie in der Hand hat. Ich habe sie gestellt, als sie den Laden verließ.«

»Gut«, sagte der Geschäftsführer, »gehen wir nach hinten.« Wie die Detektivin, gab auch er sich ganz frei von Gefühlen, so als wisse er genau, was zu tun sei, voller Entschlossenheit, eine unangenehme Aufgabe zu erfüllen. Er hatte Erica kaum angesehen, so daß sie sich schon gesichtslos vorkam wie ein Verbrecher.

»Sie haben ja gehört«, sagte die Detektivin. Sie zerrte an Ericas Handgelenk und wandte sich der Rückseite des Ladens zu, wo sich vermutlich, für die Kundschaft unsichtbar, Büros befanden.

»Nein! Nein!« Erica setzte die Füße fest auf und weigerte sich zu gehen. »Sie irren sich.«

»Schwester, die Fehler machen Leute wie Sie«, sagte die Detektivin. Mit tiefer Verachtung in der Stimme sagte sie zu dem Geschäftsführer: »Ist Ihnen schon mal jemand untergekommen, der das nicht gesagt hat?«

Der Geschäftsführer schien sich in seiner Haut nicht sehr wohl zu fühlen. Erica hatte mit lauter Stimme gesprochen; jetzt drehten sich einige Köpfe, und mehrere Leute im Laden betrachteten unverhohlen, was sich da ereignete. Dem Geschäftsführer war offensichtlich daran gelegen, den öffentlichen Auftritt zu beenden, und er machte beschwörende Zeichen mit dem Kopf.

In diesem Augenblick beging Erica ihren entscheidenden Fehler. Wäre sie den beiden anderen gefolgt, wie sie es verlangten, dann hätte sich alles Weitere mit höchster Wahrscheinlichkeit nach einem längst vorgezeichneten Muster abgespielt. Zunächst hätte man sie vernommen – wahrscheinlich barsch, und wahrscheinlich hätte die Detektivin das Wort geführt. Danach hätte Erica dann mit allergrößter Wahrscheinlichkeit einen Zusammenbruch erlitten, hätte ihre Schuld gestanden und um Milde gebeten. Während der Vernehmung hätte sie angegeben, daß ihr Mann zur Führungsspitze der Autoindustrie gehöre.

Nach ihrem Schuldgeständnis hätte man ihr nahegelegt, auch ein schriftliches Geständnis abzulegen. Das hätte sie dann, wenn auch widerstrebend, mit eigener Hand geschrieben.

Danach hätte man sie gehen lassen, und der Zwischenfall

wäre – soweit Erica selbst betroffen war – abgeschlossen gewesen.

Der Ladengeschäftsführer hätte Ericas Geständnis einem Untersuchungsbüro des Einzelhandelsverbandes zugeschickt. Hätten sich dort in der Kartei frühere Verstöße gefunden, dann hätte man eine Anzeige in Erwägung gezogen. Bei einem ersten Verstoß – und dabei handelte es sich, technisch gesehen, in Ericas Fall – hätte man nichts unternommen.

In den Geschäften der Detroiter Vorstädte, insbesondere in der Nähe wohlhabender Viertel wie Birmingham und Bloomfield Hills, hatte man zu seinem Leidwesen nur allzu viel Erfahrung mit Ladendiebinnen, die ohne Not stahlen. Es war nicht Aufgabe der Ladenbesitzer, im Nebenberuf Psychologe zu sein; aber die meisten wußten, daß zu den Gründen für solche Diebstähle auch sexuelle Frustration, Einsamkeit, ein Verlangen nach Beachtung gehörten – und das waren Gemütsverfassungen, für die die Frauen von hohen Angestellten der Autoindustrie ganz besonders anfällig waren. Und in den Geschäften wußte man noch mehr. Man wußte zum Beispiel, daß die Publicity, die mit dem Erscheinen eines großen Namens der Autoindustrie vor Gericht verbunden sein mußte, dem Geschäftsgang mehr schaden als nützen würde. Die Leute der Industrie kluckten zusammen, und einem Geschäft, das einen der Ihren verfolgte, konnte ein allgemeiner Boykott drohen.

Folglich wendete der Einzelhandel andere Methoden an. Hatte man eine Diebin beobachtet und überführt, stellte man ihr die weggenommenen Sachen in Rechnung, und solche Rechnungen wurden meistens ohne Widerrede bezahlt. In anderen Fällen folgte die Rechnung später, sofern man die Identität festgestellt hatte; die Angst, festgehalten zu werden, und die Furcht vor einem feindselig geführten Verhör genügten oft, um auf Lebenszeit vor weiteren Ladendiebstählen abzuschrecken. Aber welche Methode man auch anwandte, die Läden in ganz Detroit hatten immer nur ein Ziel, und das war diskrete Lautlosigkeit.

In ihrer Panik und Verzweiflung machte Erica alle diskreten Kompromisse unmöglich. Mit einer heftigen Bewegung riß sie sich von der Detektivin los, wandte sich um und rannte – die gestohlene Aktentasche noch immer fest an sich gepreßt.

Sie lief aus dem Lederwarengeschäft hinaus in die Passage und rannte in Richtung des Haupteingangs, durch den sie hereingekommen war. Verdutzt taten die Detektivin und der Geschäftsführer ein, zwei Sekunden lang überhaupt nichts. Die Frau faßte sich zuerst. Wie ein Blitz rannte sie hinter Erica her und rief dabei lauthals: »Haltet sie! Haltet die Frau! Sie ist eine Diebin!«

Der uniformierte Wachmann in der Passage, der mit einem Kind geplaudert hatte, hörte die Rufe und drehte sich mit einem kleinen Sprung um. Die Detektivin sah ihn. Sie befahl: »Fangen Sie die Frau! Die da läuft! Nehmen Sie sie fest! Sie hat die Aktentasche gestohlen!«

Der Wachmann lief mit schnellen Bewegungen hinter Erica her. Kunden in der Passage blieben stehen, reckten die Hälse, um nur ja nichts zu versäumen. Andere, die das Geschrei gehört hatten, stürzten aus den Läden herbei. Aber niemand machte den Versuch, Erica aufzuhalten, als sie mit klappernden Absätzen über das Terrazzo lief. Sie lief immer weiter in Richtung der Haupteingangstür, mit schweren Laufschritten folgte der Wachmann ihr.

Erica erschienen die fürchterlichen Schreie, die starrenden Menschen, an denen sie vorbeilief, die näher kommenden, sie verfolgenden Füße wie ein Alptraum. Geschah das alles in Wirklichkeit? Das konnte doch nicht sein! Gleich würde sie erwachen. Aber anstatt zu erwachen, erreichte sie die schwere Eingangstür. Obwohl sie sich mit aller Kraft dagegenpreßte, öffnete sie sich mit einer Langsamkeit, die einen wahnsinnig werden ließ. Dann aber war sie draußen, im Regen, ihr Wagen auf dem Parkplatz nur wenige Meter entfernt.

Ihr Herz klopfte, ihr Atem ging schwer nach der Anstrengung des Laufens und aus panischer Angst. Ihr fiel ein, daß sie ihren Wagen zum Glück nicht abgeschlossen hatte. Sie klemmte sich die erbeutete Aktentasche unter den Arm, öffnete mit fliegenden Händen ihre Handtasche und tastete darin nach den Wagenschlüsseln. Ein ganzer Strom von Gegenständen fiel aus der Handtasche; sie nahm das überhaupt nicht zur Kenntnis, fand aber die Schlüssel. Sie hatte den Zündschlüssel bereit, als sie den Wagen erreichte, konnte aber sehen, daß der Wachmann, ein jüngerer, stämmig gebauter Mann, nur noch wenige Meter entfernt war. Ihm folgte die Detektivin, aber am dichtesten heran war der Wachmann. Erica begriff – sie würde es nicht schaffen! Nicht einsteigen, den Motor starten und davonfahren, bevor er sie erreichte. Von Entsetzen gepackt, dachte sie daran, daß die Folgen jetzt noch fürchterlicher sein würden. Verzweiflung überkam sie.

In diesem Augenblick glitt der Wachmann auf der regennassen Oberfläche des Parkplatzes aus und fiel. Er stürzte der Länge nach schwer hin, und einen Augenblick lang lag er betäubt und schmerzgekrümmt da, bevor er sich aufrappeln konnte.

Das Pech des Wachmannes gab Erica die Zeit, die sie brauchte. Sie ließ sich hinter das Steuer gleiten, startete den Motor, der sofort ansprang, und fuhr davon. Aber schon als sie den Parkplatz für die Kunden verließ, ergriff eine neue Angst Besitz von ihr: Hatten ihre Verfolger ihre Autonummer gesehen?

Das hatten sie. Außerdem hatten sie eine genaue Beschreibung des Wagens – ein Kabrio der laufenden Serie, granatapfelrot, auffallend wie eine Blüte im Winter.

Und als genüge das noch nicht, so hatte sich unter den Gegenständen, die aus Ericas Handtasche gefallen und liegengeblieben waren, eine Brieftasche mit Kreditkarten und anderen Dingen befunden, die eine Identifizierung ermöglichten. Die Detektivin sammelte die herausgefallenen Dinge ein, während der Wachmann, mit durchnäßter und verschmutzter Uniform und mit einem schmerzend verstauchten Fußgelenk zum nächsten Telephon humpelte, um die örtliche Polizeistation anzurufen.

Es war alles so lächerlich einfach, daß die beiden Polizisten grinsten, als sie Erica von ihrem Wagen zum Polizeiwagen eskortierten. Wenige Minuten vorher hatte sich der Funkstreifenwagen neben Ericas Auto gesetzt, und ohne viel

Aufhebens, ohne das Blinklicht einzuschalten oder die Sirene, hatte einer der Polizisten sie gestoppt. Sie hatte auch sofort angehalten, denn sie wußte, daß alles andere Wahnsinn gewesen wäre, ebenso wie es von Anfang an Wahnsinn gewesen war, weglaufen zu wollen.

Die Polizisten, beides junge Leute, waren mit Festigkeit, aber auch mit Ruhe und Höflichkeit vorgegangen, so daß Erica sich von ihnen weniger eingeschüchtert fühlte als von der feindseligen Detektivin in dem Laden. Außerdem hatte sie sich jetzt ganz mit allem abgefunden, was nun geschehen mußte. Sie wußte, daß sie eine Katastrophe heraufbeschworen hatte, und was nun noch an Kalamitäten folgen mochte, würde ohnehin kommen, weil es zu spät war, noch irgend etwas zu ändern, was sie auch sagen oder tun mochte.

»Wir haben Befehl, Sie zur Wache zu bringen, gnä' Frau«, sagte einer der Polizisten. »Mein Kollege da wird Ihren Wagen fahren.«

Erica sagte mit versagender Stimme: »Na gut.« Sie ging zur hinteren Tür des Funkstreifenwagens, die der Polizist schon für sie offenhielt; dann schreckte sie zurück, als ihr klar wurde, daß das Innere vergittert war und daß man sie wie in einer Zelle einschließen würde.

Der Polizist bemerkte ihr Zögern. »Vorschrift«, sagte er. »Ich würde Sie ja vorn sitzen lassen, wenn ich dürfte. Aber wenn ich das täte, würden die wahrscheinlich *mich* nach hinten setzen.«

Erica brachte ein Lächeln zustande. Offensichtlich waren die beiden Beamten zu der Erkenntnis gelangt, daß es sich bei ihr nicht um eine Schwerverbrecherin handelte.

Derselbe Polizist fragte: »Sind Sie schon mal verhaftet worden?«

Sie schüttelte den Kopf.

»Hab' ich mir gedacht. Nach den ersten paarmal ist gar nichts dabei. Das heißt, für Leute, die keinen Ärger machen.«

Sie stieg ein, die Tür fiel ins Schloß, und sie war eingesperrt.

Auf der Polizeiwache des Vororts hatte sie Impressionen von poliertem Holz und gekachelten Fußböden, war sich aber im übrigen nur dumpf ihrer Umgebung bewußt. Man machte sie auf ihre gesetzlichen Rechte aufmerksam, dann wurde sie über die Ereignisse im Laden vernommen. Erica antwortete wahrheitsgemäß, denn sie wußte, daß die Zeit, Ausflüchte zu machen, vorbei war. Sie wurde der Detektivin gegenübergestellt und dem Wachmann, und beide gaben sich feindselig, obwohl Erica bestätigte, was sie zur Sache aussagten. Sie identifizierte die Aktentasche, die sie gestohlen hatte, und gleichzeitig fragte sie sich, warum sie das Ding je hatte haben wollen. Später unterschrieb sie ein Protokoll, dann fragte man sie, ob sie telephonieren wolle. Mit einem Anwalt? Mit ihrem Mann? Sie antwortete: nein.

Danach wurde sie in einen kleinen Raum mit einem vergitterten Fenster am rückwärtigen Ende der Polizeiwache gebracht, eingeschlossen und alleingelassen.

Der Chef der Polizei des Vororts, Wilbur Arenson, war kein Mann, der sich beeilte, wenn's nicht notwendig war. Viele Male in seiner Karriere hatte Chef Arenson bemerkt, daß sich Langsamkeit, war sie überhaupt möglich, später auszahlte, und deshalb hatte er sich Zeit gelassen, als er mehrere Berichte über einen angeblichen Ladendiebstahl las, der sich an diesem Nachmittag ereignet hatte und dem ein Fluchtversuch der Verdächtigten gefolgt war, bevor ein Polizeialarm ausgelöst und über Funk verbreitet wurde und es später zur Festnahme und zum Verhör kam. Die festgenommene Verdächtigte, eine Erica Marguerite Trenton, Alter fünfundzwanzig, war eine verheiratete Frau mit Wohnsitz in Quarton Lake, kooperativ, und hatte außerdem ein Protokoll unterschrieben, in dem sie zugab, die Tat begangen zu haben.

Nach normalem Verfahren wäre jetzt alles routinemäßig weitergegangen, mit einer formellen Begründung der Verhaftung, mit nachfolgendem Erscheinen vor Gericht und, höchstwahrscheinlich, der Verurteilung. Aber in der Polizeiwache des Detroiter Vororts lief keinesfalls alles immer streng nach Routine ab.

So war es nicht Teil der Routine des Chefs, die Einzelheiten einer strafrechtlichen Bagatellsache zu lesen, aber die

Akten über gewisse Fälle – und die Auswahl trafen die Untergebenen – fanden doch den Weg auf seinen Schreibtisch.

Trenton. Der Name weckte eine Erinnerung. Der Chef war sich nicht ganz sicher, ob oder wann er den Namen gehört hatte, aber er wußte, daß es ihm schon noch einfallen würde, solange er nur die Sache nicht übereilte. Unterdessen las er erst einmal weiter.

Eine andere Abweichung von der Routine bestand darin, daß der wachhabende Sergeant, wohlvertraut mit den Eigenheiten und speziellen Vorlieben seines Chefs, die Verdächtigte bislang noch nicht ins Wachbuch eingetragen hatte. Somit gab es noch keine offizielle Listeneintragung mit Namen und Verdacht, wie sie den Reportern der Presse zur Durchsicht vorgelegt wurde.

Mehrere Punkte dieses Falles waren für den Chef interessant. Zunächst war finanzielle Not ganz sicher nicht das Motiv. Eine Brieftasche, die die Verdächtigte bei ihrer Flucht auf dem Parkplatz der Einkaufsstraße hatte fallen lassen, enthielt mehr als hundert Dollar in bar sowie Kreditkarten vom American Express und vom Diners Club, außerdem Kreditkarten mehrerer ortsansässiger Geschäfte. Ein Scheckbuch in der Handtasche der Verdächtigten wies einen ansehnlichen Kontenstand aus.

Chef Arenson kannte sich aus mit wohlbetuchten Ladendiebinnen und deren angeblichen Motiven, deshalb überraschte ihn der finanzielle Aspekt dieser Sache überhaupt nicht. Interessanter war da schon die fehlende Bereitschaft der Festgenommenen, Auskünfte über ihren Mann zu geben oder ihn anzurufen, als man ihr Gelegenheit dazu gab.

Das änderte natürlich an der Sachlage überhaupt nichts. Der vernehmende Beamte hatte routinemäßig die Registrierung des Wagens, den sie fuhr, überprüft, und es stellte sich heraus, daß der Wagen einem der Großen Drei gehörte. Eine Nachfrage beim Sicherheitsbüro des Autowerkes ergab, daß es sich um einen offiziellen Dienstwagen handelte, einen der beiden, die man Mr. Adam Trenton zur Verfügung gestellt hatte.

Der Sicherheitsbeamte des Werkes hatte sich die Information über die zwei Wagen entschlüpfen lassen, obwohl er nicht danach gefragt worden war, und der Polizeibeamte, der den Anruf gemacht hatte, vermerkte auch diese Tatsache in seinem Bericht. Jetzt saß Chef Arenson, ein kräftig gebauter, kahl werdender Mann Ende fünfzig, an seinem Schreibtisch und sann über die Aufzeichnungen nach.

Der Polizeichef wußte genau, daß viele leitende Angestellte der Autowerke werkseigene Wagen fuhren. Aber nur ein sehr hoher Angestellter bekam *zwei* Dienstwagen – einen für sich, den anderen für seine Frau.

Es bedurfte also keiner allzu großen geistigen Anstrengung, um zu dem Schluß zu gelangen, daß die Festgenommene, Erica Marguerite Trenton, zur Zeit eingeschlossen in einem kleinen Vernehmungsraum und nicht in einer Zelle – was ebenfalls auf eine Intuition des wachhabenden Sergeanten zurückzuführen war –, mit einem einigermaßen wichtigen Mann verheiratet war.

Jetzt galt es für den Chef, in Erfahrung zu bringen: Wie wichtig? Und wieviel Einfluß hatte Mrs. Trentons Mann?

Die Tatsache, daß der Chef sich die Zeit nahm, überhaupt über derartige Fragen nachzusinnen, war einer der Gründe dafür, daß die Gemeinwesen rings um Detroit darauf beharrten, ihre eigene Ortspolizei zu unterhalten. Von Zeit zu Zeit tauchten Vorschläge auf, die zwanzig oder noch mehr örtlichen Polizeitruppen von Groß-Detroit zu einer einzigen städtischen Polizei zusammenzuschließen. Ein solcher Zusammenschluß, so wurde jedesmal argumentiert, würde die Leistungsfähigkeit der Polizei erhöhen, Doppelarbeit ausschließen und sich kostensparend auswirken. Das System einer einzigen städtischen Polizei, so wurde von den Fürsprechern der Reorganisation betont, funktionierte anderenorts hervorragend.

Aber die Vororte – Birmingham, Bloomfield Hills, Troy, Dearborn, die Grosse Pointes und andere – opponierten immer geschlossen dagegen. Aus diesem Grunde, und weil die Einwohner dieser Gemeinwesen dort Einfluß hatten, wo es zählte, scheiterte die Initiative jedesmal aufs neue.

Das vorhandene System der kleinen, unabhängigen Polizeiorganisationen war vielleicht nicht das beste Mittel, um gleiche Gerechtigkeit für alle sicherzustellen, aber es gab den ortsansässigen Bürgern, deren Name bekannt war, doch eine bessere Chance, wenn sie selbst, ihre Angehörigen oder Freunde einmal gegen die Gesetze verstießen.

Allez hopp! – dem Chef fiel ein, wo er den Namen Trenton gehört hatte. Vor sechs oder sieben Monaten hatte Chef Arenson bei dem Autohändler Smokey Stephensen einen Wagen für seine Frau gekauft. Als der Chef im Ausstellungsraum des Händlers war – es war, wie er sich erinnerte, an einem Samstag –, hatte Smokey ihn mit einem Adam Trenton von der Geschäftsleitung des Werkes bekannt gemacht. Später, im vertraulichen Gespräch, als Smokey und der Chef den Preis aushandelten, hatte Smokey noch einmal Trenton erwähnt und prophezeit, daß er ein Aufsteiger sei und daß er eines Tages Präsident des Werkes sein werde.

Als er über den Zwischenfall nachdachte und seine Bedeutung, die er jetzt, in diesem Augenblick, erlangte, war Chef Arenson heilfroh, daß er sich so viel Zeit gelassen hatte. Jetzt wußte er nicht nur, daß es sich bei der festgenommenen Frau um jemanden von Bedeutung handelte, sondern er wußte außerdem noch, an wen er sich wenden konnte, um zusätzliche Informationen zu bekommen, die sich als nützlich erweisen könnten.

Der Chef griff sich den Amtsapparat und rief Smokey Stephensen an.

24

Sir Perceval McDowall Stuyvesant, Baronet, und Adam Trenton kannten einander seit mehr als zwanzig Jahren und waren miteinander befreundet. Es war eine lockere Freundschaft. Manchmal vergingen zwei Jahre oder noch mehr, ohne daß sie einander sahen oder auch nur miteinander in Verbindung traten, aber wenn sie sich in derselben Stadt aufhielten, was gelegentlich vorkam, verabredeten sie sich und nahmen mühelos die alte Beziehung wieder auf, so als sei nie eine längere Unterbrechung eingetreten.

Einer der Gründe für die Dauerhaftigkeit der Freundschaft war vielleicht die Ungleichheit der beiden. Adam hatte zwar Phantasie, war aber doch in erster Linie ein Meister der Organisation, ein Pragmatiker, der die Dinge in Schwung zu bringen verstand. Sir Perceval, ebenfalls phantasiebegabt und ein Mann mit der ständig wachsenden Reputation eines brillanten Wissenschaftlers, war über weite Strecken hin ein Träumer, dem es nicht immer leichtfiel, die praktischen Probleme zu meistern, die jeder Tag aufs neue schuf – er war ein Mann von jener Art, die wohl den Reißverschluß erfinden können, aber dann vergessen, die eigene Hosenklappe zu schließen.

Auch der Herkunft nach waren sie gründlich verschieden. Sir Perceval war der letzte Sproß einer langen Linie englischer Landedelleute, sein Vater war tot, und der ererbte Titel war in der Tat echt. Adams Vater war ein Stahlarbeiter gewesen in Buffalo, New York.

Die beiden hatten einander im College kennengelernt – an der Purdue University. Sie waren gleichaltrig, und sie machten zur gleichen Zeit ihr Examen, Adam als Ingenieur, Perceval, den seine Freunde Perce nannten, in Physik. Danach verbrachte Perce mehrere Jahre damit, akademische Titel zu sammeln, etwa so, wie ein Kind Gänseblümchen pflückt, und anschließend hatte er eine Zeitlang für dasselbe Autowerk wie Adam gearbeitet. Sein Arbeitsplatz war in der wissenschaftlichen Forschung gewesen, dem »Denk-Tank«, wo Perce sich verdient gemacht hatte, indem er neue Anwendungsmöglichkeiten für das Elektronenmikroskop entdeckte.

Damals hatten sie mehr Zeit miteinander verbracht als jemals zuvor oder nachher – es war vor Adams Hochzeit mit Erica gewesen, und Perce war damals noch Junggeselle –, und sie fanden sich zunehmend sympathischer.

Eine Zeitlang hatte Adam sich am Rande auch für Perces Hobby interessiert, pseudo-antike Geigen zu bauen – in die er dann jedesmal mit der ihm eigenen Sorte von Humor ein Stradivari-Etikett geklebt hatte –, aber verworfen hatte er Perces Vorschlag, gemeinsam Russisch zu lernen. Perce machte sich dann allein daran, und zwar einzig und allein aus dem Grunde, weil irgend jemand ihm das Abonnement einer sowjetischen Zeitschrift geschenkt hatte. Nach knapp einem Jahr las er Russisch mit Leichtigkeit.

Sir Perceval Stuyvesant war von magerer, spindeldürrer Erscheinung, und Adam fand, daß er immer gleich aussah: trauervoll, was keineswegs stimmte, und ewig zerstreut, was er war. Außerdem konnte nichts ihn aus der Ruhe bringen, und wenn er sich auf irgend etwas Wissenschaftliches konzentrierte, vergaß er alles andere, auch sieben kleine lärmende Kinder. Diese Brut war in schöner Regelmäßigkeit erschienen, immer eins pro Jahr, seit Perces Heirat, die bald nach seinem Ausscheiden aus der Autoindustrie stattgefunden hatte. Er hatte einen höchst appetitlichen, freundlichen Wirrkopf geheiratet, die jetzige Lady Stuyvesant, und die letzten Jahre hatte die ständig wachsende Familie in der Nähe von San Francisco in ihrem glücklichen Tollhaus verbracht.

Und von San Francisco war Perce nach Detroit geflogen, nur um Adam zu sehen. Sie trafen sich an einem späten Augustnachmittag in Adams Büro.

Als Perce am Tag zuvor angerufen und seine Ankunft angekündigt hatte, beschwor Adam ihn, nicht ins Hotel zu ziehen, sondern bei ihnen in Quarton Lake zu wohnen. Erica mochte Perce. Adam hoffte, daß die Anwesenheit eines alten Freundes zum Abbau der Spannungen und Ungewißheiten beitragen könne, die noch zwischen ihm und Erica bestanden.

Aber Perce hatte abgelehnt. »Es ist besser, wenn ich nicht bei euch wohne, alter Junge. Wenn ich Erica auf dieser Reise treffe, wird sie wissen wollen, warum ich da bin, und das wirst du ihr wahrscheinlich lieber auf deine Weise mitteilen wollen.«

Adam hatte gefragt: »Warum kommst du denn?«

»Vielleicht, weil ich einen Job suche.«

Aber Sir Perceval war nicht auf Jobsuche. Wie sich dann herausstellte, war er gekommen, um Adam einen anzubieten.

Eine Gesellschaft an der Westküste, die sich mit fortgeschrittener elektrischer und Radartechnologie befaßte, brauchte einen Vorsitzenden. Perce, einer der Gründer der Gesellschaft, war zur Zeit wissenschaftlicher Vizepräsident, und er machte Adam seinen Vorschlag im eigenen Namen und im Namen seiner Vorstandskollegen.

Er verkündete: »Zum Präsidenten würden wir dich machen, alter Junge. Du würdest gleich an der Spitze anfangen.«

Adam sagte trocken: »Das hat Henry Ford auch zu Bunkie Knudsen gesagt.«

»Bei uns könnte es besser verlaufen. Ein Grund wäre – du würdest allein wegen deiner Anteile in starker Position sein.« Perce runzelte ganz leicht die Stirn, als er Adam ansah. »Ich werde dich um einen Gefallen bitten. Nimm das ernst, was ich sage.«

»Ich habe dich immer ernst genommen.« Das war ein Kennzeichen ihrer Beziehung zueinander, dachte Adam – sie beruhte auf gegenseitigem Respekt, und das mit gutem Grund. Adam hatte seine eigenen, sehr soliden Leistungen in der Automobilindustrie vorzuweisen, und Perce verwandelte trotz seiner zeitweiligen Geistesabwesenheit und seiner Zerstreutheit in Alltagsdingen alles, was er auf wissenschaftlichem Gebiet anpackte, in bemerkenswerte Erfolge. Schon vor der heutigen Begegnung hatte Adam von Perces Gesellschaft an der Westküste gehört, die sich einen soliden Ruf für fortgeschrittene Forschung und Entwicklung auf elektronischem Gebiet erworben hatte, und zwar in ganz kurzer Zeit.

»Wir sind eine kleine Firma«, sagte Perce, »aber wir wachsen ziemlich schnell, und darin liegt auch unser Problem.«

Er fuhr fort und erzählte, daß sich eine Gruppe von Wissenschaftlern seines Schlages zusammengeschlossen habe, um die Firma zu gründen, und zwar mit dem Ziel, neues, fortschrittliches Wissen, von dem die Naturwissenschaften überquollen, für praktische Erfindungen und für die Förderung der alltäglichen Technologie zu nutzen. Das spezielle Interesse der Firma gehörte neu auftauchenden Energiequellen und Kraftübertragungen. Man sah Entwicklungen, die nicht nur den in die Enge getriebenen Städten und Industriezweigen helfen, sondern die auch dazu beitragen würden, die Lebensmittelversorgung der Welt durch neue Bewässerungsmethoden zu erweitern. Die Gruppe hatte schon jetzt Erfolge auf verschiedenen Gebieten erzielt, so daß ihre Gesellschaft, wie Perce es ausdrückte, »Brot und Butter und auch ein wenig Marmelade« verdiente. Die Erwartungen waren hochgespannt.

»Ein großer Teil unserer Arbeit konzentriert sich auf Supraleiter«, berichtete Perce. »Kennst du dich mit denen aus?«

»Ein wenig, viel weiß ich nicht davon.«

»Wenn es da zu einem großen Durchbruch kommt – und es gibt bei uns Leute, die das für möglich halten –, dann wird das die umwälzendste Entwicklung auf den Gebieten Energie und Metallurgie sein, die es seit einem Menschenleben gegeben hat. Ich erzähle dir später mehr davon. Das könnte für uns die ganz große Sache werden.«

Im Augenblick, erklärte Perce, brauche die Gesellschaft dringend einen Geschäftsmann der Spitzenklasse, der sie führen könne. »Wir sind nämlich Wissenschaftler, alter Junge. Wenn ich das sagen darf – wir haben so viele naturwissenschaftliche Genies, als du jemals in diesem ganzen Land unter einem Regenschirm versammelt finden wirst. Aber wir müssen Dinge tun, die wir nicht tun mögen und für die wir auch nicht ausgerüstet sind – Organisation, Management, Etats, Finanzierungen, all das. *Wir* wollen aber in unseren Labors hocken, experimentieren und *denken.*«

Aber die Gruppe wollte nicht irgendeinen x-beliebigen Geschäftsmann, erklärte Perce. »Steuer- und Buchhaltungsexperten können wir im Gros haben und Management-Berater waggonweise. Wir brauchen aber einen einzigen, überragenden Mann – jemanden mit Phantasie, der die Forschung versteht und respektiert, der die Technologie nutzbar machen kann, der Erfindungen in die richtigen Kanäle leiten, über Prioritäten entscheiden und die Firma vor der Außenwelt vertreten kann, während wir uns hinten in unseren Stübchen verlustieren, und der bei alledem noch ein angenehmer und anständiger Mensch ist. Kurz und gut, alter Junge, wir brauchen *dich.*«

Es war ausgeschlossen, sich nicht darüber zu freuen. Daß eine fremde Gesellschaft ihm eine Stellung anbot, war für Adam nichts Neues; das passierte auch den anderen Spitzenkräften der Autoindustrie immer wieder. Aber dieses Angebot von Perce war etwas ganz anderes, und zwar deshalb, weil Adam wußte, wer und was er war.

Adam fragte: »Was halten denn deine Kollegen davon?«

»Die haben es sich angewöhnt, meinem Urteil zu vertrauen. Ich darf dir ruhig verraten, daß wir bei unseren Beratungen über mögliche Kandidaten eine kleine Liste für die engere Auswahl aufgestellt haben. Es war eine sehr kurze Liste. Dein Name war der einzige, der darauf stand.«

Adam sagte, und er meinte es ganz ehrlich: »Ich bin gerührt.«

Sir Perceval Stuyvesant genehmigte sich, was er sehr selten tat, ein langsames Lächeln. »Die Rührung kann sich noch vertiefen. Wenn du willst, können wir jetzt auch gleich über Gehalt, Bonus, Aktien und Optionen reden.«

Adam schüttelte den Kopf. »Noch nicht, wenn wir's überhaupt je tun. Es ist nämlich so – ich habe nie im Ernst daran gedacht, die Autoindustrie zu verlassen. Autos sind immer mein ganzes Leben gewesen. Das ist auch heute noch so.«

Für Adam war dieses ganze Gespräch auch jetzt noch reine Theorie. Wie sehr er Perce auch schätzte und wie stark ihre Freundschaft auch war, für Adam war es ganz unvorstellbar, die Autoindustrie freiwillig zu verlassen.

Die beiden saßen einander gegenüber. Perce räkelte sich in seinem Sessel. Er hatte eine Angewohnheit, sich im Sitzen wie ein Schlangenmensch zu verschlingen und dann die Verschlingungen wieder zu lösen, die ihn mit seiner langen, hageren Gestalt sehnig und schmiegsam erscheinen ließ. Jede seiner Bewegungen signalisierte auch einen Themenwechsel in der Unterhaltung.

»Hast du jemals darüber nachgedacht«, sagte Perce, »was sie dir dereinst auf den Grabstein schreiben werden?«

»Ich bin durchaus nicht sicher, ob ich überhaupt einen bekomme.«

Perce machte eine wedelnde Handbewegung. »Ich meine das nur metaphorisch, alter Junge. Wir bekommen alle einen Grabstein, ob er nun aus Stein ist oder aus Luft. Darauf steht, was wir mit der Zeit angefangen haben, die uns gegeben war, was wir hinterlassen. Hast du jemals über deinen nachgedacht?«

»Ich glaube schon«, sagte Adam. »Das tun doch wohl alle Menschen, mehr oder minder.«

Perce legte seine Fingerspitzen aneinander und betrachtete sie. »Ich glaube, über dich ließen sich mehrere Dinge sagen. Zum Beispiel: ›Er war Vizepräsident eines Automobilwerks‹ oder vielleicht sogar ›Präsident‹ – das heißt, wenn dein Glück dir treu bleibt und du die anderen Spitzenkandidaten aus dem Felde schlägst. Natürlich wärst du da auch in guter Gesellschaft, allerdings in einer sehr zahlreichen Gesellschaft. Es gibt *so viele* Automobil-Präsidenten und Vizepräsidenten, alter Junge. 'n bißchen wie die Bevölkerung Indiens.«

»Wenn du was ganz Bestimmtes sagen willst«, sagte Adam, »warum rückst du dann nicht mit der Sprache heraus?«

»Ein glänzender Vorschlag, alter Junge.«

Manchmal, dachte Adam, übertrieb Perce es mit seinen sorgsam hochgezüchteten Anglizismen. Und gezüchtet mußten sie schon sein, denn britischer Baronet oder nicht, Perce lebte seit einem Vierteljahrhundert in den Vereinigten

Staaten, und abgesehen von seinem Akzent und seiner Art zu reden waren alle seine Angewohnheiten und Vorlieben amerikanisch. Aber vielleicht bewies das nur, daß jeder seine menschlichen Schwächen hatte.

Jetzt beugte sich Perce vor und sah Adam mit großem Ernst an. »Weißt du, was auf deinem Grabstein stehen könnte? Da könnte stehen: ›Er tat etwas Neues, Anderes, Lohnendes. Er ging als Führer voran, als sie neue Pfade erschlossen, jungfräulichen Boden pflügten. Was er hinterlassen hat, war wichtig und hatte Bestand.‹«

Perce sank in seinem Sessel zurück, als hätten die lange Rede – ungewöhnlich für ihn – und die Gemütsaufwallung ihn ganz erschöpft.

In der Stille, die jetzt herrschte, empfand Adam mehr Bewegung als sonst seit Beginn ihres Gesprächs. Im stillen gestand er sich ein, daß Perce mit dem, was er gesagt hatte, im Recht war, und er fragte sich auch, wie lange man wohl noch des Orions gedenken werde, wenn seine Zeit und seine Nützlichkeit erst einmal vorbei sein würden. Und das galt auch für den Farstar. Beide schienen jetzt sehr wichtig zu sein, sie beherrschten das Leben vieler Menschen, auch sein eigenes. Aber wie wichtig würden sie in den Zeiten sein, die da kommen würden?

Es war still in der Bürosuite. Es war später Nachmittag, und hier wie anderswo im Verwaltungsgebäude ließ der Druck des Tages allmählich nach, Sekretärinnen und andere gingen oder rüsteten sich zum Heimgehen. Von seinem Platz aus konnte Adam den Verkehr auf dem Freeway sehen, konnte beobachten, wie das Volumen wuchs, weil der große Exodus aus den Werken und aus den Büros begonnen hatte.

Er hatte diese Tageszeit gewählt, weil Perce mit besonderem Nachdruck um mindestens eine Stunde gebeten hatte, in der niemand sie stören würde.

»Erzähle mir noch ein bißchen«, sagte Adam, »von den Supraleitern – dem Durchbruch, von dem du gesprochen hast.«

Ruhig und leise sagte Perce: »Sie sind das Mittel zu enormer neuer Energie, sie bieten uns die Chance, die Umwelt wieder zu säubern und größeren Überfluß zu schaffen, als diese Welt jemals gekannt hat.«

Am anderen Ende des Büros, auf Adams Schreibtisch, schrillte ein Telephon befehlshaberisch.

Ärgerlich sah Adam das Instrument an. Vor der Ankunft Perces hatte er Ursula, seine Sekretärin, angewiesen, sie auf keinen Fall zu stören. Auch Perce schien die Unterbrechung zu bedauern.

Ursula aber, das wußte Adam, würde sich ohne sehr guten Grund niemals über eine derartige Anweisung hinwegsetzen. Er bat um Entschuldigung, ging quer durch das Zimmer, setzte sich an seinen Schreibtisch und nahm den Hörer ab.

»Ich hätte das Gespräch nicht durchgestellt«, sagte die leise Stimme seiner Sekretärin, »aber Mr. Stephensen sagte, er müsse Sie unbedingt sprechen, es sei sehr dringend.«

»Smokey Stephensen?«

»Jawohl, Sir.«

Ärgerlich sagte Adam: »Lassen Sie sich eine Nummer geben, unter der ich ihn später, heute abend, erreichen kann. Wenn möglich, werde ich ihn anrufen. Jetzt kann ich nicht mit ihm sprechen.«

Er spürte, daß Ursula unsicher war. »Mr. Trenton, genau das habe ich schon zu ihm gesagt. Aber er ist sehr hartnäckig. Er sagt, daß Ihnen die Störung nichts mehr ausmachen wird, wenn Sie erst einmal wissen, worum es sich handelt.«

»Verdammt noch mal!« Adam warf Perce einen Blick zu, mit dem er ihn um Entschuldigung bat, und fragte dann Ursula: »Er ist jetzt in der Leitung?«

»Ja.«

»Na gut, stellen Sie ihn durch.«

Adam legte eine Hand über die Sprechmuschel und versprach: »Das wird nur eine Minute dauern, keine Sekunde mehr.« Das Ärgerliche an Leuten wie Smokey Stephensen, dachte er, war ihre felsenfeste Überzeugung, daß ihre eigenen Angelegenheiten von einer Bedeutung seien, die alles andere beiseite drängte.

Es klickte. Die Stimme des Autohändlers. »Adam, sind Sie das?«

»Ja.« Adam gab sich keine Mühe, sein Mißvergnügen zu

verbergen. »Wenn ich recht informiert bin, hat Ihnen meine Sekretärin schon gesagt, daß ich sehr beschäftigt bin. Ich weiß nicht, was Sie wollen, aber es wird warten müssen.«

»Soll ich das auch Ihrer Frau sagen?«

Vergrätzt antwortete er: »Was soll das denn heißen?«

»Es soll heißen, großer Boß, der Sie zu beschäftigt sind, um einen Anruf von einem Freund entgegenzunehmen, daß Ihre Frau verhaftet worden ist. Und das nicht wegen eines Verkehrsvergehens, falls Sie den Grund wissen möchten. Nein. Wegen Diebstahls.«

Adam verharrte regungslos, schockiert, und Smokey fuhr fort: »Wenn Sie ihr, und wenn Sie sich selbst einen Gefallen tun wollen, dann machen Sie sich jetzt, in dieser Minute, von dem frei, was Sie gerade vorhaben, und kommen sofort hierher. Ich warte auf Sie. Hören Sie genau zu. Ich beschreibe Ihnen, wie Sie fahren müssen.«

Betäubt schrieb Adam sich auf, was Smokey ihm diktierte.

»Wir brauchen einen Anwalt«, sagte Adam. »Ich kenne mehrere. Ich rufe einen an und lasse ihn herkommen.«

Zusammen mit Smokey Stephensen saß er in Smokeys Wagen, der auf dem Parkplatz der vorstädtischen Polizeiwache stand. Adam war noch nicht drinnen gewesen. Smokey hatte ihn beschworen, im Auto zu bleiben, während er noch einmal alle Tatsachen hersagte, die sich auf Erica bezogen und die er telephonisch von Polizeichef Arenson und während eines Besuches im Büro des Chefs vor Adams Ankunft erfahren hatte. Während Adam zuhörte, nahm seine innere Anspannung zu, die Sorgenfalten auf seiner Stirn gruben sich tiefer ein.

»Aber ja doch«, sagte Smokey. »Gehen Sie, rufen Sie einen Anwalt an. Und wenn Sie schon mal am Telephon sind, warum rufen Sie dann nicht auch gleich die ›News‹ an, die ›Free Press‹ und den ›Birmingham Eccentric‹? Die schicken vielleicht sogar Photographen her.«

»Na und? Es ist doch klar, daß die Polizei einen dummen Fehler gemacht hat.«

»Die haben keinen Fehler gemacht.«

»Aber meine Frau würde doch niemals ...«

Am Ende seiner Geduld angelangt, fiel Smokey ihm ins Wort: »Ihre Frau *hat*. Wollen Sie das bitte endlich kapieren? Und sie hat es nicht nur getan, sie hat auch ein Geständnis unterschrieben.«

»Ich kann das nicht glauben.«

»Wäre aber besser. Chef Arenson hat mir das alles selber erzählt, und der lügt nicht. Außerdem ist die Polizei nicht blöd.«

»Nein«, sagte Adam, »das weiß ich auch.« Er holte tief Luft und atmete langsam wieder aus. Er zwang sich dazu, ruhig nachzudenken – zum ersten Mal, seit er vor einer halben Stunde in aller Hast sein Gespräch mit Perceval Stuyvesant abgebrochen hatte. Perce hatte Verständnis gehabt; ihm war klar, daß etwas sehr Ernstes geschehen sein mußte, auch wenn Adam ihm keine Einzelheiten über den Inhalt des Telephongesprächs mitgeteilt hatte. Sie hatten vereinbart, daß Adam entweder noch an diesem Abend oder sonst am nächsten Morgen Perce in dessen Hotel anrufen sollte.

Jetzt saß Smokey Stephensen in seinem Wagen wartend neben Adam, sog an seiner Zigarre, so daß es trotz der Klimaanlage in dem Auto durchdringend nach Zigarrenqualm roch. Draußen regnete es trübsinnig weiter, wie schon den ganzen Nachmittag. Die Abenddämmerung war angebrochen. An den Fahrzeugen und in den Gebäuden flammten die Lichter auf.

»Also gut«, sagte Adam, »wenn Erica getan hat, was man ihr vorwirft, dann muß etwas anderes dahinterstecken.«

Aus alter Gewohnheit rieb der Autohändler seinen Bart mit einer Hand. Als Adam ankam, hatte er ihn weder freundlich noch feindselig begrüßt, und auch jetzt war seine Stimme ganz unpersönlich. »Wenn dem so ist, dann geht das wohl nur Sie und Ihre Frau an. Das gleiche gilt für die Frage, was richtig, was falsch ist; beides geht mich nichts an. Wir reden jetzt über etwas anderes. Wir reden über die Lage, so wie sie tatsächlich ist.«

Ein Funkstreifenwagen der Polizei hielt dicht neben ihnen. Zwei uniformierte Beamte stiegen aus, einen Mann hatten sie in der Mitte zwischen sich. Die Polizisten betrachteten argwöhnisch Smokey Stephensens Wagen und dessen beide Insassen; der dritte Mann, der, wie Adam jetzt sah, mit Handschellen gefesselt war, hatte den Blick abgewendet. Smokey und Adam beobachteten, wie das Trio in der Wache verschwand.

Es war eine höchst unangenehme Erinnerung an das Geschäft, das sie hier zusammengeführt hatte.

»Die Lage ist also«, sagte Adam, »so: Erica sitzt da drinnen – jedenfalls behaupten Sie das –, und sie braucht Hilfe. Entweder kann ich jetzt da hineinstürmen, Himmel und Hölle in Bewegung setzen und dabei vielleicht Fehler machen, oder ich kann das Vernünftige tun und einen Anwalt holen.«

»Vernünftig oder nicht«, brummte Smokey, »Sie werden dann wahrscheinlich etwas in Gang setzen, was Sie nicht wieder rückgängig machen können, und hinterher werden Sie sich wünschen, daß Sie die Sache anders angepackt hätten.«

»Wie denn anders?«

»Zum Beispiel so: Erst einmal lassen Sie mich da reingehen. In Ihrem Auftrag. Lassen mich noch einmal mit dem Polizeichef reden. Warten mal ab, was ich da arrangieren kann.«

Verdutzt darüber, daß er sich das nicht schon viel früher gefragt hatte, erkundigte Adam sich jetzt: »Warum hat die Polizei eigentlich *Sie* angerufen?«

»Der Chef kennt mich«, sagte Smokey. »Wir sind befreundet. Er weiß, daß ich Sie kenne.« Er versagte es sich, Adam zu erzählen, was er schon in Erfahrung gebracht hatte – daß gute Aussicht darauf bestand, daß der geschädigte Laden sich mit der Bezahlung des gestohlenen Artikels zufriedengeben und nicht auf strafrechtlicher Verfolgung bestehen würde; auch, daß sich Chef Arenson bewußt war, daß der Fall lokale Empfindlichkeiten auslösen könnte und daß es aus diesem Grunde nicht unmöglich wäre, eine günstige Wendung zu arrangieren, natürlich nur unter der Voraussetzung, daß alle Betroffenen zur Mitarbeit und zu absoluter Diskretion bereit seien.

»Ich komm' da nicht mehr mit«, sagte Adam. »Wenn Sie

meinen, daß Sie etwas ausrichten können, dann nur zu. Wollen Sie, daß ich mitkomme?«

Smokey saß ganz still. Seine Hände ruhten auf dem Steuerrad, sein Gesicht war ausdruckslos.

»Also«, sagte Adam, »können Sie etwas ausrichten oder nicht?«

»Ja«, sagte Smokey und nickte. »Ich glaub' schon.«

»Worauf warten wir dann noch?«

»Auf den Preis«, sagte Smokey sanft. »Alles hat seinen Preis, Adam. Gerade Sie sollten das wissen.«

»Wenn hier die Rede von Bestechung ist . . .«

»Aber nehmen Sie doch das Wort Bestechung nicht einmal in den Mund! Weder hier draußen noch da drinnen.« Smokey zeigte mit der Hand auf die Polizeiwache. »Und vergessen Sie keinen Augenblick: Wilbur Arenson ist ein vernünftiger Bursche. Aber wenn Sie ihm *irgend etwas* anbieten, dann wird er mit der geballten Wucht der Gesetze und Vorschriften gegen Ihre Frau vorgehen. Und gegen Sie auch.«

»Ich hatte nicht die Absicht.« Adam machte ein etwas ratloses Gesicht. »Also wenn's das nicht ist, was meinen Sie dann . . .«

»*Sie verdammter Schweinehund!*« brüllte Smokey; seine Hände, die das Steuerrad umklammerten, waren ganz weiß. »Sie richten mich geschäftlich zugrunde, haben Sie denn das vergessen? Ist Ihnen vielleicht nicht wichtig genug. Einen Monat, haben Sie gesagt. Einen Monat, dann stößt Ihre Schwester die Anteile an meinem Geschäft ab. Einen Monat, dann übergeben Sie das Notizbuch, in dem Sie alles aufgeschrieben haben, was Sie bei Ihren Schnüffeleien herausgekriegt haben, den hohen Tieren in Ihrer Verkaufsabteilung.«

Steif und starr saß Adam da. »Wir haben eine Vereinbarung getroffen. Sie hat mit der heutigen Angelegenheit nichts zu tun.«

»Und ob es was damit zu tun hat! Wenn Sie wollen, daß Ihre Frau schleunigst wieder aus dem Schlamassel herauskommt, ohne daß ihr Name – und natürlich auch Ihr Name, Adam – kreuz und quer über ganz Michigan hin in den Dreck gezerrt wird, dann überlegen Sie sich die ganze Sache am besten noch mal von vorn, aber dalli!«

»Da müssen Sie schon etwas genauer erklären, was Sie meinen.«

»Ich biete Ihnen ein Geschäft an«, sagte Smokey. »Wenn da noch lange Erklärungen nötig sind, dann sind Sie nicht halb so helle, wie ich glaube.«

Adam gab sich keine Mühe, die Verachtung, die er empfand, zu verbergen. »Ich glaube, ich fange an zu begreifen. Sehen wir, ob ich recht habe. Sie sind bereit, den Zwischenträger zu machen und Ihre Freundschaft mit dem Polizeichef für den Versuch zu nutzen, meine Frau da herauszuholen und zu erreichen, daß etwaige Anklagen nicht weiter verfolgt werden. Als Gegenleistung erwarten Sie, daß ich meiner Schwester rate, ihre Beteiligung an Ihrem Geschäft nicht abzustoßen, und Sie erwarten weiter von mir, daß ich Unredlichkeiten in Ihrer Geschäftsführung, die mir zur Kenntnis gelangt sind, fortan ignoriere.«

Smokey sagte grollend: »Sie werfen mit dem Wort Unredlichkeit ja ganz schön um sich. Vielleicht erinnern Sie sich mal daran, daß es so etwas ja auch in Ihrer Familie gibt.«

Adam überhörte das. »Habe ich die Situation richtig erkannt oder nicht?«

»Sie sind doch ziemlich helle. Jawohl, so ist die Lage.«

»Dann lautet meine Antwort nein. Unter keinen Umständen werde ich meiner Schwester etwas anderes empfehlen. Ich würde sonst ihre Interessen für mich ausnutzen.«

Flink sagte Smokey: »Das bedeutet also, daß Sie bereit sind, sich noch einmal die Sache mit der Verkaufsabteilung Ihres Werkes zu überlegen.«

»Das habe ich nicht gesagt.«

»Aber Sie haben auch nicht gesagt, daß Sie *nicht* dazu bereit wären.«

Adam schwieg. Das einzige Geräusch in dem Wagen war das Leerlaufsummen des Motors und das leise Rauschen der Klimaanlage.

Smokey sagte: »Ich bin mit der Hälfte des Geschäfts einverstanden. Lassen wir Teresa draußen vor. Mir genügt es, wenn Sie mich nicht beim Werk verpetzen.« Er schwieg ein paar Sekunden, dann führte er weiter aus: »Ich werde nicht einmal das schwarze Notizbuch verlangen. Ich verlange nur, daß Sie keinen Gebrauch davon machen.«

Adam sagte noch immer nichts.

»Man kann sagen«, fuhr Smokey fort, »daß Sie jetzt zwischen dem Werk und Ihrer Frau wählen. Interessant. Mal sehen, was Ihnen wichtiger ist.«

Mit Bitterkeit erwiderte Adam: »Sie wissen genau, daß ich keine Wahl habe.«

Er wußte, daß Smokey ihn überlistet hatte, wie schon damals am Tag ihres Zusammenstoßes in der Autohandlung, als Smokey das Doppelte von dem verlangte, was er brauchte, und sich dann mit dem zufriedengab, was er von Anfang an hatte haben wollen. Es war der uralte Trick von Krämern, damals wie heute.

Dieses Mal aber, hielt Adam sich vor Augen, mußte er Rücksicht auf Erica nehmen. Dieses Mal gab es keinen Ausweg.

Oder vielleicht doch? Auch jetzt noch fühlte er sich versucht, auf Smokeys Hilfe zu verzichten, allein zur Polizei zu gehen, soviel wie möglich über eine Situation in Erfahrung zu bringen, die ihm noch immer irreal erschien, und dann zu eruieren, was sich machen ließe, wenn es da überhaupt noch Möglichkeiten gab. Aber damit war ein Risiko verbunden. Es war nun einmal eine Tatsache: Smokey *kannte* Chef Arenson, und es war ebenso klar, daß Smokey sich in solchen Situationen nur allzu gut auskannte, was Adam nicht von sich behaupten konnte. Als Adam vor ein paar Minuten sagte, *»Ich komme da nicht mehr mit«,* hatte er die reine Wahrheit gesagt.

Aber er wußte, daß er seinen eigenen moralischen Bedenken zuwider gehandelt und einen Kompromiß mit seinem Gewissen geschlossen hatte, gleichgültig, ob er das um Ericas willen getan hatte oder nicht. Und er hatte das dunkle Gefühl, daß es nicht das letzte Mal sein werde und daß er persönlich wie auch in seiner Arbeit immer größere Kompromisse werde schließen müssen.

Smokey seinerseits gab sich Mühe, die glucksende Zufriedenheit zu verbergen, die ihn ganz erfüllte. An dem noch gar nicht lange zurückliegenden Tag, an dem Adam ihm gedroht hatte, ihn bloßzustellen, und Smokey sich einen Aufschub von einem Monat erkämpft hatte, war er überzeugt gewesen, daß sich schon irgend etwas ergeben würde. Er hatte sich diese Überzeugung bewahrt. Und jetzt schien es so, als ob er recht gehabt hatte.

»Adam«, sagte Smokey. Er drückte die Zigarre aus und gab sich die allergrößte Mühe, nicht zu lachen. »Kommen Sie, wir holen Ihre Alte aus dem Kittchen.«

Alle Formalitäten wurden buchstabengetreu erfüllt, das Ritual wurde streng gewahrt.

In Adams Anwesenheit hielt Chef Arenson Erica eine strenge Predigt. »Mrs. Trenton, wenn das *jemals* wieder vorkommt, wird die ganze Strenge des Gesetzes angewandt. Haben Sie mich ganz klar verstanden?«

Ericas Lippen bildeten ein kaum hörbares: »Ja.«

Sie und Adam saßen auf Stühlen dem Polizeichef gegenüber, der hinter seinem Schreibtisch hockte. Trotz seiner Strenge glich Chef Arenson in seiner Erscheinung eher einem Bankier als einem Polizisten. Im Sitzen wirkte er noch kleiner, als er war; eine Deckenlampe schien auf seinen kahl werdenden Schädel.

Außer ihnen war niemand im Zimmer. Smokey Stephensen, der diese Begegnung und ihr Ergebnis arrangiert hatte, wartete draußen im Korridor.

Adam war hier beim Polizeichef gewesen, als Erica von einer Polizistin hereingeführt wurde.

Mit ausgestreckten Armen ging Adam seiner Frau entgegen. Sie schien überrascht, ihn hier zu sehen. »Ich habe ihnen nicht gesagt, daß sie dich rufen sollten, Adam. Ich wollte nicht, daß du in die Sache verwickelt wirst.« Ihre Stimme klang angestrengt und nervös.

Als er sie in den Armen hielt, sagte er: »Aber dafür ist man doch da, wenn man verheiratet ist.«

Auf ein Kopfnicken des Chefs hin ging die Polizistin. Der Chef bot ihnen die Stühle an, und sie setzten sich.

»Mr. Trenton, falls Sie glauben, in dieser Angelegenheit liege irgendein Mißverständnis vor, muß ich Sie bitten, das hier zu lesen.« Chef Arenson reichte Adam ein Schriftstück über den Schreibtisch. Es war eine Photokopie des Geständnisses, das Erica zu Protokoll gegeben und unterschrieben hatte.

Der Chef wartete, während Adam las. Dann fragte er Erica: »Im Beisein Ihres Mannes, Mrs. Trenton, frage ich Sie jetzt: Hat man Ihnen irgendwelche Zusagen gemacht, um Sie zum Ablegen dieses Geständnisses zu bewegen, oder ist Gewalt oder Zwang in irgendeiner Form angewandt worden?«

Erica schüttelte den Kopf.

»Sie bestätigen also, daß Sie diese Erklärung aus freiem Willen abgegeben haben?«

»Ja.« Erica wich Adams Blick aus.

»Haben Sie irgendwelche Beschwerden vorzubringen, über die Behandlung hier oder über die Beamten, die Sie verhaftet haben?«

Wieder schüttelte Erica den Kopf.

»Bitte laut. Ich wünsche, daß Ihr Mann es von Ihnen hört.«

»Nein«, sagte Erica. »Nein, ich habe keine Beschwerden.«

»Mrs. Trenton«, sagte der Chef, »ich möchte Ihnen eine weitere Frage stellen. Sie brauchen nicht zu antworten, aber Sie würden mir, und vielleicht auch Ihrem Mann, helfen, wenn Sie antworteten. Ich verspreche außerdem, daß Ihre Antwort, gleich, wie sie ausfällt, keinerlei Folgen haben wird.«

Erica wartete.

»Haben Sie jemals zuvor gestohlen, Mrs. Trenton? Ich meine in jüngster Zeit, unter ähnlichen Umständen wie heute.«

Erica zögerte. Dann sagte sie leise: »Ja.«

»Wie oft?«

Adam wandte ein: »Sie wollten ihr eine Frage stellen, und die hat sie beantwortet.«

Chef Arenson seufzte. »Na schön. Lassen wir's.«

Adam merkte, daß Erica dankbar zu ihm herübersah; er fragte sich, ob er mit seinem Einspruch einen Fehler gemacht habe. Vielleicht wäre es besser gewesen, wenn alles an den Tag gekommen wäre, da der Polizeichef ja schon zugesagt hatte, daß es keine Folgen haben würde. Dann dachte Adam: Der Ort für weitere Enthüllungen war einer, an dem sie allein sein konnten, er und Erica.

Wenn Erica sich dafür entscheiden sollte, ihm alles zu erzählen. Und das schien gewiß zu sein.

Adam hatte auch jetzt noch keine Vorstellung davon, wie sie es anpacken sollten, wenn er und Erica erst einmal zu Hause sein würden. Wie wurde man eigentlich mit der Tatsache fertig, daß die eigene Frau eine Diebin ist?

Plötzlich durchzuckte es ihn zornig: *Wie konnte Erica ihm das antun?*

In diesem Augenblick begann Chef Arenson, Erica die strenge Predigt zu halten, die sie mit einem Kopfnicken zur Kenntnis nahm.

Der Chef fuhr fort: »In diesem einzelnen, speziellen Fall und wegen des Ansehens, das Ihr Mann in diesem Gemeinwesen genießt, und wegen der bedauerlichen Folgen, die eine Verurteilung für Sie beide haben würde, hat sich die betroffene Firma bereitgefunden, nicht auf strafrechtlicher Verfolgung zu bestehen, und ich habe aus diesen Gründen beschlossen, keine weiteren Maßnahmen zu ergreifen.«

Adam sagte: »Wir wissen, daß es auf Ihre Initiative zurückgeht, Chef, und wir sind Ihnen dankbar.«

Chef Arenson neigte zustimmend sein Haupt. »Es hat bisweilen seine Vorteile, Mr. Trenton, wenn für ein vorstädtisches Gemeinwesen eine eigene, unabhängige Polizeiorganisation zuständig ist und nicht die große Polizeiorganisation der Metropole. Ich kann Ihnen versichern, daß diese Sache ganz anders ausgelaufen wäre, hätte sie sich drüben in der Stadt zugetragen und wäre die städtische Polizei zuständig gewesen.«

»Sollte sich jemals die Frage an uns richten, werden meine Frau und ich zu den entschiedensten Fürsprechern einer lokalen und selbständigen Polizeiorganisation gehören.«

Der Chef tat so, als habe er nichts gehört. Der politische Kuhhandel, fand er, sollte nie gar zu offensichtlich erkennbar werden, wobei es natürlich überhaupt nichts schaden konnte, zwei zusätzliche Förderer der lokalen Autonomie gewonnen zu haben. Sollte dieser Trenton jemals so hoch aufsteigen, wie man das jetzt prophezeite, könnte er sich als starker Verbündeter erweisen. Der Chef war gerne Chef. Er war entschlossen, alles zu tun, um bis zu seiner Pensionierung auch Chef zu bleiben, nicht aber zu einem Revierhauptmann herabzusinken, der seine Befehle aus der Innenstadt bezieht – denn genau das würde eintreten, wenn seine Truppe von der städtischen geschluckt wurde.

Er nickte, aber er stand nicht auf, als die Trentons gingen – es hat keinen Sinn, die Dinge zu übertreiben.

Smokey Stephensen befand sich nicht mehr auf dem Korridor. Er wartete draußen in seinem Wagen. Er stieg aus, als er Adam und Erica aus der Polizeiwache herauskommen sah. Es war inzwischen dunkel geworden. Der Regen hatte aufgehört.

Während Adam wartete, als Smokey näherkam, ging Erica allein dorthin, wo Adam seinen Wagen geparkt hatte. Sie hatten vereinbart, Ericas Kabrio über Nacht in der Polizeigarage zu lassen und es morgen abzuholen.

»Wir schulden Ihnen einen gewissen Dank«, sagte Adam zu Smokey. »Meiner Frau ist im Augenblick nicht nach Gesprächen zumute, aber sie wird sich später selbst bei Ihnen bedanken.« Es kostete ihn Mühe, höflich zu sein, denn Adam dachte voller Erbitterung an die Erpressungstaktik des Autohändlers. Die Vernunft sagte ihm aber, daß es ihm ohne das Eingreifen Smokeys wesentlich schlimmer hätte ergehen können.

Dann erinnerte Adam sich an den Zorn auf Erica, den er dort drinnen empfunden hatte. Noch etwas hatte sie ihm angetan. Sie hatte ihn Smokey Stephensen auf Gedeih und Verderb ausgeliefert.

Smokey grinste und nahm die Zigarre aus dem Mund. »Nicht nötig, mir zu danken. Solange nur Sie Ihren Teil unserer Vereinbarung erfüllen.«

»Werde ich tun.«

»Noch eins, und vielleicht werden Sie mir antworten, daß es mich nichts angeht, aber seien Sie nicht zu hart gegen Ihre Frau.«

»Sie haben recht«, sagte Adam, »es geht Sie nichts an.«

Ungerührt fuhr der Autohändler fort: »Die Menschen tun komische Dinge aus komischen Gründen. Manchmal lohnt es schon der Mühe, etwas genauer hinzugucken, damit man die wahren Gründe erkennt.«

»Sollte ich jemals Bedarf an Amateurpsychologie haben, werde ich Sie rufen.« Adam wandte sich ab. »Gute Nacht.«

In Gedanken versunken, sah Smokey ihm nach.

Sie hatten etwa die Hälfte des Weges nach Quarton Lake zurückgelegt.

»Du sagst kein Wort«, sagte Erica. »Redest du nicht mehr mit mir?« Sie sah starr geradeaus; obwohl ihre Stimme müde klang, schwang doch so etwas wie Trotz mit.

»Was ich zu sagen habe, läßt sich in ein einziges Wort fassen: Warum?« Während er fuhr, hatte Adam gegen Entrüstung und böse Laune gerungen. Jetzt brach beides hervor. *»In Gottes Namen! Warum?«*

»Das habe ich mich selbst gefragt.«

»Na, frag noch einmal, und sieh mal zu, ob du nicht doch eine Antwort findest. Ich will verdammt sein, wenn ich eine finde.«

»Du brauchst nicht zu brüllen.«

»*Du* brauchst nicht zu stehlen.«

»Wenn wir uns streiten wollen«, sagte Erica, »wird nicht viel dabei herauskommen.«

»Ich will ja nur Antwort auf eine ganz einfache Frage haben.«

»Und die Frage lautet: Warum?«

»Jawohl.«

»Wenn du es unbedingt wissen willst«, sagte Erica, »ich habe es ziemlich genossen. Das findest du wohl schockierend.«

»Allerdings finde ich das schockierend.«

Sie fuhr fort, als denke sie laut nach, als wolle sie selbst eine Erklärung finden: »Natürlich wollte ich nicht ertappt werden, aber die Gefahr machte die Sache erst spannend. Alles war gleich viel aufregender, schärfer. Es war ein bißchen das gleiche Gefühl, das man hat, wenn man einen

Schnaps zuviel getrunken hat. Als man mich dann tatsächlich geschnappt hatte, da war es allerdings fürchterlich. Viel fürchterlicher, als ich es mir vorgestellt hatte.«

»Na«, sagte Adam, »da haben wir doch wenigstens einen Anfang.«

»Wenn es dir nichts ausmacht – mehr wollte ich auch heute abend nicht. Es ist mir klar, daß du noch viele Fragen hast, und ich glaube, daß du auch ein Recht darauf hast, sie zu stellen. Aber könnten wir die anderen auf morgen verschieben?«

Adam warf einen raschen Blick zur Seite. Er sah, daß Erica den Kopf zurückgelehnt und die Augen geschlossen hatte. Sie sah jung aus, verwundbar und müde. Er antwortete: »Okay.«

Sie sagte, so leise, daß er sich anstrengen mußte, um sie zu hören: »Und ich danke dir dafür, daß du gekommen bist. Was ich gesagt habe, ist wahr – ich hätte dich nicht bitten lassen zu kommen, aber ich war sehr froh, als du da warst.«

Er streckte seinen Arm zu ihr aus und legte seine Hand über ihre.

»Du hast irgend etwas gesagt«, Erica sprach wie im Traum, wie aus großer Ferne, »daß wir einen Anfang machen müssen. Wenn wir doch nur ganz von vorn anfangen könnten!«

»In welcher Hinsicht?«

»In jeder Hinsicht.« Sie seufzte. »Ich weiß, daß wir es nicht können.«

Aus einem Impuls heraus sagte Adam: »Vielleicht doch.«

Es war schon seltsam, dachte er, daß ausgerechnet heute Perceval Stuyvesant einen solchen neuen Anfang vorgeschlagen haben sollte.

Sir Perceval und Adam frühstückten zusammen drunten in der Stadt im Hilton-Hotel, wo Perce wohnte.

Adam hatte seit ihrer Heimkehr am Abend zuvor nicht mehr mit Erica gesprochen. Sie war erschöpft zu Bett gegangen und sofort eingeschlafen. Sie schlief noch fest, als er früh am nächsten Morgen aufstand und in die Stadt fuhr. Er hatte daran gedacht, sie zu wecken, sich dagegen entschieden, dann aber, auf halbem Wege zu seiner Frühstücksverabredung wünschte er, er hätte es doch getan. Er wäre zurückgefahren, aber Perce hatte einen Vormittagsflug nach New York gebucht – deshalb hatten sie sich gestern abend telephonisch zum Frühstück verabredet; außerdem erschien Perces Vorschlag plötzlich relevanter und wichtiger als noch am Tage zuvor.

Adam war gestern abend aufgefallen, daß Erica zwar wieder allein im Gästezimmer schlafen ging, wie schon seit einem Monat, daß sie aber die Tür offengelassen hatte und daß sie noch immer offen war, als er an diesem Morgen auf Zehenspitzen in das Zimmer gegangen war.

Er nahm sich jetzt vor: In einer Stunde würde er zu Hause anrufen. Wenn Erica dann reden wollte, würde er seinen Arbeitsplan im Büro ändern und einen Teil des Vormittags zu Hause verbringen.

Während ihrer Mahlzeit erwähnte Perce die Unterbrechung ihres Gesprächs am Vortage nicht; auch Adam tat es nicht. Perce erkundigte sich kurz nach Adams Söhnen, Greg und Kirk, dann sprachen sie über Supraleiter – das Gebiet, auf dem sich die kleine wissenschaftliche Firma, die Adam jetzt zu ihrem Präsidenten machen wollte, einen Durchbruch erhoffte.

»Ganz erstaunlich an den Supraleitern ist, alter Junge, daß die Öffentlichkeit und die Presse so wenig von ihnen wissen.« Perce schlürfte sein Gebräu aus gemischten Ceylon- und Indien-Teesorten, die er immer in Blechdosen mit sich führte und die er sich überall, wo er gerade war, speziell aufbrühen ließ.

»Wie du wahrscheinlich weißt, Adam, ist ein Supraleiter ein Metall oder ein Draht, der Elektrizität ohne den allergeringsten Verlust befördern kann.«

Adam nickte. Wie jeder Quartaner wußte er, daß alle Drähte und Kabel, die es jetzt gab, der Elektrizität einen Widerstand entgegensetzten, und das bedeutete einen Energieverlust von mindestens fünfzehn Prozent.

»Ein funktionierender Supraleiter mit dem Widerstand Null«, sagte Perceval, »würde also von umwälzender Bedeutung für das Elektrizitätssystem der ganzen Welt sein. Unter anderem wären dann komplizierte und kostspielige Übertragungssysteme überflüssig; phantastische Mengen an elektrischer Energie könnten zu unglaublich geringen Kosten geliefert werden. Die Entwicklung ist bisher nur durch die Tatsache aufgehalten worden, daß Supraleiter nur bei sehr niedrigen Temperaturen funktionieren wollten – nämlich bei ungefähr minus 268 Grad Celsius.«

Adam sagte: »Das ist aber verdammt kalt.«

»Jawohl, allerdings. Und deshalb gibt es seit einigen Jahren den wissenschaftlichen Traum von einem Supraleiter, der bei Zimmertemperatur funktioniert.«

»Besteht denn die Aussicht, daß das mehr ist als nur ein Traum?«

Perce überlegte, bevor er antwortete. »Wir kennen uns ja schon etliche Jahre, nicht wahr, alter Junge? Hast du schon mal erlebt, daß ich übertreibe?«

»Nein«, sagte Adam. »Im Gegenteil. Du warst eher zu zurückhaltend.«

»Ich habe mich da nicht geändert.« Perce lächelte und trank noch einen Schluck Tee. Dann fuhr er fort: »Unsere Gruppe hat einen bei Zimmertemperatur funktionierenden Supraleiter nicht gefunden, aber gewisse Phänomena – Resultate von Experimenten, die wir angestellt haben – finden wir doch ganz aufregend. Manchmal fragen wir uns, ob wir der Entdeckung nicht doch schon sehr nahe sind.«

»Und wenn das stimmt?«

»Wenn das stimmt, wenn es tatsächlich zu einem Durchbruch kommt, dann gibt es kein einziges Gebiet der modernen Technologie, das davon nicht unmittelbar berührt und wesentlich verbessert wird. Ich will dir nur zwei Beispiele nennen.«

Gebannt hörte Adam zu.

»Ich will nicht auf alle Hypothesen eingehen, die mit dem Magnetfeld zu tun haben, aber es gibt da etwas, das nennt sich Supraleiterring. Das ist nichts anderes als ein Drahtring, der elektrische Energie in großen Mengen speichern *und sie intakt halten wird,* und wenn uns der andere Durchbruch gelingt, dann werden wir es auch hier schaffen. In der Praxis bedeutet das die Möglichkeit, elektrische Energie in gewaltigen Mengen transportabel zu machen, sie per Lastwagen oder per Schiff oder mit dem Flugzeug von Ort zu Ort transportieren zu können. Denk doch nur mal an die Anwendungsmöglichkeiten in der Wüste oder im Urwald – die Energie wird im Paket hingeflogen, ohne Generator weit und breit, und jede beliebige Menge kann je nach Bedarf nachgeliefert werden. Und denk an einen Supraleiterring in einem Elektro-Auto! Jeder Akku wird da genau so veraltet wirken wie eine Unschlittkerze.«

»Wenn du mich fragst«, sagte Adam, »mir fällt es schwer, mir das vorzustellen.«

Perce sagte: »Es ist noch gar nicht so lange her, da fiel es den Menschen sehr schwer, sich Atomenergie und Weltraumfahrt vorzustellen.«

Stimmt, dachte Adam. Dann erinnerte er Perce: »Du hast mir zwei Beispiele versprochen.«

»Jawohl. Zu den interessanten Eigenschaften des Supraleiters gehört, daß er diamagnetisch ist – das heißt, wenn er zusammen mit üblichen Magneten verwendet wird, können immens große Abstoßkräfte auftreten. Begreifst du, was das für Möglichkeiten bietet, alter Junge? – Metalle in allen möglichen Maschinen, dicht beisammen angeordnet, aber berühren können sie sich nicht. Da wird es natürlich reibungsfreie Kugellager geben. Und man könnte Autos bauen, bei denen sich kein Metallteil mit einem anderen berührt – ergo, keine Abnutzung, kein Verschleiß. Das ist aber alles nur der Anfang der Möglichkeiten. Es gibt unzählige andere.«

Es war unmöglich, sich der Überzeugungskraft zu verschließen, die Perce entwickelte. Bei jedem anderen hätte Adam das mehr oder minder als Utopien gewertet, als Möglichkeiten, die irgendwann in ferner Zukunft diskutabel sein könnten. Aber wenn Perce Stuyvesant das sagte, ein Mann, dessen nüchternes Urteil bekannt war und der in seinem Leben schon wissenschaftliche Taten höchsten Ranges vollbracht hatte, war das etwas ganz anderes.

»Es trifft sich einigermaßen glücklich«, sagte Perce, »daß es unserer Gruppe gelungen ist, auf den Gebieten, die ich erwähnt habe, und auf etlichen anderen, Fortschritte zu machen, ohne allzuviel Aufsehen zu erregen. Aber das Aufsehen wird kommen – bald und erheblich. Das ist ein zusätzlicher Grund, warum wir dich dringend brauchen.«

Adam dachte angestrengt nach. Was Perce berichtet hatte, regte ihn auf, und aufregend fand er auch seine Ideen. Aber er fragte sich, ob diese Aufregung so groß sein würde wie die, die er empfunden hatte, wenn es um Autos ging – um den Orion und den Farstar zum Beispiel. Auch jetzt noch fiel es ihm fürchterlich schwer, sich an den Gedanken zu gewöhnen, einmal nicht mehr direkt zur Autoindustrie zu gehören. Aber es war schon etwas an dem, was Perce gestern gesagt hatte, als er davon sprach, neue Pfade zu finden, neuen Boden zu pflügen.

Adam sagte: »Wenn wir uns allen Ernstes damit auseinandersetzen wollen, dann muß ich schon selbst nach San Francisco kommen und mit den anderen Leuten in eurem Verein reden.«

»Nichts wäre uns lieber, alter Junge, und ich kann dich nur beschwören, möglichst bald zu kommen.« Perce breitete die Hände aus. »Es kann natürlich passieren, daß nicht alles so prompt funktioniert, wie wir es uns wünschen, und ein Durchbruch ist keiner, solange er nicht von A bis Z konkret passiert ist. Aber ein *paar* wichtige und aufregende Sachen wird es auf jeden Fall geben; das wissen wir genau, und das können wir dir mit Sicherheit versprechen. Erinnerst du dich an die Zeile? – *Der Strom der menschlichen Geschäfte wechselt: Nimmt man die Flut wahr* . . . na und so weiter.«

»Ja«, sagte Adam. »Ich kann mich noch gut daran erinnern.«

Er fragte sich, ob er wirklich imstande sei, den rechten Zeitpunkt zu wählen; er dachte über die Flut nach, die Flut für Erica, und für ihn selbst.

25

Die erste Beteiligung Rollie Knights am organisierten Verbrechen innerhalb des Werkes hatte im Februar begonnen. Sie fing in derselben Woche an, in der er gesehen hatte, daß der Vorarbeiter Frank Parkland – den Rollie im Laufe der Zeit beinahe bewundern gelernt hatte – eine Bestechung annahm; später hatte Rollie dann zu May Lou gesagt: »In der ganzen großen Welt gibt es nix als Scheiße, Scheiße, wohin du guckst.«

Am Anfang war Rollie seine eigene Beteiligung gering genug erschienen. Er fing damit an, in der Montage, wo er arbeitete, Nummernwetten anzunehmen und aufzuschreiben. Das Geld und die gelben Wettzettel gab Rollie an den Materiallagerboten Daddy-o Lester weiter, der für die nächste Etappe auf dem Wege zu einer Wettfirma in der Stadt zuständig war. Aus beiläufigen Bemerkungen, die er zufällig mitgehört hatte, schloß Rollie, daß das Ablieferungssystem mit Lastwagenlieferungen in das Werk und vom Werk in die Stadt gekoppelt war.

Frank Parkland, noch immer Rollies Vorarbeiter, machte ihm keine Schwierigkeiten wegen der gelegentlichen Abwesenheit von seiner Arbeitsstation, die durch seine Tätigkeit als Wetteinnehmer verursacht wurde. Solange er nur kurze Zeit fehlte und nicht zu oft, setzte Parkland stillschweigend einen Ersatzmann an; wurde es ihm zuviel, gab er Rollie eine milde Verwarnung. Es war offensichtlich, daß der Vorarbeiter weiterhin seinen Schnitt bekam.

Das war im Februar. Im Mai arbeitete Rollie schon für die Kredithaie und die Scheckeinlöser – zwei illegale Machenschaften im Werk, die eng miteinander verzahnt waren.

Er hatte die neue Tätigkeit auch deswegen aufgenommen, weil er sich selbst Geld geliehen und nun Schwierigkeiten hatte, es wieder zurückzuzahlen. Auch reichte sein Arbeitslohn, der ihm anfangs als Vermögen erschienen war, plötzlich nicht mehr hin, um seine eigenen und May Lous Ausgaben zu decken. Deshalb redete Rollie jetzt anderen zu, Kredite aufzunehmen, und er half beim Eintreiben der Rückzahlungsraten.

Solche Darlehen wurden ganz beiläufig gegeben und genommen – zu ungeheuren Wucherzinsen. Es kam vor, daß ein Werksarbeiter sich Anfang der Woche zwanzig Dollar lieh und am Zahltag derselben Woche schon fünfundzwanzig Dollar schuldete. Unglaublicherweise war die Nachfrage – und auch die Bitte um viel höhere Summen – sehr flott.

Am Zahltag wurden dann die Kredithaie – selbst Arbeitnehmer des Werks wie alle anderen auch – zu inoffiziellen, werksinternen Scheckeinlösern, die es auf sich nahmen, für jeden, der es wollte, den Lohnscheck einzulösen, wobei sie insbesondere denjenigen zu Diensten waren, die ihnen Geld schuldeten.

Die Gebühr für den Scheckeinlöser belief sich jeweils auf die beiden Stellen rechts vom Komma, die der Scheck aufwies. Belief sich der Scheck auf die Summe von 100,99 Dollar, so nahm sich der Scheckeinlöser die 99 Cent. Seine Mindestgebühr aber betrug 25 Cent. Wegen der großen Zahl der Schecks und wegen der Tatsache, daß der Scheckeinlöser gleichzeitig seine Darlehen plus Zinsen einsackte, ging es bei diesen Unternehmungen um große Summen, und es war überhaupt nichts Ungewöhnliches, wenn ein Scheckeinlöser und Kreditgeber zwanzigtausend Dollar in bar mit sich herumtrug. Jedesmal, wenn er sehr viel Geld bei sich hatte, heuerte er andere Arbeiter als Leibwächter an.

Hatte man ein Darlehen genommen, so tat der Schuldner gut daran, pünktlich und auf Heller und Pfennig genau zurückzuzahlen. Tat er das nicht, konnte es ihm passieren, daß er sich mit einem gebrochenen Arm oder Bein wiederfand oder mit schlimmeren Verletzungen – und das Geld schuldete er dann immer noch; zahlte er auch dann noch nicht zurück, erwarteten ihn neue und üblere Strafen. Ein paar, die Glück hatten, durften einen Teil der Zinsen, die sie noch schuldeten, durch ihre tätige Mitarbeit abdienen. Die Schuldsumme selbst aber mußten auch diese wenigen in bar zurückzahlen.

So wurde Rollie Knight an jedem Arbeitstag, vor allem

aber an den Zahltagen, zu einem Zwischenträger im großen Strom des hin- und herfließenden Kredit- und Scheckgeldes. Das änderte überhaupt nichts daran, daß er selbst immer knapp mit Geld war.

Im Juni fing er an, mit Drogen zu handeln.

Rollie wollte das eigentlich nicht. Je stärker er sich an den illegalen Machenschaften im Werk beteiligte, um so deutlicher hatte er das Gefühl, gegen seinen Willen immer tiefer hineingesogen zu werden, und die Gefahr wuchs, daß er gefaßt wurde. Die Furcht vor einer Verhaftung und der Rückkehr ins Gefängnis auf sehr lange Zeit lastete wie ein Alpdruck auf ihm. Andere, die nicht vorbestraft waren, liefen trotz der Illegalität ihrer Machenschaften ein viel geringeres Risiko. Faßte man sie, so würde man sie als Ersttäter behandeln. Nicht so Rollie.

Seine immer stärker werdende Angst hatte ihn an dem Abend – ebenfalls im Juni – mürrisch und besorgt sein lassen, als die Filmleute in Rollies und May Lous Wohnung ihre Szenen für die »Autostadt« drehten. Leonard Wingate, der Personalchef des Werkes, hatte gespürt, wie tief Rollies Sorgen saßen, aber sie hatten nicht darüber gesprochen.

Zu dieser Zeit entdeckte Rollie außerdem, daß es viel leichter war, an den kriminellen Machenschaften teilzunehmen, als sich wieder von ihnen zu lösen. Big Rufe ließ keinen Zweifel daran, als Rollie aufmuckte, nachdem man ihm mitgeteilt hatte, daß er künftig ein Glied der Kette sein werde, die Marihuana und LSD in die Werke beförderte und dort die Drogen verteilte.

Als die beiden vor einigen Monaten Seite an Seite in einem Pissoir der Fabrik gestanden hatten, war Big Rufe mit Andeutungen über eine Anwerbung für die kriminellen Geschäfte im Werk an Rollie herangetreten. Und jetzt, wo aus den Andeutungen längst Tatsachen geworden waren, hatte sich herausgestellt, daß Big Rufe an fast allen illegalen Machenschaften beteiligt war, die es im Werk gab.

»Von dem Kuchen da schneid mir keine Scheibe ab«, hatte Rollie erklärt, als das Thema Rauschgifthandel auf den Tisch kam. »Ohne mich, verstehste?«

Es war in einer Arbeitspause. Sie saßen in der Nähe des

Montagebandes hinter einer Reihe hoher Metallkästen mit Einzelteilen, geschützt vor den Blicken der anderen. Brummig hatte Big Rufe gesagt: »Du stinkst ja vor Angst.«

»Kann sein.«

»Der Boß kann Angsthasen nicht riechen. Machen ihn nervös.«

Rollie hütete sich zu fragen, wer denn der Boß sei. Er war überzeugt davon, daß es ihn gab – wahrscheinlich irgendwo außerhalb des Werkes –, ebenso wie es ihm klar war, daß es eine festgefügte Organisation gab, denn erst kurz zuvor hatte Rollie Beweise dafür mit eigenen Augen gesehen.

Eines Abends war er nach Ende seiner Schicht zusammen mit einem halben Dutzend anderer Männer nicht gegangen, sondern innerhalb der Werkstore geblieben. Man hatte sie rechtzeitig genug aufgefordert, sich einzeln und unauffällig auf den Schrottplatz zu begeben. Als sie dort eintrafen, stand da ein Lastwagen, und die Männer beluden ihn mit Kisten und Kartons, die in der Nähe aufgestapelt waren. Rollie erkannte auf den ersten Blick, daß es sich bei dem, was da aufgeladen wurde, um etwas Neues, Ungebrauchtes handelte, und keineswegs um Schrott. Unter anderem handelte es sich um Reifen, Radios, verpackte Klimaanlagen und einige schwere Kisten – die mit einer Winde aufgeladen werden mußten. Als Inhalt war auf den Kisten »Getriebe« angegeben.

Der erste Lastwagen fuhr davon, ein zweiter erschien, und das Aufladen dauerte in aller Offenheit drei Stunden lang; obwohl es schon dunkel war und nachts in diesem Teil der Werksanlagen kaum Verkehr herrschte, war die ganze Szene hell beleuchtet. Erst gegen Ende sah sich Big Rufe, der mehrere Male aufgetaucht und wieder verschwunden war, nervös in der Runde um und trieb die anderen zur Eile an. Sie beeilten sich dann auch, und schließlich war auch der zweite Lastwagen abgefahren; alle gingen dann nach Hause.

Zweihundert Dollar hatte Rollie für seine Mithilfe beim Aufladen der Kisten bekommen, die ganz offensichtlich eine große Ladung wertvollen Diebesgutes darstellten. Ebenso offensichtlich handelte es sich um eine leistungsfähige und große Organisation, die da hinter den Kulissen wirkte. Daß die Lastwagen ungehindert auf das Werksgelände fahren und es später wieder verlassen konnten, war nur durch Bestechung von Wächtern zu erklären. Später erfuhr Rollie, daß man die Getriebe und andere Teile billig in einigen der Läden in Detroit und Cleveland kaufen konnte, die alles bereithielten, was Autofanatiker für ihre phantastischen, selbstgebastelten heißen Kisten, die Hot-Rods, brauchten. Er erfuhr auch, daß die Spedition auf dem Schrottplatz nur eine von vielen war.

»Hab' da so ein Gefühl, daß du schon ganz schön in der Tinte sitzt, mein Junge«, hatte Big Rufe gesagt, als er mit Rollie hinter den Metallkisten saß. »Du weißt ein bißchen zuviel. Auch das macht den großen Boß ganz nervös. Und wenn er dann findet, daß du gar nicht mehr so recht mit Leib und Seele bei der Sache bist, könnte es schon passieren, daß er dir 'ne kleine Party auf dem Parkplatz ausrichtet.«

Rollie hatte begriffen. Auf den riesigen Parkplätzen der Arbeiter und Angestellten waren in letzter Zeit so viele zusammengeschlagen und schwer mißhandelt worden, daß sogar die bewaffneten Wächter nur zu zweit Streife zu gehen wagten. Erst am Vortag war ein junger schwarzer Arbeiter dort niedergeschlagen und ausgeraubt worden – seine Verletzungen waren so schwer, daß er im Krankenhaus zwischen Tod und Leben schwebte.

Rollie lief es kalt über den Rücken.

Big Rufe grunzte und spie auf den Boden. »Mann, ich an deiner Stelle, ich würde mir das verdammt gut überlegen.«

Am Ende machte Rollie dann beim Rauschgifthandel mit, zum Teil, weil Big Rufe ihm gedroht hatte, zum Teil aber auch, weil er verzweifelt Geld brauchte. Auf seine zweite Lohnpfändung im Juni war Leonard Wingates Sparprogramm gefolgt, was für Rollie und May Lou bedeutete, daß sie in jeder Woche kaum genug zum Leben hatten. Für die Rückzahlung von Darlehen blieb überhaupt nichts übrig.

Es stellte sich heraus, daß die Sache mit den Drogen ganz mühelos funktionierte, so daß er sich schon fragte, ob er sich nicht ganz unnötige Sorgen gemacht habe. Er war froh, daß es sich nur um Marihuana und LSD handelte, Heroin war ein viel riskanteres Geschäft. Es *gab* Heroin im Werk, und er kannte Arbeiter, die sich daran gewöhnt hatten. Aber jeder Heroinsüchtige war unzuverlässig, man mußte immer damit rechnen, daß er geschnappt wurde und dann im Verhör den Namen seines Lieferanten preisgab.

Marihuana war dagegen eine Kleinigkeit. Das FBI und die zuständige Polizei hatten den Werksleitungen vertraulich mitgeteilt, daß man den Handel mit Marihuana nicht verfolgen werde, sofern es um Mengen von weniger als jeweils einem Pfund ging. Der Grund dafür war ganz einfach – ein Mangel an Beamten. Diese Information war durchgesickert, so daß Rollie und die anderen streng darauf achteten, jedesmal immer nur kleine Mengen ins Werk zu bringen.

Das Ausmaß des Gebrauchs von Marihuana verblüffte sogar Rollie. Er entdeckte, daß mehr als die Hälfte der Leute, die in seiner Nähe arbeiteten, zwei bis drei Joints am Tage rauchten und freimütig zugaben, daß nur die Droge sie in Schwung halte. »Mein Gott noch mal«, sagte einer von Rollies regelmäßigen Abnehmern, »wie soll man denn diese gottverdammte Hetze aushalten, wenn man nicht hascht?« Ein halber Joint, sagte er, gab ihm schon genug Schwung für mehrere Stunden.

Rollie hörte auch, wie ein anderer Arbeiter zu einem Vorarbeiter, der ihn vor allzu auffälligem Marihuanarauchen gewarnt hatte, sagte: »Wenn Sie jeden rausschmeißen wollen, der hier Hasch raucht, dann können Sie keine Autos mehr bauen.«

Rollies Rauschgifthandel hatte auch zur Folge, daß er bald mit den Kredithaien wieder ins reine kam und nun auch etwas Geld übrig behielt; er kaufte sich davon Hasch für den Eigenbedarf. Er stellte fest, daß man einen Tag am Montageband tatsächlich besser ertragen konnte, wenn man haschte, und auch die Arbeit ging einem flotter von der Hand.

Rollie gelang es, weiter zur vollen Zufriedenheit von Frank Parkland zu arbeiten, trotz seiner anderen Beschäftigungen, die aber tatsächlich nur wenig Zeit in Anspruch nahmen.

Weil er erst so kurze Zeit zum Werk gehörte, war er einer

derjenigen, die während der Umrüstung auf die Orion-Produktion zwei von den vier Wochen arbeitslos wurden. Wieder eingestellt wurden sie erst, als der erste Orion vom Band lief.

Er interessierte sich eingehend für den Orion, und er beschrieb ihn May Lou, als er nach dem ersten Tag seiner Mitwirkung am Bau des neuen Wagens nach Hause kam. »Das sind Räder, sag' ich dir, Räder mit Hot Pants!« Der Wagen schien Rollie sogar sexuell anzuregen, denn er fügte hinzu: »Heute nacht verlegen wir 'ne ganze Menge Rohr«, was May Lou kichernd zur Kenntnis nahm, und später taten sie's, wobei Rollie meistens an die Räder dachte und an seine Chancen, selber einmal einen Orion zu besitzen.

Alles schien gutzugehen, und eine Zeitlang vergaß Rollie sogar sein eigenes Credo: *Nichts, aber gar nichts dauert.*

Bis zur letzten Augustwoche, als er Grund bekam, sich wieder daran zu erinnern.

Die Nachricht von Big Rufe gelangte über Daddy-o Lester, den Lagerboten, an Rollies Arbeitsplatz. Nächste Nacht sollte was passieren. Rollie sollte morgen nach Ende der Schicht im Werk bleiben. Weitere Anweisungen würden folgen.

Rollie gähnte Daddy-o ins Gesicht. »Ich werde mal in meinem Terminkalender nachgucken, Mann.«

»Ein forsches Kind«, sagte Daddy-o. »Aber mir machste nix vor. Du wirst da sein, Junge.«

Das wußte auch Rollie, und da ihm sein letztes Abenteuer nach Schichtende auf dem Schrottplatz zweihundert Dollar eingebracht hatte, dachte er, es werde wohl wieder das gleiche sein. Am nächsten Tag aber bekam er eine halbe Stunde vor Ende der Schicht Anweisungen, die er keineswegs erwartet hatte. Rollie sollte – wie Daddy-o ihm auftrug – sich Zeit lassen, wenn er das Montageband verließ, er sollte da noch ein bißchen herumbummeln, bis die Nachtschicht mit der Arbeit begann. Dann sollte er zu den Spinden und Waschbecken gehen, wo die anderen ihn erwarten würden, darunter auch Daddy-o und Big Rufe.

Als dann die Sirene den Feierabend verkündete, stürzte er sich nicht in das übliche Gewühl, in das wilde Gedränge zu den Parkplätzen und Bushaltestellen, sondern Rollie schlenderte davon, und in der Automatenzone blieb er an einer Verkaufsmaschine stehen und gönnte sich eine Coke. Das dauerte länger als gewöhnlich, denn die Automaten waren zum Schichtwechsel stillgelegt, und zwei Leute von der Automatenbetriebsgesellschaft sammelten das Geld ein. Rollie sah zu, wie eine Kaskade silberner Münzen in die Leinensäcke schepperte. Als die erste Maschine wieder in Betrieb war, holte er sich sein Getränk, wartete noch ein paar Minuten und ging dann mit dem Becher in der Hand in den Spind- und Waschraum der Arbeiter.

Das war eine gewaltige trübe Höhle mit nassem Zementfußboden und permanentem Uringestank. Im Zentrum befand sich eine Reihe großer steinerner Waschbassins – »Vogelbäder« –, und an jedem verrichteten gewöhnlich ein Dutzend Männer gleichzeitig ihre Waschungen. Den übrigen Raum nahmen Spinde, Pissoirbecken, Toiletten ohne Türen ein.

Rollie spülte sich Hände und Gesicht an einem der Vogelbäder ab und wischte sich mit Papiertüchern trocken. Er hatte die Waschraumzone ganz für sich allein, weil die Tagschicht inzwischen verschwunden war und die neue Schicht sich draußen gerade erst an die Arbeit gemacht hatte. Bald würden sich Arbeiter dieser neuen Schicht auch hier einfinden, aber noch war es zu früh.

Eine Außentür öffnete sich. Big Rufe erschien, und für einen so schwergewichtigen Mann bewegte er sich ungewöhnlich leise. Er machte ein brummiges Gesicht und sah auf die Uhr. Big Rufe hatte die Hemdsärmel aufgerollt, und man sah das Spiel der Muskeln in seinem erhobenen Unterarm. Er legte den Finger auf die Lippen, als Rollie zu ihm hinüberging.

Sekunden später erschien Daddy-o Lester in derselben Tür, durch die auch Big Rufe gekommen war. Der junge Schwarze atmete schwer, als sei er gerade gelaufen; Schweiß glänzte auf seiner Stirn und auf der Narbe, die sich über sein Gesicht hinzog.

Vorwurfsvoll sagte Big Rufe: »Hab' ich dir nicht gesagt, du sollst zumachen . . .«

»Hab' ich doch! Die haben sich verspätet. Kamen an einem Stand nicht klar. Irgendwas hatte sich verklemmt, dauerte länger.« Daddy-os Stimme war schrill und nervös, seine sonstige arrogante Schnoddrigkeit war wie weggeblasen.

»Wo sind die jetzt?«

»Süd-Cafeteria. Leroy paßt auf. Er trifft uns, wo wir gesagt haben.«

»Süd-Cafeteria ist die letzte Station der Kerle.« Big Rufe sagte zu den anderen: »Kommt, macht schon.«

Rollie blieb stehen, wo er stand. »Was denn? Wohin geht's denn?«

»Nun klapp dir mal die Ohren auf, aber dalli.« Big Rufe sprach mit leiser Stimme, die Augen blieben auf die Außentür gerichtet. »Wir nehmen die Automatenjungs aus. Das ganze Ding ist bis zum Tezett geplant – ein Klacks. Die Jungs haben einen Haufen Moos bei sich, und wir sind vier gegen zwei. Du kriegst deinen Schnitt ab.«

»Will ich nicht haben! Weiß nicht genug.«

»Ob du willst oder nich', du nimmst das. Und das hier nimmst du auch.« Big Rufe drückte Rollie eine stumpfnasige Pistole in die Hand.

Er wehrte sich: »Nein!«

»Macht doch nun auch nichts mehr aus. Du hast schon gesessen, Raub mit Waffen. Ob du jetzt 'n Ballermann dabei hast oder nicht, du kriegst ganz genau gleichviel aufgebrummt.« Grob stieß Big Rufe Rollie vor sich her. Als sie den Spind- und Waschraum verließen, schob Rollie instinktiv die Waffe in den Hosenbund, so daß sie nicht mehr zu sehen war.

Eilig marschierten sie quer durch das Werk, schlugen selten benutzte Wege ein und achteten darauf, daß sie nicht beobachtet wurden – das war gar nicht schwer für jemanden, der sich hier gut auskannte. Rollie war noch nie in der Süd-Cafeteria gewesen, die von Aufsehern und Vorarbeitern besucht wurde, aber er wußte, wo sie war. Vermutlich gab es auch da eine Batterie von Automaten, ähnlich wie in der Arbeiterkantine, wo er sich seine Coke geholt hatte.

Als er zusammen mit den anderen dahinhastete, fragte er

über die Schulter zurück: »Warum habt ihr denn mich genommen?«

»Kann ja sein, daß wir einen Narren an dir gefressen haben«, sagte Big Rufe. »Oder vielleicht denkt sich der Boß, je tiefer einer in der Tinte sitzt, um so weniger wird er vor Angst abhauen.«

»Ist der Boßmann auch von der Partie?«

»Ich sag' dir doch, dieses Ding ist gut geplant. Wir haben die Automatenjungs schon einen Monat lang beobachtet. Schwer zu begreifen, warum denen nicht schon längst mal einer was auf den Hut gegeben hat.«

Diese Aussage war eine Lüge.

Es war nicht schwer zu begreifen – jedenfalls nicht für diejenigen, die Bescheid wußten –, warum die Automaten-Geldsammler bisher unbehelligt geblieben waren. Big Rufe gehörte zu denen, die genau Bescheid wußten; er kannte auch das ganz spezielle Risiko, das er und die drei anderen jetzt eingingen, und er war bereit dazu.

Rollie Knight wußte nicht Bescheid. Wenn er gewußt hätte, was Big Rufe ihm verschwieg, er hätte auf der Stelle kehrtgemacht und wäre weggerannt, ganz gleich, was das für Folgen gehabt hätte.

Was Rollie nicht wußte, war dies: Die Automatenkonzessionen im Werk waren von der Mafia finanziert und verwaltet.

Die Mafia im Bezirk Wayne, Michigan, zu dem Detroit gehört, befaßte sich mit einer ganzen Skala von Unternehmungen, die vom rein Kriminellen, wie Mord, hinreichte bis zu halb legalen Geschäften. In diesem Gebiet ist der Name Mafia stichhaltiger als Cosa Nostra, denn ihren Kern bilden sizilianische Familien. Stichhaltig ist auch das »halb« von halb legal, denn es gibt kein von der Mafia beherrschtes Unternehmen, das nicht zumindest am Rande irgendwelche Gaunereien betreibt – überhöhte Preise, Nötigung, Bestechung Gewalttätigkeit oder Brandstiftung.

In den Detroiter Industriewerken, auch in den Autowerken, ist die Mafia sehr stark vertreten. Sie beherrscht die Zahlenwetten, sie finanziert und beherrscht die meisten

Kredithaie und kassiert von den anderen ihren Schnitt. Die Organisation steckt hinter den meisten organisierten Massendiebstählen in den Werken und hilft beim Verkauf des Diebesgutes. Durch Unternehmungen, die an der Oberfläche legal sind, wie Dienstleistungsbetriebe und Lieferfirmen, streckt sie ihre Fangarme in die Werke aus, so daß sie gut getarnt andere Dinge betreiben oder größere Geldbeträge scheinbar legal hinein- und hinausschaffen kann. Ihre Jahreseinnahmen in Dollar bewegten sich zweifellos in achtstelligen Zahlen.

Aber der Mafia-Boß war alt geworden, und es ging in der Abgeschiedenheit von Grosse Pointe körperlich und geistig rapide bergab mit ihm, so daß in den letzten Jahren in den Reihen der Detroiter Mafia ein Machtkampf ausgebrochen war. Und da ein Block innerhalb dieses Machtkampfes ausschließlich aus Schwarzen besteht, hat diese Unterschicht – in Detroit wie andernorts – sich den Titel Schwarze Mafia erworben. Daher laufen die Kämpfe innerhalb der Mafia, in denen es um Anerkennung und Gleichheit geht, parallel mit den verdienstvolleren Kämpfen der Schwarzen um gleiches Bürgerrecht.

Eine Zelle der Schwarzen Mafia, an deren Spitze ein militanter Werksfremder stand, der seine Tarnung nie aufgab und dessen Stellvertreter im Werk Big Rufe war, hatte die altetablierte Familienherrschaft immer wieder abgeklopft, auf Brüchigkeit geprüft und herausgefordert. Schon vor Monaten hatten Vorstöße in verbotene Zonen begonnen – eine eigene Zahlenwette und verstärkte Operationen der Kredithaie der Schwarzen Mafia, übergreifend auf die Innenstadt und die anderen Industriewerke. Zu den anderen Tätigkeiten gehörten die organisierte Prostitution und das Abkassieren durch »Beschützer«-Gangs. Das ging quer durch Gebiete, in denen das alte Regime einmal absolut geherrscht hatte.

Die Zelle der Schwarzen Mafia hatte mit Vergeltung gerechnet, und Vergeltung hatte es gegeben. Zwei schwarzen Kreditmännern hatte man in ihrer Wohnung aufgelauert, man hatte sie zusammengeschlagen – den einen, während seine Frau und seine Kinder entsetzt zusahen –, und dann hatte man sie ausgeraubt. Bald darauf hatte man einen Zahlenmanager der Schwarzen Mafia abgefangen, mit Pistolenläufen zusammengeschlagen, man hatte seinen Wagen umgestürzt und angezündet, seine Kontobücher vernichtet und sein Geld genommen. Alle diese Überfälle waren wegen ihrer Brutalität und durch andere Kennzeichen klar als Werk der Mafia zu identifizieren, und es war auch voll beabsichtigt, daß die Opfer und deren Geschäftspartner keinen Zweifel hegen konnten, wer hier zugeschlagen hatte.

Jetzt schlug die Schwarze Mafia zurück. Das Ausrauben der Automatengeld-Einsammler war nur einer von einem halben Dutzend Gegenüberfällen, die alle an diesem Tag zeitlich genau aufeinander abgestimmt waren und eine Kraftprobe im Kampf um die Macht sein sollten. Später würde es dann zu neuen Schlägen kommen, ehe der Mafiakrieg Schwarz gegen Weiß endete – wenn er überhaupt jemals enden konnte.

Und wie üblich bei allen Kriegen in der ganzen Welt waren die Soldaten und die anderen Opfer nicht mehr als leicht zu ersetzende Figuren im großen Schachspiel.

Rollie Knight, Big Rufe und Daddy-o waren durch einen Kellerkorridor gekommen und befanden sich am Fuße einer Eisentreppe. Unmittelbar vor ihnen war ein Treppenabsatz auf halber Höhe zwischen den Stockwerken; das Ende der Treppe war von ihrem Standort aus nicht zu sehen.

Leise kommandierte Big Rufe: »Hierbleiben.«

Über dem Treppengeländer erschien ein Gesicht, schaute nach unten. Rollie erkannte Leroy Colfax, einen leidenschaftlichen, schnellredenden Militanten, der zu den Leuten von Big Rufe gehörte.

Big Rufe sprach weiter ganz leise. »Die beiden Groschenschnapper noch da?«

»Ja. Dauert noch zwei, drei Minuten.«

»Okay, wir sind an Deck. Du verschwindest jetzt aus dem Wege, aber komm nach, wenn sie runterkommen, und bleib ihnen dicht auf den Fersen. Kapiert?«

»Is' klar.« Mit einem Kopfnicken verschwand Colfax.

Big Rufe winkte Rollie und Daddy-o heran. »Da rein.«

»Da rein« war eine Pförtnerbox mit Platz für alle drei. Sie gingen hinein, und Big Rufe ließ die Tür angelehnt. Daddy-o fragte er: »Hast du die Masken?«

»Ja.« Rollie konnte deutlich sehen, daß Daddy-o, der jüngste von ihnen, nervös war und zitterte. Aber er zog drei Strumpfmasken aus der Tasche. Big Rufe nahm eine und streifte sie sich über den Kopf. Mit einer Handbewegung befahl er den beiden anderen, es ebenso zu machen.

Draußen, im Kellerkorridor, war alles still. Das einzige Geräusch kam von oben, das ferne Dröhnen des Montagebandes, an dem jetzt die nächste Achtstundenschicht arbeitete. Der Zeitpunkt war geschickt gewählt. Der Verkehr im Werk war während der Nachtschicht nie so rege wie am Tage, und so früh zu Anfang der Schicht war er noch schwächer als sonst.

»Ihr beiden paßt auf, was ich tue, und ihr macht alles mit.« Durch seine Maske musterten Big Rufes Augen Daddy-o und Rollie. »Ist überhaupt keine Schwierigkeit, wenn wir es richtig anfangen. Wenn wir die beiden hier drinnen haben, fesselt ihr sie, aber richtig. Leroy hat die Stricke hiergelassen.« Er zeigte auf zwei Rollen dünner gelber Schnur auf dem Boden.

Sie warteten schweigend. Die Sekunden verstrichen, und Rollie spürte, wie er resigniert alles hinnahm. Er wußte, daß er jetzt tief drinsteckte, daß es kein Entrinnen mehr für ihn gab, daß er einfach mitmachen mußte, und wenn es Folgen hatte, dann würde er sie mit den drei anderen teilen, Maß für Maß. Er hatte nicht viel Wahl gehabt; eigentlich gar keine. Es hatte nur Entscheidungen gegeben, die andere für ihn trafen und die ihm aufgezwungen wurden. So war es schon immer gewesen, solange er zurückdenken konnte.

Aus seinem Overall zog Big Rufe einen Colt mit schwerem Griff hervor. Daddy-o hatte eine stumpfnäsige Pistole wie die, die man Rollie in die Hand gedrückt hatte. Widerstrebend griff Rollie in seinen Hosenbund und zog auch seine Pistole.

Daddy-o zuckte zusammen, als Big Rufe eine Handbewegung machte. Sie hörten es deutlich – scheppernde Schritte auf der Eisentreppe und Stimmen.

Die Tür des Pförtnerkastens blieb fast geschlossen, bis die Schritte, jetzt auf den Fliesen des Korridors, nur noch wenige Meter entfernt waren. Dann machte Big Rufe die Tür auf, und das maskierte Trio marschierte mit erhobenen Waffen hinaus.

Die Automaten-Geldeinsammler sahen so erschreckt aus, wie zwei Männer nur aussehen können.

Sie trugen graue Uniformen mit dem Abzeichen der Automatenfirma. Einer hatte schütteres rotes Haar und ein blaßrosa Gesicht, das jetzt noch blasser wurde; der andere, ein Mann mit schweren Augenlidern, hatte die Gesichtszüge eines Inders. Jeder trug zwei Leinwandsäcke über der Schulter, die mit einer Kette und einem Vorhängeschloß miteinander verbunden waren. Es waren grobknochige, stämmige Männer, wahrscheinlich in den Dreißigern, und sie sahen ganz danach aus, als könnten sie sich in einem Kampf durchaus behaupten. Doch Big Rufe gab ihnen keine Chance.

Er hob seinen Revolver, bis er genau auf die Brust des Rothaarigen zeigte, und machte eine Kopfbewegung zur Pförtnerloge hin. »Rein da, mein Junge!« Dem anderen befahl er: »Du auch!« Die Worte kamen dumpf hinter der Strumpfmaske hervor.

Der Inder warf einen Blick hinter sich, als denke er an Flucht. Zwei Dinge geschahen. Er sah eine vierte maskierte Gestalt – Leroy Colfax – bewaffnet mit einem langen Jagdmesser die Treppe herunterspringen und jeden Fluchtweg abschneiden. Gleichzeitig schlug Big Rufe ihm den Lauf seines schweren Revolvers ins Gesicht, so daß sich auf seiner linken Wange eine tiefe Wunde öffnete, aus der das Blut hervorschoß.

Rollie Knight rammte seine Pistole dem Rothaarigen in die Rippen; der Mann war herumgesprungen, ganz offensichtlich in der Absicht, seinem Kollegen beizustehen. Rollie sagte zu ihm: »Stopp! Daraus wird nichts!« Er hatte nur einen Gedanken. Er wollte das hinter sich bringen, ohne noch mehr Blutvergießen. Der Rothaarige gab seine Absicht auf.

Jetzt schoben die vier Männer, die den Hinterhalt gelegt

hatten, die beiden anderen vor sich her in den kleinen Raum.

Der Rothaarige sagte: »Hört mal, wenn ihr 'ne Ahnung hättet . . .«

»Halt die Schnauze!« Das war Daddy-o, der seine Angst offenbar überwunden hatte. »Gib schon her!« Er riß dem Rothaarigen die Leinwandsäcke von der Schulter und gab dem Mann dabei einen heftigen Stoß, so daß er nach hinten über Besen und Eimer stürzte.

Leroy Colfax griff nach den Geldsäcken des anderen Einsammlers. Aber trotz seiner stark blutenden Wunde hatte der Inder noch Schneid. Er stürzte sich auf Leroy, rammte ihm ein Knie in die Geschlechtsteile und die rechte Faust mit aller Gewalt in den Magen. Mit der rechten Hand riß er dann Leroy die Maske vom Gesicht.

Eine Sekunde lang starrten die beiden einander an.

Der Geldeinsammler zischte: »Jetzt weiß ich doch, wer . . . aaaaaaah!«

Er schrie gellend – schrill zuerst, dann wurde der Schrei leiser, wurde zu einem Stöhnen, und dann nichts mehr. Schwer stürzte er vornüber – über das lange Jagdmesser, das Leroy ihm tief in den Bauch gestoßen hatte.

»*Jesus Christus!*« sagte der Rothaarige. Er starrte auf die in sich zusammengesunkene, regungslose Gestalt, die noch vor einer Sekunde sein Kollege gewesen war. »Ihr Schweine habt ihn umgebracht!«

Das waren seine letzten Worte, bevor der Kolben von Big Rufes Pistole auf seinen Schädel donnerte und ihn in tiefe Bewußtlosigkeit versinken ließ.

Daddy-o, der stärker zitterte als jemals zuvor an diesem Abend, sagte weinerlich: »War das denn nötig?«

»Was passiert ist, ist passiert«, sagte Big Rufe. »Und die beiden haben's angefangen.« Aber es klang nicht mehr so selbstsicher wie zu Anfang. Er packte zwei der Geldsäcke an der Kette und befahl: »Nehmt die beiden anderen mit.«

Leroy Colfax griff nach ihnen.

Rollie beschwor sie: »Wartet!«

Draußen näherten sich eilige Schritte von der Eisentreppe her.

Frank Parkland war länger als gewöhnlich im Werk geblieben, denn in Matt Zaleskis Büro hatte ein Treffen der Vorarbeiter stattgefunden. Sie sprachen über die Orion-Produktion und andere Probleme. Danach ging er zur Süd-Cafeteria, wo er mittags einen Sweater und einige persönliche Papiere liegengelassen hatte. Er hatte die Sachen gerade geholt und wollte gehen, als er von unten den Schrei hörte und nachsehen ging.

Parkland hatte die geschlossene Tür der Pförtnerloge schon passiert, als ihm plötzlich etwas bewußt wurde. Er drehte sich um und sah, was er bemerkt, aber nicht sofort begriffen hatte – eine Spur von Bluttropfen, die unter der Tür verschwand.

Der Vorarbeiter verharrte. Aber er war kein ängstlicher Mann. Deshalb machte er die Tür auf und ging hinein.

Sekunden später stürzte er mit einer üblen Kopfwunde bewußtlos neben die beiden Geldeinsammler hin.

Die drei Körper wurden ungefähr eine Stunde später entdeckt – lange nachdem das Quartett Big Rufe, Daddy-o Lester, Leroy Colfax und Rollie Knight über eine Mauer geklettert war und das Werksgelände verlassen hatte.

Der Inder war tot, in den beiden anderen war noch ein wenig Leben.

26

Manchmal fragte Matt Zaleski sich, ob anderen außerhalb der Autoindustrie eigentlich bewußt war, wie wenig sich ein Endmontageband im Prinzip verändert hatte, seit der erste Henry Ford das System einführte.

Er ging neben dem Band her, an dem die Nachtschicht, die vor einer Stunde die Arbeit aufgenommen hatte, Orions baute – die neuen Autos des Werkes, die der Öffentlichkeit noch gar nicht vorgestellt worden waren. Matt ging es nicht besser als den anderen in der Werksleitung; sein Arbeitstag war nicht zu Ende, wenn die Tagschicht nach Hause ging. Er blieb, während die nächste Schicht sich an den Arbeitsrhythmus gewöhnte, griff ein, wenn die Produktion irgendwo durcheinandergeriet, was unweigerlich immer passierte, wenn die Leute vom Werk – und die Manager genauso wie die Arbeiter – sich an ihre neuen Aufgaben gewöhnten.

Einige neue Postierungen waren während eines Vorarbeitertreffens besprochen worden, das gleich nach dem Schichtwechsel in Matts Büro stattgefunden hatte. Das Treffen war vor fünfzehn Minuten zu Ende gegangen. Jetzt ging Matt Patrouille – wachsam glitt sein prüfender Blick überall hin, mit erfahrenem Blick suchte er die Punkte, an denen es möglicherweise Schwierigkeiten geben könnte.

Während er seinen Patrouillengang ging, wanderten seine Gedanken zurück zu Henry Ford, dem Pionier der Serienmontage von Automobilen.

Heutzutage war das Endmontageband in jedem Autowerk unweigerlich derjenige Teil der Autoproduktion, den Besucher am spannendsten fanden. Es war gewöhnlich anderthalb Kilometer lang und äußerst eindrucksvoll, weil man hier Zeuge eines Schöpfungsaktes werden konnte. Zu Anfang wurden ein paar stählerne Stangen zusammengesetzt, dann, wie befruchtet, vermehrten sie sich und wuchsen, nahmen vertraute Formen an wie ein den Blicken preisgegebener Fötus in einer langsam sich voranbewegenden Gebärmutter. Der Vorgang war langsam genug für den Beobachter, um ihn begreifen zu können, und er vollzog sich schnell genug, um noch aufregend zu sein. Die Vorwärtsbewegung vollzog sich wie bei einem Fluß zum größten Teil in gerader Linie, aber gelegentlich gab es eine Kurve oder einen Bogen. Unter den sich langsam formenden Autos vermittelten Farbe, Form, Größe, Zierat und Extras den Eindruck von Individualität und Sexualität. Am Ende war dann der Fötus fertig zum Eintritt in die Welt, und das Auto fiel auf die Räder. Einen Augenblick später wurde ein Zündschlüssel im Zündschloß gedreht – wenn man das zum ersten Mal sah, war es eindrucksvoll wie der erste Schrei eines Kindes –, und ein neugeborenes Fahrzeug bewegte sich mit eigener Kraft vom Ende des Bandes hinweg.

Matt Zaleski hatte gesehen, wie Schaulustige sich durch das Werk schoben – in Detroit kamen sie wie Pilger, tagein, tagaus –, wie sie den Produktionsvorgang bestaunten und wie sie gleichförmig und allzu eilfertig von den Wundern der automatisierten Massenfertigung redeten. Besuchsführer, darauf gedrillt, jeden Besucher als potentiellen Kunden zu behandeln, sagten ihre Sprüche auf, die den Eindruck des Wunderbaren noch verstärken sollten. Das Komische an der Sache war nur: das Endmontageband war kaum automatisiert; im Prinzip war es noch immer ein altmodisches Laufband, das nacheinander in festgelegter Folge mit Autoteilen behängt wurde wie ein Weihnachtsbaum mit Kugeln und Lametta. Für den Ingenieur war es der am wenigsten eindrucksvolle Teil der modernen Automobilproduktion. Was die Qualität anbetraf, so konnte es hin und her schwanken wie ein wildgewordenes Barometer. Und es war ganz und gar dem menschlichen Irren unterworfen.

Im Gegensatz dazu waren die Werke, die Automotoren herstellten, zwar optisch nicht so eindrucksvoll, dafür aber voll automatisiert. Da gab es lange Serien kompliziertester Arbeitsgänge, die ausschließlich von Maschinen vollbracht wurden. In den meisten Motorenwerken arbeiteten endlose Reihen von Werkzeugmaschinen ganz allein, beherrscht nur von Computern, und die einzigen Menschen, die man sah, waren ein paar hochspezialisierte Techniker, die gelegentlich hier und da etwas nachstellten und neu justierten. Machte eine Maschine einen Fehler, schaltete sie sich selbst automatisch ab und rief auf dem Wege über Warnsysteme Hilfe herbei. Im übrigen aber tat sie ihre Arbeit ohne Launen und Schwankungen mit einer Genauigkeit von weniger als Haaresbreite, und sie machte keine Pause, weder für Mahlzeiten noch für Gänge zur Toilette, und auch nicht für einen Schwatz mit der Maschine nebenan. Dieses System war einer der Gründe dafür, daß Motoren im Gegensatz zu den anders hergestellten Teilen des Autos im allgemeinen nicht versagten, es sei denn, sie wurden vernachlässigt oder mißbraucht.

Könnte der alte Henry noch einmal das Grab verlassen und sich ein Auto-Montageband der siebziger Jahre ansehen, dachte Matt, dann würde er belustigt zur Kenntnis nehmen, daß sich im Grunde nur sehr wenig geändert hatte.

Im Augenblick gab es in der Produktion keine Pannen – jedenfalls keine sichtbaren –, und Matt Zaleski kehrte in sein gläsernes Zwischenstock-Büro zurück.

Wenn er wollte, konnte er jetzt das Werk verlassen, aber Matt zögerte, in sein leeres Haus in Royal Oak heimzukehren. Mehrere Wochen waren seit dem bitteren Abschied von Barbara vergangen, aber es war zu keiner Wiederannäherung zwischen ihnen gekommen. In letzter Zeit hatte Matt versucht, nicht mehr an seine Tochter zu denken, und er hatte sich auf andere Gedanken konzentriert wie vor ein paar Minuten auf seine Gedanken über Henry Ford; trotzdem aber wich der Gedanke an sie nur selten von ihm. Er wünschte sich, daß sie den Streit irgendwie beilegen könnten, und er hatte auf einen Anruf von Barbara gehofft, aber sie hatte nicht angerufen. Matts Stolz und seine Überzeugung, daß in solchen Fällen die Eltern nie den ersten Schritt tun sollten, hielten ihn davon ab, sie anzurufen. Er vermutete, daß Barbara noch immer mit diesem Designer lebte, diesem DeLosanto, und das war auch etwas, an das Matt nicht zu denken versuchte, aber oft genug tat er es doch.

An seinem Schreibtisch blätterte er den Produktionsplan für den nächsten Tag durch. Morgen war ein Tag mitten in der Woche, deshalb würden mehrere »Spezial«-Wagen aufs Band gehen – Wagen für Werksdirektoren, deren Freunde oder andere, die genügend Einfluß besaßen, um zu bewirken, daß die von ihnen bestellten Autos besser behandelt wurden als gewöhnliche Autos. Die Vorarbeiter waren über die Jobnummern informiert worden, desgleichen die Qualitätskontrolle; folglich würden alle Arbeiten an diesen speziellen Autos besser überwacht werden als üblich. Den Karosseriemännern würde man einschärfen, die Polsterungen, die Sitze und die anderen Teile des Innenraums sorgsamer zu montieren als sonst. Die Motoren- und die Elektromontage würde genauestens kontrolliert. Später würde dann die Qualitätskontrolle diese Wagen ganz genau unter die Lupe nehmen und vor der Freigabe noch zusätzliche Arbeiten und Justierungen verlangen. »Spezial«-Wagen befanden sich auch unter den fünfzehn bis dreißig Wagen, mit denen leitende Angestellte abends nach Hause fuhren, um am nächsten Morgen Straßentest-Berichte abzuliefern.

Natürlich waren auch – wie Matt Zaleski wußte – Gefahren damit verbunden, »Spezial«-Jobs einzuplanen, besonders dann, wenn ein Wagen für einen Werksdirektor bestimmt war. Es gab immer ein paar Arbeiter, die irgendeinen Zorn hatten, einen begründeten oder nur eingebildeten, und die begeistert die Gelegenheit wahrnahmen, mal »mit dem Boß abzurechnen«. Da konnte dann die sagenumwobene Limonadenflasche, vergessen irgendwo in einem Hohlraum der Karosserie, zu ratternder Wirklichkeit werden und herumspuken, solange das Auto am Leben war. Ein Werkzeug oder irgendein Metallstück erfüllte den gleichen Zweck. Ein anderer Trick bestand darin, den Kofferraumdeckel von innen zuzuschweißen; ein geschickter Schweißer, der durch die Rückwand-Öffnung krabbelte, konnte das in Sekunden erledigen. Oder man konnte vergessen, eine strategisch gelegene Schraube festzuziehen. Aus diesem Grunde bedienten sich Matt und andere in ähnlicher Position fremder Namen, wenn sie Wagen für sich selbst in die Produktion gaben.

Matt legte den Plan für den nächsten Tag auf den Tisch.

Es war sowieso nicht nötig gewesen, ihn zu prüfen, denn er war ihn schon vorhin ganz genau durchgegangen.

Es war Zeit, nach Hause zu gehen. Als er von seinem Schreibtisch aufstand, dachte er wieder an Barbara und fragte sich, wo sie wohl sein mochte. Plötzlich war er sehr müde.

Auf dem Wege vom Zwischenstock zum Erdgeschoß wurde sich Matt Zaleski irgendeiner Störung bewußt – er hörte Rufe, das Geräusch laufender Füße. Automatisch blieb er stehen, denn das meiste, was in diesem Werk geschah, ging ihn ja direkt an, und er suchte nach dem Ursprung des Lärms. Er schien irgendwo aus der Nähe der Süd-Cafeteria zu kommen. Er hörte einen beschwörenden Ruf: »Mensch, so holt doch endlich jemanden von der Werkswache!«

Sekunden später, als er schon mit langen Schritten in die Richtung lief, aus der die Unruhe kam, hörte er Sirenen, die von draußen rasch näherkamen.

Ein Pförtner, der die zusammengekauerten Leiber der beiden Geldeinsammler und Frank Parklands fand, hatte die Geistesgegenwart, sofort zum Telephon zu stürzen. Als Matt Zaleski die Rufe hörte – es waren die Rufe anderer Männer, die später am Ort der Tat erschienen –, waren ein Krankenwagen, Männer von der Werkswache und Polizisten schon unterwegs.

Aber Matt gelangte dennoch vor den Helfern von draußen zu dem kleinen Pförtnerraum im Untergeschoß. Er bahnte sich mit Gewalt seinen Weg durch eine aufgeregte Gruppe von Männern und kam noch rechtzeitig genug, um zu erkennen, daß einer der zusammengekrümmt daliegenden Männer Frank Parkland war, den Matt zuletzt vor ungefähr anderthalb Stunden beim Treffen der Vorarbeiter gesehen hatte. Parklands Augen waren geschlossen, seine Haut war aschfahl, abgesehen von der Stelle, wo Blut ihm durchs Haar gelaufen und auf dem Gesicht geronnen war.

Ein Mann von der Büro-Nachtschicht, der mit einem jetzt unbenutzt neben ihm liegenden Erste-Hilfe-Kasten herbeigelaufen war, hatte Parklands Kopf in seinen Schoß gebettet und fühlte ihm den Puls. Der Angestellte sah zu Matt empor. »Ich glaube, er lebt noch, Mr. Zaleski. Auch einer von den beiden anderen ist noch am Leben. Aber wie lange noch, das möchte ich nicht wissen.«

Dann waren die Männer von der Werkswache und die Krankenträger hereingekommen und hatten das Kommando übernommen. Die Männer von der zuständigen Polizeiwache – zuerst uniformierte Beamte, dann Leute von der Kriminalpolizei – erschienen kurz danach.

Matt hatte wenig zu tun hier, aber das Werk konnte er nun nicht mehr verlassen. Es war von einem weiten Ring von Polizeiautos umstellt. Die Polizei glaubte offenbar, daß der oder die Raubmörder – es war sehr bald bestätigt worden, daß eins der drei Opfer tot war – noch auf dem Werksgelände sein könnten.

Nach geraumer Zeit kehrte Matt in sein Zwischenstock-Büro zurück, wo er sich setzte, halb betäubt und lustlos.

Der Anblick Frank Parklands, der ganz offensichtlich schwer verletzt war, hatte Matt einen tiefen Schock versetzt. Und einen Schock hatte ihm auch das Messer versetzt, das aus dem Leib des Mannes mit dem indischen Gesicht ragte. Aber den Toten hatte Matt nicht gekannt, während Parkland sein Freund war. Der stellvertretende Werksleiter und der Vorarbeiter hatten ihre Zusammenstöße gehabt, und einmal – vor einem Jahr – hatten sie sehr starke Worte gewechselt, aber solche Differenzen waren immer das Resultat des ständigen Drucks gewesen, unter dem sie beide arbeiteten. Normalerweise konnten sie sich gut leiden, und sie hatten Respekt voreinander.

Matt dachte: Warum mußte das einem guten Mann passieren? Er kannte andere, bei denen es ihm weniger leid getan hätte.

Genau in diesem Augenblick wurde sich Matt Zaleski einer plötzlich auftretenden Atemlosigkeit bewußt, eines Flatterns in seiner Brust, als ob ein Vogel da drinnen herumschwirrte, der wild mit den Flügeln schlug und herauszukommen versuchte. Das Gefühl machte ihm angst. Er schwitzte. Es war die gleiche Angst, die er vor vielen Jahren in B-17-F-Bombern über Europa empfunden hatte, wenn die deutsche Flak nach ihm griff, und jetzt, wie damals, wußte er, daß es die Angst vor dem Tode war.

Matt wußte auch, daß er irgendeinen Anfall erlitt und daß er Hilfe brauchte. Ganz ruhig und abgeklärt dachte er nach: Er würde telephonieren, und wer da auch kommen mochte, was er auch tun mochte, er würde ihn bitten, Barbara zu rufen, denn er mußte ihr unbedingt etwas sagen. Er wußte nicht genau, was er ihr sagen mußte. Aber wenn sie nur erst da wäre, würde er die Worte schon finden.

Ärgerlich war nur, daß er nach seinem Entschluß zu telephonieren entdecken mußte, daß er nicht mehr die Kraft hatte, sich zu bewegen. Etwas Seltsames geschah mit seinem Körper. Auf der rechten Seite hatte er überhaupt kein Gefühl mehr; er schien da keinen Arm, kein Bein mehr zu haben, auch keine Vorstellung davon, wo sie sein mochten. Er versuchte, laut zu rufen, aber zu seinem Staunen und zu seinem Ärger gelang ihm das nicht. Und als er es noch einmal versuchte, konnte er überhaupt keinen Laut von sich geben.

Jetzt wußte er, was er Barbara hatte mitteilen wollen: Daß sie trotz der Meinungsverschiedenheiten zwischen ihnen seine Tochter war und daß er sie liebte, genauso, wie er ihre Mutter geliebt hatte, der Barbara in so vielen Dingen ähnelte. Auch wollte er sagen, daß er versuchen wollte, sie zu verstehen, wenn es ihnen nur gelänge, ihren derzeitigen Streit aus der Welt zu schaffen, daß er auch versuchen wolle, von nun an ihre Freunde besser zu verstehen . . .

Matt entdeckte, daß er *doch* noch ein wenig Gefühl und Kraft zur Bewegung in seiner linken Seite hatte. Er versuchte, sich aufzurichten, seinen linken Arm als Hebel zu benutzen, aber der Rest seines Körpers ließ ihn im Stich, und zwischen dem Schreibtisch und dem Stuhl glitt er zu Boden. In dieser Position fand man ihn, wenig später, bei vollem Bewußtsein, und in seinen Augen spiegelte sich die Qual der Machtlosigkeit, denn die Worte, die er sagen wollte, fanden keinen Weg nach außen zu den anderen.

Dann wurde zum zweitenmal an diesem Abend ein Krankenwagen in das Werk gerufen.

»Sie wissen«, sagte der Arzt im Ford-Hospital am nächsten Tag zu Barbara, »daß Ihr Vater schon einmal einen Herzinfarkt gehabt hat.«

Sie sagte zu ihm: »Jetzt weiß ich es. Bisher wußte ich es nicht.«

An dem Morgen hatte eine Sekretärin des Werkes, Mrs. Einfeld, vom schlechten Gewissen geplagt, von Matt Zaleskis leichtem Anfall berichtet, den er vor ein paar Wochen erlitten hatte, als sie ihn nach Hause gefahren und sich von ihm hatte überreden lassen, nichts davon zu sagen. Die Personalabteilung des Werkes hatte das weitergegeben.

»Zusammen betrachtet«, sagte der Arzt, »fügen sich die beiden Ereignisse zu einem geradezu klassischen Bild zusammen.« Er war Facharzt, Kardiologe, mit kahl werdendem Schädel und bleichem Gesicht, und unter dem einen Auge hatte er einen leichten Tick. Er sah genauso aus wie allzu viele Leute in Detroit, dachte Barbara. Er sah aus wie jemand, der zuviel und zu schwer arbeitet.

»Wenn mein Vater seinen ersten Infarkt nicht verschwiegen hätte, wäre die Lage dann anders?«

Der Facharzt zuckte mit den Achseln. »Vielleicht; vielleicht auch nicht. Er hätte Medikamente bekommen, aber das Resultat hätte das gleiche sein können. Wie auch immer, jetzt ist es ja eine nur noch theoretische Frage.«

Sie befanden sich in einem Nebenraum der Intensivstation des Krankenhauses. Durch ein Glasfenster sah sie ihren Vater in einem der vier Betten dieser Station. Aus seinem Mund lief ein roter Gummischlauch hinüber zu einer graugrünen Beatmungsmaschine, die in der Nähe auf einem Gestell stand. Die Maschine fauchte leise und gleichmäßig; sie atmete für ihn. Matt Zaleskis Augen waren geöffnet, und der Arzt hatte Barbara erklärt, ihr Vater sei zwar im Augenblick unter Beruhigungsmitteln, aber zu anderen Zeiten könne er zweifellos sehen und hören. Sie fragte sich, ob er wohl der Anwesenheit der jungen schwarzen Frau bewußt sei, die im Bett nebenan lag und ebenfalls mit dem Tode rang.

»Es ist wahrscheinlich so«, sagte der Arzt, »daß Ihr Vater früher einmal Herzklappenschäden erlitten hat. Als er dann den ersten leichten Infarkt hatte, löste sich ein kleiner Pfropfen vom Herzen und wanderte in die rechte Hälfte seines Gehirns. Bei einem rechtshändigen Menschen steuert die rechte Gehirnseite die linke Körperhälfte.«

Das alles klang ebenso unpersönlich, dachte Barbara, als werde hier ein Allerweltsstück einer Maschine beschrieben und nicht der plötzliche Zusammenbruch eines Menschen.

Der Kardiologe fuhr fort: »Bei einem Infarkt, wie ihn Ihr Vater zuerst gehabt hat, ist die Genesung mit großer Wahrscheinlichkeit nur dem Anschein nach eingetreten. Es war keine wirkliche Genesung. Der Sicherungsmechanismus des Körpers war und blieb geschädigt. Deshalb hatte der zweite Infarkt, der sich auf die linke Seite des Gehirns auswirkte, diese fürchterlichen Folgen, die wir gestern nacht erlebt haben.«

Barbara war gestern nacht bei Brett gewesen, als man sie telephonisch davon benachrichtigte, daß ihr Vater einen plötzlichen Herzanfall erlitten habe und ins Krankenhaus gebracht worden sei. Brett hatte sie hingefahren, war dann aber draußen geblieben. »Ich komme, wenn du mich brauchst«, hatte er gesagt und beruhigend ihre Hand genommen, bevor sie hineinging, »aber dein Alter mag mich ja sowieso nicht, und daran wird sich, nur weil er krank ist, nichts ändern. Es könnte ihn sogar noch mehr aufregen, wenn er mich an deiner Seite sähe.«

Während der Fahrt zum Krankenhaus hatte Barbara ein Schuldgefühl empfunden, sie hatte sich gefragt, wie weit ihr eigenes Fortgehen von zu Hause wohl ausgelöst haben könnte, was ihrem Vater widerfahren war. Bretts liebevolle Rücksichtnahme, eine Eigenschaft, von der sie täglich mehr sah und die ihre Liebe zu ihm noch stärker werden ließ, hatte noch deutlicher werden lassen, wie tragisch es war, daß die beiden Männer, die sie am meisten liebte, einander nicht besser kennengelernt hatten. Wenn sie das Geschehene abwog, neigte sie zu der Annahme, daß es im wesentlichen die Schuld ihres Vaters war; dennoch wünschte Barbara sich jetzt, daß sie ihn angerufen hätte, wie sie es mehrfach wollte, seit sie ihren Vater verlassen hatte.

Im Krankenhaus hatten sie sie letzte Nacht nur ganz kurz mit ihrem Vater sprechen lassen, und ein junger Stationsarzt hatte zu ihr gesagt: »Er kann Ihnen nichts mitteilen, aber er weiß, daß Sie hier sind.« Sie hatte die Dinge gemurmelt, von denen sie annahm, daß Matt sie gern hören würde: daß es ihr sehr leid tue, daß er krank sei, daß sie immer in seiner Nähe sein und ihn oft im Krankenhaus besuchen werde. Beim Sprechen hatte Barbara ihm direkt in die Augen gesehen; kein Zucken der Augenlider deutete an, daß er sie erkannt hatte, dennoch bildete sie sich ein, daß seine Augen sich anstrengten, ihr irgend etwas mitzuteilen. War es wirklich nur Einbildung? Jetzt stellte sie sich diese Frage noch einmal.

Barbara fragte den Kardiologen: »Welche Chancen hat mein Vater?«

»Sie meinen, welche Genesungschancen?« Er sah sie fragend an.

»Ja. Und seien Sie bitte ganz offen. Ich will es wissen.«

»Manchmal können die Menschen . . .«

»Ich kann.«

Mit ruhiger Stimme sagte der Kardiologe: »Die Genesungschancen Ihres Vaters sind null. Meine Prognose lautet, daß er für den Rest seines Lebens einseitig gelähmt bleiben wird, bei vollständigem Verlust aller Fähigkeiten der rechten Körperseite, auch der Sprache.«

Es trat eine Stille ein.

Dann sagte Barbara: »Wenn es Ihnen nichts ausmacht, dann möchte ich mich setzen.«

»Natürlich.« Er führte sie zu einem Stuhl. »Das ist selbstverständlich ein großer Schock. Wenn Sie wollen, gebe ich Ihnen etwas.«

Sie schüttelte den Kopf. »Nein.«

»Irgendwann mußten Sie es erfahren«, sagte der Arzt, »und Sie haben gefragt.«

Zusammen sahen sie durch das Fenster der Schwerkrankenstation Matt Zaleski an, der noch immer bewegungslos dalag, während die Maschine für ihn atmete.

Der Kardiologe sagte: »Ihr Vater war doch in der Autoindustrie, nicht wahr? Ich glaube, in einem Montagewerk.«

Zum ersten Mal erschien ihr der Arzt ein wenig herzlicher, menschlicher als zuvor.

»Ja.«

»Von der Seite bekommen wir eine ganze Reihe Patienten. Zu viele.« Mit unbestimmter Handbewegung deutete er in die Richtung, in der Detroit lag. »Das da draußen ist mir immer wie ein Schlachtfeld erschienen, mit blutigen Verlusten. Ich fürchte, daß auch Ihr Vater zu den Opfern dieses Schlachtfeldes gehört.«

27

Keine Hilfe sollte Hank Kreisel bei der Herstellung und dem Vertrieb seiner Dreschmaschine gegeben werden.

Diese Entscheidung des Vorstandsausschusses für Produktionspolitik erreichte Adam Trenton in Form einer Hausmitteilung vom Chef der Produktentwicklung, Elroy Braithwaite.

Braithwaite brachte die Mitteilung persönlich und warf sie auf Adams Schreibtisch. »Tut mit leid«, sagte der Silberfuchs, »ich weiß, daß Sie sich für die Sache interessiert haben. Sie haben mich angesteckt, und vielleicht macht es Ihnen Freude zu wissen, daß wir in guter Gesellschaft waren, denn der Vorsitzende war unserer Meinung.«

Diese letzte Mitteilung kam nicht überraschend. Der Vorsitzende war bekannt wegen seiner weitgespannten Interessen, der Liberalität seiner Ansichten, aber nur sehr selten traf er autokratische Entscheidungen, und offensichtlich hatte er auch dieses Mal davon Abstand genommen.

Die eigentlich treibende Kraft, die zu der negativen Entscheidung geführt hatte, war, wie Adam später erfuhr, von dem stellvertretenden Generaldirektor Hub Hewitson ausgegangen, der das Triumvirat, das den Ausschuß bildete – außer ihm selbst gehörten ihm der Vorsitzende und der Präsident an – ausschlaggebend beeinflußt hatte.

Wie es hieß, hatte Hub Hewitson so argumentiert: In erster Linie befaßte sich die Gesellschaft mit dem Bau von Autos und Lastwagen. Hatte die Abteilung für landwirtschaftliche Maschinen nicht den Eindruck, daß es sich bei dem Drescher um eine gewinnträchtige Sache handele, so solle man davon Abstand nehmen, das Projekt aus lediglich humanitären Erwägungen heraus irgendeinem Teil der Gesellschaft aufzuzwingen. Was nicht unmittelbar vom Firmeninteresse diktierte Angelegenheiten anbetraf, so gab es schon gewaltige Probleme genug, die sich aus dem von Öffentlichkeit und Legislative ausgeübten Druck ergaben, die Bereiche Sicherheit, Luftverpestung, Beschäftigung der Minderprivilegierten und verwandte Angelegenheiten befriedigend zu behandeln. Das Argument schloß mit der Feststellung: Wir sind keine philanthropische Gesellschaft, sondern ein Privatunternehmen, dessen Ziel es ist, Gewinne für die Aktionäre zu erarbeiten.

Nach einer kurzen Diskussion unterstützte der Präsident Hub Hewitsons Meinung, so daß sich der Vorsitzende in der Minderheit befand und sich geschlagen gab.

»Man hat es uns überlassen, Ihren Freund Kreisel zu unterrichten«, sagte der Silberfuchs zu Adam, »da wäre es wohl das beste, Sie tun es selbst.«

Hank Kreisel gab sich philosophisch, als Adam ihn anrief und ihm sagte, was geschehen war. »Hatte mir schon gesagt, daß die Chancen nicht gerade großartig sind. Na, jedenfalls vielen Dank.«

Adam fragte: »Und was machen Sie nun?«

»Es gibt ja noch mehr Quellen, die man anzapfen kann«, sagte der Zulieferer gutgelaunt. Aber Adam bezweifelte, daß er die finden würde – jedenfalls nicht für den Drescher, und nicht in Detroit.

Beim Abendessen erzählte er Erica von der Entscheidung. Sie sagte: »Ich bin enttäuscht. Für Hank war das der Traum seines Lebens – ein guter Traum –, und ich mag ihn gern. Aber du hast es ja wenigstens versucht.«

Erica schien guter Laune zu sein; sie gab sich ganz bewußt große Mühe. Adam merkte das; und sie tat es, obwohl ihr Verhältnis zueinander jetzt, fast zwei Wochen nach ihrer Verhaftung wegen des Ladendiebstahls, noch immer ungeklärt und keine Entscheidung über ihre Zukunft gefallen war. Am Tage nach den fürchterlichen Erlebnissen in der Polizeiwache ihres Vororts hatte Erica erklärt: »Wenn du unbedingt noch viele Fragen stellen willst, will ich versuchen, sie zu beantworten. Aber ich hoffe, daß du es nicht tust. Aber bevor du damit anfängst, möchte ich zu dir sagen, daß es mir leid tut, vor allem deshalb, weil du hineingezogen worden bist. Und wenn du befürchtest, daß ich so etwas noch einmal mache – keine Angst. Ich schwöre dir, daß es das, solange ich lebe, nicht noch einmal geben wird.«

Er hatte gespürt, daß es ihr Ernst war, daß dieses Thema damit abgeschlossen war. Aber ihm war es doch als der rechte Zeitpunkt erschienen, Erica von dem Angebot zu erzählen, das Perce Stuyvesant ihm gemacht hatte, und ihr zu sagen, daß er sehr ernsthaft darüber nachdachte, ob er es nicht doch annehmen solle. Er fügte hinzu: »Wenn ich annehme, dann bedeutet das natürlich einen Umzug – nach San Francisco.«

Erica hatte es einfach nicht glauben wollen. »Du denkst allen Ernstes daran, die Autoindustrie zu verlassen?«

Adam hatte lachen müssen. Ihm war fast ein wenig schwindelig geworden. »Na, täte ich das nicht, gäbe es andere Sorgen – wie ich meine Zeit einteilen soll, zum Beispiel.«

»*Das* würdest du für mich tun?«

Leise antwortete er: »Vielleicht für uns beide.«

Erica schien ganz verwirrt zu sein, ungläubig hatte sie den Kopf geschüttelt, und auch dieses Thema hatten sie fallenlassen. Adam aber hatte am nächsten Tag Perce Stuyvesant angerufen und ihm mitgeteilt, daß er nach wie vor interessiert sei, aber nicht vor dem für September vorgesehenen Orion-Debüt werde nach Westen fliegen können, also frühestens in einem Monat. Sir Perceval hatte sich bereit erklärt, so lange zu warten.

Noch etwas war geschehen. Erica war auf Adams Vorschlag hin wieder vom Gästezimmer in das gemeinsame Schlafzimmer umgezogen. Sie hatten sogar versucht, sexuell wieder zueinander zu finden, aber es war nicht zu leugnen, daß solche Versuche nicht so erfolgreich verliefen wie früher, und sie fühlten es beide. Es fehlte ein Ingrediens. Keiner von beiden wußte genau, was das war; mit Sicherheit wußten sie beide nur, daß in ihrer Ehe eine Zeit des Leerlaufs und des Abwartens eingetreten war.

Adam hoffte, daß sich eine Gelegenheit für sie ergeben würde, unter vier Augen – und fern von Detroit – über alles zu sprechen, wenn sie zwei Tage lang nach Talladega in Alabama fuhren, wo sie sich das Rennen der Serienautos ansehen wollten.

28

Die Schlagzeile auf der Seite eins des »Anniston Star« (»Größte Zeitung Alabamas mit Verlagssitz in Alabama«) verkündete:

DAS 300 STARTET UM 12.30

Der Nachrichten-Aufmacher darunter begann mit den Absätzen:

> Das heutige Canebreak 300 und das für morgen angesetzte Talladega 500 versprechen, zu den heißesten Wettbewerben in der Geschichte des Serienwagen-Rennens zu werden.
>
> Für das heutige strapaziöse 300-Meilen-Rennen und die noch härteren 500 Meilen, die morgen gefahren werden, haben superschnelle Autos und Fahrer die Geschwindigkeiten, mit denen sie sich qualifizieren können, bis an die 204 km/st hochgetrieben.
>
> Fahrer, Bewerber, Techniker und die von Autowerken entsandten Beobachter fragen sich jetzt, wie die mit Kraft vollgepackten Renner das 4,26 Kilometer lange Dreieroval des Alabama International Speedway bei diesen Geschwindigkeiten nehmen werden, wenn 50 Wagen auf der Bahn um Positionen kämpfen ...

Weiter unten auf der Seite stand ein ergänzender Einspalter:

Ernster Mangel an Blut
wird Sicherheit
beim großen Rennen
nicht beeinträchtigen

Bei der Bevölkerung war eine gewisse Beunruhigung aufgetreten (hieß es in diesem ergänzenden Artikel), weil es in der ganzen Umgebung nicht genügend Blutbank-Vorräte gab. Der Mangel an Blutkonserven galt deshalb als kritisch, »weil die Möglichkeit ernster Verletzungen der Rennfahrer und damit eventuell die Notwendigkeit von Transfusionen während der Rennen am Samstag und Sonntag besteht«.

Um die Vorräte zu schonen, hatte man im Citizens Hospital alle nicht unbedingt termingebundenen chirurgischen Eingriffe, bei denen man mit Bluttransfusionen rechnete, auf die nächste Woche verschoben. Außerdem hatte man die Rennbesucher und die Einwohner aufgerufen, in einer Spezialklinik, die am Samstag um acht Uhr früh geöffnet werden sollte, Blut zu spenden. Auf diese Weise wollte man ausreichende Mengen an Blutkonserven beschaffen, um für den Fall von Verletzungen bei den Rennen gerüstet zu sein.

Erica Trenton, die beide Artikel beim Frühstück im Bett in der Downtowner Motor Inn in Anniston las, lief es kalt über den Rücken, als sie den Einspalter las, und sie blätterte rasch zu den Innenseiten um. Eingebaut in weitere Nachrichten über das Rennen stand auf der Seite drei ein Bericht mit der Schlagzeile:

NEUER »ORION« AUSGESTELLT –
ALS »KONZEPT-WAGEN«

Die Hersteller des Orion, so hieß es in dem Artikel, hüllten sich in Schweigen, wenn man sie fragte, inwieweit diese »Styling-Konzeption«, die in Talladega ausgestellt wurde, dem wirklichen Orion glich, der bald auf den Markt kommen sollte. Dennoch sei das Interesse der Öffentlichkeit groß, und Scharen von Menschen, die wegen des Rennens gekommen waren, drängten sich auf dem Platz, wo das Modell ausgestellt war.

Diese Nachricht hatte inzwischen sicherlich auch Adam erreicht, davon war Erica überzeugt.

Gemeinsam waren sie gestern mit einem Werksflugzeug von Detroit hergeflogen, und an diesem Morgen hatte Adam ihre Suite in der Motor Inn schon sehr früh – vor beinahe zwei Stunden – verlassen, um zusammen mit Hub Hewitson die Boxen am Speedway zu besuchen. Der stellvertretende Generaldirektor, höchster Vertreter des Werkes beim Zweitagerennen, hatte einen gemieteten Hubschrauber zur Verfügung, der Hewitson und Adam und später noch etliche andere an Bord genommen hatte. Derselbe Hubschrauber sollte später eine zweite Rundreise machen, kurz vor Rennbeginn, um Erica und einige andere Frauen abzuholen, die mit ihren Männern hergekommen waren.

Anniston, eine freundliche, grün-weiße Landstadt, war ungefähr zehn Kilometer von der Rennstrecke von Talladega entfernt.

Offiziell beteiligte sich Adams Werk ebenso wie die anderen Autohersteller nicht direkt an Autorennen, und die früher hoch von ihnen finanzierten Werksteams waren aufgelöst worden. Kein offizielles Edikt aber konnte die in Fleisch und Blut übergegangene Rennleidenschaft auslöschen, die die meisten Automanager teilten, unter ihnen Hub Hewitson, Adam und viele andere in ihrem eigenen Werk und bei der Konkurrenz. Das war einer der Gründe, warum starke Detroiter Besuchergruppen bei den meisten großen Rennen zu finden waren. Ein anderer Grund war die Tatsache, daß durch die Hintertür, auf der Ebene der einzelnen Abteilungen, noch immer Gelder von Autowerken in die Rennen gepumpt wurden. Dieses System – über die Jahre hin vor allem von General Motors entwickelt – ermöglichte es den Werken, laut und öffentlich Hurra zu rufen, wenn ein Wagen siegte, der den Namen des Werkes trug, Lob und Prestige begierig einzuheimsen, aber kühl mit der Achsel zu zucken und jede Beteiligung weit von der Hand zu weisen, wenn ein Wagen, der den Werksnamen trug, abgeschmettert wurde.

Erica kroch aus dem Bett, nahm gemächlich ein Bad und begann, sich anzuziehen.

Dabei mußte sie an Pierre Flodenhale denken, dessen Foto mehrspaltig in der Morgenzeitung veröffentlicht worden war. Man sah darauf, wie Pierre, in Rennkleidung und mit Sturzhelm, von zwei jungen Mädchen gleichzeitig geküßt wurde und wie er dabei strahlte – zweifellos auch wegen der jungen Mädchen, wahrscheinlich aber vor allem deshalb, weil die meisten Rennpropheten ihn zu den zwei oder drei

Fahrern rechneten, die die stärkste Aussicht hatten, nicht nur das heutige, sondern auch noch das morgige Rennen zu gewinnen.

Adam und andere Mitglieder des Werkskontingents waren ebenfalls froh über Pierres gute Chancen, denn in beiden Rennen würde er Wagen fahren, die den Namen ihres Werkes trugen.

Erica dachte mit gemischten Gefühlen an Pierre. Das war ihr wieder bewußt geworden, als sie sich gestern abend kurz gesehen hatten.

Es war bei einer stark besuchten Cocktail-Supperparty gewesen – einer von vielen solcher Partys, die immer am Vorabend großer Autorennen stattfanden. Adam und Erica waren zu sechs Partys eingeladen gewesen und hatten sich bei dreien sehen lassen. Auf einer dieser Partys hatten sie Pierre getroffen, und der junge Rennfahrer hatte im Mittelpunkt gestanden, umringt von äußerst dekorativen, aber stählern wirkenden Mädchen – »Boxenmiezen«, wie sie manchmal genannt wurden –, von jenem Typ, den Autorennen und Rennfahrer magisch anzuziehen scheinen.

Pierre hatte sich, als er Erica erblickte, aus dem Kreis gelöst und war quer durch den Raum dorthin gegangen, wo sie allein stand; Adam sprach gerade mit irgendeinem anderen.

»Hallo, Erica«, sagte Pierre unbefangen. Er lächelte sein jungenhaftes Lächeln. »Hab' mich schon gefragt, ob du wohl auftauchen würdest.«

»Na, da bin ich nun.« Sie gab sich Mühe, nonchalant zu wirken, aber sie war ohne jeden Grund recht nervös. Um das zu verdecken, lächelte sie und sagte: »Hoffentlich siegst du. Ich werde dir an beiden Tagen den Daumen drücken.« Sie selbst aber konnte heraushören, daß ihre Stimme belegt klang, und das lag, wie Erica jetzt einsah, zu einem Teil auch daran, daß Pierres physische Gegenwart sie noch immer aufregte.

Sie hatten dann noch ein wenig geplaudert, ohne allzuviel zu sagen, aber während sie zusammenstanden, spürte Erica, daß andere in diesem Raum, darunter auch zwei aus Adams Werk, heimlich zu ihnen herüberschauten. Zweifellos fiel einigen wieder der Klatsch ein, den sie gehört hatten, unter anderem die Meldung in den »Detroit News« über Pierre und Erica, die ihr damals solchen Kummer bereitet hatte.

Adam war zu ihnen herübergeschlendert, war kurze Zeit bei ihnen geblieben und hatte Pierre alles Gute gewünscht. Bald darauf war Adam wieder gegangen, dann verabschiedete Pierre sich und sagte, daß er wegen des Rennens am nächsten Tag früh ins Bett müsse. »Du weißt ja, wie das ist, Erica«, hatte er wieder mit seinem strahlenden Lächeln gesagt, und dann hatte er ihr zugezwinkert, um ganz sicher zu gehen, daß sie seinen wenig zarten Humor auch richtig verstanden hatte.

Selbst diese Erwähnung des Bettes, grobschlächtig wie sie war, hatte ihre Wirkung gehabt, und Erica wußte, daß sie die Affäre mit Pierre noch längst nicht vollständig überwunden hatte.

Inzwischen war es Samstag mittag geworden, und das erste der beiden großen Rennen – das Canebreak 300 – sollte in einer halben Stunde beginnen.

Erica hatte die Suite verlassen und ging die Treppe hinab.

Im Hubschrauber sagte Kathryn Hewitson: »Das *ist* natürlich ziemlich auffällig. Aber besser als da unten im Verkehr eingekeilt zu sein, ist es ja wohl doch.«

Es war ein kleiner Hubschrauber, der jedesmal nur zwei Passagiere mitnehmen konnte, und die ersten beiden, die von Anniston nach dem Talladega Speedway gewirbelt wurden, waren die Frau des stellvertretenden Generaldirektors und Erica. Kathryn Hewitson war eine gut aussehende, normalerweise zurückhaltende und selbstlose Frau Anfang fünfzig, die in dem Rufe stand, eine großartige Hausfrau und Mutter zu sein, die aber zuzeiten ihren dynamischen Mann auch mit fester Hand führen konnte, wie es kein anderer, der ihn kannte, vermochte oder zu tun wagte. Auch heute hatte sie, wie meistens, ihre Stickerei bei sich, um sogar während der wenigen Minuten des Fluges daran weiterzuarbeiten.

Lächelnd nickte Erica ihr zu, denn seit sie in der Luft waren, machte der Lärm des Hubschraubers jede Unterhaltung unmöglich.

Unter dem Flugapparat glitt die ockerrote Erde von Alabama, die üppiges Weideland einrahmte, dahin. Die Sonne stand schon hoch am Himmel, der Himmel war wolkenlos, und die warme Luft wurde von einer trockenen, erfrischenden Brise bewegt. In wenigen Tagen schon war der September da, aber noch machte sich kein Anzeichen des nahenden Herbstes bemerkbar. Erica hatte sich für ein leichtes Sommerkleid entschieden; das hatten auch die meisten anderen Frauen getan, die sie sah.

Sie landeten auf dem Innenfeld des Speedway, mitten zwischen einer Masse geparkter Autos und rennbegeisterter Leute, die hier zum Teil in Zelten und Wohnanhängern übernachtet hatten. Immer neue Autos strömten durch zwei doppelspurige Tunnel herbei, über die die Rennstrecke hinwegführte. Am Hubschrauber-Landeplatz wartete ein Chauffeur mit seinem Wagen auf Kathryn Hewitson und Erica; für kurze Zeit wurde der Verkehr auf einer der hereinführenden Tunnelbahnen gestoppt, die Richtungsanzeiger wurden umgeschaltet, und sie rauschten durch den Tunnel hinüber zur Tribünenseite der Bahn.

Auch auf den Tribünen – Nord, Süd und Over Hill – drängten sich die Menschen, die in der inzwischen heiß gewordenen Sonne entlang der anderthalb Kilometer langen Tribünenfront erwartungsvoll auf die Uhrzeiger sahen. Als die beiden Frauen eine der privaten Logen erreicht hatten, begann eine Kapelle in der Nähe des Starts »The Star-Spangled Banner« zu spielen. Eine Sopranstimme schwebte aus den Lautsprechern über die Menge hin, und die meisten Zuschauer, Teilnehmer und Offiziellen erhoben sich. Die Kakophonie der üblichen Rennbahngeräusche wurde ein wenig leiser.

Ein Geistlicher mit dem schleppenden Akzent des tiefen Südens intonierte: »O Herr, behüte diejenigen in Fährnis, die am Wettstreit teilnehmen werden . . . Wir danken dir, o Herr, für das schöne Wetter, und wir sagen Dank für die Umsatzsteigerung, die du dieser Gegend beschert hast . . .«

»Der hat, verdammt noch mal, ganz recht«, sagte Hub Hewitson in der ersten Reihe der Privatloge des Werkes. »Da klingeln 'ne Menge Registrierkassen, und unsere auch, will ich hoffen. Müssen an die hunderttausend Leute sein.« Die Phalanx von Männern des Werkes und ihren Frauen, die den stellvertretenden Generaldirektor umgab, lächelte pflichtschuldigst.

Hewitson, ein kleiner Mann mit ganz kurz geschnittenem pechschwarzen Haar, dessen Energie durch seine Haut hindurch auszustrahlen schien, beugte sich vor, um einen besseren Blick über die Menschenmassen hinweg zu haben, die sich rings um den Speedway drängten. Und wieder erhob er seine Stimme zu einer Erklärung: »Das Autorennen ist zum zweitbeliebtesten Sport geworden; bald wird es an erster Stelle stehen. All die Menschen da interessieren sich für Kraft unter der Haube, Gott sei Dank – und die salbadernden Schwachköpfe, die uns das Gegenteil vorbeten, soll der Teufel holen.«

Erica saß zwei Reihen weiter hinten, Adam saß neben ihr. Kathryn Hewitson hatte sich an die Rückseite der Loge, deren Sitzreihen wie im Amphitheater aufstiegen, zurückgezogen und war nun vor den Sonnenstrahlen geschützt. Als sie hereinkamen, hatte Kathryn zu Erica gesagt: »Hub hat es gern, wenn ich mitkomme, aber im Grunde mag ich Autorennen nicht. Manchmal machen sie mir angst; dann wieder werde ich ganz traurig, und ich frage mich, was das Ganze eigentlich soll.« Jetzt sah Erica die ältere Frau in der letzten Reihe sitzen, emsig mit ihrer Stickerei beschäftigt.

Die Privatloge befand sich neben mehreren anderen in der Südtribüne, und sie bot einen beherrschenden Blick über den ganzen Speedway. Die Start-Finish-Linie befand sich genau davor, links und rechts waren überhöhte Kurven, und jenseits des Innenfeldes erkannte man die Gegengerade. Auf dieser Seite des Innenfeldes lagen die Boxen, in denen sich jetzt die Mechaniker in ihren Overalls tummelten. Zu der Boxenreihe führten Anfahrtswege von der Bahn.

In der Werksloge befand sich unter anderen Gästen auch Smokey Stephensen, und Adam und Erica hatten kurz mit ihm gesprochen. Normalerweise gab es hier unter den Reihen des Oberkommandos keine kleinen Autohändler, aber Smokey war einmal ein Star unter den Rennfahrern gewesen, viele von den Älteren erinnerten sich noch voller Verehrung an seinen Namen, und bei großen Autorennen genoß er besondere Privilegien.

Der Werksloge benachbart war der Pressestand mit langen Tischen und Dutzenden von Schreibmaschinen; auch hier waren die Reihen von vorn nach hinten aufsteigend angeordnet. Die Reporter waren so ziemlich die einzigen unter den heute Anwesenden, die, erfüllt von ihrer eigenen Wichtigkeit, nicht aufgestanden waren, als die Nationalhymne erklang. Jetzt hämmerten die meisten auf ihre Schreibmaschinen ein, und Erica, die sie durch ein gläsernes Seitenfenster der Loge sehen konnte, fragte sich, was die wohl schreiben mochten, wo das Rennen doch noch nicht einmal begonnen hatte.

Aber bis zum Start waren es nun nur noch wenige Minuten. Das Beten war vorüber; die Geistlichkeit, die Zeremonienmeister der Paraden, die kurzberockten Mädchen mit den wirbelnden Tambourstöcken, die Kapellen und alle anderen weniger wichtigen Erscheinungen hatten sich zurückgezogen. Die Bahn war jetzt frei, und fünfzig miteinander konkurrierende Wagen standen – in langer Doppelreihe – an den Startplätzen. An der ganzen Bahn entlang wuchs, wie immer in den letzten Augenblicken vor einem Rennen, die Spannung.

Erica warf einen Blick ins Programm und sah, daß Pierre sich in Reihe vier der Startordnung befand. Sein Wagen trug die Nummer 29.

Im Kontrollturm hoch über der Bahn befand sich das Nervenzentrum des Speedway. Von hier aus wurden per Funk, Kabelfernsehen und Telephon die Starter, die Signallampen der Bahn, die Schrittmacherwagen, die Service- und Unfallwagen dirigiert. An einem Schaltpult präsidierte ein Renndirektor; es war ein gelockert wirkender junger Mann, der einen korrekten Straßenanzug trug und mit höflicher, leiser Stimme sprach. In einer Zelle neben ihm saß ein hemdsärmeliger Kommentator, dessen Stimme während des ganzen

Rennens aus den Lautsprechern dröhnen würde. Von einem Schreibtisch hinter den beiden dirigierten zwei uniformierte Beamte der Polizei des Staates Alabama den Verkehr in allen Teilen des Geländes, das nicht unmittelbar zur Rennstrecke selbst gehörte.

Der Renndirektor stand in Verbindung mit seinen Heerscharen: »Funktionieren die Lampen überall? ... Okay ... Bahn frei? ... Alles bereit ... Turm an Schrittmacher: Sind Sie startbereit? ... Also gut; lassen Sie starten!«

Über die Lautsprecheranlage sprach die Stimme eines zu Besuch erschienenen Flottenadmirals, der auf einem Innenfeldpodest stand, das traditionelle Kommando für die Fahrer: »Meine Herren, starten Sie Ihre Motoren!«

Und nun folgte das aufregendste Geräusch, das ein Autorennen zu bieten hat: das Röhren der Motoren ohne Schalldämpfer, das sich anhörte wie ein fünfzigfaches Wagnersches Crescendo, das über die Speedway hinwegdonnerte und noch kilometerweit darüber hinaus zu hören war.

Ein Schrittmacherwagen bog mit flatternden Signalfahnen auf die Bahn ein und gewann rasch an Tempo. Hinter dem Schrittmacher formierten sich die Rennwagen, immer noch zwei und zwei nebeneinander, die Startordnung beibehaltend, wie sie das nun mehrere vorbereitende, für das Rennen nicht zählende Runden lang tun würden.

Fünfzig Wagen, so wollte es das Programm, sollten das Rennen beginnen. Neunundvierzig taten es.

Der Motor eines knallroten, auf Hochglanz polierten Wagens, dessen Kennziffer in besonders gut sichtbarer Goldfarbe aufgetragen war, wollte nicht anspringen. Die Boxencrew des Wagens stürzte zu ihrem Prunkstück und arbeitete in wilder Hast, aber es blieb vergeblich. Schließlich schoben die Männer den Wagen hinter die Mauer der Boxenreihe, und als der Wagen langsam verschwand, warf der Fahrer enttäuscht seinen Helm hinterdrein.

»Armer Kerl«, sagte irgend jemand im Turm. »Das war der schönste Wagen im ganzen Feld.«

Der Renndirektor leistete sich einen Scherz. »Der hat zuviel Zeit mit Polieren verbracht.«

Während der zweiten Vorbereitungsrunde, als das Feld

noch immer streng geordnet dicht aufgeschlossen fuhr, gab der Direktor über Funk die Weisung an den Schrittmacher: »Erhöhen Sie das Tempo.«

Der Fahrer des Schrittmacherwagens reagierte prompt. Die Geschwindigkeit wurde größer. Das Donnern der Motoren nahm noch zu.

Nach der dritten Runde wurde der Schrittmacher, der seinen Zweck erfüllt hatte, von der Bahn gewinkt. Er schwenkte in die Boxenreihe ein.

An der Start-Finish-Linie vor der Tribüne zuckte die grüne Fahne des Starters wie ein Blitz durch die Luft.

Das 300-Meilen-Rennen – mit seinen 113 strapaziösen Runden – begann.

Von Anfang an herrschte hitziges Tempo; es war ein harter Wettstreit. Schon in den ersten fünf Runden durchbrach ein Fahrer namens Doolittle mit seiner Nummer 12 die Masse der Wagen und riß die Führung an sich. Hinter ihm schoß die Nummer 38 nach vorn, gesteuert von einem Mann aus Mississippi, der einen Unterkiefer wie eine Kassenlade hatte und jedem Rennenthusiasten unter dem Namen ›Halsabschneider‹ bekannt war. Beide galten als Favoriten, nicht nur bei den Rennpropheten, sondern auch bei den meisten Zuschauern.

Ein Außenseiter, ein Neuling beim Rennen, hielt überraschend den dritten Platz. Es war die Nummer 44, und der Fahrer hieß Johnny Gerenz.

Pierre Flodenhale, der das Gros kurze Zeit nach Gerenz hinter sich ließ, rückte mit seiner Nummer 29 bald auf den vierten Platz.

Sechsundzwanzig Runden lang wechselte die Führung zwischen den beiden vorderen Wagen ab. Dann mußte Doolittle mit seiner Nummer zwölf zweimal kurz hintereinander wegen Zündstörungen an die Boxen. Das kostete ihn eine Runde, und später gab er mit rauchendem Wagen ganz auf.

Doolittles Ausscheiden bescherte dem Neuling, Johnny Gerenz auf 44, den zweiten Platz. Pierre lag mit seiner Nummer 29 an dritter Stelle.

In der dreißigsten Runde brachte ein leichter Unfall mit Blechschaden und versprühtem Öl die roten Warnflaggen heraus. Das Tempo des Rennens wurde gedrosselt, bis die Bahn wieder geräumt, die Öllachen mit Sand bestreut waren. Johnny Gerenz und Pierre gehörten zu denen, die unter Ausnutzung der nicht zählenden Runden an die Boxen fuhren. Beide ließen die Reifen wechseln, die Tanks füllen, beide waren Sekunden später wieder auf der Bahn.

Bald darauf verschwand die Warnflagge wieder. Das Tempo steigerte sich.

Pierre nutzte den Windschatten der Führungsgruppe. Er blieb dichter hinter den anderen, machte sich den Sog zunutze, den sie schufen, sparte dabei Treibstoff und schonte seine Maschine. Das war ein gefährliches Spiel, aber wenn man es mit Können und Geschick spielte, konnte es einem bei langen Rennen den Sieg einbringen. Erfahrene Zuschauer spürten, daß Pierre absichtlich zurückblieb, daß er sich seine Reserven an Kraft und Geschwindigkeit für später aufhob.

»Jedenfalls hoffen wir«, sagte Adam zu Erica, »daß er nur aus taktischen Gründen hinten bleibt.«

Pierre war der einzige in der gegenwärtigen Führungsgruppe dieses Rennens, der einen Wagen des Werkes fuhr. Deshalb drückten Adam, Hub Hewitson und die anderen Pierre den Daumen, deshalb hofften sie, daß er später die Führung an sich reißen werde.

Wie immer, wenn sie ein Autorennen sah, war Erica fasziniert von dem Tempo der Boxenaufenthalte – fasziniert von der Tatsache, daß eine Crew von fünf Mechanikern in einer Minute, und manchmal in noch kürzerer Zeit, vier Reifen wechseln, Benzin auffüllen, mit dem Fahrer konferieren und den Wagen wieder auf die Bahn bringen konnte.

»Das üben sie«, sagte Adam. »Stunde um Stunde, das ganze Jahr lang. Und sie verschwenden keine einzige Bewegung, niemals kommen sie einander in die Quere.«

Ihr Platznachbar, ein Vizepräsident für Produktion, warf ihnen einen Blick zu. »Ein paar von der Art könnten wir gut in der Montage gebrauchen.«

Auch die Stopps an den Boxen, das wußte Erica, konnten in einem Rennen über Sieg oder Niederlage entscheiden.

Die Spitzengruppe befand sich in der siebenundvierzigsten Runde, als der Fahrer eines blaugrauen Wagens in der steil überhöhten Nordkurve die Herrschaft über sein Fahrzeug verlor. Der Wagen blieb, die rechte Seite gen Himmel, auf dem Innenfeld liegen. Der Fahrer war unverletzt. Aber während sich der blaugraue Wagen um sich selbst drehte, berührte er einen anderen Wagen, der zur Seite geschleudert wurde und an der Mauer entlangschleifte, zunächst in einem Schauer von Funken, dann in dunkelroten Flammen brennenden Öls. Der Fahrer des zweiten Wagens kroch aus dem Wrack, und Männer eines Krankenwagens stützten ihn, als er von der Bahn wankte. Das Ölfeuer war rasch gelöscht. Minuten später wurde über die Lautsprecher bekanntgegeben, daß der zweite Fahrer nur Abschürfungen an der Nase erlitten hatte; abgesehen von den beiden schrottreifen Autos war kein weiterer Schaden entstanden.

Das Rennen ging unter einer gelben Warnflagge weiter; die Fahrer hielten ihre Position, bis das Warnsignal eingeholt wurde. Unterdessen arbeiteten Wrack- und Service-Crews in aller Eile daran, die Bahn wieder frei zu machen.

Erica, die sich inzwischen schon ein wenig langweilte, machte sich das Abflauen im Tempo des Rennens zunutze, um sich in der Loge weiter nach hinten zu verziehen. Kathryn Hewitson arbeitete mit gebeugtem Kopf noch immer an ihrer Stickerei, aber als sie den Kopf hob, sah Erica zu ihrer Überraschung, daß die Augen der älteren Frau tränenfeucht waren.

»Ich kann es wirklich nicht mitansehen«, sagte Kathryn. »Der Mann, der da eben verletzt wurde, hat früher Rennen für uns gefahren, als wir noch das Werksteam hatten. Ich kenne ihn gut, ihn und seine Frau.«

Erica versuchte, sie zu beruhigen. »Aber es geht ihm doch gut. Er ist nur ganz leicht verletzt.«

»Ja, das weiß ich.« Die Frau des stellvertretenden Generaldirektors legte ihre Stickerei beiseite. »Ich glaube, ein Schluck würde mir gut tun. Kommen Sie, wir trinken ein Glas zusammen.«

Sie schlenderten in den Hintergrund der Privatloge, wo ein Barmann am Werke war.

Als Erica wenig später zu Adam zurückkehrte, war die Warnflagge schon wieder eingeholt, und das Rennen ging unter der grünen Flagge mit Höchstgeschwindigkeit weiter.

Augenblicke später trat Pierre Flodenhale mit seiner Nummer 29 in die Vollen und überholte den Neuling, Johnny Gerenz, der die Nummer 44 fuhr. Pierre lag jetzt an zweiter Stelle.

Er fuhr direkt hinter Halsabschneider, der mit seiner Nummer 38 knapp die Führung innehatte und dessen Geschwindigkeit um Bruchteile vor 204 km/st lag.

Drei Runden lang, das Rennen hatte das letzte Viertel erreicht, trugen die beiden ein hitziges Duell aus. Pierre versuchte zu überholen, fast gelang es ihm, aber Halsabschneider hielt seine Position mit viel Geschick und höchstem Wagemut. In der Zielgeraden der neunundachtzigsten Runde aber, als noch vierundzwanzig weitere Runden vor ihnen lagen, donnerte Pierre an ihm vorbei. Quer über die Speedway brandete Jubel auf, und auch in der Werksloge schrien mehrere begeistert.

Dröhnend verkündeten die Lautsprecher: *»Jetzt liegt Nummer 29 vorn, es ist Pierre Flodenhale!«*

In diesem Augenblick, als die vorn liegenden Wagen sich der Südkurve näherten, unmittelbar vor der Südtribüne und den Privatlogen, geschah es.

Später gab es widerstreitende Meinungen darüber, was sich eigentlich genau ereignet hatte. Einige sagten, eine Bö habe Pierre gepackt, andere, daß er beim Eintritt in die Kurve Lenkschwierigkeiten gehabt habe und daß er deshalb übersteuert habe; eine dritte Theorie lautete, daß sich ein Stück Metall von einem anderen Wagen gelöst, Nummer 29 getroffen und Pierres Wagen aus der Bahn geworfen habe.

Welche Ursache es auch gehabt haben mochte, jedenfalls fuhr der Wagen Nummer 29 plötzlich Schlangenlinien, während Pierre mit dem Lenkrad kämpfte, und in der Kurve raste er frontal in die Beton-Haltemauer. Wie eine explodierende Bombe löste sich der Wagen in seine Bestandteile auf, und an der Brandmauer trennte er sich in zwei große und viele kleine Teile. Bevor die beiden großen Stücke zur Ruhe gekommen waren, pflügte der Wagen Nummer 44 mit

Johnny Gerenz am Steuer durch sie beide hindurch. Der Wagen des Neulings drehte sich mehrfach um die eigene Achse, rollte über das Dach ab und lag Sekunden später, die wild herumrasenden Räder gen Himmel, auf dem Innenfeld. Eine Sekunde später schlug ein zweiter Wagen auf die jetzt weit verstreuten Teile des Wagens Nummer 29, ein dritter Wagen prallte in den zweiten. Alles in allem verkeilten sich sechs Wagen an der Kurve ineinander; fünf schieden aus dem Rennen aus, einer schleppte sich noch ein paar Runden weiter, bevor er ein Rad verlor und an die Boxen geschoben werden mußte. Abgesehen von Pierre waren alle anderen betroffenen Fahrer unverletzt.

Ebenso bestürzt wie die anderen Zuschauer beobachtete die Gruppe in der Werksloge, wie Krankenträger zu den beiden weit voneinander getrennt liegenden Wrackteilen des Wagens Nummer 29 eilten. Jeder der beiden Schrotthaufen war von einer Krankenträgergruppe umringt. Es schien, als trügen sie einzelne Teile zu einer Tragbahre, die in der Mitte zwischen den beiden Hauptteilen des Wagens stand. Als ein Werksdirektor, Fernglas vor den Augen, sah, was sich da abspielte, wurde er bleich. Er ließ das Fernglas fallen und sagte mit würgender Stimme: »*Oh, mein Gott!*« Er beschwor seine neben ihm stehende Frau: »Sieh nicht hin! Dreh dich um!«

Die Frau des Direktors tat es, aber Erica drehte sich nicht um. Sie starrte zu der Unglücksstelle hinüber, nicht ganz begreifend, was da vor sich ging, aber sie wußte, daß Pierre tot war. Später erklärten die Ärzte, daß er in dem Augenblick gestorben sei, als der Wagen Nummer 29 auf die Mauer prallte.

Für Erica war die ganze Szene vom Augenblick des Aufpralls an unwirklich wie ein Film, der zurückgespult wird. Ihre eigene, persönliche Rolle im Geschehen kam überhaupt nicht ins Bild. Mit stumpfer Teilnahmslosigkeit – Folge ihres Schocks – wurde sie Zeuge, wie das Rennen noch ungefähr zwanzig Runden lang weiterging, bis Halsabschneider in der Zielgeraden zum Sieger erklärt wurde. Nach dem tödlichen Unfall war die gedrückte Stimmung rings um die Bahn fast mit Händen greifbar gewesen; jetzt aber radierte ein Triumph – irgendein Triumph – die Narbe von Niederlage und Tod so gründlich aus, als habe es sie nie gegeben.

In der Werksloge wich die Niedergeschlagenheit nicht. Der gewaltsame Tod, der sich vor so kurzer Zeit ereignet hatte, gab die Gemüter noch nicht wieder frei, aber niedergeschlagen war man auch deshalb, weil der Wagen eines anderen Herstellers den Sieg im Canebreak 300 errungen hatte. Die Unterhaltung – leiser geführt als gewöhnlich – drehte sich zu einem Teil um die Möglichkeit eines Erfolges am nächsten Tag im Talladega 500. Die meisten Mitglieder der Werksgruppe aber gingen rasch auseinander und fuhren in ihre Hotels.

Erst als Erica wieder in der Abgeschiedenheit der Suite in der Motor Inn war, allein mit Adam, überfiel die Trauer sie ganz. Zusammen waren sie mit einem werkseigenen Wagen von der Speedway hergefahren. Adam hatte wenig gesagt, und er hatte den kürzesten Weg gewählt. Jetzt, im Schlafzimmer, warf Erica sich auf ein Bett; die Hände hatte sie vor das Gesicht geschlagen, und sie stöhnte. Was sie empfand, war zu tief für Tränen, zu tief auch für zusammenhängende Gedanken. Sie wußte nur, daß es mit der Jugendlichkeit Pierres zu tun hatte, seiner Lebensfreude, dem gutmütigen Charme, der manche seiner Fehler mehr als ausglich, seiner Liebe zu Frauen und der Tragödie, daß keine Frau irgendwo auf der Welt ihn jemals mehr kennen oder lieben würde.

Erica spürte, daß Adam sich neben sie auf das Bett setzte.

Leise und behutsam sagte er: »Wir tun, was du möchtest – wir können entweder sofort nach Detroit zurückfahren, oder wir bleiben die Nacht noch hier und fahren morgen früh.«

Am Ende beschlossen sie dann zu bleiben, und sie aßen in der Stille ihrer Suite zu Abend. Wenig später ging Erica zu Bett und fiel erschöpft in einen tiefen Schlaf.

Am nächsten Morgen, am Sonntag, versicherte Adam ihr, daß sie sofort abreisen könnten, wenn ihr das lieber sei, aber Erica hatte den Kopf geschüttelt und mit nein geantwortet. Eine frühe Reise nach Norden würde hastiges Packen bedeuten und Anstrengungen mit sich bringen, die ihr sinnlos erschienen, da eine übereilte Rückfahrt nach Detroit an den Dingen nichts ändern würde.

Pierres Begräbnis, meldete der »Anniston Star«, sollte am Mittwoch in Dearborn stattfinden. Seine sterblichen Überreste sollten noch heute nach Detroit geflogen werden.

Bald nach ihrer morgendlichen Entscheidung sagte Erica zu Adam: »Geh du zum 500. Das möchtest du doch gern, nicht? Ich kann hierbleiben.«

»Wenn wir doch nicht abreisen, würde ich das Rennen gern sehen«, gab er zu. »Magst du denn auch allein sein?«

Sie nickte, und sie war ihm dankbar dafür, daß er keine Fragen stellte, gestern nicht und auch heute nicht. Offensichtlich spürte er, daß es ein traumatisches Erlebnis für sie gewesen war, jemanden, den sie kannte, eines gewaltsamen Todes sterben zu sehen, und wenn er sich insgeheim fragte, ob ihre Trauer vielleicht noch andere Bedeutungen habe, so war er einsichtig genug, solche Gedanken nicht auszusprechen.

Aber als es Zeit wurde für Adam, zum Speedway aufzubrechen, meinte Erica, sie möchte doch nicht allein bleiben, sondern lieber mitkommen. Sie fuhren mit dem Wagen, was wesentlich länger dauerte als der Hubschrauberflug am Vortage, und es gab ihr die Zeit, wieder ein wenig in die innere Isolierung zurückzufinden, die ihr geholfen hatte, den gestrigen Tag zu überstehen. Auf jeden Fall war Erica froh, draußen zu sein. Das Wetter war prachtvoll, wie am ganzen Wochenende schon, und die Landschaft von Alabama gehörte zum schönsten, was sie je gesehen hatte.

In der Privatloge des Werkes an der Speedway schien alles wieder zum Normalzustand zurückgekehrt zu sein, wenn man an gestern dachte. Die Unterhaltung war fröhlich, und sie drehte sich hauptsächlich um die Tatsache, daß zwei starke Favoriten des heutigen Talladega 500 vom Werk hergestellte Wagen fahren würden. Erica hatte einen der Fahrer flüchtig kennengelernt; er hieß Wayne Onpatti.

Gewann entweder Onpatti oder der andere favorisierte Fahrer, Buddy Undler, so würde das die gestrige Niederlage vergessen lassen, denn das Talladega 500 war das längere und wichtigere Rennen.

Die meisten großen Rennen fanden sonntags statt, und die Hersteller von Autos, Reifen und anderer Ausrüstung folgten dem Wahlspruch: *Siege am Sonntag, verkaufe am Montag.*

Die Werksloge war genauso voll wie gestern, Hub Hewitson saß wieder in der ersten Reihe und war sichtlich bester Laune. Kathryn Hewitson, bemerkte Erica, saß allein ganz hinten, arbeitete wieder an ihrer Stickerei und hob selten den Blick. Erica setzte sich auf einen Eckplatz der dritten Reihe und hoffte, daß sie trotz der vielen Menschen doch ein wenig allein sein könne.

Adam blieb auf seinem Platz an der Seite Ericas, abgesehen von wenigen Minuten, als er die Loge verließ, um draußen mit Smokey Stephensen zu sprechen.

Der Autohändler hatte kurz vor dem Start, als die Präliminarien des Rennens in vollem Gange waren, eine Kopfbewegung zu Adam hinüber gemacht. Die beiden verließen die Werksloge durch den rückwärtigen Ausgang. Smokey ging voran. Dann standen sie draußen in dem hellen, warmen Sonnenschein. Obwohl man die Bahn von hier nicht sehen konnte, hörten sie das Brüllen der Motoren, als der Schrittmacherwagen und die fünfzig konkurrierenden Autos sich in Bewegung setzten.

Adam fiel ein, daß er Pierre Flodenhale bei seinem ersten Besuch in Smokeys Autohandlung kennengelernt hatte. Pierre hatte dort als Teilzeit-Verkäufer gearbeitet. Er sagte: »Das mit Pierre tut mir sehr leid.«

Smokey rieb sich mit einer Hand über den Bart, eine Geste, an die sich Adam mittlerweile gewöhnt hatte. »Der Junge war für mich wie ein Sohn, in mancher Hinsicht. Man sagt sich, das kann immer passieren, es gehört einfach zum Spiel; ich wußte das damals zu meiner Zeit, er hat es auch gewußt. Aber wenn es dann tatsächlich kommt, hilft einem diese Weisheit auch nicht viel.« Smokey blinzelte, und Adam wurde sich einer Seite im Charakter des Autohändlers bewußt, die nicht sehr oft in Augenschein trat.

Wie um das wieder auszugleichen, sagte Smokey grob: »Das war gestern. Nun ist heute. Was ich wissen will – haben Sie schon mit Teresa gesprochen?«

»Nein, noch nicht.« Adam war sich wohl der Tatsache bewußt gewesen, daß die Schonzeit von einem Monat, die er Smokey gewährt hatte, bevor seine Schwester ihre Anteile an Stephensen Motors abstieß, bald verstrichen sein würde. Aber Adam hatte noch nichts unternommen, um Teresa zu informieren. Jetzt sagte er: »Ich bin mir nicht sicher, ob ich die Absicht habe – meiner Schwester zum Verkauf zu raten, meine ich.«

Smokey Stephensens Augen glitten forschend über Adams Gesicht. Es waren bohrende Augen, und dem Händler entging nur wenig; das wußte Adam. Diese Scharfsichtigkeit des Händlers war einer der Gründe, die Adam veranlaßt hatten, in den vergangenen zwei Wochen seine Meinung über Stephensen Motors noch einmal zu revidieren. Im Händlersystem kündigten sich viele Reformen an, und die meisten waren längst überfällig. Aber Adam glaubte, daß Smokey diese Veränderungen überleben würde, denn das Überleben war für ihn etwas so Natürliches wie der Aufenthalt in seiner eigenen Haut. Wenn man diese Tatsache berücksichtigte, so gab es, was Investitionen anbetraf, nicht viele bessere Möglichkeiten für Teresa und die Kinder.

»Ich glaube, dies ist ein Fall für die sanfte Verkaufsmasche«, sagte Smokey. »Ich werde Sie deshalb nicht drängen; ich werde einfach warten und hoffen. Eins aber weiß ich. Wenn Sie es sich doch anders überlegen, als Sie es ursprünglich vorhatten, dann tun Sie das für Teresa und nicht, um mir einen Gefallen zu tun.«

Adam lächelte. »Da haben Sie ganz recht.«

Smokey nickte. »Geht es Ihrer Frau gut?«

»Ich denke doch«, sagte Adam.

Sie konnten hören, wie sich das Tempo des Rennens steigerte, und sie gingen zurück in die Werksloge.

Autorennen haben wie Weine gute und schlechte Jahrgänge. Für das Talladega 500 erwies sich dies als das beste Jahr, das es je gegeben hatte – es war ein schneller und spannender

Wettkampf vom geschwind gefahrenen Start bis zu einem glanzvollen Finish. Über die insgesamt 188 Runden – das waren ein wenig mehr als 500 Meilen – hatte die Spitze viele Male gewechselt. Wayne Onpatti und Buddy Undler, die Favoriten von Adams Werk, blieben immer in der Nähe der Spitze, wurden aber hart bedrängt von einem halben Dutzend anderer Fahrer, darunter auch von Halsabschneider, dem Sieger des Vortages, der während eines großen Teils des Rennens vorn lag. Das hitzige Tempo forderte seinen Tribut von einem Dutzend Autos, die wegen mechanischer Defekte ausschieden, und mehrere andere wurden zu Schrott, allerdings kam es nicht zu großen Auffahrunfällen wie am vorigen Tag, und es wurde kein Fahrer verletzt. Die gelben Warnflaggen und Tempoverringerungen beschränkten sich auf ein Minimum, und der größte Teil des Rennens wurde mit vollem Speed unter Grün gefahren.

Gegen Ende kämpften Halsabschneider und Wayne Onpatti um die Führung, wobei Onpatti leicht im Vorteil war, aber dann ging ein Stöhnen durch die Werksloge, als Onpatti zu einem späten Reifenwechsel an die Box fuhr, was ihn eine halbe Runde kostete und Halsabschneider einen soliden Vorsprung bescherte.

Aber der Reifenwechsel erwies sich dann als ein kluges Manöver, er gab Onpatti, was er dringend brauchte – zusätzliche Haftung in den Kurven, so daß er in der Gegengeraden der letzten Runde Halsabschneider eingeholt hatte und nun Seite an Seite mit ihm fuhr. Selbst als sie schon die Zielgerade entlangdonnerten und das Finish vor Augen hatten, war das Resultat noch weit offen. Dann, Zentimeter um Zentimeter, schob Onpatti sich an Halsabschneider vorbei nach vorn und raste mit einer halben Wagenlänge Vorsprung durchs Ziel – als Sieger.

Während der letzten Runden waren die meisten Leute in der Werksloge aufgesprungen, jubelten hysterisch für Wayne Onpatti, während Hub Hewitson und andere vor Aufregung wie kleine Kinder auf und ab hüpften.

Als das Ergebnis verkündet wurde, herrschte eine Sekunde lang Schweigen, dann brach ein Orkan los.

Noch lautere Jubelrufe als zuvor vermischten sich mit

wildem Siegesgeschrei und lautem Gelächter. Strahlende Direktoren und ihre Gäste schlugen einander mit Fäusten auf die Schultern; Hände wurden gepackt und wie im Schraubstock gedrückt; im Gang, zwischen den Bänken, führten zwei seriöse Vizepräsidenten einen Siegestanz auf. »Unser Auto hat gewonnen! Wir haben gewonnen!« hallte es durch die private Loge. Andere schrien dazwischen. Einer sang lauthals vor sich hin: »Siege am Sonntag, verkaufe am Montag!« Unter lautem Rufen und brüllendem Gelächter wurde der Gesang von anderen aufgenommen. Der Lärm nahm nicht etwa ab, sondern wurde von Minute zu Minute lauter.

Erica betrachtete das alles anfangs mit innerer Distanz, dann mit ungläubigem Staunen. Sie konnte durchaus die Freude über einen Anteil am Sieg verstehen; trotz ihrer eigenen, anfänglichen Entrücktheit hatte sie in den spannenden letzten Augenblicken des Rennens Anteil genommen, sie hatte sich, ebenso wie die anderen, weit vorgebeugt, um das Fotofinish zu sehen. Aber *das* hier . . . dieses verrückte Überbordwerfen jedes anderen Gedankens . . . das war wieder etwas ganz anderes.

Sie dachte an gestern: an die Trauer und den furchtbaren Preis; den Leichnam Pierres, der in diesem Augenblick auf dem Wege zur Beerdigung war. Und jetzt, so bald schon, das absolute Vergessen . . . *»Siege am Sonntag, verkaufe am Montag.«*

Kalt, klar und deutlich sagte Erica: *»Das ist das einzige, was euch interessiert!«*

Die Stille trat nicht sofort ein. Aber ihre Stimme hatte andere Stimmen ganz in der Nähe doch übertönt, so daß einige innehielten, und in der kleinen Insel der Stille sagte Erica noch einmal ganz deutlich: »Ich habe gesagt, das ist das einzige, was euch interessiert!«

Jetzt hatte jeder es gehört. In der Loge verstummten der Lärm und die anderen Stimmen. Und in der plötzlich eingetretenen Stille fragte irgend jemand: »Na und? Was ist daran so schlimm?«

Damit hatte Erica nicht gerechnet. Sie hatte ganz impulsiv gesprochen, sie hatte nicht im Brennpunkt der Aufmerksamkeit stehen wollen, und jetzt, da es doch geschehen war, sagte ihr Instinkt ihr, daß sie sich zurückziehen müsse, daß sie verschwinden müsse, um Adam weitere Peinlichkeiten zu ersparen. Dann aber brandete der Zorn in ihr auf. Zorn über Detroit, über die Manieren dieser Stadt – die sich hier in dieser Loge so konzentriert spiegelten; was diese Stadt Adam und ihr selbst angetan hatte. Sie wollte *nicht* zulassen, daß dieses System sie nach seinem Ebenbild formte, formte zu einer anpassungsfähigen Direktorenfrau.

Irgend jemand hatte gefragt: »*Na und? Was ist daran so schlimm?*«

»Das schlimme daran ist«, sagte Erica, »daß Sie alle – daß *wir* alle – für nichts anderes leben als für Autos und Umsätze und Siege. Und wenn wir das nicht die ganze Zeit tun, dann doch den größten Teil der Zeit. Andere Dinge vergessen Sie einfach. Zum Beispiel, daß hier gestern ein Mann gestorben ist. Einer, den wir kennen. Sie sind so voll vom Siegen: ›*Siege am Sonntag!*‹ . . . *Er war Samstag* . . . Ihn haben Sie schon vergessen . . .«

Ihre Stimme verlor sich.

Sie merkte, daß Adam sie ansah. Zu Ericas Überraschung war der Ausdruck seines Gesichts nicht ablehnend, nicht kritisch. Es zuckte sogar in seinen Mundwinkeln.

Adam hatte von Anfang an jedes Wort gehört. Jetzt, als verschärfe sich sein Gehör, drangen Geräusche von außen in sein Bewußtsein: das auslaufende Rennen, Nachzügler, die noch die letzten Runden drehten, neue Hurra-Rufe für den neuen Meister Onpatti, der nun auf dem Wege zu den Boxen und zur Siegergasse war. Adam war sich auch der Tatsache bewußt, daß Hub Hewitson die Stirn runzelte; anderen war die ganze Sache peinlich, und sie wußten nicht, wohin sie schauen sollten.

Adam hatte das Gefühl, daß er sich jetzt eigentlich Sorgen machen müßte. Ganz objektiv dachte er: Wie wahr das auch sein mochte, was Erica gesagt hatte, so war es aber doch sehr zu bezweifeln, ob sie den geeignetsten Augenblick gewählt hatte, es auszusprechen, und das Mißfallen Hub Hewitsons nahm man nicht auf die leichte Schulter. Aber Augenblicke zuvor hatte er plötzlich entdeckt: *Es war ihm ganz und gar schnuppe! Zum Teufel mit dem ganzen Verein!* Er wußte nur, daß er Erica inniger liebte als je zuvor.

»Adam«, sagte ein Vizepräsident, keineswegs unfreundlich, »es ist wohl besser, wenn Sie Ihre Frau nehmen und verschwinden.«

Adam nickte. Es war wohl das beste – für Erica –, um ihr weiteres zu ersparen.

»Aber warum denn?«

Köpfe drehten sich – nach hinten, zur Rückwand der Werksloge, von wo die Unterbrechung gekommen war. Kathryn Hewitson, die Stickerei noch in der Hand, war in den Mittelgang getreten, stand da und sah sie alle mit zusammengepreßten Lippen an. Sie wiederholte: »Aber warum denn? Weil Erica gesagt hat, was *ich* sagen wollte, aber nicht gesagt habe, weil ich die Courage nicht hatte? Weil sie in Worte gefaßt hat, was jede hier anwesende Frau dachte, bis die jüngste von uns den Mund aufgemacht hat?« Sie betrachtete die schweigenden Gesichter vor ihr. »*Männer!*«

Plötzlich wurde es Erica bewußt, daß andere Frauen sie ansahen, weder peinlich berührt noch feindselig, sondern – jetzt, da die Schranke eingerissen war – mit Augen, aus denen Zustimmung sprach.

Mit fester Stimme sagte Kathryn Hewitson: »Hubbard!«

Innerhalb des Werks wurde Hub Hewitson wie ein Kronprinz behandelt und benahm sich manchmal auch so. Aber für seine Frau war er nichts als ein Ehemann – nicht mehr, nicht weniger –, ein Ehemann, der in bestimmten Augenblicken erkannte, wann sein Stichwort fiel, und dem seine Pflichten bewußt waren. Mit einem Kopfnicken und ohne die Spur einer gerunzelten Stirn trat er zu Erica und ergriff ihre beiden Hände. Mit einer Stimme, die in der ganzen Loge zu hören war, sagte er zu ihr: »Meine Liebe, manchmal vergessen wir in unserer Hast, in der Aufregung oder aus anderen Gründen ein paar ganz einfache Dinge, die sehr wichtig sind. Wenn uns das passiert, dann brauchen wir jemanden, der uns aus seiner Überzeugung heraus auf unsere Fehler aufmerksam macht. Ich danke Ihnen dafür, daß Sie hier sind und das getan haben.«

Plötzlich hatte sich die Spannung gelöst, und alle strömten aus der Loge hinaus in den Sonnenschein.

Irgend jemand sagte: »He, kommt, wir wollen rübergehen und Onpatti die Hand schütteln.«

Adam und Erica gingen Arm in Arm, und sie wußten, daß ihnen etwas Wichtiges widerfahren war. Später mochten sie darüber reden. Jetzt war jedes Wort unnötig; nur darauf kam es an, daß sie einander nahe waren.

»Mr. und Mrs. Trenton! Bitte warten Sie!«

Ein Mann von der Public-Relations-Abteilung des Werkes, vom schnellen Laufen ganz außer Atem, fing sie an der Rampe zum Parkplatz der Speedway ab. Unter schwerem Pusten teilte er ihnen mit: »Wir haben gerade den Hubschrauber gerufen. Er wird auf der Bahn landen. Mr. Hewitson würde sich freuen, wenn Sie beide ihn für den ersten Flug nehmen würden. Wenn Sie mir die Zündschlüssel geben wollen – ich kümmere mich um den Wagen.«

Auf dem Wege zur Bahn sagte der PR-Mann, dessen Atem jetzt regelmäßiger ging: »Und noch etwas. Am Flughafen Talladega stehen zwei Werksflugzeuge.«

»Ich weiß«, sagte Adam. »Mit dem einen fliegen wir ja nach Detroit zurück.«

»Ja, Mr. Hewitson hat die Düsenmaschine, aber er wird sie erst heute abend brauchen. Er läßt Sie fragen, ob Sie sie für den ersten Flug haben wollen. Er schlägt vor, daß Sie nach Nassau fliegen, denn er weiß, daß Mrs. Trenton da zu Hause ist, und dort zwei Tage verbringen. Das Flugzeug könnte Sie dahinfliegen, zurückkehren und Mr. Hewitson heute abend immer noch rechtzeitig genug abholen. Wir schicken die Maschine dann am Mittwoch wieder nach Nassau, um Sie abzuholen.«

»Das ist eine großartige Idee«, sagte Adam. »Leider habe ich einen ganzen Rattenschwanz von Verpflichtungen in Detroit, und der erste Termin ist morgen in aller Frühe.«

»Mr. Hewitson hat mir schon gesagt, daß Sie wahrscheinlich so antworten würden. Er hat mir aufgetragen, Ihnen zu sagen: Jetzt vergessen Sie endlich einmal das Werk, und kümmern Sie sich in erster Linie um Ihre Frau.«

Erica strahlte. Adam lachte. Eins mußte man dem stellvertretenden Generaldirektor zugute halten: Wenn er etwas tat, dann tat er es ganz.

Adam sagte: »Bitte sagen Sie ihm, daß wir dankbar und mit Vergnügen annehmen.«

Adam verschwieg, daß er am Mittwoch streng darauf achten wollte, daß er und Erica rechtzeitig zu Pierres Begräbnis wieder in Detroit waren.

Bevor die Sonne unterging, waren sie auf den Bahamas und waren von der Emerald Beach bei Nassau aus hinausgeschwommen.

Im Patio ihres Hotels ließen Adam und Erica sich beim Sonnenuntergang viel Zeit bei ihren Getränken. Der Abend war warm, eine sanfte Brise ließ die Palmen rascheln. Es waren kaum Menschen zu sehen, denn der Hauptstrom der Wintergäste würde frühestens in einem Monat hier eintreffen.

Als das zweite Getränk vor ihnen stand, holte Erica tief Luft und sagte: »Es gibt da etwas, das ich dir sagen sollte.«

»Wenn es mit Pierre zu tun hat«, sagte Adam leise, »dann, glaube ich, weiß ich es schon.«

Er sagte ihr: Jemand hatte ihm anonym und in einem Umschlag, der keine Rückschlüsse auf den Absender zuließ, einen Ausschnitt aus den »Detroit News« geschickt – den Artikel, der Erica so sehr beunruhigt hatte. Adam fügte hinzu: »Frag mich nicht, warum manche Menschen so etwas tun. Es gibt einige, die tun so etwas eben.«

»Aber du hast nichts gesagt.« Erica erinnerte sich – sie war überzeugt gewesen, daß er etwas sagen würde, wenn er etwas davon erfahren würde.

»Mir schien, daß wir schon genug Sorgen hatten und daß wir uns nicht noch zusätzlich welche zu schaffen brauchten.«

»Es war vorbei«, sagte sie. »Schon vor Pierres Tod.« Mit einem Stich plötzlichen schlechten Gewissens fiel Erica der Verkäufer ein, der Verkäufer namens Ollie. Davon würde sie Adam *niemals* etwas sagen. Und sie hoffte, daß sie selbst diese Episode eines Tages werde vergessen können.

Von der anderen Seite des Tisches, der sie trennte, sagte

Adam: »Ob es vorbei war oder nicht, das würde nichts daran ändern. Ich möchte dich wiederhaben.«

Sie sah ihn an, mit Gefühlen, die übermächtig wurden. »Du bist ein Mann, du bist schön. Vielleicht habe ich nie richtig gewußt, was ich an dir habe.«

Er sagte: »Das gilt wohl für uns beide.«

Später liebten sie einander, und sie fanden, daß der alte Zauber zu ihnen zurückgekehrt war.

Schläfrig sprach dann Adam den Epilog: »Wir waren kurz davor, uns zu verlieren und unseren Weg dazu. Das wollen wir nicht wieder tun. Das Risiko ist zu groß.«

Als Adam schlief, lag Erica neben ihm wach, und sie hörte die Laute der Nacht durch das Fenster, das zur See hin geöffnet war. Und noch später schlief auch sie ein; aber als der Tag anbrach, erwachten sie zusammen, und wieder liebten sie einander.

29

Anfang September gab der Orion sein Debüt vor der Presse, den Vertragshändlern und der Öffentlichkeit.

Die Pressevorstellung für die gesamten Vereinigten Staaten fand in Chikago statt – es war eine üppige Schwelgerei, bei der der Alkohol in Strömen floß und von der man raunte, es werde die letzte Party ihrer Art sein. Hinter diesem Gerücht stand folgende Erkenntnis: Die Autofirmen hatten ein wenig spät erkannt, daß die meisten Journalisten die gleichen, ehrlichen Texte schrieben, ob man ihnen nun Champagner einflößte und sie mit Beluga-Kaviar fütterte oder mit Bier und Frikadellen. Warum also die riesigen Kosten auf sich nehmen?

Nichts in der absehbaren Zukunft jedoch würde etwas am Stil der Händlervorführung ändern, wie sie für den Orion in New Orleans stattfand und sechs Tage dauerte.

Es war ein ungeheures Super-Spektakel, zu dem siebentausend Vertragshändler, Verkäufer, deren Frauen und Freundinnen eingeladen waren, die in Pulks von Charterflugzeugen eintrafen, worunter sich auch etliche Boeings 747 befanden.

Alle größeren Hotels in der Halbmondstadt waren mit Beschlag belegt. Mit Beschlag belegt war auch das Rivergate Auditorium – für ein nächtliches musikalisches Spektakulum, das, wie ein nachdenklicher Zuschauer sagte, »am Broadway ein ganzes Jahr lang hätte ausverkauft sein können«. Der betäubende Höhepunkt der Schau war das langsame Herniedersinken eines schimmernden, leuchtenden Sterns aus einer blinkenden Milchstraße zur Begleitmusik von hundert Geigen, eines Sterns, der sich beim Aufsetzen mitten auf der Bühne auflöste und einen Orion den Blicken preisgab – es war das Signal zu einer ohrenbetäubenden Ovation.

Andere Späße und andere Spiele und gewaltige Festmähler reihten sich Tag um Tag aneinander, und nachts gab es

Feuerwerk über dem Hafen, und jedesmal beschloß ein prunkvoller Feuerzauber die Szene, dessen einzelne Teile sich zu dem Wort ORION zusammenfügten.

Adam und Erica Trenton nahmen daran teil, ebenso wie Brett DeLosanto; und Barbara Zaleski flog nach New Orleans, um kurze Zeit mit Brett zusammen zu sein.

Während der beiden Nächte, die Barbara in New Orleans verbrachte, aßen die vier gemeinsam bei Brennans im Französischen Viertel zu Abend. Adam, der Matt Zaleski flüchtig kannte, erkundigte sich bei Barbara, wie es ihrem Vater gehe.

»Er kann jetzt wieder selbst atmen, und er kann den linken Arm ein wenig bewegen«, antwortete sie. »Davon abgesehen ist er völlig gelähmt.«

Adam und Erica murmelten etwas, das ihrer Anteilnahme Ausdruck verleihen sollte.

Barbara sagte nichts davon, daß sie jeden Tag betete, ihr Vater möge bald sterben, der Tod möge ihn bald von der Bürde befreien und von der Qual, die sie jedesmal spürte, wenn sie ihm in die Augen sah. Aber sie wußte, daß es vielleicht anders kommen würde. Sie wußte auch, daß der ältere Joseph Kennedy, eines der berühmteren Opfer des Schlaganfalls, acht lange Jahre vollständig gelähmt gelebt hatte.

Barbara erzählte den Trentons, daß sie alles vorbereite, um ihren Vater heimzuholen in sein Haus in Royal Oak, wo er Tag und Nacht in der Obhut von Krankenschwestern sein werde. Eine Zeitlang würden sie und Brett dann ihre Zeit zwischen Royal Oak und Bretts Wohnung im Country Club Manor teilen.

Barbara schilderte das Haus in Royal Oak und berichtete dann: »Brett ist inzwischen zum Orchideenzüchter geworden.«

Lächelnd erzählte sie Adam und Erica, daß Brett die Pflege des Orchideen-Atriums ihres Vaters übernommen habe, ja, daß er sich sogar Fachbücher beschafft habe und sie emsig studiere.

»Also, ich finde die Linien der Orchideen einfach phantastisch, wic die strömen«, sagte Brett. Er spießte eine der Austern Roffignac auf, die ihm gerade serviert worden waren. »Vielleicht hängt da eine ganze neue Autogeneration, und die passenden Namen dazu. Wie wär's mit einem zweitürigen Hardtop *Aerides masculosum?*«

»Wir sind wegen des Orion hier«, rief Barbara ihm ins Gedächtnis zurück. »Das buchstabiert sich außerdem leichter.«

Sie erzählte Adam und Erica nichts von einem Zwischenfall, der sich vor kurzem ereignet hatte, weil sie wußte, daß es Brett peinlich gewesen wäre.

Ein paarmal waren Barbara und Brett nach dem Schlaganfall ihres Vaters über Nacht in dem Haus in Royal Oak geblieben. Eines Abends war Brett als erster dort angekommen. Sie fand ihn vor einer aufgestellten Staffelei mit frischer Leinwand und seinen Farben. Er hatte die Skizze auf der Leinwand fertig und malte jetzt. Es war eine Orchidee. Nachher hatte Brett ihr gestanden, daß sein Modell dabei ein *Catasetum saccatum* war – die Blüte, die er und Matt Zaleski in jener Nacht vor fast einem Jahr bewundert hatten, in der der alte Mann sich über Brett empört hatte und in der Barbara später ihren Vater gezwungen hatte, sich zu entschuldigen. »Dein Alter und ich waren uns einig, daß die Orchidee aussieht wie ein Vogel im Fluge«, sagte Brett. »Es war wohl so ziemlich das einzige, über das wir uns einig waren.«

Ein wenig linkisch hatte Brett dann gemeint, daß Barbara das Bild, wenn es fertig sei, vielleicht ihrem Vater im Krankenhaus ins Zimmer stellen möchte, und zwar so, daß er es ohne Mühe sehen konnte. »Der alte Bussard hat ja nicht allzuviel, was er angucken kann. Er hat seine Orchideen gern gemocht, und vielleicht macht ihm das Freude.«

In diesem Augenblick brach Barbara, zum ersten Mal seit Matts Heimsuchung, zusammen und weinte.

Es brachte ihr Erleichterung, und danach fühlte sie sich besser; sie begriff, daß ihre Gefühle aufgestaut gewesen waren, bis Bretts schlichter Akt der Freundlichkeit sie freigesetzt hatte. Barbara schätzte das, was Brett da tat, um so höher ein, weil sie wußte, wie sehr er sich mit dem neuen Planungsprojekt Farstar engagiert hatte, das in Kürze einer

Werksgipfelkonferenz über planungsstrategische Fragen vorgetragen werden sollte. Der Farstar beschäftigte Brett Tag und Nacht und ließ ihm wenig Zeit für andere Dinge.

Beim Abendessen in New Orleans nahm Adam versteckt Bezug auf den Farstar, vermied dabei aber sorgsam, das Projekt bei seinem Namen zu nennen.

»Ich werde froh sein, wenn diese Woche vorüber ist«, sagte er zu Barbara. »Der Orion ist jetzt Sache der Abteilung Verkauf und Marketing. Wir aber ackern weiter und pflanzen neue Kartoffeln.«

»Nur noch zwei Wochen, dann findet das große Haupt- und Staatspalaver statt«, warf Brett ein, und Adam nickte.

Barbara spürte, daß es Adam und Brett schwer fiel, an etwas anderes zu denken als an den Farstar, und sie fragte sich, ob Brett seinen privaten Plan, die Autoindustrie zum Jahresende zu verlassen, nun wohl noch verwirklichen werde. Sie wußte, daß Brett über diese Möglichkeit noch nicht mit Adam gesprochen hatte, der ganz gewiß – davon war Barbara überzeugt – versuchen würde, ihn zum Bleiben zu überreden.

Barbara gab jetzt ein paar eigene berufliche Neuigkeiten zum besten. Der Dokumentarfilm »Autostadt«, der jetzt fertig war, hatte bei mehreren privaten Vorpremieren begeisterte Aufnahme bei einem sehr kritisch urteilenden Publikum gefunden. Die OJL-Werbeagentur, Barbara selbst und der Regisseur Wes Gropetti hatten in herzlichem Ton gehaltene Glückwunschschreiben vom Vorsitzenden der Kundenfirma bekommen, und – was womöglich noch wichtiger war – eine der großen Fernsehgesellschaften hatte sich bereit erklärt, als Dienst an der Öffentlichkeit »Autostadt« auf eigene Kosten während der allergünstigsten Sendezeit auszustrahlen. Mit dem Resultat, daß Barbaras Ansehen bei OJL noch nie so hoch gewesen war wie jetzt. Sie und Gropetti waren gebeten worden, zusammen einen neuen Film für einen anderen Agenturkunden zu drehen.

Die anderen gratulierten ihr, und Brett tat es mit unverhohlenem Stolz.

Bald danach wendete sich das Gespräch wieder dem

Orion zu und dem großen Gala-Spektakulum, das man für die Händler inszeniert hatte. »Ich kann mir nicht helfen«, sagte Erica, »aber ich frage mich, ob diese ganze Woche nun wirklich nötig ist.«

»Jawohl, sie ist nötig«, sagte Adam, »und ich werde dir auch sagen, warum. Händler und Verkäufer sehen jeden Wagen bei seiner ersten Vorstellung in seiner allerbesten Verfassung – wie einen Brillanten in einer Fassung von Tiffany. Mit diesem Eindruck vor Augen und den ganzen Karneval noch in frischer Erinnerung, fahren sie nach Hause, vollgepumpt mit Begeisterung über das neue Produkt, das man ihnen wenige Tage später vor die Tür ihrer Autohandlung stellen wird.«

»Und staubig wird man es ihnen vor die Tür stellen«, sagte Brett, »dreckig und verrußt vom Transport, ohne Radkappen, mit dick eingefetteten Stoßstangen, kreuz und quer verklebt mit Zetteln und Klebestreifen. Das Ganze ein Schrotthaufen.«

Adam nickte. »Jawohl. Aber der Händler und die Verkäufer haben den Wagen nun ja schon so gesehen, wie er sein soll. Sie wissen, wie großartig er aussieht, wenn er für den Ausstellungsraum präpariert ist. Da läßt ihre Begeisterung sie nicht im Stich, und sie gehen mit ganz anderem Schwung an den Verkauf.«

»Wobei man nie vergessen soll, daß die Reklame nützlich ist«, sagte Barbara. Sie seufzte. »Ich weiß, es gibt nicht wenige, die den ganzen Zauber für ziemlich verrückt halten. Wir aber wissen, daß die Sache funktioniert.«

Leise sagte Erica: »Da wünsche ich mir, daß sie für den Orion funktioniert – hauptsächlich, weil euch dreien so viel daran liegt.«

Unter dem Tisch drückte ihr Adam die Hand. Zu den anderen sagte er: »Nun kann's nicht mehr schiefgehen.«

Als der Orion eine Woche später überall in Nordamerika in den Ausstellungsräumen der Händler zu sehen war, schien sich sein Optimismus als berechtigt zu erweisen.

»Selten«, vermeldete »Automotive News«, die wöchentliche Heilige Schrift der Industrie, »hat ein neuer Wagen in so kurzer Zeit eine so bemerkenswerte Reaktion ausgelöst.

Schon jetzt hat ein gewaltiger Auftragsstau die Hersteller des Wagens in den siebten Himmel gehoben, die Produktionsteams an den Rand der Erschöpfung gebracht und die Konkurrenz in Alarmstimmung versetzt.«

In den Berichten der Presse spiegelte sich die gleiche Ansicht wider. Der »San Francisco Chronicle« erklärte: »Der Orion ist mit den meisten Sicherheits- und Entgiftungseinrichtungen ausgerüstet, die man uns seit Jahren versprochen hat, und obendrein sieht er noch gut aus.« Die »Chicago Sun-Times« applaudierte: »Yessir! Das ist 'ne Wucht!« Die »New York Times« verkündete gemessenen Tones: »Es ist nicht auszuschließen, daß der Orion das Ende einer Ära bezeichnet, in der zwar zugegebenermaßen technische Fortschritte gefördert wurden, in der man jedoch diese Fortschritte oft dem Diktat des Styling untergeordnet hat. Jetzt schreiten allem Anschein nach die äußerlich unsichtbare Technik und die Formschönheit Hand in Hand gemeinsam voran.«

»Time« und »Newsweek« setzten beide Hub Hewitson und den Orion auf ihr Titelblatt. »Das ist zum letzten Mal passiert«, erzählte ein glückstrahlender PR-Mann jedem, der es hören wollte, »als Lee Iacocca den Mustang herausbrachte.«

Da konnte es nicht wundernehmen, daß die Spitzengruppe des Werkes bester Laune war, als sie kurz nach der öffentlichen Vorstellung des Orion zusammentrat, um über den Farstar zu beraten.

Es war die abschließende Konferenz über Produktpolitik – die letzte einer Dreierserie. Das Farstar-Projekt hatte die beiden vorangegangenen überlebt. Von nun an würde es entweder als beschlossenes Programm voranschreiten – mit dem Ziel, nach zwei Jahren einen neuen Wagen vorzustellen –, oder es würde für immer zu den Akten gelegt, wie es vielen Projekten widerfuhr.

Bei den vorigen Konferenzen war es um intensive Studien gegangen, es hatte Präsentationen gegeben, energisches Für und Wider und scharfes Verhör, aber es waren relativ zwanglose Zusammenkünfte gewesen. Auch während der letzten Konferenz würde man ganz genau so studieren und sezieren, aber sie würde ungefähr ebenso zwanglos sein wie ein feierliches Diner mit Smoking-Vorschrift verglichen mit einem sommerlichen Picknick im Wald.

Der Ausschuß für Produktpolitik, dem heute fünfzehn Personen angehörten, begann sich kurz nach neun Uhr früh zu versammeln. Um Punkt zehn Uhr sollte die Konferenz beginnen, aber es war üblich, daß man sich eine Stunde vorher in Zweier- und Dreiergruppen zu zwanglosen Diskussionen zusammenfand.

Der Versammlungsort befand sich im fünfzehnten Stock des Verwaltungsgebäudes – es war ein kleiner, luxuriös eingerichteter Saal mit einem hufeisenförmigen Tisch aus polierter Walnuß. Am geschlossenen Ende des Hufeisens standen fünf hochlehnige Sessel in schwarzem Leder für den Aufsichtsratsvorsitzenden, den Präsidenten und drei stellvertretende Generaldirektoren, unter denen wiederum Hub Hewitson die größte Anciennität besaß. Auf den anderen Sesseln mit niedrigerer Lehne würden die anderen Teilnehmer in nicht festgelegter Reihenfolge Platz nehmen.

Am offenen Ende des Hufeisens befand sich auf einer Plattform ein Vortragspult für diejenigen, die eine Präsentation zu machen hatten. Heute würde dieses Pult hauptsächlich Adam Trenton gehören. Jenseits des Pults war die Leinwand für Dia- und Filmvorführungen.

Ein kleinerer Tisch neben dem Hufeisen war für die beiden Konferenzsekretärinnen vorgesehen. In den Kulissen und im Vorführraum hielten sich die Berater, Spezialisten und Experten mit dicken schwarzen Notizbüchern auf, die – wie ein Witzbold einmal sagte – jede der Menschheit bekannte Antwort enthielten.

Und wie immer würde die Grundstimmung der Konferenz über Produktpolitik trotz der herrschenden Orion-Zufriedenheit und der zur Schau getragenen Unbefangenheit, die einen Außenstehenden wohl hätte täuschen können, von tödlichem Ernst gekennzeichnet sein. Denn in diesem kleinen Saal rückte das Autowerk viele Millionen Dollar heraus, zusammen mit seinem ganzen Prestige und seinem Leben. Hier nahmen etliche der größten Hasardspiele der Welt ihren Anfang, und es *waren* Hasardspiele, denn trotz aller Forschung, trotz aller Untersuchungen mußte die Entscheidung über das Ja oder Nein am Ende doch vom Instinkt, vom guten Riecher geleitet sein.

Als die ersten eingetroffen waren, reichte man im kleinen Saal Kaffee. Das war Tradition, ebenso wie der wartende Krug mit eisgekühltem Orangensaft – bestimmt für den Aufsichtsratsvorsitzenden, der heiße Getränke am Tage verabscheute.

Der Raum füllte sich, als gegen 9.30 Uhr Hub Hewitson hereingestürmt kam. Er griff sich zunächst einmal eine Tasse Kaffee und winkte dann Adam und Elroy Braithwaite, die gerade miteinander plauderten, zu sich herüber.

Hewitson, der in diesem Augenblick höchst selbstzufrieden aussah, schlug eine Mappe auf, mit der er hereingekommen war, und breitete mehrere Zeichnungen auf dem hufeisenförmigen Tisch aus. »Die hab' ich gerade bekommen. Pünktlich, was?«

Der Vizepräsident für Design und Styling schlenderte zu ihnen herüber, und die vier beugten sich aufmerksam über die Blätter. Niemand brauchte zu fragen, was sie darstellten. Jedes Blatt trug das Emblem eines anderen der Großen Drei unter den Autoherstellern, und es handelte sich um Zeichnungen und technische Angaben eines neuen Wagens. Ebenso deutlich war, daß es sich hier um den Konkurrenzwagen handelte, mit dem der Farstar es in zwei Jahren aufzunehmen haben würde, wenn die heute unterbreiteten Vorschläge angenommen wurden.

Der Silberfuchs pfiff leise durch die Zähne.

»Es ist schon sehr bemerkenswert«, sagte der Vizepräsident für Design und Styling, »wie sehr ihre Gedanken in mancher Beziehung unseren Vorstellungen ähneln.«

Hub Hewitson zuckte die Achseln. »Die versuchen natürlich genau wie wir, das Gras wachsen zu hören, sie lesen die gleichen Zeitungen, studieren die Tendenzen; die wissen, in welche Richtung sich die Welt bewegt. Haben auch ein paar ausgeschlafene Jungs auf der Gehaltsliste.« Der stellvertretende Generaldirektor warf Adam einen raschen Blick zu. »Was meinen Sie?«

»Ich sage: Wir haben einen viel besseren Wagen. Wir werden sie um Längen schlagen.«

»Sie sind ja gar nicht bange.«

»Wenn's so aussieht«, sagte Adam, »dann stimmt's wohl.«

Hub Hewitsons Gesicht entspannte sich und verzog sich zu einem Grinsen. »Ich bin auch überhaupt nicht bange. Wir haben wieder einen guten; verkaufen wir ihn den anderen.«

Er fing an, seine Zeichnungen zusammenzufalten. Später, das wußte Adam, würden sie den Konkurrenzwagen im Detail analysieren und möglicherweise als Resultat dieser Analyse Veränderungen an ihrem eigenen Wagen vornehmen.

»Ich habe mich oft gefragt«, sagte Adam, »was wir eigentlich zahlen müssen, um das Zeug da zu beschaffen.«

Wieder grinste Hub Hewitson. »Nicht so viel wie Sie meinen. Schon mal von einem gutbezahlten Spion gehört?«

»Nein, wohl nicht.« Adam dachte nach: Alle großen Autowerke befaßten sich mit Spionage, auch wenn sie es heftig bestritten. Das Spionagezentrum seines eigenen Werkes – das sich mit einem ganz harmlosen Namen tarnte – befand sich in drangvoll engen, mit allem möglichen Zeug vollgestopften Räumen des Zentrums für Design und Styling, und es war die Empfangsstelle für Informationen aus allen möglichen Quellen.

So waren zum Beispiel die Forschungsingenieure der Konkurrenz eine reiche Fundgrube für Informationen. Wie alle in der Forschung tätigen Wissenschaftler veröffentlichten sie leidenschaftlich gern, und ihre Vorträge vor Kongressen der technischen Gesellschaften enthielten oft einen Satz, eine Redewendung, die an sich ohne Bedeutung sein mochten, die aber im Zusammenhang mit Informationsstücken aus anderer Quelle Rückschlüsse auf Arbeitsweise und Ziele der Konkurrenz zuließen. Bei allen, die in der Autoindustrie mit Werkspionage befaßt waren, galt es als sichere Faustregel: »Ingenieure sind unschuldsvoll und arglos wie Kinder.«

Weniger unschuldig war ein Nachrichtenstrom, dessen Ursprung sich im Detroit Athletic Club befand, wo die gehobenen und mittleren Ränge aus allen Werken miteinander tranken. Zu den Folgen ihrer Trinkfreude gehörte es, daß der eine oder andere, gelockert und nicht mehr wachsam, anderen mit seiner Kenntnis internster Dinge imponieren wollte. Im Laufe der Jahre hatten hochempfindliche Ohren im D.A.C. viele appetitliche Gesprächsfetzen mitgehört und gelegentlich Informationen von größter Bedeutung aufgeschnappt.

Und dann gab es manches Leck auf dem Wege über die Preßwerkzeuglieferanten. Manchmal belieferte ein- und dieselbe Fabrik zwei oder sogar drei große Autowerke; so konnte es geschehen, daß ein Mann, der scheinbar ganz zufällig hereinschaute, Arbeiten für ein anderes Autowerk beobachten konnte. Ein erfahrener Designer, der das Untergesenk einer Preßform sah, konnte daran manchmal erkennen, wie das ganze Heck oder der Bug eines Konkurrenzmodells aussehen würde – dann brauchte er nur noch wegzugehen und sich eine Skizze davon zu machen.

Andere Taktiken wandten manchmal werksfremde Agenturen an, deren *modi operandi* nicht allzu genau unter die Lupe genommen wurden. Dazu gehörte es, verärgerte Angestellte des Konkurrenzwerkes für den Diebstahl von Plänen und Papieren zu gewinnen, und das Durchwühlen von Papierkörben und Abfallhaufen war keineswegs selten. Gelegentlich gelang es auch, einen Angestellten, dem Loyalitätskonflikte nicht allzu schwer aufs Gemüt fielen, in ein anderes Werk einzuschleusen. Aber das waren schmuddelige Methoden, von deren Details die Spitzenmanager am liebsten gar nichts hören mochten.

Adams Gedanken wandten sich wieder dem Farstar und dem Ausschuß für Produktpolitik zu.

Die Uhr in dem Saal zeigte 9.30 Uhr, und der Vorsitzende des Werkes war soeben erschienen, begleitet vom Präsidenten.

Dieser Präsident, der einmal als dynamischer Führer gegolten hatte, jetzt aber von Adam und manchen anderen der »Alten Schule« zugerechnet wurde, sollte bald in den Ruhestand treten, und es galt als ausgemacht, daß Hub Hewitson ihm nachfolgen würde.

Eine Stimme neben Adam fragte: »Welche Farstar-Varianten sind für Kanada vorgesehen?« Es war der Chef der kanadischen Tochtergesellschaft des Werkes, den man als Höflichkeitsgeste heute eingeladen hatte.

»Damit werden wir uns noch befassen«, sagte Adam, aber er beschrieb trotzdem die Varianten. Einer der Farstar-Modellreihen würde man einen exklusiv für Kanada vorgesehenen eigenen Namen – »Independent« – geben, und das Emblem an der Haube sollte abgewandelt werden und ein Ahornblatt enthalten. Im übrigen würde der Wagen identisch sein mit den Farstar-Modellen in den USA.

Der andere nickte. »Solange es nur bestimmte Abweichungen gibt, auf die wir hinweisen können, sind wir schon zufrieden.«

Adam verstand. Obwohl die Kanadier US-Wagen fuhren, hergestellt in US-beherrschten Tochtergesellschaften von Arbeitskräften, die den US-Gewerkschaften angehörten, nährte die nationale Eitelkeit in Kanada den Wahn, daß es eine eigene, unabhängige Autoindustrie gäbe. Die Großen Drei hatten seit Jahren diesen Eitelkeiten geschmeichelt, indem sie den Chefs ihrer kanadischen Dependancen den Präsidententitel verliehen, obwohl diese Präsidenten in Detroit sitzenden Vizepräsidenten direkt verantwortlich waren. Die Werke hatten auch ein paar »eigenständig kanadische« Modelle eingeführt. Heutzutage aber betrachteten alle Autohersteller Kanada in zunehmendem Maße als einen Verkaufsbezirk unter vielen, und die Spezialmodelle – die niemals mehr gewesen waren als eine Fassade – wurden in aller Stille aufgegeben. Der »kanadanisierte« Farstar Independent würde sehr wahrscheinlich das letzte dieser Modelle sein.

Eine Minute vor zehn, als die fünfzehn, die heute entscheiden sollten, Platz genommen hatten, nahm der Vorsitzende einen Schluck Orangensaft und sagte mit einem fast neckischen Augenzwinkern: »Sofern nicht jemand einen besseren Vorschlag hat, könnten wir ja anfangen.« Er warf Hub Hewitson einen Blick zu. »Wer fängt an?«

»Elroy.«

Alle Augen wandten sich dem Vizepräsidenten für Produktentwicklung zu.

»Herr Vorsitzender, meine Herren«, sagte der Silberfuchs mit schneidender Stimme, »heute stellen wir den Farstar vor und empfehlen, die Arbeiten aufzunehmen. Sie alle haben unsere Entwürfe gelesen, Sie kennen den Plan, und Sie haben die Tonmodelle gesehen. In wenigen Minuten werden wir in die Einzelheiten gehen, aber zunächst lassen Sie mich sagen: Wie wir diesen Wagen auch nennen werden, auf keinen Fall wird er Farstar heißen. Dieser Codename wurde nur gewählt, weil das Projekt, verglichen mit dem Orion, so sehr weit entfernt erschien. Plötzlich aber ist es gar nicht mehr so weit weg. Es ist kein Farstar mehr, kein ›ferner Stern‹; der Bedarf ist da oder wird in zwei Jahren da sein, was, wie wir wissen, in der Terminologie der Produktion ein- und dasselbe ist.«

Elroy Braithwaite machte eine Pause, strich sich mit einer Hand über seine Silbermähne und fuhr dann fort: »Wir sind der Meinung, daß ein Auto dieser Art, die manche Leute als revolutionär empfinden werden, unweigerlich kommen muß. Und übrigens meinen das auch«, der Silberfuchs zeigte auf die Mappe mit den Zeichnungen der Konkurrenz, die vor Hub Hewitson auf dem Tisch lag, »unsere Freunde auf der anderen Seite der Stadt. Aber wir sind auch der Meinung, daß wir uns den Farstar – oder etwas sehr Ähnliches – nicht aufzwingen zu lassen brauchen, wie das bei manchen unserer Projekte in den letzten Jahren der Fall gewesen ist, sondern daß wir selbst hier und jetzt die Initiative ergreifen können. Ich bin zum Beispiel der Meinung, daß wir als Werk und als Industriezweig unbedingt entschiedener als bisher zur Offensive übergehen müssen, daß wir Pioniertaten vollbringen müssen. Das ist im wesentlichen, worum es beim Farstar geht. Jetzt wollen wir uns die Einzelheiten ansehen.« Braithwaite nickte Adam zu, der schon am Pult stand und wartete. »Okay, fangen wir an.«

»Die Dias, die Sie jetzt sehen«, sagte Adam, als das erste Bild auf der Leinwand hinter ihm erschien, »zeigen eine von der Marktforschung entdeckte Bedarfsdeckungslücke, die der Farstar ausfüllen wird, und sie zeigen das Marktpotential dieser Lücke, wie es sich in zwei Jahren, von heute an gerechnet, darstellen wird.«

Adam hatte diese Präsentation viele Male geübt und kannte jedes Wort auswendig. Im großen und ganzen würde er in den folgenden zwei Stunden »dem Buch folgen«, das jetzt offen vor ihm lag, aber wie üblich bei Konferenzen dieser Art würde es Unterbrechungen geben und gezielte, bohrende Fragen.

Als das halbe Dutzend Dias auf die Leinwand sprang und Adam seine kurzen Kommentare sprach, hatte er noch genügend Zeit, darüber nachzudenken, was Elroy Braithwaite gerade gesagt hatte. Seine Bemerkungen über die entschlossene Offensive, zu der das Werk übergehen müsse, hatten Adam überrascht, zum ersten, weil es nicht nötig gewesen war, derartige Kommentare auszusprechen, und zum zweiten, weil der Silberfuchs in dem Rufe stand, vorsichtig zu sein und den nassen Finger sorgsam in den Wind zu halten, bevor er sich auf irgendeine Sache festlegte.

Aber vielleicht war ja auch Braithwaite von den neuen Gedanken angesteckt und von der Ungeduld, die jetzt die ganze Autoindustrie durchdrang, während alte Schlachtrösser sich auf die Pensionärsweide zurückzogen oder zum Sterben niederlegten, während jüngere Leute aufrückten und nach vorn stürmten.

Braithwaites Wort von den »Pioniertaten« hatte Adam auch an ähnliche Ausdrücke erinnert, die Sir Perceval Stuyvesant vor fünf Wochen während ihres eigenen privaten Gesprächs gebraucht hatte. Seither hatten Adam und Perce mehrfach miteinander telephoniert. Adams Interesse daran, die Präsidentschaft der Gesellschaft Sir Percevals an der Westküste anzunehmen, hatte zugenommen, aber Perce war weiterhin damit einverstanden gewesen, daß jede Entscheidung darüber bis nach der Auslieferung der ersten Orions und bis nach der heutigen Farstar-Präsentation zurückgestellt werden sollte. Nach diesem Tage aber würde Adam sich entscheiden müssen – ob er zum Zwecke weiterer Diskussionen nach San Francisco fliegen oder Perces Angebot endgültig ablehnen wollte.

Adam hatte während ihrer beiden Tage auf den Bahamas zum zweiten Mal mit Erica über den angebotenen Posten an der Westküste gesprochen. Erica hatte sich ganz eindeutig ausgedrückt. »Lieber Adam, das muß ganz und gar deine Entscheidung sein. Natürlich möchte ich sehr gern in San Francisco leben. Wer würde das nicht gern tun? Aber es ist mir schon lieber, du bist in Detroit glücklich, als unglücklich an irgendeinem anderen Ort, und zusammen sein werden wir auf jeden Fall, ganz gleich, wo.«

Was sie da sagte, hatte ihn aufgemuntert, aber er war auch nach ihrer Erklärung von Zweifeln geplagt gewesen, und auch jetzt war er sich noch nicht mit sich selbst im klaren.

Hub Hewitsons Stimme unterbrach brüsk die Farstar-Präsentation. »Moment mal. Reden wir mal einen Augenblick über einen Punkt, den wir uns eingestehen müssen. Dieser Farstar ist, verdammt noch mal, die häßlichste Karre, die ich je gesehen habe.«

Es war typisch für Hub Hewitson, daß er auch dann, wenn er ein Programm unterstützte, eine Vorliebe dafür hatte, mögliche Einwände selbst vorzutragen, um eine freimütige Diskussion in Gang zu bringen.

Rings um den hufeisenförmigen Tisch wurde hier und da zustimmendes Gemurmel laut.

Adam sagte ohne jede Verblüffung – mit dieser Pointe war gerechnet worden –: »Wir sind uns dieser Tatsache natürlich von Anfang an bewußt gewesen.«

Er fing an, die Philosophie zu erläutern, der dieser Wagen entsprungen war; eine Philosophie, der Brett DeLosanto vor Monaten in der Nachmitternachtssitzung Ausdruck verliehen hatte, als er sagte: »Mit Picasso vor der Nase haben wir Autos entworfen, die aussehen, als seien sie von einer Gainsborough-Leinwand entlaufen.« Das war in jener Nacht gewesen, als Adam und Brett gemeinsam in die Demontageabteilung und danach zu dem Gespräch unter Männern gegangen waren, an dem Elroy Braithwaite teilgenommen hatte und zwei junge Produktplaner; einer von den beiden war Castaldy gewesen. Aus diesen Gesprächen waren sie mit einer Frage und einer Konzeption hervorgegangen: Warum nicht absichtlich einen kühlen Versuch unternehmen, einen Wagen zu bauen, der, gemessen an den geltenden Maßstäben, häßlich war, der aber der Nachfrage, der Umwelt, der Gegenwart – nämlich dem Zeitalter der Nützlichkeit – so sehr entsprach, daß er im Laufe der Zeit eine eigene Schönheit erlangen würde?

Seither war es zu Modifizierungen dieser und jener Art gekommen, aber das Grundkonzept für den Farstar war erhalten geblieben.

Adam wählte hier und jetzt seine Worte mit äußerster Umsicht, denn die Konferenz des Ausschusses für Produktpolitik war nicht der Ort, um übermäßig poetisch zu werden, und Vorstellungen über das Werk Picassos mußten vor nüchternem Pragmatismus zurücktreten. Auch durfte er Rowena nicht erwähnen, obwohl der Gedanke an sie in jener Nacht seine eigenen Überlegungen inspiriert hatte. Rowena war und blieb eine schöne Erinnerung; niemals würde Adam Erica von ihr erzählen, aber er war überzeugt, daß sie ihn, täte er es doch, verstehen würde.

Die Erörterung des Aussehens ging zu Ende, aber Adam wußte, daß man später auf das Farstar-Erscheinungsbild zurückkommen würde.

»Wo waren wir stehengeblieben?« Hub Hewitson blätterte in seinem Exemplar der Tagesordnung.

»Seite siebenundvierzig«, sagte Braithwaite.

Der Vorsitzende nickte. »Also weiter.«

Anderthalb Stunden später, nach einer ausgedehnten und ergebnislosen Diskussion, schob der Vizepräsident für Produktion seine Papiere beiseite und beugte sich vor. »Wenn jemand mit der Idee für dieses Auto zu mir gekommen wäre, hätte ich ihn nicht nur hinausgeworfen, sondern ich hätte ihm auch vorgeschlagen, sich nach einem anderen Job umzusehen.«

Einen Augenblick lang herrschte absolute Stille. Adam, der noch immer an seinem Pult stand, wartete.

Der Produktionschef, Nolan Freidheim, war ein ergrauter Autoveteran und der dienstälteste unter den an diesem Tisch versammelten Vizepräsidenten. Er hatte ein einschüchterndes, zerklüftetes Gesicht, das selten lächelte, und er war berühmt wegen seiner Grobheit. Ebenso wie der Präsident würde auch er sich bald pensionieren lassen, nur verhielt es sich bei Freidheim so, daß er nur noch knapp einen Monat auf seinem Posten bleiben würde und daß sein schon jetzt ernannter Nachfolger heute anwesend war.

Die anderen warteten. Der alte Manager stopfte seine Pfeife und zündete sie an. Alle Anwesenden wußten, daß es die letzte Konferenz über Produktpolitik war, an der er jemals teilnehmen würde. Als seine Pfeife brannte, sagte er: »Das hätte ich getan, und dann hätten wir einen guten Mann verloren und sehr wahrscheinlich auch einen guten Wagen.«

Er sog an seiner Pfeife und legte sie dann hin. »Vielleicht ist deshalb meine Zeit gekommen, vielleicht bin ich deshalb auch ganz froh darüber. Heutzutage passiert eine ganze Menge, und ich verstehe es nicht. Vieles davon gefällt mir überhaupt nicht, und ich werde mich wohl auch nie mehr damit anfreunden können. Neuerdings aber merke ich, daß es mir nicht mehr so ans Herz geht wie früher. Und noch etwas. Ich weiß nicht, was wir heute beschließen werden. Auf jeden Fall aber werde ich, während ihr euch mit dem Farstar herumquält – oder wie das Ding später auch heißen mag –, auf der Höhe der Florida Keys Seefische angeln. Wenn ihr eine Minute Zeit habt, denkt mal an mich. Aber wahrscheinlich werdet ihr die Zeit nicht haben.«

Gelächter wurde laut.

»Einen Gedanken aber möchte ich noch aussprechen, bevor ich Sie verlasse«, sagte Nolan Freidheim, jetzt wieder ganz ernst. »Ich war anfangs entschieden gegen dieses Auto. In gewisser Hinsicht bin ich das noch immer. Es hat gewisse Eigenschaften, und sein Aussehen gehört dazu, die gehen mir einfach gegen den Strich. Aber tief in meinen Eingeweiden, und da haben ja nicht wenige von uns schon die allerbesten Entscheidungen getroffen, habe ich das Gefühl, daß das Ding in Ordnung ist, daß es ein gutes Auto ist, daß es zur rechten Zeit kommt und daß es den Markt im richtigen Augenblick erreichen wird.« Der Produktionschef stand auf, die Kaffeetasse zum Nachfüllen in der Hand. »Meine Eingeweide stimmen mit ›Ja‹. Ich sage, wir sollen den Farstar bauen.«

Der Vorsitzende sagte: »Ich danke Ihnen, Nolan. Ich bin Ihrer Meinung, aber Sie haben es besser gesagt, als irgend jemand anders es hätte tun können.«

Der Präsident schloß sich der allgemeinen Zustimmung an. Auch diejenigen, die bis jetzt noch geschwankt hatten, gaben sich überzeugt. Minuten später wurde die offizielle Entscheidung zu Protokoll genommen: Grünes Licht für den Farstar!

Adam empfand eine seltsame Leere. Ein Ziel war erreicht. Die nächste Entscheidung mußte er selbst treffen.

30

Seit der letzten Augustwoche hatte Rollie Knight in Angst und Entsetzen gelebt.

Angefangen hatte das Entsetzen in der Pförtnerloge im Montagewerk, wo Leroy Colfax einen der beiden Automatengeldsammler erstochen hatte und wo man den anderen Einsammler und den Vorarbeiter, Parkland, verletzt und bewußtlos hatte liegenlassen. Das Entsetzen hatte ihn weiter verfolgt, als die vier Verschwörer – Big Rufe, Colfax, Daddy-o Lester und Rollie selbst – in aller Hast aus dem Werk verschwanden. Sie hatten einen hohen Zaun überklettert und einander dabei geholfen, denn sie wußten, daß ihnen der Weg durch eines der Werkstore Fragen einbringen würde und spätere Identifizierung.

Rollie hatte sich beim Überklettern des Drahtzauns eine üble Schnittwunde an der Hand zugezogen, und Big Rufe war gestürzt, so daß er schwerfällig hinkte, aber sie alle hatten den Weg ins Freie geschafft. Getrennt waren sie dann weitergelaufen, hatten hellerleuchtete Bezirke vermieden und sich schließlich auf einem der Parkplätze für Arbeiter und Angestellte wiedergefunden, wo Big Rufe ein Auto stehen hatte. Daddy-o hatte sich ans Steuer gesetzt, weil das Fußgelenk von Big Rufe rasch angeschwollen war und schlimm schmerzte. Sie fuhren ohne Licht vom Parkplatz und schalteten die Scheinwerfer erst an, als sie die Straße erreicht hatten.

Sie warfen einen Blick zurück zum Werk. Alles schien wie immer, nichts deutete darauf hin, daß ein Alarm ausgelöst worden sei.

»Mann o Mann«, sagte Daddy-o nervös und versuchte, sich auf das Fahren zu konzentrieren. »Bin ich froh, daß wir da raus sind.«

Vom Rücksitz her grunzte Big Rufe: »Wir sind da noch lange nicht raus.«

Rollie, der neben Daddy-o saß und versuchte, mit einem

ölverschmierten Lappen das Bluten seiner Hand zu stillen, wußte nur zu genau, daß Big Rufe recht hatte.

Trotz seines Sturzes war es Big Rufe gelungen, ein Paar der zusammengeketteten Geldsäcke mit sich über den Zaun zu schaffen. Leroy Colfax hatte die beiden anderen Säcke. Die beiden auf dem Rücksitz hackten mit Messern auf die Säcke ein und schütteten dann den Inhalt – alles Silbermünzen – in mehrere Papiertüten. Als sie auf dem Freeway waren und lange vor Erreichen der Stadt, warfen Colfax und Big Rufe die aufgeschlitzten Geldsäcke hinaus.

In der Innenstadt parkten sie den Wagen in einer Sackgasse. Dann trennten sie sich. Aber bevor sie auseinander gingen, verwarnte Big Rufe sie: »Denkt dran, nur eins ist wichtig. Wir müssen so tun, als ob überhaupt nichts passiert wäre. Ganz kalt müssen wir das spielen, und kein Schwein wird uns beweisen können, daß wir heute nacht da draußen waren. Ist also klar. Jeder zeigt da morgen früh seine Fresse wie immer.« Er starrte die anderen drei durchdringend an. »Und wenn einer das nicht tut, dann wissen die Schweine, wen sie suchen, nämlich uns.«

Leise sagte Leroy Colfax: »Wäre vielleicht schlauer, wenn wir verduften.«

»Verdufte nur«, fauchte Big Rufe, »ich schwöre, daß ich dich schnappe, und dann bringe ich dich um. Und zwar so, wie du das Schwein dahinten umgebracht hast, du Idiot, du, reingerissen hast du uns . . .«

Hastig sagte Colfax: »Aber ich will ja gar nicht verduften. Ich denke doch nur nach, nichts weiter.«

»Du sollst nicht denken, du Rind! Du hast ja schon bewiesen, daß du kein Gehirn hast.«

Colfax hielt den Mund.

Obwohl er kein Wort gesagt hatte, wünschte Rollie sich, daß er verschwinden könnte. Aber wohin? Es gab kein Ziel; keinen Ausweg, wohin man auch lief. Er hatte das Gefühl, daß sein eigenes Leben versickerte, so wie das Blut noch immer aus seiner Hand sickerte. Dann fiel ihm ein: Die Kette der Ereignisse, die ihn heute abend hierher geführt hatte, diese Kette hatte vor einem Jahr begonnen, als der weiße Polizist ihn gereizt und der schwarze Polizist ihm eine Karte gegeben hatte, auf der die Adresse eines Einstellungsbüros stand. Sein Fehler war es gewesen, wie Rollie jetzt bewußt wurde, daß er dorthin gegangen war.

War es wirklich sein Fehler gewesen? Wäre das, was ihn da ereilt hatte, nicht auf diese Weise geschehen, dann sicherlich auf irgendeine andere.

»Nu hört mal alle gut zu«, hatte Big Rufe gesagt, »wir sitzen alle zusammen drin, wir halten deshalb auch zusammen. Wenn wir alle die Schnauze halten, kann uns überhaupt nichts passieren.«

Vielleicht hatten die anderen das geglaubt. Rollie nicht.

Sie trennten sich dann, und jeder nahm eine starke Papiertüte voller Münzen mit, die Big Rufe und Colfax auf dem Rücksitz des Wagens geteilt hatten. Big Rufes Tüte war dikker als die anderen.

Voller Umsicht wählte Rollie seinen Weg, denn er wußte, welche Geschichte seine Geldtüte erzählen würde, sollte eine Polizeistreife ihn anhalten, und erreichte das Mietshaus an der Blaine in der Nähe der 12. Straße.

May Lou war nicht zu Hause; wahrscheinlich war sie ins Kino gegangen. Rollie badete die zerschnittene Hand und verband sie dann, so gut es ging, mit einem Handtuch.

Dann zählte er das Geld in der Tüte, indem er die einzelnen Münzen in gleichgroße Häufchen aufteilte. Es waren insgesamt 30,75 Dollar – weniger als ein Tagelohn im Montagewerk.

Hätte Rollie die dazu erforderliche Ausbildung, die Übung im Denken besessen, dann hätte er jetzt über das Wesen der Risiken philosophieren können, die Menschen für eine so unerhebliche Summe wie 30,75 Dollar auf sich nehmen, und über den Wahrscheinlichkeitsgrad eines üblen Ausgangs. Schon früher hatten sich ihm Risiken geboten, die ihn mit Schrecken erfüllten – das Risiko, das damit verbunden war, eine immer tiefere Verstrickung in die Werkskriminalität abzuwehren, und das Risiko, das es bedeutet hätte, heute abend nicht mitzumachen; es waren Risiken, die er hätte eingehen können, die er aber nicht auf sich nahm, als Big Rufe ihm die Waffe in die Hand drückte.

Es waren wirkliche Risiken gewesen, nicht nur eingebildete. Big Rufe hätte für Rollie wilde Prügel bestellen können, so leicht und mühelos, wie man etwas beim Krämer bestellt; und man hätte ihn so zusammengeschlagen, daß er mit gebrochenen Gliedern liegengeblieben wäre. Das wußten beide Männer; und der Verlierer wäre Rollie auch dann gewesen, wenn er dieses Risiko erwählt hätte.

In der Schlußbilanz aber hätte der Verlust geringer sein können als das totale Verhängnis – lebenslang Zuchthaus wegen Mordes –, das ihm jetzt drohte.

Ihrem Wesen nach waren die Risiken, die Rollie auf sich zu nehmen beschloß – und die anderen, die er nicht eingehen wollte –, nur graduell unterschieden von denen, vor die sich in freier Gesellschaft lebende Menschen immer wieder gestellt sehen. Einige aber werden in dieser selben Gesellschaft in Situationen hineingeboren, wo ihre Entscheidungsmöglichkeiten grausam eingeengt sind, die altersgraue Phrase Lügen strafend, daß »alle Menschen gleich geschaffen« seien. Rollie, und Zehntausende gleich ihm von Geburt an eingeengt durch Armut, Ungleichheit, karge Möglichkeiten und ausgestattet mit einem Minimum an Schulbildung, was eine armselige Vorbereitung auf die wenigen Entscheidungen ist, die sie selber frei treffen müssen, sind von Anfang an Verlierer. Zu bestimmen ist nur das Maß, in dem sie verlieren.

So war denn die Tragödie des Rollie Knight zweifach: Die dunklere Seite der Erde, in die er hineingeboren wurde, und das Unvermögen der Gesellschaft, ihn geistig für das Ausbrechen zu rüsten.

Aber nichts dergleichen bewegte Rollies Gedanken. Nur düstere Verzweiflung und Angst vor dem, was der morgige Tag bringen würde, erfüllten ihn, als er die 30,75 Dollar in Silber unter sein Bett warf und einschlief. Er wachte nicht auf, als später May Lou nach Hause kam.

Am Morgen verband May Lou Rollies Hand, so gut sie es vermochte, und ihre Augen stellten Fragen, auf die er nicht antwortete. Dann ging Rollie zur Arbeit.

Im Werk drehten sich viele Gespräche um den Raubmord vom vorigen Abend; es hatte Berichte im Radio, im Fernsehen und in der Morgenzeitung gegeben. In Rollies Abschnitt der Montage konzentrierte sich das Interesse darauf, wie Frank Parkland niedergeschlagen worden sei, der sich jetzt im Krankenhaus befand, wo man angeblich allerdings nur eine leichte Gehirnerschütterung festgestellt hatte. »Beweist mal wieder, daß alle Vorarbeiter einen dicken Schädel haben«, sagte ein Witzbold in der Arbeitspause. Sofort herrschte allgemeines Gelächter. Niederzudrücken schien der Vorfall niemanden, auch machte sich offenbar kein Mensch viel Gedanken um den Ermordeten, den man hier auch gar nicht kannte.

Es hieß später auch, daß einer der Werksmanager einen Herzschlag erlitten habe, wohl durch die ganze Angelegenheit verursacht, aber wohl auch durch ständige Überanstrengung. Das letztere aber war ganz offensichtlich eine Übertreibung, denn das wußte ja jeder, daß Manager sich nicht anzustrengen brauchen.

Abgesehen von dem Gerede war vom Montageband aus kein anderes Geschehen, das im Zusammenhang mit dem Raubmord stand, zu beobachten. Es wurde auch niemand von der Tagschicht verhört, soweit Rollie das sehen oder über einen der üblichen Dschungeltelegraphen hören konnte.

In keinem der Gerüchte wurden auch irgendwelche Namen im Zusammenhang mit dem Verbrechen genannt.

Trotz der Verwarnungen, die er an die drei anderen gerichtet hatte, tauchte als einziger am nächsten Tag Big Rufe selbst nicht im Werk auf. Im Laufe des Vormittags kam Daddy-o mit der Neuigkeit zu Rollie, daß Big Rufes Bein so sehr angeschwollen sei, daß er nicht gehen konnte, und er habe sich krank gemeldet mit der Begründung, er sei am Abend zuvor beim Heimkommen betrunken eine Treppe hinuntergefallen.

Daddy-o war zappelig und nervös, hatte aber am frühen Nachmittag sein altes Selbstvertrauen zum Teil wiedererlangt, als er zum zweiten Mal an Rollies Arbeitsstation auftauchte, offensichtlich auf der Suche nach jemandem, mit dem er einen Schwatz halten konnte.

Rollie hatte ihn mit gedämpfter Stimme angefaucht: »Mein Gott noch mal, verdufte! Und halt endlich deine stinkende Schnauze!« Wenn irgend jemand das Maul zu weit aufriß und die Leute aufmerksam machte, dann, so meinte Rollie, sicher am allerersten dieser Daddy-o.

Anderes, das anzumerken gewesen wäre, ereignete sich an diesem Tage nicht mehr. Auch am nächsten nicht. Und auch in der ganzen dann folgenden Woche nicht.

Am Ende eines jeden Tages nahm Rollies Erleichterung, auch wenn seine Angst blieb, ein wenig zu. Er wußte aber, daß noch reichlich Zeit war für das Schlimmste. Und ihm war auch bewußt: die große Zahl der minder schweren, unaufgeklärten Verbrechen zwang die Polizei, ihre Nachforschungen im Laufe der Zeit weniger intensiv zu betreiben oder ganz einzustellen; für Mord aber galt das nicht. Die Polizei, sagte Rollie sich, würde so bald nicht aufgeben.

Es ergab sich dann, daß er zu einem Teil recht, zu einem anderen Teil unrecht gehabt hatte.

Der Zeitpunkt für den Raub war raffiniert gewählt worden. Er veranlaßte die Polizei, ihre Nachforschungen auf die Nachtschicht des Werkes zu konzentrieren, obwohl die Kriminalbeamten nicht davon überzeugt waren, daß die Täter überhaupt Werksangehörige sein mußten. Viele Verbrechen, die sich in den Automobilwerken ereigneten, wurden von Außenstehenden begangen, die gefälschte oder gestohlene Kennmarken verwendeten, um in das Werk zu gelangen.

An Tatsachen konnte die Polizei nur von der Aussage des überlebenden Geldeinsammlers ausgehen, daß es sich bei den Tätern um vier Mann gehandelt habe. Alle waren maskiert, alle waren bewaffnet gewesen; er glaubte, alle vier seien Schwarze gewesen; er hatte nur die verschwommensten Vorstellungen von der Körpergröße der vier. Der überlebende Einsammler hatte im Gegensatz zu seinem Kollegen, der erstochen worden war, das Gesicht des Räubers nicht gesehen, als ihm für kurze Zeit die Maske heruntergerissen war.

Frank Parkland, der in dem Augenblick niedergeschlagen worden war, als er die Pförtnerloge betreten hatte, erinnerte sich an keine Einzelheiten.

Keine Waffen waren gefunden, keine Fingerabdrücke

festgestellt worden. Die aufgeschlitzten Geldsäcke fand man später in der Nähe eines Freeway, aber sie erbrachten keine Spur; man konnte lediglich schließen, daß die Täter sich auf dem Wege in die Innenstadt befunden hatten, als sie die leeren Säcke fortwarfen.

Vier Kriminalbeamte, die diesen Fall bearbeiteten, begannen mit der methodischen Durchforstung der Namen und Arbeitspapiere von etlichen dreitausend Arbeitern der Nachtschicht. Unter ihnen befanden sich nicht wenige Leute mit einem Vorstrafenregister. Die Vorbestraften wurden Mann für Mann vernommen. Ein Ergebnis wurde nicht erzielt, aber es kostete viel Zeit. Im Laufe der Nachforschungen wurde außerdem die Zahl der Kriminalbeamten von vier auf zwei verringert, und selbst die beiden noch mit dem Fall befaßten hatten auch andere Dinge zu erledigen.

Die Möglichkeit, daß die Gesuchten der Tagschicht angehören und im Werk zurückgeblieben sein könnten, um die Tat zu vollbringen, übersah man nicht. Aber das war nur eine von mehreren Möglichkeiten, denen die Polizei nicht gleichzeitig nachgehen konnte. Dazu fehlte es an Zeit und an Männern.

In Wirklichkeit hoffte die Polizei auf ihre große Chance, die hier wie bei den meisten anderen schweren Verbrechen in Groß-Detroit ebenso wie in der ganzen übrigen Welt den Weg zur Aufklärung öffnen würde – die Chance, daß ein Zuträger oder ein Spitzel ausplauderte, was er gehört hatte. Aber hier schwiegen die Informationsquellen. Entweder waren die Täter selbst die einzigen, die die Namen kannten, oder alle anderen waren auf merkwürdige Weise verstummt.

Die Polizei wußte, daß die Konzessionen für die Verkaufsautomaten im Werk von der Mafia finanziert und verwaltet wurden; sie wußte auch, daß es Verbindungen zwischen dem Ermordeten und der Mafia gegeben hatte. Die Polizei vermutete – ohne es beweisen zu können –, daß beide Tatsachen etwas mit dem allgemeinen Schweigen zu tun hatten.

Nach dreieinhalb Wochen wurde es nötig, immer neue Kriminalbeamte mit der Lösung frischer Verbrechen zu beauftragen; die Ermittlungen in der Raubmordsache wurden zwar nicht eingestellt, aber die polizeiliche Aktivität ließ doch merklich nach.

Das galt nicht für andere beteiligte Gruppen.

Die Mafia reagiert im allgemeinen nicht freundlich, wenn man ihre Leute behelligt. Und sind's gar andere Verbrecher, dann hat es meistens Folgen, die anderen als Warnung dienen.

Von dem Augenblick an, als der Mann mit den indischen Gesichtszügen an der Stichwunde starb, die Leroy Colfax ihm zugefügt hatte, waren Colfax und seine drei Komplizen todgeweiht. Sie standen auf der Liste derjenigen, die hinzurichten waren.

Und doppelt todgeweiht waren sie, weil es sich bei ihnen in diesem Falle um Akteure im Kriege der Mafia gegen die Schwarze Mafia handelte.

Als sie die ersten Einzelheiten über den Raubmord erfahren hatte, arbeitete die Detroiter Mafia-Familie in aller Stille, aber mit gewohnter Leistungsfähigkeit. Ihr standen Nachrichtenwege zur Verfügung, die der Polizei versperrt waren.

Zunächst einmal wurden Fühler ausgestreckt, um Informationen zu sammeln. Als keine zu beschaffen waren, wurde in aller Heimlichkeit eine Belohnung ausgesetzt: eintausend Dollar. Für so viel Geld würde mancher in der Innenstadt seine eigene Mutter verkaufen.

Rollie Knight hörte eine Woche und zwei Tage nach dem Debakel im Werk von der Beteiligung der Mafia und von der ausgesetzten Belohnung. Es war spät an einem Abend, und er saß in einer schmutzigen Kneipe an der Third Avenue beim Bier. Das Bier und die Tatsache, daß die polizeilichen Ermittlungen ihm noch nicht nahegekommen waren, hatten das Entsetzen, mit dem er nun schon neun Tage lang lebte, ein wenig abflauen lassen. Aber die Nachricht, die ihm sein Zechkumpan in der Kneipe zuflüsterte – ein Bote, der Nummernwetten einsammelte und der keinen anderen Namen als Mule zu haben schien –, verzehnfachte Rollies Angst und Schrecken und ließ das Bier, das er getrunken hatte, zu Galle werden, so daß er sich fürchterlich anstrengen mußte, um sich nicht an Ort und Stelle zu übergeben. Es gelang ihm gerade noch, sich zusammenzunehmen.

»He!« sagte Mule, nachdem er von der Belohnung erzählt hatte, die die Mafia für Informationen bot. »He! Bist du nicht auch in dem Werk, Mann?«

Es kostete Rollie viel Überwindung, mit dem Kopf zu nikken.

Mule drängte ihn: »Du kriegst raus, wer das war, ich sag's weiter, wir teilen uns die Kröten, okay?«

»Werde mich umhören«, versprach Rollie.

Minuten später verließ er die Kneipe. Das letzte Glas Bier hatte er nicht mehr angerührt.

Rollie wußte, wo er Big Rufe finden konnte. Als er die Räume betrat, in denen der große Mann wohnte, blickte er in die Mündung einer Pistole – vermutlich der gleichen Waffe, die vor neun Tagen benutzt worden war. Als er sah, wer da kam, ließ Big Rufe die Pistole sinken und schob sie in seinen Hosenbund.

Er sagte zu Rollie: »Die krummen Hunde sollen kommen. Werden ihr blaues Wunder erleben.«

Abgesehen von seiner blitzschnellen Kampfbereitschaft zeigte Big Rufe sich sonderbar gleichgültig – wahrscheinlich deshalb, weil er, wie Rollie später begriff, die Mafia-Gefahr von Anfang an gekannt und sie einkalkuliert hatte.

Noch hierzubleiben oder gar ein Gespräch anzufangen, hätte nicht das geringste genützt. Rollie ging.

Von diesem Augenblick an waren Rollies Tage und Nächte von einer neuen, allgegenwärtigen Schrecknis erfüllt. Nichts, was in seinen Kräften stand, konnte gegen diesen Schrecken etwas ausrichten, das wußte er; ihm blieb nur noch das Warten. Fürs erste arbeitete er weiter, denn die regelmäßige Arbeit war ihm – zu spät, wie es schien – zur Gewohnheit geworden.

Die Einzelheiten sollte Rollie nie erfahren, aber es war dann Big Rufe, der sie alle verriet.

Törichterweise beglich er mehrere kleinere Spielschulden ausschließlich in Silber. Das wurde bemerkt, und später erfuhr es eine niedere Mafia-Charge und gab die Information weiter. Man stellte fest, daß sich andere Nachrichtenfragmente über Big Rufe zu einem überschaubaren Muster zusammenfügten.

Man griff ihn bei Nacht, als er schlief, und er hatte keine Chance, von seiner Waffe Gebrauch zu machen. Man schleppte ihn gefesselt und geknebelt in ein Haus in Highland Park, wo man ihn vor der Hinrichtung folterte, und er sprach.

Am nächsten Morgen fand man Big Rufes Leiche auf einer Straße in Hamtramck, die nachts viel von schweren Lastern befahren wurde. Der Tote war offensichtlich von mehreren sehr schweren Fahrzeugen nacheinander überrollt worden, und man registrierte die Sache als tödlichen Verkehrsunfall.

Andere wußten das besser – auch Rollie Knight, der die Neuigkeit von einem vor Entsetzen schlotternden Daddy-o erfuhr.

Leroy Colfax verschwand wenig später; er hielt sich bei politisch militanten Freunden verborgen. Fast zwei Wochen lang blieb er verschwunden; am Ende dieser Zeit wurde sichtbar, daß auch ein Militanter, wie manch anderer Politiker, seinen Preis hat. Einer seiner Vertrauten, bei denen es Sitte war, sich als Bruder anzureden, verkaufte Colfax in aller Verschwiegenheit an die Mafia.

Auch Leroy Colfax wurde abgeholt. Man brachte ihn mit dem Auto in einen einsamen Vorort und erschoß ihn dort. Seine Leiche wurde gefunden, und die Autopsie förderte sechs Geschosse, aber keine anderen Hinweise zutage. Zu einer Verhaftung kam es in dieser Sache nie.

Daddy-o ergriff die Flucht. Er kaufte sich eine Busfahrkarte nach New York und versuchte, in Harlem unterzutauchen. Eine Weile gelang ihm das, aber etliche Monate später fanden sie seine Spur. Sie töteten ihn mit dem Messer.

Aber lange vorher – als er von dem Mord an Leroy Colfax hörte – begann Rollie Knight seine Zeit des Wartens, und er ertrug es nicht.

Leonard Wingate fiel es nicht leicht, die dünne Frauenstimme am Telephon zu identifizieren. Er war auch recht ärgerlich darüber, daß man ihn am Abend zu Hause anrief.

»May Lou – *und weiter*?«

»Rollies Freundin. Rollie Knight.«

Knight. Jetzt erinnerte Wingate sich, dann fragte er: »Woher haben Sie meine Nummer? Sie steht nicht im Telephonbuch.«

»Sie haben sie auf einen Zettel geschrieben, Mister. Wenn was Schlimmes passiert, sollen wir anrufen. Haben Sie gesagt.«

Das hatte er möglicherweise – wahrscheinlich an dem Abend, als die Filmleute ihre Aufnahmen in dem Innenstadt-Mietshaus gemacht hatten.

»Na schön. Was gibt es denn?« Wingate war im Begriff gewesen, zu einem Dinner in Bloomfield Hills zu fahren. Jetzt wünschte er sich, er wäre ein paar Minuten eher gefahren – oder er hätte das Telephon läuten lassen.

May Lous Stimme sagte: »Rollie geht nicht mehr arbeiten. Das wissen Sie wohl.«

»Woher soll ich das wissen?«

Unsicher geworden, sagte sie: »Wenn er da doch nicht mehr auftaucht . . .«

»Zehntausend Menschen arbeiten in dem Werk. Als Personaldirektor bin ich für die meisten davon verantwortlich, aber ich bekomme doch keinen Bericht über jeden einzelnen . . .«

Leonard Wingate sah sich in diesem Augenblick selbst in einem Wandspiegel und hielt inne. Stumm hielt er sich selbst eine Rede: *Okay, du aufgeblasener, erfolgreicher, wichtiger Bonze mit der Telephonnummer, die nicht im Buch steht, da hast du es der aber gegeben, hast ihr mal unter die Nase gerieben, was du für ein großes Tier bist, daß sie sich bloß nicht einbilden soll, du hättest irgend etwas mit ihr zu tun, bloß weil du zufällig genau so schwarz bist wie sie. Na und, was nun?*

Zu seiner eigenen Verteidigung dachte er: Das passierte ihm nicht oft, und er hatte sich jetzt selbst zur Ordnung gerufen; aber es zeigte doch, wie eine bestimmte Einstellung wachsen und gedeihen konnte; wie oft war er Zeuge geworden, wenn Schwarze, die Macht und Autorität hatten, andere Schwarze behandelten, als seien sie der letzte Dreck.

»May Lou«, sagte Leonard Wingate, »als Sie anriefen, war ich in Gedanken schon ganz woanders, und es tut mir sehr leid. Macht es Ihnen was aus, wenn wir noch einmal ganz von vorn anfangen?«

Das Schlimme, sagte sie, habe mit Rollie zu tun. »Er ißt nicht mehr, er schläft nicht mehr, er tut den ganzen Tag überhaupt nichts mehr. Er will auch nicht ausgehen. Er sitzt nur da rum und wartet.«

»Worauf wartet er?«

»Das will er nicht sagen. Er sagt überhaupt nichts. Er sieht furchtbar aus, Mister. Es ist, als ob . . .« May Lou hielt inne, als suche sie das richtige Wort, dann sagte sie: »Es ist, als ob er auf den Tod wartet.«

»Seit wann geht er nicht mehr arbeiten?«

»Zwei Wochen.«

»Hat er Sie gebeten, mich anzurufen?«

»Nein. Der sagt nichts. Aber Hilfe braucht er, wirklich. Das weiß ich.«

Wingate zögerte. Es ging ihn im Grunde nichts an. Gewiß, er hatte sich sehr für die Anwerbung von Arbeitskräften im harten Kern interessiert; er hatte sich auch persönlich um einige Einzelfälle bemüht und tat es noch. Einer davon war der Fall Knight. Aber helfen konnte man den Menschen immer nur bis zu einem gewissen Grade, und Knight hatte seine Arbeit im Stich gelassen – aus freiem Willen, wie es schien – und zwar schon vor zwei Wochen. Leonard Wingate stand aber immer noch unter dem Eindruck der Kritik, die er vor ein paar Minuten an sich selbst hatte üben müssen.

»Na gut«, sagte er, »ich weiß wirklich nicht, ob ich etwas tun kann, aber ich will versuchen, irgendwann in den nächsten Tagen mal vorbeizukommen.«

Ihre Stimme klang flehend, als sie sagte: »Könnten Sie kommen, heute abend?«

»Ich fürchte, das ist ganz unmöglich. Ich habe eine Einladung zum Dinner, und es ist ohnehin schon zu spät.«

Er spürte, wie sie zögerte; dann fragte sie: »Mister, erinnern Sie sich noch an mich?«

»Ich habe es doch schon gesagt. Jawohl, ich erinnere mich an Sie.«

»Hab' ich Sie schon mal um was gebeten?«

»Nein.« Er hatte das Gefühl, daß May Lou noch nie jemanden um viel gebeten hatte, daß sie auch nie viel bekommen hatte, weder von einem Menschen noch vom Leben selbst.

»Jetzt bitte ich Sie. Bitte! Heute abend. Für meinen Rollie.«

Vieles in ihm lag im Widerstreit: Bindungen an die Vergangenheit, an seine Vorfahren; die Gegenwart, das, was aus ihm geworden war, was noch aus ihm werden konnte. Die Kraft der Vergangenheit siegte. Voller Bedauern dachte Leonard Wingate: Ein schönes Dinner würde ihm entgehen, eine Party mit interessanten Gästen. Er hegte den Verdacht, daß seine Gastgeberin ihre *liberalitas* demonstrieren wollte, indem sie ein, zwei schwarze Gesichter an ihre Tafel lud, aber das Essen bei ihr war gut, sie hatte gute Weine, und sie flirtete auf das angenehmste.

»Also gut«, sagte er ins Telephon, »ich komme, und ich glaube, ich weiß noch, wo es ist, aber geben Sie mir doch lieber noch einmal die Adresse.«

Wenn May Lou ihn nicht vorgewarnt hätte, dachte Leonard Wingate, dann hätte er Rollie Knight wohl kaum wiedererkannt. Er war ausgemergelt, seine Augen waren tief eingesunken in einem hageren Gesicht. Rollie hatte an einem Holztisch gesessen, der Eingangstür genau gegenüber, und er war nervös zusammengezuckt, als Wingate hereinkam. Dann aber war er wieder in sich zusammengesunken.

Der Personalchef des Werkes hatte vorausschauend eine Flasche Whisky mitgebracht. Ohne zu fragen, ging er in die schrankähnliche Küche, suchte ein paar Gläser zusammen und brachte sie mit. May Lou war aus dem Zimmer geglitten, als er kam. Dankbar hatte sie ihm einen schüchternen Blick zugeworfen und geflüstert: »Ich bin draußen, gleich vor der Tür.«

Wingate schenkte zwei kräftige Whisky ohne Wasser ein und schob Rollie eins der Gläser hin. »Trinken Sie das«, sagte er, »und lassen Sie sich ruhig Zeit. Dann aber werden Sie mir alles erzählen.«

Rollies Hand griff nach dem Glas. Er hob den Blick nicht.

Wingate nahm einen Schluck. Er spürte, wie der Akohol brannte, ihn dann durchwärmte. Er setzte das Glas wieder ab. »Wir können viel Zeit sparen, wenn ich Ihnen sage, daß ich ganz genau weiß, was Sie von mir halten. Auch die Wörter kenne ich genau, und die meisten davon sind blödsinnig – weißer Nigger, Onkel Tom –, die kenne ich alle genau so gut wie Sie. Vielleicht mögen Sie mich, vielleicht können Sie mich nicht ausstehen. Aber ich wette mit Ihnen: Ich bin der einzige Freund, den Sie heute abend zu Gesicht kriegen.« Wingate trank aus, schenkte sich wieder ein und schob Rollie die Flasche hinüber. »Also raus mit der Sprache, bevor ich dieses Glas leer habe. Sonst könnte ich das Ganze für Zeitverschwendung halten und wieder verschwinden.«

Rollie hob den Kopf. »Sie sind ganz schön wütend. Wo ich kein Wort gesagt hab'.«

»Dann versuchen Sie's mal mit ein paar Wörtern. Mal sehen, was dann wird.« Wingate beugte sich vor. »Fangen wir an. Warum gehen Sie nicht mehr arbeiten?«

Rollie trank den Rest des Whiskys, der ihm eingeschenkt worden war, füllte das Glas wieder und fing dann an zu reden – und redete weiter. Es war, als sei durch das Zusammentreffen des Zeitpunkts, den Leonard Wingate gewählt hatte, durch sein Auftreten und durch seine Worte ein Schleusentor geöffnet worden, so daß die Worte herausströmten, in einen Kanal geleitet durch Zwischenfragen, die Wingate stellte, bis die ganze Geschichte offen zutage lag. Sie fing damit an, daß Rollie vor einem Jahr vom Werk eingestellt wurde, sie ging weiter mit seinen Erlebnissen und Erfahrungen im Werk, mit seinen zunächst geringfügigen, dann immer tiefer werdenden kriminellen Verstrickungen – bis hin zu dem Raubmord und seinem Nachspiel, zu der Erkenntnis, daß die Mafia beteiligt war, zu der Nachricht, daß seine Hinrichtung beschlossene Sache war, auf die Rollie jetzt in Angst und Resignation wartete.

Leonard Wingate saß da und lauschte ihm mit einer Mischung von Ungeduld, Mitleid, Rat- und Hilflosigkeit und Zorn – bis er nicht mehr stillsitzen konnte. Während Rollie weiter berichtete, marschierte Wingate in dem winzigen Zimmer auf und ab.

Als der lange Bericht zu Ende war, verschaffte sich zunächst der ganze Zorn des Personaldirektors wie in einer Explosion Luft. »Sie verdammter Idiot! Sie haben doch die Chance gehabt! Sie hatten es doch geschafft! Und dann haben Sie alles einfach so hingeschmissen!« Wingates Hände ballten sich zur Faust, streckten sich wieder, ballten sich wieder zu harten Fäusten. *»Umbringen könnte ich Sie!«*

Rollie hob den Kopf. Flüchtig regte sich noch einmal die alte Frechheit, der alte Witz. »Mann, wenn Sie das wollen, holen Sie sich 'ne Nummer und stellen Sie sich hinten an!«

Das brachte Wingate wieder in die Wirklichkeit zurück. Er wußte, daß er vor einer Entscheidung stand, die er nicht treffen konnte. Half er Rollie Knight, seiner Situation zu entfliehen, machte er sich selbst eines Verbrechens schuldig. Selbst die Unterlassung, jetzt mit dem soeben erlangten Wissen zu handeln, machte ihn vor dem Gesetz sehr wahrscheinlich zum Beihelfer bei einem Mordverbrechen. Half er aber nicht, ging er einfach weg, dann würde er Rollie dem Tode überantworten; soviel verstand Wingate von der Innenstadt und dem Gesetz des Dschungels, das dort herrschte.

Leonard Wingate wünschte sich, er hätte heute abend das Läuten des Telephons ignoriert, oder er hätte May Lous Bitten, hierher zu kommen, ausgeschlagen. Hätte er das eine getan oder das andere, dann säße er jetzt behaglich an einem Tisch mit kongenialen Menschen, mit weißen, gestärkten Servietten und blinkendem Silber. Aber er *war* nun einmal hier. Er zwang sich zum Nachdenken.

Er glaubte, was Rollie Knight ihm erzählt hatte. Alles. Er erinnerte sich auch, in den Zeitungen von der Auffindung der von Kugeln durchsiebten Leiche von Colfax gelesen zu haben, und auch auf andere Weise war seine Aufmerksamkeit darauf gelenkt worden, denn bis vor kurzem war Colfax ein Arbeiter in der Montage seines Werkes gewesen. Das war erst eine Woche her. Jetzt waren zwei der vier Verschwörer tot, der dritte war aus dem Blickfeld verschwunden. Die Aufmerksamkeit der Mafia würde sich also wahrscheinlich bald Rollie zuwenden. Aber wie bald? Nächste Woche? Morgen? Heute abend? Wingate ertappte sich dabei, daß sein Blick nervös zur Eingangstür hinüberglitt.

Er sagte sich: Was er jetzt ohne weiteren Aufschub brauchte, war ein Rat, eine zweite Meinung zur Stärkung seiner eigenen. Jede Entscheidung war zu folgenschwer, um sie ohne Hilfe zu treffen. Wessen Meinung aber sollte er einholen? Ginge er zu seinem eigenen Vorgesetzten im Werk, zum Vizepräsidenten für Personalfragen, dann würde er sicherlich einen kalt legalistischen Rat bekommen, dessen war sich Wingate gewiß: Ein Mord war begangen worden, der Name eines der Mörder war bekannt; deshalb ist sofort die Polizei zu benachrichtigen, die von da an alles in die Hand nehmen wird.

Wingate wußte, daß er es nicht tun würde – ganz gleich, welche Folgen das für ihn selbst haben mochte. Zumindest würde er es so lange nicht tun, bis er den Rat eines anderen eingeholt hatte. Er hatte eine Idee. Brett DeLosanto.

Seit ihrer ersten Begegnung im November vorigen Jahres waren Leonard Wingate, Brett und Barbara Zaleski gute Freunde geworden. Immer öfter waren sie zusammen gewesen, und Wingate bewunderte den jungen Designer. Er spürte, daß sich unter der kessen Leichtfertigkeit, die Brett zur Schau trug, instinktive Einsicht, Vernunft und Mitleid mit anderen verbargen. Es konnte jetzt wichtig sein, ihn um seine Meinung zu bitten. Außerdem kannte Brett Rollie Knight, denn er hatte ihn ja kennengelernt, als Barbara ihn einmal zu Dreharbeiten an der »Autostadt« mitgenommen hatte.

Wingate nahm sich vor: Er wollte Brett anrufen und ihn nach Möglichkeit noch heute abend sprechen.

Unbemerkt war May Lou wieder in die Wohnung gekommen. Wingate wußte nicht, wieviel sie mitgehört hatte oder sowieso schon wußte. Es war wohl auch ohne Bedeutung.

Er zeigte auf die Eingangstür. »Kann man die zuschließen?«

May Lou nickte. »Ja.«

»Ich gehe jetzt«, sagte Wingate zu Rollie und May Lou. »Aber ich komme wieder. Schließen Sie die Tür zu, wenn ich weg bin, und machen Sie nicht auf. Lassen Sie niemanden ein. Wenn ich wiederkomme, sage ich meinen Namen. Sie kennen ja meine Stimme. Haben Sie verstanden?«

»Ja, Mister.« May Lous Augen hielten seinem Blick stand. So klein sie auch war, so hager und dürr und wenig imposant, so spürte er doch Kraft.

Nicht weit von dem Mietshaus in Blaine entdeckte Leonard Wingate eine Telephonzelle in einer Automatenwäscherei, die die ganze Nacht über geöffnet war.

Die Telephonnummer von Bretts Wohnung stand in seinem Notizbuch, und er wählte sie. Die Wasch- und Trockenmaschinen machten viel Lärm, und er hielt sich ein Ohr zu, um die Summerzeichen hören zu können, die anzeigten, daß es am anderen Ende läutete. Es läutete immer weiter. Niemand nahm den Hörer ab. Er hängte auf. .

Wingate fiel eine Unterhaltung ein, die er gestern oder vorgestern mit Brett geführt hatte. Brett hatte erwähnt, daß er mit Barbara zu Adam und Erica Trenton eingeladen sei, und zwar gegen Ende dieser Woche. Leonard kannte die Trentons flüchtig. Er beschloß, dort sein Glück zu versuchen.

Er ließ sich von der Auskunft die Nummer der Trentons geben. Aber als er die Nummer gewählt hatte, meldete sich auch dort niemand.

Sein Wunsch, Brett DeLosanto zu erreichen, wurde immer stärker.

Leonard Wingate dachte an noch etwas anderes, das Brett ihm erzählt hatte: Nämlich daß Barbaras Vater noch immer im Ford-Hospital auf der Liste der lebensgefährlich Kranken stand. Wingate sagte sich: Jede Wahrscheinlichkeit sprach dafür, daß Barbara und Brett zusammen waren, und Barbara würde das Krankenhaus informieren, wo man sie erreichen konnte.

Er wählte die Nummer des Krankenhauses. Nachdem er mehrere Minuten lang gewartet hatte, sprach er endlich mit einer diensttuenden Schwester, die zugab, jawohl, man habe die Möglichkeit, Miss Zaleski zu erreichen.

Wingate wußte, daß er nur durch eine Lüge die Auskunft

erlangen könne, die er unbedingt haben wollte. »Ich bin ihr Vetter aus Denver, und ich rufe vom Flughafen an.« Er hoffte nur, daß sich der Waschmaschinenlärm möglichst flugzeugähnlich anhörte. »Ich bin hergeflogen, um meinen Onkel zu besuchen, aber meine Kusine wollte vorher unbedingt mit mir sprechen. Sie sagte, wenn ich das Krankenhaus anriefe, könnte man mir jederzeit sagen, wo sie sich gerade aufhält.«

Schnippisch sagte die Schwester: »Wissen Sie, wir sind hier kein Auskunftsbüro.« Aber sie gab ihm dann die Auskunft: Miss Zaleski war heute abend mit Mr. und Mrs. Trenton und Mr. DeLosanto in der Detroit Symphony. Sogar die Platznummern hatte Barbara dem Krankenhaus mitgeteilt. Wingate segnete sie wegen ihrer Gründlichkeit.

Er hatte seinen Wagen draußen vor der Automatenwäscherei stehenlassen. Jetzt steuerte er in Richtung Jefferson Avenue und Civic Center. Er fuhr schnell. Während er telephonierte, hatte es leicht zu regnen begonnen; die Straßenoberfläche war glatt.

An der Kreuzung Woodward und Jefferson setzte er bei gelbem Licht alles auf eine Karte und bog in den Vorplatz der Ford-Halle ein, dieser blau-perl-granit-marmorgefaßten Schauvitrine des Detroiter Symphonie-Orchesters. Rings um die Musikhalle ragten andere Bauten des Civic Center in den Himmel – Cobo Hall, das Veterans' Memorial, das Verwaltungsgebäude von Stadt und Bezirk – modern, geräumig, von Scheinwerfern hell angestrahlt. Das Civic Center wurde oft mit einer Quelle verglichen – dem Ursprung und Beginn eines gewaltigen Sanierungsprogramms für das innere Detroit. Leider war nur der Kopf dieses geplanten Ganzen fertig; vom Körper war noch so gut wie nichts zu sehen.

Ein uniformierter Pförtner trat am Haupteingang der Musikhalle vor. Aber bevor der Mann etwas sagen konnte, erklärte Leonard Wingate ihm: »Ich muß ein paar Leute finden, die sich hier aufhalten. Es handelt sich um einen Notfall.« In der Hand hielt er den Zettel mit den Platznummern, die er sich während seines Telephongesprächs mit der Krankenhausschwester notiert hatte.

Der Pförtner gab nach: Da das Konzert schon im Gange war und es draußen keinen Verkehr gab, der behindert werden konnte, dürfe der Wagen – »aber nur für wenige Minuten« – vor der Tür stehenbleiben, mit Zündschlüssel im Zündschloß.

Wingate ging durch die beiden großen Türreihen. Als sich das zweite Türenpaar hinter ihm geschlossen hatte, war er plötzlich von Musik umgeben.

Eine Platzanweiserin, die Bühne und Orchester betrachtet hatte, wandte sich um. Mit leiser Stimme sagte sie: »Vor der Pause darf ich Sie nicht zu Ihrem Platz bringen, Sir. Darf ich mal Ihre Eintrittskarte sehen?«

»Ich habe keine.« Er setzte ihr auseinander, was er wollte, und er zeigte dem Mädchen die Platznummern. Ein Platzanweiser kam herüber zu ihnen.

Die Plätze befanden sich anscheinend ziemlich weit vorn und in der Mitte.

»Wenn Sie mich zu der Reihe führen könnten«, drängte Wingate die beiden, »würde ich Mr. DeLosanto ein Zeichen geben, damit er herauskommt.«

Der Platzanweiser sagte mit Entschiedenheit: »Das können wir leider nicht zulassen, Sir. Es würde alle Zuhörer stören.«

»Wie lange noch bis zur Pause?«

Die beiden waren sich nicht sicher.

Zum ersten Mal wurde Wingate bewußt, was das Orchester spielte. Seit seiner Kindheit liebte er die Musik, und er erkannte die Ballettmusik »Romeo und Julia« von Prokofieff. Er wußte, daß die Dirigenten unter den drei Fassungen dieser Suite zu wählen hatten, und bat: »Darf ich mal ein Programm haben?« Die Platzanweiserin gab ihm eins.

Die Passage, die er erkannt hatte, war der Anfang vom »Tod des Tybalt«. Mit Erleichterung sah er, daß es der letzte Teil des Werkes vor der Pause war.

Obwohl er voller Ungeduld wartete, nahm ihn die Großartigkeit der Musik gefangen. Das schnell aufrauschende Eröffnungsthema ging in ein immer schneller werdendes Paukensolo mit Hammerschlägen des Todes über ... *Tybalt hatte Romeos Freund Mercutio getötet. Jetzt übte Romeo an dem sterbenden Tybalt die Rache, die er geschworen hatte ...* Hornpassagen beklagten das tragische Paradoxon der Torheit und Zerstörungswut des Menschen; das ganze Orchester schwoll an zu einem Crescendo des Verhängnisses ...

Wingate spürte, wie es ihm kalt über den Rücken lief, als er an die Parallelen zwischen der Musik und dem Grund seiner Anwesenheit dachte.

Die Musik endete. Donnernder Applaus brandete auf, als Leonard Wingate, begleitet von dem Platzanweiser, einen Gang hinuntereilte. Die Platznachbarn gaben rasch die Mitteilung für Brett DeLosanto weiter, den Wingate sofort erblickt hatte. Brett schien zunächst überrascht zu sein, begann aber dann, an den Sitzenden vorbei sich seinen Weg zum Gang zu bahnen, gefolgt von Barbara und den Trentons.

Im Foyer hielten sie in aller Eile eine Besprechung ab.

Ohne Zeit an Einzelheiten zu vergeuden, teilte Wingate mit, daß er Brett gesucht habe, weil es sich um Rollie Knight handele. Und da sie sich ja mitten in der Stadt befanden, schlug Wingate vor, daß Brett gleich mit ihm zu Rollie und May Lous Wohnung komme.

Brett war sofort einverstanden, aber Barbara machte Schwierigkeiten. Sie wollte mit ihnen fahren. Es entstand ein kurzes Hin und Her, denn Leonard Wingate war dagegen, und Brett schlug sich auf seine Seite. Am Ende einigte man sich darauf, daß Adam Erica und Barbara zu Bretts Wohnung im Country Club Manor bringen und dort die anderen erwarten sollte. Weder Adam noch Erica noch Barbara waren in der Stimmung, das Konzert zu Ende zu hören.

Draußen führte Wingate Brett zu seinem Auto. Es regnete nicht mehr. Brett, der seinen Mantel über dem Arm trug, warf ihn auf den Rücksitz, oben auf Wingates Mantel, der da schon lag. Als sie anfuhren, begann Leonard Wingate mit einer hastigen Erklärung. Er wußte, daß nur eine kurze Fahrt vor ihnen lag. Brett hörte aufmerksam zu und stellte gelegentlich eine Zwischenfrage. Bei der Schilderung des Raubmordes pfiff er leise durch die Zähne. Auch er hatte, wie unzählige andere, die Berichte über den Mord im Werk gelesen; und außerdem gab es für ihn eine persönliche Verbindung zu den Geschehnissen, denn es sprach jede Wahrscheinlichkeit dafür, daß die Ereignisse Matt Zaleskis Schlaganfall beschleunigt hatten.

Brett aber empfand dennoch keine Feindschaft gegenüber Rollie Knight. Der junge schwarze Arbeiter war ganz gewiß kein Unschuldslamm, aber es gab Gradunterschiede der Schuld, ob das Gesetz sie nun zur Kenntnis nahm oder nicht. Offensichtlich ging Wingate davon aus – und Brett folgte ihm darin –, daß Rollie immer ein wenig tiefer hineingeraten war, zum Teil wider Willen, mit immer geringer werdender Entscheidungsfreiheit, wie ein Schwimmer, dessen Kräfte nachlassen und der zum Strudel hingezogen wird. Aber Rollie Knight hatte Schuld auf sich geladen, und für diese Schuld werde er zahlen müssen. Niemand konnte ihm helfen, dem zu entrinnen, und niemand durfte es.

»Was wir nicht können, ist klar«, sagte Brett, »wir können ihm nicht dabei helfen, aus Detroit zu verschwinden.«

»Das habe ich mir auch schon gesagt.« Hätte es sich um ein weniger schweres Verbrechen gehandelt, dann hätten sie es vielleicht versucht, dachte Wingate. Nicht aber bei Mord.

»Er braucht jetzt, was er damals, bei den anderen Sachen, nicht gehabt hat – er braucht die besten Anwälte, die man für Geld bekommen kann.«

»Er hat kein Geld.«

»Dann werde ich es aufbringen. Ich selbst werde einiges geben, und ich werde andere Spender finden.« Schon dachte Brett an bestimmte Leute, an die er sich wenden würde – und es waren etliche dabei, die nicht zu den gewohnheitsmäßigen Mäzenen der Wohltätigkeit gehörten, Leute, die sehr klare Vorstellungen von den Schäden hatten, die soziale Ungerechtigkeit und Rassenvorurteil anrichten.

Wingate sagte: »Er wird sich der Polizei stellen müssen; eine andere Möglichkeit sehe ich nicht. Aber wenn wir einen starken Anwalt haben, kann der durchsetzen, daß er im Gefängnis beschützt wird.« Dennoch fragte er sich – faßte das aber nicht in Worte –, wie wirksam dieser Schutz wohl sein könnte, gleichgültig, ob Rollie einen guten Anwalt hatte oder nicht.

»Und wenn er für den Prozeß einen guten Verteidiger bekommt«, sagte Brett, »dann könnte es sein – ich meine, es ist nicht völlig ausgeschlossen, daß er eine Chance bekommt.«

»Könnte sein.«

»Wird Knight tun, was wir ihm sagen?«

Wingate nickte. »Ja, das wird er.«

»Dann suchen wir morgen früh einen Anwalt. Er wird dabei sein, wenn Rollie sich stellt. Heute nacht ist es besser, wenn die beiden – das Mädchen auch – bei Barbara und mir bleiben.«

Der Personalchef warf einen Blick zur Seite. »Sind Sie sicher?«

»Aber ja. Es sei denn, Sie haben eine bessere Idee.«

Leonard Wingate schüttelte den Kopf. Er war sehr froh, daß er Brett DeLosanto gefunden hatte. Nichts, was der junge Designer bisher gesagt oder getan hatte, ging über das hinaus, was Wingate selbst auch hätte erkennen und entscheiden können; aber Bretts Gegenwart, die Klarheit seines Denkens waren doch eine entscheidende Unterstützung für Wingate. Er besaß auch ganz instinktiv jene Eigenschaften, die einen Menschen zum Führen anderer Menschen befähigen, was Wingate, zu dessen Berufspflichten ja Menschenkenntnis gehörte, sofort erkannte. Er fragte sich, ob Brett sich wohl jahrelang damit zufriedengeben werde, Designs auszuarbeiten.

Sie waren jetzt an der Kreuzung Blaine und 12. Straße. Vor dem heruntergekommenen Mietshaus, von dem die Farbe abblätterte, stiegen sie aus, und Wingate verschloß das Auto.

Wie üblich roch es stark nach Müll.

Als sie die ausgetretenen hölzernen Treppen zum dritten Stock des Mietshauses emporstiegen, fiel Wingate wieder ein, daß er Rollie und May Lou gesagt hatte, er werde sich von draußen durch seinen Namen und seine Stimme identifizieren. Er hätte sich die Mühe sparen können.

Die Tür, die sie doch verschlossen halten sollten, stand offen. Ein Teil des Schlosses baumelte lose herab, wo die Tür mit einiger Gewalt – wahrscheinlich mit einem heftigen Schlag – aufgebrochen worden war.

Leonard Wingate und Brett gingen hinein. Nur May Lou

war in der Wohnung. Sie packte Kleider in einen Pappkoffer.

Wingate fragte: »Wo ist Rollie?«

Ohne aufzublicken, antwortete sie: »Weg.«

»Wieso, weg?«

»Paar Leute waren da. Haben ihn mitgenommen.«

»Wie lange ist das her?«

»Gleich als Sie weg waren, Mister.« Sie wandte den Kopf um. Sie sahen, daß sie geweint hatte.

»Hören Sie«, sagte Brett, »wenn Sie uns die Leute beschreiben können, alarmieren wir die Polizei.«

Leonard Wingate schüttelte den Kopf. Er wußte, daß es zu spät war. Er hatte das Gefühl, daß es schon von Anfang an zu spät gewesen war. Er wußte auch, was er und Brett DeLosanto jetzt tun würden. Sie würden weggehen. Wie so viele in Detroit weggingen, oder, wie der Priester und Levit, hinübergehen auf die andere Seite der Straße.

Brett schwieg.

Wingate fragte May Lou: »Was haben Sie vor?«

Sie klappte den Deckel des Pappkoffers zu. »Ich komm' schon zurecht.«

Brett griff in die Tasche. Mit einer Handbewegung kam Wingate ihm zuvor. »Lassen Sie mich.«

Ohne sie zu zählen, nahm er die Scheine, die er bei sich hatte, und drückte sie May Lou in die Hand. »Es tut mir leid«, sagte er. »Ich glaube nicht, daß das viel bedeutet, aber es tut mir leid.« Sie gingen die Treppe hinunter.

Als sie draußen den Wagen erreichten, hing die rechte Tür offen. Das Fensterglas war zerschlagen. Die beiden Mäntel, die auf dem Rücksitz gelegen hatten, waren verschwunden.

Leonard Wingate vergrub den Kopf in den Armen, die er auf das Wagendach gelegt hatte. Als er wieder aufblickte, sah Brett, daß seine Augen feucht waren.

»Oh, Gott!« sagte Wingate. Beschwörend reckte er seine Arme in den schwarzen Nachthimmel. *»Oh, Gott! Eine Stadt, die kein Herz hat!«*

Rollie Knights Leiche wurde nie gefunden. Er war einfach verschwunden von der Erde.

31

»Es handelt sich um Ihr Leben, nicht um meines«, sagte Adam zu Brett DeLosanto. »Aber ich wäre ein schlechter Freund, wenn ich nicht sagte, daß Sie meiner Meinung nach zu hastig handeln und daß Sie einen gewaltigen Fehler machen.«

Es war kurz vor Mitternacht, und die fünf – Adam und Erica, Barbara und Brett und Leonard Wingate – saßen in der Wohnung im Country Club Manor. Brett und Wingate waren vor einer halben Stunde nach Hause gekommen, wo die anderen auf sie warteten. Die Unterhaltung war gedrückt gewesen. Als sie alles über Rollie Knight gesagt hatten, was es zu sagen gab, erklärte Brett, er wolle die Automobilindustrie verlassen und morgen schriftlich kündigen.

Adam ließ nicht locker: »Aber in fünf Jahren könnten Sie der Chef von Design und Styling sein.«

»Es hat mal eine Zeit gegeben«, sagte Brett, »da war das mein einziger Traum – ein Harley Earl zu sein oder ein Bill Mitchell oder Gene Bordinat oder ein Elwood Engel. Verstehen Sie mich nicht falsch – ich glaube, sie waren alle groß, und einige sind es auch heute noch. Aber es ist doch nicht meine Sache. Das ist alles.«

Leonard Wingate sagte: »Es gibt aber auch noch andere Gründe, nicht wahr?«

»Ja, allerdings. Ich glaube nicht, daß die Autohersteller, die so weit im voraus planen, wenn es um ihre eigenen Interessen geht, viel mehr als ein Fingerhütchen voll an Planung und Dienst im Interesse der Gemeinschaft getan haben, an der Gemeinschaft, in der sie leben.«

Adam wandte ein: »Das mag früher gestimmt haben; aber doch nicht mehr heute. Alles hat sich geändert, oder es ändert sich schnell. Wir sehen's doch jeden Tag – in der Einstellung des Managements, im Bewußtsein der Verantwortung gegenüber der Gemeinschaft, in der Art der Autos, die wir bauen, in den Beziehungen zur Regierung, in der Anerkennung der Tatsache, daß es Verbraucher gibt. Es ist längst nicht mehr das gleiche Geschäft wie noch vor zwei oder drei Jahren.«

»Das möchte ich ja gerne glauben«, sagte Brett, »wenn auch nur deshalb, weil Sie selbst es offenbar glauben. Aber ich kann es nicht, und ich bin da nicht der einzige. Jedenfalls werde ich von nun an von draußen arbeiten.«

Erica fragte: »Was wollen Sie denn machen?«

»Wenn Sie die ganze Wahrheit wissen wollen«, sagte Brett zu ihr, »der Teufel soll mich holen, wenn ich es weiß.«

»Ich würde mich nicht wundern«, sagte Adam, »wenn Sie in die Politik gehen. Wenn Sie das tatsächlich tun, dann sollen Sie wissen, daß ich Ihnen nicht nur meine Stimme gebe, sondern daß ich auch Ihren Wahlkampf unterstützen werde.«

Wingate sagte: »Ich auch.« Es war doch merkwürdig, dachte er, daß er erst heute abend die Eigenschaften Bretts gespürt hatte, die ihn zum Führen anderer Menschen befähigten, und daß er sich gefragt hatte, wie lange er wohl noch Autos entwerfen würde.

Brett grinste. »Eines schönen Tages kann Sie beide das teuer zu stehen kommen. Ich werde es nicht vergessen.«

»Eins wird er auf jeden Fall tun«, sagte Barbara zu den anderen. »Er wird malen. Und wenn ich ihn an die Staffelei ketten und ihm sein Futter hintragen muß. Und wenn ich das Geld für uns beide verdienen muß.«

»Wo wir gerade vom Geldverdienen reden«, sagte Brett. »Ich habe daran gedacht, einen kleinen, eigenen Design-Laden aufzuziehen.«

»Wenn Sie das tatsächlich tun«, sagte Adam, »dann wird der Laden nicht lange klein bleiben, denn Sie können ja gar nichts anderes als Erfolg haben. Außerdem werden Sie noch mehr und noch schwerer arbeiten als bisher.«

Brett seufzte. »Davor habe ich allerdings auch Angst.«

Aber selbst wenn das eintrat, dachte er, würde er doch sein eigener Herr sein, würde mit eigener, unabhängiger Stimme reden können. Darum ging es ihm vor allem, und darum ging es auch Barbara. Brett sah sie an, und aus seinem

Blick sprach eine Liebe, die von Tag zu Tag größer zu werden schien. Was auch auf sie zukommen mochte, Brett wußte, daß sie gemeinsam damit fertig werden würden.

»Es hat Gerüchte gegeben«, sagte Barbara zu Adam, »daß Sie vielleicht auch das Werk verlassen.«

»Wo haben Sie denn das gehört?«

»Ach, ich weiß nicht, irgendwo.«

Adam dachte: Es war nicht leicht, in Detroit ein Geheimnis zu wahren. Er nahm an, daß Perce Stuyvesant oder irgend jemand, der ihm nahestand, nicht den Mund gehalten hatte.

Barbara drängte ihn: »Na, und – gehen Sie wirklich?«

»Man hat mir ein Angebot gemacht«, sagte Adam. »Eine Zeitlang habe ich sehr ernsthaft darüber nachgedacht. Dann habe ich mich dagegen entschieden.«

Gestern oder vorgestern hatte er Perce Stuyvesant angerufen und ihm seinen Entschluß erklärt: Es habe keinen Sinn, daß er nach San Francisco fliege und dort über Bedingungen und Einzelheiten verhandele; er sei ein Automobilmann und werde es auch bleiben.

Adam sah die Sache so: In der Automobilindustrie stimmte eine ganze Menge nicht, aber es gab doch viel mehr in dieser Industrie, was absolut in Ordnung war. Das Wunder des modernen Automobils bestand nicht darin, daß es manchmal versagte, sondern daß es meistens nicht versagte; nicht darin, daß es kostspielig war, sondern daß es – wenn man die Wunderwerke an Design und technischen Höchstleistungen bedachte, die es in sich barg – so wenig kostete; nicht darin, daß es die Fernstraßen verstopfte und die Luft verpestete, sondern darin, daß es freien Männern und Frauen das gab, wonach sie sich in den ganzen langen Jahrhunderten der Geschichte immer am meisten gesehnt hatten – die persönliche Bewegungsfreiheit.

Und es gab für einen Manager, der sein Arbeitsleben sinnvoll einzurichten hatte, kein erregenderes Milieu.

»Wir sehen die Dinge alle mit verschiedenen Augen an«, sagte Adam zu Barbara. »Man könnte wohl auch sagen, daß ich für Detroit gestimmt habe.«

Bald danach sagten sie einander gute Nacht.

Während der kurzen Fahrt von Maple und Telegraph nach Quarton Lake sagte Adam: »Du hast heute abend nicht viel gesagt.«

»Ich habe zugehört«, sagte Erica. »Und ich habe nachgedacht. Außerdem wollte ich dich für mich haben, um dir etwas zu sagen.«

»Sag es mir jetzt.«

»Na gut. Also, es sieht so aus, als ob ich ein Kind bekomme. Paß doch auf! – Fahr nicht solche Kurven!«

»Freu du dich nur«, sagte er, als er in eine Einfahrt einbog, »daß du es mir nicht zur Hauptverkehrszeit auf der Lodge erzählt hast.«

»Wessen Einfahrt ist das hier?«

»Wen interessiert das?« Er breitete seine Arme aus, zog Erica an sich und küßte sie zart.

Erica mußte halb lachen, halb weinen. »Du warst in Nassau wie ein Tiger. Da muß es passiert sein.«

Er flüsterte: »Ich bin froh, daß ich so war«, und er dachte dann: Es war für sie beide wahrscheinlich das allerbeste.

Später, als sie wieder fuhren, sagte Erica: »Ich möchte nur gern wissen, was Greg und Kirk davon halten. Du hast zwei erwachsene Söhne, und dann plötzlich ist da ein Baby in der Familie.«

»Die werden begeistert sein. Weil sie dich liebhaben. Ebenso wie ich.« Er griff nach ihrer Hand. »Ich rufe sie morgen an und erzähle es ihnen.«

»Na«, sagte sie, »wir bringen ja anscheinend doch allerhand zustande, wir beide.«

Das stimmte, dachte er, und er war sehr glücklich. Sein Leben war ein erfülltes Leben.

Heute nacht hatte er Erica, hatte er dieses.

Morgen, und in den Tagen, die dann folgten, hatte er den Farstar.

Bitte beachten Sie
die folgenden Seiten:

Marvin
H. Albert

Ypsilon

Ullstein Buch 3424

ein Ullstein Buch

Bei einer Explosion im Flughafengebäude in Rom kommen fünf unschuldige Menschen ums Leben. Der Anschlag galt dem verspäteten Jumbo-Jet nach London. Simon Hunter von der Arbeitsgruppe zur Bekämpfung des Terrorismus findet im Gepäck eines der Opfer den ersten Anhaltspunkt — aber die Spur führt zu einem Toten. Wieder sind die Attentäter Hunter zuvorgekommen. So wird die Jagd nach ihnen bald zu einem ganz privaten Duell zwischen Hunter und einem Fanatiker, der schon das nächste Blutbad vorbereitet.

Georges
Bataille

Abbé C

Ullstein Buch 3264

ein Ullstein Buch

In ihrer Geburtsstadt treffen Charles C., seine Freundin Eponine und sein Zwillingsbruder Robert zusammen. Robert, der junge Abbé, zerbricht an dem Erlebnis der Obszönität, das ihm von beiden aufgezwungen wird und entschließt sich zur Aufgabe des Priesteramtes. Aus dem Bericht des Charles C. und den Aufzeichnungen von Abbé C. entsteht das Bild eines an seiner Angst und Schwäche verzweifelnden Menschen.